U0529754

方尖碑
OBELISK

探知新视界

伟大民族

从路易十五到拿破仑的法国史

THE GREAT NATION

France from Louis XV to Napoleon

[英国]
科林·琼斯
_著_

Colin Jones

宋逸炜
_译_

译林出版社

## 图书在版编目（CIP）数据

伟大民族：从路易十五到拿破仑的法国史 /（英）科林·琼斯(Colin Jones)著；宋逸炜译. -- 南京：译林出版社，2024. 8. -- ISBN 978-7-5753-0223-4

I. K565.3

中国国家版本馆CIP数据核字第2024A9K852号

Copyright © Colin Jones 2002
General Editor Colin Lucas
First published as THE GREAT NATION in 2002 by Allen Lane, an imprint of Penguin Press.
Penguin Press is part of the Penguin Random House group of companies.
Simplified Chinese edition copyright © 2024 by Yilin Press, Ltd
All rights reserved.
封面上未贴有企鹅防伪标志的书本均为未经授权的非法版本。

著作权合同登记号　图字：10-2022-111 号

**伟大民族：从路易十五到拿破仑的法国史**　［英国］科林·琼斯／著　宋逸炜／译

责任编辑　王　蕾　荆文翰
装帧设计　韦　枫
校　　对　戴小娥
责任印制　董　虎

原文出版　Allen Lane, 2002
出版发行　译林出版社
地　　址　南京市湖南路1号A楼
邮　　箱　yilin@yilin.com
网　　址　www.yilin.com
市场热线　025-86633278
排　　版　南京展望文化发展有限公司
印　　刷　江苏凤凰新华印务集团有限公司
开　　本　652毫米×960毫米 1/16
印　　张　51.25
插　　页　4
版　　次　2024年8月第1版
印　　次　2024年8月第1次印刷
书　　号　ISBN 978-7-5753-0223-4
定　　价　168.00元

版权所有·侵权必究
译林版图书若有印装错误可向出版社调换。质量热线：025-83658316

# 中译本序言

2002年，本书首次在英文学界出版；时至今日，能够为它的中文译本撰写这篇简短的序言，我感到非常开心。本书标题是一个非常审慎的选择，我认为："伟大的国家"（The Great Nation）一词有力地唤起了人们对于法国的认识——不仅在法国，而且在更广泛的全世界。1789年法国大革命以后，这个词语迎来了无法阻挡的发展历程；事实上，18世纪90年代末，法国通过军事力量在欧洲各地的"姊妹共和国"进行力量扩张之际，该词的法文表述"伟大的国家"（la grande nation）随即成为一时之热。但是，1789年孕育的另一种观点，也已经深深植根于诸多历史分析之中——"旧制度"的国家和社会已经陈腐衰败，"大革命"的发生契机业已成熟。然而，1789年之前的法国政治制度，不仅尚未陷入某种死亡循环，而且比历史学家的叙述更加健全，甚至对于启蒙运动思想文化热潮中涌现的政治社会新思想，它也出人意料地秉持了更加开放的态度。尽管不少学者试图淡化启蒙运动以法国为中心展开的观点，但许多同时代者对此表示认同：路易十五和路易十六的统治时期，法国在思想和文化领域取得了无与伦比的成就。

2002年以来出现的一系列研究成果，使我在本书中提出的论点变得更加复杂、更加充实、更加完善，也在某些地方对我的论点提出了质疑。当然，最引人注目的批评在于，我的研究没有将这个时代足够清晰地置于全球框架之内。本书出版之际，所谓的"全球转向"在西方史学界刚刚开始，改变了我们对于世界范围内的大城市与殖民地商业活动之间关系的认识。例如，近年来英文学界的历史学家（尤其是美国学者）在对圣多明各蔗糖殖民地的诸多研究中，就将奴隶制度视作历史叙事的核心内容。不过，法语学界虽然尚未给出明确结论，但似乎达成了一个普遍共识：1789年法国大革命是全球革命年代的组成部分，有必要对其进行跨国分析。

令人欣慰的是，这个共识与我在本书中阐述的相关论点基本保持一致。特别是关于18世纪法国的经济状况，与写作时学界的普遍看法相比，我在书中提出的观点更加积极。我试图说明，在20世纪与21世纪之交，许多史学著作对于这个问题的分析相当轻视，低估了蓬勃发展的商业资本主义之于法国社会的深远影响。历史学家通常认为，18世纪法国经济的表现情况往往被英国工业的巨大潜力所遮蔽，但事实并非如此。实际上，当代法国学者的分析表明，英国的经济实力过于依赖信贷，以致难以为继。在18世纪的大部分时间里，法国似乎都是欧洲大陆上实力最强的经济体。总而言之，中国读者可以确信：法国被视作18世纪"伟大的国家"的观点，至今仍然成立；本书英文原版呈现的诸多显著特点，也得到了此后历史写作发展趋势的印证。

科林·琼斯

致马克和罗宾

敬意与友爱

# 目 录

致 谢 / 1

导 论 / 1

一、1715年的法国：国王的腿疾与权力的编排 / 15
    太阳王的神话般在场 / 15
    波旁王朝的政体 / 22
    国王之下的贵族 / 32
    重压下的绝对主义 / 38
    令人畏惧的摄政统治 / 52

二、越过暴风骤雨：摄政时期与弗勒里的崛起（1715—1726） / 63
    日落后的希望 / 63
    各部行政会议制的试验 / 67
    亲王、公爵和法官：一场新的投石党运动？ / 72
    摄政时期的财政与经济环境 / 84
    困局中的苏格兰巫师 / 96
    路易十五的童年：六场葬礼与一场婚礼 / 110

## 三、弗勒里治下的法兰西（1726—1743）/ 125
钢丝上的"赫拉克勒斯" / 125
天主教徒问题…… / 137
……与詹森派的转变 / 147
国王的信息来源：新闻、观点、秘密、谎言 / 161
逐渐老去的枢机主教 / 172

## 四、毋庸置疑的黄金年代（1743—1756）/ 182
"希律王"抑或"受爱戴者"？/ 182
均势状态与战争全球化 / 192
战争力量的扭曲 / 201
法国乡村的生命体征 / 211
悄然而至的健康与财富 / 224

## 五、启蒙时代 / 240
《百科全书》的时刻 / 240
点点星光 / 250
文明化的男性、自然化的女性 / 261
重振幻灭的世界 / 274
公共领域的争议性政治 / 293

## 六、洪水滔天之前（1756—1770）/ 311
达米安的主显节 / 311
分崩离析：七年战争 / 323
舒瓦瑟尔的替罪羊：虔诚者与耶稣会士 / 336
君主制的重组 / 345
爱国主义话语：法官的裁定 / 353
从布列塔尼事件到莫普革命 / 369

## 七、三巨头及其余波（1771—1784）/ 382

莫普革命 / 382

杜尔哥的实验 / 397

北美的爱国主义 / 408

爱国主义的代价 / 419

费加罗的"主宰" / 433

## 八、垂死的波旁王朝（1784—1788）/ 452

钻石：并非王后挚友 / 452

奢华的外表与外表的奢华 / 468

喧嚣年代中的无声革命 / 487

难以捉摸的公众：财政和制度改革 / 503

## 九、政治文化的革命（1788—1791）/ 527

想象之中的国民，担心最坏的局面 / 527

夏日的闪电 / 545

政治架构的任务 / 560

破坏问题 / 573

## 十、战争与恐怖（1791—1795）/ 595

"武装好，公民们！" / 595

路易·卡佩退场，恐怖时代来临 / 612

共和国统一的冰山逻辑 / 629

斩杀罗伯斯庇尔，终结恐怖统治 / 650

## 十一、不稳定的共和国（1795—1799）/ 669

摇摇欲坠的根基 / 669

大革命：一份使用指南 / 685

经济的幸运与不幸　/ 702

　　资产阶级革命者……　/ 709

　　……及他者　/ 718

**结　语　雾月的利维坦与伟大的国家　/ 735**

**进一步阅读**　/ 751

**参考文献**　/ 754

**译名对照表**　/ 785

**译后记**　/ 799

# 致　谢

在本书漫长的研究和写作过程中，我曾在埃克塞特大学、斯坦福大学和华威大学任教，感谢这些机构——尤其是诸位历史学家及其中的18世纪研究者——为我提供了一种快乐而振奋的工作环境。在华威大学的18世纪研究中心，感谢我的同事和机构负责人玛克辛·伯格，以及法国史研究者格温·刘易斯、罗格·马格劳、彭妮·罗伯茨和埃玛·施帕里，与他们共同工作的时光让我受益匪浅。关于书中呈现的观点，我无法在此列举这些年来的全部对话，但我想对所有参加讨论并以各种方式倾听或提出意见的人表示感谢。特别的感谢要致以阅读和评论过本书初稿的朋友：戴夫·安德烈斯、皮特·坎贝尔、格温·刘易斯以及迈克尔·索南沙因。特别是迈克尔·索南沙因，我意识到我跟随他学习的时间已经超过了四分之一个世纪，也没有人比他更能促使我重新思考18世纪的法国。我感谢上述所有人，也感谢企鹅出版社提供的热心匿名审读者。得益于他们的努力，本书才能以更好的方式呈现，而书中所有的瑕疵都应归咎于我本人。在位于巴黎的哥伦比亚大学全球中心从事访问学者的研究期间，我完成了本书最后阶段的写作。感谢中心主任达妮埃尔·阿斯-迪博斯克以及米夏埃拉·巴库和玛内莎·拉尔的帮助和支持。我还要感谢热情而耐心的出版人西蒙·温德尔以及为我提出建议和鼓励的费利西蒂·布赖恩。乔纳森·怀特是一位效率极高的研究助手,约翰·斯特罗恩是一位出色的索引编辑者。这本书献给我的兄弟和他们的家人。最后,我要感谢我的妻子约瑟芬·麦克多纳,感谢她为我所做的一切。

科林·琼斯

# 导　论

在诸多意义上，18世纪是法国的世纪。路易十四的长期统治（1643—1715）被广泛视作法国的"伟大世纪"；然而，在他去世之际，法国已经由于欧洲战争和国内状况而陷入了一个悲惨的境地：经济支离破碎，社会因宗教和民众的不满情绪而四分五裂，人口因危机而减少，文化吸引力受到质疑且不尽人意，政治制度也沦入低谷。然而，这个国家却能从种种不幸中触底反弹，并在18世纪对欧洲社会的各个领域产生自己的影响。在人口方面，法国是人口数量最多的大国——事实上，法国人口占欧洲人口的比重在八分之一到五分之一之间。在社会和经济方面，18世纪是法国最为活跃和繁荣的时期之一：虽然经济增长带来的收益远未实现平均分配，但以生存机会、收入水平和物质财富作为衡量手段，法国人的生活质量也得到了显著提高。在文化方面，法国是启蒙运动思想和艺术复兴的风暴中心，它也因此闻名于世：对于大多数同时代人来说，启蒙时代的光芒无疑来自法国。在政治和国际关系方面，法国仍然是其他国家必须考虑、担心，甚至尽可能拉拢到自己一边的对象。尽管君主政体未能适应这一时期出现的国内外压力，但法国的宫廷和行政结构在1789年以前始终是被他人效仿的目标。正如欧洲政治家们普遍预测的那样，即使法国在

1792年转向共和政体，也没有阻止它继续取得成就。的确，到1799年，法国的领土和影响已经扩展到欧洲的大部分地区。

将18世纪的法国视作"伟大的国家"并不意味着拒绝批评。事实上，以"The Great Nation"作为本书的标题，需要对"伟大"的标准进行冷静而非赞美般的审视。例如，到18世纪末，1789年大革命发生了军事主义和扩张主义的转向，"伟大的国家"这一短语的使用方式也变得截然相反。对许多人来说，"伟大的国家"或许彰显了共和制下的法国在世界历史上取得的成就。然而，无论是在法国国内还是国外，这个表述都意味着某种更为险恶的事物。法国的行政官员和军事将领们滔滔不绝地宣扬人类解放的普世主义言论，这与法国军队强加给其他欧洲人的狭隘物质主义、追逐私利和实质上的掠夺行径形成了鲜明对比。1789年《人权宣言》似乎在很大程度上针对的是法国人自私自利的要求，"伟大的国家"一词也往往带有批判、怨恨和讽刺的色彩。

此外，当时使用"伟大的国家"一词还有更深层次的历史讽刺意味。因为在此后，国际上关于"伟大"的标准已经发生了变化，法国从高位上跌落下来，英国取而代之。这一点在1799年并不明显：事实上，当法国正在辉煌地建立起一个欧洲帝国的时候，英国的政治制度也处于紧张状态，它的财政实力似乎非常脆弱，社会结构也面临着压力。我们在事后可以看到，当时的英国在经济增长、商业实力、工业力量和政治稳定等方面已经确立了领先地位，这将使它在19世纪的大部分时间里都是世界霸主。1815年，法国以一种带有民族耻辱的意味被打回了1792年的疆界。不过，这是另一个故事了。

如果说历史学家经常忽视法兰西民族从路易十四去世到拿破仑出现这一时期所取得的巨大成就，那么至少有部分原因在于1689年至1713年和1815年滑铁卢战役前十年的两段历史：法国先后两次在与英国及其盟友的斗争中遭遇了惨重的军事失败。对这一时期的认识不足，还有部分原因在于有关这一时期的历史著作大多集中在1789年至

1799年的大革命时代。人们普遍认为，1789年大革命与18世纪的其他年代没有构成一个整体，以至于艾尔弗雷德·科班早在1957年就已出版的《法国近代史·第一卷：1715—1799》仍然是目前唯一一部关于整个18世纪法国史的著作。许多历史学家之所以做出这样的选择，是因为他们认为，只有在指明和帮助解释1789年的情况下，1789年之前的历史才会显得生动有趣。他们在挖掘大革命起源时，往往不会关注法国大革命之前的社会力量之源以及其中的问题和紧张关系。本书研究的出发点是，尽管1789年的原因是一个重要的历史问题，但关于18世纪法国的其他问题，也值得认真对待和给予应有的关注。其中很多问题的讨论基础，更是法国在18世纪得到一致公认的优势所在，而不是那些直接影响大革命爆发的弱点（例如，国家权力的持续性、法国的文化和知识霸权、经济力量、民族认同的根源）。

虽然我的目标之一是传达法国在1715年至1799年间的社会、经济、思想和文化史层面的诸多重要内容，但我还是强调政治史的意义所在——政治史为理解整个18世纪法国社会的成就和问题提供了一个重要框架。因此，本书将反映出自科班时代以来的历史学家对18世纪政治史的兴趣的明显复苏态势，但同时又将政治与更广泛的发展联系起来。本书的架构原则是以政治叙事作为主线，不过其间也穿插了大量分析性和背景性的章节。

我尝试书写一部兼具阅读趣味和教育意义，但又不需要任何解释的历史作品。因此，我建议大多数读者可以跳过导论的剩余部分，直接阅读开篇的第一章。不过在我看来，如果我概述一下自己的研究方法，并强调我所提供的内容是如何反映——同时也希望影响——现有的史学趋势的，那么各位学界同行也会觉得可以从导论中有所收获。这就是这些开场白的目的所在。[1]

在科班的写作年代，法国政治史研究正处于低谷。法国学界的目光更多聚焦在社会和经济史研究，而非政治问题上。20世纪20年代末,马克·布洛赫和吕西安·费弗尔开创了年鉴学派的传统;20世纪40年代末,经由以费尔南·布罗代尔为代表的第二代年鉴学派学者的发扬光大,他们不仅摒弃了对上层政治的分析,而且避开了作为描述模式的叙事。年鉴学派强调对社会现象进行长时段和中时段的结构分析,"事件史"则被视作最不值得学界认真关注的内容:曾经兴盛一时的政治史研究已经成为明日黄花。社会史分析的霸权地位也延伸到了文化史和思想史领域:观念和品位被置于心态史的语境下加以审视——"心态"是年鉴学派创造的另一个新术语,旨在关注思想发生的知识框架,而非思想本身。"心态"是由社会决定的,沿着长时段的脉络缓慢发展。

从20世纪40年代末至70年代初,社会史研究的霸权地位尤为显著,以至于绝大多数关于18世纪政治史的深入分析,无一不是关于1789年至1799年的大革命研究。年鉴学派专注于结构而非叙事,专注于社会而非政治,这与法国大革命史学家乔治·勒费弗尔在第二次世界大战后至1959年去世期间主张的研究方法不谋而合。勒费弗尔的最早著作关注大革命期间的农民,他和他的学生及其崇拜者——我们可以把阿尔贝·索布尔、英国历史学家理查德·科布和乔治·鲁德归为一类——在拓宽"自下而上的历史"的研究视角方面发挥了重要作用。在很大程度上,这种视角贬低高层政治,反映了潜在的社会和经济趋势。20世纪30年代以后,经济史学家埃内斯特·拉布鲁斯开始进行的价格史研究也是对此方法的支持,他强调粮食的生产和分配是前现代经济的主要决定因素之一。18世纪的节奏似乎更多取决于面包的价格,而不是国王的去世和大臣的倒台。大革命史学家的兴趣点往往在于政治,他们之所以把这些内容归咎于"旧制度"这一模糊的范畴,只是因为这有助于他们理解大革命的社会起源。

对于乔治·勒费弗尔所取得的卓越成就,艾尔弗雷德·科班是最早、最尖锐的批评者之一。在冷战格局下,科班是一位坚定的斗士,他在批评中加入了辛辣的内容，即主张勒费弗尔作为法国当前的主流理论思潮，其实质是马克思主义的产物。勒费弗尔和索布尔公开承认自己是马克思主义者，他们提供的模式和概念范畴（1789年是一场"资产阶级革命"）与苏联学者对法国大革命的马克思主义解释息息相关。然而，在科班的诸多批评中，最具争议性的内容可能是他过分强调了马克思关于法国大革命观点的单一性，也低估了所谓马克思主义的解释在英国、美国和法国学界究竟可以在多大程度上被不同政治派别的学者所接受。此外，强调政治实践的社会基础也是科班本人的观点，他提出了"法国大革命的社会解释"之说，强调心怀不满的腐败官员（而不是所谓的取得胜利的资本主义集团）才真正发挥了革命资产阶级的作用。科班和追随他的英美学者一致同意，18世纪的经济是传统而非资本主义的[2]——这个观点与年鉴学派第三代学者埃马纽埃尔·勒华拉杜里"静止的历史"主张非常吻合。

社会史的霸权导致了对高层政治的忽视和对外交史的某种蔑视（外交史被视作最不严谨的专业之一，而年鉴学派学者从未真正深入研究过外交史），这意味着大革命之前的政治史无法吸引年轻学者的关注，进而缺乏亮点和活力。例如，1945年以后出版的第一部关于路易十五的重要学术著作，要等到米歇尔·安托万在1989年出版的出色传记。坦率地说，对于弗勒里和舒瓦瑟尔这两位累计在任时长超过三十年的首席大臣，迄今为止我们也没有做出过任何值得称颂的概述性研究。

然而，20世纪70年代中期以后，有迹象表明人们对政治的兴趣与日俱增，这或许与劳伦斯·斯通在1979年提出的西方历史学中的"叙事复兴"有关。它的特点是对研究高层政治的旧方法的更新和对政治思维新方式的探索——在20世纪80年代末至90年代初出现的所谓"文化转向"，对许多历史学家的研究也产生了非常重要的影响。在以下几个领域，这种对政治史的重新关注表现得尤为突出：

- 分析宫廷和大臣政治中的派系结盟。[3]
- 重新点燃对外交史的兴趣。[4]
- "新仪式主义"历史学家的工作,沿着恩斯特·坎托罗维奇绘制的路线,分析由王室庆典和仪式引发的政治和宪法问题。[5]
- "记忆之场"的取向——采用由皮埃尔·诺拉普及化的术语,结合对过去痕迹的物质化兴趣,分析其在国民文化的神话过程(例如作为法国国王加冕地的兰斯)。
- 微观史,通常受到人类学分析的影响。[6]
- 宗教史的再次兴起,不仅是作为集体心态的场所,也是作为政治实践的领域,特别是关于詹森主义的研究。[7]
- 文化史和思想史的复兴,现在更加系统地强调与政治表达的联系。[8]这种发展不时受到"剑桥学派"政治观念史研究的影响。它也逐渐渗透到文化心理学和话语分析的领域,这在很大程度上要归功于米歇尔·福柯。[9]
- "政治文化"观念的发展。弗朗索瓦·孚雷和基斯·迈克尔·贝克已经成为这一领域最具影响力的权威,大量借鉴了文化史和思想史的研究方法。在他们看来,政治文化是政治实践和政治话语的集合,政治是此过程中被处理的对象。[10]
- 从"资产阶级公共领域"视角对启蒙运动的分析。由德国政治学家于尔根·哈贝马斯首创的"公共领域"(对历史学家来说,它能否归属于"资产阶级"还存在相当大的分歧)一词,在20世纪80年代末以后开始发展成为最具影响力的组织化概念之一。"公共领域"指的是18世纪与君主制相对立的政治文化所形成的社会文化制度环境。

自科班的著作完成以后,一系列学术成果彻底改变了对18世纪政治和社会研究的状况。现在看起来,波旁王朝似乎有些不一样了。这也对我们如何看待大革命十年的性质、目标和结果产生了新的影响。如果说大革命史学家经常忽略了后一点的话，部分原因在于新的政治史研究在其范围、重点和时间分布上往往都是支离破碎的。此外，研究方法各异的学者们有时也会剑拔弩张。在法国大革命研究中，左翼的马克思主义者与右翼的"科班派"和"后科班时代"的"修正派"之间的分歧由来已久；旧制度的研究专家与"大革命派"之间的矛盾同样根深蒂固；除此之外，"政治文化派"与"派系主义者"之间也经常相互鄙视对方的工作。

对于撰写一部1715年至1799年的法国政治史来说，这些学术分歧使这项挑战变得更加激动人心、引人瞩目、紧迫而又充满风险。书写这部历史著作需要协调不同的研究方法。正如我希望呈现的那样，例如，对政治文化和国家仪式的分析可以卓有成效地补充有关派系政治的研究，并使之复杂化。同样，微观史的研究视角——无论是对路易十四的双腿还是博马舍的《费加罗的婚礼》——也能丰富对"整体情况"的认识，而不使之出现问题。更重要的是，与昔日的"事件史"研究取向相比，新方法为理解社会史和文化史提供了更加具有效果的途径。新的政治史显然不仅是更具有说服力的社会发展的令人尴尬的附属物，而且是一种试图在过去各个层面上接受并找到分析社会和文化现象的政治维度的新方法。

政治史复兴的一个特别重要的"副作用"在于，它使整个18世纪趋于平缓。大革命不再是18世纪的主旋律，1789年以前的政治也不再是大革命发展的"远房表亲"。在这个转变过程中，20世纪80年代末以来发生的非历史性但具有强烈历史意义的事件显然发挥了作用。在一个可能是"后现代"的世界里，我们可以探索整个18世纪的政治文化及其多样性的政治实践，而不是单纯地认为1789年是不可避免的，或以单线的方式将过去与未来联系在一起，甚至不再觉得它必然成为西方现代性宏大叙事的基础部分。

这种更加冷静的关于18世纪的新观点，要求我们摒弃法国大革命支持者对他们之前历史的描述，并拒绝将之作为前革命时代的可靠依据。即使是许多对18世纪研究开辟了令人兴奋的新视角的学者，也仍然难以抗拒从1789年以后的历史回看1789年之前的时期。例如，在1957年完成的经典著作中，科班只是轻描淡写地提到了1750年之前的历史，然后采用了一种结构性的方法，解释正在等待来临的1789年。历史学家几乎普遍使用"旧制度"或（更糟糕的）"旧政权"来表述这一时期的政治和社会制度，这就是难以摆脱大革命自我束缚的标志。从1789年起，革命者不屑一顾地使用"旧制度"一词，描述他们希望抛弃掉的"过去"；但如今，这个表述已经成为历史学家词汇表中不可或缺的一部分，甚至扩展到更广泛的领域（例如，"社会-经济的旧制度"）。将"旧制度"作为分析标准，产生了如下后果：首先，它为1789年以前的社会和政治制度赋予了一种隐含的统一性——尽管正如我们将要论证的那样，经济活力在许多方面都与政治发展背道而驰，而且社会差异的程度相当离谱。其次，它为一个自视甚高的政治制度带来了一种病弱衰老的感觉——而在当时的欧洲，人们普遍认为这个政体并非如此。例如，即使在七年战争造成了灾难性的影响之后，大多数欧洲人依然担心法国的国家权力仍将过剩，而不是缺乏——这也是1789年看起来如此出人意料的原因之一。再次，它助长了对1789年前后时期的两极分化和"摩尼教式"的观点，历史学家全盘接受了革命者的自我主张，要么认为旧制度是"糟糕的"，大革命是"极好的"，要么持有完全相反的论调。

在本书对18世纪的法国社会和政府的分析中，我特意没有使用"旧制度"一词（仅从1790年开始使用，因为从那时起，"旧制度"在大革命的想象中已经变得无法动摇）。我这样做的目的，是为了避免沦入此前提到的概念陷阱，同时也是为了表明我希望用与同时代人相关的术语和框架来理解18世纪的政治。我对自己是否能让所有学者都不再使用"旧制度"一词持怀疑态度,但我希望能够证明将它作为一个分析概念是可有可无的。此外,我会尽可能多地引用政治人物、作家和回忆录作者的作品,实证主义史学家往往批评他们对政治事件的考证"不甚准确",但这些叙述构成了理解波旁王朝的政治文化方案和规划的绝佳指南。例如,从政治进程参与者的视角来看,18世纪的绝大多数时间,都是在与路易十四的精神及其最有力的批评者(例如费奈隆)之间对话,而不是与罗伯斯庇尔和拿破仑之间对话。虽然在阅读历史学家对18世纪的描述时,我们很难忽视罗伯斯庇尔和拿破仑的存在,但最早在1789年以前,二者对法国人来说是根本无法想象的。这种方法的另一个好处就在于,它让我们重新感受到了1789年大革命爆发和随后陷入恐怖统治的那种自发的喜悦与恐慌。历史学家往往从1789年之前的政治文化中寻找大革命的"起源",或是强调"旧"政体的内在缺陷,但他们实则忽视了1789年之后政治的与众不同之处和令人震惊的新意所在。

我的论述还隐含了另一个假设,即1715年至1789年的政治文化基本上是统一的。正如我所希望证明的那样,无论在摄政时期还是在大革命之前,法国政治制度的主要特征始终保持不变:

- 派系政治的博弈规则。
- 仪式化和组织化的权力机构。
- 支持君主个人权力的行政机器。
- 17世纪90年代以后,君主政体接受了发展福利制方案的需要。
- 在某种意义上,公众与国家之间是相互分离的,而"公众舆论"观念的发展可以作为潜在的合法性依据。
- 国内政策和外交政策之间存在紧密联系。1789年以前,战争是国王的职责。自17世纪的财政-军事国家出现以来,战争也涉及经济建设。历史学家们发现,自己比同时代人更容易区分内政和外交事务。

- 王朝的脆弱性是长久存在的。法国国王可能是18世纪欧洲范围内最受关注的政治人物——"如果……会怎么样"的假设从未脱离审查者的脑海。总有人在伺机而动，这以一种容易被忽视的方式决定了政治野心和联盟的出现。孔蒂亲王认为王冠是波旁王朝的传家之宝，而不是任何一位统治者的个人财产，这既是家族内部的自夸，也是对其王室表亲的威胁。[11]在路易十四去世的最初几年，王朝的不确定性建立在君主制可能会由于人口增长而消亡的基础之上。但后来，波旁王朝内部的政治活动也产生了类似的制约性感受。

通过强调1789年以前政治文化的统一性，我的论述将淡化波旁王朝政治文化在18世纪中期发生断裂的重要性，特别是近年来许多学者在基斯·贝克的带领下，声称发现了这种断裂。历史学界对1715年至1750年这段时期的忽视，使得历史学家们不免对1750年以后出现了新颖的政治反对派话语的情况予以高估。我将论证，18世纪中叶以后发生的许多事情都是对1715年或是更早的旧话语的重复。七年战争的灾难使人们（甚至包括政府本身在内）清楚地意识到，有些事情必须改变。但是，随之而来的思想混战和意识形态投射（我会强调它们的严肃性及其所取得的成就）的特点是非常广泛地借鉴了历史记载，并将自己的观点建立在已有的论据基础之上的。

认为波旁王朝政治文化的主要脉络从摄政时期持续贯穿到大革命时期的观点，就像把字母刻在岩石上一样，低估了启蒙运动和大约在1750年之后出现的公共领域的重要性。当然，我无意否认与《百科全书》以及与伏尔泰、卢梭和其他启蒙哲学家著作的影响相关的、不可简化的思想领域的新元素。我的观点是，他们共同加入了当时已经开始的对话。此外，正如本书关于启蒙运动的章节所强调的那样，在启蒙运动中进行政治讨论的社会空间的不断扩大,甚至比这场运动在思想领域的影响更为重要。例如,政治争论早已唤起了更广泛的公众和"公众舆论"。现在的新情况是,公众比以往任何时期都更广泛,信息也更加灵通,而且社交和沟通的新形式让传统圈子之外的个人,也对公众产生了归属感。一个崭新的空间正在出现,进而使新的政治参与者能够加入探讨和辩论之中。

我将论证,启蒙运动作为知识分子参与公共事务的社会学意义上的"扩音器",需要与商业资本主义的发展紧密联系起来。在18世纪,"商业"一词既指经济贸易,也指知识交互。这种语义的重叠凸显了思想和信息流动依赖于更大经济网络的程度——但反过来说,贸易也在很大程度上依赖于现有的信息供给和面向交换观念开放的市场。一个显而易见的例证是,《百科全书》不仅是一项具有划时代意义的思想成就,也是一种商品,它可以通过精湛的商业运作向狂热的消费者出售。

年鉴学派的"式微"让历史学家看到了18世纪法国经济增长的活力。早在大约四十年前,弗朗索瓦·克鲁泽就有力地驳斥了布罗代尔等人的观点。在其看来,大革命之前的法国经济在很多方面都胜过英国。到了1789年,法国的国家财政状况可能非常糟糕,但如果认为全国范围的经济情况都是如此的话,那就是一个需要予以坚决驳斥的错误假设了。此外,不单是法国经济表现的积极方面得到了重新评价,英国经济增长的零散性和渐进性也得到了证明。而且,"工业革命时期通往资本主义的成功模式就是英国道路"这种英国优越性所依托的宏大叙事也受到了质疑,这就使人们能够更加公平地评价其他走上现代化道路的不同经济体。[12]

强调18世纪法国经济表现的稳定性,也使资产阶级重新回到了我们的视野之中——在"修正派"对法国大革命起源的研究中,这个群体长期以来隐而不见,但他们是马克思主义叙事中获得胜利的英雄。

在马克思主义的叙事中，革命者被视作工业资本家，但"修正派"史学家却把这种正确倾向排斥在外——后者认为，法国的工业化进程过于复杂和漫长，以至于无法指望资产阶级的群体在18世纪发挥突出的政治作用。然而，我发现保留"资产阶级"一词还是有必要的，因为它指示的群体是非贵族城镇居民，他们在经济扩张的过程中主导了法国的生产和交换。（贵族在企业中扮演的角色虽然重要，但被夸大了。）这个群体可能并不总是使用"资产阶级"一词来描述自己，因为他们的身份更多地取决于地位因素而非阶级归属感，但他们知道自己是谁——尤其是因为他们互相通婚、结成伙伴关系并一同社交。这个群体中既有商人和贸易者，也有制造商，还有大量的专业人士——律师、医务人员、国家官员、教师等等。他们总是无一例外地认为，自己一方面有别于贵族（尽管许多人渴望加入贵族的行列），另一方面有别于城镇和农村的下层阶级（他们害怕在困难时期沦落到下层阶级的队伍）。从广义上来说，资产阶级拥有知识和商业技能，最善于利用市场机会和正在形成中的公共领域所提供的发展潜力。而在社会认同总是支离破碎、等级森严的政治体制中，他们也是最能强烈感受到公民权利诉求的群体。

显然，我们不能将这个异质性的群体（连同小商贩、店主等大批小资产阶级在内）视作一个单一、自觉和统一的资产阶级。事实上，正如我们将要看到的，整个18世纪的一个显著特点就是，所有社会群体（贵族、农民、城镇居民等）都在发生内部的分化和裂变。然而，与此相反的是，研究18世纪的魅力之一恰恰在于我们开始发现，商业资产阶级和职业资产阶级以某种秘密集体认同的形式出现，他们的公民权利意识不断增强，这将使1789年的许多独特和新颖之处成为可能。到那时，由于波旁王朝的等级特权在地方和全国范围内出现了商品化和市场化的趋势，新的身份认同形式也正在形成。对于这个被广泛视作1789年主要受益者的群体来说，大革命为其提供了集体行动的崭新舞台，同时也为分歧提供了空间，而这些分歧的影响将持续到19世纪。

正如一句名言所说，与其说是资产阶级造就了大革命，不如说是大革命造就了资产阶级。当然，1715年和1799年政治最显著的区别之一，恰恰在于资产阶级作为合法参与者，出现在政治舞台之上。然而，我希望在本书的研究中能够表明，早在1789年之前，资产阶级就已经开始塑造自我形象了——而在大革命之后，他们也将继续扮演非常重要的角色。在这一点上，我和哈贝马斯不谋而合，与他一样（尽管没有他的影响范围广），我强调1789年之前的经济领域对此过程的重要意义：在国内外市场和公共领域中，资产阶级始终占据了一席之地。然而，我和哈贝马斯的不同之处在于，我在使用"资产阶级公共领域"这个术语，以及强调其在为文化和政治交流开辟新空间发挥作用的同时，也突出了这些新空间在1789年之前被昔日的政治行动者所侵占的程度，并为现有的辩论提供了场所。资产阶级公共领域被现有政体"殖民化"的程度，超出了哈贝马斯等学者所承认的范围。同样，公共领域的政治方案（国家在提供国内繁荣与安宁的同时，如何在国际舞台上维持军事胜利？），也在很大程度上来源于波旁王朝的政治体制。当然，低估这种公共领域的存在及其活力对波旁王朝政治文化造成的压力，无疑是非常愚蠢的。但是，从攻占巴士底狱开始，革命者以及反对派先后宣扬的"他者"和"局外人"等论调，也掩盖了有关大革命起源的观点——在某种程度上，大革命源于这种政治文化的内部，而非外部。

我的叙述将主要聚焦于政治精英。不过，我也想让大家了解到，越来越多的来自不同背景的个人，是如何越来越多地受到这些进程的影响，以及他们中有多少人为此做出了自己的贡献。在18世纪，也许正是这个臃肿的资产阶级群体为法国的"伟大"——无论如何评判这个词语——贡献了最大的力量。1799年之所以不同于1715年，部分原因至少在于有更多的人直接参与其中。此外，只有以这种方式扩大关注对象，我们才能更深入地了解18世纪最具有历史意义的问题之一：将18世纪推向高潮的法国大革命，不仅为昔日的问题找到了崭新的解决方案，而且成功地催生了一种崭新的意识——1789年开创的政治价值观，值得我们为之付出生命的代价。无论在法国国内还是国外，这种意识已经延续了两个多世纪。作为历史学者，我们对此深感敬畏。

### 注　释

1　In the light of this intention, I have not given full bibliographical details of the works to which I allude. The works referred to will be found in the bibliography; see below, pp.613-614.

2　E.g. G. V. Taylor, C. B. A. Behrens and William Doyle.

3　The doyen of the approach is Michel Antoine, though see too British scholars Peter Campbell, Munro Price, John Hardman, John Rogister and Julian Swann.

4　See e.g. Lucien Bély, Jeremy Black, T. C. W. Blanning.

5　See e.g. Ralph Giesey, Sarah Hanley, Richard Jackson, and, on the French side, Alain Boureau, Jean-Marie Apostolides and Louis Marin.

6　See e.g. Dale Van Kley on Damiens's assassination attempt, Robert Darnton on the 'Great Cat Massacre' and Arlette Farge and Jacques Revel on the 'vanishing children of Paris'.

7　See esp. the work of Dale Van Kley and Catherine Maire.

8　See e.g. for the book trade, Roger Chartier, Robert Darnton, Raymond Birn, Carla Hesse; for the press, Jeremy Popkin and the group around Jean Sgard, Pierre Rétat and Gilles Feyel; for academies, Daniel Roche; and for freemasonry Ran Halévi and Margaret Jacob.

9　Michael Sonenscher is the main proponent of the 'Cambridge School' who works on France. For cultural psychology, see esp. Lynn Hunt.

10　Of the enormous amount of work written under this banner see esp. and e.g. David Bell, Dena Goodman, Sarah Maza, Tom Kaiser.

11　See pp. 239-240.

12　See e.g. Patrick O'Brien, Philip Hoffman, Giles Postel-Vinay, E. N. White, Hilton Root.

# 一、1715年的法国：
## 国王的腿疾与权力的编排

### 太阳王的神话般在场

预后不佳。医生们心灰意冷。1715年8月初，病人出现了不适症状。8月中旬，坏疽附上了他的左腿。在一个平均预期寿命还不到30岁的年代，这位76岁的老人表现出顽强的生命力。他童年时期经受了天花的考验，年轻时又与淋病抗争，他从青春期开始就学会了应对偶尔晕厥的生活，并在1686年接受了一次危及生命的肛瘘手术。在这十年中，他失去了牙齿（多亏他的外科医生，他的部分颌骨和上颚也被毁了），还患上了痛风。在接下来的日子里，他一直忍受着周期性的发热、风湿病、皮肤病和肾结石带来的剧烈疼痛。医生总是允许他放纵自己的巨大胃口，而通过催泻或灌肠这些"英勇的"方式，限制他的摄入和控制他的肥胖。在他生命的最后几年里，医生建议他坐着的时候不要试图交叉双腿，以免给他膨胀的腹部增加负担。医生们是否应该因为让这个勇敢却虚弱的病人活了如此之久而得到称赞，或者因为增加了他的痛苦而受到斥责？这个问题似乎没有意义。无论如何，这位病人最近的——而且事实证明也是最后一次——疾病出现了一种令人担忧的症状，即病人无法吃饱。在医生的眼中，病人缩成一副骨架,他的皮肉就像要从骨头上掉下来似的。这种疾病已经开始以致命的方式向患者的躯干蔓延,他的腿上长满坏疽,散发着恶臭,颜色像煤炭一样乌黑。

再者,这不是一条普通的腿,它属于一位国王——而且不是一位普通的国王。

路易十四,法兰西和纳瓦拉的国王——"太阳王""路易大帝""上帝的化身""最虔诚的天主教国王""绝对君主",他1638年出生,1643年登基,是同时代在位时间最长、最伟大的欧洲君主。长期以来,他都很重视自己的下肢。1653年,他在宫廷的芭蕾舞会中扮演了太阳神阿波罗,一幅光芒四射的画像显示,他身着一套"布满

《路易十四》,亚森特·里戈绘

金色刺绣和众多红宝石点缀"的服装，头戴一顶红宝石和珍珠制成的王冠，其上还有许多粉红色和白色的羽毛，而他头顶上的光线则是由钻石组成的。[1]这幅寓言式的画作捕捉到国王在年轻时对运动的热情、追求快乐和无忧无虑的自信，同时也展示了他在做芭蕾舞动作时优美的双腿。近半个世纪后，也就是1700年左右，在里戈\*创作的一幅著名画像中，君主穿着全套礼服，昂首挺胸，他的双腿用最好的白色丝绸包起来，摆出了同样优雅的姿态——左腿向前，脚尖点地，脚背拱起。早期画像里那种漫不经心的快乐已经消失不见了：1700年，路易十四正站在权力顶峰，但同时也处于战争之中，战争耗尽了国家的资源，给法国政府带来了沉重的负担，并削弱了他本人的声望。年龄和焦虑使路易十四付出了代价——在里戈的画作中，深陷的脸颊表明这位君主失去了牙齿，而高耸的假发则掩盖了他严重的脱发。但他的双腿仍然完好无损，姿态依旧挺拔，右手握着的权杖使人想到陆军元帅和芭蕾舞大师的指挥棒。

  1715年，路易十四原本完好的双腿开始腐烂、发黑，尽管他的双腿被视作王室自我形象的珍贵象征，经过严肃讨论，医生们判断国王已经濒临死亡。但是，作为政治上的芭蕾舞大师，路易十四临死前仍在精心编排。这个杰出的演出舞台就是凡尔赛宫，路易十四按照自己的标准，在距离巴黎约10英里的地方设计了这座宫殿。从1683年起，路易十四及其王室就居住在这里，并将其改造成欧洲记忆中最宏伟的宫殿。在凡尔赛宫，通过严格的宫廷礼仪，太阳王制定了一套仪式性的王权语言，而他自己则以光芒四射的人物形象，出现在这套话语的中心。这座太阳神圣殿的建筑风格是深刻而有寓意的"路易中心主义"：国王居室位于宫殿的中央，视线由此向外辐射，从而划定了

---

\* 亚森特·里戈（Hyacinthe Rigaud，1659—1743），法国画家，擅长宫廷人物肖像画，代表作《路易十四》（1701，现藏于卢浮宫）。——本书所有脚注均为"译者注"，章末尾注为原书"作者注"，特此说明。

凡尔赛宫的几何学构造。权力是可见的，与君主发生身体接触就是权力的体现。正如路易对一位朝臣的著名评论，"他是一个我从未见过的人"，再也没有比这句话更能反映出政治虚无性的案例了。与宫殿一样，古典花园严格对称，这里普遍装饰着国王和他选定的象征（尤其是太阳和太阳神阿波罗）的精美图像，甚至表现出"路易大帝"为自然带来秩序的主题。凡尔赛宫的运转在空间上围绕像太阳一样的中心，在时间上也遵循路易十四的规定。宫廷仪式的安排与君主的日常生活息息相关，从太阳王的"升起"（起床）到他的"降落"（就寝），这些仪式都是经过精心安排的。在路易十四统治时期最著名的回忆录作者圣西蒙公爵*看来，王室的钟表是非常精确的，以至于在距凡尔赛宫1 500公里之外的人，只需看一眼表就能准确知道国王在一天中任意时刻所做的事情。² 在凡尔赛宫所有的王室演出中都有大批朝臣跳舞助兴。甚至参观国王内室——这种公开的谦卑行为——也成为演出的一部分。路易十四决定谁有资格在他的卧室里举蜡烛，通过这种简单的方式，他创造了财富，也失去了财富。他的每一餐都是一场备受关注的演出，国王在咀嚼中观察着王室成员的一举一动，以便仔细审视他们的意图。

在国王的生活中，每个部分的仪式性宣传都建立在这样的假设之上，即国王的身体是法兰西国家的具象化呈现。虽然路易十四似乎从来没有说过"朕即国家"的表述，但这肯定是他本人的观点。在其看来，"在法国，国民不是一个整体，它完全属于国王个人"。对于这一观点，18世纪"最有智慧的法学家"阿盖索†表示赞同，"国

---

\* 路易·德·鲁弗鲁瓦·德·圣西蒙（Louis de Rouvroy de Saint-Simon，1675—1755），法国政治家，父亲是路易十三的宠臣，1702年进入凡尔赛宫，侍奉路易十四，后在路易十五的摄政委员会中任职。晚年退居庄园，写作回忆录，该作品1856年首次出版，现在通行的1983年至1988年出版的8卷本近13 500页。

† 亨利·弗朗索瓦·德·阿盖索（Henri François d'Aguesseau，1668—1751），法国政治家、法学家，1700年至1717年间担任巴黎高等法院检察长，1717年至1722和1727年至1750年间担任司法大臣。

王与王国构成了一个单一的整体"。[3]作为路易十四身边最为喋喋不休的颂扬者,波舒哀主教*曾这样评价他的国王:"整个国家都在他的身上。"1662年,在谈到一般意义上的君主时,波舒哀主教就曾充满热情地表示,"你们就是上帝",他还宣称这一观点得到了《圣经》的佐证。[4]对于波舒哀主教的说法,路易十四深信不疑,凡尔赛宫的装饰使国王的身体成为崇拜的对象。路易十四被描绘成一个来自异教的神(阿波罗、朱庇特、玛尔斯、奥古斯都等等)。"第一画家"夏尔·勒布伦†为镜厅设计的壁画更加夸张,他将路易十四描绘为一个与诸神具有同等地位的伙伴。这种风格开创了一种"神话般在场"[5],制造了一种永无止境的紧张氛围和一种相伴而生的艺术风格。在这种风格中,路易十四虽然戴着不合时宜的假发,但他更是永恒的英雄,他与异教的神灵、女神和魔鬼并肩而立。

在集体创作的赞美诗中,人们对路易十四创造的荣耀赞不绝口——军事荣耀贯穿了国王漫长的统治时期,他开拓了法国的领土,巩固了法国的边界,建立了一个殖民帝国,从而使法国成为世界大国。然而,如果说军事荣耀在路易十四的"伟大时代"占据了重要位置,那么太阳王的一举一动都值得被记录和传播。就像国王的演出因为受到普遍关注才具有价值一样,如果缺少宣传和普及,任何纪念活动都是毫无意义的。作为路易十四神话世界的中心,凡尔赛宫本身就在大力宣传对国王身体的崇拜:关于宫殿建筑的刻画和描述得到了广泛传播;路易十四亲自撰写了一本关于宫殿花园的游览指南[6];宫廷礼仪方案变得众所周知并被盲目照搬,几乎每一位欧洲君主都希望效仿路易十四的如此威望。在凡尔赛宫的仪式性环境中,统治者的形

---

\* 雅克-贝尼涅·波舒哀(Jacques-Bénigne Bossuet,1627—1704),法国神学家,路易十四的宫廷布道师,宣扬君权神授和绝对君主制。

† 夏尔·勒布伦(Charles Le Brun,1619—1690),法国画家,曾为凡尔赛宫和卢浮宫绘制诸多作品,被路易十四誉为"有史以来法国最伟大的艺术家"。

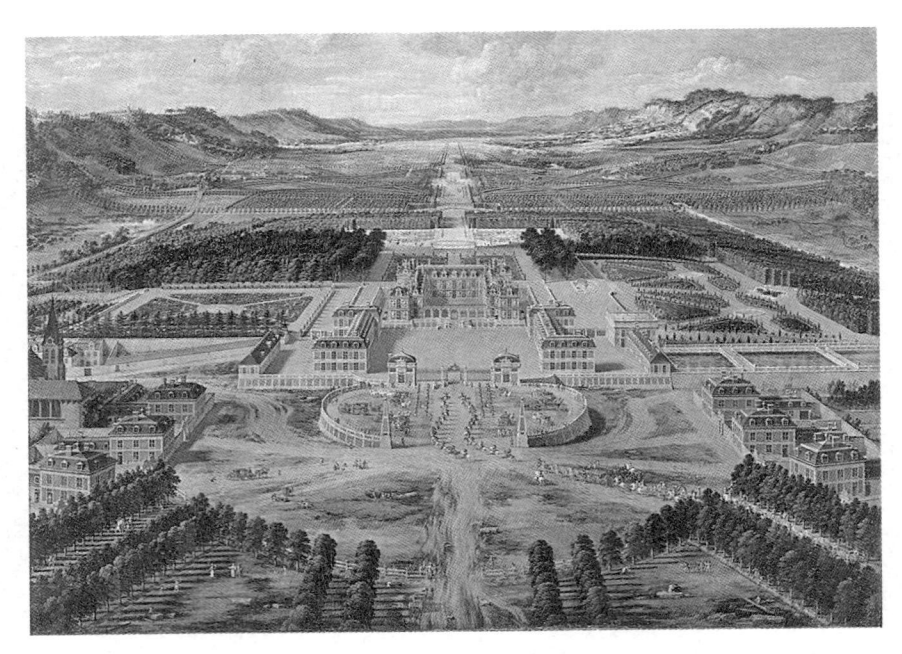

路易十四时期的凡尔赛宫

象被无休止地复刻,并在每一种可以记录的媒介中得到再生产。路易十四统治期间,至少有300幅关于他的肖像或雕像被制作出来,纪念章的数量也大致相同,而雕刻作品的数量几乎是前者的两倍。17世纪80年代以后,一场波及全国范围的运动兴起,每一座大城市的中心广场都需要安放路易十四骑马的雕像,同时还有人提议建立壮观的凯旋门,以便让外省民众都能看到统治者的形象。出现国王形象的盛大演出不仅包括军事征服,而且包括医院成立、著名外交事件、科学赞助行为、纪念碑落成、王子诞生、宗教庆祝等不同场合。通过演奏《感恩赞》的纪念性庆典,许多卓越的行动,以及标志这些活动的宫廷仪式,都在公众意识中产生了回响。此外,在这片土地上的每个教区,这些宗教庆典都会定期举行,并向统治者取得的胜利表达集体的感谢。

根据自己对有效统治方式的敏锐判断,路易十四制定了独具特色的文化政策。在为太子留下的备忘录中，路易十四写道，"那些认为（宫廷礼仪）只是仪式性事务的人无疑大错特错"，"我们统治下的民众无法触及事情的核心，他们只是基于自己看到的表面现象进行判断，通过等级与地位来衡量自己的尊敬与服从"。[7]因此，路易十四努力争取艺术家与作家的支持，从而塑造对他的崇拜。在几乎所有的知识与艺术活动领域，国家都资助建立了学院。1635年，黎塞留\*成立了法兰西学术院，其主要目标是确立法语的纯正性，此外还有绘画与雕塑学院（1663年获得正式批准）、铭文与美文学院（1663年）、科学院（1665年）、音乐学院（1669年）和建筑学院（1671年）。这些机构的一部分职能是充当政府的顾问与助手——例如，勒布伦领导下的绘画学院就为凡尔赛宫的装饰提供了团队和项目支持。除了为满足国家需要提供知识保障以外，这些学院承担了规范制度的职责，它们根据知识进步与君主制崇拜的原则制定评判标准。它们还充当着国家资助的渠道。对于那些艺术工作者来说，委托的任务总是在不断派发，恰如诗人宣传家让·沙普兰†所提到的："金字塔、石柱、骑马者雕像、巨型雕像、凯旋门、大理石与青铜半身像、浅浮雕……（以及）我们丰富的挂毯作品、壁画和雕刻。"[8]对于作家而言，他们通过充满无限夸张的各类诗歌、戏剧、献词、报纸、杂志和学术作品，对统治者加以强调、突出、描述、称赞、颂扬、歌颂和赞美——这也有助于增加这些作家的物质财富。在剧作家皮埃尔·高乃依‡推崇的新"黄金时代"[9]，太阳王希望自己光芒四射，而他所垂青的艺术家和知识精英们所扮演的角色，就是把太阳王的光芒传播到他的王国的每一个角落。

---

\* 黎塞留（Armand Jean du Plessis de Richelieu，1585—1642），法国政治家，路易十三统治时期的首席大臣（1624—1642在任）和枢机主教。

† 让·沙普兰（Jean Chapelain，1595—1674），法国诗人、批评家，法兰西学院的主要创始人和组织者。

‡ 皮埃尔·高乃依（Pierre Corneille，1606—1684），法国剧作家，代表作《熙德》《贺拉斯》等。

即使在弥留之际，路易十四为自己统治的神话般在场而精心设计的仪式性机器也还在继续运转，仿佛这位宫廷芭蕾舞大师设定的节奏仍在所有人耳畔有节奏地跳动。国王起床的仪式准时进行，大臣行进的队伍只是在国王卧室的门前停下了脚步，御前会议*仍然照常处理国务，但在会议桌前为缺席的君主留出了一把椅子。一旦太阳王深陷日食的阴影，路易十四试图体现在自己身上的国家又将何去何从？临终前，他向身旁泣不成声的大臣们询问："你们曾经以为我会永垂不朽吗？"[10]之后，相比于此前努力维持自我神话时的狂妄态度，路易十四为时已晚而又不无遗憾地承认："我要离开了，但这个国家还将继续存在。"[11]

## 波旁王朝的政体

尽管路易十四的凡尔赛宫拥有非凡的创造力和文化魅力，但法兰西国家远不是国王个人的创造物。它包括了权力仪式、传统、习俗和实践等多重要素，其中一些内容甚至可以追溯到克洛维时代，克洛维是墨洛温王朝法兰克人的领袖，公元496年在兰斯以罗马帝国继承人的身份加冕为"法兰克"的国王。例如，路易十四将个人生死与国家命运进行对比，他的言语就是后世对一个极其古老的基础性原则的致敬，即国王永远不会死亡。国王拥有两个身体，一个是他的肉体，另一个是仪式性的，前者虽然会腐烂和消逝，但后者则是永恒且常人无法触及的。在中世纪，人们通过为已故统治者制作蜡像的方式，传递"王之两体"的理论。†起初，国家的仪式性事务是围绕这座蜡像继续展开的，而国王的继任者被隐藏起来，只有在前任国王下葬及其蜡像被销毁之后，新任国王才可以充分行使王权。文艺复兴以后，这

---

\* 御前会议（Conseil du Roi），旧制度下法国国王周围的行政机构，旨在向国王提供建议。

† 关于这一问题，可参见［德］恩斯特·康托洛维茨：《国王的两个身体：中世纪政治神学研究》，徐震宇译，华东师范大学出版社2018年版。

波旁王室纹章

种做法就被弃之不用，部分原因是它使君主制在权力交接的过程中变得脆弱不堪。更重要的是，"王之两体"理论中隐含的时间模式与路易十四的神话时代存在龃龉。在太阳王的身体政治中，只存在一种身体，那就是路易十四自己的身体，而这个身体所承载的王权礼仪制度和夸张的不朽修辞方式，远远超出了生物学时间的范畴。

路易十四来自波旁家族，属于卡佩王朝的第三分支。987年，西法兰克王国绝嗣，于格·卡佩\*建立卡佩王朝。1328年瓦卢瓦王朝成立，直到1589年亨利·德·纳瓦尔†以"亨利四世"之名成为波旁王朝的首任君主。1560年以来，宗教战争一直困扰着法国，而转折点

---

\* 于格·卡佩（Hugues Capet，941—996），父亲是西法兰克王国的贵族和权臣"伟大的于格"（Hugues le Grande），987年经贵族和高级僧侣推选，成为法兰西国王。

† 亨利·德·纳瓦尔（Henri de Navarre，1553—1610），父母均是卡佩王朝路易九世的后代，原为新教徒，因继位改信天主教，1610年被狂热的天主教徒刺杀身亡。

就是亨利四世成功终结内战,并通过1598年的《南特敕令》保证了法国境内的新教(或胡格诺派)少数群体享受宗教宽容的权利。亨利四世及其继承者——1610年至1643年在位的路易十三和之后的路易十四——接续了此前的政治传统,又带有波旁王朝的独特风格。波旁王朝的政治以确保国内安宁而深感自豪,同时又满怀斗志与决心地在海外进行国家扩张。这就需要与法国在国际舞台上的对手(尤其是哈布斯堡王朝)的武装力量相匹敌。哈布斯堡皇室的影响遍布欧洲,其成员中一位是西班牙国王,另一位是奥地利统治者,后者同时还领导着覆盖了日耳曼和中欧地区的庞大的神圣罗马帝国。

与瓦卢瓦王朝相比,这种对内安抚和对外侵略的双重任务需要王权更加集中,为了实现这一目标,波旁王朝从建立之初就致力于以"绝对"权力的名义使王权最大化。绝对君主的理论源自古典时代,但在宗教战争时期又一次出现。人文主义者、法学家让·博丹\*等政治理论家大胆地宣称,统治者的"绝对"要求是摆脱政治和教派纷争周期性爆发的解决方式,不然这些纷争很有可能吞噬整个王国。博丹认为,法国国王在某种意义上享有绝对权力,因为统治者通过神的认可而"免除"了法律的约束和限制。绝对主义思想家指出,无论任何人的组织都不可能合法地挑战甚至分享君主权力。"国家利益"要求法国境内的所有团体和个人都应该俯首称臣,即使是像教宗和神圣罗马帝国这样的国际权威,也应当承认法兰西国王在本领土上享有至高无上的政治权力。恰如亨利四世所指出的,法国国王是君权神授的统治者,他们"只向上帝汇报自己的统治"。[12]

波旁王朝的君主权力被赋予了一部分绝对主义光环,这正是王朝对"准神性"的诉求。同样,这不是路易十四的凭空捏造,而是建立在神权学说的基础之上,尽管神权学说的起源已经在中世纪的迷雾

---

\* 让·博丹(Jean Bodin,1530—1596),法国政治思想家,代表作《国家六论》系统论述了国家主权学说。

里消失不见,但它通过仪式扎根于法国君主的加冕礼之中。古代的加冕礼与主教的祝圣仪式非常相似,国王从而成为"外主教"和法兰西(或高卢)教会的领袖。因此,根据1516年法国国王与教宗签署的《博洛尼亚协定》,以及1682年《法国天主教四条》中被大大拓展的条款,国王对教会事务享有广泛的权力,包括对任命主要职位与处置圣俸的实际垄断。此外,作为"最虔诚的天主教国王"完成上帝使命的标志性符号,他还收获了拯救的恩典。君主们被涂上了圣油,据说这是在496年法兰克国王克洛维皈依基督教和受洗时由鸽子从天堂送来的。装在圣瓶中的圣油至今还奇迹般地保持湿润,它被安放于兰斯大教堂之内,而这里正是法国国王举行加冕礼的地方。据说,这种神圣的物质为国王赋予了治疗瘰疬(或被称作"国王之魔")的神奇能力。国王在触摸病人时会说:"国王为你触摸,上帝为你治疗。"这足以带来治愈的奇迹。[13]档案留下了关于瘰疬病人等待国王加冕礼的可悲记载。例如,在1654年路易十四加冕后,近3 000人请愿要求接受"国王的触摸"。从此,这项活动成为国王仪式性制度的一部分,有系统地得到实施和广泛宣传。\*

君权神授、绝对主义的法国国王声称享有一系列特权,他既不受臣民的束缚,也不为其他世俗权力所阻碍。这些特权具体包括:立法权(只有国王发布普遍性的法令,可以对战争与和平事务进行仲裁)、武装力量的垄断权、最高的司法权——其象征是国王有权在司法程序之外发布赦免令,并通过带有国王印章的"密札"†随意逮捕和监禁他人。不过,这些特权不能被任意使用。例如,让·博丹就曾表

---

\* 注释13引用的著作已有中译本,参见[法]马克·布洛赫:《国王神迹:英法王权所谓超自然性研究》,张绪山译,商务印书馆2018年版。

† 密札(lettres de cachet),旧制度时期国王亲自签发的命令,无须经过司法大臣公署,而只经国王的秘书封印(cachet),名称即由此而来。地方官员可以凭此在未经法庭审判的情况下对个人实施监禁、流放或命人离开某地。18世纪后期这一特别做法受到广泛的批评(首先来自高等法院)。转引自黄艳红:《法国旧制度末期的税收、特权和政治》,社会科学文献出版社2016年版,第183页,注释2。

示，国王的"绝对"权力受到上帝与自然法的限制。[14]博丹将后者称作"惯例"，而16世纪末以来，这些惯例则更多地被称作"基本准则"或"基本法"。但是，它们并没有一个详尽或者一致同意的清单。其中一些惯例是关于继承的技术性观点，例如：王位世袭采用长子继承制，且国王需要是男性和天主教徒；在加冕礼上，国王宣誓需要强调的"基本法"包括维护正义、维护教会权利、驱逐异端邪说等内容。

18世纪末，法国革命者引入的成文宪法成为所有现代国家的准则，但在此之前，其他的"基本法"与其说是"法律许可"，不如说是习俗、惯例与程序——它们被时间赋予了神圣性，进而被嵌入仪式之中。"基本法"是灵活的、非正式的，但这也意味着它们可能会有不同的解释。确实，政治生活包括这些实践和仪式的进行与解释方式，而它们似乎是合理合法的。

尽管主权被广泛认为是统治者身体框架内不可分割的一部分，但实际上，权力在社会实践中的存在更加分散。在波旁王朝的政体中，集中化与个性化的立法主权观念处于核心位置，但集体参与的复杂模式也对其产生了平衡作用。中世纪以来，法国已经发展成为一个"等级社会"，也就是说，一系列复杂的机构和团体都在这个环境中享有独特的法律地位。有时，国家被描绘为一个"身体"，国王是它的头颅，而王国的其他要素也在这个有机体中同样发挥着作用。其他时候，国家被表述为一种庞大的"存在巨链"，这是一个复杂的、由高到低垂直分布的等级结构（组织），其中每一部分都享有由王室认可的"私法"（或者说"特权"）所赋予的权利。这些"身体"可能采用"等级"的形式：传统上，社会被分为教士、贵族和"第三等级"（即不属于前两个等级中的人），每个等级都享有自己的特权。其他"结构"还有"领土单元"（省、市镇、教区）、专业团体（例如医学院或律师社团）、贸易团体（如行会）、机构（大学、医院、教区会、教堂分会等等）。在君主的全方位监督下，所有"结构"都有不同程度的自我调节权。例如，教士事务由教士会议\*管理，他们每五年举行一次会议，处理共同关心的问题。城市中设立"市三级会议"，而许多省份则保留了"省三级会议"，尤其是在相对较晚加入法国的省份，例如1491年并入法国的布列塔尼。

在波旁王朝的政体中，集体权利的渗透相当彻底，以至于国王直接管理的官僚机构都是由享有自我特权的团体构成的。例如，在一个特定的财政区内，有国家财政官员构成的财政法庭，而法官组成的团体也被视为一个机构。值得注意的是，团体成员的权利包括将这些职位看作他们私人财产的可能。在16世纪至17世纪，捐官制度逐渐发展起来，其中充满了贪赃枉法的情况，国家公务员购买他们的职位，而作为回报，他们每年支付一小笔钱——"年税"抑或说"博莱特税"——就可以出售职位或者将之留给继承人，就像处理大块不动产一样。†这项制度保障

17世纪时的巴黎高等法院

---

\* 教士会议（Assemblée du clergé），旧制度下法国教士的自治机构，主要处理国王征税事务，保障该等级的免税特权。

† 年税（annuel），1604年制定，使得官职持有者如果在将官职传给继承人40天内死亡，官职不致落回额外收入局，也被叫作博莱特税（Paulette）。转引自［英］威廉·多伊尔：《捐官制度：十八世纪法国的卖官鬻爵》，高毅、高煜译，中国方正出版社2017年版，"术语表"，第591页。

了官职持有者的投入，从制度层面为国家带来了政治收益：它确保了定期向王室国库注入现金，也削减了达官显贵私相授受的空间。

一方面，波旁王朝巩固和支持了"等级社会"的团体主义模式；另一方面，它试图在团体主义的领域内强化自我权力。\* 这意味着，波旁王朝需要与分散的"政治契约主义"传统作战——"政治契约主义"的传统在过去定期出现，与中央集权和主权不可分割的观念相互制约。由此，历史上出现了三个经常宣称自己拥有代表制功能的机构。其一，三级会议†：1302年由教士、贵族和第三等级选举产生，并在此后长期存在。它既是全体国民不定期参与的会议，也是为领主提供建议的封建制残余。其二，显贵会议‡：会议成员由国王从全部三个等级中亲自挑选，在国家遇到紧急情况的状态下临时召集开会。其三，巴黎高等法院§，18世纪，类似的高等法院有十余个，此外还有大约相同数量的"高级法庭"[15]，但与巴黎高等法院相比，这些机构并没有那么重要，巴黎高等法院的管辖区域覆盖了大半个法国。巴黎高等法院的法官，是所谓"穿袍贵族"中最有声望和最富有的个人，他们通过为王室服务而获得地位——与之相反的是"佩剑贵族"，他们的地位由军事能力决定。高等法院的职位是市场上卖官鬻爵程度最高的官职之一，其主要成员都由王公贵族担任，这也加强了高等法院在处理国家事务上的重要性——在实践中，作为仪式性集会的"御临高等法院"¶颇受欢迎，而国王召集御临高等法院会议的目的在于表达

---

\* 关于"团体主义"，可参见乐启良：《近代法国结社观念》，上海社会科学院出版社2009年版。
† 三级会议（États généraux），旧制度下法国民众响应国王召集而召开的会议。
‡ 显贵会议（Assemblée des notables），国王召集，具有咨询性质，曾在1583年、1596年至1597年、1617年、1626年、1787年、1788年至1789年六次开会。
§ 巴黎高等法院（Parlement de Paris），1302年创设，法国最古老的"高等法院"。关于这一问题，参见［法］伏尔泰：《巴黎高等法院史》，吴模信译，商务印书馆2015年版；庞冠群：《司法与王权：法国绝对君主制下的高等法院》，人民出版社2020年版。
¶ 御临高等法院（Lit de justice），国王在场的情况下，法律将在高等法院强行注册。转引自［英］威廉·多伊尔：《捐官制度：十八世纪法国的卖官鬻爵》，第591页。亦有学者译作"钦断会议"或"司法床"。

自己针对国家事务的意愿。按照惯例,"高级法庭"拥有正式记录国王敕令的权利。如果"高级法庭"认为国王的立法行为违背了政权的"基本法",他们也有权向国王发出"谏诤书"。

政治契约主义的衰落,在形式上表现在遍及公共生活各个领域的仪式之中。加冕礼上,国王加冕后通常会被带到挤满兰斯大教堂的人群前,以寻求他们对新君主的认同。当君主造访他王国范围内的城市时,在城门前举行的入城仪式上,也会有类似的契约性安排。通常情况下,这些盛况空前的场合,既是国王认可地方权利与特权的时刻,也是城市父老可以在国王脚下请愿的时刻。当时,法国有各种各样可以自我管理的机构和团体(如行省、城市、行会、专业团体等等),它们为内部成员的利益发声,当国王与这些组织进行交涉的时候,相关的仪式就可能没有那么庄严。在外省,这些仪式通常是由各地的行政长官主持的,他们来自最古老的"佩剑贵族",并经过了国王的挑选和提名。

波旁王朝的政体旨在允许通过选举或提名代表的方式来保障他们的利益,这种观念由来已久,甚至可以追溯到波旁王朝成立之前。但此后,针对政体的挑战不断涌现,从亨利四世的统治时期,经过路易十三的心腹——枢机主教黎塞留与马扎然[*]——在17世纪20年代至40年代控制的行政机构,到1661年太阳王亲政以后,反对的情况愈发引人注目。对于路易十四来说,契约主义使人回想到宗教战争时期更加疯狂的行为。他还认为,在1648年至1653年间的投石党运动中,契约主义曾被叛乱者用作发动内战的理由;也正是在这场战争中,巴黎高等法院的法官与心怀不满的贵族达成合作,共同反对马扎然主导下的摄政委员会的统治。在此期间,《高等法院与巴黎市政府之间的合作协约》成为最臭名昭著的一本小册子。它持有鲜明的反政府、反马

---

[*] 马扎然(Jules Mazarin,1602—1661),法国政治家,路易十四统治时期的首席大臣(1642—1661在任)和枢机主教。

被描绘成朱庇特神的少年路易十四,寓意他镇压了投石党运动

扎然立场,"宪法"*不是国王与国民之间的结合,而是高等法院与巴黎民众的联合——对于高等法院的法官来说,这种想法太过激进,以至于他们自己都不敢承认。[16]

尽管代表制的观念由来已久,而且得到了广泛传播,但太阳王所推崇的政治文化对此坚决予以抵制。相反,正如我们所看到的,此时的政治文化强调无休止地展现君主的盛大场面,通过对国王的身体

---

\* 关于宪法(constitution)概念的复杂性,参见黄艳红:《法国旧制度末期的历史话语与宪法概念(1750—1789)》,《社会科学战线》2023年第7期,第96—108页。

进行周期性的、令人惊叹的"再现",以争取所有人对国王的钦佩。1661年马扎然去世后,路易十四决定不再任命马扎然的继任者,转而选择自己亲自处理首席大臣负责的事务。对他而言,将权威象征个人化的举动具有极高的符号性意义。此后,路易只会听从自己的意见。他的财政权力不受其他任何团体的束缚——他一个人拥有了对全部国家开支的监督权和执行权。他效仿黎塞留和马扎然,建立了一个由部长和国务大臣组成的中央官僚机构,而不再依赖代表相互协商的契约性议程。在各个行省,他通过设立由国王任命、经过系统培训的"督办"一职,来制衡各省的行政长官、卖官鬻爵的官僚和下层团体这些违背国王利益的群体。

  团体主义的"等级社会"提出的代表制诉求,在当时遇到了粗暴的抵制。1614年以后,三级会议就未曾召开;1626年以后,显贵会议也不再举行。省三级会议或是被剪除羽翼,或是被直接取消:在多菲内和诺曼底两地,省三级会议分别在1626年和1666年被迫停开;在阿尔萨斯和弗朗什-孔泰两地,省三级会议则分别在1683年和1704年举行了最后一次会议。市三级会议受到政府监管的程度更加严重。国王入城仪式的举行频率迅速降低。与文艺复兴时期的法国君主相比,路易十四明显减少了巡视地方的次数。最声名狼藉的第一次入城仪式发生于1660年,在马赛发生了反对国王的叛乱之后,路易十四造访了这座法国南部的城市。他下令拆除了城市正门——其上刻有拉丁文的"自由"一词——并选择从城墙的缺口进入马赛。不同于以往入城仪式的惯例,路易十四没有确认和扩大当地的特权,而是下令在这里建造一座巨大的国家要塞,以提醒人们牢记新的特权等级。就在城市自由受到国王军事力量侵蚀的同时,巴黎高等法院提出的代表制诉求也遭遇了相当残酷的对待,特别是在投石党运动期间,巴黎高等法院就曾公开组织不合作的反对活动。重要的是,1665年以后,高等法院被严禁自称为"最高法院",它们逐渐发展成为"高级法院"——从此,在法兰西的国土上，只有一个人享有对主权的诉求。从1673年开始，高等法院提出反对意见的权力显著下降，它们只有在获得法律认可的情况下才能提出抗议。正义的歌声失去了往日的光芒——在国王未能亲临现场时需要演奏的《感恩赞》，反而愈发占据重要地位。

在波旁王朝的政治文化中，另一个反契约主义的显著转折点发生于1654年。那时，路易十四的加冕礼打破了此前的传统礼仪，禁止普通百姓出现在兰斯大教堂内。虽然在仪式即将结束的时候，教堂正门被重新打开，人们获准进入教堂内部，但这只是为了让他们向新加冕的国王谦卑地跪拜行礼——整个仪式已经不需要获得平民的同意，也不需要他们全程在场。路易十四继续打破传统，拒绝在加冕后进入巴黎，投石党人的情结使他失去了对首都的信任。路易十四的仪式文化旨在让全国人民各居其位，牢牢守护在神圣的、人格化的绝对君主的主权之下。

## 国王之下的贵族

路易十四改变了法兰西国家的运作方式，他以牺牲集体代表制的原则和实践为代价，进一步扩大了国王的权力。然而，尽管绝对主义的"肌肉"施展了力量，但路易十四对分享代表制形式的攻击，并没有对政权性质造成整体伤害。当然，也不可能如此。与他的鼓吹者（以及许多听命于国王本人的历史学家）相比，路易十四对绝对主义的宣传没有那么热衷。他与贵族的关系表明，路易十四已经敏锐地意识到，尽管团体主义和特权阶层抑制了国王的权力，使他在完成政治任务的过程中需要面临更多的挑战，但这恰恰构成了波旁王朝政体的基础。

契约理论的消亡和代表制观念的衰落，对贵族造成了重大威胁。传统意义上，贵族声称自己代表了国家的根本利益，他们是构成政治共同体上层的重要部分。高级贵族把自己视作国王的天然顾问；他们与通常作为自己代理人的外省贵族一起，主导了国家和各省的种种事务；他们吹嘘自己的权利和神圣的义务，如果他们感到"宪法"没有得到保障，或是觉得国王似乎成为"邪恶顾问"的傀儡，他们就会发动叛乱。在17世纪早期，大贵族一同参与了抗议枢机主教黎塞留的民众骚乱，反对后者推行的中央集权和提高税收的政策。包括投石党运动时期在内，贵族的目标旨在抵制国家的中央集权，反对大臣和督办制度，他们通过在御前会议中获得高级职位的方式，寻求保护和促进个人利益。国王希望将教宗排除在法国政治以外，这也造成了一些来自宗教领域的不同意见，贵族对国家理性的反对带有强烈的"虔诚"色彩，他们促使国家政策具备了浓厚的天主教取向。

1661年，路易十四决定不再设立首席大臣，而是以个人名义进行统治，此举对改变政体性质和反对派立场来说都具有至关重要的意义。这个决定明确将国王本人置于政府金字塔的顶端，使从"邪恶"大臣手中"拯救"国王的修辞策略难以为继。由于国王征询意见的对象转向出自非名门望族的职业官僚，而那些"血亲亲王"（即亨利四世的直系男性后代）\*、英勇的将军、主要的公爵和贵族现在全部被排除在外——但他们曾经在御前会议中占据一席之地。现在，御前会议的主要成员是四位"国务大臣"，分别承担"宫廷大臣""外交大臣""陆军大臣""海军大臣"的职责。在17世纪中期以前，最重要的王室官员曾一度是领导司法机构的"司法大臣"。随着时代发展，"司法大臣"不再是这个最高级的御前会议的成员，他的"部长级优先地位"让与了"财政总监"。在"国务大臣"中，"财政总监"排名第

---

\* 所谓血亲亲王（Princes du sang），理论上是指于格·卡佩的所有直系、合法婚生的男性后裔，实际上法国国王只承认圣路易的后代为血亲亲王。转引自庞冠群：《司法与王权：法国绝对君主制下的高等法院》，第42页，注释2。

一、1715年的法国：国王的腿疾与权力的编排　33

五，肩负王室财政和整体治安的双重职能。\*

因此，贵族被迫承认自己在国家决策过程中承担的作用已经遭到了破坏，并学会适应"中心-外围"式的国家官僚体系。在此期间，凡尔赛宫扮演了重要角色，受到压力的高级贵族不得不长期待在这里，参与到宫廷的仪式活动之中。国王毫不吝啬地向忠心耿耿的大臣给予一连串的恩惠、年金、头衔和奖赏，对于任何一名希望获得自我地位满足的贵族来说，这些条件都无法拒绝。针对高级贵族的"驯化"，切断了他们从外省关系网中获得军事武装的可能——在此过程中，国王常备军数量的增长，以及城堡防御工事的修缮，也都起到了一定的作用。无论如何，至少到17世纪80年代，对于贵族群体而言，

路易十四在凡尔赛宫接见凯旋的"大孔代"

---

\* 国务大臣（Secrétaire d'État），旧制度时期对王室官员的称谓，其职责类似于今天的内阁部长。长期以来，司法大臣（Chancelier）是王国范围内的最高司法官员和行政官员。财政总监（Contrôleur général des Finances）则是在1661年至1791年间设置的官职。

宫廷世俗文化和娱乐文化的吸引力日益增加，贵族似乎渴望放弃斗争，转而追求宫廷的世俗礼仪。而在投石党运动结束时，嗜血的孔代亲王发动叛乱——"大孔代"*作为同时代最杰出的将军，加入了西班牙阵营，参与了对抗法国的战争。后来，孔代亲王早年的这些背叛行为得到赦免，在凡尔赛宫内，他以一个受到安抚的朝臣身份结束了自己的一生，甚至还可以在王室花园的湖面上惬意地划船取乐。昔日那个好战的、扎根于外省的贵族战士，正在变成彬彬有礼、忠于君主意志的朝臣。

然而，路易十四对高级贵族的限制，既不意味着要把他们从权力范围内清除出去，也不意味着对他们的集体特权进行全面打击。对特权的攻击无异于对财产的攻击，而国王在宣誓时曾发誓要保护财产。这种做法会被视作放弃了维系政体生命的血液，并表现出一种"暴政"的行为，任何一个国王，无论他是多大程度上的绝对君主，都不会考虑这样去做。路易十四在他的朝臣中感到非常自在，他曾在临终前的书信中写道："我一直生活在由我的人民组成的宫廷中，我也希望在他们中死去。"[17]当然，这些朝臣都是贵族。路易十四为自己是法兰西王国范围内的"第一绅士"而备感自豪，就像贵族完全融入了封建体系，并向国王致敬。在路易十四眼中，军事服务是旧贵族天职，也是最崇高的效忠形式，更是他追求荣耀的基础。路易十四的统治非但没有造成贵族的没落，反而给贵族带来了一系列新的挑战和机遇，也为在国家的航船上建立新的合作关系奠定了基础。

事实证明，各个层级的贵族都热衷于接受为王室效力的机会，以此弥补他们在丢失政治自主权之后的损失。与过去相比，由高级贵族出任政府中资深角色的情况越来越少，当然这不能掩盖另一个事实，即政府由训练有素的官员和行政人员组成，他们同样也是坚定的

---

\* 路易二世·德·波旁（Louis II de Bourbon, 1621—1686），第四代孔代亲王，17世纪杰出的军事家。

贵族。例如像圣西蒙这样的老一辈公爵，他们严厉批评路易十四效仿前任抛弃高级贵族，而选择由"出身寒微的人"和"社会上一无是处的人"组成统治机构[18]，但这个观点是个很大的错误：在军队、教会、王室和外交机构中，最出众的国王仆人几乎都是贵族。早先，这些显贵在地方以各种方式发挥作用；现在，他们更多集中到凡尔赛宫这个等级和特权的"雷区"，进而争夺地位与权力。宫廷中的高级贵族由此成为各地中低层贵族的进言渠道，帮助"无法表达意见"的中低层贵族申请职位和年金。1688年以后，王室对各省贵族的资格予以审查，但很多人对此深感不满。不过，尽管这项广泛推行的财政措施造成了贵族数量的减少（失去贵族身份就意味着要缴税），但它也拉开了贵族与平民之间的区隔，并促使贵族的集体意识不断强化。

更重要的是，国王在地方执行的税收政策，通常采用与外省贵族进行金融交易的方式。历史学家威廉·拜克\*曾对王室财政政策在朗格多克的执行情况进行了分析，据其估计，在该省募集的国家税收中，有三分之一流入了地方精英的口袋。此外，如果国王在理论上还能拿走三分之二的话，那么他实际只能从该省得到大约一半的税收，剩下的钱被留在当地，并被广泛用于满足地方精英的利益。[19]朗格多克的贵族们也表现出强大的活力，他们抓住时机，参与到享受王室赞助的地方事业之中。例如，17世纪80年代以后，当地资本主要用于德梅尔运河的建设工程，推动了加隆河谷和地中海的连通。

为了促进国家与贵族之间达成新的合作意识，各省督办发挥了关键作用。督办拥有国王的无条件支持，他们是非常忠诚的观察者和管理者，能够巧妙地扩大王室特权，而不是随意将之强加给冥顽不化的地方社会。如果国王想要办成任何事情，纯粹的人数优势会促成合作的发生：在路易十四君主制的鼎盛时期，大约有45 000至50 000名卖

---

\* 威廉·拜克（William Beik，1941—2017），美国历史学家，主要研究领域是近代早期的法国史。

官鬻爵的官员，达到了贵族人数的两倍，而督办只有30余人。1685年至1718年间，巴斯维勒\*在朗格多克担任督办，他知道如何应对国王的强硬态度。例如，他对当地的新教徒进行了残酷迫害，但他同时意识到，有必要与来自当地老一辈佩剑贵族家族的地方长官以及贵族控制的地方等级势力携手合作。

此外，尽管路易十四试图将宫廷的等级制度——其中最具有代表性的是古老的贵族家族——从行政体系的等级制度中剥离开来，但这两个世界从来都不是彼此割裂的。无论如何，宫廷与国家行政机构以及处在二者顶端的国王本人，全都位于凡尔赛宫。国王拥有自己的国务大臣和其他负责国家事务的大臣，但他也听取包括血亲亲王在内的贤明朝臣提出的建议。实际上，御前会议构成了宫廷的中心，各部大臣的办公场所和镜厅的距离只有一步之遥。国家官僚体系严格对称，但它也被无处不在的贵族网络所破坏。

为路易十四服务的主要家族建立了兼具影响力和权力的网络，这同样证实了宫廷与政府之间相互交织的情况。例如，1661年至1683年间在路易十四身边的股肱之臣科尔贝尔[†]，就利用自己在政府的核心地位，将其家族的影响力扩大到国家生活的各个领域：他的男性亲属担任过部长、主教、将军、法官和督办，而他的女儿则与高级宫廷贵族联姻。菲利波家族的情况也是如此，他们的两个家族分支，"拉韦利埃"和"蓬查特兰"家族中的不少成员都在朝中担任大臣，从17世纪初至18世纪末，他们为国王提供的国务大臣涉及宫廷与政府、高级地方长官与高级财政部门等各个领域。朝臣与高级官员共同搭建的网络，往往也超越了穿袍贵族与佩剑贵族之间的界限。

---

\* 拉穆瓦尼翁·德·巴斯维勒（Lamoignon de Basville，1648—1724），曾在1682年至1685和1685年至1718年间先后在普瓦捷和朗格多克担任督办。

[†] 让-巴蒂斯特·科尔贝尔（Jean-Baptiste Colbert，1616—1683），法国政治家，路易十四统治时期曾长期担任海军大臣、宫廷大臣、财政总监和首席大臣。

因此，路易十四设计的政治制度没有对特权阶层和团体主义造成侵蚀，它旨在重新安排团体机构的职能，并使其更紧密地融入政体。这样，波旁王朝就成了一个政治混合体。尽管国王在仪式性的宫廷文化方面颇有创新，但他同时大量吸收了法国政治文化中的既有传统，在原本就已经很复杂的环境中增加或删减了一些元素。绝对主义理论不允许国家的某些地区要求获得部分主权的想法存在，但路易十四非常清楚，权力是需要协商的。路易十四的"神话般在场"建立在"庇护者"与"委托人"的基础之上，也体现了一种与团体主义的日常现实的合作精神。

如果说路易十四掩盖了法国政治文化中与专制主义理论和实践相抵触的各种因素，那么他也没能将这些因素彻底消除干净。他声称自己就是最高统治权的化身，但没有排除贵族对世俗权力的现实贡献——事实上，这些主张完全没有消除关于合法性和主权之间的竞争性解释。曾经潜藏在团体主义内部的契约主义精神似乎已经消失，但它并没有被人遗忘。事实上，通过鼓励贵族之间日益增长的合作意识，路易十四的改革也助长了一部分为他服务的贵族的政治野心。此外，国家的团体结构提供了一个非常合适的场所，另类的观点可以蛰伏其中，等待时机卷土重来。在路易十四统治的最后几年，种种迹象表明，漫长的蛰伏期即将结束，许多个人和团体开始思考"后路易十四时代"政治文化的走向。

## 重压下的绝对主义

宫廷生活是路易十四时代神话的基础，但早在1700年以前，它表面上的魅力就已经开始变得黯然无光。表象与现实之间的距离越来越大，对于一个重视通过展示宏伟形象来给人留下深刻印象的政权来说，这无疑是非常危险的事情。1684年，路易十四与笃信天主教的寡

曼特农夫人

妇曼特农夫人\*结婚，这段身份并不对等的婚姻为宫廷带来了一种崭新的、充满虔诚和谨慎的氛围。路易十四年轻时代的那些狂热的节庆活动消失了，基督教战胜了异教徒的象征，凡尔赛宫花园里的裸体雕像也被无花果树叶巧妙地遮盖起来。在仪式性制度的变化中，年龄的增长发挥了一定的作用。迟至17世纪70年代，路易十四都是宫廷芭蕾舞的首席舞者，但此后，他在娱乐活动中更多地扮演着旁观者而非参与者的角色，这些活动也越来越少、越来越不隆重。相比凡尔赛宫，他现在更喜欢附近的特里亚农宫和马尔利宫这两座更舒适、更温馨的宫殿。在生命的最后十年里，他的大部分时间都与曼特农夫人待在一

---

\* 曼特农夫人（Madame de Maintenon，1635—1719），曾任王室的教廷教师，路易十四的第二任妻子。

起，他们会在室内听音乐，读书，或者和几个家庭朋友聊天。

宫廷生活的日渐式微与凡尔赛宫外对国王的不断颂扬，二者之间的区隔也在扩大，这种现象与另一个情况有关，即国王在国际事务上遇到了阻碍。在国际层面追求荣耀，构成了路易十四执政理念中颇受欢迎的一部分内容，1690年出版的一本小册子写道："每一个渺小的人物都觉得自己得到了提升，并与伟大的国王联系在一起。"这弥补了路易十四的所有损失，也使他在痛苦中得到慰藉。[20]然而，路易十四在国际舞台和军事上的伟大似乎受到了更多的质疑。如果路易十四死于46岁而非76岁，那么他在法国历史上将会拥有更高的声望：因为从17世纪80年代到他去世（1715年）的三十年间，路易十四并没有取得什么新的成就。对于路易十四的个人声望及其臣民的命运来说，奥格斯堡同盟战争（1688—1697）和西班牙王位继承战争（1701—1713）的影响都是灾难性的。路易十四发动西班牙战争的目的，旨在为他的孙子安茹公爵\*争夺西班牙哈布斯堡王朝的最后一任国王卡洛斯二世†死后留下的王位，但战争过程非常糟糕。1708年至1709年，随着英国人集结了他的欧洲盟友，法国的军事形势愈发恶化。1713年至1714年《乌得勒支和约》签订后，法国得以摆脱了战争旋涡，并获得了有限的恢复，这使它看起来并没有承受那样灾难性的后果。安茹公爵被认可为西班牙国王——腓力五世，但他放弃了对法国王位的继承权。然而，战争的代价是高昂的，它使法国国家财政达到极限，并给国家带来了沉重的税收负担，恶劣的天气和农业的歉收造成了严重的人口损失，这样的情况让法国更加难以承受。[21]

法国的国际声望也随之一落千丈。1685年，国王废除了1598年颁布的旨在保护胡格诺派少数群体的《南特敕令》，这使他的国际声

---

\* 安茹公爵（Duc d'Anjou），指腓力五世（Philip V，1683—1746），1700年即位，西班牙波旁王朝首位国王。

† 卡洛斯二世（Carlos II，1661—1700），1665年至1700年间的西班牙国王，绰号"着魔者"。

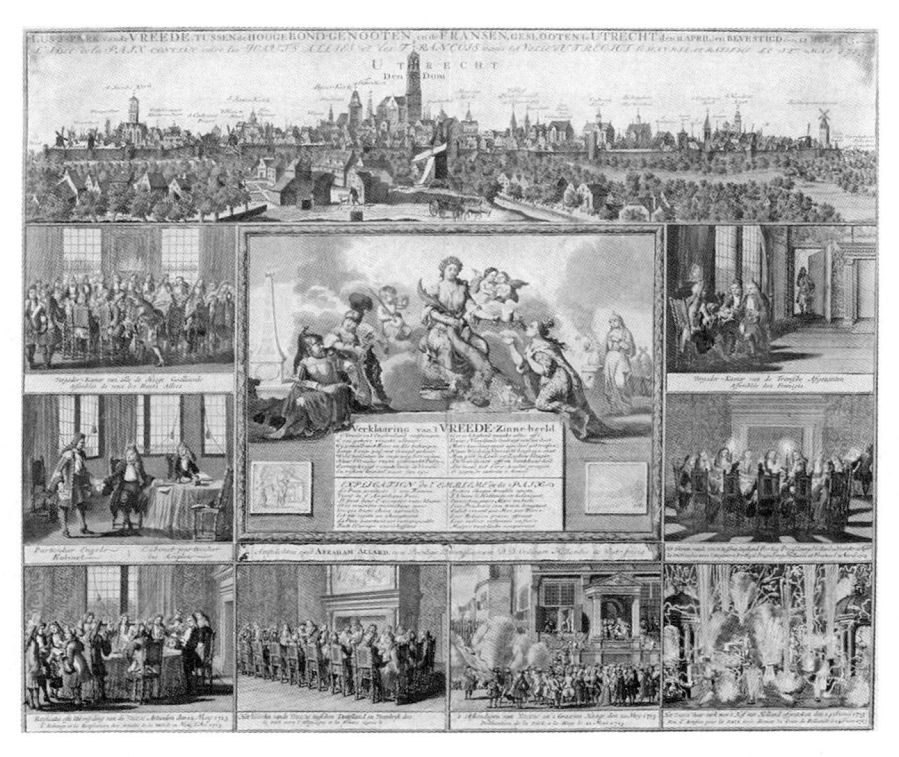

签署《乌得勒支和约》

誉进一步受损。这一举动甚至导致教宗对暴力事件表示了保留意见，也促使新教徒宁愿离开法国，也不愿改变自己的信仰。此举不仅在财政和经济上是不明智的，而且在政治上也反映了国王的无能，因为它助长了国王所代表的政府原则遭遇了强烈的反对意见。17世纪80年代以后，流亡荷兰、英国和德意志的胡格诺派难民对国王大肆谩骂，与路易十四作战的反法同盟的宣传人员也加入其中。有人说，路易十四对荣耀的追求，已经转变成对伟大事业的追求，他希望在整个欧洲建立一个"普遍君主制"，而将新教团体压迫在天主教的高压政策之下。人们遗忘了已经转向正直和虔诚的路易十四，他被描绘为一个农神节上的放荡之徒，没有一个人能够侥幸逃脱他的魔掌。欧洲的报刊突出了天主教徒在迫害新教徒时犯下的罪行，正规军通过武力强制推行宗教的正统。1702年至1704年间，塞文山脉地区的"卡米撒派"新教叛乱者\*遭到了暴力镇压，这也重新点燃了反对波旁王朝和反对天主教的舆论火焰。此外，尽管发动了一场残酷的镇压叛乱的战役，甚至对叛乱的村庄进行了大肆屠杀，但法国政府发现，想要在境内消灭新教群体，无疑是一件非常困难和令人羞愧的事情。事实上，即使到了路易十四行将就木的时刻，新教团体也还在"旷野"进行改革：1715年8月21日，在位于塞文山脉脚下的南部城市尼姆，牧师安托万·库尔[†]召开了自1685年以来法国第一次真正意义上的全国新教大会。

路易十四是一位不遗余力地想要掌控权威的书面和视觉表现形式的君主，对他而言，反绝对主义意识形态的出现是一个巨大的冲击。在波旁王朝对艺术家和作家进行慷慨资助的另一面，是国家对书籍与图像出版业的审查制度。在路易十四统治期间，有170多名作家、出版商和书商因为出版罪而被关进巴士底狱。路易十四原本以为这是法国的内部事务，现在却已经成为国际社会的辩论议题。此外，国外和胡格诺派的批评者们似乎也在对专制主义做出评价，他们在路易十四的神话中发现了一种畸形的、暴虐的专制主义特征。与反对路易十四权威的国际性运动相比，一个更令人担忧的情况是，在接近法国国家权力核心的地方出现了反绝对主义的言论。詹森主义问题引发了反对和争论的声音，而在王太孙勃艮第公爵[‡]的身边，他的随从们也就绝对主义改革问题展开辩论。

英国神学家西尔韦斯特·詹克斯[§]指出："像詹森主义这样重要的问题应该是被普遍谈论的，但是很少有人能够理解它，这是一件非常令人遗憾的事情。"[22] 当然，詹森主义提出的问题不能简单概括为一系

---

\* 卡米撒派（Camisard），法国南部塞文（Cévennes）山脉地区的胡格诺派。
[†] 安托万·库尔（Antoine Court，1696—1760），法国新教改革家。
[‡] 勃艮第公爵路易（1682—1712），又称"小太子"（Petit Dauphin），路易十四之孙，路易十五之父。
§ 西尔韦斯特·詹克斯（Silvester Jenks，约1656—1714），英国天主教神父和神学家。

列关键的教义要点——过去这样做的努力只会使事情变得更加复杂和棘手，而且我们也将看到类似情况还会再次发生。[23]詹森主义思潮起源于17世纪初，由伊普尔主教康内留斯·詹森\*和圣西兰修道院院长让·迪韦尔热·德·奥朗内†传播开来。这些人将早期教会和圣奥古斯丁的著作奉为经典，强调上帝恩典的不可战胜和人性与生俱来的腐朽。他们对耶稣会的道德松弛观念持批评态度，因其中莫利纳派‡的教义允许人类的自由意志拥有很大的自由空间。而至于清教徒式的、内向的詹森派运动，他们的精神家园就在巴黎郊外的罗亚尔港修道院，在17世纪中期以后还得到了许多社会和政治精英的支持。路易十四怀疑詹森主义的信徒是政治异端，并且毫无理由地质疑他们参与了投石党叛乱。

路易十四对詹森主义的敌视得到了其支持者的赞同，但这一问题在17世纪60年代末搁置下来。当时人们普遍认为，詹森主义者不应该公开发表他们的观点。然而，17世纪80年代，路易十四与教宗英诺森十一世§就宗教和外交问题产生了进一步争端，二者之间的冲突险些导致法国教会从罗马教廷分裂出去。为了限制教宗在法国教会事务中的影响，路易十四制定了所谓的《高卢四款》¶——其中第四款规定，即使是在精神事务上，教宗的裁决也不能对法国的天主教徒形成束缚。1682年，路易十四坚持表示，作为王室法令颁布的《高卢四款》应该经过巴黎高等法院批准，从而成为不容置疑的国家法律，并在宗教专业和神学院的课堂上作为正统教义进行教学。

17、18世纪之交，路易十四再次踏上了反对新教教义的道路，他

---

\* 康内留斯·詹森（Cornelius Jansen，1585—1638），荷兰神学家。

† 让·迪韦尔热·德·奥朗内（Jean Duverger de Hauranne，1581—1643），法国天主教神父。

‡ 莫利纳派（Molinism），以16世纪西班牙耶稣会神父路易斯·德·莫利纳（Luis de Molina，1535—1600）命名。

§ 英诺森十一世（Innocent XI，1611—1689），1676年当选罗马教宗。

¶《高卢四款》（Gallican Articles），1682年经法国教士会议正式颁布，明确了高卢主义的原则。

愈发将新教视作破坏宗教和谐与国王权力的主张，并缠着教宗克莱芒十一世[*]于1705年颁布《维纳姆·多米尼通谕》[†]，公开谴责17世纪60年代内部跟詹森主义妥协的倾向。路易十四让罗马教廷监督法国人信仰的尝试显得笨拙，还引起了国内反教宗势力的反弹，其原因在于国王的行为似乎违反了他自己在1682年制定的《高卢四款》。然而，路易十四没有退让，他重新坚定了自己的信仰，并在耶稣会信徒曼特农夫人为他定期准备的"睡前食谱"中，再一次受到反詹森主义恐怖故事的鼓动。路易十四加紧了对詹森派核心成员的迫害，通过国王密札的形式监禁最强大的颠覆者。1709年，路易十四下令关闭巴黎城郊的罗亚尔港修道院，不仅将之夷为平地，还把埋葬于此的尸骨抛诸荒野。1713年，他从教宗那里获得《乌尼詹尼图斯通谕》[‡]，对詹森主义做出定义并将之污名化。

在蒙彼利埃的詹森派主教科尔贝尔·德·克鲁瓦西[§]看来，《乌尼詹尼图斯通谕》是"自耶稣基督以来教会内部发生的最大事件"。路易十四期待这份通谕能够结束现时的争端，就像他曾期待胡格诺派能够接受1685年《南特敕令废除令》一样。然而，《乌尼詹尼图斯通谕》标志着詹森主义问题的开端，它成为18世纪最棘手的政治问题之一。正如达盖索[¶]所说，"它（指1713年《乌尼詹尼图斯通谕》）的读者和敌人一样多"。[24]《乌尼詹尼图斯通谕》正文采用了逐条批驳的形式，攻击了1692年出版的《道德思索》中101条被认为是异端邪说的言论——《道德思索》的作者是居住在低地国家的詹森派流亡者帕基

---

[*] 克莱芒十一世（Clemens XI，1649—1721），1700年当选教宗。
[†]《维纳姆·多米尼通谕》（Vineam Domini），1705年7月16日针对詹森派发布的教宗通谕，旨在谴责道德神学。
[‡]《乌尼詹尼图斯通谕》（Unigenitus），1713年9月针对詹森派发布的教宗通谕。
[§] 科尔贝尔·德·克鲁瓦西（Colbert de Croissy，1667—1738），首席大臣科尔贝尔之侄。
[¶] 达盖索（Henri François d'Aguesseau，1668—1751），1717年至1722和1727年至1750年间两次出任司法大臣。

耶·凯内尔。\*不久之后,《道德思索》就被认为是17世纪末最广泛流行的宗教作品。很多人都对教宗通谕深感不安,担任巴黎总教区总主教的诺瓦耶†也是其中之一,他认为帕基耶·凯内尔著作的内容完全符合正统教义。惹恼别人的恰恰是通谕的形式,而非内容。教宗似乎在以一种带有教宗绝对正确信念的方式制定正统规则,这侵犯了法国教会所珍视的独立性原则,这一原则最近才在1682年的《高卢四款》中得到确认。

直到路易十四临终之际,这场危机仍在继续:事实上,国王已经计划召开一次教会议会,以绕过少数派主教同意的方式,强行通过《乌尼詹尼图斯通谕》,但这一行动很可能导致教会内部的分裂。国王无能的政策非但没有平息纷争,反而激化了矛盾,甚至把诺瓦耶这样的"教宗权制限派"‡推向了反对《乌尼詹尼图斯通谕》的詹森派一方。更重要的是,詹森派在国家和教会的最高层中都发展出了忠实的支持者。在承担宪法监督职能的巴黎高等法院眼中,这道通谕引起了教宗权制限派和詹森派的双重不满。达盖索准确地预测道:"《乌尼詹尼图斯通谕》不仅会成为神学家的十字架,也会成为王国范围内主要行政官员的十字架。"[25]

其时,路易十四的反对者不仅仅是胡格诺派难民和逃犯,国家行政机构和教会上层也在培养对国王政策和权威的敌意。此外,普遍的异议已经深入绝对主义政体的核心,就连王位第二顺序继承人勃艮第公爵的随从也在制定改革方案。17世纪90年代末,路易十四通过地方督办在全国范围内组织了一次调查,以了解自己孙子继位后的社会特点。对这项调查的答复对作为"小太子"顾问的贵族和教士群体来

---

\*《道德思索》(*Moral Reflections*),法国詹森派神学家帕基耶·凯内尔(Pasquier Quesnel,1634—1719)的作品。

† 路易·安托万·德·诺瓦耶(Louis Antoine de Noailles,1651—1729),1695年起担任巴黎总教区总主教。

‡ "教宗权制限派"(Galicians),或称"高卢派",主张法国天主教教会的自主。

说是有益的，他们的领袖是1689年就担任王太孙私人教师的弗朗索瓦·费奈隆\*。费奈隆虽然在17世纪90年代中期因宗教纠纷被驱逐出宫，但他在康布雷总主教任内继续对路易十四的绝对主义政策进行批判。1698年的调查似乎证实了这一点，在广为流传的手稿中，费奈隆猛烈地抨击了战争的弊端，这些战争是有害的、具有破坏性的，表明国王严重违背了受苦难人民的需要。对于那些出于谄媚和私利而试图蒙蔽国王、无视自己神圣使命的朝臣，费奈隆也进行了最尖锐的批评。

对勃艮第公爵周围的人来说，西班牙王位继承战争为他们批评国家政策提供了更多的弹药。在这些人看来，路易十四似乎没能使波旁王朝完成对外胜利与对内稳定的双重使命。在1695年写作的一篇文章中，布瓦吉贝尔†抨击了路易十四统制主义的经济政策；在1707年出版的《法国概况补编》中，他进一步阐发了自己的批评意见。同一年，布瓦吉贝尔的表弟、军事工程专家沃邦‡亲自负责了许多堡垒的建设，为法国边境地区配备了几乎坚不可摧的防御设施。沃邦写作的《王室什一税计划》一文，在私下得到了广泛传播，文章呈现出他在全国各地看到的骇人听闻的情况，并敦促更公平分摊战争费用。

两位作者毫不留情地抨击了财政家（financiers）§，认为正是他们将路易十四引入歧途，为自己积累了巨额财富，而耗尽了国家资产。1707年，布瓦吉贝尔和沃邦受到了公开谴责，但这并不能阻碍攻击的

---

\* 弗朗索瓦·费奈隆（François Fénelon，1651—1715），法国天主教康布雷总主教，著有《特勒马科斯纪》。中译本参见吴雅凌译，商务印书馆2023年版。

† 皮埃尔·勒佩桑·德·布瓦吉贝尔（Pierre Le Pesant de Boisguilbert，1646—1714），法国詹森派经济学家，提出了"市场经济"的概念。

‡ 塞巴斯蒂安·勒普雷斯特·德·沃邦（Sébastien Le Prestre de Vauban，1633—1707），法国元帅、军事工程师，著有《论要塞的攻击与防御》等。

§ 旧制度时代的financiers有特定的含义，它指的是从事与王国财政有关职业的人，如包税人等，而纯粹商业性质的银行家不能被称作financiers。转引自［英］多伊尔：《法国大革命的起源》，张弛译，上海人民出版社2009年版，第57页。

路易十四时期著名的军事工程师沃邦元帅

继续出现。1712年,邮政服务、拼写方案和社会改革的多面手,性格古怪的圣皮埃尔神父\*出版《欧洲永久和平方案》,呼吁在国际争端中进行仲裁,而非侵略。

勃艮第公爵周围的批评声音对路易十四政府最珍视的某些原则进行了抨击:它以人道主义的名义,批评现有的经济和金融政策,并扶助受困的农民;它宣扬和平而非追求荣耀的战争,宣扬节俭的美德而非奢侈;它隐喻了一种无论多么"绝对主义"都不能一个人参与的政治。在很多方面,这个有不同意见的圈子都在试图"从内部"发起一

---

\* 圣皮埃尔神父(abbé de Saint-Pierre,1658—1743),法国作家、外交官,乌得勒支和会的参与者。

场重新塑造绝对主义的运动。他们中的一些人，例如博瓦利埃[*]、谢弗勒斯[†]和肖尔纳[‡]等几位公爵，都曾是路易十四身边的亲密顾问。他们回避在公开场合工作——他们既不希望披上"人民保民官"的外衣，也不希望从外部推翻政体——他们就像内部智囊团一样，既是具有创新精神的政治家，也是王室的忠诚仆人。在他们眼中，路易十四的去世预示着太阳王神话时代的即将结束，这种观点是不可想象的。1711年，这些人在肖尔纳家中起草了一份"准宣言"，即所谓的《肖尔纳表书》，该宣言敦促重新配置权力，以便将高级贵族纳入其中，这些贵族将定期参与地方会议和三级会议。作为国家中央集权附属工具的国务大臣则将被取消，而作为中央在地方代理人的各省督办则需要把权力移交给从高级贵族中选出的省长。有时被视作勃艮第小圈子中一员的圣西蒙公爵发出了支持贵族的类似声音，他通过派发表明个人立场的文件，呼吁贵族在政府中发挥更重要的代表制作用，并提议重新召开三级会议。大约同一时期，另一位国王顾问亨利·德·布兰维利耶[§]也撰写了一些作品，呼吁贵族在政府中发挥更大的作用。

  内部涌现出的一系列批评也对政府产生了影响。在生命的最后几年，路易十四进行了一些改革尝试。人们希望更公平地分配税收，以便减轻穷人的负担，这一愿望得到了满足，尤其是1695年推行的"人头税"，无论是最卑微的农民还是王公贵族都需要缴纳。从1710年开始执行的"王室什一税"则是另一种普遍性直接税，而它正是沃邦和布瓦吉贝尔的智慧结晶。同样，对国家经济政策的批评让路易十四在

---

[*] 保罗·德·博瓦利埃（Paul de Beauvilliers，1648—1714），法国政治家，曾任王室财政委员会主席。

[†] 夏尔·奥诺雷·达尔贝（Charles Honoré d'Albert，1646—1712），法国政治家，路易十四的私人顾问，谢弗勒斯公爵（duc de Chevreuse）。

[‡] 路易·奥古斯特·达尔贝（Louis Auguste d'Albert，1676—1744），法国元帅，肖尔纳公爵（duc de Chaulnes），谢弗勒斯公爵之子。

[§] 亨利·德·布兰维利耶（Henri de Boulainvilliers，1658—1722），法国历史学家，1700年至1712年间担任勃艮第公爵的家庭教师。

1700年任命了商业委员会，这一机构很好地反映了商业团体的利益。希望行政系统更加合理化的诉求，不仅促使科尔贝尔·德·托尔西*在1712年创立了专门培养外交官的"政治学院"，而且影响到达盖索在巴黎高等法院策划的重要的法律与程序改革。

值得注意的是，王室法令中减少了带有强制性要求的话语。与其说路易十四强调自己与众神拥有同等地位，不如说他把自己表现成"民族大家庭"中溺爱孩子的慈父。《阿姆斯特丹公报》在评论1695年人头税法令的序言时指出，国王"作为主人，似乎已经不再需要获得其人民的同意"，但是"他在下达命令的时候，好像同时也在请求和试图说服他人"。[26]到了西班牙王位继承战争时期，路易十四的宣传机构已经变得不再那么强势，因为它隐晦地表示，波旁王朝的外交政策需要建立在尊重国际法的基础上，进而对西班牙王位提出合法要求。

17世纪90年代末以降，对宫廷的批判运动开始兴起，呈现出如下特点，并对未来产生影响。这场运动首先表明，高级贵族对现实政治的兴趣重新抬头，希望为他们的权威找到一个新的载体。在其眼中，王室不仅是国家中央集权和权力个人化的有害工具，而且是鼓励奢侈、腐败和过度浪费的道德败坏根源。随着路易十四行将就木，高级贵族们重拾政治兴趣的另一个特征是对历史的重新发现，因为批评绝对主义的贵族将过去视为破解太阳王永恒神话的一种方式。尽管绝对主义理论认为王朝专制主义是对宗教战争和投石党运动时期无政府状态的回应，但批评者们构筑了一个关乎更遥远过去的"玫瑰色"版本，其中充斥着的绝对主义色彩也并不鲜明。16世纪思想家们的工作被太阳王的耀眼光芒所遮蔽，特别是布兰维利耶声称在墨洛温王朝的法兰克人身上找到了贵族的祖先，法兰克人的战士议会也可以替代

---

\* 科尔贝尔·德·托尔西（Colbert de Torcy，1665—1746），法国外交官，首席大臣科尔贝尔之侄。

王室法庭作为新的合法权力机构。在布兰维利耶的视角下，与王朝的编年史显著不同，历史从歌颂英雄的史诗和统治者的天赋神权转变为描绘一个民族的故事。国王与国家不再被等而视之；事实上，对布兰维利耶来说，法兰克人的议会早于克洛维的王权制度出现。这种说法表明，国王的合法性来自他们的贵族，因此后者才是国民的真正代表。故而，贵族批评者们试图用一种怀旧的"过去"来取代国王神话般的"在场"，这时盛行的中世纪主义就成为攻击专制政府的渠道。

在《特勒马科斯纪》中，善于雄辩的费奈隆把自己的论点建立在古典时代，这是一段比法兰克人更虚无缥缈的历史，而这本书也成为勃艮第圈子中最具影响力的文本。现在看来，费奈隆在1694年至1696年间创作的《特勒马科斯纪》，基本上是为年轻的勃艮第公爵编写的政务入门指南，它就像一面"王子之镜"，通过描绘理想的君主形象来教育年轻的公爵，警告他如果想使自己的统治方式与国王的精神职责相契合，就必须克服道德层面的风险。一位狡黠的抄写员将手稿的一个版本泄露给出版商，后者在1699年发行了这部作品，并迅速引起了一股被时人称作"特勒马科斯狂热"的浪潮，费奈隆的著作被屡屡再版。[27]

《特勒马科斯纪》的接受史是揭示读者如何超越作者本意的经典证明，他们将这篇道德主义的教育文章解释为针对普遍专制政府，特别是对路易十四进行猛烈攻击的"影射小说"。费奈隆始终拒绝对自己作品的这种解读——当然，《特勒马科斯纪》虽然被认为是反绝对主义的文本，但作者以长篇赞美诗来颂扬绝对权威，一丝不苟地用《圣经》术语证明了它的合法性，并对任何形式的反抗行为进行了猛烈攻击。然而，这部作品的虚构性和寓言性很容易让人做出更多的颠覆性解读。特勒马科斯是尤利西斯之子，他跟随父亲在荷马时代的地中海各岛屿游历，而他的家庭教师门托尔则通过沿途遇到的具体事例向他讲授良好政府的准则。例如，在"黄金时代"的克里特岛，他们遇到了一个名叫伊多梅尼奥的国王，此人因罪恶而垮台。门托尔告诉年轻的特勒马科斯：

> （理想的君主）在做好事上拥有绝对权力，但他不能做错事。法律……是为了让一个人运用他的智慧和节制为多数人的幸福服务，而不是让人们遭受痛苦或奴役，去迎合一个人的骄傲与软弱。[28]

在寓言的面具下，政治博学家将费奈隆视作门托尔，将勃艮第公爵视作特勒马科斯——至于路易十四，与其说他是尤利西斯，不如说他是伊多梅尼奥。门托尔继续说，"奢侈"是"全体国民的毒药"，"专制权力"则是"国王的毒药"，这种表述似乎很容易被认为是一种狡猾的攻击手段，批判的对象则是太阳王奢侈的宫廷政治文化。[29]

然而，特别是在贵族中，还存在认同这种批评观点的受众，但它并不能解释《特勒马科斯纪》所产生的深远持久的影响。这部作品的文学性与教育性使它备受推崇，而它的虚构形式，为之后的一个世纪提供了一种新的样板，即政治论战经常采用轻描淡写的讽喻式乌托邦风格。[30]此外，《特勒马科斯纪》的主题包括，以尊重法律和关注民众福利为特征的美德君主、节制与奢侈、农村节俭与城市腐败、自由与专制政府、集体幸福与王朝扩张，《特勒马科斯纪》对这些关系提供了一种意识形态的解释框架，并将在之后的一个世纪内被不断借鉴。18世纪，《特勒马科斯纪》不仅在学校里被广泛阅读，而且被《百科全书》以赞许的口吻加以引用，它受到卢梭\*的推崇，被路易十六所

---

\* 让-雅克·卢梭（Jean-Jacques Rousseau，1712—1778），法国思想家，在1762年出版的专著《爱弥儿》中，卢梭多次自比"门托尔-费奈隆"，而将爱弥儿比作特勒马科斯。

证实，它的作者更被罗伯斯庇尔*赞誉为"人类的门托尔"。³¹费奈隆为政治改革创作的完美剧本，使来自各个政治派别的人，无论是否执掌权柄，都能感到舒适和鼓舞。在《特勒马科斯纪》之后，绝对主义君权的支持者和反对者都一致同意，统治者可以——而且应该——对其臣民的福祉有所作为。1711年，费奈隆告诉勃艮第公爵，"你应该希望成为一位父亲，而不是成为一个主人"；"不应该说所有的东西都属于一个人；相反，一个人应该属于所有人，这样才能使他们幸福"。³²

## 令人畏惧的摄政统治

路易十四的宫廷礼节和仪式就像钟表一样机械地运转，在这种表象之下，他统治的最后几年经历了一个充满派系斗争、不和谐状态与政治重塑的动荡世界，其背后则是宗教冲突、社会困境、财政破产和重新涌现的政治野心。从地理上的领土边界到国家中心，从崎岖的塞文山脉到凡尔赛宫的前厅，到处都有对国王权威的批评。对路易十四"神话般在场"的攻击，甚至改变了国王本人的自我表现方式。波旁王朝的政治文化似乎已经成熟，而且可以绘制新的版图：国王被要求关心人民的福祉——同时还要兼顾国内稳定与国际声誉的平衡。如果说这些新的要求让垂死的君主深感不安，那么他将会对自己死后的摄政统治感到更加震惊。

在这期间，王室内部发生了一次无法预知的死亡事件，这使看起来似乎已经有足够多合适人选的王位继承环境发生了改变。在一场席卷几十个月的"王室大屠杀"中，死亡带走了一连串有能力的继承

---

\* 马克西米连·罗伯斯庇尔（Maximilien Robespierre，1758—1794），法国政治家，1793年至1794年间雅各宾专政时期的实际最高统治者。

人：1711年4月，路易十四的长子和指定继承人"大太子"路易[*]因天花离世。1712年，"大太子"的长子、被寄予厚望的勃艮第公爵和他深爱的妻子染上了猩红热；不久之后，"大太子"的幼子贝里公爵也在一次骑马事故中丧命。勃艮第公爵的次子、年仅4岁的布列塔尼公爵和他的父母一样死于同样的疾病。这就留下了更年轻的安茹公爵[†]，他虽感染了猩红热，但死里逃生。得益于安茹公爵的家庭教师旺塔杜尔夫人[‡]坚决抵制了医生的放血疗法，路易十四在临终前至少还能欣慰地看到一个合法的继承人，但事实上，严峻的问题依然存在。未来的路易十五相当年幼，而且体弱多病，在一个只有50%的孩子才能活到长大成人的时代（正如1711年至1712年的"王室大屠杀"所显示的那样），即使对于那些正值壮年的人来说，贵族血统也不能保证他们免受疾病的威胁，这是一个极大的政治安全隐患。因此，路易十四清楚地知道，在他死后，权力将被移交给摄政王；而对路易十四来说，有谁堪当摄政王之任呢！

按照宪法惯例和基本法的规定，国王去世以后，在没有太后的情况下，排名第一的血亲亲王将获得摄政权。如果年幼的安茹公爵无嗣而夭，那么王位就会传给同一个人，即奥尔良公爵菲利普二世[§]。菲利普二世是路易十四的侄子，他的父亲是国王的幼弟，那位满身香水味的花花公子，他的母亲是选帝侯普法尔茨伯爵的女儿，那位古板得甚至像一名过时的假小子的夏洛特-伊丽莎白[¶]。在他出生时，夏洛特-伊

---

[*] 大王太子路易（1661—1711），又称"大太子"（Grand Dauphin），路易十四长子，"小太子"之父。

[†] 即路易十五（Louis XV，1710—1774），路易十四曾孙，"小太子"的幼子，1715年登基时只有5岁。

[‡] 旺塔杜尔夫人（Madame de Ventadour，1654—1744），路易十五的家庭教师。

[§] 菲利普二世·德·奥尔良（Philippe II d'Orléans，1674—1723），路易十四之侄，1715年至1723年间担任摄政王。

[¶] 夏洛特-伊丽莎白（Charlotte-Elisabeth，1652—1722），普法尔茨公主，路易十四弟媳，奥尔良公爵夫人。

一、1715年的法国：国王的腿疾与权力的编排　　53

奥尔良公爵菲利普二世

丽莎白曾用占星术为自己的儿子占卜：据推测，他会成为教宗——尽管夏洛特-伊丽莎白自己认为，儿子更可能成为一个反基督教主义者！果然，菲利普二世很大程度上就像母亲预测的那样，他通过炼金术涉足化学领域，据称他与上帝断绝了关系，还召唤了恶魔，甚至对传统价值观大加嘲讽。菲利普培养了一种氛围——即使不是完全反基督教的，至少也是反对太阳王的氛围，他让自己的伯父感到不适，也震惊了宗教笃信者；他更喜欢亲密和非正式的酒友社交圈，而拒斥宫廷正式的长篇大论；他认可性和知识的自由，反对在曼特农夫人主导下的宫廷里沉闷的正统观念。他喜欢与年轻的情妇和绘画大师相处，喜欢收集自己喜爱的艺术家的作品——提香的作品20幅、伦勃朗和鲁本斯的作品6幅、乔尔乔内的作品9幅、以及达·芬奇的作品

3幅,而厌恶那些制造路易十四崇拜的艺术家,特别是对路易十四的御用作曲家吕利\*的回忆嗤之以鼻。与凡尔赛宫相比,菲利普更喜欢巴黎的热闹氛围,罗亚尔宫作为他在巴黎的私人府邸,拥有极尽奢华的布置。应当指出的是,他从未完全放弃过自己享有的继承权。作为宫廷的批评者,他每年都能从国王那里得到200万里弗的收益(这使他成为王室内部最富有的人);他举止和蔼,但非常清楚自己作为排名第一的血亲亲王的权利。他在十几岁的时候,就被迫与路易十四的私生女布卢瓦女士†缔结婚约,但他还是像一位王子一样鞠躬接受;而且,虽然他的怪癖被人嘲笑,但他是一位勇敢的战士和狡猾的外交家,只是因为宫廷的内部斗争阻碍了他的发展。然而,除了在私下能让人想起他年轻时的活力之外,奥尔良公爵的生活中没有任何东西可以使路易十四确信,菲利普二世就是一位他和全体国民都可以寄予厚望的未来的摄政王。

此外,那些比奥尔良公爵具有优先顺位的继承者的离奇死亡也令人瞠目结舌。毕竟,失去一代男性继承人是可以理解的,但连续失去三代继承人(大太子、勃艮第公爵与贝里公爵、布列塔尼公爵)就不只是偶然了。在流言蜚语和恶意揣测中,奥尔良公爵对化学的业余兴趣变成了专业的投毒行为——这种说法使巴黎街头的人们对他"嘘寒问暖",朝臣们也唯恐避之不及。只有少数忠实的人还与他保持联系,其中就包括他的母亲——夏洛特-伊丽莎白是儿子的辩护人,也是"老屎"(她对曼特农夫人的称呼)的严厉批评者[33]——和古怪的圣西蒙公爵。王位继承人接连去世后,奥尔良公爵在一定程度上从勃艮第的圈子中获益匪浅。然而,在此期间,勃艮第圈子里的主要人物(特

---

\* 让-巴蒂斯特·吕利(Jean-Baptiste Lully,1632—1687),巴洛克风格作曲家,路易十四时期的宫廷乐正。

† 布卢瓦女士(Mademoiselle de Blois,1677—1749),路易十四与情妇蒙特斯庞夫人(Madame de Montespan,1640—1707)的幼女。

别是费奈隆、谢弗勒斯和博瓦利埃）都先于路易十四离世，这使奥尔良公爵在政治上的孤立状态进一步延续。

王位继承的不确定性和波旁王朝败象的若隐若现，都促使路易十四通过更努力地制定法律，确保其死后的统治秩序。这就好比这位伟大的芭蕾舞大师，在其统治期间让全体国民按照他的曲调跳舞，那么在临终前，他也要为自己的后继者编排新的舞曲。1711年至1712年的"王室大屠杀"已经揭示了法律在这一方面的模糊地带。在许多潜在的法律专家（甚至包括奥尔良公爵的盟友圣西蒙公爵）看来，国家的基本法规定了一个可以替代奥尔良公爵担任摄政王，甚至可能继承王位的人选，即西班牙的腓力五世。腓力五世是"大太子"的儿子，也是路易十四尚存的孙子，他与太阳王的关系比奥尔良公爵更为紧密。不过，年迈的国王认为，无论在法律上是否合适，选择腓力五世的结果会比奥尔良公爵摄政更加糟糕。1713年，欧洲列强终于同意法国参加乌得勒支会议，具体条件是腓力五世放弃对法国王位的要求，这一规定被纳入了《乌得勒支和约》；同时，会议还达成了一份"逆向放弃书"，即奥尔良公爵放弃对西班牙王位的继承权。如果允许腓力五世在奥尔良公爵之前享有摄政或登基的权利，此举将会违反国际法，并引发一场欧洲战争。这不仅会危及波旁家族统治者在西班牙的统治，而且对于从数十年破坏性战争中正在恢复的法国来说，也会是一场灾难。然而，即使腓力五世遵守了他的弃权声明，路易十四同样会担心一个不受约束的奥尔良公爵的存在，后者对西班牙波旁王室充满敌意，可能会被卷入反对他的斗争中，导致法国在欧洲战争中选择另一条道路，甚至会使路易十四在国内的绝对主义遗产面临解体的风险。

在1714年4月起草的遗嘱中，路易十四试图平衡法律与政治方面的关系。为了强化他曾孙的继承权，同时也为了防止奥尔良公爵的好战倾向，路易十四规定在自己死后，国家应该由一个摄政委员会来管理，而这个委员会则由血亲亲王、国家的高官显贵和国务大臣共同组成。奥尔良公爵是摄政委员会的主席，但在所有问题上，他都必须尊重委员会成员的投票。这位年迈的国王的这一策略与另一种狡猾的举动相结合——同样是在王国的基本法框架之外，其目的既是为了牵制奥尔良公爵，也是为了增加自己的后代在适当时继承王位的可能性。路易十四给自己的私生子赋予了合法的身份，还增加了他们在国内的权力。

在放荡不羁的青年时代，路易十四共有13个私生子女，他对孩子们尽心尽责，让他们与出身公爵和亲王家庭的成员结婚。由于性别和早夭的原因，到路易十四统治的最后几年，这13个孩子中只有2人享有政治地位，即曼恩公爵[*]和他的弟弟图卢兹伯爵[†]，他们的母亲是国王在17世纪60年代的官方情妇蒙特斯庞侯爵夫人。曼恩公爵和图卢兹伯爵的地位低于血亲亲王，但高于其他法国公爵和贵族，他们得到了曼特农夫人的真心支持，因此也获得了宗教虔诚者们的认可。曼特农夫人曾在17世纪60年代末担任孩子们的家庭教师，此时她还没有受到国王的青睐。她不仅没有憎恨国王与蒙特斯庞侯爵夫人所生的孩子，反而因为厌恶放荡的奥尔良公爵而对这些孩子倍加爱护。1711年至1712年间，国王后嗣的凋零使路易十四更加认真地听取了曼特农夫人的建议。1714年7月，国王为曼恩公爵和图卢兹伯爵授予了合法地位，如果没有直接继承人，他们有权继承王位；1715年5月，国王又将他们提升为血亲亲王。这些措施与法国的基本法背道而驰——法国国王是天生的，而非后天造就的。然而，路易十四在支持"私生子"的道路上越走越远，特别是为曼恩公爵保留了一个制衡奥尔良公爵的

---

[*] 曼恩公爵（Duke de Maine），即路易-奥古斯特·德·波旁（Louis-Auguste de Bourbon，1670—1736）。

[†] 图卢兹伯爵（Comte de Toulouse），即路易-亚历山大·德·波旁（Louis-Alexandre de Bourbon，1678—1737）。

关键角色。曼恩公爵和图卢兹伯爵都是摄政委员会的成员。此外，曼恩公爵还将在下任国王成年以前指挥王室卫队，并负责监督年轻的路易十五的教育事宜。也许是为了回应针对奥尔良公爵投毒的谣言，路易十四坚持让孩子在万塞讷的城堡长大，据说那里比凡尔赛宫和奥尔良公爵的罗亚尔宫都更加安全。

如果说摄政王威胁到了王朝的统治，那么这不仅仅是源于奥尔良公爵的性格、活动和政治倾向，还源于路易十四对国家基本法的双重侵犯：拒绝承认腓力五世的权利，以及为他的私生子开辟了一条通往王位的道路。不过，奥尔良公爵至少可以感到欣慰的一点是，竞争对手曼恩公爵集团的反对者不是一个人：每位公爵和有资格的贵族都这么做了，而高等法院也对私生子的不正当晋封感到震惊，并认为这是立宪主义者的恐怖政策。

国王病情的恶化是王位继承大戏展开的背景。毫无疑问，路易十四已经意识到欧洲的平衡与法国的命运在很大程度上取决于王位继承问题，他同时也意识到自己过去的好战行为带来的危害。当他的小曾孙被带到他的床边，哽咽地抽泣着，路易十四严肃地告诉年幼的孩子，伟大的未来取决于对上帝和人民的责任的关注：

> 你必须尽量避免发动战争，它可以造成人民的毁灭。不要学我在这方面给你留下的坏示范。我经常过于轻率地进行战争，并因虚荣心而追求战争。不要模仿我，要做一个和平的王子……[34]

路易十四对奥尔良公爵给予了应有的尊重，并与之达成了半公开的、令人惊讶的善意和解。自8月20日起，客人与祝福者纷纷前往奥尔良公爵的府邸，他们放弃了守在垂死君主的床边——而在之前奥尔良公爵被指控投毒时，罗亚尔宫门可罗雀。令医生们感到厌恶的是，凡尔赛宫的王室成员允许一个名叫布兰的乡野游医（用圣西蒙公爵的话说，布兰就是"一个乡巴佬")³⁵对病重的国王使用一种特有的"君主疗法"。令人惊讶的是，国王的健康状况有所好转，这使奥尔良公爵的客厅又一次变得冷清，朝臣们又纷纷赶回国王的床边。然而，庸医终究有其局限性，到了8月29日，国王的死亡似乎只是一个时间问题。在与国王一起将秘密文件（包括他们彼此之间的通信）烧毁后，曼特农夫人也被送到了圣西尔修道院。

面对自己即将到来的死亡，没有人比国王本人更认真地审视王朝所处的"神话般在场"。在后继之君的问题上，路易十四已经竭尽全力，他现在似乎想把注意力转移到扮演一个濒死的基督徒的角色上。在他的耶稣会神父勒泰利耶\*的带领下，他相应地遵循了天主教会在特伦托宗教会议†之后制定的"善终"仪式——这是一个复杂而虔诚的方案，其中包括祈祷、属灵操练、与家庭成员和解、深情告别、个人遗赠等多个环节。皮埃尔·纳尔博纳‡指出，国王正在死去，在临终前的精湛表演中，他的身份是"一个基督徒、一个国王和一个英雄"——尽管他也尖锐地补充道："虽然他是死在一个耶稣会士的怀抱中。"³⁶在临终前，路易十四请求将他的心脏埋葬在巴黎圣母院，这是他对詹森派的最后一次抵制——他的尸体将与前辈们一起躺在圣德尼大教堂，一千多年以来，这里始终是法国国王的墓地。

1715年9月1日，距离国王的77岁生日还有四天，死亡的舞蹈终于落幕了。国王的大侍从长布永公爵§在他的黑色帽子上恭恭敬敬地插上了一根黑色的羽毛，他走到阳台上，面向宫殿中央的大理石中庭。在阳台下，一大群人已经等候多时。他高声宣布："国王路易十四驾

---

\* 米歇尔·勒泰利耶（Michel Le Tellier，1643—1719），法国耶稣会士，1709年至1715年间担任国王的忏悔者。

† 特伦托宗教会议（Concilium Tridentinum），1545年至1563年间天主教会召开的大公会议，代表了天主教会对马丁·路德宗教改革的系统回应。

‡ 皮埃尔·纳尔博纳（Pierre Narbonne，生卒年不详），编有《路易十四和路易十五统治编年：1701—1744》。

§ 布永公爵（Duc de Bouillon，1636—1721），1658年至1715年间担任路易十四的侍从长。

崩！"然后又回到宫殿，用一根白色的羽毛替换了黑色的羽毛，并再一次走回阳台，高喊三声："国王路易十五万岁！"如果说76岁的路易十四已经离开人世，那么法国君主的仪式性躯体仍然存在，只是现在位于一个5岁孩子的虚弱的身体中，而一名摄政王的存在与其说令人心安，不如说是带来了恐惧。

太阳王的遗体被直接送到了医生手中，人们普遍认为，正是这些医生造成了国王的死亡。在外科医生的石板上，路易十四的头颅被割了下来，而在完成尸体解剖和内脏分离后，遗体的其余部分都被庄严地送到了圣德尼大教堂。许多法国人似乎都很愿意看到"路易大帝"入土为安。在运送国王遗体的队伍抵达圣德尼的道路两旁，人们搭起帐篷，在里面"喝酒、跳舞和欢笑"，他们对路易十四以及国王与耶

路易大帝骑马雕像，里昂

稣会的关系充满不屑。[37]然而，不同于被轻易处置的国王肉身，路易十四留下的政治遗产则会产生更为深远的影响。他的统治提供了一种王权的典范，事实证明，要想从他的继任者和为他们服务的政治家们的政治意识中消除这种影响，确实存在重重困难。在18世纪剩余的大部分时间里，政治生活的展开是为了与路易十四的统治进行对话，而非为了迎接1789年革命——后者只是一些历史学家的轻率假设。尽管费奈隆对贤德君主政体的政治寓言经久不衰、无处不在，并证实了人们普遍要求改革"路易大帝"自负的政治文化的希望，但事实表明，想要从法兰西民族的身上抹去太阳王的痕迹，这绝非易事。

# 注　释

1 Cited in R. Astier, 'Louis XIV, *Premier Danseur*', in D. L. Rubin (ed.), *Sun King: The Ascendancy of French Culture during the Reign of Louis XIV* (London, 1992), pp. 86-87.

2 Saint-Simon cited in J. M. Apostolides, *Le Roi-machine. Spectacle et politique au temps de Louis XIV* (Paris, 1981), p. 156.

3 A. Guéry and R. Descimon, 'Un État des temps modernes', in A. Burguière and J. Revel (eds.), *Histoire de la France. L'État et les pouvoirs* (Paris, 1989), p. 238.

4 Jacques-Bénigne Bossuet, *Politique tirée des propres paroles de l'Écriture sainte*, ed. J.Le Brun (Geneva, 1967), pp. 68, 185.

5 I have plundered this term from Lynn Hunt, *Politics, Culture and Class in the French Revolution* (London, 1984). See too below, chapter 11, section B.

6 *Manière de montrer les jardins de Versailles* (Paris, 1951 edn).

7 *Mémoires de Louis XIV* (2 vols.; Paris, 1860), vol. ii, p. 7.

8 P. Burke, *The Fabrication of Louis XIV* (London, 1992), p. 49.

9 N. Ferrier-Caverivière, *L'Image de Louis XIV dans la littérature française de 1660 à 1715* (Paris, 1981), p. 65.

10 Baron de Breteuil, *Mémoires*, ed. E. Lever (Paris, 1992), p. 330.

11 ibid., p. 328.

12 Henri IV, cited in J. Barbey, *Être roi. Le Roi et son gouvernement en France de Clovis à Louis XVI* (Paris, 1992), p. 146.

13 M. Bloch, *The Royal Touch. Sacred Monarchy and Scrofula in England and France* (London, 1973).

14 Bodin, *Les Six Livres de la République*, Book 1, ch. viii ('De la souveraineté').

15 There were ten *parlements* in existence on Louis XIV's birth: creations at Metz (1657), Besançon (1676) and Tournai (1686: changed to Douai in 1714) brought the number up to thirteen in

1715. In the eighteenth century, Bastia (1768) and Nancy (1775) were added. In addition, there were twelve *cours des comptes and four cours des aides*, sovereign courts dealing with financial issues.

16  *Contrat de mariage du Parlement avec la ville de Paris* (Paris, 1649).

17  H. Leclercq, *Histoire de la Régence* (3 vols.; Paris, 1921), vol. i, p. 62.

18  Louis de Rouvroy, duc de Saint-Simon, *Mémoires de Saint-Simon*, eds. A. de Boislisle and L. Lecestre (43 vols.; Paris, 1879–1930), vol. xxvii, pp. 6–7.

19  W. J. Beik, *Absolutism and Society in Seventeenth-Century France: State Power and Provincial Aristocracy in Languedoc* (Cambridge, 1985), p. 265.

20  J. Klaits, *Printed Propaganda under Louis XIV. Absolute Monarchy and Public Opinion* (Princeton, NJ, 1976), p. 18.

21  See below, pp. 55–56.

22  *A Short Review of the Book of Jansenius* (n.p., 1710), 'Preface' (no pagination).

23  See below, chapter 3, section C.

24  Citations from R. Taveneaux, *Le Catholicisme dans la France classique (1610–1715)* (2 vols.; Paris, 1980), vol. i, pp. 326, 516.

25  C. Maire, *De la Cause de Dieu à la cause de la Nation. Le jansénisme au XVIIIe siècle* (Paris, 1998), p. 10.

26  M. Kwass, *Privilege and the Politics of Taxation in Eighteenth-Century France: Liberté, Égalité, Fiscalité* (Cambridge, 2000), p. 41.

27  Faydit's *La Télémaquomanie* was published in 1700. It is cited in V. Kapp, *'Télémaque' de Fénelon: la signification d'une oeuvre littéraire à la fin du siècle classique* (Paris and Tübingen, 1982), on which I have drawn heavily in this passage. Another equally mythical history being constructed as a weapon against absolutism was the 'Figurist' scriptural chronicle being devised by certain Jansenists: see below, pp. 102–103.

28  François de Fénelon, *Telemachus, Son of Ulysses*, ed. P. Riley (Cambridge, 1994), p.60. (I have slightly altered the translation.)

29  Ibid., p. 297.

30  See below, pp. 55–57.

31  Kapp, *'Télémaque' de Fénelon*, p. 205, n. 12.

32  G. Treca, *Les Doctrines et les réformes de droit public en réaction contre l'absolutisme de Louis XIV dans l'entourage du duc de Bourgogne* (Paris, 1909), p. 27.

33  *Lettres de Madame duchesse d'Orléans, née Princesse Palatine*, ed. O. Amiel (Paris, 1895), p. 352.

34  Full quote in Breteuil, *Mémoires*, p. 327.

35  *Mémoires de Saint-Simon*, vol. xxvii, p. 281. See also, on this episode, Breteuil, *Mémoires*, p. 328.

36  Pierre Narbonne, *Journal des règnes de Louis XIV et Louis XV (de l'année 1701 à l'année 1744)* (Paris, 1866), p. 44.

37  R. N. Nicolich, 'Sunset: the spectacle of the royal funeral and memorial services at the end of the reign of Louis XIV, in Rubin, *Sun King*, for the quotations and a full discussion. The physicians' autopsy is cited in full in A. Franklin, *La Vie privée d'autrefois. Les Chirurgiens* (Paris, 1893), pp. 290–291.

# 二、越过暴风骤雨：
## 摄政时期与弗勒里的崛起（1715—1726）

### 日落后的希望

"未成年的国王意味着暴风骤雨的天气。"一位王室成员忧郁地说道。[1]然而，即将到来的摄政时代并非都是不祥的预兆，新登基的法国国王承载了臣民们的希望——他们盼望希望新的开始，期待在路易十四绝对主义的日落后出现新的黎明。就在路易十四的遗体以一种不光彩的方式被运送到圣德尼的同一天，巴黎高等法院的大律师马蒂厄·马雷\*在日记中记录了年幼的路易十五经过首都时人们迎接他的欢乐热情的场景——这种情绪足以感染这位"孤儿国王"本人，他可爱地融入"国王万岁！"的呼声中。尽管随着时间推移，这种满怀期待的心情将会被证明是政权所要承受的沉重负担，但在一开始，它的确缓和了这场暴风骤雨之旅——这也似乎会成为国王的叔祖、令人生畏的奥尔良公爵可能遇到的命运。

新统治时期的第一个极具戏剧性的插曲将在新任国王缺席的情况下上演。1715年9月2日，路易十四去世还不满24个小时，高等法院

---

\* 马蒂厄·马雷（Mathieu Marais，1665—1737），法国法学家，巴黎高等法院律师。

路易十五与摄政王奥尔良公爵

的全体法官、血亲亲王、公爵和贵族们都齐聚在位于巴黎市中心西岱岛的司法宫，他们将要商讨路易十五未成年时期的摄政安排。长期以来，高等法院的大厅都是政权更迭的宪法性场所：1643年，路易十四之母安娜·德·奥地利\*的摄政仪式就在这里举行（这在某种程度上预示着撕毁了路易十三的遗嘱）。当下在场的所有人都穿着丧服，只有高等法院的法官例外，他们习惯性地穿着红色礼袍，以此提醒人们，在一个象征性地认为国王永远不会死亡的政体中，仪式是永垂不朽的。奥尔良公爵刚一进入大厅，路易十四留给高等法院的遗嘱就被郑重其事地拿了出来，一场戏剧由此开幕。公爵想要把这场政治戏剧变成一场辉煌的个人胜利——而且，这是一场通过践踏路易十四遗愿而

---

\* 安娜·德·奥地利（Anne d'Autriche，1601—1666），法国王后，1616年与路易十三结婚，路易十四之母，1643年至1651年间担任法国摄政太后。

64　伟大民族：从路易十五到拿破仑的法国史

取得的胜利。

奥尔良公爵断然拒绝了法官的要求，声称摄政王之职既是他的宪法性权利，也是路易十四的遗愿。奥尔良公爵声称，路易十四曾经告诉自己，"我已经立下遗嘱，其中保留了你在出生时应有的一切权利……如果（年轻的路易十五）一旦去世，你将成为新的主宰，王位也将归属于你"。但是，当宣读了路易十四遗嘱的准确内容时，奥尔良公爵似乎大吃一惊——他咬着嘴唇嘟囔着："他欺骗了我。"[2]死去的国王规定他的侄子只能主持摄政委员会的会议，而所有国务都需要通过投票决定，这就使奥尔良公爵从国王的代理人变成了荣耀的计票者。此外，遗嘱的条款也有利于奥尔良公爵的竞争对手，即已经取得合法地位的曼恩公爵，他现在正自鸣得意地坐在贵族的座位上，接受着普遍关注的目光。遗嘱中说，曼恩公爵将负责路易十五的教育事宜，并指挥王室卫队——似乎年幼的国王需要他的保护，来对抗作为摄政王的奥尔良公爵。

在讨论遗嘱内容的过程中出现了短暂的中断，这使得奥尔良公爵得以重新集结力量，进而挫败了路易十四为死后安排继承权的企图。就在过去的一周中，奥尔良公爵已经在私下为这一时刻做好了准备。路易十四去世后，他执行了24小时的信息封锁，以防止信使们飞快地把消息传递给西班牙国王腓力五世，后者对法国王位的要求令奥尔良公爵惶恐不安。他还为自己的另一个强有力的竞争对手曼恩公爵准备了一套钳制方案。他与血亲亲王们进行了秘密沟通，这些亲王与他一样，都对国王的"私生子"不怀好意。孔代家族的三位主要领袖被许诺在摄政委员会中占据一席之地，23岁的波旁公爵\*将在奥尔良公爵缺席的情况下被授予摄政委员会主席之职。奥尔良公爵还在高等法院

---

\* 波旁公爵（Duc de Bourbon），即路易四世·亨利·德·波旁（Louis IV Henri de Bourbon-Condé，1692—1740），法国政治家，1710年继任孔代亲王，1723年至1726年间担任首席大臣，被时人称作"公爵先生"（Monsieur le Duc）。

的舆论领袖中培植了反对曼恩公爵的第二股力量,他们中的很多人对"曼恩-曼特农的旧宫廷"虔诚者充满敌意。奥尔良公爵还尽力向詹森派和教宗权制限派的法官与高级教士做出保证,他将对《乌尼詹尼图斯通谕》采取宽松立场。部分法官和佩剑贵族也得到了在新的国务委员会中获得职务的空口承诺,奥尔良公爵表示自己将按照勃艮第圈子所设计的路线筹措体制。最重要的是,他还承诺恢复高等法院在1673年彻底失去的谏诤权。

休会结束后,高等法院的法官们尽职尽责地按照计划出牌,他们嘲笑路易十四的遗嘱中似乎隐含了"摄政统治中没有摄政者"的设想,并提出需要"代表君主的唯一领袖",继而继续宣布摄政王奥尔良公爵拥有全部权力,且不需要投票表决。在当天下午的会议上,曼恩公爵再次受到羞辱,波旁公爵起身表示了对新任摄政王的支持,而对由曼恩公爵指挥王室卫队提出抗议。曼恩公爵虽然喋喋不休,但也无能为力,最后,他负责年幼国王教育的职能被降低到纯粹的荣誉地位。

路易十四打算套在新任摄政王身上的枷锁就这样被解除了。对奥尔良公爵权力的唯一限制是他的自我管理:他坚持要引入行政委员会的体制;他规定,虽然自己在国家内部拥有发放恩惠赏赐的唯一权力,但如果有必要实施惩罚的话,他的双手将受到摄政委员会集体投票的约束。他向"英雄"费奈隆致以崇高的敬意,这在与会者中引发了强烈的反响,他表示——就像特勒马科斯的家庭教师门托尔所说的理想君主一样——"他强烈希望被阻止作恶,但他希望能够自由地行善"。[3]

"奥尔良-门托尔"可以心满意足地离开高等法院的大厅了,在这一天里,他把改革所需的和蔼态度、热情的即兴发挥以及慷慨的安慰技巧都精妙地结合起来,其中既有他的天赋使然,也经过了大量的准备和演练。当他坐着马车穿过巴黎的街道时,路上挤满了欢呼的人群，还有大约3 000名忠诚的士兵，他们每人配发了10枚子弹。这是奥尔良公爵的盟友、巴黎治安总监达尔让松侯爵\*的谨慎安排，他担心失意的曼恩公爵会发动叛乱。在不到一周的时间里，奥尔良公爵就完成了从一位没有朋友的"贱民"到唯一的政府首脑的转变，他的行动自由权可能超过了法国历史上的任何一位摄政王。路易十四既是演员也是导演，他精心编排了自己的死亡与曾孙的登基，但新任摄政王高超的舞台管理技巧却使其计划落空。正如曼恩公爵夫人的女仆斯塔尔-德洛奈夫人[†]所说的那样，国王遗嘱被推翻的事件表明，即使对于路易大帝来说，也不可能拥有"超越坟墓的绝对权力"。[4]

## 各部行政会议制的试验

9月12日，奥尔良公爵重回高等法院，这次他还带着年幼的国王，因为后者要出席一场御临高等法院会议，以正式批准第二次会议所做出的重大决定。摄政王信守承诺，同意恢复高等法院的谏诤权，并进一步透露了他在摄政委员会制度设计中的更多细节。正如曾经作为勃艮第公爵周围边缘角色的圣皮埃尔神父后来所说的那样，在"各部行政会议制"[‡]中，摄政委员会由七个委员会构成，每个委员会则由1名大贵族出任的领袖和12名成员构成，其中一半来自昔日的贵族，一半来自国家官僚队伍。这些委员会包括：（1）宗教委员会，又称"道德

---

\* 马克·达尔让松（Marc d'Argenson，1652—1721），第一任达尔让松侯爵，1697年至1718年间出任治安总监（Lieutenant général de police，路易十四于1667年设立），1718年至1720年间出任财政总监兼掌玺大臣。

† 斯塔尔-德洛奈夫人（Madame de Staal-Delaunay，1684—1750），法国女作家，留有个人回忆录。

‡ 各部行政会议制（Polysynodie），1715年至1723年摄政时期，法国政府体制进行了改组，原各大臣（包括财政总监）的权力改由各部会议（conseils de la Polysynodie）行使。转引自黄艳红：《法国旧制度末期的税收、特权和政治》，第115页，注释3。亦可参见杨磊：《法国绝对君主制转型的尝试：试论摄政王时期的改革（1715—1723）》，浙江大学博士学位论文，2020年5月。

委员会",由反耶稣会的枢机主教德·诺瓦耶领导;(2)外交委员会,由杜布莱元帅[*]领导;(3)陆军委员会,由德·维拉尔元帅[†]领导;(4)海军委员会,由图卢兹伯爵领导;(5)内务委员会,由曼恩公爵的同母异父兄弟安坦公爵[‡]领导;(6)财政委员会,由诺瓦耶公爵领导(他因此接受了财政总监的职位,但这不是头衔);(7)贸易委员会,由德拉福斯公爵[§]领导。由于路易十四时代凡尔赛宫的宫廷礼仪生活和国务大臣制度,高级贵族曾一度被排除在政治生活之外,他们现在似乎有可能达成新的协议。穿袍贵族与佩剑贵族们坐到了一起。担任高级职务的新人与路易十四时期有杰出功绩的长者也都坐到了一起。《乌尼詹尼图斯通谕》的反对者与"旧宫廷"的反詹森派支持者共同执掌权力,例如外交家科尔贝尔·德·托尔西和老臣蓬查特兰都被安排进入摄政委员会的名单。勃艮第圈子在国务大臣的人选上遇到了重大打击:他们的人数从四人减少到三人,并失去了部长职位,因为他们之中只有一人在摄政委员会任职,而且还扮演了"准教士"的角色。奥尔良公爵决定放弃在建筑上形成束缚的凡尔赛宫,转而选择环境更宽松、更热闹的巴黎,这似乎也证实摄政委员会制度在政治生活中开辟了新的空间。奥尔良公爵本人将继续住在罗亚尔宫,而年幼的国王则会搬到不远处的杜伊勒里宫。

在崭新的政治空间下,时人对变革的意义和后果进行了各种各样的思考和想象。在以往的统治中,人们总是进行私下游说和秘密出版等活动,但现在,他们希望有公开的讨论和辩论。然而,有些人想要的远远不止于此。例如,圣皮埃尔神父在各部行政会议制的原则中发

---

[*] 尼古拉·沙隆·杜布莱(Nicolas Chalon du Blé,1652—1730),法国元帅,外交家。
[†] 克劳德·德·维拉尔(Claude de Villars,1653—1734),法国元帅,第一任维拉尔公爵。
[‡] 路易·德·贡德兰(Louis de Gondrin,1664—1736),法国贵族,蒙特斯庞侯爵夫人的合法儿子,第一代安坦公爵(Duc d'Antin)。
[§] 亨利·德·戈蒙(Henri de Gaumont,1675—1726),法国政治家,第五代德拉福斯公爵(Duc de la Force)。

路易十五御临巴黎高等法院

现了一个重塑政体的框架，它与路易十四时代的政治制度不同，不带有鲜明的绝对主义色彩。布兰维利耶走得更远，他敦促奥尔良公爵将各部行政会议制作为使权力重回封建贵族手中的所有行动的第一步，封建贵族应该做好复兴三级会议的准备。圣西蒙也持有相似观点。

然而，奥尔良公爵究竟愿意在多大程度上、以何种方式来重塑政治文化，还是一个值得怀疑的问题。新任摄政王是一个很难进行评判的人。由于长期以来人们都把他想得很坏，公爵也故意表现出一种难以捉摸、略显无聊甚至充满疲惫的样貌。出于自我保护，他在路易十四的宫廷环境中养成了一种无忧无虑的态度，但这是一种大领主才能具备的绅士风度，其目的是为了掩盖他对辛勤工作的强烈兴趣、对细节的高度注意力和像狐狸一样狡猾的气质。此外，他所处的环境使其将眼前利益的考虑置于长远利益之上，他宁可选择灵感迸发的即兴创作，也不愿意选择睿智的深谋远虑。摄政时期总是充满困难的，但坦率地说，又有谁会知道未来发生什么呢？比方说，路易十五，这个来自多灾多难家族的体弱多病的孩子，他能否活过孩童时期就是一个很难确定的问题——早年间也确实发生过几次严重的王室健康危机。如果路易十五过早夭折，那么奥尔良公爵大概率会继承王位。路易十四的绝对主义是否会刺激摄政时代的权力分配？这位将自己视作门托尔的人究竟会变成一个理想的统治者，抑或是一位"伊多梅尼奥"式的暴君呢？[5]我们无法确定反对奥尔良公爵的势力有多大，但他的登基很可能会引发西班牙国王腓力五世的抗议，根据王国的基本法（尽管1713年《乌得勒支和约》予以明令禁止），腓力五世的王位继承权优先于奥尔良公爵。这种情况一旦发生，如果国王的基本法律都可以被规避，那么路易十四的私生子们是否也可以对继承权提出要求呢？摄政统治建立在沙盘之上，甚至可以说是流动的沙盘之上。

奥尔良公爵从一开始就倡导的各部行政会议制确实取得了一些成功，尽管它的缺陷很快也被暴露出来。陆军委员会和海军委员会利用和平时期进行了早就应该推行的改革。特别是在海军委员会，图卢兹伯爵的工作卓有成效；而在财政委员会，诺瓦耶公爵很好地填补了财政总监缺位而留下的空白，他的表现不仅强硬，而且带有些许政治想象力，试图努力使王国糟糕的财政状况回到正轨。[6]然而，在各部行政会议制的政治试验中，既有能力出众的行政人员，也有不少无足轻重的官僚，后者在会议召开时表现得漫不经心，为了地位高低争执不休，却把艰苦的工作留给技术人员。很多人对各委员会的工作表现得缺乏热情，在很大程度上也与奥尔良公爵对限制委员会效率的事实相关。各部行政会议制的创造者竭尽所能对各个委员会严加控制，不允许它们的存在威胁到政府意志的统一性。奥尔良公爵从一开始就明确表示，只有他才能保留前任国王的行政决策权——包括签署和结算政府账目的垄断权（路易十四在1661年亲政时曾如此要求）。因为这些对国王特权的要求，摄政委员会的工作效率受到了影响。奥尔良公爵对路易十四的遗嘱礼貌性地点头同意，也认可了摄政委员会的投票权，但他总会观察投票的结果，而且谨慎地确保没有重大问题会进入表决程序。像安坦公爵这样的各部行政会议制成员都在抱怨，委员会中根本没有真正的辩论，任何摆在他们面前的议案都是事先安排好的。[7]其他委员会的工作也倾向于咨询性质，而不具有立法或行政权。各委员会甚至可以没有工作，因为奥尔良公爵可以直接与各委员会的负责人进行往来，并为解决特定问题成立了临时小组。他还以破坏整个制度的方式设立了自己的特别顾问，特别是外交事务方面的迪布瓦神父[*]和财政事务方面的苏格兰人约翰·劳[†]。

各部行政会议制不允许干涉下级行政领域的正常运转。在中央，国务大臣的作用可能会有所削弱，但在部长以下，行政机构的运作方式基本沿袭了路易十四时代的制度。与此前类似，官僚系统对各部行政会议制的支持仍然掌握在审查官[8]手中，这些人也主导了负责诉讼问题的国家技术委员会。在各个行省，督办一职得以保留，他们的权力也没有被减弱，这与省长、地方三级会议和市政当局希望与之分享权力的愿望相悖。事实上，先前的焦虑一旦过去，政权就会更加稳固，而昔日的绝对主义机器也会更加占据优势。到了1718年9月，摄政王认为他可以解散各委员会，并重新设立国务大臣的职位了。迪布瓦神父被指派负责外交事务，来自曾经为绝对主义王朝服务的菲利波家族的后人莫勒帕[‡]则负责海军部。海军委员会和贸易委员会暂时得以保留，但它们只负责技术性的事务，并在1722年至1723年间被撤销。

---

[*] 纪尧姆·迪布瓦（Guillaume Dubois, 1656—1723），法国神父，政治家，摄政时代曾任首席大臣，枢机主教。

[†] 约翰·劳（John Law, 1671—1729），苏格兰经济学家，1717年至1720年间出任法国东印度公司主管，1720年1月至5月短暂出任财政总监。

[‡] 让-弗雷德里克·菲利波·德·莫勒帕（Jean-Frédéric Phélypeaux de Maurepas, 1701—1781），1718年至1749年间出任宫廷大臣，1723年至1749年间出任海军大臣，1776年至1781年间出任首席大臣。其父热罗姆·菲利波（Jérôme Phélypeaux, 1674—1747）曾在1699年至1715年间出任宫廷大臣兼海军大臣。

1720年，约翰·劳被任命为财政总监，如此就回归了昔日的制度。摄政王还希望通过提拔一些被剥夺权利的各委员会成员进入摄政委员会，以便为潜在的不满者带来甜头，因此摄政委员会的规模从1717年的14人增加到1719年的29人（1722年增加到35人）——人数的多少与实际权力的大小呈正相关关系，由于摄政委员会的开会频率降低，它所发挥的作用也就愈发减弱。

鉴于奥尔良公爵的性格及其所处的环境，我们可以审慎地得出如下结论：与其说各部行政会议制是圣皮埃尔那样对路易十四遗产的原则性拒斥，或是布兰维利耶式的"封建制反动"，还不如说它是一个可控的国家试验，它建立了一个行动框架，这个框架没有把敌意集中在摄政王奥尔良公爵一人身上——这既让贵族倍感亲切，也为公爵赢得了政治时间。到了1718年，大部分时间都已经被有效地争取到了，当各委员会似乎越来越有可能成为批评摄政王政策的平台（正如我们即将看到的那样，这些批评尤其集中在此时混乱不堪的外交政策上）时，奥尔良公爵毫无顾忌地摧毁了自己一手创建的各部行政会议制——就像他可能会放弃一只寿命将尽的家庭宠物一样。没有人会为各部行政会议制的终结流下眼泪。特立独行的圣皮埃尔神父热情地为其辩护，但他把国务大臣称为"元老"（vizirs）的不理智说法遭到了摄政王的严厉斥责，摄政王甚至把他赶出了法兰西学术院，并把他手下的印刷工人投入巴士底狱，以便使其冷静下来。在这样的时刻，路易十四承担的责任似乎很自然地就落在了这位未来的"门托尔"肩上。

### 亲王、公爵和法官：一场新的投石党运动？

1717年，雷斯枢机主教\*个人回忆录的出版引起了轰动，这位主

---

\* 雷斯枢机主教（Cardinal de Retz, 1613—1679），曾任巴黎总教区总主教。

教曾在1648年至1653年投石党运动时期作为高等法院和公众舆论的主要参与者和操控者，在半个多世纪后甚至改变了"后路易十四时代"的政治氛围。纵观路易十四的整个统治期间，投石党运动的历史是一个无法触及的禁区，唯一被允许提及的观点是国王在镇压叛乱中夺取了胜利。对于观察路易十四绝对主义统治的形成时期来说，雷斯枢机主教的叙述提供了一个崭新而大胆的视角。投石党运动期间，来自政治世界各个部分的人都在争夺王权——高等法院法官、血亲亲王、贵族、小贵族、城镇居民和农民。人们争先恐后地发表关于政治权力的竞争理论——通常是含蓄地，但有时也是非常明确地、吵闹地，甚至是争论性地。但是，当枢机主教马扎然和路易十四重新稳定政体后，这些理论也都被压制下来。就像小说人物瑞普·凡·温克尔\*出现在政治舞台上一样，路易十四的去世让此前很多理论又重新出现，尤其是在雷斯对这一动荡时期的丰富多彩的描述中。对于那些甚至在路易十四死前就一直从历史视角观察国家权力的政治评论家来说，雷斯关于投石党运动的描述似乎就是时事新闻报道。

另一方面，对于那些认为各部行政会议制未能打破国家绝对主义影响而感到失望的人来说，雷斯的回忆录提供了新的支持，他们正试图重新想象高等法院和亲王的宪法性作用。奥尔良公爵和巴黎高等法院的蜜月期没有持续多久。1715年9月2日，摄政王完全同意恢复高等法院法官的谏诤权（并允许他们再次将自己称作"高级法庭"），从而欢迎一个投石党运动期间绝对主义主要的作恶机构重新回到政权的中心。此外，奥尔良公爵在当日同意进行协商的表象，使一个几乎已经从政治版图上消失的机构变得自视甚高。在路易十四统治时期的后几十年中，高等法院法官一直都是忍气吞声的典范，但他们现在却变得危险而叛逆——而且在18世纪的剩余时间中，他们也会一直如此。

---

\* 瑞普·凡·温克尔（Rip van Winkle），出自美国小说家华盛顿·欧文（Washington Irving, 1783—1859）于1819年出版的同名短篇小说。

当他们现在发表意见的时候，他们对路易十四对待自己的方式感到不满，并下定决心不让他们在投石党运动后被禁言的情况再次发生。

高等法院认为自己就是法律的最高化身，并表示自己拥有一条重要的宪法性线索。巴黎律师马雷曾指出，像这样的机构"拥有很长的记忆。个人会死，但它们永远都不会消失"。[9]正如我们所看到的，路易十四的绝对主义理论基础在于，只有统治者自己的身体才在国家层面具有代表性力量，而其他任何机构或团体都不能声称表达合法的政治利益。高等法院在摄政统治初期取得的巨大进展表明，它声称自己是一个永恒的国家礼仪机构，因此也就代表了全体国民的利益。早在1718年，高等法院的法官们就认为，在没有三级会议的情况下，高等法院就是唯一的渠道，王国所有阶层的合法渴望都可以通过它得到权威的表达。

此外，高等法院在寻求扩大特权的过程中，使用了政权中关键的政治话语之一——仪式。在1716年8月15日庆祝圣母升天节的游行活动中，高等法院法官声称自己的地位高于摄政王本人，理由就是他们的机构代表了君主制。摄政王虽然在他厌恶的地位高低问题上总是轻易采取放任自流的态度，但他还是允许此事继续进行，尽管他的顾问圣西蒙毫不犹豫地怀疑此事涉及巨大的政治利益。在另一个涉及地位高低的案例中，奥尔良公爵也不屑一顾地支持了高等法院法官，即长期存在的"帽子事件"——实质上就是高等法院主席是否应该在会议期间向在场的每一位王公贵族脱帽致敬的问题。在这个无足轻重的礼仪问题背后，潜藏着这样一个问题：究竟是高等法院、王宫显贵，还是全体贵族，更有资格代表国家利益。奥尔良公爵最终做出的有利于高等法院法官的决定，只会助长高等法院进一步拓展自己在宪法地位上的野心。

事实证明，詹森派运动是高等法院施展其政治和宪法力量的最佳舞台。[10]在早年的蜜月期，奥尔良公爵发现，让高等法院法官认可詹森主义是一件相对容易的事情。高等法院中的教宗权制限派和詹森派已经在摄政委员会中占据了大量位置，反对《乌尼詹尼图斯通谕》的枢机主教诺瓦耶是宗教委员会的负责人，而在1717年，一位坚定的教宗权制限派、高等法院检察长达盖索甚至被任命为司法大臣。摄政王从国家监狱中释放了被囚禁的詹森派成员，并竭力阻止教宗克莱芒十一世对《乌尼詹尼图斯通谕》反对者的强硬态度变成法国国内的教会政策。为了让罗马教廷就《乌尼詹尼图斯通谕》制定一份正反双方都能接受的教义声明，他们已经发起了一场外交攻势。

然而，和解迟迟没有到来。教宗既拒绝妥协，也不肯对他谴责帕基耶·凯内尔《道德思索》提供教义上的解释，许多正统天主教徒都坚持认为这本书没有瑕疵。在这种情况下，面对摄政王明显认可教宗裁决在法国具有法律效力的做法，高级教士表现出了明显的不安。1717年3月，塞内、蒙彼利埃、布洛涅和米尔普瓦的几位主教一致发出呼吁，要求将具有宪法地位的《乌尼詹尼图斯通谕》提交给天主教会的总委员会。上诉人（或者说立宪主义者）要求世俗权威可以控制教宗的"绝对正确"，这一主张虽然激怒了教宗，却在高等法院和整个教会机构中找到了众多支持者。奥尔良公爵虽然不是神学家，但是他开始坚定自己的决心。在等待教宗意见的过程中，他禁止讨论这一问题。1717年12月，他解雇了教宗权制限派司法大臣达盖索的职务，并聘请在宗教虔诚者圈子中颇受欢迎但又很强悍的巴黎治安总监达尔让松侯爵担任掌玺大臣。当安坦公爵问他为什么采取这一措施时，奥尔良公爵的答案是："因为我想成为主人。"[11]

此外，高等法院似乎有意加大赌注，特别是法官们希望将自己的权限从宗教扩展到财政事务——这一举动与他们抵制摄政王的财政分析顾问约翰·劳日益增长的影响力有关。1717年8月，奥尔良公爵向高等法院提交了一套由约翰·劳制定的激进财政政策，法官们也发出

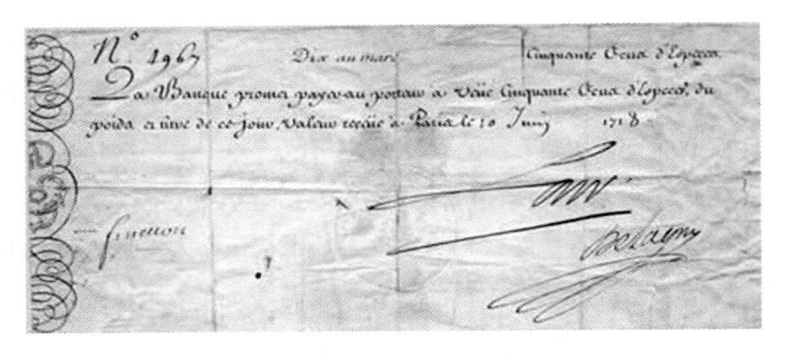

约翰·劳引入的纸币

了措辞强烈的抗议,并大胆地要求摄政王提供一份关于政府财政状况的详细报告。[12]虽然这一次局面没有失控,但第二年夏天又爆发了一场危机,摄政王在没有向高等法院,而是向货币法院登记的情况下颁布了新的法令。高等法院对这种侵犯其管辖权的冒犯行为怒不可遏,甚至发布了一项禁止约翰·劳印发的钞票流通的规定。在雷斯的回忆录中,相似的场景出现在关于投石党事件的描述中,法官们呼吁按照1648年投石党运动时期所谓"圣路易法庭"的方式,将巴黎所有的高级法庭联合起来,这种方式导致了"街垒日"的出现,巴黎民众在这一天公开蔑视王室权威。1718年8月18日,高等法院颁布了一项明显针对约翰·劳的法令,即禁止外国人参与国家财政管理事务,他们怎么会不知道他们的投石党前辈曾经对意大利枢机主教马扎然采取了一项相同的措施呢?

1718年8月18日,奥尔良公爵发动了一场惊人的政变,粉碎了高等法院政治上的大胆行为和尚在雏形中的宪法性诉求。迪布瓦神父和圣西蒙公爵秘密策划了一次御临高等法院会议,强行通过了一系列高等法院法官一直都在反对的措施,圣西蒙甚至在整个会议期间幸灾乐祸地注视着法官们的失败。法官们的谏诤权受到了严格限制,他们被禁止插手财政事务或者与其他高级法庭建立联系。无论如何,在首都进行的大规模军事准备工作,确保了不会出现投石党式的"街垒日"——事实上，我们现在还不清楚高等法院这次是否得到了民众的大力支持。

8月26日这场毁灭性的御临高等法院会议与对路易十四私生子合法地位的攻击结合了起来。在曼恩公爵、图卢兹伯爵与其他公卿贵族的长期争端中，奥尔良公爵一直试图置身事外。公卿贵族们已经因为"帽子事件"与高等法院闹得不可开交，他们对路易十四1714年法令是否具有宪法意义上的合法性问题发起了猛烈的攻击，因为这项法令允许此前的私生子可以继承王位。1717年7月，奥尔良公爵成立了一个专门委员会来裁决这项问题，这个委员会坚决否定了两兄弟的继承权，而摄政王则宣布自己处于一种"无法让渡主权"的状态。[13]现在，1718年8月26日，奥尔良公爵采取了后续行动，即将曼恩公爵与图卢兹伯爵降为与公卿贵族同等的地位，并剥夺了前者作为路易十五教育总监的职位，这一职务落入了年迈的维勒鲁瓦公爵\*之手。

奥尔良公爵对曼恩公爵的羞辱也是对后者的惩罚，因为他越来越多地对摄政王表示公开反对，并愈发努力组织一个以"旧宫廷"派别为核心的反摄政王政治联盟。正如雷斯所说，曼恩公爵本人在政治上只是一个无名小卒[14]，他的阴谋活动带有强烈的喜剧色彩——隐形墨水、密码信息、午夜约会、扮演小角色的虚张声势的冒险家等等。曼恩公爵的妻子夏洛莱小姐[†]是"大孔代"的孙女，也是一个神秘主义的狂热信徒，她的床头读物就包括骑士的浪漫故事和马基雅维利[‡]关于阴谋的笔记[15]，她无疑也对雷斯笔下谢弗勒兹公爵夫人和"大郡主"[§]

---

\* 弗朗索瓦·德·纳维尔（François de Neufville，1644—1730），第二任维勒鲁瓦公爵（Duc de Villeroy）。

† 路易丝·安娜·德·波旁（Louise Anne de Bourbon，1695—1758），又称夏洛莱小姐（Mademoiselle de Charolais），父亲是"大孔代"之子，母亲是路易十四和蒙特斯庞侯爵夫人之女。

‡ 尼古洛·马基雅维利（Niccolò Machiavelli，1469—1527），意大利政治哲学家，代表作《君主论》。

§ 安娜·德·奥尔良（Anne d'Orléans，1627—1693），蒙庞西耶公爵夫人（duchesse de Montpensier），又称"大郡主"（La Grande Mademoiselle）。

等投石党女性的英勇冒险经历感到兴奋。这位身材矮小的公爵夫人很快就成为一个阴谋的核心人物,这个阴谋最终不仅涉及高级贵族,还涉及了外省贵族、巴黎民众以及投石党运动的另一个影响对象——西班牙王国。位于索镇的家族城堡成为公爵夫人阴谋的发源地。她按照在"帽子事件"中已经很明显的趋势,利用印刷品宣传来普及亲王们的案件,并使之合法化。这些宣传手册采用了呼吁"公众"舆论的形式,被视作"国民法庭",是一种对合法性问题的最高评判。[16]尽管这一问题的受众范围很小——小册子的发行量只有几百本,而且很多都是免费赠送的——但这种修辞性的策略与路易十四时期勃艮第圈子的做法有所区隔,因为后者曾试图隐藏自己的批评意见。此外,早在投石党运动前期就出现的对无耻之人加以诽谤的形式,与呼吁公众舆论的形式一道,成为18世纪利用小册子进行攻击性宣传的两种重要渠道。1717年至1719年间,曼恩公爵夫人以部分赞助、部分亲自撰写的方式完成了《菲利普》一书,这部作品直接针对奥尔良公爵,声称他和他狂野任性的女儿贝里公爵夫人\*乱伦,并计划毒死年轻的路易十五。

奥尔良公爵已经习惯了人们对他性格的攻击,生活的不规律使其成为人身攻击的绝佳对象。然而,时人都被误导了,他们认为公爵不过是一个自私的享乐主义者。他当然可以放松——关键在于如何放松!不过,这些评论与其说是针对实际发生的事情,不如说代表了这个时代的清教主义和政治讽刺的特点,奥尔良公爵和他关系融洽的亲信、轻浮的贵族妇女、歌剧院舞者的晚间聚会被称为"狂欢"——尽管他们肯定在其中酗酒和赌博。在某种程度上,路易十四死后出现了更普遍的公共道德标准的松动,而奥尔良公爵却为此背上了骂名:例如,奥尔良公爵的生母将巴黎形容为"所多玛与蛾摩拉",这里到处

---

\* 路易丝·伊丽莎白(Louise Élisabeth,1695—1719),贝里公爵夫人(duchesse de Berry)。

都是对妻子不忠的男人、寻找情夫的妻子、对梅毒毫不在意的伴侣，以及追求同性恋而拒斥传统婚姻关系的年轻人。[17]然而，如果说摄政时期的巴黎有一种"狂欢"的精神，那么即使最严厉的批评者也不得不承认，奥尔良公爵从未允许他的私人爱好介入政府事务。摄政王将公务与享乐分割开来，并将自己完全投入二者之中。在办公桌前待了一整天后，奥尔良公爵才会进行令他出名的晚间社交活动——圣西蒙描述了奥尔良公爵蹲在地上专心致志地写作，以至于他的羽毛笔都与头发缠在一起的画面。此外，奥尔良公爵与年幼的路易十五之间的关系是友好而互相尊重的。他对维护王室特权的关注也是无可挑剔的，这激发了双方共同的情感。

曼恩家族将诽谤融入了一种更广泛的政治哲学。与高等法院一样，他们利用政治文化从路易十四神话时代开始转移的机会，在故纸堆中寻找涉及当前政治合法性问题的关键线索，还雇用了博学家进行必要的学术工作，以追溯国王私生子充满希望的光辉历史。由此产生的研究结论有时相当荒谬——斯塔尔-德洛奈夫人就曾讽刺道，"尼姆罗德家族给出的例证几乎没有定论"，"对路易十五也是如此"。[18]这些学者声称，发现了不少于20名继承了法国王位的王室私生子。[19]他们认为，这种继承情况表明，只有国民——而不仅仅是摄政王，甚至不是议会——才有权对这一宪法要求的秩序做出裁决。作为对圣西蒙、布兰维利耶和其他人提出的观点的回响，曼恩公爵的辩护人指出，国民合法存在的前提是一个王朝的灭亡（当然，这在1717年至1718年并不是天方夜谭），国民是独立于君主个人的，它可以通过三级会议的媒介来表达自己的意愿。

通常来说，"旧宫廷"利益的代表者与路易十四的绝对主义价值观非常相称，却与契约主义理论难以兼容，这至少是一种绝望的表现。由于他们认为自己在1717年至1718年的合法性争夺中失败，为了在新的辩论中获胜，曼恩家族随即开始研究更有力的斗争方式。在高等法院与摄政王正在因为詹森派和财政问题争执不下的时候，曼恩公爵却轻蔑地放弃了与高等法院合作的想法，转而希望通过与地方贵族和西班牙国王的军事援助来增强自己的力量。1718年夏天，曼恩公爵与处在动荡中的布列塔尼贵族的双方代表取得了联系，后者因摄政王对该省税收负担的抱怨而感到不满。双方炮制了一份《捍卫布列塔尼自由的联合法案》，要求召集全国层面的三级会议，并威胁要把布列塔尼从法国分离出去。在接下来的几个月中，大约五六百名布列塔尼贵族在该法案上签名，他们的领袖——如曼恩公爵夫人——也开始与西班牙人进行秘密会谈。在其眼中，他们可以说服西班牙国王腓力五世为布列塔尼提供支持。作为路易十四的孙子，腓力五世也拥有一些符合宪法的能力，比如提出摄政要求，并召集三级会议来维护国王私生子的权利。

对摄政王来说，与西班牙的关系就像斗牛场上的一块红布，因为这有可能重新挑起他在1715年试图解决的王位继承问题。腓力五世的宪法地位模糊不清，这有助于决定摄政王上台以后的外交政策。如果说他一开始遵循了路易十四晚年与西班牙人结盟的政策，再加上对詹姆士二世党人和天主教徒谋求英国王位的支持，那么他的政策很快就变成了孤立西班牙波旁王朝的愿望。他希望这一政策能够阻止西班牙对法国的侵略，因为法国仍然长期处于战争状态，抑或说处于反对奥地利哈布斯堡王朝的斗争中，后者通过《乌得勒支和约》解除了西班牙对意大利的所有权。1715年夏天，詹姆士二世党人在入侵英格兰的战争中失败，再加上反法的朱利奥·阿尔贝罗尼\*在西班牙政治中扮演了愈发重要的角色，这些因素既对政策的变化起到了一定作用，也涉及与英国的和睦关系，以及模糊的费奈隆式的和平主义思想。

---

\* 朱利奥·阿尔贝罗尼（Giulio Alberoni，1664—1752），意大利枢机主教和政治家，效力于西班牙国王腓力五世。

尽管奥尔良公爵以其特有的狡猾,努力维持着与英国詹姆士二世党人的联系,但他也在非常认真地争取与英国结盟,并任用迪布瓦神父作为自己的代表,巧妙地掩盖了秘密外交活动。迪布瓦是来自小城布里夫的一个药剂师的儿子,在大多数政治精英的眼中,他是一个粗俗的、令人反感的贱民(圣西蒙毫不客气地说,他是一个没有教养的"白鼬")。[20] 当奥尔良公爵尚在幼年之际,迪布瓦神父就担任过他的私人教士,并且从未失去过公爵的友谊与信任;17世纪90年代开始的外交生涯,使他对国际事务非常熟悉。他利用了当时英法两国政体并不稳定的事实:新任汉诺威王朝君主乔治一世\*必须抗衡被驱逐的斯图

西班牙国王腓力五世

---

\* 乔治一世(George I,1660—1727),1714年加冕英国国王。

亚特王室，就像奥尔良有他的西班牙波旁王朝对手一样。英法联盟的达成，特别是如果可以运用到其他大国之间，就可以起到落实《乌得勒支和约》的作用，并为实现持久和平奠定基础。1716年，迪布瓦神父与英国签订了一份防御性条约，并于1717年1月在海牙拓展为三国同盟，尼德兰联省共和国也加入其中。与欧洲最重要的海军强国缔结联盟很快就显示出其用途所在，因为腓力五世组建了西班牙自1588年无敌舰队以来最大规模的海军舰队，先后入侵了撒丁岛和西西里岛。作为反击，1718年8月2日，奥地利加入了三国同盟，组成了四国联盟。8月11日，四国联盟就结出了第一枚果实，在约翰·宾[*]指挥下的英国舰队在意大利锡拉库扎附近的帕萨罗角击败了西班牙人。1719年1月，法国和西班牙正式开战。

  法国外交政策的这一新取向，不禁让法国国内的许多政治团体感到不安和失望。尤其是"旧宫廷"的虔诚者，他们非常反感法国背弃一个与它有着密切关系的天主教国家，而与路易十四在过去四十年中花费很长时间和精力来对抗的新教大国建立联系的行为。奥尔良公爵已经受到了西班牙针对他本人的行动的影响。阿尔贝罗尼资助了一些冒险家去绑架、毒杀或暗杀奥尔良公爵，还赞助了一些攻击摄政统治的无耻宣传手册。此外，他还通过西班牙驻巴黎大使切拉马雷亲王[†]向曼恩家族、布列塔尼贵族和巴黎高等法院的法官们发出了邀请。奥尔良公爵似乎很快就知道了这些阴谋之间的联系（据说是通过一个情妇的床头私语）。因此，帕萨罗角的军事成功是一个令人满意的外交胜利的象征，它促使御临高等法院会议在1718年8月26日将路易十四私生子的地位降级。

---

[*] 约翰·宾（John Byng，1704—1757），英国海军上将。

[†] 安东尼奥·德尔朱迪切（Antonio del Giudice，1657—1733），即切拉马雷亲王（prince de Cellamare），生于那不勒斯，长期为西班牙王室效力，1715年担任西班牙驻巴黎大使，1718年策划"切拉马雷密谋"。

此事或许可以解释为对曼恩家族的一次警告，但在潜藏的叛乱者中，它被视为最后的挑衅。曼恩公爵夫人轻率地威胁道：要报复对其丈夫的羞辱，给奥尔良公爵"一记重拳，使他彻底完蛋"。[21]毫无疑问，考虑到她的祖父就曾在投石党运动中把西班牙势力和外省贵族联系在一起，她本人也加强了与切拉马雷亲王的联系；与此同时，西班牙人正努力争取日益不满的布列塔尼贵族，凶残的庞加莱侯爵[*]自1719年4月起成为这一群体的领袖。然而，当腓力五世最终同意向布列塔尼半岛派军时，叛乱者的阴谋已经彻底破灭，在这种情况下，法国军队可以相当容易地清除叛乱者余部。约有80人被监禁，包括庞加莱侯爵在内的4人于1720年3月被处决。

此外，由于摄政王在1718年12月对曼恩公爵的密谋者采取了行动，布列塔尼的叛乱者也被孤立了。切拉马雷亲王被驱逐出法国，曼恩家族被关进监狱——他们在不久之后被允许回到索镇，忍受着内部的流放。如此宽容的行为不仅仅是能用奥尔良公爵的随和性格来加以解释的。对摄政王来说，在1717年至1719年的"新投石党运动"中，各种要素都没有实现融合。詹森派是一个麻烦，但他们仍然占据少数。高等法院的虚张声势已经被识破。西班牙的威胁也仍然只是一种威胁。最惊人的事情也许在于，所有后来被称为"投石党"的众人，都没能在政治精英之外吸引到广泛的支持。布列塔尼贵族没有得到当地农民的响应（尽管颇有讽刺意味的是，庞加莱侯爵在被处死后成为半岛上最受爱戴的烈士）。贵族对摄政统治的失望程度，还不足以让他们再一次冒险重演投石党运动的幻想。曼恩公爵与图卢兹伯爵手下的宣传册作者，虽然还在向全国的"公众"发表文章，但他们只有数百人。因此，这些潜在的"投石党"缺乏力量和人员。达尔让松侯爵讽刺般地向高等法院发问："他们有任何军队吗？至于我们，我们有15

---

[*] 克莱芒·德·盖尔（Clément de Guer，1679—1720），即庞加莱侯爵（Marquis de Pontcallec），1718年至1720年策划"庞加莱密谋"。

二、越过暴风骤雨：摄政时期与弗勒里的崛起（1715—1726） 83

万人。这就是问题所在。"[22]摄政王保留了路易十四绝对主义时期遗留下来的武装力量,这些军队足以应对自己的批评者。

## 摄政时期的财政与经济环境

1715年至1720年间,在摄政王的许多计划和政策中,他都自律而务实地保持了克制态度;在瓦解国内反对势力的行动上,摄政王也非常谨慎。但是,他主持了欧洲近代早期最大胆的一次财政创新试验。这段时期呈现出不现实、不节制和相当轻率的特征,与苏格兰财政家约翰·劳出现在奥尔良公爵身边有关。为了理解摄政王一反常态地被约翰·劳的诱人想法所吸引的原因,我们首先必须了解法国经济和国家财政在1715年时的糟糕状况。

正如上请法官里歇尔·道贝[*]所总结的那样,奥尔良公爵在1715年就任摄政王之际,面临着"以巨额债务为显著特征的糟糕局面……税收造成了严重的人口问题……人数减少……(而且)贸易(与此前相比)也没有那么繁荣"。[23]然而,很少有人会质疑这个国家的复苏潜力。在欧洲的1亿人口中,大约有2 000万人居住在法国境内,这使得每5个欧洲人中就有1个是法国人。西班牙的人口约为法国的三分之一,英国的人口约为法国的四分之一,尼德兰联省共和国的人口约为法国的十分之一。当然,人口的巨大优势并不一定能转化为国家实力——毕竟,波兰拥有大约900万人口,但它缺少军队,仍然是一个外交上的小国。然而,法国在17世纪最引人注目的地方在于,它找到了充分发挥人口数量优势的方法,即把强大的人口数字转化为赤裸裸的军事力量和国际主导地位。

从16世纪末开始,波旁王朝的政治方案就将国内的权力集中在

---

[*] 里歇尔·道贝(Richer d'Aubé, 1688—1752),高等法院法官,著有《论法律和道德的原则》等。

君主身上,而取消了对财政政策制度的限制(三级会议、省三级会议等等),并将国家官僚机构的发展与建立一支庞大的常备军、创建一支给人留下深刻印象的海军结合起来。这些措施使法国能够积极地寻求欧洲霸权,并通过扩大法国的国土面积来增加法国人口数量与财富。从地理上来讲,路易十四的兼并政策完成了法兰西国土的构建,他将法国的面积扩大了近10%——从47万平方公里扩大到51.4万平方公里——而且将近150万新臣民纳入波旁王朝的统治之下。到了18世纪,法国国土面积增加的范围就非常少了:1766年完全吞并洛林,1768年吞并科西嘉,大革命时期还有一些补充,例如纳入了阿维尼翁附近属于教宗的沃奈桑伯爵领地、独立的自由城市米卢斯等飞地。[24] 在海外,路易十四也建立了一个殖民帝国,北美(特别是加拿大、路易斯安那和西印度群岛)和南太平洋(毛里求斯和留尼旺)都有法国的殖民地,他还在黎凡特、印度和西非建立了贸易中转站。在扩张的同时,路易十四的军事工程专家沃邦的工作也让人印象深刻,他在边境建起了一条由堡垒和防御设施构成的"钢铁环带",为法国提供了前所未有的安全保障,使其避免受到敌人的军事入侵。

然而,这些紧张的军事准备付出了非常昂贵的代价。1674年征收旧的封建税是最后一次严肃的尝试,但它以惨败告终;此后,涉及庞大的常备军和维持成本高昂的海军的一切费用都必须由国家支付。增加国家财富、武装力量和官僚机构的需要表明,波旁王朝的政治方案具有强大的经济、财政、军事、外交和政治的多重面相。这一领域最显著的成就是在科尔贝尔领导下取得的,他在1661年至1683年间出任财政总监,这是路易十四统治时期最重要的职务。科尔贝尔旨在让国家利用一切手段控制黄金和白银的流通,并将之用于雇佣士兵走向战场,制造军舰参与海战,也可以为路易十四和他的大臣们所热衷的生活方式提供资金。由于国内政策与外交政策之间的这种联系,国家可以为工业提供补贴——特别是在军需用品(军服、武器、大炮等)

科尔贝尔

和奢侈品（镜子、玻璃器皿、挂毯、高级布料等）领域，这些产品不仅为王室服务，而且可以作为出口商品，给王国带来外汇收入。与此同时，科尔贝尔还采取了积极的关税政策，成立了贸易公司，试图支配欧洲市场和进行殖民渗透。此外，科尔贝尔旨在让法国人参与工作：在17世纪50年代发起、70年代开始实施的所谓"穷人大生产"中，各大主要城市都配备了一个贫民院或"综合医院"，困窘和冥顽的穷人在那里遵守劳动纪律，并被安排从事生产出口商品的工作。

科尔贝尔计划中的许多内容——历史学家给他贴上了"重商主义"的标签——并不是没有效果的。从1659年开始的和平时期，为财政总监的工作提供了良好的环境，在1651年至1675年间，法国的经济状况相当可观。即使在农产品价格普遍较低的时期，得益于战争税收的放松，谷物生产也呈现出活跃的景象。政府的刺激措施还帮助了各种纺织品生产——来自佛兰德、阿图瓦和诺曼底的毛纺织业，朗格多克的呢绒业，瓦朗谢讷附近的复杂花纹织物业，里昂与维瓦赖附近的丝绸业，以及欧里亚克附近的花边制造业。政府对奢侈品、军事和海军物资的需求也起到了一定的作用。通过科尔贝尔贸易公司开启的殖民地和黎凡特贸易同样如此。17世纪70年代末重新开启的战争虽然削弱了这些成就，但并没有造成不可挽回的后果。毕竟，除了为国家获取新的资源外，战争还可以通过促进需求、鼓励大规模生产和技术创新以及帮助市场形成来刺激若干重要经济领域的发展。战争还能够调动资本和信贷，以便支付战争开销。然而，实现这些好处的前提是战争必须获得成功。在这样的情况下，从17世纪80年代到18世纪第二个十年，欧洲战争的严峻形势非但没有起到促进作用，反而对法国经济造成了巨大危害。

核心问题在于土地。正如下文即将呈现的[25]，法国本质上仍然属于一个农业国家，资金匮乏、以生存为导向、技术有限的农业耕作，既占据了法国国民生产总值的绝大部分，也构成了国家税收的绝大部分，社会特权使精英阶层避免沦落到"军役税缴纳者"（即直接税的纳税主体）的低级地位。在科尔贝尔的计划中，农业只占据了很小的比重，因此政府也忽视了农业的发展，从17世纪90年代起，法国的农村经济出现了短期的剧烈震荡，这不仅与战争有关，也与一切前工业社会的其他常见威胁——饥荒和疾病——有关。这些损失像癌症一样蔓延到工业生产的大部分领域，导致了国民财富的严重缩水和国家财政状况的恶化。

1680年至1720年间的气候条件异常不稳定，无数次的极端严寒、潮湿天气和反季节干旱情况的交替出现，都对农业收成造成了严重破坏。糟糕的收成对勉强果腹的人口产生了毁灭性的影响。饥饿往往与流行病相伴出现。在饥荒肆虐的情况下，可怕的死亡危机接踵而至。发生在1692年至1694年和1709年至1710年的两场饥荒尤其令人震惊。其中前一次饥荒造成了约280万人口的死亡，占其时法国总人口的15%，相当于第一次世界大战中法国死亡人口的两倍。费奈隆辩称，法国不过是"一个巨大的贫民窟，满目疮痍，一无所有"。[26]将近100万人（约占总人口的3.5%）成为1709年至1710年那个"大名鼎鼎"的冬天的受害者，其时，种子被冰冻在地下，橄榄树和果树因致命的霜冻而枯萎，河流结冰，墨汁冷凝成块，酒杯被冻在嘴唇上，鸟儿也僵死在枝头。

如果说气象和流行病灾害还可以任意归咎于上帝的愤怒的话，在同时代人的眼中，造成大规模死亡的原因还包括了人类的作用——特别是一个人，即国王。虽然军队规模在不断扩张，但实际战斗却很少发生，因此，与其说战争对人口数量产生了直接影响，不如说战争间接阻碍了经济发展和人口复苏：税收负担增加，军队征用粮食和牲畜，生产资料产生附加损害，军队成为疫病传播的媒介。其时，人们认为对个人和王朝荣耀的随意追求导致了大规模的贫困和人口的高死亡率，除了战争造成的死亡以外，王室的宗教政策也是造成人口损失的另一原因。1685年《南特敕令》的废除导致了胡格诺派教徒的大规模移民，他们并不愿意作为虚假的"新教徒"：在1685年至1690年间，大约有14万人离开法国前往英国、尼德兰联省共和国和其他目的地，另外还有4万至6万人在随后几十年的镇压中被视作"新教移民"的一部分，追随了前者的脚步。

路易十四做了大量工作，他通过领土扩张为经济发展带来了新的资源，并在维护边境安全的事业上取得了令人瞩目的成就。然而，统治一个庞大复杂的王国，而且在社会经济遭遇困境的情况下保证武装部队和官僚机构的有效运转，对于任何一个国王来说都是一项艰难的挑战，即使是像路易十四这样勤奋和有才华的人也不会例外。当与战争的间接成本进行比较时，战争的回报似乎也是相当微不足道的——

正如我们所看到的[27]，这种看法构成了政治精英对国王绝对主义不断进行批判的核心要素。此外，战争压力越来越多地出现在最重要的地方——战场上。截至17世纪80年代，法国军队都取得了绝大多数战役的胜利；到了18世纪头十年，由于对手军事势力的增强，法国军队在战争中失败的次数已经超过了取得胜利的数量，法国海军在西班牙王位继承战争初期也遭受了严重损失，以至于在1704年以后，法国舰队再也没有恢复元气。

战争负担对国家的财政机制产生了破坏性影响。如今，领土扩张与经济生产力的提高已经不足以支付战争费用，就国家财富而言，这是一块越来越小的蛋糕，但政府要求从中获得更大的份额。1689年至1697年间，政府开支增加了一倍，而战争费用就占据了国家收入的四分之一。国家不得不引入了新的普遍性直接税，即1695年的人头税和1710年的什一税，而间接税的负担也变得愈发沉重，包括扑克牌和假发在内的一系列物品都被征收了新的税款。国家财政的另一个主要来源，即国家官僚体系中的职位售卖，也进入了超速发展的阶段。到路易十四统治末期，卖官鬻爵的现象已经扩展到执达吏、丧葬主管和牡蛎经销商等行业，以至于人们普遍认为这种腐败的捐官制度已经达到了绝对意义上的最高峰。然而，尽管采取了这些手段，但国家税收仍然没有获得显著改善，其原因在于，逃税和贫困程度的增加，反而使税收总额进一步缩水。此外，政府为增加收入还采取了一些特殊手段。有些措施只是象征性的一次性举措——例如1700年发行了国家彩票，路易十四在1709年决定将凡尔赛宫的银器熔化后用作支付战争费用。重铸货币是另一种在绝望状态下使用的金融方式。二十年间，法国货币的法定价值发生了近40次变动，而作为国家记账货币的里弗也损失了三分之一的金属价值。1701年，政府出台了一项进一步重铸货币的法令，要求在回收当前通行货币的同时发行纸币，这些纸币在理论上都可以被用于商业交易。但是，这些纸币在投入市场之后就迅速贬值，最终在1710年被政府收回。

因此，法国不得不通过越来越多地举债来维持国家的运转。在沉重的负担下，波旁王朝建立的信贷体系变得愈发紧张。贷款是通过出售年金公债*的方式来征收的，而提供资金的一方通常是包括教士、地方议会和市政当局在内的主要团体。国王仍然依靠他的主要财政官员和官僚机构来获得贷款，这种现象充分说明了波旁王朝政体的复杂性所在。在这方面，他们选择的目标是被委托征收农业间接税的个人，即"包税人"，以及卖官鬻爵的政府职位，即"收税人"，后者在各地负责征税，以及在陆军和海军等主要政府部门负责财政预算工作。财政家都是非常富有的个人，他们通过利用自己经手的税款创造财富，并增加自己的收入。在经济紧张的时候，特别需要他们提供的短期贷款。国家对掌控他们非常有把握，因为国家会指导他们从征收的税款中补偿自己的损失，而他们收取的高额利息也足以使其中饱私囊。

克罗扎兄弟†就是这类财政家的典型。他们出身于朗格多克的一个银行业世家，早年在财政机构的工作使其积累了巨额财富，其中皮埃尔·克罗扎是朗格多克省三级会议和教士会议的司库，而安托万·克罗扎是波尔多财政区的收税员。兄弟二人在海上买卖、殖民企业和奴隶贸易等领域进行了大量投资，还在西班牙王位继承战争期间提供了支援，甚至还接受了路易十四的邀请，资助了1715年詹姆士二世党人的起义活动。此外，路易十四还与另一位国际银行家、百万富翁萨

---

\* 旧制度时代，法国已像现代国家一样发行年金公债（rentes）来筹集资金。年金公债一般分为两种：永久年金公债（rentes perpétuelles，即政府不规定还本期限，只付利息的公债）和终身年金公债（rentes viagères，只付利息，不偿还本金）。在法国，最早的年金公债发行于1522年，不过政府的信用并不好，不断削减年金公债的利息和本金，路易十四末年和摄政时期尤为严重，各高级法庭甚至一些学者都对国家债权人（同时也是对流动的商业财富）充满了偏见，主张打击他们来减轻国家财政压力，因此公共信用的一些基本原则尚未得到普遍认可。通过发行年金公债筹集资金的做法也被视为"特别措施"（affaire extraordinaire），像征收战时税一样。转引自黄艳红：《法国旧制度末期的税收、特权和政治》，第118页，注释1。

† 指安托万·克罗扎（Antoine Crozat，约1655—1738）和皮埃尔·克罗扎（Pierre Crozat，1665—1740）。

路易十四时期的财政家安托万·克罗扎

米埃尔·贝尔纳\*建立了密切联系。作为1685年以后皈依宗教的信徒，在里昂工作的贝尔纳充分利用了他散布在欧洲各地的新教家族成员和友人的筹款能力。颇具讽刺意味的是，废除《南特敕令》所造成的新教徒大规模移民，反而资助了战争期间的一些关键军事行动：例如，正是依靠迁居阿姆斯特丹的新教银行家在1703年提供的300万里弗的贷款，来自佛兰德的法国军队才得以走上战场。

与费奈隆提倡的朴素道德观相呼应，这种既过度又似乎新颖的财富成为严厉批判的对象。与朝臣们联手合作的财政家集团也被指责

---

\* 萨米埃尔·贝尔纳（Samuel Bernard，1651—1739），法国贵族、财政家。

为将少数人的个体富裕置于集体幸福的利益之上。勒萨热*在1708年上映的流行剧目《杜卡莱先生》是一部典型的带有暴力讽刺色彩的攻击性作品。它融合了对腐败、奢侈以及伴随新财富而来的社会流动的抨击，因此主角被设定为一个脚夫出身的财政家。然而，这种对金融环境的攻击低估了作为替罪羊的财政家与土地贵族之间相互勾结的程度。除了调动个人财富与纳税人资源以外，财政家还与政治精英建立了密切联系。财政家在促成交易和充当土地贵族的代理人时拥有必要的自由裁量权，后者热衷于以高利率从王室贷款中受益，但他们对法律感到焦虑，因为从事有损尊严的商业活动会使其丢掉贵族身份。与同时代人所掌握的情况相比，一个更为突出的事实是，国王侵略性的外交政策来自他利用贵族巨额财富所获得的经济支持，而这些财富是建立在大规模的财产持有、租金收入和领地特权之上的。这种由财政家充当润滑剂所搭建的秘密联系，为理解经过改造的贵族与所谓的绝对主义君主之间的联盟提供了另一个例证，前文曾经提到，这是路易十四政治制度的一个显著特征。[28]

在这个信贷体系中，行政官员、财政官员和富有的贵族们彼此相依，形成了国家内部强大的既得利益群体。国王也完全依赖于这一重要的财政环境，并从法国的社会精英、欧洲的货币市场和王国的纳税人手中获得免费的资金支持。此外，国王需要的金钱越多，财政环境也就越发富裕。克罗扎兄弟和萨米埃尔·贝尔纳可能与孔代亲王、奥尔良公爵一道，都是法国最富有的个人。然而，这种财政利用方式也可能会出现惊人的错误。1709年，在为与战争相关的对外贸易提供了长达五年的有效资助后，贝尔纳破产了，他不得不从战场上抽身，以重新恢复自己的财富。由此，自1699年起就与贝尔纳进行密切合作的

---

\* 阿兰-勒内·勒萨热（Alain-René Lesage，1668—1747），法国小说家，剧作家。18世纪讽刺写实文学的代表人物。

财政总监沙米亚尔\*的政治信用也一落千丈。他的继任者是科尔贝尔的侄子德马尔茨†，但后者却发现自己处于一个绝望的境地——未来三年的税收已经被用于偿还债务了。德马尔茨依靠一个由数十位收税人组成的联合体，帮助政府获得所需的短期贷款，进而使法国能够参加乌得勒支和会，之后他又继续执行了严格的通货紧缩政策。

那么，在奥尔良公爵于1715年掌权以后，摄政王似乎只有一套有限的财政工具可以支配，以便使法国这艘摇摇欲坠的旧船重新回到正确的航向。因此，可以理解奥尔良公爵对英国和尼德兰联省共和国的羡慕态度——虽然两国在人口规模和农业财富上与法国相差甚远，但它们在动员信贷资助大规模战争的实践上更加有效。然而，英国人和荷兰人在伦敦和阿姆斯特丹开辟的以低利率来大规模筹集资金的创新财政机制，似乎在很大程度上都取决于他们的政治环境：如果民众能感到自己在权力体系中拥有一席之地，政府就似乎更有可能激发民众的借贷信心。然而在法国，君主权力是不可分割的，萨米埃尔·贝尔纳和德马尔茨一致认为，"在一个一切都取决于国王意愿的国家，不会拥有成立银行的土壤"。[29]从理论上来说，法国绝对君主的手中有一张王牌：如果他选择的话，国王可以拒绝承认全部债务——这是英国和尼德兰联省共和国等议会制政体所无法比拟的举措。然而，国家破产也会带来巨大的政治影响——尤其是在摄政时期，这意味着它至少很难在短期内吸引到更多的贷款。

因此在一开始，奥尔良公爵就选择了追求清廉的正统财政之路。他解雇了德马尔茨，并与新任财政委员会负责人诺瓦耶公爵密切合作，由于他本人就偏爱慷慨地发放政治贿赂（其部分资金就来自克罗

---

\* 米歇尔·沙米亚尔（Michel Chamillart，1652—1721）法国政治家，1699年至1708年间出任财政总监。

† 尼古拉·德马尔茨（Nicolas Desmarets，1648—1721），法国政治家，1708年至1715年间出任财政总监。

扎家族大量提供的私人贷款），所以遵循经典的补救方法就显得尤为必要。奥尔良公爵着手精简国家财政的行政机制，制定了旨在减少浪费和最大限度增加税收的审计程序。摄政王意识到，鉴于当前的财政状况，战争已经不在法国近期的议事日程之中，他刻意推行的和平主义外交政策与1713年开始的军队复员工作结合在一起。宫廷和军事机构也执行了严格的财政节约方案。此外，为了减少飞速增长的王室债务，摄政王向一个新的财政家集团寻求帮助——来自多菲内的"帕里斯四兄弟"，他们在1700年以后在提供军事物资的领域开始崛起。这

诺瓦耶公爵，曾在摄政时期担任财政委员会负责人

些人现在被要求执行一个所谓的"清算"程序，按照这个程序规定，国债持有者必须将其债券交给一个委员会进行审查，但其金额无一例外地都缩水了。这实际意味着国家的部分破产，虽然它有助于减少国家债务，但对公众信心也产生了消极影响，甚至下降到了一个极低的水平。对于一个利用书本中全部伎俩来逃避或减少其财政承诺的政府，很少有人愿意选择予以信任。

在如此时刻，为了赢得公众的信任，诺瓦耶公爵采取了常规的应急手段，即猛烈攻击那些被控诉挪用国家资金的财政家。就像曾经举行过的其他会议一样，"正义法庭"在1716年对令人厌恶的、腐败的国家财政家进行了仪式性的惩罚，但这种惩罚主要是在象征层面的。金额最大的一张罚单共计1 200万里弗，其处罚对象是安托万·克罗扎和塞缪尔·贝尔纳，但二人都活了下来，并在未来继续战斗。总的来说，惩罚措施是针对小人物的，绝大多数"大鱼"都可以相对自由地游弋。超过4 000人被判刑，但在向他们开出的2.19亿里弗罚单中，可能只有一小部分进入了国库。

直到1718年，奥尔良公爵在实现其费奈隆主义的目标上表现出了一定的智慧，他的统治在国际和平与财政公正的光环下展开，惩罚财政中的不法行为，以此在臣民中培养爱与信任的氛围。然而，即使良好的内部财政政策与外部和平环境结合在一起，它们对培养臣民的感情和恢复公众信心的影响程度也是有限的——更不用说可以振兴经过战争考验的经济状况了。对于减少政府对私人和财政官员小团体提供的服务的依赖性来说，对犯罪的财政家采取的惩罚、将德马尔茨家族从国务委员会中除名，这些措施没有起到任何作用。事实上，这些措施反而会使情况进一步恶化，因为正义法庭的象征性攻击并没有使金融界开始向政府寻求帮助，反而是转向囤积与消费。1717年，法国即将与好战的西班牙开战的前夕，诺瓦耶公爵甚至考虑重开自1614年就已经停止的三级会议，以使法国摆脱财政困境。

现在，摄政王已经意识到，为了把法国从一种好像已经颠覆了其自然实力的关系中解放出来，有必要对权力和权威进行一些富有想象力的重新思考。他似乎受制于周遭的环境局限，以至于需要做一些不同寻常的事情。在路易十四统治的最后几年里，勃艮第公爵的小圈子也确实进行了大量的反思。他们的兴趣反映了一种遍及欧洲的更广泛担忧，即在持续的大规模战争中找到舒适的生活方式，特别是通过设计重组国家权力的方式，使其能够获得民众的信任——也包括他们的存款。这场国际辩论是由一个崭新的、国际化的金融预测者和计划者阶层所主导的，而摄政王现在转向了这一阶层中最富想象力（或者说最富幻想力？）的人物之一——苏格兰人约翰·劳。

## 困局中的苏格兰巫师

试图通过国家银行建立公共信用，从而获得税收收入、保持低利率、促进经济发展并清偿王室债务——这项意义深远的尝试就是所谓的"约翰·劳体制"（抑或简称"体制"），它在社会记忆中与摄政时期不可分割地联系在一起。同时代的人已经意识到，他们正在经历一种非同寻常的集体体验，即在某一个人的财务管理下生活，用里歇尔·道贝的话来说，约翰·劳被人们普遍认为是"某种巫师"。[30] 约翰·劳出身于爱丁堡的一个金匠家庭，年轻时曾在决斗中杀人，逃脱牢狱之灾后走遍了欧洲，因幸运的赌徒和财政计划制订者的身份而声名鹊起。他对伦敦（英格兰银行于1694年在此成立）、阿姆斯特丹、热那亚、都灵等地成功的银行业进行了深入了解，并赢得了他人的信任。由于他的和蔼可亲和彬彬有礼，约翰·劳很容易地打入了法国贵族内部，并在17世纪90年代末结识了奥尔良公爵。两人保持了长期联系，所以在奥尔良公爵上台后面临着强大国家的财政危机时，他发现约翰·劳其实就在自己的身边。

按照约翰·劳的判断，法国的经济问题是货币危机和财政危机双重结合的产物：前者指货币短缺导致的经济停滞，后者指巨额的国家债务以及国家无力偿还这些债务而导致的高利率。因此，将国家从财政负担中释放出来似乎与通过更多信贷而重振经济有着密不可分的联系。故而，约翰·劳在1715年给出的最初方案也很简单——国家破产。毫无疑问，奥尔良公爵注意到了约翰·劳这一观点的吸引力，但由此带来的政治和金融风险使他并不愿意落入巫师的魔掌。然而，在1716年5月，摄政王授权约翰·劳建立一家私人银行，负责接收存款、贴现票据、兑换外币和发行纸币等事宜。这一计划最初得到了诺瓦耶公爵的批准和巴黎高等法院的认可，但当奥尔良公爵开始向国家官员施加压力，要求他们在交易中使用约翰·劳发行的纸币时，巴黎高等法院就没有太多兴趣了；更不用说对后来关于纸币缴税的政策了。然而，法官们的争论也没能成功抵制约翰·劳的计划，他的银行迅速壮大，其股票成交价格也远远高于起初的报价。

1717年秋天，约翰·劳开辟了第二条战线，他成立了密西西比公司，并在后来更名为"西部公司"，以开发"路易斯安那"的财富——"路易斯安那"这个名字指的是法国在北美从南部的密西西比河三角洲到北部的五大湖地区的领地。在其宣传中，该公司公然呼吁投资者的贪婪之心：路易斯安那的山区似乎遍地是金、银、铜、铅和水银；当地羊毛多得好像要从羊身上掉下来似的；气候条件允许这里的稻米和麦草一年两熟；而且据说当地人非常友好（特别是妇女，据说当地女性会高兴地自愿为所有来访者提供性服务）。

约翰·劳的双轨制方案在民众中受到了积极响应，这也有助于说服摄政王把权力交给这位苏格兰人，使其有机会将法国从一个充满麻烦的国家变成一个流溢着奶与蜜的国度，这样的冒险是有价值的。约翰·劳很清楚，最近政府任意宣布货币贬值、重铸货币和财政操纵的记录，已经足以"摧毁对一个国家的信任和信心"。他认为，限制政策"违背了必须建立信用体系的原则"。[31]在国家事务中，有必要掀起一股新的自由浪潮——这种自由是对科尔贝尔以来的经济政策中很多公理原则的隐性放弃。在提升信用的同时，黄金储备的重要性也应该随之下降，而黄金储备是重商主义理论的必要前提。约翰·劳断言："货币的价值不是**为了**进行商品交换，货币**通过**商品交换才产生了价值。"货币应该是转动车轮的润滑剂，可以帮助社会创造财富，而不应该以金银的形式出现，并被视作财富的简单体现。事实上，货币如果不是金银，而是有信用的纸币，它将会更加有效。国家银行发行的纸币将刺激外贸和国内制造业，同时也将集中政府收入，稳定货币，降低利率。一个繁荣的、非货币化的经济将会鼓励人口增长，并确保更多人找到工作，约翰·劳宣称："不要让人闲着。"[32]此外，在普遍经济增长和内部信心重拾的前提下，国家银行计划使政府能够解决王室债务的偿还问题，并开始摆脱对捐官制度的依赖（卖官鬻爵的资本将得到如数补偿）。国家和社会力量的相互强化将最终帮助法国重新赢回欧洲霸权，而不需要进行代价高昂的军事冒险。法国可以成为"不使用武力的欧洲仲裁者"。[33]

成为"不使用武力的欧洲仲裁者"，是一个有着浓厚的费奈隆色彩的想法：在国内创造财富与繁荣，而不需要斥巨资进行造成社会分裂的国际军事斗争，这就像一首动人的歌曲，对于财政周转空间非常狭隘的奥尔良公爵来说，它越来越具有诱惑力。针对财政家的报复性司法政策，正在削弱政府的借贷能力；破产的想法，也因为西班牙问题所带来的国际局势恶化而被排除在外。还有，这种局势还因为曼恩家族和布列塔尼贵族的秘密活动，以及巴黎高等法院势力的重新崛起而变得更加糟糕。在各部行政会议制解体后，奥尔良公爵通过1718年8月26日"政变"给自己带来了一个喘息的机会。高等法院介入国家财政事务的野心愈发膨胀，但结果只是"鸡飞蛋打"，曼恩公爵一派也受到了沉重打击。在片刻的平静中，奥尔良公爵更正式地将约翰·劳安排在自己麾下，并让他的助手迪布瓦神父在处理外交事宜上也拥有了更多的自主权。这位苏格兰人的个人贸易与国家运作之间的关系变得更加密不可分。1718年12月，约翰·劳的私人银行被指定为国家银行，其发行工作也受到政府法令的管制。这个银行在外省（亚眠、奥尔良、拉罗谢尔和图尔）成立了四家分行，并强调它们的体系会为整个法国的经济注入新的活力。1719年7月，约翰·劳的公司获得了铸造和发行货币的垄断权。同年秋天起，他的银行承担了偿还王室债务的全部责任，这被认为是终结行政腐败的序曲。约翰·劳的目的似乎是希望通过自己挥舞魔杖，将国家债权人转变为经济投资者，鼓励他们将持有的政府票据（如国债等）转换为其公司的股份。

被称为"苏格兰巫师"的约翰·劳

由于介入了征税领域,"约翰·劳体制"的范围也进一步扩大。从1718年底开始,它承包了烟草税业务;1719年8月,它击败了以"帕里斯四兄弟"为首的垄断集团的强烈竞争,约翰·劳获得了总包税所\*的控制权,接管了负责征收其他间接税的业务。1719年10月,约翰·劳被赋予了征收直接税的任务。他的商业活动范围也随之扩大:负责东印度地区和中国业务的公司被他整合并入自己的"西部公司",一个名副其实的帝国落入他的手中,随后负责非洲和圣多明各业务的公司也经历了同样的操作。新的公司以"印度公司"的名义出现,人们踊跃购买该公司的股票,其价格也飞速飙升。

到1719年底,约翰·劳的财富达到了顶峰。法国所有的海上和殖民地贸易事实上都掌握在他的印度公司手中。他管理着国家银行,垄断了发行、铸造和印刷货币的权力,税收也完全由他单独控制。1720年1月,已经皈依天主教的约翰·劳被任命为财政总监,这是路易十四去世后的第一位财政总监,在接下来的一个月中,他的银行和公司被合并为一个单一的机构。约翰·劳的野心和阴谋没有达到尽头。他仍在为制定统一普遍的直接税和新的经济自由政策酝酿着进一步的计划。

但是,这幅图景是否显得过于乐观了?流通中纸币数量的增加带来了繁荣,但它也产生了自己的问题:经济中的流动性过剩助长了通货膨胀的失控。此外,只有当所有参与者都对"约翰·劳体制"的经济表现保持信心的时候,约翰·劳的全部行动才能得以持续。这里,约翰·劳的承诺比其表现更加重要。特别是在殖民地剥削所得的利益问题上,他更是百般狡诈。1719年至1720年间,约翰·劳在法国国内制造了繁荣,但路易斯安那正在经历饥荒,这个新加入法国的殖民地的百姓,像苍蝇一样纷纷死于流行病。故而,在修辞与现实之间出

---

\* 总包税所(Ferme Générale),旧制度时期代表国王征税的机构。

现了一道危险的鸿沟。典型的例子是，一位曾在路易斯安那担任督办的官员回到巴黎后，对公司文件中有关密西西比的迷梦提出了质疑，他因此被投入了巴士底狱，而巴黎警方的间谍们密切关注着那些散布流言蜚语的人，因为这些谣言有可能破坏公司和政府的信誉。

约翰·劳的修辞与正常的社会期望之间的鸿沟越拉越大，同时代的人越发认为现在的财政繁荣是荒谬的、不道德的，甚至是病态的。道德经济的旧世界似乎正在遭受"约翰·劳体制"所释放的社会力量的围攻。传统上，"公平价格"的经济往往在商业运作中占据上风，利润是由习俗决定的。团体主义不喜欢社会流动，社会地位通常是以财产所有权而非可流动的财富来衡量的。然而，现在的物价和工资都在以惊人的速度增长，这改变了传统的经济规律。12台印钞机不得不日夜不停地运转，以满足对纸币的大量需求。信贷市场混乱不堪，但印度公司的股票价格却一路猛涨，以高于面值40倍的价格转手，并使巴黎的坎康普瓦街（位于圣德尼街和圣马丹街之间）出现了大量一夜暴富或瞬间破产的情况，因为这里是"约翰·劳体制"创设的股票交易中心。坎康普瓦街两端都有大门，为保障白天的交易活动，甚至组织了特别警察进行巡逻，制造了秩序井然的假象。街道上熙熙攘攘地挤满了寻求快速致富的人群——据说，巴黎在此期间增加了大约20万至35万人，他们来自法国和欧洲各地，都希望能够获得意外之财。在新发现财富的压力下，旧有僵化的等级制度土崩瓦解：摄政王的母亲指出，"每个人都想要在马车、饮食和衣着上胜过自己的邻居"。波尔多高等法院法官、哲学家孟德斯鸠\*在1721年出版的《波斯人信札》中，以虚构信件的形式对路易十四和摄政时期进行了批判，其中涉及来到巴黎参观的波斯游客，他讽刺了"约翰·劳体制"，哀叹"仆人今天由同伴伺候，明天由主人伺候"的局面。[34]重新实施古老的财政

---

\* 孟德斯鸠（Montesquieu，1689—1755），法国启蒙时期的著名思想家、律师。

1720年时密西西比公司的营地

立法（例如，除非得到国王的书面许可，个人无法佩戴钻石和珍珠），完全无法阻止财富的新变化和一些令人震惊的个人命运。据说，一个乞丐在坎康普瓦街的交易中赚得了7 000万里弗，一个奴仆赚了5 000万，一个酒保赚了4 000万……

　　至1720年初，随着密西西比的泡沫即将破灭，这些忧虑开始具象化为政治上的反对行动。任何在"约翰·劳体制"之前的财政体系中受益的富有者，都会对这位"苏格兰巫师"想做的事情感到不满。约瑟夫·帕里斯-迪韦尔内\*认为，"约翰·劳体制"是曾经的财政机构的支柱之一，"为曾经的国家债权人的破产做好了准备"。[35]像帕里斯-迪韦尔内这样的很多财政家，都被排除在他们以前参与的诸多领域之外（包括税收），只得暂时低头，却还得为弥补苏格兰人制造的漏洞而努力。约翰·劳的计划也给高等法院敲响了警钟。在1718年被摄政王彻底击败后，就像摄政王所说的那样，他把自己置于"恭敬的沉默之中，（这）使我们受到同胞们的指责"。[36]到了1720年，高等法院把重

---

　　\* 约瑟夫·帕里斯-迪韦尔内（Joseph Pâris-Duverney，1684—1770），法国财政家，"帕里斯四兄弟"中排行第三。

新投入战斗视为自己的责任。约翰·劳的债务管理计划,特别是他旨在结束行政腐败的方案,使高等法院法官的权力大打折扣,因为他们花钱购买了自己的职位,认为自己对王室的征税权具有重要的制约作用。"约翰·劳体制"下的社会与经济自由似乎正在威胁着波旁王朝团体主义的外壳,而高等法院则认为这是严重的"违宪"行为。

这些批评者竭力推翻"约翰·劳体制"中最顽固的假设之一,即纸币可以使个人对土地、黄金、白银和珠宝等有形财富的依赖变得过时与不合时宜。人们以各种眼花缭乱的形式尝试使经济"去货币化"。例如,1719年4月出台的一项法令规定,约翰·劳的纸币不得贬值,这就使其比硬币更有价值。此后,约翰·劳在官方交易中使金银对钞票不断贬值。1719年9月至1720年12月间,黄金的价值出现了28次变化,白银的价值则有35次变化。然而,改变传统的经济思维是一项艰巨的任务,而且更重要的是,约翰·劳甚至从未让他最亲近的支持者(甚至可能是他本人)对传统的财富形式完全失去兴趣——贯穿整个经济繁荣时期,他和他的儿子都在购置房产,尽管这似乎是一项过时的行为;而那些与约翰·劳一起投资的人,包括他和摄政王扶持的贵族们,也做了许多类似的事情。

此外,约翰·劳的"去货币化"方案遇到的阻力越大,他就越要采取限制措施,这与他早年间对强调避免使用强制方式建立公众信心的重要性背道而驰。为了增强人们对他的纸币计划的信心,约翰·劳现在开始热衷于采取强制措施,"强制信贷……它来自单一的君主,而非其臣民"。[37] 约翰·劳认为,当涉及像他这样的计划时,绝对主义国家比自由主义或立宪主义体制更具优越性。他写道:"我坚持认为,一个知道如何治理的绝对君主可以进一步扩大他的信用,并以较低的利率募集到他需要的资金,这是一个权力相对有限的君主所不能做到的事情。"[38] 只要绝对君主以合理的方式行事,既不搞派系斗争,也不独断专行,只要能拥有公众舆论的支持,他就能控制机密与商业腐败，指挥臣民，尽量减少对私人的财政依赖，并维持公共秩序——这些都是创造繁荣的先决条件。

然而，奇怪的是，约翰·劳似乎就像后世宣传太阳王的信徒一样，严重高估了绝对主义在这个领域以及其他任何领域所能实现的控制程度。他发现，"绝对"君主制越是诉诸采取约束性措施，民众就越发怀疑"约翰·劳体制"是否能维系下去。1720年初，约翰·劳正式颁布法令，规定纸币应该按照面值兑换——尽管当时纸币的面值普遍缩水了20%。随后，他颁布了另一项国家法令，禁止任何个人持有超过500里弗的纸币——这就是一个虚幻的愿望。更糟糕的是，政府通过授权搜查房屋，以确保人们不会囤积黄金和白银，从而保证金银不再受到民众的喜爱。这种试图以强制方式限制纸币兑换为金银币的做法，在原本就很紧张的公众中引起了对纸币的更多抵制，他们完全无法摆脱对拥有更多有形财富的依赖。有必要强调的是，同样在1720年初，约翰·劳昔日在宫廷中结识的密友却掀起了一场将纸币兑换为硬币的热潮。孔蒂亲王[*]需要用三辆马车才能把他兑换好的金币从坎康普瓦街运回家中。据说，通过这次行动，孔蒂亲王赚足了500万里弗——但这还不是典型：在"约翰·劳体制"下，波旁公爵赚到了约2 000万里弗，安坦公爵也有约1 200万的收益，他们都变得更加富有。宫廷中的"老鼠"正在离开苏格兰人掌控下不断沉没的轮船。

当时，纸币价值出现了螺旋式的下降趋势，约翰·劳通过无休止地发行股票的方式，试图遏制投机行为，并让其价值维持在9 000里弗的水平上，但他的努力于事无补。他将国债利息从4%降到2%的决定同样也是不合时宜的，这项政策遭到了巴黎的中坚力量——资产阶级——的抵制，为了保证更传统的国债安全性，他们坚决反对"约翰·劳体制"的投机性诱惑。正如枢机主教雷斯在谈到投石党运动时

---

[*] 路易-阿尔茫·德·波旁-孔蒂（Louis-Armand de Bourbon-Conti，1695—1727），第四代孔蒂亲王。

所指出的那样，这些来自"无数中产阶级家庭"的个人，总是"在革命中扮演最恐惧的角色"。[39]面对公众不满情绪的蔓延，高等法院现在也介入其中，并使情况更加恶化。而且，随着高级贵族对"约翰·劳体制"逐渐失去了信心，奥尔良公爵对他的财政总监的信任也发生了动摇。1720年5月，约翰·劳通过将股票和纸币价值紧急降低50%的方式来掩盖危机，但也造成了公众信心的断崖式下跌。摄政王重新整合公共信用的希望，反而为"约翰·劳体制"敲响了丧钟。公众对贬值法令充满了愤怒，以至于奥尔良公爵在一周之后将其撤销，并解除了约翰·劳的财政总监一职。尽管这个苏格兰人仍在国务委员会中任

讽刺约翰·劳的政治漫画

职,但他已经沦落到需要雇佣警卫来避免被人暗杀的地步。巴黎律师马雷指出,任何使用"约翰·劳体制"一词的人都应当被视作犯有叛国罪。[40]漫画家们竞相把约翰·劳描绘成一个巨大的气球,但气球上每一个孔洞都在灾难性地泄漏;或者把他描绘成一个应该被关起来的危险的疯子,因为他让国家接受了如同疯人院一样的经济理念。现在,所有的努力都是为了减少流通中的纸币数量,以及减少股票的数量。纸币就好像能烫伤手指一样,每个人都拼命地想摆脱它,进而换取更多的有形资产。摄政王的母亲也用自己惯有的直率口吻表示,纸币和股票现在都是用来"擦屁股的东西"。[41]

1720年7月中旬,约翰·劳的银行因为缺少金银储备而被迫关门;7月16日,位于维维恩街的印度公司总部外发生了公众骚乱,其中近数十人死亡——随后,约翰·劳的马车被毁,他的车夫也遭到了攻击。高等法院粗暴地介入其中,要求解除约翰·劳的职务。高等法院法官把自己标榜为财政信用的守护者和小投资者的堡垒,摄政王对此感到愤怒,怀疑他们有类似投石党运动的企图,并将之流放到距离首都约20英里的小镇蓬图瓦兹。

然而,事实的发展表明,约翰·劳不再位于政治舞台的中心,而是沦为一个边缘角色,他的命运与能否解决迫在眉睫的争端密切相关。摄政王在8月15日决定,自1720年10月起,面值超过10 000里弗的纸币将失去价值,而面值处于10至100里弗之间的纸币也将在1721年5月失效,这意味着"约翰·劳体制"已经彻底结束。1720年秋天,摄政王又出台了将当前账目上的面值减少四分之三的举措,并在任何形式的金融交易中停止使用纸币。政治舞台上的争夺越来越多地受到迪布瓦神父的控制,他利用约翰·劳当下造成的耻辱,使自己成功上位。詹森派问题又一次成为焦点,摄政王利用高等法院被放逐出巴黎的机会,在1720年8月4日通过了一项法令,要求禁止攻击《乌尼詹尼图斯通谕》。这项法令激起了教宗权制限派和詹森派的愤怒，不过反对者总体上还没有集中起来，所以奥尔良公爵得以继续前进，与正式接受8月4日法令的高等法院之间达成了一项交易——他们与约翰·劳都被允许回到巴黎。新任财政总监勒佩勒捷·德·拉乌赛[*]任命"帕里斯四兄弟"主持对"约翰·劳体制"的整顿工作，他们实施了另一项"清算"程序，即取消了三分之一的公债价值，并将剩余部分以2%的利率作为国债。勒佩勒捷·德·拉乌赛敦促将约翰·劳投入巴士底狱，他认为这是恢复公众信心的最佳方式，但一向宽容的奥尔良公爵却允许约翰·劳暗中流亡瑞士，后者从此一去不返。1729年，约翰·劳在威尼斯逝世。

这一年，巴黎大律师巴尔比耶[†]没能给他的仆人们发放圣诞节奖金——因为他在"约翰·劳体制"中损失了近6万里弗，他已经无力负担这笔支出。[42]尽管当时很多评论都关注到了从"约翰·劳体制"中获益的大赢家，但对更多有一定身份地位的中产阶级家庭来说，巴尔比耶的经历才更具有代表性。当密西西比的音乐停止时，持有纸币的个人只有失败一途。这些失败者中最重要的群体来自宗教团体和医院，它们的投资因为被转换为国债而蒙受了巨大损失——在极少数富人一夜暴富的同时，医院和济贫院却不得不关上了对病患和穷人的大门，这似乎就是对此事件的恰当评论。"帕里斯四兄弟"对"后约翰·劳"时期的清算工作表明，法国约有50人声称自己遭受了损失。如果我们把这个数字乘4.5，从而涵盖所有家庭成员的话，那么可以估计全国有超过10%的人口受到了"密西西比热潮"的影响。其中，大约一半人表示自己的损失在500里弗以下，这可能意味着他们处于中产阶级或中下层阶级的地位。因此可以说，"约翰·劳体制"的失败

---

[*] 勒佩勒捷·德·拉乌赛（Lepelletier de la Houssaye，1663—1723），法国政治家，1720年至1722年间出任财政总监。

[†] 埃德蒙·巴尔比耶（Edmond Barbier，1689—1771），法国律师、作家，著有《路易十五统治时期编年史》。

者涵盖了法国所有的社会阶层和国家的各个地区。

苏格兰哲学家大卫·休谟*后来曾开玩笑说,约翰·劳使"疾病缠身"的法国经济"死于医生之手"。[43] 1719年至1720年间的狂热繁荣很快烟消云散,但贵族的损失和百万富翁的获益,却对整个经济产生了更细微的影响。"约翰·劳体制"不仅极大促进了高级贵族的发展,他们得以偿还了许多债务,享受到了大量的意外收益;而且在更低的层面上,让大部分农民得到了喘息的机会。农民部分地从债务负担中解脱出来,使处于世纪之交困难时期的法国农业得到了一定程度的恢复。农业经营者有了更多的闲钱来花销和投资。这些额外需求对制造业起到了推动作用,而制造业通过"约翰·劳体制"获得的廉价贷款也已经有了一定发展。房地产业、建筑业和奢侈品业都是这种经济松动的受益者,在那些与殖民贸易和航运相关的地区也是如此。到18世纪20年代末,一场空前的经济活动的爆发,将使法国经济进入黄金时代——去世后的约翰·劳在这个故事中可能也扮演了一定的角色。[44]

从很多角度而言,"约翰·劳体制"的最大输家是法国政府。在西班牙王位继承战争之后,法国政府负债累累,政府使用贬值的纸币偿还了许多债权人,其本质就是国家破产。"苏格兰巫师"还为一贯务实的摄政王提供了足够的资金,支持他在1719年至1720年间与西班牙人作战,并通过对贵族的大量拨款,防止国内的王公贵族对外交政策提出反对意见。经济振兴使人们更有能力来缴纳税款,但此举的长期影响是奥尔良公爵所看不到的。然而,政府却不得不大量举债,因此1722年的王室债务几乎是1715年的三倍。在某些方面,这比重新回到原点还要糟糕。约翰·劳关于债务管理的承诺未能兑现,而整个"约翰·劳体制"的惨败,也使政府在未来应对债务的条件变得更加棘手。

---

\* 大卫·休谟(David Hume,1711—1776),苏格兰启蒙运动的著名思想家,著有《人性论》《大不列颠史》。

"约翰·劳体制"产生的深远影响，第一表现在促成了一个密切参与国家政治的公众群体。在1717年至1719年由拥有合法地位的亲王们发起的"小册子战争"中，当时的"公众"范围还是很小的，而"约翰·劳体制"则将国家财政置于数百万的公众视线之下，这一点我们在此前已经说明了。尽管路易十五认为这些事情只属于他最亲密的顾问和他自己的职权范围之内，但"约翰·劳体制"对狭隘的财政家和商人圈之外的私人财富也造成了严重影响，并激发了公众对国家信用和王室债务问题的日益关注。

第二，"约翰·劳体制"不仅为发展更广泛的公众并使其作为一种政治力量做出了重大贡献，还使公众倾向于对国家财政政策中现在被视为"过于专制的"做法提出反对意见。从此，国家发行纸币的操作，不再被视为旨在减少国家经济负担的债务管理手段，而是被视为增加王室政治和财政独立性的手段。约翰·劳显然希望君主政体摆脱团体主义的外衣，他的限制性举措（与摄政王从各部行政会议制到更经典的路易十四政体的转向结合在一起）只是证实了孟德斯鸠的观点，即"苏格兰巫师"是"欧洲有史以来专制主义的最大推动者之一"。[45]此后，奥尔良公爵和他的继任者们将回到一个更加分散的信贷体系：与约翰·劳银行这样一个单一信贷机构相比，违约造成的财政影响和政治后果都比较小。

第三，"约翰·劳体制"承认了高等法院在政治上可接受范围内发挥越来越大的作用，并提高了它在金融问题上自诩为公共利益捍卫者的地位。高等法院认为，不应该武断地从顶层确定货币的价值，纸币是一种很危险的东西，这一观点赢得了胜利。高等法院声称自己代表了全体国民的最高利益，而非政府的利益，这在约翰·劳时代之后拥有了更坚实的基础。第四，"约翰·劳体制"意味着君主在之后可以使用的金融工具越来越少，因为人们已经普遍意识到，高等法院及其推动产生的公众舆论正在使货币贬值、破产和纸币都成为政府无法执行的政策选择。在18世纪的剩余时间中（事实上也包括进入革命年代以后），约翰·劳的形象就是一个恶棍，只要关于公共信贷的结构性改革浮出水面，他的形象就会立刻出现，成为一个可怕的幽灵。通过以这种方式关闭选择的可能，"约翰·劳体制"使组织一个合理的、无负担的、集中的公共信贷体系的任务也变得非常棘手。

国家在发展银行机构方面的失败，可能也影响到了经济增长——尽管我们即将看到，法国的成就并不平凡。[46]第五，更重要的是，"约翰·劳体制"确认了政府对财政世家网络的依赖性，以及他们与富裕贵族的半秘密联系。具有象征意义的是，一旦"苏格兰巫师"跌下了历史舞台，曾经在西班牙王位继承战争期间主宰国家财政的那批人就重新获得了青睐。安托万·克罗扎、塞缪尔·贝尔纳、"帕里斯四兄弟"——特别是约瑟夫·帕里斯-迪韦尔内——他们是"约翰·劳体制"的掘墓人，在国家财政事务中的核心位置一直保持到18世纪50年代。在无意间，"约翰·劳体制"加强了它本想消除掉的政体中的核心力量。

## 路易十五的童年：六场葬礼与一场婚礼[47]

年轻的路易十五如何看待这段对他的王国产生了如此巨大影响和异常震荡的时代呢？所有叙述都鲜有提及。虽然他从1720年2月开始主持摄政委员会的会议，但沉默就是他最令人瞩目的贡献。1723年2月，在他13岁生日的当天，路易十五被授予少校军衔——这个传统可以追溯到1374年，但他脑海中第一个也是唯一的想法，就是让权力还留在原来的掌权者手中——他的叔祖奥尔良公爵，前任摄政王，现在仍是实际上的统治者；奥尔良公爵的心腹迪布瓦神父也保留了首席大臣的职务。最后，在1726年，在摄政王和迪布瓦神父双双去世后，路易十五正式宣布，自己希望按照路易十四的方式进行统治——正如我们将要看到的，他的做法只是将他的家庭教师埃居尔·德·弗勒里神父\*推向了政治权力的中心。

路易十五之所以对政治事务漠不关心，或许是因为最亲近的人都在他成长的过程中相继逝世。1711年至1712年，他的父母和兄长（勃艮第公爵及其夫人，以及布列塔尼公爵）先后去世，这使他变成了一个悲惨的孤儿，既没有双亲，也没有适龄的伙伴。他从一开始就很清楚，自己必须一直生活在曾祖父的阴影下。两人形象类

年幼的路易十五，身着加冕盛装

---

\* 安德烈-埃居尔·德·弗勒里（André-Hercule de Fleury，1653—1743），法国枢机主教，1726年至1743年间出任首席大臣。

似——身材沉重、脚步笨拙——但他不得不在宫廷舞会上跳舞,"因为路易十四也这样做"。[48]年迈的路易十四与他的继承人建立了深厚的感情,太阳王之死给这个孩子带来了沉重的打击,甚至使其很容易出现"癔病"(似乎是抑郁症)。路易十五周围的人想要竭力弥补这些损失。但是,他们也只是一群老师,他们与坟墓的距离远比与摇篮中的孩童近得多:负责路易十五教育的是维勒鲁瓦公爵,他把教育视作一种驯马术;[49]路易十五的忏悔神父是克劳德·弗勒里\*;二者都是年逾古稀的老人。而路易十五的保姆旺塔杜尔夫人、他的家庭教师埃居尔·德·弗勒里以及迪布瓦神父,也都已经年过花甲。1715年,摄政王只有41岁,如果不是因为较高的生活水平和高强度的工作压力导致他的健康状况恶化和过早死亡的话,他似乎还是一个年轻人。

路易十五既是一个孩子,也是一个国王。因此,在他面前,这些长辈要表现得屈尊而恭敬。正是在这些关心他的健康与幸福的长者们的直接监督下,路易十五逐渐长大。曼特农夫人在把路易十五托付给旺塔杜尔公爵夫人时表示,"不要试图让他变得英俊或聪明","我们所要求的,就是让他健康成长"。[50]他的监护人对其予以了高度保护——路易十五在七岁前一直戴着领带,十岁前一直穿着束身衣,他的监护人不让他接触到童年应该拥有的正常体验。他是一个聪敏而听话的学生,在技术与科学类课程上的表现尤为突出——数学、地理学、解剖学(路易十五对解剖有一种特别的癖好)、动物学、植物学。但另一方面,这些科目与感官经验、与跟他人的直接交流都存在一定距离。路易十五对一个很小的印刷设备充满兴趣,这是使他避免人际接触的一个不那么直接的手段。路易十五在早年间对作为"法国国王运动"的狩猎也有兴趣,但这不是追逐社会性的要求,而是由于他对个人运动能力的欣赏——他对猎犬的表现比对其他猎手同伴们更加关

---

\* 克劳德·弗勒里(Claude Fleury,1640—1723),法国教士,1716年至1722年间出任路易十五的忏悔神父。

心。朝臣们认为，路易十五的沉默寡言与他内在的胆怯和对前辈们的恐惧有关。然而，他在所有尝试中的表现并不成熟。他早年对异性的厌恶引起了人们的关注，因为这有可能使他被卷入宫廷中活跃的同性恋亚文化中。不过在未来，他追求异性的举动更加出格。

路易十五的孤僻性格甚至让那些想要提高他声望的人也踟蹰不前。例如，从1715年开始，巴黎人民就对路易十五非常热情，每当国王感冒的时候，他们就会打喷嚏来表示同情。尽管路易十五本人很想向他的臣民展露出友善的一面，但他还是缺少平易近人的品质。1722年6月，他决定从杜伊勒里宫搬回凡尔赛宫，对巴黎人民来说，这是一个未经考虑的、令人受伤的举动。同样不幸的是，他在1723年10月举行加冕典礼的时候，正值法国北方因旱灾造成严重的苦难局面。牲畜和家禽接连死亡，给许多家庭都带来沉重打击，但此时的国王却期待他的臣民能够兴高采烈地参加活动。具有象征意义的事情发生了，加冕典礼拒绝让聚集在大教堂之外的人们进入殿内——这是一个传统的仪式性环节，象征着民众对新任国王的赞同。正在受难的臣民被拒之门外，这让典礼专家圣西蒙公爵感到震惊，他表示，这是"一个巨大的错误，既违背了精神，也违背了迄今为止所有加冕礼中一直遵循的惯例"。[51]

然而，如果说路易十五是孤僻冷淡的，那么他也是被他人排斥的——尤其表现在为他寻找妻子的问题上。在此事件中，他的个人意愿完全服从于国家和王朝的意志，即由奥尔良公爵和迪布瓦神父完全掌控。特别是后者作为摄政王曾经的秘密代理人，如今已越来越成为一个打手。例如在1720年，他将曼恩公爵的阴谋公之于众和使高等法院让步的事件中就发挥了关键作用。1722年，迪布瓦神父使高等法院极不情愿地接受了《乌尼詹尼图斯通谕》，从而达成了教会与高等法院的休战。据传，在野心的驱使下，迪布瓦神父的反詹森主义观点只是为了说服教宗，使他配得上枢机主教的头衔——1721年7月，迪布瓦神父正式获封枢机主教。关于迪布瓦神父出身低微和私生活淫乱的故事在民间迅速传播：他曾在担任奥尔良公爵的家庭教师期间为年轻的公爵介绍情妇，自己也有过不光彩的性关系，他口出狂言（据说他曾有让宫廷成员"滚蛋"的传奇言论）[52]，而且还是著名的无神论者——据说他在1720年接任费奈隆曾经担任过的宗教职务康布雷大主教时，还几乎记不住祈祷文的内容。奥尔良公爵对他盟友的过分行为露出了微笑，并且不得不沮丧地承认：迪布瓦神父是"有史以来最无赖、最无神论、最糟糕的神父"[53]，但他已经证明了自己的价值。随着奥尔良公爵个人的私生活愈发忙碌——他的酒量逐渐增加，宿醉时间越来越多，身体健康每况愈下——他希望迪布瓦神父能够承担起责任，也正是后者为路易十五找到了一位来自西班牙的妻子。

法国与新盟友英国一道发起的1719年对西班牙战争很快就结束了。一支小规模法国远征军入侵了西班牙东北部，使腓力五世重新回到谈判桌前。迪布瓦神父不想让路易十五与他同属波旁王室的表亲疏远，他促成了西班牙在1720年加入英、法、奥的集团，缔结了新的四国联盟。与此同时，西班牙正式承认了奥尔良公爵在摄政权力的优先地位上高于腓力五世。1721年3月，西班牙和法国订立了一个防御性联盟，并从这时开始谈判，直到1722年3月签订了双重婚姻协议。腓力五世的独生女、年仅3岁的玛丽安娜·维多利亚\*被许配给了路易十五，而奥尔良公爵的女儿蒙庞西耶小姐†则约定要嫁给西班牙王位的继承人阿斯图里亚斯亲王‡。

与西班牙联姻对"奥尔良王朝"的利益与对波旁王朝的利益同样

---

\* 玛丽安娜·维多利亚（Mariana Vitória，1718—1781），西班牙公主，路易十四曾孙女，曾与路易十五缔结婚约，取消后成为葡萄牙王后。

† 蒙庞西耶小姐（Mademoiselle de Montpensier），即路易丝·伊丽莎白·德·奥尔良（Louise Élisabeth d'Orléans，1709—1742），1724年短暂出任西班牙王后，路易斯一世逝世后被遣送回法国。

‡ 阿斯图里亚斯亲王（Prince of the Asturias），即路易斯一世（Luis I，1707—1724），腓力五世长子，在位仅7个月因天花而亡。

重要(也许更重要)。这样的安排将奥尔良公爵置于一个主要的欧洲统治家族之中,并与腓力五世结成联盟——腓力五世是摄政王在理论上竞争法国王位的最可怕的对手。此外,由于腓力五世已经放弃了对法国王位的继承权,并为路易十五选择了一位尚处童年的新娘,这就意味着在可见的未来,法国王位不会有新的直接继承人,而奥尔良公爵则排在了王位继承的第一顺位。这些行动一举化解了法国与西班牙、奥尔良家族与波旁家族之间的竞争,同时与英国保持了良好关系,避免走向战争,还为年轻的国王找到了一个血统合适的妻子,更为摄政王自己继承王位提供了希望——对于务实的奥尔良公爵来说,这是他在已经取得诸多成就之外的又一重大成就。尽管"约翰·劳体制"带来了金融旋涡,但奥尔良公爵主政下的法国,无疑是历史上最平静的一段摄政时期,他抵御了潜在的投石党运动,抑制了詹森派在宗教上的分裂势力,使一个饱经战乱的社会不再参与到对外战争之中。在一个当时的人眼中,1719年至1720年对西班牙的战争只投入了大约三四万人的部队,"在这样的王国里,这根本不配称为战争"。[54]

安托万·华托[*]最引人注目的画作之一是《热尔桑画店》,这幅充满幻想和寓意的风俗画,描绘了路易十四的肖像被故意放入仓库的场景,并在摄政时期大受欢迎。这个政治寓言只符合表面情况。尽管在1715年,摄政王即将翻开他政治生涯的崭新一页,但他显然没有达到民众对他的一些期望。他既没有按照自己的支持者圣西蒙和布兰维利耶的要求,将时钟拨回路易十四之前的黄金时代;也没有达成圣皮埃尔神父的希望,为法国确立一个有原则的反绝对主义体制。自由与开放的氛围是摄政王统治时期的特征,但它只是一种幻想。与路易十四时期相比,艺术品位的标准更加宽松,新闻出版更加自由,特别是政治精英的性观念也比路易十四统治时期最后几十年的审慎态度更加开

---

[*] 安托万·华托(Antoine Watteau, 1684—1721),法国著名画家,洛可可画派代表人物。

《热尔桑画店》，安托万·华托

放。然而，王室权威却被很好地保留下来，在表象之下，奥尔良公爵与路易十四的早期统治之间存在非常明显的连续性。这位未来的"门托尔"没有超越路易十四的权力模式。各部行政会议制的试验让人们对根本性改革的希望变得虚无缥缈，而路易十四发展起来的绝对主义行政基础却依然牢固。巴士底狱的大门在路易十四时期经常打开，社会异己、宗教与政治异见者都被关入其中。尽管1715年前后发生了关于王公贵族与詹森派的"小册子战争"，但印刷业也仍然处于谨慎的监控之下——事实上在1723年，政府还将采取进一步加强审查的措施。

此外，实践证明，法国政府在摄政时期非常重视维持公共秩序。在许多地区，1713年以后复员的士兵都造成了严重的安全问题，还卷入了土匪和走私团伙之中。这种无法无天的现象中最突出的例子就是臭名昭著的强盗和公路抢劫犯卡图什\*，他于1721年11月在巴黎的格雷夫广场被处决，在接下来的几个月中，他团伙中的大部分成员也被处

---

\* 卡图什（Cartouche），即路易·多米尼克·卡尔图森（Louis Dominique Garthausen，1693—1721），摄政时期活跃在巴黎的强盗团伙头目。

决。卡图什的结局标志着法国恢复国内治安行动的一个分水岭。正规军经过精心调整,适应了国内警务工作的角色;1720年,作为准军事警察部队的"骑警队"的规模得到扩大,并在维护公路治安方面发挥了重要作用。1724年,法律还将赋予骑警队新的任务,即在王国的综合医院附近逮捕流浪汉和乞丐。其实在此之前,1718年和1720年的法令就已经将城市流浪汉和妓女列为拘留对象,并将之运至路易斯安那。在北美,这些来自巴黎的妓女可能会遗憾地反思摄政时期所谓的"性自由",或是迎接死亡的到来。

摄政王的天鹅绒手套中包裹着专制主义的铁拳,这一点在法国政府应对1720年马赛突然发生的鼠疫中得到了清晰的证明——在半个世纪以后,鼠疫再次席卷了这座城市。这场疾病导致了5万人死亡,而马赛的总人口只有9万,病毒没有失去往日的毒性——但如果没有政府非常强硬的镇压态度,死亡率可能更高。通过陆军大臣的运作,并在很大程度上依靠了地方督办的协调能力,法国采取特别措施,控制住了东南部的流行病,并轻蔑地忽视了个人和群体间自由流动的要求。在时任陆军大臣的通信中,三分之一的内容关于协调卫生警戒线,三分之一的内容关于法国军队花时间来执行这一政策,他们在疫区周边巡逻,甚至用步枪枪托击打可能有逃跑企图的人的头颅——杰克·麦克曼斯[*]指出,这是一个关于预防医学的有趣而又相当残酷的早期个案。[55]政府毫不妥协地采取了强硬措施,但也有效遏制了致命疾病的灾难性蔓延,政府充分利用了中央行政协调能力而取得胜利,这是路易十四也会引以为傲的成就。

此外,昔日的绝对主义的延续性似乎更加引人注目,迪布瓦神父保持了黎塞留式的人物风格。这个药剂师的儿子摇身一变,以枢机主教的身份进入摄政委员会——枢机主教的地位可以让他凌驾于公爵

---

[*] 杰克·麦克曼斯(Jack McManners,1916—2006),英国历史学家,主要研究教会史和18世纪法国宗教生活。

和贵族之上——这也激怒了他的敌人，公爵们毫不在意地离开以示抗议。这为迪布瓦神父的清洗提供了绝佳借口。然而，在路易十五充满葬礼记忆的童年里，死亡再一次将国王从黎塞留的阴影中拯救出来，就在迪布瓦神父刚刚适应这份工作的时候，他却被免职了。迪布瓦神父的身体每况愈下，他的膀胱还被诊断出患有脓肿。当他同意接受手术时，已经太迟了：五名外科助手在他身上按住他的身体，最好的王室外科医生将他的身体从生殖器到膀胱切开，结果发现他的整个下半身都是坏疽。在极度痛苦的折磨下，他在确诊和手术后的几个小时内死亡。得到消息的奥尔良公爵立即觐见国王，表示自己愿意兼任首席大臣，以防止宫廷阴谋的发生。国王很难拒绝奥尔良公爵的要求。虽然还不到50岁，但奥尔良公爵仍然一如既往地恪尽职守，尊重年仅十几岁的国王的人格尊严与个人情感。然而，奥尔良公爵的身体状况也在迅速恶化。上任不过数月，他就于1723年12月因中风去世。

迪布瓦神父和奥尔良公爵的相继去世，延续了路易十五童年亲近者的死亡阴影。在国王身边，只剩下自1715年以来担任他家庭教师的埃居尔·德·弗勒里神父。弗勒里踏实、忠诚、敬业、精通宫廷之道，他既不是耶稣会士，也肯定不是詹森主义者，他具有可靠、谨慎、高修养的美德。然而，不仅如此，他承担了年轻国王的朋友和代理父亲的责任，国王在他面前卸下重负，而不是对其他人。在死亡使弗勒里神父失去了其他个人友谊和联盟之后，同情和支持的美德就更能引起共鸣。

通常情况下，弗勒里是路易十五身边的常客，但在波旁公爵宣布奥尔良公爵去世的消息，同时提出要以血亲亲王的身份担任首席大臣之后，弗勒里再也没有出现在国王身边。波旁公爵因为从"约翰·劳体制"中获得的不正当利益而广受诟病，但最重要的是他惊人地缺乏智慧——在巴尔比耶看来，波旁公爵"头脑非常有限，什么都不懂，只喜欢享乐和打猎"（据说是为了讨好他的君主）。[56]为了限制波旁公爵的影响力,也为了满足自己的利益,弗勒里得到了路易十五的承诺,即国王只在弗勒里在场的情况下与他的首席大臣谈话。

波旁公爵也许很愚蠢——但他已经充分意识到,关键的政治问题现在已经变成了让年轻的国王结婚生子。三岁的玛丽亚·安娜公主于1722年3月进入巴黎,她乘着一辆敞篷马车,坐在旺塔杜尔公爵夫人的双腿上,手里还紧紧地抱着一个玩偶。没有人正式告诉国王他将要结婚的计划(但当他的叔祖最后告诉他时,他顺从而哽咽地同意了,甚至眼含泪水),国王向公主赠送了一个用宝石装饰的华丽的新玩偶,据说价值20 000里弗。然而,尽管有了如此多的玩偶,两个孩子的前景似乎也并不乐观。很快就有了很多流言蜚语,其中大部分是针对迪布瓦神父的。在经历了摄政时期以后,人们对王朝是否具有生物学意义上的生育能力十分关注,反常之处在于,首席大臣为年轻的国王选择了一个在可以预见的未来中不会生育的妻子(或者说这是奥尔良公爵的谋划)。1725年,路易十五病倒了,尽管只是虚惊一场——由于吃了太多巧克力而引起的消化系统问题——但这场疾病使波旁王朝的注意力集中在国王没有生育继承人的问题上。摄政王之子、新任奥尔良公爵\*是一个稚嫩浅薄的年轻人,他刚刚结婚,而且已经让他的妻子怀孕;更糟糕的是孔代家族与波旁家族联合,并常年与作为竞争对手的奥尔良家族交恶。西班牙公主现在还只是个孩子,据说她扭曲的臀部可能会在将来造成生育困难。此外,年轻的路易十五对她也越发厌恶。如果把她送回西班牙,显然会给"法西联盟"造成不良影响,但坦率地说,这种压力也是确实存在的。1725年4月,国王甚至在没有告别的情况下,就把王后从巴黎赶走了,还迅速寻找合适的人来继承她的位置。

没有合适的下一任王后是一种不准确的说法。然而,仔细检索

---

\* 路易·德·奥尔良(Louis d'Orléans,1703—1752),法国亲王,摄政王独子。

路易十五的王后玛丽·莱辛斯卡

欧洲各个王朝家庭成员名单不难发现,很少有人满足这一位置的关键要求:单身、健康、年轻、漂亮,最好是天主教徒。最终,法国选择了波兰公主玛丽·莱辛斯卡[*]——马雷惊呼道:"对于法国王后来说,这是一个多么可怕的名字啊!"[57] 她是斯坦尼斯瓦夫·莱辛斯基[†]之女,后者在1704年至1709年间担任波兰国王,王位被推翻后,依靠同情他的其他统治者提供的薪金过着简朴的生活。当他打开波旁公

---

[*] 玛丽·莱辛斯卡(Marie Leszczynska,1703—1768),波兰公主,1725年与路易十五结婚,成为法兰西王后。

[†] 斯坦尼斯瓦夫·莱辛斯基(Stanisław I Leszczyński,1677—1766),1704年至1709年间和1733年至1736年间两度担任波兰国王,1737年退位后担任洛林公爵。

爵为年轻的路易十五提亲的来信时,他惊讶得当场晕倒,这一戏剧化的场面不过是此选择在法国国内同样引起极大震撼的另一个版本。玛丽看起来很健康,但她并不漂亮,还比路易十五年长六岁,她虽是贵族出身,但不是王室成员。路易十五在这一次稍微获得了多一点的发言权——尽管他在1725年8月结婚前只看到了玛丽的画像(代替国王出席结婚典礼的是奥尔良公爵)。然而,当玛丽抵达凡尔赛宫的时候,她的前景似乎是光明的。这对新婚夫妇彼此都很热情,据说在结婚的第一晚,国王就向新任王后给予了"七次爱的证明"。[58]他们孕育了很多孩子:头十年里就生了十个孩子,包括1729年出生的王太子。在经历了十五年的王室人口凋零以后,这种可喜的生育率为法国王室注入了新的希望。

波旁公爵是这场王室婚姻的设计者,他竭力使这一事件转化为他的个人利益。他在王后的房间中塞满了自己提名的人,包括他的情妇、迷人的普里侯爵夫人\*在内。波旁公爵对政治阴谋的热衷,反而激发了人们对奥尔良公爵的怀念,据说奥尔良公爵可能有很多情妇,但他没有让她们参与国家事务。奥尔良公爵更不像波旁公爵那样无能。在西班牙公主受到冷落后,波旁公爵没能使西班牙回到法国的阵营,法国似乎很快就会与西班牙和神圣罗马帝国的联盟发生公开冲突。在内政方面,他推行的新的直接税"五十分之一税"和2%的财产税几乎遭到了普遍反对,因为它颁行的时间是在为纪念路易十五成年而一次性征收的"庆祝登基"税之后不久。新税出台的时机恰逢雨水破坏了农业生产、造成物价上涨、经济困难并引发了面包骚乱的情况。波旁公爵发现自己在国王的顾问中被弗勒里的力量削弱了。他笨拙地试图通过让新王后卷入宫廷阴谋的方式来抵消后者的影响,这也刺激路易十五发起了一场反对自己首席大臣的宫廷革命。1726年6月12日,

---

\* 普里侯爵夫人(Marquise de Prie,1698—1727),曾在路易十五王后宫中短暂享有控制权。

波旁公爵和他的情妇被逐出宫廷。四天后，路易十五宣布他将废除首席大臣这一职位，并按照路易十四在1661年确立的方式进行统治。然而，尽管他说他希望"在所有事情上都以我已故的曾祖父为榜样"[59]，但他也规定弗勒里主教将出席所有的国务大臣会议。包括国王自己在内的很多人都没有想到，这位76岁的教士即将执掌法国政权近20年之久。

## 注　释

1　E. Faure, *La Banqueroute de Law (17 juillet 1720)* (Paris, 1977), p. 68.

2　Mathieu Marais, *Journal et mémoires sur la Régence et le règne de Louis XV (1715-1737)* (4 vols.; Paris, 1863-1868), vol. i, p. 180.

3　Louis-Antoine de Goudron, duc d'Antin, 'Mémoires', *Bibliothèque Nationale. Nouvelles Acquisitions Françaises* 23729-23737: 23729, fol. 21. Compare this quotation with that from *Télémaque* above, p. 27.

4　Madame de Staal-Delaunay, *Mémoires*, ed. G. Doscot (Paris, 1970), p. 100.

5　See above, p. 27.

6　See below, p. 60ff.

7　D'Antin, 'Mémoires', *BN NAF* 23731, fols. 9ff.

8　See below, p. 113.

9　Marais, *Journal et mémoires*, vol. ii, p. 121.

10　See above, p. 21.

11　D'Antin is cited in J. C. Petitfils, *Le Régent* (Paris, 1986), p. 450. The incumbent of the post of Chancellor was immoveable. When not in favour or unable to work, his functions were carried out by the Keeper of the Seals (*Garde des Sceaux*).

12　For a fuller discussion of disputes over financial policy, see below, section E.

13　F. A. Isambert, *Recueil général des anciennes lois françaises* (29 vols.; Paris, 1821-1833), vol. xxi, p. 147.

14　Retz called the ineffectual Conti 'un zéro', but added sardonically that one could nevertheless multiply by him because he was a Prince of the Blood. *Oeuvres*, ed. A. Feillet et al. (1870-1896), vol. ii, p. 180.

15　Staal-Delaunay, *Mémoires*, pp. 101, 131 (an important source for the Maines' conspiracy).

16　*Lettres de M. *** à un homme de qualité* (no place or date of publication), pp. 43-44. This publication may be consulted, along with other pamphlets from the affair, in the British Library FR1.

17　*Lettres de Madame la duchesse d'Orléans née Princesse Palatine*, ed. O. Amiel (Paris, 1985): e.g. pp. 352, 409, 412, 422, etc.

18　Staal-Delaunay, *Mémoires*, p. 111.

19　See e.g. *Justification de M. le Président de *** sur la dispute des Princes* (n.p.1717), p.13.

(British Library, FR1).

20　*Mémoires de Saint-Simon*, vol. xxvi, p. 280.

21　*Correspondance complète de Madame, duchesse d'Orléans*, ed. G. Binet (2 vols., Paris, 1866), vol. i, p. 453.

22　Marquis d'Argenson, *Journal et mémoires du règne de Louis XV* (9 vols.; Paris, 1859–1867), vol. i, p. 23. Cf. on the same lines, d'Antin, 'Memoires', *BN NAF* 29, 933, fol. 61.

23　Richer d'Aubé, 'Réflexions sur le Gouvernement de France', *Bibliothèque Nationale, Nouvelles Acquisitions Françaises* 9511, fols. 1–2.

24　France measured some 528 million square kilometres in the Revolution, and since then only a further 27,000 square kilometres have been added.

25　See below, chapter 4, section D.

26　Fénelon, *Lettre à Louis XIV*, ed. F. X. Cuche (Rezé, 1994), p. 44.

27　See above, pp. 19ff.

28　See above, chapter 1, section C.

29　Samuel Bernard, cited in M. and R. Bonney, *Jean-Roland Malet, premier historien des finances de la monarchie française* (Paris, 1993), p. 85.

30　Richer d'Aubé, 'Réflexions', fol. 57.

31　T. Kaiser, 'Money, despotism and public opinion in early eighteenth-century France: John Law and the debate on royal credit', *Journal of Modern History*, 63 (1991), p. 5.

32　John Law, *Oeuvres completes*, ed. P. Harsin (3 vols.; Paris, 1934), vol. iii, p. 77.

33　Kaiser, 'Money, despotism and public opinion', p. 3.

34　*Correspondance complète de Madame, duchesse d'Orléans*, vol. ii, p. 72; Montesquieu, *Lettres persanes*, letter cxxxviii.

35　Law, *Oeuvres complètes*, vol. ii, p. 266.

36　J. de Flammermont, *Les Remontrances du parlement de Paris au XVIIIe siècle* (3 vols.; Paris, 1888–1898), vol. i, p. 127.

37　Kaiser, 'Money, despotism and public opinion', p. 15.

38　Ibid, p. 6.

39　Retz, *Oeuvres*, vol. iii, p. 358.

40　Marais, *Journal et mémoires*, vol. i, p. 319.

41　*Correspondance complète de Madame, duchesse d'Orléans*, vol. ii, p. 242 ('*en bon langage palatin*', she recorded).

42　E. F. J. Barbier, *Journal historique et anecdotique du règne de Louis XV* (4 vols.; Paris, 1847–1856), vol. i, p. 69.

43　A. Murphy, *John Law, Economic Theorist and Policy Maker* (Oxford, 1997), p. 5.

44　See below, p. 158.

45　*De l'Esprit des Lois*, Book 2, ch. 2.

46　See below, chapter 4, section E.

47　The deaths in question: his father, mother, brother, then his great-grandfather before becoming king; then of Dubois and Orléans. The wedding was his own.

48　Barbier, *Journal historique et anecdotique*, vol. i, p. 70 (from December 1720).

49　A useful witness of Villeroy's eccentricities in this respect is Mehmed efendi, the Turkish envoy sent to France on an ambassadorial visit in 1721: see Mehmed efendi, *Le Paradis des infidèles. Un ambassadeur ottoman en France sous la Régence* (Paris, 1981), esp. pp. 95 ff.

50　M. Antoine, *Louis XV* (Paris, 1989), p. 25.

51 *Mémoires de Saint-Simon*, vol. vii, pp. 267–268.
52 Cf. Narbonne, *Journal*, p. 77.
53 Cited in Petitfils, *Le Régent*, p. 576.
54 Richer d'Aubé, 'Réflexions', fol. 1.
55 J. McManners, *Death and the Enlightenment. Changing Attitudes towards Death among Christians and Unbelievers in Eighteenth-Century France* (Oxford, 1981), p. 46.
56 Barbier, *Journal historique et anecdotique*, vol. i, p. 192.
57 Marais, *Journal et mémoires*, vol. iii, p. 187.
58 According to the duc de Bourbon: Antoine, *Louis XV*, p. 158.
59 Antoine, *Louis XV*, p. 162.

# 三、弗勒里治下的法兰西
（1726—1743）

### 钢丝上的"赫拉克勒斯"

对于76岁的安德烈-埃居尔·德·弗勒里来说，一切都来得太晚了。他真正成为首席大臣的年龄，与他的前辈形成了鲜明对比，作为血亲亲王的奥尔良公爵和波旁公爵，获得这一职位的年龄还不到40岁。弗勒里是朗格多克一个小税务官的儿子，在路易十四统治中期，他通过在巴黎学习时成熟而出色的表现，赢得了宫廷大人物的支持。但后者的承诺在不经意间就化为泡影：由于国王的某种误解，弗勒里神父和蔼可亲的一面却被认为是放荡不羁，这导致他在17世纪90年代被驱逐出宫。在46岁时，弗勒里得到了国王的重新起用，但这份补偿显得微不足道——在遥远、偏僻的东南部小城弗雷瑞斯担任主教。不过，他在地中海教区发表了一份响亮的声明，即对《乌尼詹尼图斯通谕》表示支持，并以此赢得了路易十四迟来的认可。就在1715年去世前夕，路易十四召回了这位年迈的老者，让他担任王储的家庭教师。由此，弗勒里开启了我们在上一章提到的融入宫廷政治生活的过程。

有些人认为，弗勒里的崛起和他持续至1743年90岁去世的长期任职，其原因在于他隐蔽、无情而一心一意的野心。凡是近距离观

弗勒里主教，在路易十五时期曾担任首席大臣

察他的人都不会怀疑，他在宫廷中表现出的和蔼可亲、滔滔不绝的面孔背后，有一种强硬、顽固甚至间接发作的固执。然而，弗勒里迟到而难以置信地登上权力顶峰，既可以归功于环境因素，也可以看作他的个人目标。此外，他在任期间最突出的特点正是拒绝某个单一的目标，而是决心保持灵活和机动。除了他的名字以外，安德烈-埃居尔·德·弗勒里与赫拉克勒斯*毫无任何相似之处。这位精神矍铄的老者充满活力，却避免展示力量和辉煌的成就。他倾向和解与谈判，而非对抗或冲突。对他而言，平衡意味着一切。

弗勒里的灵活政策常常被认为是不作为、缺乏活力和想象力的表现——尤其在后来有人还会如此认为。然而，对于一个仍然受到路易

---

\* 赫拉克勒斯（Hēraklēs），古希腊神话中的大力神，"埃居尔"（Hercule）之名即源出于此。

十四统治影响余威的社会和国家来说,首席大臣的这种特点并不是不合时宜的。王位继承仍然是一个悬而未决的问题:1729年王太子的出生\*虽然让人暂时松了口气,但这意味着奥尔良家族和波旁王室的西班牙分支之间的继承危机仍然存在隔阂——1711年至1712年间的"王室大屠杀"仍然提醒人们,王室成员的生命是脆弱的。年轻的路易十五对政务依旧不闻不问。此外,波旁王朝在1725年决定将西班牙公主遣送回国,这一决定不仅疏远了西班牙人,甚至可能将他们推向作为法国传统敌人的奥地利的怀抱。法国也没有可以进行军事冒险的空间:陆军和海军在摄政时期就已经被大大削弱了,旨在为长期冲突提供资金的新税制,也会给"约翰·劳体制"后依旧萎靡不振的经济带来沉重的压力。还有,像18世纪二三十年代的许多将军与外交官一样,弗勒里对1701年至1713年间西班牙王位继承战争的悲惨经历记忆犹新,他们不希望在欧洲冲突中草率行事:1707年,弗勒里在弗雷瑞斯的教区遭到了敌人入侵,他曾目睹了战争的残酷,对于一个18世纪的教士来说,这是极不寻常的。弗勒里还需要处理如何对待詹森派的微妙问题,如果采取不冷静的行动,既可能造成宗教分裂,也可能引发涉及高等法院的重大政治危机,而高等法院正自诩为詹森派运动的捍卫者。有足够多的证据表明,弗勒里可以采取一种更温和、更巧妙的应对方法。

在波旁王朝,维持权力很大程度上取决于君主支持,以及当权者抵制剥夺这种支持的能力。新任枢机主教在1726年能取得如此重要的地位,很大程度上依靠的是君主的善意,他也永远不会失去这份善意。如果弗勒里从未获得过首席大臣的头衔,那么也没有人会怀疑这是他的实际职位。所有大臣都要在弗勒里在场的情况下才能与路易十五进行对话,他既是国王的主要顾问,也是大多数政务的实际执行

---

\* 指法兰西的路易(Louis de France,1729—1765),路易十五的长子,路易十六之父。

者。1726年11月，当他枢机主教的头衔被教宗剥夺以后，他在御前会议中仍然获得了更高的地位。一些同时代人认为，国王与枢机主教之间令人费解的亲密关系还有一层险恶的原因：据说枢机主教在教育他年轻的监护人的时候，要求他屈从于自己的意愿。坊间流传着这样的故事：当朝臣们不约而同地进入路易十五的房间时，发现教科书每次都在同一页打开，或者偶然间还发现国王把卷纸放在弗勒里稀疏的头发上。据说，弗勒里纵容路易十五的享乐行为，其目的是使国王无法独立。然而，这似乎是无稽之谈，因为弗勒里是一位无可挑剔、尽职尽责的家庭教师，而路易十五也是一个勤奋的学生。但毫无疑问，国王对弗勒里的态度存在情感依赖的成分。他的家庭教师显然是坚不可摧的，这对一位年轻君主来说是很有吸引力的，尤其是在亲属和亲信的相继死亡使其倍感失望的情况下。18世纪30年代末，路易十五的继承人、年仅10岁的王太子就曾表示，弗勒里是"了解国王（他的父亲）内心世界的一个良好窗口"，这比他自己所知的还要真实。[1]波旁公爵有一句格言："要理智，不要与主教（即弗勒里）争吵"[2]——正是由于忽视了这一点，波旁公爵付出了全部代价。在弗勒里统治下的法国，对于任何一个还想拥有政治抱负的人来说，这句话无疑都是一个很好的建议。

为了回报路易十五的无条件信任，弗勒里对国王忧郁的享乐主义和放纵行为视而不见。在正式场合，国王常常觉得尴尬和不自在，只有在一小群亲密者周围，他才能感到真正的放松，因为他可以和这些人表达阴郁的黑色幽默。不过，这个小团体并不包括他的妻子。1726年，玛丽·莱辛斯卡王后不幸卷入了波旁公爵试图削弱弗勒里的行动，这损害了国王对她的信任。尽管两人一直到18世纪30年代还在生育孩子，但国王与王后之间的性关系却变得非常冷淡：1737年，当被问及新出生的女儿是否应该被称为"第七公主"时，路易十五沉着脸回答，这是"最后的公主"。[3]同一时间，二人不再维持夫妻之实。

路易十五避开了婚姻约束的家庭生活，转投到户外活动的单身生活之中。他养了三群猎犬（路易十四只养了一只），是个不折不扣的猎手。在弗勒里掌权期间，国王捕获了大约3 000只雄鹿；在他打猎的过程中，每天的猎物数量在200至300只之间。[4]

弗勒里顺从地在路易十五狩猎计划留下的时间间隔中工作，他也对这位年轻国王的婚外情表现出极大的宽容。弗勒里和王后从1733年起就知道，路易十五与迈利伯爵夫人[*]之间保持了性关系，但直到1736年王室才意识到这一事实。从枢机主教的角度看，如果路易十五需要一个情妇的话，朴素而活泼、对国王忠诚而关心、不愿参与政策制定的迈利伯爵夫人是最好不过的选择。不过，她的妹妹内勒小姐[†]似乎就不是这样了，在嫁给文帝米耶侯爵的第二年后，国王就把她也当作了自己的秘密情妇。与长姐相比，文帝米耶侯爵夫人更爱多管闲事，但她在1741年生下一个孩子后就去世了，她的丈夫抛弃了这个孩子，人们普遍认为这个孩子是国王的。这使国王暂时重新投向迈利伯爵夫人安慰的怀抱——后来人们回忆说，迈利伯爵夫人当时"手里拿着一个杯子"，"非常可爱"。[5]但没过多久，路易十五的目光就盯上了迈利伯爵夫人的两个妹妹，早年丧偶的拉图内尔侯爵夫人[‡]和劳拉盖小姐[§]。众所周知，在国王曾看到过的讽刺作品中，巴黎人不怀好意地想知道，这种对单一家庭的刻意"忠诚"，是不是国王为避免滥交而做出的巧妙尝试。[6]

---

[*] 迈利伯爵夫人（Comtesse de Mailly），即路易丝·朱莉·德·迈利-内勒（Louise Julie de Mailly-Nesle，1710—1751），内勒侯爵（Marquis de Nesle，1689—1767）五个女儿中的长女。

[†] 内勒小姐（Mademoiselle de Nesle），即波利娜·费利西泰·德·迈利-内勒（Pauline Félicité de Mailly-Nesle，1712—1741），内勒侯爵的次女，1739年嫁给文帝米耶侯爵（Marquis de Vintimille）。

[‡] 拉图内尔侯爵夫人（Marquise de La Tournelle），即玛丽-安妮·德·迈利-内勒（Marie-Anne de Mailly-Nesle，1717—1744），内勒侯爵的第五女，1743年受封为沙特鲁公爵夫人（Duchesse de Châteauroux）。

[§] 劳拉盖小姐（Mademoiselle de Lauraguais），即迪亚娜·阿代拉伊德·德·迈利-内勒（Diane Adélaïde de Mailly-Nesle，1713—1769），内勒侯爵的第三女。

三、弗勒里治下的法兰西（1726—1743）　129

弗勒里纵容国王对情妇和狩猎的喜好，是他在不安全的、派系分裂的宫廷政治中，维持自我地位的一种手段。他也足够聪明，能使自己在政治上的明显劣势——老年身体和局外人身份——转化为优势。反常的是，年龄也站在这位枢机主教的一边。1726年，任何人都认为他只不过是一个权宜之计。当枢机主教成为首席大臣时，消息灵通的朝臣们意识到，他对国王拥有超强的掌控力，或许等他去世后再采取行动才是最好的选择。因此，朝臣们的安排和结盟不是从弗勒里，而是从其继任者的视角展开的。弗勒里身处主要派系集团之外，甚至处于更高的位置，这就使他能够轻松地进行布局。例如，只有在确保了以年轻而雄心勃勃的奥尔良公爵为核心的阴谋集团处于中立地位后，他才参与了1726年推翻波旁公爵的行动；在此过程中，他向奥尔良公爵集团的成员提供了不少大臣的职位，包括任命勒佩勒捷·德福特\*担任财政总监（这是一个完全的政治选择，因为据说此人都不会最简单的算术）。[7]但在另一方面，弗勒里立刻向"波旁-孔代派"发出了安抚信号，明确表示不会让"奥尔良派"成员进入御前会议。为了证明自己不是"奥尔良派"的傀儡，弗勒里还与已经获得合法地位的国王私生子（特别是图卢兹伯爵）建立了良好的关系。他对诺瓦耶公爵也采取了同样的措施，正如吕讷公爵†所说，诺瓦耶公爵是强大而广泛的"宫廷派"（或者说是"宫廷宗派"）的领袖。[8]

作为各部行政会议制的"老将"，诺瓦耶公爵现在被弗勒里用军队司令和法国元帅的职位收买——这是一个很好的例子，可以说明弗勒里掌握了利用职位授予权来平衡派系的能力。如果"贵族派"的领导人要被排除在最高权力之外，他们就需要获得大量的补偿，比如为自己、家族和追随者谋求恩惠、特权和职位。弗勒里对王室开

---

\* 勒佩勒捷·德福特（Lepeletier des Forts，1675—1740），1726年至1730年间出任财政总监。
† 夏尔·菲利普·达尔贝（Charles Philippe d'Albert，1695—1758），第四代吕讷公爵（Duc de Luynes），撰有关于路易十五宫廷生活的重要回忆录。

支相当吝啬：例如，他在1729年王太子出生时削减了昂贵的庆祝活动，甚至把国王的四个女儿一起送到丰特夫罗修道院接受教育，而非让她们留在宫廷内由不同的家庭分别埋单。弗勒里的自我需求不多：作为一个教士，他没有庞大的家庭需要供养，而且他生活节俭，还将大量钱财捐赠于慈善事业。他的遗产数量之少，让同时代的人都觉得不可思议。然而，弗勒里对贵族却非常慷慨，像他的前任摄政王一样，他意识到了职位授予权在收买反对派方面的重要性。此外，弗勒里手中的王室职位授予权是巨大的。宫廷和政府中的所有重要职位、中央和外省以及陆军和海军的任命权，都在他一人的控制范围之内。1720年起，弗勒里还担任过宗教委员会的成员，负责裁定教会的任命；18世纪20年代末开始，他独自负责所谓的"圣职分配所"，这一机构负责分配主教席位和圣俸的所有重要提名。作为王室的守门人，他还控制着与国王的实际接触以及王室宫殿的住宿——在一个以亲近统治者作为权力和利益来源的政体中，这两个因素都很重要。同时作为邮政署长，他也能很好地监视野心勃勃的朝臣们的私人通信。

然而，如果说弗勒里在某个地方形成了自己的派系，那就是在政府的中心和国务大臣之中。枢机主教努力使国务大臣职位成为自己的领地，尽可能不受到朝臣们的干扰，并拥有一套对他来说比任何人都重要的国务大臣群体。他很快抹去了国务大臣中间早期的奥尔良主义色彩。例如，勒佩勒捷·德福特在1730年就被解雇了。弗勒里偏爱经验丰富、长期服务和有能力的官僚，他们往往有中等的穿袍贵族背景。作为勒佩勒捷·德福特财政总监一职的继任者，菲利贝尔·奥里\*就是其中的典型代表：奥里是西班牙国王腓力五世手下的一名高级财政官员之子，他曾在军队服役，并在巴黎高等法院获得了一个职位，

---

\* 菲利贝尔·奥里（Philibert Orry，1689—1747），1730年至1745年间出任财政总监。

然后被王室选中，先后在苏瓦松、佩皮尼昂和里尔担任督办。从1730年至1745年，奥里一直担任财政总监，他性格强硬，不装腔作势，这是他众所周知的特点。另一个曾在边境省份担任督办的是德·昂热维利耶[*]，他于1728年被任命为陆军大臣，直至1740年卒于任内。国务大臣中还有来自菲利波家族的两个年轻人：28岁的莫勒帕继续担任海军部长，并负责王室和巴黎的相关事务；21岁的圣弗洛朗丹伯爵[†]则专门负责新教事务。莫勒帕与巴黎治安总监勒内·埃罗[‡]密切合作，后者实际上也是国务大臣级别的官员，并在遭遇棘手事件的情况下充当弗勒里的左膀右臂。当时另一位备受信赖的技术官僚是达盖索，他重新回到了司法大臣的位置，直到1751年去世，他都在进行具有里程碑意义的司法改革。达盖索的工作伙伴是国务大臣中最出色，也是政治上最不温和、最令人不安的野心家——前高等法院法官热尔曼-路易·肖夫兰[§]。肖夫兰在1727年被任命为掌玺大臣，同时还兼任外交大臣。

对于一个老者，尤其是一个懂得如何保持精力且跟得上形势的人来说，弗勒里的国务大臣群体构成了一个强大而相对年轻的团体，他们的行政才能、精力、经验以及总体温和的政治态度实现了很好的融合。当身体疲惫的时候，弗勒里会去巴黎附近的伊西休养，用他自己的话说就是"无所事事"[9]；在圣叙尔皮斯的乡间别墅，他相信自己可以让下属在他缺席的时候继续做事。1732年，弗勒里在这条道路上走得更远，他曾公开表示，他把肖夫兰视作自己的助手——当时很多人（包括对自己前途不抱希望的肖夫兰本人在内）都认为

---

[*] 尼古拉-普洛斯珀·德·昂热维利耶（Nicolas-Prosper d'Angervilliers，1675—1740），曾在阿朗松、格勒诺布尔、斯特拉斯堡、巴黎等地担任督办，1728年起出任陆军大臣。

[†] 圣弗洛朗丹伯爵（Comte de Saint-Florentin），即路易三世·菲利波（Louis III Phélypeaux，1705—1777），后在1770年至1771年间出任外交大臣。

[‡] 勒内·埃罗（René Hérault，1691—1740），1725年至1739年间出任巴黎治安总监。

[§] 热尔曼-路易·肖夫兰（Germain-Louis Chauvelin，1685—1762），1727年至1737年间出任掌玺大臣兼外交大臣。

这是肖夫兰被当作弗勒里接班人的前奏。在弗勒里的平衡政策中，一个重要的组成部分是他给予国务大臣相当大的自由度。这也意味着，弗勒里有时可以与国务大臣执行的政策保持距离。他想改变奥里的财政政策，私下里也对一些心怀不满者承认奥里先生太过粗暴（他耸了耸肩，眼睛望向天空），但他对奥里无能为力。因此，弗勒里总能在适当的场合收获信任，还把不受欢迎之处转嫁到他的下属身上。

即使在最危险的情况下，弗勒里也拥有在政治钢丝上从容起舞的能力，尤其表现在外交事务中。他的前任波旁公爵决定，让原本会成为路易十五王后的西班牙公主回到母国。这有可能使愤怒的西班牙重新投入奥地利的怀抱——腓力五世及其王后伊丽莎白·法尔内塞[*]本身就是不稳定的因素。另一方面，在1713年《乌得勒支和约》签订后，奥地利感觉自己的国际威望大大下降。在1716年至1718年战胜土耳其人的鼓舞下，奥地利人试图挑起新的国际争端；1725年，奥地利和西班牙达成联盟，这让欧洲感到惊恐万分，它好像表达了摧毁《乌得勒支和约》的决心。无论如何，英法两国正在渐行渐远，当普鲁士和俄国在1726年加入"奥西联盟"时，法国在欧洲的地位似乎更加孤立。然而，在1727年巴黎和平预备会议上，弗勒里成功阻止了欧洲战争的发展，并在随后1728年至1729年间的苏瓦松会议上成功瓦解了"奥西联盟"。1729年，法国、英国和西班牙签署了《塞维利亚条约》，其中一项条款允许西班牙在意大利保留军事堡垒，进而保留了奥地利的敌对立场。在处理这些谈判的过程中，弗勒里意识到了自己行为的局限性，他放弃了作为诚实的调停人的局限性主张，回避了棘手的原则问题，倾向于采取谨慎和周密的具体办法，并与各方保持开放的联系——这预示着弗勒里在欧洲事务中总是试图采取的姿态。事

---

[*] 伊丽莎白·法尔内塞（Elizabeth Farnese，1692—1766），腓力五世的第二任妻子，1714年至1746年间实际上是西班牙的统治者，1759年至1760年间担任摄政太后。

实上，在外交领域，弗勒里领导的法国正在声名鹊起：18世纪30年代在日内瓦成功解决西班牙和葡萄牙之间的纠纷，以及后来解决科西嘉岛问题，都是法国外交仲裁技巧取得胜利的结果。弗勒里的政敌对其逃避军事侵略的"资产阶级政策"嗤之以鼻，认为他采取了寻求与法国邻国友好共处的和平主义战略，但他们也承认，这为法国提供了集中精力恢复经济的机会——我们很快就会看到，这种做法取得了很多成效。[10]

虽然弗勒里在起初获得了一些成功，但他为维持欧洲和平所做的努力也遇到了一些麻烦。通过在神圣罗马帝国（特别是巴伐利亚和萨克森）和意大利（撒丁王国）寻求盟友，他努力遏制奥地利的力量。他还拒绝了查理六世[*]努力使国际社会承认的所谓"国事诏书"，即他的女儿和唯一继承人玛丽亚·特蕾莎[†]至少可以继承哈布斯堡皇室的所有遗产（作为女性，她没有资格在父亲死后担任神圣罗马帝国皇帝）。然而，英国、联省共和国以及西班牙都在1731年宣布接受"国事诏书"，这使法国陷入了尴尬的孤立境地。1729年以来，洛林公爵弗朗茨一世[‡]就是奥地利的一颗棋子，约定与哈布斯堡王朝继承人玛丽亚·特蕾莎结婚。如果法国军队在1670年至1697年占领的洛林公国再次落入一个主要的潜在敌人之手，它将在法国东部构成巨大的军事威胁。洛林公爵与哈布斯堡王朝的联姻，使他有可能成为神圣罗马帝国皇帝的候选人，这种可能性已经为法国敲响警钟，导致了武装冲突的可能，而弗勒里手下有"恐奥"情结的外交大臣肖夫兰却在不遗余力地推动这种趋势。

---

[*] 查理六世（Charles VI，1685—1740），1711年至1740年间出任神圣罗马帝国皇帝、奥地利大公、匈牙利国王、波希米亚国王。

[†] 玛丽亚·特蕾莎（Maria Theresa，1715—1780），1745年至1780年间担任奥地利女大公、匈牙利女王，1740年至1741年和1743年至1780年间两度出任波希米亚女选侯。

[‡] 弗朗茨一世（Francis I，1708—1765），洛林公爵，1736年与玛丽亚·特蕾莎结婚，1745年至1765年间担任神圣罗马帝国皇帝。

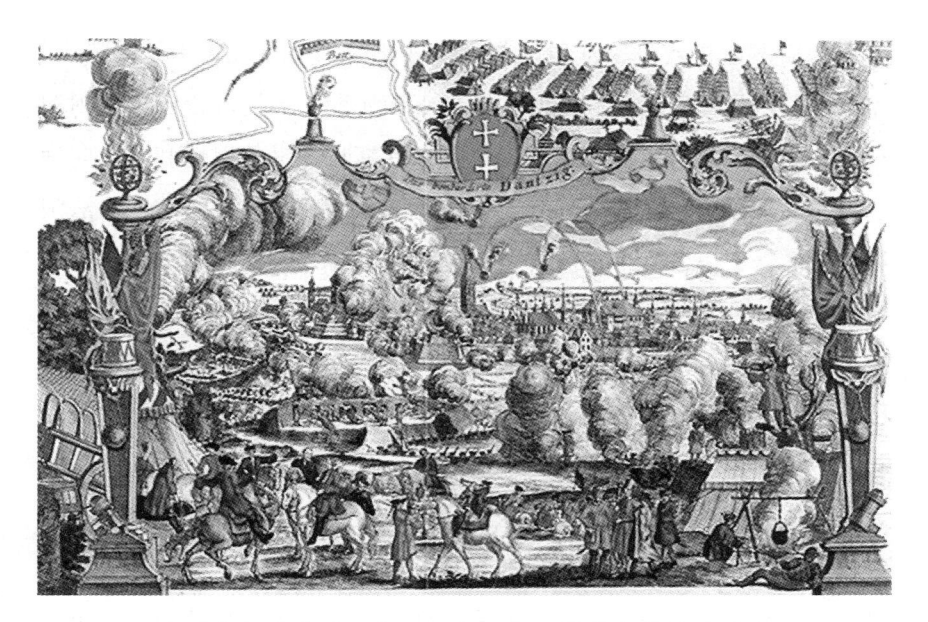

法军在但泽战败，斯坦尼斯瓦夫·莱辛斯基被迫流亡

事实上，开战理由来自其他地方。1733年2月，现任波兰国王奥古斯特二世[*]去世，这使法国王后的父亲、1704至1709年间曾统治波兰的斯坦尼斯瓦夫·莱辛斯基有很大可能成为新的继承人。法国对他的支持来自王朝的自尊心使然，一支法国军队将莱辛斯基偷偷运回波兰，并设法使他被议会选中。然而，与此同时，俄国和奥地利支持已故波兰国王之子奥古斯特三世[†]反对选举结果。战争是不可避免的。弗勒里早先的对德外交被证明是徒劳无功的——萨克森与奥地利相互勾结，巴伐利亚则顽固地拒绝加入法国一方。但是，弗勒里设法确保了英国和荷兰的中立地位，之后又与西班牙和撒丁王国结成联盟。根据1733年与腓力五世签订的首个所谓"家庭契约"，法国允许西班牙对

---

[*] 奥古斯特二世（Augustus II，1670—1733），1694年起担任萨克森选帝侯，1697年至1706年间担任波兰国王和立陶宛大公，1709年至1733年间担任波兰国王。

[†] 奥古斯特三世（Augustus III，1696—1763），1733年起担任萨克森选帝侯、波兰国王和立陶宛大公。

那不勒斯发起进攻，驱逐奥地利人，并将腓力五世之子卡洛斯三世[*]推上了西西里国王之位。同时，撒丁王国协助法国进攻伦巴第王国的军队。北欧的局势也并不乐观。支持奥古斯特三世的奥地利军队向华沙进军，迫使斯坦尼斯瓦夫·莱辛斯基在由普莱洛伯爵[†]率领的法国远征军的保护下退守但泽。双方在但泽城外短兵相接，但结果是普莱洛伯爵的战死和法国的失败。1734年6月，斯坦尼斯瓦夫·莱辛斯基被迫逃亡。尽管法国军队在莱茵河和意大利北部地区扎实推进，迫使日益孤立的查理六世提出和解请求，但波兰的惨败使法国人无法兴奋起来。

即使面对这种情况，在波兰王位继承战争中，法国还是取得了显著成功，这一成就是对弗勒里的精打细算与平衡外交，而非肖夫兰所提倡的军国主义政策的肯定。受辱的斯坦尼斯瓦夫的形象成为一个有效的图腾，可以用于和谈之中，弗勒里也竭尽所能地延长谈判时间。根据一项最终在1737年达成、1739年批准的协议条款规定，奥古斯特三世作为波兰统治者的地位得到确认。这些安排的其他关键因素与西欧（而非东欧）的权力平衡有关。查理六世的女儿玛丽亚·特蕾莎嫁给了洛林公爵弗朗茨；但后者被赋予了对托斯卡纳公国的继承权，这是涉及撒丁王国与奥地利之间利益交换的一部分。作为安慰，洛林地区则被交给了斯坦尼斯瓦夫·莱辛斯基，并在他1766年逝世后移交给法国。

由于法国同意了查理六世的"国事诏书"，洛林的归属问题成功得到确认。显然，斯坦尼斯瓦夫·莱辛斯基将与法国选定的督办一道管理洛林公国：被选中的候选人是苏瓦松督办肖蒙·德·拉格莱泽

---

[*] 卡洛斯三世（Carlos III，1716—1788），腓力五世第二次婚姻所生之子，1734年至1759年间担任那不勒斯和西西里国王（称卡洛七世和四世），1759年至1788年间担任西班牙国王。

[†] 普莱洛伯爵（Comte de Plélo），即路易·德·布雷昂（Louis de Bréhan，1699—1734），法国高级军官。

尔[*]，他也是财政总监奥里的妹夫。洛林地区以德语为主要语言，八个世纪以来，它都属于神圣罗马帝国的一部分。自1674年吞并弗朗什-孔泰以来，洛林是法国吞并的最大领地，洛林的"法兰西化"进程正在迅速推进。更值得一提的是，这一壮举只投入了很少的军事、财政或人力支出，而且使法国神奇般地摆脱了不温不火的国际地位。弗勒里对各方保持开放的政策成功得到了证明：一旦奥地利不再成为问题，其他国家就很少有怨言了。在某种程度上，洛林问题的解决也是对弗勒里在国际事务中保持诚信的一种回报。正如达尔让松侯爵曾经指出的那样，弗勒里的"和平主义者与温和主义者的双重面具……抵得上我们这方的两支军队"。[11]如果斯坦尼斯瓦夫不是那么可悲的话，他就不会得到那么多慷慨的待遇了。与之类似，如果法国在过去十年的国际外交中表现得更加激进，它就会得到更少的支持。

对于弗勒里的现实主义意识和他的想象力来说，洛林问题的解决都是一个重大胜利。他从非常现实的角度，接受了法国不大可能通过武力占据洛林的事实；但他又有足够多的想象力，从最不乐观的国际环境中想到了获得洛林的方法。这位"走钢丝者"得到了一个重要的战利品。他在这么做的同时，还经历了任职期间最严重的政治危机，即关于詹森主义的问题。

## 天主教徒问题……

1720年，天主教的法国迎来了一位新英雄：马赛大主教亨利-弗朗索瓦-格扎维埃·德·贝尔松斯·德·卡斯特莫隆[†]，由于他在马赛大

---

[*] 肖蒙·德·拉格莱泽尔（Chaumont de La Galaizière，1697—1783），1737年至1758年间担任洛林和巴尔地区的督办。

[†] 亨利-弗朗索瓦-格扎维埃·德·贝尔松斯·德·卡斯特莫隆（Henri-François-Xavier de Belsunce de Castelmoron，1670—1755），1710年至1755年间担任马赛总教区总主教。

瘟疫流行期间的表现，他的行为突然间引起了公众的注意。一些哗众取宠的出版物上刊登了不少故事，法国的男男女女们都对此感到惊恐万分，具体包括从患者身上喷涌而出的多彩水泡、公共秩序的崩溃、贸易的停滞以及下水道里堆积如山的尸体——这些尸体无论贫富，要么被流浪狗咬得腐烂，要么被用车一起推进尸坑。在这种"博斯式"*的恐慌中，贝尔松斯以一种神圣的形象出现，他把长袍的袖子卷得很高，鼻子下放着一块浸有香草药的海绵，以阻挡腐肉发出的恶臭，向病人和垂死者提供施舍、安慰与忏悔。他像一个流动的、似乎无懈可击的绿洲，代表着救赎和圣洁。在他的12个随从中，有11人染病甚至死去。他承担了地区领袖的角色，把城市从危机中拯救出来，在瘟

1720年，一场大瘟疫席卷马赛

---

\* 源自耶罗尼米斯·博斯（Jheronimus Bosch，1450—1516），荷兰画家，以恶魔、半人半兽甚至机械的形象来表现人的邪恶。

疫的高峰期，他把他的同胞奉献给圣心崇拜。当瘟疫接近尾声时，他还会带领忏悔者的队伍，光头赤脚，手持火把，在城市周边巡游。

贝尔松斯自觉地以反宗教改革的伟大先驱、米兰大主教圣卡罗·博罗梅奥\*作为榜样，后者曾在1576年打破主教们通常选择迅速逃离疫区的惯例，选择留下来照顾其教区居民的精神需求。在1709年至1755年担任马赛主教的漫长时光中，贝尔松斯遵循了博罗梅奥生活中的许多其他特点，他是1545年至1563年特伦托宗教会议所制定的戒律最热衷的执行者，这次会议在新教改革后团结了天主教会，确定了反改革的主要原则。特伦托宗教会议对天主教产生了深远影响，主教们对博罗梅奥相当尊敬。在地中海沿岸的弗雷瑞斯，弗勒里本人在1699年至1715年间担任主教期间也拥有同样的情感。在很大程度上，17世纪末18世纪初的法国教会作为一个整体，仍然遵循着特伦托宗教会议制定的方案，"博罗梅奥模式"也为主教们赋予了关键角色。

在反宗教改革的事业中，尽管耶稣会等"超国家"宗教团体最初扮演了非常突出的角色，但特伦托宗教会议尤其强调主教在实行戒律方面的作用。在17世纪的进程中，这种元素变得更加明显。主教们致力于消除异端邪说和精神无知，在底层教士中普及一种新的基督教生活方式，并通过他们使广大民众"基督教化"。他们的目的不仅在于打击新教，而且希望"在基督徒中重振基督教精神"，这是拉罗谢尔知名主教格里尼昂·德·蒙福†的表述。[12]作为这项计划的重要组成部分，建立培训教士的教区神学院方案大约在1650年至1720年间才在法国全面实施：例如，巴黎是法国教会中最重要的教区，但直到1696年才拥有一所教区神学院。这些神学院由特伦托宗教会议后出现的

---

\* 圣卡罗·博罗梅奥（Saint Carlo Borromeo，1538—1584），又译作"圣嘉禄·鲍荣茂"，文艺复兴时期的欧洲神学家，罗马天主教会枢机主教，曾主持部分特伦托会议。

† 格里尼昂·德·蒙福（Grignion de Montfort，1673—1716），又译作"圣路易·蒙福"，以对圣母玛利亚的敬爱和奉献闻名，创作的诸多天主教经典作品影响深远。

宗教团体组成，特别包括耶稣会（培养出贝尔松斯）、遣使会（管理马赛的机构）和稣尔比斯会（可能是其中最好的），截至1715年，法国128个教区神学院[13]源源不断地培养出一批批年轻的神父，在神学、灵魂和牧灵训练方面，他们的水平都比以前高出许多。

在特伦托宗教会议后的牧灵思想中，向教士灌输使命感和强化个人诚信标准，超过了对一般信众的要求。如果教士要使一般信众"基督教化"，他们就必须树立一个道德和宗教的榜样，过着体面、有节制的生活，避免赌博、过度酗酒和其他世俗欲望。这种充实的职业状态标志着对教士的驯服。教士服在路易十三统治时期相当少见，但在之后的两位继任者的统治时期，它成为底层教士的标准配置：讷韦尔主教在1768年警告说，"如果因为教士服感到尴尬并脱掉它，那就等于是逃兵和逃犯，宣布自己不配穿着教士服"[14]——这句话恰好突出了主教辖区内的底层教士中形成了准军事化的纪律意识。主教们希望辖区内的教士能够服从自己，而且他们拥有国家认可的强制手段。大多数主教手中都有广泛的庇护权，不仅包括任命教会圣职和教区职位的权力，而且包括1695年国王批准的惩戒权。事实上，在1698年以后，无论是正式教士还是世俗教士，一旦有人偏离了规定的行为标准，他们的主教就有可能通过国王密札把他们逮捕。

教区巡视制度强化了主教对教区内教士的进一步控制——这是特伦托宗教会议宣传的另一种方式，这项制度由博罗梅奥首创，贝尔松斯和他的同僚们认真执行。在这一领域，主教们变得愈发勤奋：17世纪，教区平均每12年接受一次正副主教的查访；18世纪，频率缩短到每8年一次。主教们尤其重视精神领域，他们严格审查教士和教区居民的生活、道德和履职情况，为教区居民从摇篮到坟墓的日常生活提供了仪式保障，最显著的是洗礼、结婚和丧葬等宗教事项，以及教会年历的节日与仪式。巡视制度确保了新生儿可以迅速接受洗礼——1698年之后已经缩短到出生后的24小时之内。与传说中的订婚仪式和疯狂的狂欢节相比，结婚仪式被赋予了更原始的意义。临终之际的最后仪式被视作死亡的普遍存在，就像路易十四之死所表明的那样[15]——它由一整套仪式和实践主题构成。更普及的事情还有，信徒坚持在星期五吃鱼，在大斋节和基督降临节期间禁欲，定期领取圣餐，最关键的还包括复活节的忏悔和圣餐。

特伦托宗教会议后的崇拜，本质上是一种巴洛克式的虔诚[16]，它以华丽的炫耀来表现自己，利用一切传播媒介和物质文化崇拜，对精神生活形成了强有力的感官冲击。传统地狱之火的布道形式依旧活跃，其目的是为了在信徒中引起对神圣的畏惧——例如，著名的耶稣会士雅克·布里丹*利用喜剧和口技的技巧，他的布道过程几乎达到了在大木偶剧院演出的效果。其他形式的教堂艺术也同样被征用，以此产生强大的情感反应——音乐更加恢宏，管风琴和唱诗班越来越多，而且更加熟练，绘画和雕塑则被大规模运用到葬礼纪念碑、祭坛围屏之上。在特伦托宗教会议后教会所热衷的节日和仪式上，巴洛克式的虔诚也找到了最肆意的表现形式。巴洛克式的虔诚是一种日常且近乎普遍的现象，即使卑微的贫民也希望自己的葬礼上有人手持蜡烛、棺材后面还跟着僧侣和修女。大人物的葬礼规模盛大，成千上万的参与者加入其中；而特殊的事件，如宗教任务或贝尔松斯在1721年至1722年为纪念瘟疫消失而举办的仪式，则激发了所有人的情绪，引起了歇斯底里式的集体哭泣。

主教们还努力通过将自愿和集体奉献制度化的形式，使新的虔诚精神在其教区扎根，这被证明是巴洛克式的虔诚的接受媒介。忏悔者、圣餐会和圣心会（后者的地位实际上因1720年的瘟疫奉献而获得提高）引发了民众的热烈响应。例如在向圣母玛利亚祈祷、集体朝圣以及为病人代祷的誓词中，对圣人的崇拜仍然受到广泛尊重。作为补

---

*  雅克·布里丹（Jacques Bridaine，1701—1767），法国天主教传教士，几乎走遍了法国的每一座城镇。

充，念珠、祈祷书、圣徒的生活及其形象、祈祷台、十字架等物品的市场也在不断扩大，这使天主教的物质文化进入平民的家庭和日常生活之中。

特伦托宗教会议以后，天主教会开始强调教义问答的实践。教义问答开始采用问答体，并逐渐成为一种通俗易懂的教义教学形式。主教们忠实于他们作为信仰导师的角色，经常亲自编写讲义——例如，波舒哀主教于1687年为莫城编写了一本讲义，蒙彼利埃主教科尔贝尔于1705年也编写了一本获得广泛使用的讲义。在当时各类宗教出版物蓬勃发展的市场上，教义问答拥有稳定的买家，也成为学校的主要教

特伦托宗教会议后，天主教会强化了对教义问答的重视

学内容，教会对学校的投入日益增多，而且地方神父对学校具有监督权（主教和当局也有）。1698年和1724年的王室宣言敦促在所有教区建立小学，开设作为教义问答的必修课程。

在18世纪的社会中，很少有其他团体能像主教们一样，对其成员的行为产生如此强大的影响力。然而，作为一个群体，主教们远没有他们在17世纪的前辈那么圣洁。要实现对教区的有效、有纪律的管理，不需要个人的圣洁。许多主教都是在巴黎的圣叙尔皮斯神学院和索邦大学接受了古典教育，然后在副主教的职位上接受培训，最终达成了世俗性的契约的。在公共生活中扮演重要行政角色的众多教士中，弗勒里和迪布瓦二人只是最突出的代表。这一点在朗格多克等地区尤为显著，主教在地区管理方面具有传奇性的主导作用。1695年的一项敕令解除了主教们具有在教区内居住的义务（这是在特伦托宗教会议上对他们提出的要求），此举也鼓励了一些人在其他地区谋求更高的政治地位。反宗教改革的圣徒时代正在被官僚主义和主教政治家的时代所取代，主教们更看重权威和效率，而非他们圣洁与否。事实上，高级教士对未加修饰的神圣性并不信任：自焚、热爱贫穷和喜欢被鞭笞的人物，如圣徒让娜·德拉努\*和伯努瓦·拉布尔†，就引起了不少主教的不满。在高级教士中，也有越来越多的人对日常生活中是否存在奇迹和超自然现象感到怀疑——被农民攻击为"女巫"的人被认为是怪人或骗子，主教们支持对所谓的奇迹进行更加严格的监督。

主教们有明显的贵族气质，这确实符合他们属于法国国内最有声望和最有特权集团的地位。他们享有惊人的财富，因为教会拥有全国6%至10%的耕地，并对所有财产征收什一税，平均占农业收入的8%

---

\* 让娜·德拉努（Jeanne Delanoue，1666—1736），法国天主教徒，"贫者之仆会"（Servantes des pauvres）的创始人。

† 伯努瓦·拉布尔（Benoît Labre，1748—1783），法国朝圣者，曾游历欧洲，被誉为"上帝的流浪者"（Vagabond de Dieu）。

至12%。自1516年与教宗签订《博洛尼亚协定》以来，法国国王一直拥有任命主教和教会内主要职位的有效权力，国王（或者说国王的股肱之臣，如弗勒里）也长期将职位授予权作为让王国内最重要的家族共享教会财富的形式。从17世纪中叶到1789年大革命，大约有30个贵族精英家族占据了法国大部分最负盛名和最富有的职位，其中最著名的当数罗昂家族（他们在斯特拉斯堡主教职位上占据了一个世纪之久）、诺瓦尔家族（这是毫无疑问的）、吕恩家族、舒瓦瑟尔家族、拉罗什富科家族和菲茨-雅姆家族。虽然有才华的外省人有时会闯入这个小圈子；但在凡尔赛宫，出身、财富和人际关系才是最重要的：在大革命前夕，超过四分之三的主教的祖先，都可以追溯到16世纪以前甚至更早。这些人就是教会的王子，他们很容易过上王子般的生活，尽管南方的小教区几乎没有任何收入，但康布雷、巴黎和纳尔博纳等大教区却创造了惊人的财富。在斯特拉斯堡的高级法庭，罗昂家族数代人的故事充满了传奇色彩。巴洛克式的虔诚似乎很容易与巴洛克式的放纵结合在一起，即使是那些以宣扬节俭而闻名的高级教士也是如此。詹森派的殉道者、塞内兹主教让·索阿宁\*过着略显奢侈的生活，他拥有镶嵌着大量宝石的主教饰物。蒙彼利埃的另一位名叫科尔贝尔的詹森派主教，每晚都睡在装饰着带有金边的深红色锦缎的房间里，他用昂贵的银器吃饭，并且永远都在追求价格不菲的艺术品。在法国最富有的康布雷教区，费奈隆虽然是一位以朴素和节俭作为美德的教士，但他的餐桌上摆满了过量的肉类和葡萄酒。主教们的饮食过于丰富和隆重，毫不起眼的蔬菜则不被人看重——洛代沃主教甚至患上了坏血病！

　　这个高级的，甚至奉行无政府主义的男性群体，在其教区内拥有无上权力。他们通过对教士会议的操控，在国家层面也具有集体影

---

　　\* 让·索阿宁（Jean Soanen，1647—1740），法国詹森派教士，坚定反对《乌尼詹尼图斯通谕》。

响力。教士会议每五年召开一次（国家需要时也可以临时召开），除了国王法庭外，这是唯一一个真正具有全国规模的团体。教士会议在审议管理、财政和教义等问题上达成共识。它直接与王室就"自愿捐献"事宜进行谈判，教会用这种方式来替代正常的王室税收，因为后者平均只占教会总收入的1%至3%。教士会议将这笔钱分配给各个教区，然后由主教通过组织教区内的会议，再将之继续向下分配。尽管教士会议在通常情况下与王室友好共处，但它有时也会使出浑身解数，还取得了成效。例如在1725年，教士会议将波旁公爵的计划扼杀在摇篮中，这一计划旨在将作为新直接税的"十五分之一税"扩大到教士和贵族。教士会议通过援引教宗的权威，捍卫了教会的豁免权。1726年，弗勒里被任命为波旁公爵的继任者，他的首个行动就是撤销直接税，并对教士的税收豁免权予以有力支持。就像他管理其他国家机构一样，这位枢机主教也知道如何管理教会。

尽管存在很多个人的局限性，在推动特伦托宗教会议的基督教化事业上，主教们仍然发挥了重要作用。从16世纪晚期到18世纪早期，所有可以衡量宗教实践的指标，都获得了提升；包括复活节的规定、教会关于受洗的教义和临终圣事的仪式，也都得到了遵循。还有很多证据表明，这些变化标志了态度和行为的真正转折。非婚生子和婚前怀孕的比例极低，而且在基督降临节和大斋节这几个月的禁欲期内，受孕率也出现滑坡，这反映出人们几乎普遍接受了教会关于婚姻圣礼的教导，这是一个崭新的现象。毫无疑问，这些改变得益于热心、忠于职守、经过神学院培训的教区教士对私人生活的道德监督。然而，与之对应的是，信徒们对教士的行为也施加了更大的压力——避免饮酒，特别是减少性行为——信徒们对教士的期望值也在提升。

英国人经常嘲笑特伦托宗教会议后法国天主教徒的这种巴洛克式的虔诚，但精于行政事务的法国主教们却对此大力提倡。英国人认为这不过是教宗的谎言，反映的是无知和迷信，而非精神意识。许多天主教教士对他们所指控的人的虔诚程度也同样进行了谴责。例如，在1675年至1710年间，克里斯托夫·索瓦贡*担任奥尔良塞讷利教区神父，他痛心疾首地表示：当地的教区居民是"受洗礼的偶像崇拜者"，他们"迷信多于虔诚"。尽管他们"对宗教的外在非常狂热"，但他们将真正的信仰与大量的迷信和异教思想混杂在一起，比如他们会相信女巫和神灵。甚至表面的基督教实践也难逃世俗化的结局——"宗教兄弟会"变成了可笑的"饮酒者协会"，对圣徒的奉献沦为对健康和财富进行讨价还价的粗暴手段，忏悔也被视为收买愤怒的上帝和圣人的行为。[17]

索瓦贡对其教区居民的批判——以及其他类似的攻击——都可以被解读为法国大部分农村地区都不存在基督教信仰。直到19世纪，关于农民迷信和缺乏宗教常识的故事依旧层出不穷。然而，尽管人们很容易认为这只是天主教徒与宗教无知者之间的冲突，但像索瓦贡这样带有偏见的教士的证词，更反映出了他们本人具有极高的标准，而不是他们的教区居民尚未达到这些标准。索瓦贡愤怒的主要对象之一——农民宗教信仰的外在性——实际上反映了特伦托宗教会议后巴洛克式的虔诚的流行。索瓦贡提醒教会，巴洛克式的虔诚需要被看作是内部接受基督教信息的一种手段，而不是它的替代品。这并不是唯一的声音。在17世纪末至18世纪初，巴洛克式的虔诚达到全盛时期，它的突出特点在于，通过学校教育、教义、宗教出版物等方式，为澄清和解释基督教教义做出了空前的努力。正如我们即将看到的那样，18世纪见证了基督徒与非信徒之间许多的著名冲突——然而教会也会被分歧和辩论所困扰。许多对"外在虔诚"的尖锐批评，实际上来自教会内部。耶稣会莫利纳主义的道德和精神松懈，引发了詹森派的批评意见，这反映了一种更加普遍的关注对象，即教会应该赢得人心、

---

\* 克里斯托夫·索瓦贡（Christophe Sauvageon，1646—1710），法国天主教教士，著有《塞讷利教区神父的手稿》。

改变传统。18世纪中叶,詹森派也经历了从少数精英的倾向发展到大众信仰体系的转变。

## ……与詹森派的转变

正如我们所提到的那样,詹森主义的根源在于特伦托宗教会议后天主教遇到的神学困境,以及与耶稣会有关的教义的焦虑。这些教义指出,只要真正遵守仪式和惯例,就可以获得上帝的恩典。与清教徒一样,詹森派强调奥古斯丁式的清规戒律的重要性,这使它与罗马教廷产生了冲突,并将其随意攻击为"新巴比伦"。詹森派呼吁教会事务应由教会总理事会管理。教会会议至上主义者的反教宗思想与教会内部对更民主权力结构的呼唤结合在一起。许多詹森派成员都遵循17世纪神学家埃德蒙·里歇尔[*]做出的规定,即将每位教士(而不仅是主教)都视作最初传道者的正式后裔。这种观点偶尔会延伸到对进行"准长老会式"的管理和用方言解读《圣经》,这让人不免想起加尔文主义。

作为一名亲耶稣会的教宗绝对权力主义者,弗勒里享有此名的原因,很大程度上归功于他在1713年对《乌尼詹尼图斯通谕》的公开支持——诺瓦耶尖锐地将其称为"一个24克拉的莫利纳主义者"。[18]然而事实上,枢机主教支持《乌尼詹尼图斯通谕》的原因,不是对教宗绝对权力的支持,而是作为一名杰出的反宗教改革的高级教士,他认为反对《乌尼詹尼图斯通谕》将对教会和国家权威的原则构成威胁。他厌恶詹森主义不尊重世俗和精神权威的内在倾向。但与路易十四不同,枢机主教没有把詹森派视作共和主义者。不过,他坚决反对詹森派的违法行为。特别是,他认为巴黎高等法院自1715年以后,就把

---

[*] 埃德蒙·里歇尔(Edmond Richer,1560—1631),1590年获索邦大学博士学位,1608年成为巴黎神学院理事,高卢主义的坚定支持者。

自己的政治主张隐藏在詹森主义的迷雾之后。此外，他对1720年以来詹森派运动中强调预言和奇迹的倾向表示极大怀疑，詹森派以此作为上帝站在他们一边的证据。尽管詹森主义种种伪装背后是其顽固拒绝脱离天主教会的事实，但弗勒里通过法国新教的棱镜来透视这场运动。在弗勒里出生地附近的某个前新教据点发生了一个所谓的"詹森主义奇迹"之后，他对洛代沃主教说："在这方面，詹森派与新教徒之间存在太多联系，我们必须避免任何可能使他们进一步统一的事情。"他回顾了1702年至1704年的卡米撒派战争，表示"詹森主义的奇迹"

教宗克莱芒十一世，他于1713年颁布《乌尼詹尼图斯通谕》，抵制詹森主义

来自"塞文山区的狂热分子",构成了"一种极具传染性的狂热主义"。[19]他担心詹森主义也会发展成为一场分裂运动,并在詹森派与新教徒结盟后,挑起新一轮的宗教战争。

出于把新教徒和詹森派推向联合的担忧,弗勒里拒绝对任何一方进行暴力斗争。他倾向于采用一种更巧妙、更隐晦的方法(反正他的性格也适合这种方式)。他对"新皈依者"的态度相对轻松。虽然在1727年有13名新教徒被送进监狱,但在1727年至1744年间,只有30人被送入监狱(而在路易十四时代,每年的此类囚犯人数都常常超过上百名)。至于詹森派,弗勒里对道德委员会和随后的"圣职分配所"的控制,使他可以利用教会支持公开反对詹森派成员。此外,对于那些坚定反对詹森主义但又不敢接近耶稣会的被任命者,弗勒里也表现出了兴趣。他还向主教施加压力,坚持要求所有申请这一职位的人,都必须签署1722年公布的关于拒绝詹森主义思想的规定。[20]为了"摧毁所有传授错误信息的学校"[21],弗勒里将詹森派成员赶出了大学、神学院和教堂理事会。由于他本人在1729年被任命为索邦大学教务长,这项措施就变得更容易执行。在坚决而谨慎地关闭詹森主义"闸门"的同时,弗勒里还采取了一些强硬措施,特别是严格的新闻审查制度,并在巴黎治安总监埃罗的帮助下,采取了铲除顽抗者的行动。作为詹森派口中的"法兰西总检察长"[22],1726年至1731年间,埃罗仅在巴黎就监禁了近百名激进分子。

弗勒里本能地将他对詹森主义的攻击集中在运动的顶端和底部。因此,为了确保枢机主教诺瓦耶对《乌尼詹尼图斯通谕》的支持,弗勒里投入了大量的时间和个人精力。作为巴黎总教区总主教,对于法国各个城市受詹森主义奴役最彻底的教士们来说,诺瓦耶无疑是他们的精神支柱。1728年10月,诺瓦耶在弗勒里的压力下,签署了一份"单纯而简单地"接受《乌尼詹尼图斯通谕》的文件,第一次同意在1729年以后,允许耶稣会士在其教区传教。1729年诺瓦耶去世后,弗勒里任命加斯帕尔-查尔斯·德·文蒂米尔·德·吕克[*]接替他的职位，这位职业主教曾在艾克斯任职20年之久。除了是弗勒里的老乡外，他还兼具弗勒里式的亲近、谨慎和坚定特质。新任巴黎总教区总主教继续执行弗勒里的策略，将教会的职位授予权交给反詹森主义者和中立者，关闭詹森派的教学机构，并与埃罗合作采取有选择的镇压措施。

弗勒里对塞内兹主教索阿宁采取了另一种策略——惩戒性惩罚。1727年初，索阿宁以牧函的形式发表了第二封申诉书，大力抨击《乌尼詹尼图斯通谕》的支持者，这是他在1717年与詹森派同道撰写申诉书的继续。1725年，教士会议敦促大主教主持省教士会议；1727年，在弗勒里的支持下，昂布兰总教区总主教唐森[†]召开了这样的会议，并要求索阿宁对此负责。在被詹森派称作"昂布兰抢劫"的事件中，一位《乌尼詹尼图斯通谕》的支持者取代了索阿宁的职位，后者被终身流放到遥远的奥韦尼亚要塞拉谢斯迪约。

弗勒里的主教管理策略在诺瓦耶、文蒂米尔和索阿宁的事例中得以充分展现，也确实削弱了詹森派教士的士气，他们的人数明显减少：在索阿宁、科尔贝尔及其同僚于1717年至1718年间发起的申诉书上，共有30位主教和7 000名教士签字，占法国全体主教人数约25%和所有教士约5%。相较而言，1727年的第二封申诉书是失败的：只有约15%的主教和约3%的教士签署了这份材料。然而，表象是具有欺骗性的——弗勒里确实上当了，他认为詹森派运动正处于致命的衰退之中。1730年3月24日，他判断发起最后一击的时机已经成熟，于是公布了一份王室声明，指出《乌尼詹尼图斯通谕》现在是一份国家法律；所有教会人士都应该"纯粹而简单地"接受它，否则就会

---

[*] 加斯帕尔-查尔斯·德·文蒂米尔·德·吕克（Gaspard-Charles de Vintimille du Luc，1655—1746），1692年至1708年间担任马赛主教，1708年至1729年间担任艾克斯总教区总主教，1729年至1746年间担任巴黎总教区总主教。

[†] 皮埃尔·介朗·德·唐森（Pierre Guérin de Tencin，1680—1758），1724年至1740年间担任昂布兰总教区总主教，1740年至1758年间担任里昂总教区总主教。

被剥夺他们的神职。1730年4月3日，针对御临高等法院会议颁布的"三月宣言"，高等法院的法官们口口声声地表示，《乌尼詹尼图斯通谕》使法国国王屈服于教宗的想法，不过是一时的心血来潮。但是，高等法院似乎只是一只纸老虎：它对1725年由"十五分之一税"引发的政治危机和1727年由"昂布兰抢劫"引发的骚乱保持了沉默。现在，由于高等法院认为"三月宣言"隐含了对其司法地位的侵害，高等法院又将再一次陷入困境。接下来的两年，在弗勒里漫长执政生涯里最严重的政治危机中，高等法院还将竭尽全力地捍卫自己的司法地位。

为了理解1730年至1732年间政治斗争的激烈程度，我们需要了解詹森主义在18世纪初的几十年中是如何被重新表述和重新定义的。这在很大程度上要归功于巴黎圣马格卢瓦尔奥拉托利会会友神学院的一个小团体。18世纪的前十年里，雅克-约瑟夫·迪盖[*]在此开设了关于《旧约》的课程，形成了大约由60位活动家组成的团体，其中包括维维安·德·拉·博尔德[†]和德塔马尔神父[‡]，他们与迪盖一同发展出《圣经》的"索隐派"解释，旨在为詹森派的斗争提供意义和目的。正如我们所看到的[23]，大约在这一时期，路易十四绝对主义的批评者在中世纪历史中寻找灵感，但正是在《圣经》的历史中，索隐派找到了解开当下秘密的关键钥匙。他们把《圣经》中的"过去"看作是对现在和未来的预言，所以当代的事件就是神圣历史插曲的"缩影"。例如，他们尤其看重路易十四在1709年对罗亚尔港修道院的破坏，他们声称这是对《圣经》中动荡时期的揭示和重复。因此，詹森派与耶稣会的斗争只是教会内部长期斗争的最新反映，这种斗争将神圣真理的坚持者与反对者对立起来。这种解释模式也使这一团体更坚定地相

---

[*] 雅克-约瑟夫·迪盖（Jacques-Joseph Duguet，1649—1733），法国杰出的道德主义神学家，1682年曾因詹森主义观点而被流放斯特拉斯堡。

[†] 维维安·德·拉·博尔德（Vivien de La Borde，1680—1748），法国天主教神学家。

[‡] 德塔马尔神父（abbé d'Etamare，1682—1770），法国詹森派教士。

信，自己承担了教会真正信仰捍卫者继承人的使命。他们坚信，自己构成了"真理的神圣宝库"，是饱受攻击的早期教会的继承者。与此同时，根据"缩影"的循环属性，"索隐派"承认教会其他成员注定要成为他们的反对者和迫害者。由此也就不难理解他们心中不可妥协的信念，即《乌尼詹尼图斯通谕》是一个错误的化身了。

为了宣传他们独特的抵抗神学并为其辩护，"索隐派"越来越重视对民众的呼吁。在私生子亲王们寻求公共合法性的同时，"索隐派"开始发行小册子，号召公众作为他们观点是否有效的仲裁者。1717年的申诉书是"索隐派"秘密组织的，他们竭尽全力为四位主教"作者"争取公众支持。[24] 1727年的申诉书没能在教会内部吸引到足够多的支持。但是，这次失败成为一项新举措的灵感来源，即创办一份成本低廉的《教会新报》\*。这份报纸把"公众"称作"无法被耶稣会士和《乌尼詹尼图斯通谕》支持者腐蚀的法官"。[25]《教会新报》包括了社论、新闻、书评和雄辩的詹森派成员讣告，它混合了民粹主义思想，以一种与巴黎潜在的反詹森主义情绪产生积极共鸣的方式诋毁耶稣会，并且注定会成为整个詹森派运动期间鼓舞人心的宣传工具。直到1803年，《教会新报》都不间断地坚持每周出版，印刷量可以达到5 000份以上（读者群也更加广泛），它通过巧妙地秘密印刷和发行体系躲开了警方审查，并很快拓展至各省——巴黎盆地、特鲁瓦和法国东部，甚至最顽固的主教们所在的教区首府（如蒙彼利埃和塞内兹），也能很容易找到这份刊物。1727年，詹森派首次成功地吸收了更多的世俗因素，当时对塞内兹主教索阿宁的严厉处罚引发了巴黎律师协会的不满。1727年10月，隶属于巴黎高等法院的约50名律师发布了一份小册子，谴责昂布兰大主教对索阿宁的处罚是非法行为。这份小册子在各省市镇广泛散发，迅速为詹森派不同层级的教士们广泛复制，

---

\*《教会新报》（*Nouvelles ecclésiastiques*），1728年至1803年间发行的詹森派刊物。

《教会新报》

为詹森派运动注入了更有力的法律基础和世俗因素。

  民众对詹森派的支持以一种完全不同的方式得以强化。此外，在最近去世的年轻修士弗朗索瓦·德·帕里斯[*]的墓地周围，也出现了一种新的大众崇拜。帕里斯出身于一个富足的高等法院法官世家，他放弃了家族财富，自愿选择在圣马索郊区过着贫困、体力劳动和詹森主义式的谦逊生活。1727年，他因贫穷而死，在当地享有圣徒的美誉。不久之后就有报道表示，在圣梅达尔教堂墓地的帕里斯墓前，在此祈祷的病人都奇迹般地痊愈了。他的墓地很快成为病人的朝圣处。那些医学奇迹的见证者传播了这个消息，帕里斯的事迹随着他的遗物散布

---

[*] 弗朗索瓦·德·帕里斯（François de Pâris，1690—1727），法国天主教修士，詹森派成员。

三、弗勒里治下的法兰西（1726—1743） 153

开来。正如弗勒里指出的，这就像一种"传染病"，迅速传遍了全国各地的詹森派群体。詹森派声称，文蒂米尔阻止了对此事神奇性质的调查，这是由已经悔过的诺瓦耶煽动的，且只会在他们的自我描述中证实，他们是神圣真理的受迫害者。

因此，弗勒里选择了最不合适的时机，试图使《乌尼詹尼图斯通谕》成为国家法律。他一如既往地关注高级教士，成功铲除了其中的詹森派成员，但他忽视了民众对詹森主义与日俱增的支持，以及作为詹森主义捍卫者的巴黎高等法院势力的复兴。1730年3月24日的宣言注定成为对奄奄一息的詹森派运动的"致命一击"，它就像一场政变，鞭策着詹森派运动的新元素走向更疯狂的行动。

高等法院争论的核心观点，在于被称作"滥用上诉"的合法性工具。这种上诉程序允许宗教权威做出的判决交由高等法院裁决（例如对詹森派教士的惩罚就包括在内）。高等法院的法官们认为，"滥用上诉"在王国范围内是对其最终法律地位的基本保证。然而，对一个教士被赋予广泛惩戒权的主教制度来说，特别是在1695年以后[26]，"滥用上诉"构成了对教会内部生活的无端世俗性干涉，也是对教会自身地位和特权的侮辱。

1730年10月，在涉及奥尔良若干教区的一宗"滥用上诉"的辩护案中，40名巴黎大律师以"司法备忘录"的形式，发布了一本带有煽动性的小册子。作者们指出：

> 根据王国宪法，高等法院是国民的元老院，（并且）以国民领袖的国王之名义，代表上帝对其臣民伸张正义。高等法院……是公共权力的保存者……法律是治理者与被治理者之间所达成的真正公约。[27]

这一言论很有战斗性。它复兴路易十四绝对主义曾试图摧毁的契约主义语言，声称要让高等法院成为公众的保障，而不是作为王权的表达。这段话还反映了从"索隐派"的争论向政治话语的转变：正如詹森派成员表示自己是"（神圣）真理的神圣受托者"一样，大律师们也将高等法院视为"公共法律的神圣受托者"。事实证明，这种措辞上的疏漏具有长远意义。此外，案件引发的公众关注也表明，詹森派的问题已经远远超出了教会与法律界的范畴。作为法律独立性的衡量标准，"司法备忘录"是唯一不受政府例行审查的印刷品，这使它们有可能将政治议题扩大到阅读群体的范围，动员他们参与到支持詹森派运动的事业之中。

　　詹森派的事业与高等法院的合法性、合宪性立场的融合，得益于高等法院内部存在的一个规模不大，却又非常热情的宗教团体的推动，这个团体与巴黎的"索隐派"也存在联系。该团体中约有数十名大律师，其中最著名的是夏尔-雅克·奥布里和夏尔-约瑟夫·普雷沃斯特，以及十几名高等法院法官，他们都是坚定的詹森主义者。事实上，很多人可能是潜在的神学家，他们进入法律部门的原因是由于他们的信仰阻碍了他们的宗教生涯。从数量上看，詹森派的势力很弱，他们只占每个机构有效成员的十分之一左右，甚至在高等法院内部的等级体系中也没有获得很好的位置：他们大多数人的工作地点都在初级的"调查庭"，而不是更高级的"大法庭"（这是处理重要事务的场所）。*这在很大程度上说明了这些人的能力和奉献精神，他们选择"滥用上诉"作为表达反对意见的明智方式，由此产生了巨大影响。为了影响整个高等法院和更广泛的公众，他们撰写了法律摘要和小册子，为高等法院的干预措施还撰写了演讲稿，并为《教会新报》的编辑们撰写稿件。此外，他们的影响力与日俱增，"索隐派"的"真理

--------

\* 巴黎高等法院的主要结构包括：一个大法庭（Grande Chambre）、五个调查庭（Chambres des Enquêtes）、两个诉状审理庭（Chambres des Requêtes）以及一个刑事庭（Chambre de la Tournelle）。转引自庞冠群：《司法与王权：法国绝对君主制下的高等法院》，第44页。

受托者"修辞越发影响到高等法院的法官，他们认为自己是宪法正确性的捍卫者，其中也有人曾经使用过"国家基本法的主权受托者"的表述。[28] 从这一时期开始，"受托者"一词被更多地系统运用到高等法院的谏诤书之中，这意味着高等法院对全体国民所具有的代表性作用，这一含义也更容易被高等法院法官所接受。

1731年3月，弗勒里试图在推行"沉默法"的问题上息事宁人，当争议出现时，他通过使用"提审"程序，将卷入"滥用上诉"的詹森派案件，从高等法院移交到御前会议。按照弗勒里的风格，这些案件通常都在御前会议上进行审理。高等法院法官的权力无休止地被回避，他们的意见也无人听从，对此，他们的不满情绪日益严重。高等法院大律师因"司法备忘录"的遭遇进行了法庭罢工，法官们从这种成功经验中收获了信心。1731年9月7日，高等法院颁布法令，重申了1682年关于政教关系的《高卢四款》，而且还附加了新条款，其中一条规定：教会权力在本质上低于高等法院的权力。混乱接踵而至。国王正式要求将这一法令从最高法院的登记册中删除，并巧妙地避开了最高法院向他表示不满的操作。1732年1月，通过弗勒里，路易十五召集一个高等法院的代表团来到凡尔赛宫，并让司法大臣向他们宣读了"骚乱法案"：就好像自1730年3月24日以来他们什么事情都没做过一样，这道圣旨将被立刻执行。"这是我的意愿，"刚度过20岁生日的国王用尽可能接近路易十四的轻蔑口吻告诉他们，"不要强迫我，要让你们意识到，我就是你们的主人。"[29]

然而，高等法院在1732年1月的耻辱并不足以结束危机，从圣梅达尔公墓帕里斯之墓四周发展起来的詹森派狂热，反而出人意料地使危机再次复活。自1731年1月以来，墓园里的事件发生了歇斯底里的转折：在帕里斯之墓附近寻求奇迹的人开始出现身体抽搐的情况。痉挛和扭曲伴随着疯狂的预言和呼救声。周围的旁观者介入其间，通过拉扯甚至殴打的方式来解开扭曲的身体。一套完整的演出得到不断演化,抽搐的表现方式很大程度取材于"索隐派"对《圣经》的注释、受难事件、《圣经》的历史或者詹森派运动等事件。因此,抽搐成为对真正的信徒进行迫害的具体表现——而呼救更以戏剧化的形式呈现,用物体击打、用剑刺等方式也象征着迫害信徒的"折磨"。暴力色彩越浓厚,神的恩赐就越庞大,个人也就能获得更多的精神解脱。这些戏剧化事件呈现出更加戏剧化的形式,抽搐者模仿了基督的生活和苦难、罪犯的酗酒和通奸以及犹太人皈依等场景。其中一次还有人表演了吃《圣经》的行为。随着表演变得越来越丰富多彩,观众的规模和热情也越来越大,而关于这些事件的耸人听闻的描述,很快就以小册子的形式广泛流传。仅在1731年下半年,就有约30名出售帕里斯标志性画像的小贩被逮捕。究其缘由,既涉及公共礼仪与公共秩序的问题(警方报告指出,妇女们袒胸露乳、撩起裙子在地上打滚),政府也担心运动会得到中上层社会的支持。在反对抽搐的宣传中,他们将整个事件都归咎于歇斯底里的平民妇女主导的结果(当然在奇迹般获得治愈的人中,妇女也占据大多数)。但事实上,为抽搐者提供帮助的人,有近一半来自有文化的富裕家庭,而且大多数是男性。

  弗勒里强化了镇压的力度,他动员医学专业者"论证"詹森主义的疗法不是奇迹,以此对抗那些发誓强调疗效真实性的教会医生。然而,圣梅达尔教区正在变得难以管理。1730年,詹森派神父的继任者被文蒂米尔赶下台,但无力阻止公墓沦为一个游乐场般的圣地。在通往公墓的默费塔尔街上,挤满了朝圣者和观众的马车。教区管理变成了一场闹剧:即使源源不断的政府信函也未能消除詹森派的影响。最后,弗勒里果断采取措施,于1732年1月27日下令关闭圣梅达尔公墓。两天后,士兵开始行动,他们用砖头封住了所有通道,这里直到拿破仑时代才重新开放。与此相伴,警方针对臭名昭著的激进派同情者进行了逮捕和骚扰。

被关押在巴士底狱中的詹森派信徒

　　然而，巴黎高等法院并没有因此打算关闭。事实上，对弗勒里阻止他们试图通过法庭解决詹森派问题的一贯态度，法官和大律师们深感不满。他们对弗勒里利用警方权力、绕过法官维护公共秩序的行为提出批评。在一次事件中，巴黎的21位教士拒绝在教堂中执行禁止阅读《教会新报》的命令，巴黎总教区总主教文蒂米尔对他们采取了行动。吸取大律师教训的最高法院法官，决定从1732年5月开始发动罢工。在政府的压力下，高等法院被迫重新开始工作，但其中的詹森派成员不断被人用"密札"带走，最终在1732年6月20日，高等法院采取了集体辞职的非常规手段——此举获得了巴黎民众的称赞，被誉为符合"真正罗马人"精神的行为。[30]

通过停止司法和法律登记的方式,高等法院法官集体辞职的目的,似乎是为了引发一场危机,进而导致了枢机主教弗勒里的解职。在高等法院和詹森派看来,弗勒里是他们的绊脚石。在接下来的六个月里,弗勒里与高等法院之间发生了一场政治角逐。1732年7月,高等法院法官重新开始工作。但在1732年8月18日,弗勒里采取了相当过火的行为,他试图将微妙的政治和宗教事务留给"大法庭"处置,并限制了高等法院所坚持的对王室法令提出申诉的权力。此举引发了进一步的罢工行动,并得到了高等法院大律师和检察官的有力支持。弗勒里试图推翻这次罢工,一百余名倔强的法官遭到流放,但事件仍然未能结束。最终在1732年12月3日至4日,双方通过谈判达成了彼此都可以接受的妥协——弗勒里在8月18日的声明被撤销,受到惩罚的法官们重新回到工作岗位上。

有些高等法院法官认为,事件的最终结果显然符合高等法院的利益。然而,尽管弗勒里政府已经放弃了极端立场,但政府在1732年夏天才算经受住了真正的考验,它使高等法院重回正轨,并让政局恢复平静。这位枢机主教意识到,欧洲战争的爆发已近在眼前,他在政治管理方面的眼光更加敏锐——这也是弗勒里一直以来的强项。从1733年春天开始,波兰王位继承问题,以及从10月开始的全面战争,使高等法院具有了一种更加服从的爱国主义思想。对于征收什一税资助战争的政策,法官们只是温和地提出反对意见。

1733年以后,詹森派运动的内部分歧日益扩大,这也推动了高等法院的机构现代化进程。1735年,高等法院和大律师在地位高低问题上的冲突,使詹森派的力量进一步被瓦解和削弱;因为对待圣梅达尔"神迹"的不同态度,他们也处于长期分裂状态。1733年2月,弗勒里颁布法令,禁止在公共或私人场合进行抽搐者的集会——高等法院虽然支持这项决定,但未能阻止5月公布的另一项法令,后者夺走了高等法院手中处理詹森派案件的管辖权。高等法院法官们心满意足地把抽搐者交由巴黎警方，但警方的处置毫不留情，没有丝毫怜悯——巴士底狱的牢房中很快就塞满了詹森派的极端分子。1735年1月，30名巴黎医生（他们都是著名的詹森派成员）正式抨击抽搐疗法不过是骗人之举。抽搐活动中巴洛克式的铺张浪费，也让一众詹森派教徒愈发反感——他们追求表达虔诚的形式是简朴的，而非华丽、浮夸的。路易·卡雷·德·蒙日龙*是唯一一位试图与抽搐者保持联络的高等法院法官，他在自己家中举行抽搐者集会。他选择了一份所谓神奇疗法的小册子，其中还有迷人的插图，并在1737年7月将之带到凡尔赛宫交给国王。可以想见，后果是严重的：卡雷·德·蒙日龙最终被关入巴士底狱，这本书被禁，对抽搐者的追捕范围进一步扩大，高等法院重申了它对政府的忠诚。抽搐者团体本身也开始分裂：大多数人选择了谨慎而非挑衅的态度，他们在日益分裂的秘密集会中活动，因此也失去了表演的模仿效果（或者说是"传染"效果），而这恰恰是他们在圣梅达尔岁月中的优势所在。抽搐者最终声名狼藉。1742年以后，《教会新报》明确对其表示反对。

因此，詹森派运动内部的分裂使高等法院失去了它最喜欢的攻击弗勒里政府的武器。尽管在1735年底波兰王位继承战争结束后，高等法院法官拥有了更多的行动自由权，但在18世纪30年代末，他们与政府之间只有小规模的冲突——而且弗勒里尤其善于处理此类冲突。国王不断向御前会议提出潜在的"滥用上诉"（特别是如果詹森派教徒没有在临终前宣布放弃他们的信仰，教会就有权拒绝为其举行最后的仪式），并无情地审查詹森派教徒和极端詹森主义的著作。此外，通过采取取消推举的政策，巧妙地暗中削弱了詹森派在教会中的地位，改变了教会的权力平衡。现在公开信奉詹森主义的主教只剩少

---

\* 路易·卡雷·德·蒙日龙（Louis Carré de Montgeron，1686—1754），巴黎高等法院法官，詹森主义和抽搐运动的捍卫者。

数年长者的个例——蒙彼利埃主教科尔贝尔在1738年逝世，甚至在自己的教区中，他也被人孤立；索阿宁则在1740年逝世。然而，弗勒里的后继者们意识到，詹森主义的问题并没有消失，对高等法院的管理和在教会内部推行主教制度的策略，也不足以将詹森派作为政治和宗教的反对力量扼杀殆尽。但至少在这段时间里——从18世纪30年代中期开始，詹森派阵营似乎平静下来。

## 国王的信息来源：新闻、观点、秘密、谎言

> 你知道你的国家有多少人口吗？其中有多少男人，多少女人，多少农民，多少工匠，多少律师，多少商人，多少神父与修道士，多少贵族与士兵？如果一个牧羊人不知道自己的羊群大小，你会怎么说？……如果一位国王不知道上述所有事情，只能算是半个国王。[31]

《特勒马科斯纪》的作者费奈隆是开明君主制的颂扬者，他在1702年写作这篇文章时，心中想到的是命运多舛的勃艮第公爵，他的观点毋庸置疑：一位君主要做到贤明，就必须拥有充足的信息。费奈隆探讨了像路易十四这样的绝对主义君主在为国家利益和民众福祉做决定时掌握的信息水平，其中隐含的批评是非常恰当的。法国历代国王甚至对领土大小和臣民数量这些基本事实都缺乏了解。路易十四本人曾开玩笑说，地图绘制者已经让他失去了一半的国土，因为他们发现马赛与巴黎的距离比人们想象的要近15里格，布雷斯特与巴黎之间的距离比人们想象的要近30里格，而且很多关于地形不确定性的问题，直到18世纪才真正解决。同样，人们普遍认为，法国人口数量低于古典时代：孟德斯鸠在18世纪20年代写道，当时法国拥有1 400万人口，这与罗马时代的2 000万人口形成了鲜明对比；18世纪末，根

据重农学派代表人物魁奈*的预估,法国在1650年前后的人口规模为2 400万,1715年为1 550万,1755年为1 600万。就我们现在的判断,后一个数字被低估了约800万至900万！[32]

在政治体系中,可靠和公正的信息具有相当珍贵的价值。代表制的会议和议会倾向于维护地方利益,而其他行政人员的能力则受到限制,因为在捐官制度下,他们将自己的职位看作有公共职能的私人财产。王室将其部分职能让与私人机构的倾向（例如让包税人征收间接税）可能也是一个问题。在法国大革命之前,没有任何君主能够完全确定自己的年度预算。此外,总是存在这样一种危险,即被要求提供信息的官员会向政府提供他们认为政府想听到的信息。在这方面,年轻的勃艮第公爵于1697年发起的对国家状况的调查就很有代表性：很少有人知道当时许多省份正在遭受苦难,而阅读一些督办光鲜亮丽的描述可以发现,他们放弃了精准的统计,而对其管辖范围进行了情绪化的地理分析,这也是一种古老的刻板印象（例如,诺曼底人是"勤劳的",普罗旺斯人是"懒惰的"）。然而,在破坏政府信息方面,比阿谀奉承更常见的是恐惧。1705年,朗格多克的农民拒绝提供有关他们牲畜的信息,因为他们担心这些数据会导致盐税的上涨。同一时期,勒芒教区未能向当地民众提供人口信息,一位教区神父声称,这是因为"人们错误地担忧,这些数据会导致税收增加"。[33]

这种看法并非毫无根据。在近代早期的法国,统计学和制图学的发展历程,与国家形成和增税潜力的发展密切相关。在17世纪60年代、90年代和摄政时期,人口普查计划显然是为了减少逃税现象。获取地理信息的努力同样也产生了片面的效果。制图学是权力的工具和政府的武器。地图绘制者优先考虑军事边界和内乱地区,例如在卡米撒派战争期间,人们绘制了塞文山区的精美地图,其目的纯粹是镇压

---

*  弗朗索瓦·魁奈（François Quesnay,1694—1774）,法国经济学家,重农学派的代表人物。

叛乱。

18世纪，为了提高获得信息的质量和数量，法国做出了更加协调和持续的努力，从而为决策提供依据。这与其说是通过惊人的创新，不如说是通过调整和完善现有的行政机构、提高官员的专业水平，以及扩大官员的职权范围。例如，在各部行政会议制的试验失败后，政府核心部门对源自路易十四的御前会议进行了一定程度的精简。国务委员会仍然是主要的战略机构，负责处理国家的重大事务，国王将其成员资格保留给杰出的国家要员。从弗勒里开始，国务委员会之侧的军需委员会增加了对国内政策的处置权，还出现了更多的职能委员会，如奥里在1730年重新设立的财政委员会和商业委员会。

然而，在各部行政会议制失败后，委员会的形式越来越服从于各部或国务大臣的利益。延续路易十四时代以后的明显趋势，负责财政工作的财政总监，仍然是政府行政活动的关键。自17世纪中叶以后，财政总监就将司法大臣——曾经的政府首脑——排挤出聚光灯的范围

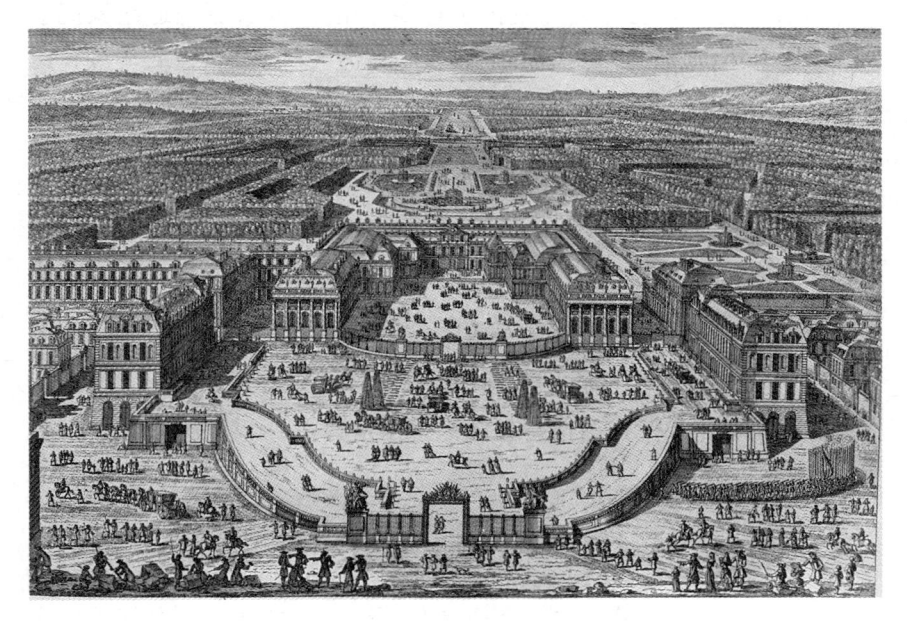

路易十四将政府机构迁至凡尔赛，使这里成为法国政治体系的中枢

之外。到了18世纪，财政总监的权力更远远超过了国务委员会的职权范围。财政总监的办公室还充当了国内信息的集散中心，包括制作统计资料：例如，在短短二十年间，它对工资（1724年）、慈善机构（1724年）、行政官员（1725年）和造纸厂（1728年）进行了全国性调查，以及在1730年和1744年进行了人口普查。档案管理技术的发展，旨在建立一个能够指导决策的文件储存机构。

为各委员会效力的工作人员的地位要低于国家政要和部长，大约88位"行政法院审查官"\*处理政府的其他事务，其中包括越来越多的日常立法，他们组成了一个庞大的委员会，即通常所谓的"私人国务委员会"。富裕的穿袍贵族大抵都有来自巴黎的背景，他们以捐官的方式获得职位，他们的家族之间经常联姻，这些行政法院审查官是以职业为导向的行政官员，他们强大的团队精神被证明是政府内部凝聚力的重要因素。正是从中选出的地方督办，或称为"财政、司法和治安督办"，才为他们赋予了正式的头衔。"治安"一词不仅意味着维护秩序（在一方面，督办当然发挥了重要作用），而且更普遍地象征了一个理性和明智的政府，一个"科学的政府"[34]，正如它的一位支持者在后来所说："治安"一词延伸到了地方生活的各个层面：除了地方监管，还包括集体健康和卫生、遵守宗教信仰、制造业和零售业、城市改造和公共工程。督办工作一部分依靠个人的主动性，另一部分是监督当地的财政和司法工作以及其他地方机构，如等级会议、法院、省长和市政管理机构。约翰·劳曾经惊讶地评论说，"这个法兰西王国是由30名督办统治的"，"各省是否富裕和繁荣，也都取决于他们"。[35]如果说还有什么变化的话，那就是督办权力在18世纪得到了进一步增强。

---

\* 行政法院审查官（maître de requêtes），任职于御前会议的高级法官；通常是由一位总督（督办）持有的官职，尽管在任何特定时刻大多数审查官并非总督（督办）。转引自［英］威廉·多伊尔：《捐官制度：十八世纪法国的卖官鬻爵》，第593页。

在凡尔赛宫墙之外，督办就是最重要的治安机构，尽管还有其他相对有效和无私执行王室意志的代理人：特别是1667年为巴黎设立的"治安总监"一职，以及由此延伸到主要省会城市的治安机构。督办们有上百名副手的协助，他们分布在大多数主要市镇，全国3万余名教区神父也会参与到管理工作之中。特伦托宗教会议后，教区神父做好了为其职责服务和效忠的准备，他们是令人钦佩的地方管理者和信息传递者。例如，在人口统计（教区神父负责出生、婚姻和死亡登记，这使他们相当了解情况）以及贫困救济、公共卫生事务方面，教区神父的意见非常重要。再如，在1720年马赛大瘟疫期间，教区神父是地方政府的重要组成部分。

食品供应是这些治安机构的首要任务之一。他们的预防性行动旨在规避因面包价格上涨而引发的民众骚乱。1725年，巴黎发生了严重的粮食骚乱，这导致治安总监埃罗创造了一种弹性管理方法，使巴黎在困难时期也能保持稳定：财政总监在权威支持下，迫使地方督办优先考虑首都的需求而非满足地方利益，他建立了紧急粮仓保证供应，制定定价安排，组织修建道路，扩大与国际粮食供应商的联系。新制度的关键部分是关于收成状况的情报——这些数据都被汇集到财政总监的办公室。这一制度无疑是有效的：1738年至1741年期间，虽然外省的情况都很糟糕，但极度贫乏的粮食收成却没有在巴黎引发骚乱。治安总监达尔让松侯爵表示，财政总监奥里"宁愿以外省的一百天饥荒作为代价，也不愿让巴黎有一个动荡不安的下午，因为后者可能会使他丢掉职务"。[36]

技术机构按照要求向上提供专家的建议和意见，并创造了一套可供决策者参考的数据系统，由此构成了绝对主义君主制信息链中的又一环节。这方面的一个重要形式是知识分子团体。法兰西学术院对法语纯正性的关注使它被同时代人嘲笑为令人头疼的学究气，但成立于1666年的科学院提供了一个更有活力和实用主义的模式。17世纪90年

法兰西学术院成员觐见路易十四

代，毕农神父重组了科学院，使之不仅成为合法科学知识的监管者，而且是实用性技术的革新者：最典型的是，直到18世纪中期，武器、测量设备和航海仪器都通过王家科学院的推荐获得了国家特权。[37]铭文与美文学院始建于1663年，原是路易十四宣传机构的一个分支，在1716年经过改造，此后一直作为国家历史、考古和档案部门而运作。17世纪的其他学院——如绘画、雕塑和建筑学院——都围绕着制定公众品位的标准展开活动，但实用主义才是18世纪各个学院的标志：包括外科学院（1739年）、海军事务学院（1752年）和农业学院（1761年），以及位于主要城市的省级学院——它们旨在为巴黎的机构提供支持。

在实际中，弗勒里政府还支持土木工程的建设，1716年专门成立了致力于路桥工程的机构，它至今还在为组织不力的桥梁和高速公路建设提供服务。该机构设有一名主任，直接向财政总监办公室报告工作，并由一个监察员辅助，通过获得督办的授权，领导着分散在各个"税区地区"不同等级的工程师们。财政总监奥里牢牢地把握着这项权

---

\* 旧制度的财税史通常把法国分为两类地区：税区地区（pays d'élections）和三级会议地区（pays d'états）。参见黄艳红：《法国旧制度末期的税收、特权和政治》，第45—46页。

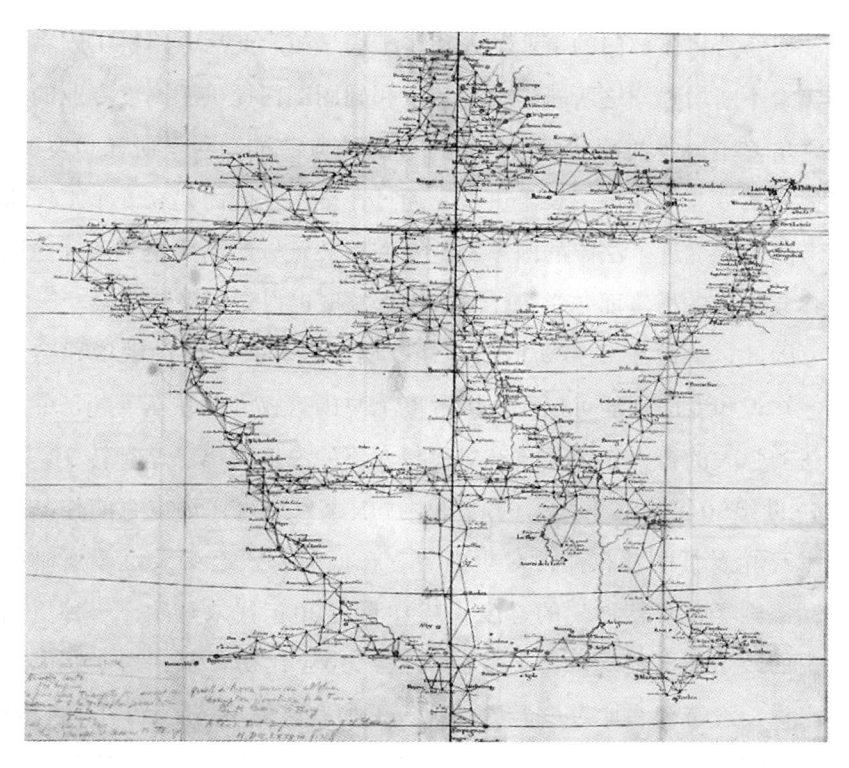

卡西尼地图的第一份草稿

力,他在18世纪20年代担任苏瓦松督办期间,曾有过修路的经验,并将路桥工程的预算在1700年的基础上增加了五倍;1738年,他对所有居民实行劳役,即要求所有人在公路上进行强制性劳动。首当其冲受到劳役影响的农民对此毫不欢迎,但奥里同样无动于衷,他表示,他更愿意"要求他们使用手中的武器,而不是使用他们手中没有的金钱"。[38] 在路桥工程师的指导下,人们根据标准化的技术和道路尺寸,每年进行为期两周的道路施工,建成了欧洲最完善的一套道路体系。1744年,财政总监见证了改善交通的政策,最终完成了法国的卡西尼地图。

1743年,丹尼尔·特吕代纳\*被任命为路桥工程局的董事。1747

---

\* 丹尼尔·特吕代纳(Daniel Trudaine,1703—1769),法国政治家,曾任财政督办、法兰西科学院院长等职。

年，他努力将该部门的事业纳入路桥工程学校。此后，路桥工程系统的实力不断增强。这所新学校为测量和制图部门提供了高度专业的培训，培养了浓厚的团队精神，并以开放的方法推动科学研究和发展。其他技术行业也获得了长足进步。通过在全国范围内建立一个工厂监察员团体，促进了法国的国家制造业在相关领域的高质量生产。通过1748年创办的梅济耶尔学校，军事工程领域也得到了极大提振。

因此，摄政王和弗勒里的时期表明，政界人士已经敏锐地意识到，知识和专门技能可以在很大程度上与国家权力联系在一起，并形成新的强大的合力作用。政府对思想交流的态度突出了这种转变。在从17世纪90年代继承而来的制度中，国家只会给通过审查的作品授予生产和发行的特权，但对于内容存在问题却没有必要过于压制的作品，则予以"默许"的态度。从18世纪20年代末开始，一种更加自由的政策逐渐显现。肖夫兰在18世纪30年代初曾说："对于图书贸易来说，没有什么比过度严厉的政策更加有害的事情了。"在18世纪20至30年代期间，平均每年获得"默许"出版的图书数量增加了一倍——此后的上升速度更快。[39]

然而，这种使交流更加自由便捷的方式，却受到一种固有假设的限制，用今天的话说，即许多形式的知识在本质上都出自"国王密情处"[*]。对保密的偏好反映出如下观点：与国家实力的关键因素（人力、经济资源、科技创新）相关的准确信息，由王室成员合法垄断。例如，1698年由勃艮第公爵的小圈子发起的大型调查，据说只给未来的国王用作参考，博瓦利埃曾对督办们说："恰恰相反，你们交给我的东西不能被公开。"[40]报告的摘要只是在18世纪20年代末由布兰维利耶以节选的形式出版。在路易十四统治的最后几年，沃邦和布瓦吉贝尔关于政治经济学的著作，也被认为超越了国家机密的限度：沃邦在耻

---

[*] "国王密情处"（Secret du Roi），路易十五统治期间建立的外交机构，与官方外交渠道平行，但更注重维护国王的利益，带有间谍性质。

辱中去世，布瓦吉贝尔则在痛苦中被流放。此外，约翰·劳事件以灾难性的方式呈现出公众对政治信息的了解情况，整个国家的财政状况都成为公众监督和猜测的对象：在1731年政府与巴黎高等法院法官对峙期间，司法大臣达盖索反思道："约翰·劳先生让世人认识到金钱的内在价值，他毁掉了一切；其危险性难道不如揭示权力内在价值的奥秘吗？"[41]因此，在自由主义的表象之下，知识仍然是由君主——或以君主名义进行统治的人——来管理和控制的。1624年有4名王室监察员在司法大臣的支持下展开工作；1741年的人数上升至79名（到1789年有近200人），他们对法国的一切出版和发行事宜拥有批准或拒绝的权力。

这种认为国家应该将关键信息置于公众视线之外的观点，并不局限于政府内部。例如，巴黎大律师巴尔比耶在日记中称赞摄政王不与情妇谈论国家大事，欣赏弗勒里政府在波兰王位继承战争期间通过国家公报控制所有的官方信息。弗勒里喜欢保密，不仅是他的个人性格特征——没有人能够完全确定他在想些什么——同时也是一种执政理念。当时没有为私人讨论公共事务留下任何余地。例如，在18世纪20年代末，有人曾努力按照英国政治俱乐部的模式，试图创建一个半公开的论坛，并作为政治辩论和研讨的空间，此即"恩特里索尔俱乐部"[*]。在阿拉里神父[†]和勃艮第圈子中性格古怪的"老将"圣皮埃尔神父的双重激励下，该俱乐部将来自穿袍贵族和佩剑贵族、财政家和督办、学院成员和包括霍勒斯·沃波尔[‡]在内的国际名流汇聚一堂，每周开会讨论国内外要闻，听取关于当前政治外交问题的解读文章。他们想像科学院一样，成为一个由国家资助的"学院"，但达成这个野

---

[*] "恩特里索尔俱乐部"（Club de l'Entresol），又称"夹层俱乐部"，1723年至1731年间活跃在巴黎的"智囊团"。

[†] 皮埃尔-约瑟夫·阿拉里（Pierre-Joseph Alary，1689—1770），法国教士，1723年入选法兰西学术院。

[‡] 霍勒斯·沃波尔（Horace Walpole，1717—1793），英国艺术史学家、文学家，辉格党人。

心的机会相当渺茫。嫉妒的宫廷派认为，俱乐部是一个旨在将其成员推向政府内部的机器，并指责它煽动公众情绪。没过多久，在18世纪30年代初，眉头紧蹙的弗勒里就扼杀了这个团体，尽管还有一些人尝试秘密继续活动，但最终还是湮没无闻了。

不出所料的是，弗勒里对1737年起开始在巴黎出现的另一种隐蔽的政治社交形式也充满敌意，即"自由共济会"（free-masons）——或者是巴尔比耶生动地将其称为"弗里马松"（frimassons）。[42]共济会的仪式似乎是对神明的亵渎，因其秘密性和成员的贵族身份对国家构成威胁，因此它们被宣布为非法组织，活动也被迫转入地下。在詹森派的争论中，弗勒里对国家事务的保密偏好也得到了充分反映。弗勒里所珍视的政治文化以保密为基础，但詹森派愈发公开的煽动色彩却与之背道而驰。枢机主教变得非常激动，甚至不愿意谈论詹森派问题。在争论的关键时刻，他强行保持沉默，此举显示出他对詹森派成员违反国家机密的行为的无奈态度。

然而，尽管弗勒里始终坚持维护国家的神秘色彩，但其政府越来越热衷于参与和试图塑造公众态度的事业。约翰·劳事件凸显了作为国家信贷体系核心的信任问题。信贷是可塑的、难以捉摸的，在政府想要向其征税和借贷的人眼中，仅靠政府法令是不可能维持的。掌玺大臣肖夫兰认为，国家预算应该和国王的私人账目一样都要严加保密："任何太过出名的事物都会被人轻视，甚至不再受到尊重，但这对于争取信任来说是很有必要的。"[43]但是，达尔让松侯爵的观点更加乐观，他曾对弗勒里说，"意见可以支配人"，"人们是通过意见来统治国家的，并或多或少地拥有权力"。[44]因此，意见和信息（如果需要的话）都有必要加以管理——甚至可能会被创造。

政府可以通过宣传来影响国王的臣民，并使之对自己有利，这一想法绝非创见：路易十四就是通过表演治理国家的典范。从17世纪90年代起，君主制开始将自己塑造成一个致力于为臣民谋福利的政体，这种趋势也推动着国家不断解释和证明自己的观点，而且从18世纪20年代起，政府更加努力地朝着操控舆论的方向发展，进而使其更符合自己的利益。弗勒里的政府似乎承认，舆论是要被操控，而非被忽视的。就连喜欢提出新观点的路易十五也参与了操控舆论的"游戏"。例如，据说他在1729年曾专门向著名的江湖术士和牙医"大托马"付钱，让这个常常出现在巴黎新桥上的人高声宣称，自己相信王后即将诞育的孩子是一位男性继承人。果然，"大托马"也得到了应有的回报。[45]类似地，埃罗在1738年曾向一群渔妇付钱，让她们在欧洲和平谈判结束时高喊"国王万岁！我们优秀的枢机主教先生万岁！"等口号。[46]与公共骚乱相关的报道也经过了系统处理：在1720年大瘟疫流行期间，尽管死亡人数多达上万人，但政府还试图保持马赛的一切事宜都得到了有效控制的假象；在1738年至1741年物价上涨和面包短缺期间，尽管路易十五在私下承认可能有六分之一的人口死于饥饿，但政府的表现也非常冷静。政府并不拒绝制造新闻，甚至积极地制造虚假信息。例如，在18世纪40年代早期，巴黎警方资助了由穆希骑士*管理的情报机构，该机构不仅向上汇报巴黎民众的意见，而且通过散布谣言的方式充当政府计划的传声筒。1744年，奥里命令地方督办传播关于增税的谣言，以便他的情报网络可以在他最终决定财政政策前，衡量民间反应的强度。

因此，弗勒里政府的核心实则是一个悖论。弗勒里秉持的传统主义路线认为，政治本质上是属于国王及其枢机主教的事情，政府决策所依据的信息应该保守国家机密，使其不为广大民众所知，但这与弗勒里政府的实际政策及其所帮助创造的社会政治条件相龃龉。政府意识到无条件服从是不可能的，于是想方设法影响舆论和塑造共识。此外，弗勒里政府进步主义的信息政策，不仅实现了总体上的开放局

---

\* 穆希骑士（Chevalier de Mouchy），即夏尔·德·菲奥（Charles de Fieux，1701—1784），法国新闻家、文学家，1735年在巴黎创办轶事和文学评论刊物《汇编报》（*Le Répertoire*）。

面,而且通过促进贸易和交流,推动了商业社会的出现。我们应当看到[47],秘密与舆论之间的距离在18世纪越拉越大,随之而来的问题也会越来越多,其根源在于一个广泛而活跃的公众物质前提正在形成,印刷产业变得过于庞大,故而波旁王朝的审查制度也无法触及每个细节。随着政府介入塑造舆论的博弈之中,保密性正在成为一种幻想,国家机密逐渐在公众面前被置于显微镜下,民众对信息的诉求也远远超出了秘密和谎言的范畴。

## 逐渐老去的枢机主教

1737年,弗勒里政府的内部人事和权力平衡发生了重大转变,当时枢机主教从波兰王位继承战争中凯旋,洛林是他的战利品,而詹森派的动荡也得到了有效控制——但另一方面,掌玺大臣兼外交大臣肖夫兰被强令解职,并被流放到外省。

48岁的肖夫兰被弗勒里称作"另一个自己"[48],也被广泛视作弗勒里首席大臣和达盖索司法大臣两个职位的接班人,但他被残忍地排除在权力之外的确切原因却无从得知。1737年之后,法国转向推行亲奥地利的外交政策,但作为著名"恐奥者"的肖夫兰却对此毫不欢迎。事情可能就是这么简单,像弗勒里这样神秘的人物,人们也永远无法确定。个人竞争很可能是另一个重要因素。虽然同时代的人可能会认为,肖夫兰是弗勒里阵营中的真正主力,是这段关系中的高级伙伴,但这恰恰是"弗勒里派"的诡计。例如,在波兰王位继承战争期间,弗勒里允许肖夫兰促成与德意志和意大利的联盟,而他自己则培植了同英国的友谊,并在其外交大臣的身后为和平谈判而努力。肖夫兰或许认为,面对行将就木的弗勒里,他应该先发制人来确保自己的继承权。他似乎一直在发展与高等法院和宫廷的联系,还可能与西班牙有所往来。更严重的是,肖夫兰可能与国王有过直接接触。与路易十五保持政治上独有的亲密关系,是枢机主教的底线,他绝不容忍任何竞争对手的干涉。

不论肖夫兰被解职的确切原因究竟为何,他的失势再次引出了弗勒里的继任者问题,同时也让人们注意到,即使这位表面上坚不可摧的枢机主教快要走到生命的尽头了——弗勒里在1738年的一次重病让朝臣们高兴地摩拳擦掌——但这位萎靡八旬老人却惊人地恢复了健康。然而在此后,弗勒里衰老的迹象越发明显——他需要更多的休息,他需要按时服用药物,他缺席宫廷的频率更加频繁,他似乎越来越萎缩和干瘪,身高从5.8英尺降到5.1英尺,他现在就好像一只刚被挖出来的猴子尸体,或是一具干枯的木乃伊。[49]

接替肖夫兰的人选凸显了弗勒里一贯的优先考虑。枢机主教的选择,不仅要确保国务大臣们来自他的阵营,而且完全不受宫廷中除自己以外的任何因素的影响,以此来重申他的首要地位。因为弗勒里允许博学却在政治上无能的达盖索享有司法大臣的巨大权力,所以也没有安排新的掌玺大臣。弗勒里选择阿姆洛\*担任外交大臣,此人接受过财政和行政方面的培训,公开表示自己对外交事务一窍不通,甚至还口吃——这对一个外交官来说无疑是巨大的缺陷。作为整体的国务大臣们拥有很强的行政能力,他们受到弗勒里的恩惠,对任何宫廷任命的接班人都会表现集体的不信任。

弗勒里长期成功的关键原因之一在于,他把宫廷和行政部门隔绝开来,这一点甚至比路易十四所做的还要严密。弗勒里体系衰落的一个征兆是,其继任者的不确定性降低了他对不尊重这种界分行为的控制能力,而且事实证明,他也无法阻止国王卧室的常客重新出现在国务大臣的权力圈中。在此时期,弗勒里的外交政策刺激了不同派系的

---

\* 让-雅克·阿姆洛·德·沙尤(Jean-Jacques Amelot de Chaillou,1689—1749),曾任地方督办,1727年入选法兰西学术院,1737年至1744年间担任外交大臣,1744年至1749年担任法兰西科学院院长。

形成。与作为法国宿敌的奥地利发展友谊，包括接受"国事诏书"的制裁，这些举措似乎都是在波兰王位继承战争后，巩固新加入的洛林省的最佳方案。但在好战的"宫廷派"看来，亲近奥地利是最不适合法国且本末倒置的政策。由于太过年轻，新一代的好战贵族没有在路易十四时期参加过战争，而且觉得自己在弗勒里手下缺少晋升的机会，因此开始尝试发出自己的声音，特别是围绕着路易十五情妇沙特鲁公爵夫人的父亲。1738年和1739年严重的粮食短缺导致了巴黎以外民众的普遍不满，也为批评弗勒里阵营的国务大臣们提供了新的理由。沙特尔主教愤怒地告诉国王，其教区内的民众像苍蝇一样死去，像羊一样吃草。当国王和弗勒里的马车在巴黎乡间被农民拦下时，两人都吓了一跳，百姓口中喊的是"饥饿！面包！"，而不是"国王万岁！"[50]

宫廷里的气氛更加紧张，因为年迈的枢机主教没有明确的继任者，而弗勒里本人也像往常一样难以捉摸。1736年至1740年间，安坦公爵、曼恩公爵和图卢兹伯爵相继去世，奥尔良公爵渐进式的宗教怪癖也让亲王们的派系斗争黯然失色，但其他朝臣却取而代之。例如，肖夫兰虽然身处政治流放中，但他在宫廷中留下的朋友们不仅相信，而且愿意为肖夫兰的回归努力。肖夫兰被认为同一个"政治组合"存在联系，其中包括国王情妇沙特鲁公爵夫人，以及黎塞留公爵\*——后者是个恶棍，他在摄政时期就是"摄政王该受车轮刑的放荡朋友"一词的最佳定义者，但此后肖夫兰在军事和外交领域取得了很大成就。另一位接任的候选人是昂布兰大主教唐森，之后又曾担任里昂大主教，1739年起担任枢机主教，他在宗教与外交政策上都与弗勒里保持了密切合作。他的妹妹唐森小姐在巴黎经营沙龙，这里不断成长为以虔诚者为导向的派系聚集地。1742年，弗勒里让枢机主

---

\* 黎塞留公爵（Duc de Richelieu），即路易-弗朗索瓦-阿尔芒·迪普莱西（Louis-François-Armand du Plessis，1696—1788），枢机主教黎塞留的侄孙，曾任法国驻奥地利大使。

贝勒-伊勒侯爵，1748年获封法国元帅

教唐森和另一位虔诚者达尔让松伯爵进入国务委员会，但此举似乎只是弗勒里为了在战术上加强自己的地位，而不是认可他们中的任何一人作为自己的继任者。[51]万众瞩目的明日之星是贝勒-伊勒侯爵\*，他是失宠于路易十四的财政大臣富凯[†]之孙。贝勒-伊勒为自己谋求了一笔巨额财富，并保持着与之相称的野心。除了经营与王室的关系外，据说他还在巴黎城内雇用了200余人，让他们传播对自己有利的消息。

1740年欧洲舞台上的重大发展——特别是年轻而好战的腓特烈

---

\* 贝勒-伊勒侯爵（Marquis de Belle-Isle），即夏尔-路易-奥古斯特·富凯（Charles Louis Auguste Fouquet，1684—1761），先后参加西班牙和奥地利的王位继承战争，1748年获封法国元帅。

† 尼古拉·富凯（Nicolas Fouquet，1615—1680），1653年至1611年间出任财政总监。

二世\*继任普鲁士国王，同年秋天神圣罗马帝国皇帝查理六世离奇死亡——都进一步刺激了法国的派系斗争，削弱了弗勒里对权力的掌控。在贝勒-伊勒侯爵周围，逐渐形成了一股主战派势力，他们敦促法国放弃对"国事诏书"的支持，并希望从此局势中获益。弗勒里试图不做出任何承诺，并赞同路易十五"袖手旁观"的态度。[52]国王同意让玛丽亚·特蕾莎继承哈布斯堡的土地，但也尝试将哈布斯堡王朝赶下神圣罗马帝国皇帝候选者的行列，因为他不希望看到玛丽亚·特蕾莎的丈夫、前洛林公爵弗朗茨登上这个位高权重的位置。然而，枢机主教脚下的土地几乎在顷刻间发生了变化，腓特烈二世于12月入侵奥地利的西里西亚地区，声称那里是普鲁士的领土，并于1741年4月在莫尔维茨击溃了奥地利军队。玛丽亚·特蕾莎极度狼狈的景象，只会加剧法国内部的诉求，即在哈布斯堡当权者面前大开杀戒，积累切实的战利品。

弗勒里一开始行动迟缓，但最终把他一生的外交谨慎抛诸脑后。他任命贝勒-伊勒侯爵担任驻德大使，并指示他为法国传统盟友巴伐利亚的候选人查尔斯-阿尔伯特†争取皇位。几个月内，贝勒-伊勒侯爵与腓特烈二世通过谈判达成了一项条约，普鲁士可以保留西里西亚，但腓特烈二世需要为查尔斯-阿尔伯特投票，使其成为神圣罗马帝国皇帝。弗勒里就这样被他的下属拖进了战争——1741年5月正式宣战，而且这场战争的规模很快就扩大到了危险的境地："家族盟约"的紧急情况要求法国支持西班牙对抗英国的斗争，而瑞典则要进攻俄国。贝勒-伊勒率领一支法国军队进入波希米亚——这是奥地利政权的核心地带之一，到1742年4月，他成功地让查尔斯-阿尔伯特在法

---

\* 腓特烈二世（Frederick II，1712—1786），1740年继任普鲁士国王，后世尊称为"腓特烈大帝"。

† 查尔斯-阿尔伯特（Charles-Albert，1697—1745），即查理七世（Charles VII），1726年至1745年间为巴伐利亚选帝侯，1742年至1745年间当选神圣罗马帝国皇帝。

加冕为匈牙利女王的玛丽亚·特蕾莎

兰克福当选为神圣罗马帝国皇帝。然而,哈布斯堡王朝拒绝接受这一结果。玛丽亚·特蕾莎召集马扎尔贵族支持她的事业,作为新加冕的匈牙利女王,她积极响应,不仅占领了巴伐利亚,而且赢得了英国的支持,还使普鲁士退出了战争,尽管其代价是承认放弃西里西亚。贝勒-伊勒及其带领的法军被奥地利军队围困在布拉格,陷入了防御状态。1742年12月,这支军队奉命撤离并回到了法国,而此时玛丽亚·特蕾莎正在庆祝她对巴伐利亚的胜利。

战争政策的制定者在战场上可耻地受到侮辱,枢机主教弗勒里也奄奄一息。从1742年夏末起,他的身体明显开始衰弱,在1742年12月至1743年1月的大部分时间里,他都躺在位于伊西的家中的床上无法起身。这种悲惨的境地与他喜欢的工作状态截然不同,这位伟大的"走钢丝者"耗尽一切力量来试图保持平衡。爱好和平的人正处于战争之中,而且要在距离法国本土很远的地方展开行动,这就带来了后勤保障的问题。外交主动权已经从法国转移到其他国家（尤其是奥地利和普鲁士）手中。弗勒里的声望也受到了影响：在18世纪30年代末,来自巴黎的日记作者巴尔比耶曾对其"伟大、明智和温和"的管理方式予以好评,但这种观点在对德作战的惨败后消失殆尽。[53] 此外,弗勒里所看重的公共事务的保密性也正在成为过去。从1742年夏天开始,在巴黎警方的间谍报告中,这座城市就充满了故事、谣言、恐慌、笑话和批评。巴尔比耶注意到,巴黎民众中存在着一个奥地利的说客团体,他还嘲笑政府试图通过将逾矩的作家和小册子作者送入巴士底狱,进而使咖啡馆和公园里的民众保持沉默。他想知道,如何能阻止巴黎人写小调呢？[54] 而且他可能会补充说,这种做法既中肯又无礼。例如,有一本小册子欢呼"弗勒里已死！国王万岁！"[55]——这是对"王之二体"学说的讽刺性致敬。

事实上,在将近二十年的时间里,弗勒里确实像国王的仪式性身体一样行事。这位枢机主教瘦小而敏捷的身躯,使路易十五忽略了自己的政治与行政责任,转而享受私人乐趣和偶尔举行的国家典礼。就连弗勒里的行事风格——摆出一副凌驾于各派之上的姿态（同时极力平衡各个派别）,确保他的下属为不受欢迎的政策承担责任,而把所有成绩都归功于自己,他本能地更喜欢权威,重视政府的秘密和谨慎态度——这些都使国王日常扮演的角色蒙上了阴影。作为"代理君主",他倾向于采取保守的政治方针,不允许任何变革干扰到仍然作为政府核心的路易十四体制。

也许到了晚年,弗勒里老态毕露：一个正统天主教枢机主教的反应,未能很好地适应公共辩论领域的兴起。此外,路易十五似乎越来越反感弗勒里将其当作孩童来教导,后者好像是来自另一个年代的人物——同时代人不乏国王为了在小事上按照自己的方式行事而生闷气、发牢骚和勃然大怒的记载，而弗勒里把这些行为统一称作"国王陛下的小脾气"。[56] 但是，国王一直在等待时机，宫廷中人都知道他对弗勒里的看护表示赞赏。国王对弗勒里的去世感触颇深，并为他举行了令人印象深刻的葬礼。这位枢机主教确实取得了很大成就——他巧妙地处理了高等法院和詹森主义的问题，提高了法国在欧洲的地位，我们将在下一章中看到，弗勒里还为法国的经济发展带来了机会。然而，在枢机主教的遗体下葬后，另一位国王——加冕的路易十五——从弗勒里的阴影中走了出来，他以自己的名义进行统治的时机已经成熟，甚至声称自己自1726年以后就一直在亲政。

## 注　释

1　Charles-Philippe Albert, duc de Luynes, *Mémoires sur la cour de Louis XV (1735-1758)* (17 vols.; Paris, 1860-1865), vol. iii, p. 209.

2　P. R. Campbell, *Power and Politics in Old Régime France (1720-1745)* (London, 1996), p.74.

3　René-Louis de Voyer de Paulmy, marquis d'Argenson, *Journal et mémoires*, ed. E. J. B. Rathery (9 vols.; Paris, 1859-1867), vol. i, p. 265.

4　See e.g. Luynes, *Mémoires*, vol. ix, p. 288; vol. x, p. 311; etc.

5　Pierre Narbonne, *Journal des règnes de Louis XIV et Louis XV de l'année 1701 à l'année 1744* (Paris, 1866), p. 509.

6　'Journal de police sous Louis XV (1742-1743)', in Barbier, *Chronique de la Régence et du règne de Louis XV (1718-1766)* (8 vols.; Paris, 1857-1866), vol. viii. This journal is not included in the edition of Barbier which we have used elsewhere.

7　Richer d'Aubé, 'Réflexions sur le gouvernement de France', *Bibliothèque Nationale, Nouvelles Acquisitions Françaises* 9511, fo. 14.

8　Luynes, *Memoires*, vol. v, p. 92.

9　Ibid., vol. iv, p. 167.

10　D'Argenson, *Journal et mémoires*, vol. i, p. 234. For economic recovery in this period, see chapter 4, section E.

11　Ibid., vol. iii, p. 427.

12　Cited in F. Lebrun, *Être chrétien en France sous l'Ancien Régime, 1516-1790* (Paris, 1996), p. 128.

13　This is a contentious figure because it includes the dioceses located in the papal Comtat Venaissin as well as dioceses which extended outside the political frontiers. Territorial acquisitions plus some new creations caused the number of dioceses to rise to 136 by 1789.

14  Cited in B. Plongeron, *La Vie quotidienne du clergé français au XVIIIe siècle* (Paris, 1974), p. 75.

15  See above, pp. 33-34.

16  For the use of the term, see esp. M. Vovelle, *Piété baroque et déchristianisation. Attitudes provençales devant la mort au siècle des Lumières, d'après les clauses des testaments* (Paris, 1973).

17  Sauvageon's testimony is superbly examined in G. Bouchard, *Le Village immobile: Sennely-en-Sologne au XVIIIe siècle* (Paris, 1972): see esp. pp. 339, 341, etc.

18  G. Hardy, *Le Cardinal Fleury et le mouvement janséniste* (Paris, 1925), pp. 9-10.

19  Citations in E. Appolis, *Le Jansénisme dans le diocèse de Lodève au XVIIIe siècle* (Albi, 1952), p. 105. For similar remarks from Fleury to the pope in 1730, see Campbell, *Power and Politics*, p. 240.

20  See above, p. 75.

21  B. R. Kreiser, *Miracles, Convulsions and Ecclesiastical Politics in Early Eighteenth-Century Paris* (Princeton, NJ, 1978), p. 59.

22  Cited in C. Maire, *De la Cause de Dieu à la cause de la nation. Les jansénistes au XVIIIe siècle* (Paris, 1998), p. 138.

23  See above, pp. 26-27.

24  See above, p. 45.

25  *Nouvelles ecclésiastiques*, 1728, cited in Maire, *De la Cause de Dieu*, p. 225.

26  See above, p. 93.

27  Campbell, *Politics and Power*, p. 212.

28  Maire, *De la Cause de Dieu*, p. 385.

29  M. Antoine, *Louis XV* (Paris, 1989), p. 284.

30  E. J. F. Barbier, *Journal historique et anecdotique du règne de Louis XV*, ed. A. de La Villegille (4 vols.; Paris, 1847-1856), vol. ii, p. 430.

31  Fénelon, 'Examen de conscience sur les devoirs de la royauté', in id., *Oeuvres*, ed. J. Le Brun (Paris, 1983), vol. ii, p. 977.

32  According to the analyses of historical demographers, France's population passed from 24.5 to 25.7 million between 1750 and 1760: see J. Dupâcquier, *Histoire de la population française. ii. De la Renaissance à 1789* (Paris, 1988), p. 61. See also below, pp. 157-158.

33  F. de Dainville, *La Cartographie reflet de l'histoire* (Geneva, 1986), p. 279.

34  The Parisian police official Le Maire, writing in 1770, as cited in M. Raeff, 'The wellordered police state and the development of modernity in seventeenth- and eighteenthcentury Europe: an attempt at a comparative approach', *American Historical Review*, 80 (1975), p. 1, 235n.

35  M. Fogel, *L'État dans la France moderne (de la fin du XVe au milieu du XVIIIe siècle)* (Paris, 1992), p. 372.

36  D'Argenson, *Journal et mémoires*, vol. iii, p. 103.

37  Along with clocks. See the list in R. Briggs, 'The Académie royale des Sciences and the pursuit of utility', *Past and Present*, 131 (1991).

38  Antoine, *Louis XV*, p. 325.

39  D. Roche, 'Censorship and the publishing industry', in id. and R. Darnton (eds.), *Revolution in Print: The Press in France, 1775-1800* (Berkeley, Ca., 1989), p. 22; R. Chartier, *The Cultural Origins of the French Revolution.* (Durham, NC, 1991), p. 50.

40  M. N. Bourguet, *Déchiffrer la France. La statistique départementale à l'époque napoléonienne* (Paris, 1989), p. 32.

41 D. Bell, *Lawyers and Citizens. The Making of a Political Elite in Old Régime France* (Oxford and New York, 1994), p. 4.

42 Barbier, *Journal historique*, vol. ii. p. 148.

43 As told to d'Argenson, *Journal et mémoires*, vol. i, p. 133.

44 Cited in Bell, *Lawyers and Citizens*, p. 7.

45 *Bibliothèque de l'Arsenal, Paris:* ms. 10159: police report, 17 September 1729.

46 D'Argenson, *Journal et mémoires*, vol. ii, p. 178.

47 See below, chapter 5, section E.

48 Campbell, *Politics and Power*, p. 147.

49 Cf. d'Argenson, *Journal et mémoires*, vol. i, p. 284; Luynes, *Mémoires*, vol. ii, p. 232.

50 Luynes, *Mémoires*, vol. ii, p. 431; d'Argenson, *Journal et mémoires*, vol. iii, p. 171.

51 Marc-Pierre de Voyer, comte d'Argenson (1696–1764) should be distinguished from his elder brother René-Louis de Voyer (1694–1757), marquis d'Argenson, the author of the *Journal et mémoires* on which we have drawn in this account. They were sons of Marc-René de Voyer, comte, then marquis d'Argenson (1652–1721), who as Lieutenant Général of Police served the Regent well on the changeover of power in 1715, then in 1718 became Keeper of the Seals.

52 Antoine, *Louis XV*, p. 301.

53 Barbier, *Journal*, vol. ii, p. 189.

54 Ibid., vol. iii, p. 333.

55 Barbier, *Chronique de la Régence et du règne de Louis XV*［sic］, p. 216.

56 Id., *Journal*, vol. ii, p. 157.

# 四、毋庸置疑的黄金年代
# （1743—1756）

## "希律王"抑或"受爱戴者"？

国王的别名并不总是奉承或褒奖之语。路易十五永远不可能成为"路易大帝"——他的前任国王已经完成了这一使命，为新君主提供了一个令其永远羡慕的王室权威典范。1744年，在摆脱枢机主教弗勒里的指导后不久，他获得了"受爱戴者"的称号，这显然比"秃头查理"或"胖子路易"等别名更具吸引力。即便如此，这个绰号也是不光彩的——上一位"受爱戴者"是14世纪的法国国王查理六世[\*]，他也被称作"疯子查理"，在与英国的百年战争中目睹了撕裂其王国的一系列最悲惨的事件。事实证明，路易十五的这个别名也无法激发民众的喜爱。尽管法国社会在世纪之交的空虚岁月后出现了扩张和繁荣的景象，但他的某些臣民在1744年后立刻就对"受爱戴者"的别名加以讽刺，甚至将他与希律王[†]相提并论。在许多圈子里，路易十五一直到1774年去世都被称作"不受爱戴者"。

在弗勒里统治的最后几年，路易十五始终隐忍不发，但在诺瓦耶

---

[\*] 查理六世（Charles VI，1368—1422），1380年继位为法国国王。
[†] 希律王（Herod，公元前74—前4），希律王朝的首位国王，犹太历史上最著名的建设者。

交给他一封深藏多年的信件后，受到鼓励的国王决心夺回权力。这封信件是路易十四在临终前留给公爵（现在也是元帅）的，要求诺瓦耶在独自掌权时将之转交路易十五。路易十四写道，"不要让自己被人统治；要做主宰者"，"永远不要有一个自己特别喜爱的人或一名司法大臣……听取你的御前会议的建议并向其咨询，但决定权在你手中"。[1]无须任何提示，路易十五就会尊敬"我的曾祖父……我想竭尽所能地模仿他"。[2]似乎是为了表明他的意图，国王对被放逐的肖夫兰试图重新上位的企图做出迅速回应，确认了对这位前任国务大臣的流放惩罚。随后，他开始逐步瓦解弗勒里曾经享有的庞大的庇护制帝国：王室神父的职位由老枢机主教之侄弗勒里神父担任，而已经失去了政治价值的米尔普瓦主教则接管圣职分配所。没有人获准拥有弗勒里的位置，即作为庇护制和接近国王的枢纽。此外，路易十五还把他的底牌在胸口藏好，将神秘的弗勒里在制定政策时的保密性原则奉为至宝。早年间，国王向诺瓦耶进行了大量的秘密咨询，还与他住在孔代王府的表亲孔蒂亲王就海外事务保持了长期的通信联系，此即所谓"国王密情处"。

  一个最能明显反映路易十五既想效法前任，又要彰显个人主见的例子，是他决定到前线率领军队。奥地利王位继承战争进展得并不顺利。反对波旁王朝的联盟由奥地利、英国和撒丁王国组成，这意味着法国不得不面对多线作战的局面。德意志地区的战况最为激烈，1744年5月，国王踏上了他的亲征之路，并带着诺瓦耶和萨克森伯爵\*的明智建议和战略指导。通过穿着军装，路易十五试图让那些说他只会与雄鹿和野猪搏斗的人的玩笑成为谎言。正如路易十四所证明的那样，如果进展顺利的话，战争在近代早期的欧洲非常受欢迎，它为统治者塑造了英勇捍卫自己臣民的强有力形象。此外，在波旁王朝的传统

---

\* 莫里斯·德·萨克森（Maurice de Saxe，1696—1750），1719年转入法军，1745年擢升元帅。

战场上的路易十五

中，路易十五证明了自己是一名值得尊敬的士兵，他在战场上表现得相当冷静，并帮助（或者说至少没有阻碍）他的将军们取得胜利。对于部队和平民的福利，他表示关心的举动——去医院看望病人、检查面包之类、安慰病患和垂死之人——也赢得了广泛赞誉。

然而，由于路易十五决定让情妇沙特鲁公爵夫人和劳拉盖小姐（后者只是国王偶尔的性伴侣，而非正式的国王情妇）陪同，亲征的效果大打折扣——这与国王早期的巡幸活动相互呼应。8月初，当王室成员庄严地进入梅斯城内后，事情发生了意想不到的变化。国王突发恶疾。8月11日，王室医生警告国王会有生命危险。在王室总分配官、苏瓦松主教菲茨-雅姆\*的责备下，国王不再亲吻他的情妇们，对

---

\* 夏尔·德·菲茨-雅姆（Charles de Fitz-James，1712—1787），1744年擢升法军元帅。

自己的灵魂状态进行了反思,并乞求宽恕。对于一个有活跃婚外情的人来说,路易十五还算是一个好人,甚至可以说是一个迷信而虔诚的天主教徒:他几乎每天都参加弥撒,尽管他没有忏悔、不领圣餐,而且自1738年以后就放弃参加国王触摸的仪式,他的理由是神迹不会通过恕罪的方式发挥作用。苏瓦松主教开始对患病的国王进行某种精神上的绑架,利用国王的负罪感来让他放弃不正当的婚姻。他拒绝为国王举行宗教仪式,除非国王不仅把情妇们赶下自己的床榻,而且将之作为"宫内妾室"逐出梅斯。在突然意识到"虔诚者"可能复兴的朝臣们的催促下,苏瓦松主教迫使国王公开对其过去的生活做出合理的修正。这一改变引发了民众的热烈反响:情妇们乘坐的马车在离开梅斯时拉下了窗帘,因为她们差点遭到攻击。

当消息传到巴黎时,王后玛丽·莱辛斯卡简直不敢相信自己的好运,她出发前往丈夫身边,并把年轻的王太子也送上前线。此外,国王对性方面的忏悔和随后近乎奇迹般的康复引发了民众的一阵欢喜。当11月从前线归来时,他在巴黎停留了一周,根据编年史的记载,所有一切都显示出"民众(对国王)的热爱与依恋":报纸和小册子上写满了溢美之词,各大团体(包括不起眼的马车夫、送水工和运煤工)都争先恐后地组织庆祝和感恩活动,他们创造了"受爱戴者"一词,并将之作为普遍热情的象征。[3]

然而,路易十五唤起了民众的希望,却又使其破灭了。他与情妇断绝联系似乎标志着他对民众福祉的承诺。因此,沙特鲁公爵夫人在11月底的重新上位,既是一种打击,又是一种冷落,而且由于与对梅斯的虔诚者集团的报复性惩罚联系在一起,这种冷落就更加明显。1744年12月沙特鲁公爵夫人的突然死亡进一步激怒了国王,路易十五将苏瓦松主教从他的随行人员队伍中排除,将其流放到他的教区,而其他支持高级教士的宫廷官员同样被驱逐出宫。王后也很快被边缘化。

四、毋庸置疑的黄金年代(1743—1756) 185

由于以这种方式拒绝了在梅斯获得的王权，路易十五失去了很多民众的支持。他对民众表达热情的方式一直持有不同意见。人群会让国王感到很不舒服。1744年，在法国北部城市拉昂，朝臣们目睹了正在休养中的国王被一群高呼"国王万岁"的民众追着奔跑的场景，这个场景与莫里哀*滑稽剧里想要躲避灌肠的人别无二致。[4]巴尔比耶记录了1751年国王在王太子的第一个男孩出生后访问巴黎时的尴尬神情，"他不喜欢盛大的仪式"。[5]路易十五保持了路易十四在凡尔赛宫的传统——在公共场合举行起床、就寝和就餐的仪式，并且保持庄严性——路易十五的某位医生在第一次觐见国王时吓得晕了过去；1742年一位土耳其大使在面见国王时颜面尽失，不得不借穿一条干净的马裤。[6]然而，路易十五为了避开宫廷仪式，离开凡尔赛宫的频率越来越高。例如，在1736年至1738年间，他平均每年在凡尔赛宫停留近250个夜晚；但到了1750年至1751年间，他住在这里的时间已经减少到大约每周只有一晚，反而更偏爱附近的小城堡和乡间别墅。在凡尔赛，他也建造了一些较小的居室，并进行了奢华的装饰。在这些房间里，他可以享受一种不过分拘于礼节和更私人化的生活，他将自己与宫廷中常常出现的朝臣、请愿者、来自巴黎的一日造访者和游客隔绝开来。

路易十五摆脱了路易十四所制定的仪式化的王室生活，建立了一个更私人、更亲密且符合自己气质的场域，其结果是他追求身体与心理上的隐秘和疏远的名声被进一步放大。路易十五用这种方式将自己与公众隔绝开来，甚至可能让他本人隐而不见：重要的是，在1744年至1745年的弗兰德斯战役之后，他几乎再也没有冒险走出法兰西岛的王室社交圈。他对自己王国的了解，更多来自他所钟爱的地图、史书和行政信函，而不是来自个人经历。他造访巴黎的频率也逐渐下降

---

* 莫里哀（Molière，1622—1673），17世纪法国著名喜剧作家，芭蕾舞喜剧的创始人。代表作有《伪君子》《吝啬鬼》《唐璜》等。

（直到他的儿子十几岁时，他才允许孩子前往巴黎）。例如，在1744年之后，路易十五从未在巴黎过夜。

路易十五的漫不经心、喜欢保密，以及他害怕自己内心深处的情感和意图被别人看穿的心理，都因为他对性生活的过度投入而变得更加复杂，即使梅斯发生的插曲也未能使之改变。诚然，法国国王拥有情妇并不奇怪。在他自己的宫廷里，人们普遍认为所有王公贵族都有一个情妇，只有奥尔良公爵除外，后者还因过于忠贞而遭人鄙视。"梅斯事件"之后的争论焦点，与其说是关于国王情妇的事实，不如说是关于她们的身份、掌握的权力，以及象征王室权力失败的方式。

蓬帕杜夫人

这场争论很快就集中表现在让娜·安托瓦内特·普瓦松这位美丽的女人身上，此人即德·埃蒂奥莱夫人。不久之后，她就被称作蓬帕杜夫人。*她在富裕的经济环境中出生、成长和结婚，德·埃蒂奥莱夫人似乎很想成为国王的情人，因为当时国王正在试图摆脱沙特鲁公爵夫人之死带来的忧郁情绪。据说二人的恋情始于1745年2月的一场假面舞会。当时，路易十五打扮成一棵紫杉树，"蓬帕杜夫人"则扮成牧羊女。几个月后，路易十五再次出征之际，她则以正式情妇的身份入住凡尔赛宫。秋天，她与丈夫正式分居，并且找到了一个合适的侯爵——蓬帕杜——来给予她必要的地位。

年轻的侯爵夫人机智、有教养、多才多艺，而且精于算计。与前几位情妇相比，她对王后表现出无微不至的尊重。她鼓励路易十五也这样去做，同时培养他对孩子们的温暖父爱——这是一种减少他在性和婚姻方面负罪感的巧妙方法。国王对蓬帕杜夫人的迷恋并没有持续多久，但又不同于前几位情妇，蓬帕杜夫人能利用这段宽松的时间让自己成为国王身边不可或缺的人。她成为王室享乐生活的女主人，通过不间断地举行晚间娱乐活动、赌博派对、音乐晚会以及她和其他宾客演出的戏剧，成功消散了路易十五身边的阴霾。此外，当国王对她的性兴趣开始减弱的时候，她暗中提供了一系列"小情妇"（通常是不知名的贵族家庭的女儿），从而使国王得以宣泄情感。她竭力确保国王与这些女人的联系只是严格意义上的性关系——任何想要发展实质关系的企图都被彻底粉碎。国王有数十名私生子，他们和他们的母亲一样，都得到了谨慎而慷慨的对待，但完全没有考虑使其地位合法化的程序，毕竟路易十四的私生子问题曾经带来巨大的政治麻烦。

---

* 蓬帕杜夫人（Madame de Pompadour, 1721—1764），全名"让娜·安托瓦内特·普瓦松"（Jeanne Antoinette Poisson），原身份为"德·埃蒂奥莱夫人"（Madame d'Étiolles）。1745年至1751年间是国王的"官方情妇"，之后也对路易十五产生了重要的影响。

在某种程度上，蓬帕杜夫人不仅成为弗勒里的继任者，而且成为路易十五的看门人和私人顾问。事实上，她也为自己承担着"1.5个弗勒里"的角色感到自豪[7]，并被广泛认为在政府事务中发挥了重要作用。虽然她没有被任命为枢机主教，但她可以——而且的确——对王室的庇护权产生了重大影响。弗勒里的制度建立在需要将政府和王室两个领域分而视之的基础上，但是蓬帕杜夫人则忽视了这种界分。例如，她的影响力足以确保她在1749年解雇长期效力、可靠的国务大臣莫勒帕，因为她认为莫勒帕对她造成了侮辱；再如，她在1747年让自己的门徒贝里耶[*]取代费多·德·马维尔[†]担任巴黎治安总监，此事也可以看出她的影响力。虽然弗勒里逝世后的其他变化不是蓬帕杜夫人直接促成的——例如，阿姆洛在1744年被国王解雇，奥里在1745年自请退休——但弗勒里旧有团队的解散，也给她带来了相当大的操作空间。蓬帕杜夫人以此来满足和推进亲戚、朋友和门生的利益与事业。人们普遍认为她是勒·诺曼·德·图尔内姆[‡]或是帕里斯·德·蒙马特尔[§]的女儿，他们都是富有的财政家。随着蓬帕杜夫人影响力的上升，他们也获益匪浅。1745年，帕里斯·德·蒙马特尔出资让国王为她购得蓬帕杜侯爵的爵位，而且成功获得了回报——其中最显著的回报是蓬帕杜夫人安排他成为侯爵，并娶了一位公爵的女儿。勒诺曼·德·图尔内姆于1746年被任命为王室建筑工程局的负责人，1751年他逝世以后，这个颇具影响力的职位被传给了蓬帕杜夫人的弟弟马

---

[*] 尼古拉·勒内·贝里耶（Nicolas René Berryer，1703—1762），1747年至1757年间出任巴黎治安总监，1758年至1761年间出任海军大臣，1761年至1762年间出任掌玺大臣。

[†] 费多·德·马维尔（Feydeau de Marville，1705—1787），1739年至1747年间出任巴黎治安总监。

[‡] 勒诺曼·德·图尔内姆（Le Normant de Tournehem，1684—1751），法国财政家，1746年起负责王室建筑工程。

[§] 帕里斯·德·蒙马特尔（Paris de Montmartel，1690—1766），法国财政家，"帕里斯四兄弟"中排行第四。

四、毋庸置疑的黄金年代（1743—1756）　189

里尼侯爵[*]。

这些任命体现了蓬帕杜夫人影响力的若干特点。她显然想要扶植自己的人；但这些任命也不一定就会产生不良的后果。在勒·诺曼任职期间，以及马里尼直到1774年在王室建筑工程局的任职期间，法国的建筑和艺术活动都取得了丰硕的标志性成果。特别是蓬帕杜夫人在文化事业上的用人眼光相当敏锐。例如，未来的枢机主教贝尔尼[†]在蓬帕杜夫人给他机会的时候，还只是一个来自朗格多克不起眼的贵族家庭、出身卑微的教士，当时他正在努力成为一名作家。同时，正是得益于蓬帕杜夫人的影响，伏尔泰[‡]在1746年成功入选法兰西学术院。对于巴黎沙龙内发展起来的启蒙哲学运动，蓬帕杜夫人也表现出普遍的善意。[8]弗勒里著名的节俭之风已经成为过去，蓬帕杜夫人不仅是大多数出众的王室住宅翻新工程的推动者，也是一些小规模建筑（如克雷西宫、贝尔维尤宫和特里亚农宫）的开发者。在所有这些地方，她都满足了国王对亲密关系和隐私的诉求。

像蓬帕杜夫人这样既对王室庇护权具有影响力，又在文化事业上保有野心的人，必然会受到嫉妒者和不满者的攻击。1751年，国王的前任情妇迈利夫人去世，巴黎的编年史家巴尔比耶写道，"人们赞许她深爱国王，不求回报，也不考虑个人财富"，并且阴沉沉地补充道，"这与当下处在这个位置上的人形成了鲜明对比"。[9]许多朝臣把她的自我营销归咎于她令人难以忍受的"资产阶级"出身：内勒家族始终是毫无疑问的贵族，尽管蓬帕杜的家族可能更加富有，但她的非贵族身份及其在备受憎恨的高级金融界的定位，使之成为贵族们不屑一顾的对象。因此，蓬帕杜夫人很容易成为众矢之的。在王后、王太子和

---

[*] 马里尼侯爵（Marquis de Marigny），即阿贝尔-弗朗索瓦·普瓦松（Abel-François Poisson，1727—1781）。

[†] 弗朗索瓦-若阿基姆·德·贝尔尼（François-Joachim Cardinal de Bernis，1715—1794），1744年入选法兰西学术院，1758年当选枢机主教，1764年至1790年间担任阿尔比总教区总主教。

[‡] 伏尔泰（Voltaire，1694—1778），法国启蒙运动的代表人物。

其他王室子女周围,一个带有浓厚的虔诚者色彩、重要的"反蓬帕杜夫人"集团正在形成,这个集团的基础是对这位"冒牌货"的憎恨,他们认为蓬帕杜夫人似乎阻止国王作为一个好丈夫、好父亲和好天主教徒过着正直的生活。宫廷集团并没有鼓励小册子作者和论战者对蓬帕杜夫人进行攻击。很快也出现了反对蓬帕杜夫人的文学作品《普瓦松行动》,它借鉴了至少可以追溯到摄政时期的反宫廷作品传统,在某些方面甚至可以追溯到苏维托尼乌斯§,而且以同样的方式处理八卦、无礼和自以为是的问题。

此外,就像政府在1748年奥地利王位继承战争结束后遭到批评那样,在国王远离他在梅斯制定的国王职责过程中,蓬帕杜夫人发挥的重要作用带来了新的问题。正如我们所看到的,法国从《艾克斯-拉-沙佩勒和约》¶中获得的收益远低于预期。[10]1747年至1749年,歉收和战后复员造成了广泛的社会动荡和经济问题,并为政府寻求收回战争成本创造了一个糟糕的背景。在1749年至1750年间巴黎发生的"儿童消失"事件中,民众对国王的不满表现得尤为明显。有传言称,巴黎警方绑架了儿童,这在巴黎和其他城市引发了广泛的恐慌。巴黎的玻璃工匠雅克-路易·梅内特拉\*\*后来回忆道,他的父亲会在小学门口接他,同时还有"七个强壮的制桶匠,他们每人肩上都扛着一根铁棍"。[11]巴黎发生了针对潜在绑架者的骚乱,造成多达20人死亡,还发生了大量抢劫。民众的愤怒主要集中在新任治安总监贝里耶身上。众所周知,他是蓬帕杜夫人任命的官员。贝里耶命令他的手下无情地逮捕流浪汉和复员士兵。然而,骚乱也是针对国王本人的。巴尔比耶注意到,人们相信绑架是"一位患有麻风病的亲王指使的,他的病

---

§ 苏维托尼乌斯(Suetonius,约69—130),罗马帝国的历史学家,著有《罗马十二帝王传》。

¶《艾克斯-拉-沙佩勒和约》(Treaty of Aix-la-Chapelle),1748年10月18日在第二次亚琛和会后签订,在结束奥地利王位继承战争的同时,也为七年战争埋下隐患。

\*\* 雅克-路易·梅内特拉(Jacques-Louis Ménétra,生卒年不详),自传《我的生活日志》于1764年出版。

需要用人血洗澡，但没有比儿童的血更纯净的血液了，孩子们被抓起来，以便从他们的四肢放血"。[12]这个消息在宫廷中流传甚广，甚至传到国王本人耳中，那个患麻风病的亲王甚至被说成是道德败坏、生活放荡的路易十五。

这位"不受爱戴者"曾抱怨说，"那些邪恶的人……称我为希律王"，而他现在变成了滥杀无辜的煽动者和邪恶君主的原型。[13]到头来，希律王只不过是一个过客。但事实证明，形成这个指控的信念和怀疑基础则相当持久。儿童消失的谣言之所以重要，不在于它真实与否，而在于它被广泛相信。人们似乎更愿意选择相信谣言，而不愿意相信政府的新闻报道。政府在解释自我和建立公信力方面的失败，激发了人们对路易十五，特别是整个君主制的批评。这位君主背弃了在梅斯为他描绘出的国王使命，而选择了一种罪恶深重的生活方式，据说他的情妇和模糊的经济利益影响了王室庇护权的行使。在无意中，路易十五让人把王室勾勒成一个与广大民众隔绝的封闭空间，一个充满了罪恶和毁灭、奢华和自我放纵的地方，以及一个男人的美德被女人的诡计所迷惑、王室的责任被金融集团的利益所颠覆的场所。这时，公民的美德观念正在发生变化[14]，这种变化使路易十五的种种恶习成为君主制的一个祸根。此外，由于国家意识到有必要进行广泛的改革，以便在竞争日益激烈的国际舞台上保持法国的地位，君主制的破坏性也就更加严重。

## 均势状态与战争全球化

无论是在外交还是内政方面，在适应从路易十四那里继承的权力模式的过程中，路易十五都遇到了明显的困难。与前任国王相比，路易十五时期的战争并不是对荣耀的无限制追求。即使太阳王在他的最后几年生命中，似乎也承认自己发动了太多的战争。摄政王、迪布瓦和弗勒里,每个人都放弃了在欧洲占据优势的想法,并在很大程度上接受了《乌得勒支和约》所推崇的"均势"理念——通过寻求"公正的权力平衡来确认基督教世界的和平与安宁"。因此,路易十五不得不调整"战士-国王"的大众形象,以适应不断变化的国际关系。此时,战争的必要性和战争的性质都发生了变化。

乌得勒支会议之后,人们普遍接受了均势理念,并将之作为处理国际关系的常用表述。这反映了对法国实力具有相对局限性的认识,以及在路易十四发动大规模战争以后,法国的盟友和敌人的势力消长。对境外冒险主义的拒斥,一部分源于对波旁王朝脆弱性的认识,一部分源于法国经济和军事实力的削弱,还有一部分源于法国传统的国际盟友日益明显的局限性。16、17世纪,法国通过促进与北欧和东欧国家的友谊,进行对抗哈布斯堡王朝的斗争,而这些国家在1715年以后都处于严重的衰退之中。瑞典在1688年至1721年间的"大北方战争"中败于俄国之手,从此一蹶不振;而波兰则摆脱了法国的控制,日益陷入奥地利的霸权和俄国新的陆海军力量之下。作为法国的另一个传统盟友,土耳其成为奥地利在东南欧扩张主义的受害者,它在国际关系中发挥的作用也比以前要小得多。法国早先在匈牙利和特兰西瓦尼亚扶植的贵族异见者,正在逐渐被奥地利人同化。在德意志,法国的传统盟友——特别是巴伐利亚和莱茵地区的公爵们——也未能取得强国地位,反而被好战的普鲁士所遮蔽。普鲁士是奥地利的天然之敌,但法国认为它并不可靠。

如果说持续到1713年的战争已经使法国精疲力竭,减少了法国外交政策的选择余地,那么对于法国的传统敌人而言,战争至少也产生了同样的影响。当时,西班牙处于同样来自波旁家族的腓力五世统治之下,而非落于哈布斯堡家族之手——尽管西班牙的波旁王朝已经实现了"本土化",并且接受了伊比利亚各邦的自治利益。乌得勒支和会之后,大多数欧洲国家认为,法国在欧洲权力政治中的长期对手奥地利（而非西班牙），构成了对国际和平的最大威胁。在这种情况下，哈布斯堡王朝倾向于将精力集中用于巩固他们对意大利半岛的控制和建设东南部领土。就像法国和汉诺威时代的英国一样，王室的衰落限制了哈布斯堡的侵略：神圣罗马帝国皇帝查理六世高度重视通过"国事诏书"来确保女儿玛丽亚·特蕾莎的继承权，而且他未能在德意志扩大哈布斯堡王朝的权力基础。法国的另一个敌人尼德兰联省，由于数十年战争造成的财政损失也在显现，荷兰的经济未能跟上其对手英法两国的变革步伐。汉诺威王朝的关系和詹姆士二世主义的长期威胁，促使英国变得更加谨慎。在1721年至1741年间，即与弗勒里相似的罗伯特·沃波尔*统治期间，英国人避免与欧洲大陆纠缠，只打算在绝对必要的时候对均势状态进行些许调整。

因此，乌得勒支和会开辟了国际关系的新阶段。各国出于对欧洲普遍冲突的恐惧，纷纷选择战略收缩。一个由五大国组成的体系——英国以及欧洲大陆上的奥地利、普鲁士、俄国和法国——正在慢慢形成，没有任何国家能够在不引起其他大国反对的情况下随意行事。欧洲并没有陷入僵局——"体系"总是由于王朝覆灭等事件的影响而瓦解，外交也不能时常防止诉诸武力的使命。"均势"已经成为一个所有人都遵循的俗语。人们似乎越发感受到，国际权力政治实际上已经成为一场零和游戏，其中，获得领土不可避免地会带来补偿性的调整。故而，各国都试图通过谈判和外交手段，而不是在可能时发动全面战争的方式，以很小的幅度逐步扩大自身的影响力。尽管在1610年至1792年间，每两年就会有战争在欧洲的某个地方发生，但在1713年至1740年间，法国每五年中只有一年处于战争状态。

鉴于法国传统盟友的实力不断下降、外交政策选择的局限性，以及战争对经济的重大影响，人们可以理解奥尔良公爵、迪布瓦和弗勒

---

\* 罗伯特·沃波尔（Robert Walpole，1676—1745），英国辉格党政治家，后人普遍认为他是英国历史上第一任首相。

里更喜欢以发展经济而非军事部署的方式来维持法国的强大。这也导致了一种谨慎的倾向，即与英国发展友谊。1715年以后，英法两国签订的友好协约从来都不是最好的结果，因为两国之间存在强烈的经济和殖民竞争，尤其是对西班牙在美洲殖民地的商业影响层面。然而，考虑到战争对当时的法国来说是不可想象的事情，与英国的友谊旨在遏制和减少潜藏的敌意，这似乎就成为实现国家利益的最可靠保证。

不过，英法友好协约并未能持续很久。到18世纪20年代末，两国关系已经明显冷淡。1731年，沃波尔与奥地利恢复了友好关系，这意味着弗勒里必须竭力防止英国加入波兰王位继承战争。18世纪30年代末，英国对法国获得洛林颇为不满，并对法国在欧洲大陆事务中日益增长的影响力深感焦虑，尤其在当时，法国的商业繁荣与英国糟糕的贸易平衡状况形成了鲜明的对比。英国国内要求对作为法国盟友的西班牙采取更强硬政策的呼声日益高涨，引发了1739年英西两国的"詹金斯之耳战争"\*，这场战争无疑会让法国站在西班牙一边。

结果，"詹金斯之耳战争"未能成为扭转英法关系的转折点。对于"似乎永远可靠的"弗勒里来说，这不是他外交手段的失败，而是他面对凡尔赛和巴黎"主战派"的失败，沃波尔在伦敦的情况也是如此。相反，1740年神圣罗马帝国皇帝查理六世的意外死亡，引发了一场国际危机，并将英法两国的竞争置于不同背景之下。正如我们所看到的[15]，在普鲁士占领了奥地利最富裕的西里西亚之后，法国又竭力让巴伐利亚而非哈布斯堡的统治者登上神圣罗马帝国皇帝的宝座，这对欧洲大陆的均势状态造成了巨大的冲击，英国人也对此感到忧虑。

---

\* 詹金斯之耳战争（War of Jenkins's Ear），1739年至1748年间英国与西班牙发生的军事冲突，自1742年起成为奥地利王位继承战争的一部分。

"詹金斯之耳战争"中，一艘西班牙战舰拖拽着被俘获的英国船只

小说家和记者亨利·菲尔丁[*]猜测，这些措施预示着"波旁王室制定的普遍君主制方案"，他不是唯一持有此论的英国人。[16]沃波尔下台后，约翰·加特利[†]实际上成为英国首相，后者组建了一个广泛的欧洲联盟，反对法国及其盟友西班牙以及在"永不可靠的"腓特烈二世统治下的普鲁士。1743年5月，英奥两国在哥廷根战胜了法军；与此同时，玛丽亚·特蕾莎统治下的奥地利与撒丁国王结盟，开辟了一条对抗法西联军的意大利战线；巴伐利亚出身的神圣罗马帝国皇帝之死，为玛丽亚·特蕾莎的丈夫继承帝国皇位留下了一条没有障碍的通道。匈牙利女王目前倾向于减少损失，她在1745年12月与普鲁士签署《德累斯顿条约》，割让了有争议的西里西亚省。

---

[*] 亨利·菲尔丁（Henry Fielding，1707—1754），英国小说家、剧作家，代表作《汤姆·琼斯》。

[†] 约翰·加特利（John Carteret，1690—1763），曾任南方大臣、爱尔兰总督、北方大臣，1751年至1763年出任枢密院议长。

《德累斯顿条约》终结了中欧各国对英国的敌意，但未能在其他地区取得成功。在低地国家，法国人毫无疑问地占据了上风：1745年5月，萨克森伯爵在丰特努瓦对坎伯兰公爵\*率领的英、荷、汉诺威联军取得了辉煌的胜利，开辟了通往奥属荷兰的道路。事实上，几乎整个地区都落入萨克森伯爵巧妙的将才之手。诚然，由于英国需要调动军队，以镇压法国资助下的1745年至1746年詹姆士二世党人起义，萨克森伯爵的军事任务就变得更加容易了。在1746年4月的卡洛登失败后，"1745年起义"被彻底粉碎，有"年轻的伪装者"之称的詹姆士二世党人查尔斯·爱德华·斯图亚特†流亡法国避难。在意大利，法国、西班牙和西西里王国的军队与英国、奥地利和撒丁王国的军队相互对峙，问题摇摆不定。西班牙国王腓力五世去世后，1747年，他的继承人斐迪南六世‡尝试寻求和平。同年，贝勒-伊勒侯爵不得不被派往普罗旺斯击退撒丁王国的入侵——这是1715年至1792年间唯一一次针对法国领土的军事入侵。

英法两国在殖民地的竞争，标志着一场崭新而持久的全球化战争。英国在北美殖民地的人口数量是法裔加拿大人的十倍，但法国人则是从事皮毛生意的强悍拓荒者，他们构成了相当大的军事威胁。1745年，美洲殖民者和英国皇家海军联合作战，夺取了位于布雷顿角岛的军事要塞路易斯堡，在战争的剩余时间里，法国人都一直试图夺回此地。英法两国在世界的另一端也陷入了战斗，法国在印度贸易港口的总督迪普莱§战胜了英国东印度公司的竞争对手，并于1746年占领马德拉斯。

尽管殖民和商业领域的问题开始显现，但实现欧洲的均势状态，

---

\* 坎伯兰公爵（Duke of Cumberland），即"威廉·奥古斯都"（William Augustus，1721—1765），英国国王乔治二世（George II，1683—1760）的第三子。

† 查尔斯·爱德华·斯图亚特（Charles Edward Stuart，1720—1788），有"小王位觊觎者""英俊王子查理"等称呼。

‡ 斐迪南六世（Ferdinand VI，1713—1759），1746年即位为西班牙国王。

§ 约瑟夫·弗朗索瓦·迪普莱（Joseph François Dupleix，1697—1763），长期担任法属印度总督。

仍然是欧洲政治家的首要任务。此外，奥尔良公爵、迪布瓦和弗勒里延续下来的有限性外交政策，得到了路易十五的接受和继承，国王进而摆出了捍卫民众的军事活动家的姿态。尽管到了1748年，法国已经控制了奥属荷兰的全部要塞和荷兰边境的一些要塞，并且占领了撒丁王国的属地尼斯和萨伏伊，不过，路易十五还是愿意进行领土交换，以便回到1740年以前的状态。在1744年至1747年间担任外交大臣的达尔让松侯爵认为，法国已经变得"太大了，太丰满了，在贸易方面太有优势，宁可获得领土也不愿获得良好的声誉"。国王以不善言辞为由解除了达尔让松的职务，但似乎也赞同他的某些观点。在《亚琛和约》中，国王把归还法国所获得的利益，说成是他本人宽宏大量的愿望。他声称要避免不体面的讨价还价，要以"伟大的国家"统治者——"国王而不是商人"的身份来实现和平。[17]

　　这种做法背后有许多精明的战略考量。法国现在处于沃邦构筑的钢铁防线之下，可以被认为是"自鸣得意的大国"[18]：它在低地国家的收获，不仅意味着与奥地利人的长期（代价高昂的）冲突，而且意味着与英国和荷兰的冲突，他们将法国的所得，视为对自己贸易和战略利益的威胁。然而，用平淡无奇的"费奈隆式"语言来包装这一政策的尝试，并没有得到公众认可。法国民众更习惯于路易十四在外交上对荣誉的追求，在战争的最后阶段，特别是遭遇到严峻的贫困时期，许多人吃惊地发现：法国——似乎很天真地——归还了大部分已经征服的土地。由于普鲁士国王因为保住西里西亚而成为和平的最大赢家，各大报纸纷纷抨击法国"为普鲁士国王而战"，他们还创造了"像和平一样愚蠢"的表述。《亚琛和约》要求法国必须驱逐"伪装者"查尔斯·爱德华·斯图亚特。当这位已经在巴黎成为大众偶像的詹姆士二世党人走出歌剧院的时候，他被警察塞进一辆马车赶出法国，这一举动引发了骚乱，人们对政府的侮辱表示愤慨。而且，如果说法国人轻率地拒绝了这个潜在的开战理由，那么《亚琛和约》中仍

查尔斯·爱德华·斯图亚特，著名的詹姆士二世党人

有足够多的宣战原因。特别是奥地利感受到了侮辱，并且已经计划夺回它心心念念的西里西亚。此外，还有许多殖民地和商业问题悬而未决，不仅涉及英法两国，一定程度上还涉及西班牙。法国将马德拉斯归还给英国，以换取路易斯堡，但这些交换并没有解决任何问题。战争在欧洲逐渐停止，但在世界其他地方仍然继续。

因此，《亚琛和约》显示出欧洲政治家仍然把欧洲的权力政治放在优先地位，同时也标志着在国际关系和当前正在发生冲突的世界舞台上，英法冲突的核心位置日益凸显。尽管路易十五的要求带有利他主义的倾向，但法国在1748年匆忙坐回谈判桌的原因在于，英国从

1746年起就开始对其施加经济压力。纽芬兰的鳕鱼产业和加拿大的毛皮生意推动了法国贸易地位的日益增长，并做出了长期贡献。但在18世纪上半叶，由于加勒比海的制糖诸岛（尤其是圣多明各、马提尼克和瓜德罗普）的爆炸性影响，法国的贸易地位有所下降。在当地市场上，英国是一个不断竞争的对手，而在该地区的奴隶贸易中也是如此。同样，印度次大陆及其周边的中国和东南亚市场，也成为经济竞争的舞台。在奥地利王位继承战争开启的英国对法贸易骚扰以后，这些贸易部门在法国经济中的重要性就得到了更广泛地体现。1747年，英国皇家海军封锁了法国的港口，阻止纽芬兰的渔船进港，人们随即担心从事蔗糖贸易的商船也会经历同样的命运。法国在贸易上败给了英国人——在战争的最后三年中，只有149名奴隶在圣多明各登陆。1748年，法国决心推动和平进程。一方面，法国担心在欧洲以外地区的战略和商业情况会越变越糟；另一方面，它又确信自己没有可能在欧洲内部得到希望可以拥有的领土。然而，由于公众舆论的声浪越来越大，想要向民众宣传这一信息，显然非常困难。

甚至在1748年的和约墨迹未干之际，英法冲突的全球化趋向就已进一步显现。事实上，英法两国在欧洲以外的地区仍处于战争状态。在印度，罗伯特·克莱夫\*被任命为英军统帅，这一决定改变了英国的命运。克莱夫没有依靠当地统治者为英国人作战，而是发起进攻，动摇了迪普莱的自满情绪。与此同时，法国人在北美建立起一条堡垒线，从加拿大向南一直延伸到法国的路易斯安那属地。这种限制向西扩张的方式无疑让英国殖民者大为光火。由于担心被法军包围，18世纪50年代初，英军与法军发生了多次冲突。虽然英国起初试图置身事外，但法国的成功被其视作战略威胁。从1754年起，英国政府被迫在北美征召正规军团，以此阻止法国人的扩张。另一方面，法国派出了

---

\* 罗伯特·克莱夫（Robert Clive，1725—1774），英国陆军少将，为英国东印度公司在孟加拉建立霸权。

一支约4 000人的远征军反击，但被英国皇家海军拦截。法军战士被囚禁起来，英国人还继续扣押了300余名法国商人。同时，他们还将8 000名"不忠"的阿卡迪亚人从昔日的法属新斯科舍驱逐出境。到18世纪50年代中期，英法之间的冲突似乎又重新全面爆发了。当然，战争也付出了相应的代价。

## 战争力量的扭曲

战争始终是欧洲君主钱包中最昂贵的东西。欧洲主要大国之间的军备竞赛从17世纪初一直持续到18世纪末。法国军队从早期最多5万人增加到17世纪末的25万常备军，到西班牙王位继承战争期间，更增加到40万人左右。因此，加入大国俱乐部需要付出高昂的代价，特别是像法国这样未来"伟大的国家"，它还想拥有一支强大的海军。

与民政机构类似，国家试图通过下放政府职能的方式来减少军事管理费用。因此，军队团职与司法和财政官员一样，都是可以通过卖官鬻爵获得的职位。这些职位在贵族中被购买、遗赠和出售。这意味着任何没有显赫贵族血统的人都很难在军队中获得晋升。在路易十四的最后几年，每14名官员中就有1名平民——然而在18世纪的大部分时间里，这个数字一直徘徊在1%左右。由于极高的经济利益，甚至很多出身古老贵族世家的乡绅，都觉得自己被排斥在外。为了缓解这种情况，路易十五于1751年在巴黎设立了军事学院，向可以证明身份的四类贵族提供了500份奖学金。

王室希望贵族军官不仅能够武装自己，而且能够负责招募。通常情况下，专业的上校会将负责招募的责任移交给半专业的中士，后者发展出一系列的募兵技巧，包括贿赂、腐败、暴力镇压帮派等等。士兵们往往被视作亡命之徒、屠夫和恶棍，这种形象在某种程度上是自我确认的：军队最终成为社会弃儿（有趣的是，其中包括了不成比例

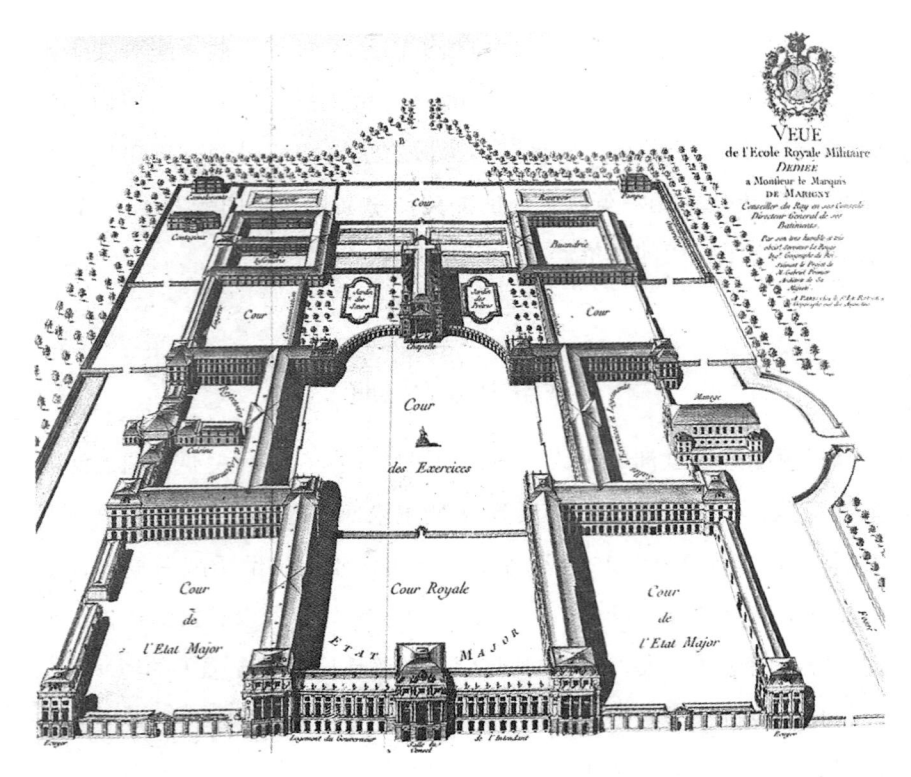

军事学院平面图

的新教徒（因为军队是他们没有被系统地置于不利地位的少数几个职业之一）、流浪者和精神不稳定者的庇护所。法国北部和东部的边界地区招募的新兵数量相当可观，而南部和西部却陷入了相对的僵局。布列塔尼新兵因其思乡之情而臭名昭著——这是一种病态的乡愁。当负责招募的军官无法提供合格兵源的时候，外国人填补了这一空白。18世纪中叶，大约四分之一的法军士兵不是法国人，其中瑞士人和德意志人最多，意大利人（包括科西嘉人）、爱尔兰人、匈牙利人等其他国家的人紧随其后。民兵则是最终的后备力量。民兵在乌得勒支会议后被废除，1726年重新建立，虽然在战争时期民兵可以被征召作为辅助力量，但它并不是前线战争的军队。每个教区的男性都通过抽签来决定是否服役——每年都有几天的军事训练也令人非常反感。

尽管许多基本职能继续采用了"外包"的方式，但国家在军队的武装、供应、训练和维持方面发挥的作用也越来越大。1717年，政府下令在军队中统一使用一种火枪，并从1727年开始从上校手中接管了提供武器的任务。国营仓库供应的高质量面包、肉、酒和衣服，现在也成为士兵的必需品。国家的福利服务得到了发展——军队医院、团职医生等等。国家在军事训练中作用愈发增加，而且付出的价格也越来越高昂。欧洲战场上的战斗阵形转变为三至四人组成的线性战斗编队，这需要高水平的军事纪律。各国政府试图通过军事演习和训练，进一步灌输普鲁士腓特烈大帝的如下观点：一名士兵需要在接受五年的训练后，才可以毫不畏惧地奔赴前线。在这些大规模的新军队中，正面火力是非常致命的，因此指挥官们倾向于发起"衬裙战争"，即宁愿选择围攻、机动、行军和反向行军的方式，也不愿投入不菲的军队在战斗中牺牲。大多数将军都竭尽所能地避免发生面对面的冲突，并在作战时尽量减少对手的损失，以使其无力负担调动军队的费用。腓特烈大帝认为，"让敌人挨饿是一个有能力的将军的杰作"；而萨克森元帅则表示，成为真正伟大将军的标志，是在其职业生涯中没有打过一场激战。这种说法也许是夸大其词，但绝非玩笑之语。[19]

任何指挥官都不会允许他的士兵独自寻找食物。这不仅有可能使原本就已经很高的逃兵率进一步上升到不可接受的程度，而且会通过无端的掠夺，损害平民百姓的纳税能力。军队不再以牺牲民众在土地上的产出为代价，而是更多地从国家供应系统中获得支持。为了维持纪律，指挥官们努力使他们的部队尽可能与民众隔离：1719年以后出现了新的倾向，即把部队安置在军营中，这样就可以使其远离风险，接受24小时的纪律约束。到1724年，这样的军营大约有300处。

因此，到18世纪，安全性的相对成本比之前更高，部分原因在于，战争行为和军队构成的变化，使参与战斗的士兵成为比17世纪更重要的投资。这个问题的另一方面是欧洲的军备竞赛不仅扩大到陆军,也延伸至海军。如果法国真想遏制英国和联省共和国的商业实力,并保持最强的大国地位,它就需要一支强大的海军。17世纪,法国对海军进行了巨大的投资,但在西班牙王位继承战争的大部分时间里,法国的船只建造却不值一提。摄政王和弗勒里并不打算将稀缺的资源投入这个领域。故而,法国也在事实上接受了英国皇家海军的优势地位——18世纪40年代,一旦法国政府决定再次对海军力量进行投资,花费的成本就变得更高了。

对于法国来说,欧洲陆军和海军的军备竞赛意味着,它在普遍和平的条件下保持适当的战力,就需要付出非常昂贵的代价。军费仍然是国家财政收入的主要支出项目。军费比国家的其他开支要高得多。尽管从吝啬的弗勒里变成了挥金如土的蓬帕杜,国家的其他开支(包括宫廷庆典和年金在内)发生了上涨,但与之相比,军费的开销还要高出许多。在18世纪20年代末,随着约翰·劳时代的结束,维持军事部队的开销是6 500万里弗(其中陆军5 700万,海军800万)——大约占国家总支出1.832亿的三分之一。然而在这些开支中,还有三分之一(6 100万)是路易十四战争期间遗留的债务。到了1751年,在耗资约10亿里弗的奥地利王位继承战争之后,军费的数字上涨到1.057亿(其中陆军7 690万,海军2 680万),而国家总支出是2.563亿,需要偿还的债务则上升至7 180万。因此,在弗勒里统治和奥地利王位继承战争期间,国家在和平时期的总开销增加了三分之一以上。军费(特别是海军建设)在政府总支出中的份额仍然非常高。

对截至18世纪50年代初国家支出的分析表明,不仅战争成为开销上涨的因素,还出现了一种新的趋势,即除借款以外,国家常规收入不能涵盖支出,这从用于偿还债务的支出比例上升中就可以发现。王室常规收入的大部分来自一系列令人眼花缭乱的税收。自1439年以来,法国国王就有权对其人民征收直接税。1726年,国王的直接税约占国家收入的一半(1.81亿里弗中的8 880万),而到了1751年,这一比例稍有下降（2.585亿里弗中的1.166亿）。王室的主要税种是"军役税"，这是一项针对土地财富的税收，各财政区对其进行分配，并以种种方式进行评估和征收，还辅之以一系列需要按照同样的时间表缴纳的其他直接税，例如"军役税附加税"和"冬季补充税"等等。法国的大多数省份在行政上被划分为"税区地区"，这意味着这些直接税是通过王室税务官员在当地督办监督下征收的。但是，各个"税区地区"也保留了地方议会，它们与王室就征收和支付某一数额进行协商。这种安排有利于"税区地区"，因为其相对税的负担相当低。教士是另一个以这种协商方式履行纳税义务的主要群体，他们向王室金库提供的"自愿捐献"在其财富总额中只占很小一部分，但可以由此换取免税的法律权利。

因此，理论上普遍存在的缴纳王室税款的义务，实际中充满了任意性和普遍性。在所划分的"属人军役税地区"，税额是根据当地税收官员估计的个人财富来计算的——但只有平民需要缴纳。在所谓的"属物军役税地区"——尤其是在南方，特权附属于财产而非个人：评估通常是基于曾经的土地调查，其中被列为"贵族土地"的财产（即使现在属于平民所有）是免税的。如果说贵族、教士和"三级会议地区"是财政上最受保护的社会群体，那么其他机构也享有税收豁免权。例如，多数大城市都免除了"军役税"。此外，有权势者能够利用他们的社会影响力和庇护关系来减少他们的纳税义务。例如，1695年开始征收的、适用于所有阶层的"人头税"，很快就沦为"军役税"的附属品，以至于被广泛忽视，尤其表现在贵族群体之中。"漏税"是一种典型的贵族荣耀，但也是所有社会群体都渴望效仿的对象。

直接税的评估和征收方式，是出了名的缺乏弹性。尽管在战争时期，教士和各省可能被强迫缴纳更多的税款，但从"军役税"和"人头税"中迅速挤出额外的金钱，则无疑是一件难事。从西班牙王位继

四、毋庸置疑的黄金年代（1743—1756） 205

承战争开始,国王不得不定期对收入(而非财产)征收紧急税。在1710年至1716年间,这种紧急税是"什一税",即收入的10%;但在1733年至1737年间,在常规税收之外还要征收"廿一税",即将收入的20%用于资助波兰王位继承战争。在1741年至1749年间,也有用于支付奥地利王位继承战争的税收。这些要求极其令人厌恶——尽管事实上,宽松的自我评估体系仍然为大幅度降低税务负担提供了可能。

18世纪的君主不像他们的前辈那样过于依赖直接税的收入,因为他们可以从间接税中获得稳定而不断增长的附属收入。在1726年至1751年间,间接税税收从8 860万里弗增长到1.166亿(直接税的收入大体上呈比例增长,从7 990万增长到1.09亿)。与直接税一样,间接税的征收情况也缺乏统一性。例如,盐是国家垄断行业,令人深恶痛绝的"盐税"在不同地区分为六个等级[*],在引发社会公愤的同时,也催生了走私和黑市交易的倾向。虽然某些小的飞地(通常靠近海岸)可以完全免于征税,但有一些省在过去偿还了它们的部分债务,并以低于所谓"大盐税地区"的税率支付。至于"大盐税地区"的缴纳范围,则覆盖了法国北方的大部分地区。在其他主要的间接税方面,同样存在着明显的异常现象和免税情况,即"商品税"和"关税"。"商品税"包括饮料、肉类、鱼类、金属、油、肥皂、纸张等;"关税"则包括对内部流通和货物运输的收税,主要通过收取过路费的方式实现。自1726年以来,盐税、商品税、关税以及烟草税(这是一项利润丰厚的王室垄断税)和其他一些财政费用的征收,都由"总包税所"负责,这个机构由大约40名富有的财政家组成。每隔六年,总包税

---

[*] 1680年,科尔贝尔颁布法令,将法国分为六个盐税区,分别实行不同税制:(1)大盐税地区(pays de grande gabelle);(2)小盐税地区(pays de petite gabelle);(3)盐场地区(pays de salines);(4)赎买地区(pays rédimés);(5)煮盐场(quart bouillon);(6)免盐税区。参见自黄艳红:《法国旧制度末期的税收、特权和政治》,第54—55页。

18世纪时的盐仓

所都会与王室就收税问题展开谈判，其目的是将价格维持在一个水平上，以保证自己的利润可以超过征税成本和每年向王室国库支付的费用。人们普遍认为，对总包税所而言，第一批这样的合同是大有裨益的。总包税所时常通过一支税收官队伍（他们总共雇用了大约30 000人）来强迫民众缴税，此举赢得了民众对盐税永无止境的仇恨以及对走私者一以贯之的支持。

约翰·劳体制失败后，王室税收制度最显著的特点之一是，王室愿意在一定程度上将其在税收领域内公认的"绝对"权力，外包给一系列享有特权的社会团体，而不是像约翰·劳体制下寻求依赖单一信贷来源的灾难性尝试。虽然总包税所是一个负责管理间接税的私人团体，但直接税的管理权，被转让到教士阶层和"三级会议地区"等特权团体以及通过卖官鬻爵获得职位的财政官员手中。尽管出售国家行政机构官员职位的情况从未达到17世纪早期的高峰（当时它们占据了国家收入的一半），也没有达到路易十四战争时代的水平，但在困难时期，捐官制度确实成为增加收入的一种有效替代手段。在18世纪的大部分时间里，通过卖官鬻爵获得职位者大约有50 000人甚至更多，其中约40 000人都由此成为贵族。

一个世纪以来，由于行政和财政效率低下，法国的这些行政举措受到了猛烈攻击。然而，对于那些充分理解制度复杂性的人来说，这个体系颇具优势。其中一个特别之处在于，它允许国家充分利用社会中最富有群体的收入和信贷——正是最成功地逃脱了直接税的那些人。例如，像总包税所这样的团体以及某些卖官鬻爵的职位持有者，还有教士阶层、三级会议地区和主要城市，王室都可以诱使他们发起贷款。以国家名义借贷的成本可能需要两倍利率。此外，"税款包征制"明显降低了行政管理费用的支出，甚至在征税之前就能为国家提供税收收入。不仅是捐官制度，还有对职位所有权的操控，都提供了剥削的可能。因此，在1714年金融风暴的中心，政府曾下令将所有卖官鬻爵者的薪水从其标准值的5%降至4%。故而，在1733年波兰王位继承战争爆发之际，奥里颁布法令，允许捐官制度扩展到市政官员。1743年，出于对奥地利王位继承战争军费不断上涨的考虑，进而规定公证人、律师和宫廷侍者享有的继承权，也需要付出代价。在与总包税所就农民间接税的租约延期条款进行谈判的六年时间中，政府也不忘使用这种隐蔽的勒索手段。由于总包税所与国家之间讨价还价，它们每年向国库缴纳的金额从1744年至1750年间的9 200万里弗，提高至1756年以前的1.011亿里弗，总包税所向孔蒂公主直接赠送了200万里弗，向蓬帕杜夫人赠送了240万里弗，向财政总监马绍·达努维尔[*]赠送了30万里弗。在捐官制度下，公开的腐败现象也就很少

---

[*] 让·巴蒂斯特·德·马绍·达努维尔（Jean-Baptiste de Machault d'Arnouville，1701—1794），1745年至1754年间出任财政总监，1754年至1757年间出任海军大臣、1750年至1757年间出任掌玺大臣。

发生了。

在1730年至1745年间出任财政总监的奥里，在1739年至1740年达成了收支平衡的成就，这不仅表明这个神秘的体系能够有效地发挥作用，而且这在法国王室财政史上是一起值得记录的事件。然而，即使在经济状况最好的时候，它的复杂性也使财政管理的任务变得极其复杂。奥里的继任者马绍·达努维尔在1745年至1754年间出任财政总监，他为人谨慎，但由于奥地利王位继承战争的沉重代价和《亚琛和约》引发的普遍不满，他的任务变得异常艰巨。马绍是一个心志坚定的行政官员，他在地方担任督办期间，就把自己塑造成一个极端忠诚的王室仆人，他决心抓住机会进行更多的结构性财政改革，即对个人收入征收新的普遍直接税。1749年5月，马绍宣布，自1750年1月起，于1741年战争期间实施的"什一税"（或两个"廿一税"）将被较轻的一个"廿一税"取代——实际上是对收入征收5%而非10%的税款，这些收入也会被纳入一个特别的基金，专门用以偿还国债。但是，这一削减并不带有多少慷慨的意味：因为马绍既没有明确该税种的设置重点，还宣布它将在全国范围内执行。它不是由传统捐官制度下的财政官员征收，而是由向督办负责的新税务官员征收，他们有权要求对个人的纳税申报做出解释。因此，尽管"廿一税"的税率只有"什一税"的一半，但人们还是希望它会为王室财政带来更多收入。

王室收入的保密意味着政府无法保证这项财政措施的审慎。此外，"廿一税"的合法性似乎也是可疑的。国王"自食其力"的中世纪传统，在18世纪只能作为一种虔诚的愿望而存在：王室在其领地上的收入，仅占国家常规收入的百分之几。然而即便如此，人们还是普遍认为，只有非常时期的战争状态，才能证明政府过分要求的合理性所在。1725年，波旁公爵试图在和平时期征收"五十分之一税"（即收入的2%），此举在政治上引起轩然大波，导致了波旁公爵的耻辱及其被解雇的后果。1749年，面对来自各省高级法院和巴黎高等法院针对"五十分之一税"的抗议,马绍努力捍卫了自己"铁头"的绰号。很快,教士和省三级会议代表这两个享有广泛财政特权的群体,也发出了抗议的声音。1750年6月,教士会议发起了一场精心策划的运动,以此捍卫教会传统的税收豁免义务,而非法律虚构的自愿捐献。会议希望将改革作为一个法律问题和道德难题,一位主教甚至将教会的情况与圣多马·贝克特*的情况相提并论。在三级会议地区的各省代表加入争论的过程中,上述内容得到了回应,尤其是在地方主教掌握控制权的朗格多克地区。然而,1750年12月,路易十五为马绍加上了掌玺大臣的头衔,这位财政总监与蓬帕杜夫人集团的两方面支持相互结合,特别是后者厌恶教会在王后周围形成的虔诚者团体。马绍参加教士会议的代表送回了他们各自的教区,而且解散了朗格多克的省三级会议,直到1752年方才使之恢复。特权阶层进行煽动,试图将马绍的观点引入公众舆论领域,但后者并没有回避这一点,甚至还雇用了小册子作者(包括伏尔泰)来嘲弄教会的主张。

在这种情况下,尽管马绍在巩固王室权威和扩大国家税收基础的领域颇有成效,但路易十五还是在胜利的夹缝中遭遇了失败。马绍在政府中获得强大地位,终于功亏一篑。究其缘由,既不是因为财政危机,也不是因为宫廷的派系斗争,而是因为在所谓的"忏悔书事件"†中詹森主义重新抬头的影响。1751年12月,国王不顾马绍相对合理的判断,向教士会议屈服,免除了"廿一税",如此一来,政府和教会就可以一道唱着同样的赞美诗,束紧腰带来应对即将重启的詹森派

---

\* 圣多马·贝克特(Saint Thomas à Becket, 1118—1170),1162年起任坎特伯里总教区总主教,因反对英国国王亨利二世对教会的干涉,被人刺杀殉道。

† "忏悔书事件"(Affaire des billets de confession),1746年,亚眠大主教要求教区内所有教士提交忏悔书,表明对1713年《乌尼詹尼图斯通谕》的支持和对詹森主义的谴责。1752年,巴黎总教区总主教决定采纳亚眠大主教的做法。对此,巴黎高等法院在1753年至1754年间通过立法和罢工等方式以示反对。路易十五将巴黎总教区总主教和高等法院法官纷纷流放。此后,通过全面大赦、1754年9月2日颁布禁止讨论詹森主义问题的"沉默法"以及1756年教宗通谕,事件逐渐平息。详见本书第六章第一节。

斗争。[20]这段插曲进一步表明,在绝对主义政体中,财政政策虽然可能非常重要,但也总是受制于政府变幻莫测的政治命运。

## 法国乡村的生命体征

在18世纪50年代初的政治危机中,百姓生活的苦难成为国王反对者们提出批评的理由。然而事实上,尽管出现了歉收造成的短期问题,但法国经济的总体表现仍然良好——的确,它比许多同时代人所怀疑的情况要好得多。

人们普遍认为,国家财富在很大程度上依赖于农民,他们生活在自给自足的经济中,几乎没有任何改变或进步的余地。正如主张国王应当"自食其力"的观点,理想的乡村生活表现为,家庭既是生产单位又是消费单位,并且拥有足够的资金来满足自己的大部分需求。多数农村家庭的户主都把相当多的时间用于生产足够的食物,以供自己和家人生活之用。农村生活的支柱是面包,而只有自家生产的面包才是最美味的。政治统计专家们认为,每个成年男子每日食用面包的价值在4至5里弗之间,这是一种无法抗拒的普遍需求。在农民的词典中,"赚取面包"就是"谋求生计"的同义词,人们对面包的称呼就像爱斯基摩人对雪、贝督因人对沙子的称呼一样多,每个名字都充满了营养品质、地理渊源、经济地位和社会希望的含义。因此,富人可以买到以小麦为原料的白色面包;穷人可以买到未经发酵的黑色大麦面包和玉米粥;而最贫困的穷人——例如维瓦赖地区丧失了继承权的贫民——则可以买到几乎无法消化的栗子面包,某个村庄还自豪地吹嘘:"(面包是)我们的营养来源、我们的主要食品,我们可以靠这些东西来养活家人、仆人、宠物、牲畜、家禽和猪。"[21]

维持和延续家庭单位的愿望,伴随着对地方自治的彻底承诺。大多数农民终其一生都生活在出生地附近5至10英里的范围内。当他们不能用自己的生产来满足家庭需要时，他们就指望他们的邻居、村庄和地方——他们的"地区"——来保障供应。这个"地区"既包括了当地每周一次的商品交易市场，也涵盖了大多数其他需求——例如提供公证员或外科医生的服务，抑或是地方的王室法庭。农民的住所主要是用当地的材料建造和布置的，他们的面包与饮食也尽可能由自家生产，他们的衣服、工具和家具也同样是在家中制作或是世代相传的。在这个地域范围内，四分之三的男性和五分之四的女性青年找到了他们的结婚对象。"乡土观念"——"对当地教堂的忠诚"——是法国农民的一种本能反应，想找到可恨的外国人并不需要跨越英吉利海峡或是比利牛斯山脉："外国人"往往就是邻村或附近地区的居民，他们可以通过衣着或口音被迅速辨识出来。活跃的年轻人用暴力和激战的方式与邻居作战，以爱国之情捍卫着他们村庄的荣誉。

乡村景观的重要表现在于家庭的优先地位：以满足当地需求为指向的多作物栽培是一项准绳，其中谷物种植在田地生产中占据了首要位置。"农田"是一个从罗马人那里继承而来的术语，在构成乡村景观的其他要素中，这片耕地占据了主导地位：农民的住所或住宅以及周围的花园，为耕种提供了更广泛的空间；盐碱地、草场、灌丛、树林和荒地的混合类型土地，则在耕地和居住区四周随意延伸。这种情况在以粮食生产为主的北部和东北部地区最为明显。在这片所谓的"大面积耕作区"，露天耕种占据主流，谷物生产占耕作面积的三分之二至五分之四左右。一望无际的玉米地里，种植着黑麦（供当地消费）、燕麦（供当地牲畜）和小麦（供城镇和富人使用）。田地不是封闭的，通常是中世纪的条状结构并遵循了轮作制度，即每年至少有三分之一的耕地可以休耕。盐碱地的缺乏致使几乎没有留下放牧的空间，而牲畜的短缺又造成了主要肥料——粪便的长期不足，从而使农作物产量很低。在这个地区，盐碱地提供生活的辅助手段是通过拾穗和徒劳的放牧等手段实现的,在收获之后,土地被移交给了这一共同体内的所有农民进行管理。

在这片典型的大面积耕作区之外,很少有开放耕种的田地,而在当时的地理气象条件、法律状况和历史差异之间的相互作用下,也产生了一种更多样化的多元种植景观——这也进一步导致了当地饮食的多样性。在西部和南部,农田被树篱分割成更小的土地。谷物的准单一化生产被更加多样的种植所取代:诺曼底和其他地区的牧业,波尔

卢瓦尔河谷中劳作的农民

多、勃艮第和卢瓦尔河谷一带的葡萄，地中海南部的橄榄和果树，北部和西部沿海地区的麻、亚麻和亚麻布，以及南部和西部沼泽地的盐。在法国，通常以两年为周期轮种的谷物种类也更加丰富：例如，西部地区有大量的荞麦；而16世纪从"新世界"引进的玉米，则在阳光充足的西南部地区被广泛种植。在南部和西部的许多地区，花园的规模往往更大、更广，同时允许作物品种的多样化和进行大量瓜果蔬菜的试验——例如在南方有大蒜、西红柿和茄子；而相对传统的北方则有豌豆、菜豆、卷心菜、胡萝卜和洋葱。耕地之间的盐碱地也得到了广泛利用——盐碱地占中央高原上耕地面积的二分之一，而在北方的阿图瓦只占4%。盐碱地提供了家畜褥草、燃料（木材和倒下的树枝等）以及食物的替代品（浆果、蘑菇等）。

  法国农民和农业中自给自足的倾向，是农田、花园和盐碱地的多元化种植的产物，而其根基则在于糟糕的农业技术和低效的交通状况。在英国和荷兰，有关农业改良的出版物市场相当繁荣；而在法国，自奥利维耶·德·塞尔[*]于1600年出版了赞颂自给自足的《农业与田间管理》一书以后，直到18世纪中期，就再也没有关于农业的新作品出版。僵化古板的技术影响深远：例如，在南方地区，人们使用的轻质耕犁与其罗马先辈使用的工具差别不大。当邻国开始尝试农业创新之际，法国却几乎毫无进展。正如我们所看到的，尽管法国的对外贸易和殖民贸易逐渐蓬勃发展起来[22]，国内贸易的进展仍然相对缓慢。路程远近并不是一个重要因素——陆路每天可以行进30至40公里，尽管水路运输比使用骡子的陆路运输更具优势，但水路交通并不常见，且可能由于洪水泛滥或水位过低等原因而造成延误。不出所料的是，图卢兹和巴黎的谷物价格完全不同，这种现象突显出市场的地方主义色彩。18世纪的法国不是单一的国民经济体，而是"准分

---

[*] 奥利维耶·德·塞尔（Olivier de Serre，1539—1619），法国农业学家、活跃的新教徒。

子化"的经济集合体，而所有地区的经济情况，都极其依赖于当年的收成。

在落后的农业技术与交通状况，以及过度依赖谷物种植的情况下，地方主义可能带来的最坏结果就是周期性饥荒，恶劣天气会造成收成不足，进而引发饥荒。在17世纪和18世纪初，法国受困于突发的"死亡危机"，在饥饿和灾荒的影响下，某个地区的死亡人数急剧上升到三倍、六倍甚至十倍。特别是在大面积耕作区，粮食价格就像人口数据的晴雨表，由于收成欠佳而导致的高物价现象，使死亡人数直线上升，形成了所谓的死亡率"塔尖"。虽然南部和西部的作物与饮食种类更加多样化，一定程度上对人口数量的减少起到了缓冲作用，但没有任何地区能够免于这种致命危机。正如我们所看到的，在路易十四"伟大时代"的最后几年，大批农民都在忍饥挨饿。[23]此外，每一场全国性灾难，都伴随着无数的地方危机，而糟糕的交通状况往往还意味着，当粮食短缺地区的农民正在经历疾病和饥饿时，邻近地区的农民却可以享受丰收的喜悦。

饥荒并不是造成死亡的唯一原因。农民家庭也经常遇到婴儿夭折的问题，平均每三或四个孩子中就有一人在一岁之前死亡，新生儿只有一半的可能进入青春期。这种内在的、日常的死亡与饥荒造成的灾祸、战争和疾病如影随形。危及生命的流行病可能不会受到收成状况的影响——1720年的马赛瘟疫就发生在经济情势良好的时候，但在实际中，它往往会加剧饥饿和营养不良的冲击。饥饿的农民吃得下任何东西，例如未成熟的水果和浆果、杂草和荨麻，甚至按照一位17世纪阿尔萨斯编年史家的说法，还包括"大鼠、小鼠、被吊死罪犯的尸体以及腐烂的遗体"。[24]此外，在瘟疫发生时，正常经济关系的崩溃也产生了类似的致命影响：当代的医生认为，这种疾病并不具有传染性，他们把瘟疫发生的原因归咎于饥饿问题。正如在1692年至1694年间和1709年至1710年间的严重危机所表明的那样，瘟疫和饥饿共同调制了一杯致命的鸡尾酒，再加上战争的影响，就造成了更加致命的后果。[25]

如果考虑到可能发生在农民身上的一系列人为与自然灾害，那么法国人口在中长期内保持相对稳定的情况，也就是一个令人惊讶的现象了：从15世纪到18世纪初，人口数字在1 700万至1 800万和2 000万至2 100万之间波动。尽管法国农民的"分子式结构"不适应持续的增长，但它在最恶劣状况的冲击下，还是保持了高度的弹性和持久性。高死亡率（大约每年4%）与高出生率基本适配，这也表明了人们缺乏系统的避孕知识。高死亡率危机出现的标志是结婚率和怀孕人数的急剧下降（通常高达50%），但当死亡人数下降时，就会出现一种休养生息的倾向，怀孕人数也会出现令人欣慰的激增。这种模式与普遍存在的家庭构成方式相关。在结婚建立一个独立家庭时，很正常地，伴侣们也会为此提前积累财富——不过这一因素的影响在于，结婚年龄推迟到远超正常生理年龄的最大限度之外，并产生了大量的未婚独身者。可用土地的限制意味着婚姻年龄常常被推迟，直到死亡产生的遗产或在土地市场上出现了新的利润可以使受挫的独身者获益之时。年轻女性在20至25岁结婚，男性则在接近30岁时结婚。

从中长期来看，人口规模的自我平衡与稳态机制的力量都强调，经济在很大程度上是围绕对农民的保护和生存而展开的。此外，农民也必须在社会和司法体系中生活，即现在所说的"领主制"或"封建制"，二者也抑制了创新。除了少数有土地自由处置权的飞地外（尤其是在南部），所有财产都要在大约50 000个领主等级会议内被缴税和履行义务。其中约有一半为贵族所有，其余则由资产阶级、教会或集体所有者（如乡村共同体）持有，后者的规模从一个村庄的几分之一到大片土地不等。传统上，领主权被分为以下两类：其一，包括庄园在内的领地由领主直接拥有和耕种，通常在其管家的监督下以"分成租佃制"或"租赁制"的形式出租；其二，在农民和其他人之间分配土地的使用权或征收年供。总体来说，如果考虑到巨大的地区差异，农民拥有大约30%至40%的耕地，贵族拥有约25%，资产阶级占约20%，教会则占6%至10%。持有租约的农民需要向其领主支付一系列费用，具体形式在各地有所差异。大多数人付钱，或者说用现金来支付租金，尽管有些人将租金折算为实物，许多人将其折算为不受欢迎的"实物地租"——或称为"领主什一税"，即交付产值的10%。农民可以在很大程度上不受限制地出售和购买、交换和捐赠、接受或遗赠土地，但也必须为此付出代价：他们在出售、继承或交换土地时需要缴纳转让税。例如，对民众来说，"遗产杂税"就是非常繁重的

"旧制度"时期法国社会的三个等级：神职人员、贵族、其他阶层

土地购置税。

古典中世纪风格的封建主义并不具有普遍性：农奴只存在于像弗朗什-孔泰这样法国新近获得的地区，他们被束缚在土地上，毫无权利，并为领主承担劳役费用。然而在农民心中，封建制仍然是一个重要的观念。这笔费用不仅包括了他们所欠的各类款项和服务，还反映了领主在整个领地内享有的司法权和治安权，而这些权利往往通过个人的致敬行为以及其他一系列的荣誉性和习惯性权利来体现：领主在教堂内拥有属于自己的专座，在教堂的风向标上刻有自己的纹章，对放牧权有优先地位，对领地里的鸽舍拥有权利以及各种象征性的劳役等等。虽然这些附属的权利中有些是荣誉性的，但其他权利比严格意义上的领主费更具经济价值，因为领主费只占大多数领主收入的一小部分。例如，许多领主依靠其庄园的领主专营权获得巨额收入——他们有权坚持要求所有农民（用一个仍在使用的古老词汇说是"附庸"）使用他们的酒窖、磨坊或面包炉。领主通行费是另一个赚钱工具：在卢瓦尔河的源头和入海口之间有不少于77处收费点，而河运则是当时最常用的交通方式之一。即使在经济收益不高的情况下，领主的权利也会引起人们的强烈不满——例如，由于领主享有在其土地上狩猎的垄断权，那么当领主的鸽子在春天随意吃掉种子时，农民们也不得不沮丧地忍气吞声。

领主制度对农民耕种产出的影响因地而异。在某些地区，乡村共同体足够强大，可以对抗他们的领主，还可以削弱领主的力量。这种情况尤其表现在南方，那里的乡村共同体往往购买了领主的职权，来自领主的负担通常不到农民产出的十分之一。然而在其他地区，特别是勃艮第和布列塔尼，这一比例常常高达四分之一。如果与农民的其他开销一起考虑的话，来自领主的负担就更重了：教会对所有产出（除了新作物和园艺种植的作物）征收什一税，通常缴纳8%至12%的实物税；之后是用以维护公共财产的地方税等等；当然还有国家税收。总的来说，通过上述方式，平均每年可能有三分之一及以上的农业产出被榨取。可是，对于农民来说，他们赖以生存的经济环境相当依赖于变化无常的气候，产出也没有"平均年份"的说法，每年的粮食产量可能出现两倍的波动，征收的费用也不稳定，还必须留下大约五分之一的收成用以下一年的播种。农民不得不在家庭内部采取一种"权宜之计的经济"[26]，他们将所有家庭成员的工作（对于较为富裕的农民来说，可能是纺织业或乡村作坊）与移民、乞讨和不重要的犯罪结合起来，在必要时还可以借贷。

  考虑到农民身上沉重的负担，一个令人惊讶的现象是，公开场合出现集体抗争的迹象相对较少。正如我们将在下文看到的那样[27]，在物价高涨和粮食匮乏的年份，会发生谷物和市场骚乱，一股强有力的轻微犯罪的暗潮也在涌动（偷猎、盗窃、纵火等），还有大量的农民诉讼。但是与17世纪前三分之二的时间相比，这些只不过是小事一桩，当时的国家税收增加了三到四倍，引发了遍及全国的一系列反政府骚乱和民众起义，而这些暴乱的支持者往往是那些不满于国家抽取了农民的大部分剩余财产的领主。在路易十四统治时期，直接税增幅速度的放缓削弱了财政压力，加之政府对叛乱者采取了更严厉的镇压措施，使法国乡村再次重归平静——在此过程中，特伦托宗教会议后教会培养出的教区神父，也作为道德监督机构发挥了一定作用。同样重要的事情还包括，已经非常严厉的反流浪法日益收紧，农村的警察力量进一步精简，"骑警队"获得了来自军队的支持，再加上从17世纪80年代到18世纪30年代着力构建的"穷人大限行"，即强行将不正常和贫困的群体安置在"综合医院"，他们在那里既可以受到惩罚，也能在道德上重新回到社会与政治的轨道上。

  如果说18世纪的农民比他们的先辈更加温顺的话，这也是由于地方共同体意识在一定程度上受到了削弱，而早先的骚乱和起义正是以这种意识作为基础的。领主们发现自己在乡村共同体中正在被边缘化。以土地为生的人口数量减少了：大贵族的生活以巴黎和凡尔赛为中心；中层贵族更多生活在外省的城市中；而许多更贫穷的小贵族——他们被称作"燕隼"——要么保持低调，要么就干脆沦为农民，这种情况特别发生在政府要开始打击所谓乡绅中的逃税者时。地方庇护关系的既定模式已经消失：例如，到了1750年，一个不在庄园的公爵地主更希望一个有能力的资产阶级管家来帮助他管理庄园，而不是一群住在当地的贵族家属和平民来向他寻求庇护。领主在其共同体内部的职能也在不断减少。由于沃邦"钢铁束带"工程的成功，当发生战争和入侵时，领主们的城堡为农民提供人身保护的作用也被削弱。领主在维系和平方面的能力也不断下降。农村共同体往往能有效地自我维持治安，而新编组的骑警队则充当了辅助性的维和武装。此外，过去负责处理大部分地方诉讼的领主法庭，在实际中也越来越多地被王室法庭绕过。尽管王室法庭的诉讼费用和冗长的时间，让许多农民继续依赖于领主法庭处理小事和紧急事务，但国家似乎常常能提供更加真实而公正的服务。

  农民与领主之间的情感联系日益减少。领主曾经为农村共同体提供的服务，其价值也已经降低了。现在，领主不太可能以慈善的形式将其收到的款项返还给共同体。过去，他们的大部分开销都来自地方资源，并为当地人提供就业机会和照顾，但这种情况也在减少。例如，诺曼底地区圣皮埃尔桥的贵族朗切罗勒斯家族就是一个典型的例子，他们放弃了当地的地方特产，而选择了进口食材——香槟、牡蛎、各式各样的水果和蔬菜、咖啡等等。领主们从村庄中拿走钱财和产物，却很少回报乡村，这种做法使他们日益受到怨恨——这也是对教士负责的什一税进行批评的原因，十有八九的税款会离开乡村，最终落入城镇的知名教士手中。大多数领主对农业改革缺乏兴趣，他们只允许租户签订短期租约，自己也很少向农业生产投资，反而更倾向于利用官场贪腐或其他投资渠道，这种情况似乎只是证实了如下的观点,即大多数领主将农民们视为"集体的奶牛",以便为自己日益广泛化的口味提供养料。

如果说农民和领主之间的团结意识在18世纪初逐渐瓦解的话,那么社会和经济的变化也给农民自身带来了更广泛的差异化意识,并且使普遍农民自治的假设就像国王"自食其力"的观念一样可笑而过时。从16世纪中期到1720年前后,土地占有模式发生了重大改变。由于低粮价和高国家税收的不良影响,中下层的农民被迫负债,继而经由臭名昭著的滑坡效应而被征收了土地。贵族和城市资产阶级倾向于抢收城镇附近最好的食物——例如,巴黎南部广阔的谷物种植区的所有权,就被这些团体和教士所垄断。

然而,艰难时期的农民债务不仅为社会精英提供了机会,也为其他农民提供了机会。因此,农民阶层的结构变得愈发等级森严。少数的富裕农民占据金字塔顶端,他们正在向资产阶级靠拢,即使在困难时期,他们的生产也足以养活自己和家人。在一般的村庄中,都会有两三个农民拥有犁和牲畜(供自己使用或租给社会底层),还会有一辆将剩余产品运往市场的马车,他们拥有超过10公顷的土地、成群的牲畜,以及带有初具早期绅士风格装修的房子和花园。特别是在大面积耕作区,这些农民可能是村子里唯一的识字者,他们常常将耕作与领主管家或收税员的工作结合起来,并稍微涉及了放贷的领域。这些"乡村公鸡"受到了那些没有土地、没有文化和没有运气之人的痛恨,因为他们似乎成为所有农民都向往的家庭独立模式的化身,但很少有人能成功实现这样的目标。大多数村庄都有一群拥有4至10公顷土地的农民,他们在经济依赖与经济独立之间徘徊:年成好的时候,他们生活兴旺,可以生产出足够多的事物;但如果收成不好(更多地是因为人口流动、孩子过多或长期生病),就会导致借贷、出售土地和家庭贫困的现象发生。在这个群体之下,还有大量农民只拥有很少的土地或根本没有土地,这些人在许多村庄中占据了人口总数的三分之二

四、毋庸置疑的黄金年代(1743—1756)

以上，他们依靠为领主或更富有的农民提供有偿工作、农村共同体的集体权利以及构成农民临时经济的其他权宜之计为生。从这一队伍中衍化出农村世界中另一个长期的构成要素，即成群结队的乞丐和流浪汉，他们在路上游荡，寻求就业和谋生机会。

对农民群体中最不稳定、最不受到保护的人来说，路易十四统治时期的最后几年是非常艰难的——这在1693年至1694年和1709年至1710年的死亡危机中表现得尤为显著。然而，在17世纪末和18世纪初这个看似充满苦难的无底洞里，还是出现了一些新发展，到1750年左右，这些发展已经改变了法国农村中某些最深远持久的阴暗特征。考虑到1690年至1710年间的死亡危机造成了人口的极大损失，恢复的过程可谓是相当迅速和完美的。1690年大约有2 150万人，到1710年已经增长到大约2 260万人。这些年间的大量死亡为土地持有模式带来了新的缺口，而这些缺口可以被年轻而勤奋的适龄夫妇所迅速填补。尽管路易十四统治最后几年和摄政时期的经济问题似乎对人口的上升趋势形成了阻碍，但著名的"约翰·劳体制"对许多农民来说却是"塞翁失马"，18世纪20年代初的大规模货币贬值，使他们的债务降低到微不足道的水平。在许多旧账被一笔勾销的同时，农业和工业领域还出现了更多的就业机会。正如我们将在下一节中所看到的，此时的工业取得了重要进展。

经济转好的态势恰好与法国近代早期三次人口危机影响减弱的情况相吻合。即使在路易十四统治时期的最后几年，与战争有关的人口损失也不是那么严重，其部分原因不仅在于大多数战役是在法国本土以外进行的，而且在于法国军队与其欧洲同辈们一样，正在发展更好的军事补给系统，从而减少了对土地的依赖。致命疾病也在退却。17世纪60年代以后，黑死病就长期处于相对平稳的状态，虽然它于1720年在马赛和普罗旺斯暴发，但这证实了政府有能力通过隔离和卫生警戒带的措施，来控制瘟疫的流行及其在全国范围内的蔓延。其他

鼠疫在乡村地区的致死率极高

疾病从侧面填补了鼠疫消失后留下的人口空缺：天花、痢疾和伤寒仍然极具危害，但它们都不具有鼠疫的致命性，因为后者的死亡率高达90%，甚至可以使一座大城市的规模减少一半。

  战争和流行病对人口数量的影响日益下降，而且得益于18世纪20至30年代的有利经济环境，法国的人口数量正在以前所未有的速度增长，在同时代人眼中，这是完全出乎意料的事情。从1720年的约2 260万上升到1730年的约2 380万，十年间的人口增幅在5%以上。法国人口数量在增加120万的基础上，到18世纪30年代又增加了80万人。饥荒成为过去。在18世纪初的几十年里，粮食市场的紧缩起到了一定作用，但政府的饥荒救济政策也产生了效果。这一点在1739年至1742年间非常明显，当时的恶劣天气导致了一系列歉收，同时代人甚至认为，现在的情况比1709年至1710年更加严重。中央政府利用地方督办提供的关于歉收的情报，动员慈善团体，在国际市场上收集余粮，还协调对受灾最严重的地区展开饥荒救济。一些地区（特别是布列塔尼和安茹）虽然还是受到了严重打击，但人口损失从未达到此前类似死亡危机的规模，其总体人口水平一直保持到1750年，之后才

四、毋庸置疑的黄金年代（1743—1756） 223

出现了另一个增长高峰。1750年的预期人口寿命比1700年或1650年多2岁，而且还在上升。尽管政治精英们仍然专注于无法改变的农民苦难，还被人口减少的恐惧所困扰，但他们在很大程度上还没有意识到，法国农村的生命力出乎意料地强大。

## 悄然而至的健康与财富

由此，笼罩在路易十四统治最后几年里的死亡阴云开始消散。现在的社会和人口状况充满活力，而非停滞不前。死亡危机对生命和身体的威胁越来越小，预期寿命增加，人口增长。另外，随着一个漫长的人口周期接近尾声，长期的经济扩张迹象也开始露出苗头，这不仅与人口繁盛和农村复苏有关，也与贸易和制造业的发展有关。从路易十四逝世到大革命爆发，法国的人口数量增长了三分之一，即从1715年的2 160万增长到1789年的2 860万，而法国与欧洲的贸易额增长了四倍，与殖民地的贸易额增长了十倍——这个记录是其他欧洲国家，甚至是其多年竞争对手的英国都无可比拟的。尽管一些最令人印象深刻的变化都发生在18世纪50年代以前，但直到本世纪中期，法国人对这些戏剧性的、几乎是在地下发生的变革以及商业资本主义的发展，都只表现出一种零星的、不全面的认识。健康和财富都是通过隐蔽的方式悄然而至的。

在一定程度上，法国经济的发展是路易十四统治最后几年糟糕表现的复苏。然而，即使在1715年以前，乌云中也蕴含了一线希望。就在此时，出现了整个18世纪的法国经济中最有活力的领域——殖民地贸易，特别是加勒比海贸易。1715年，法国商船的吨位比1667年高出3.5倍，圣马洛和敦刻尔克等港口正在全力从掠夺私人船只的活动中获利，这有助于使英国和荷兰的贸易商品重新流入法国。以西印度群岛为基地的蔗糖贸易也开启了它的辉煌事业。最远不过1685年，法国在其殖民王冠上的明珠圣多明各岛上还没有任何甘蔗种植园；到1717年，种植园的数量超过100个，其中从非洲运来的黑奴工人也从1700年的9 000人增加到1715年的24 000人；1730年，黑奴工人的数量达到了8万人。圣多明各岛的蔗糖产量在1714年是7 000吨，到1742年已经增加了六倍，而到1789年将增加10倍。瓜德罗普岛和马提尼克岛是法国在西印度群岛的另外两个重要殖民地，这里的奴隶数量在1686年至1720年间也增加了四倍。在这些出产蔗糖的岛屿上，还有靛蓝染料和少量的烟草、棉花的产业，尽管后者的产量尚未达到美洲其他地区的水平。18世纪20年代末以后，马提尼克岛还特别增加了另一种商品——咖啡（在此之前是从阿拉伯进入欧洲的）。从《乌得勒支和约》签订到1756年七年战争爆发，法国仅从圣多明各岛进口的蔗糖和靛蓝染料的贸易总额就增长了17倍。

  国际贸易的蓬勃发展得益于以下的事实：在路易十四统治的最后几年中，对于欧洲的竞争对手来说，法国的货币严重贬值和较低工资

**圣多明各的甘蔗种植园**

水平使其制造业出口极具竞争力。那些面向经济作物而非谷物生产的农业经济部门也是如此，比如葡萄种植业。一旦进入和平年代，法国的出口总额在不到十年间就翻了一番，到了18世纪40年代初又再次翻倍。截至1748年，法国保持着大约每年4%的出口增长率，总体上来说，也比接下来的时期更加引人注目（到1789年的年均出口增长率不过2%）。人口领域的增长模式也与之类似：18世纪年均人口增长率的最高峰出现在18世纪第二个十年至18世纪40年代之间。

这种强劲的表现也反映出，尽管路易十四统治的最后几年形势严峻，但对经济的结构性破坏程度有限，扩张的基础仍然完好。法国的农业财富与一系列令人印象深刻的工业相辅相成，科尔贝尔的重商主义政策对这些工业的发展做出了很大贡献。虽然很少有地区完全没有某种形式的工业——自给自足的影响很难消除——但是诺曼底、皮卡第、佛兰德和香槟等省份，都具有相当强烈的制造业导向。尽管工业的集中化程度很高，但大部分生产过程都发生在农村，"原始工业"增加了农民可支配的资源，正如我们所看到的，法国逐渐摆脱了17世纪末和18世纪初相对沉闷的困境。羊毛纺织制造业遍布于所有主要的纺织业地区，里昂、图赖讷、曼恩、奥弗涅，以及从朗格多克上游和维瓦赖延续到比利牛斯山脉的新月形地带，也都是如此。亚麻纺织业在法国西北和多菲内地区得到了长足发展，里昂和尼姆附近的丝织品生产也很发达。法国主要的煤炭产区是在圣艾蒂安、卡尔莫、卢瓦尔河沿岸、瓦朗谢讷周边，以及18世纪30年代逐渐开采的昂赞等地，但法国煤炭对能源的供应量却不如英国。此外，英国炼铁业也让法国黯然失色。法国的金属制造业主要集中在东部和东北部，但在佛兰德、诺曼底和比利牛斯山脉也有前哨基地。其他值得关注的产业还有造纸业（主要分布在特鲁瓦、奥尔良、佩尔什、奥弗涅、利穆赞和昂古莱姆等地）和玻璃制造业（主要分布在圣戈班）。在18世纪50年代末，利摩日和讷韦尔的陶瓷制造业实现了高度专业化；塞夫尔的王室工厂（路易十五让蓬帕杜夫人对其进行监管）生产的瓷器，也已经具备世界领先水平。

位于法兰西岛的塞夫尔，展示了法国制造业的一个典型特征，并为法国在世界市场上赢得了突出地位——以时尚为导向。17世纪末以降，里昂的丝绸商人已经发展出一种以时尚为导向的生产周期，他们以高价推出新品，然后在行业竞争者开始模仿他们的风格之时，再以低价售出库存，并同时再次推出更新的产品，而竞争者又需要一段时间才能做出反应。"时尚帝国"[28]与新奇、多样、令人惊喜的精神完全契合，这是18世纪上半叶盛行的洛可可风格的内在特征。这种风格不断拓展，影响到了法国人在世界市场上的全部知名奢侈品领域——丝绸、时装、银器、镜子、家具、上等葡萄酒与白兰地、瓷器等等。

法国独具一格的"以时尚为导向"的生产周期，既受到了外国人的羡慕，也得到了科尔贝尔的赞许。他曾指出，"时尚对法国的意义就像秘鲁金矿对西班牙的意义一样"，约翰·劳也对此表示赞同。[29]传统纺织业得到了蓬勃发展：在这些年间，亚眠的羊毛产量翻了一番，博韦的羊毛产量增加了三倍，而里昂的丝绸产量也实现了倍增。棉花——18世纪最伟大的纺织业成功案例——在18世纪中叶已经开始在法国的国内外市场上取代羊毛和亚麻织品的地位。在17世纪20至30年代以前，轻质棉布的生产只局限在鲁昂地区，此后又扩展到诺曼底和法国西部，而其产量从1732年到1766年翻了一番，此后更是加速发展。重工业取得了长足的进步，而法国擅长的奢侈品也继续保持领先地位。例如，在1715年至1739年间，圣戈班的装饰玻璃器皿产量增加了一倍。法国商品普遍具有较高的质量：商人和制造商不断抱怨工厂检查员对他们的限制，但正是由于对品控的关注，才使法国商品在海内外市场上赢得了声望。

纵观整个18世纪，法国经济蓬勃发展的标志之一就是它与海洋的全面接触，这与法国一直坚持的陆地政策导向形成了鲜明对比。长期以来，法国政府的地缘政治战略和经济稳定、以自给自足为导向的农业基础，都使得这个实际上拥有超长海岸线的国家看起来像是一个陆地国家。以往，法国大部分地区都对海洋视而不见，把沿海地区的居民视为异类，认为那里充满了信仰无神论的异教徒（众所周知，反宗教改革对航海迷信产生的影响很小），觉得当地民众的经历超越了正常理解的维度。甚至到了1701年，一艘波尔多船只的船长还能使他的雇主相信，由于他在纽芬兰附近的海域中遭遇了一条从深海中出现的巨龙，这才弄丢了船上的货物。[30]海洋的召唤就是贸易的召唤——17世纪，波旁王朝想方设法来回应这种召唤，并推动法国人放弃了对蓝色海洋的不信任。在黎塞留、科尔贝尔和路易十四统治时期，法国政府建立了全球贸易网络。商业和殖民地投资的深层理由在于，更广阔的世界提供了农产品和原材料，可以换取法国的制成品。这种转移将以牺牲商业对手为代价，促进本国工业的发展。至于欧洲的政治家们则认为，商业财富相对缺乏弹性，因此一个国家所获得的任何东西，都必然会对其竞争对手产生不利影响。不可否认的是，法国在1700年以前取得的成就，都在路易十四统治最后几年的战争中遭到了破坏。英国人、荷兰人以及其他17世纪典型的入侵者，越来越多地超越法国，占据了上风位置，而《乌得勒支和约》的签订，更使法国人再一次受到打击。作为西班牙在新大陆殖民地提供种植园的重要垄断机构，"阿先托斯"在1702年被西班牙的波旁王室移交到法国人手中，但在1713年又被转交给英国人。在《乌得勒支和约》中，法国失去了新斯科舍（即"阿卡迪亚"）和"远北"地区。现在，这些地区由英国的哈德逊湾公司所掌控。不过法国守住了它在北美的主要殖民地、加拿大和加勒比海出产蔗糖的岛屿。

在加勒比海地区用血汗生产外国商品的奴隶工人，构成了一套复杂的世界性交换体系的核心，主要的殖民国家都被卷入其中。"三角贸易"复杂的交换方式，往往遮蔽了简单的几何学。其中一个值得注意的"三角贸易"模式,就是将廉价而花哨的饰品、锅具、布料和枪支(有时还有在新世界生产的朗姆酒)从母国运送到西非,在当地用这些东西来交换奴隶。而在大西洋的另一边,这些奴隶被卖给种植园主,以换取殖民地的商品,然后再将之运回欧洲。但故事并没有就此结束,因为大量来自殖民地的进口商品——例如四分之三的糖和五分之四的咖啡——又会立刻被重新出口。法国出售殖民地商品的最著名

"三角贸易"中贩奴船上的黑人奴隶

的对象是北欧。长期以来，法国始终与北欧保持实质性的贸易往来，法国用制成品和奢侈品以及盐、葡萄酒和烈酒来换取波罗的海沿岸的木材、铁、海军物资以及来自波兰和乌克兰的粮食——这种情况或许会令人惊讶，尽管法国农业大力发展谷物种植业，但它却是一个粮食净进口国。虽然英国消费蔗糖的数量占据欧洲进口总量的三分之一，但法国通过阿姆斯特丹、汉堡、不来梅、什切青和圣彼得堡等地，接管了北欧的糖供应。到18世纪中叶，法国也开始向北欧地区提供咖啡。

其他含糊不清的三角贸易关系，涉及的是法国、加拿大和"糖岛"。加拿大的毛皮贸易对法国的制帽业至关重要，它建立在法国人向当地印第安部落提供酒精、武器、毛织品和饰品的基础之上。但是，加拿大殖民地也生产粮食、皮革、木材和钢铁，并在加勒比海地区进行贸易。"糖岛"拿走了法国船队在纽芬兰岛附近捕捞的部分鳕鱼。尽管奴隶没有提供太多的需求，但是加拿大的农民和捕猎者、北美本土人口和种植园主都有更多的可支配收入。法国人很正式地提出要求，他们应当将这些钱用于购买法国或加拿大的产品：例如，圣多明各岛上的种植园主会吃用欧洲谷物制成的白面包，而他们的妻子则会穿上最新的巴黎时装。然而，总体来说，在向殖民地出口母国商品的领域，法国远不如英国那样成功。在法国，向殖民地移民也不是一个大规模的现象：整个18世纪涉及其中的法国人，可能远远不到20万。与1685年后被驱逐的25万胡格诺派教徒、欧洲内部巨大的移民人口，以及移民到殖民地的200万西班牙人和180万英国人相比，这个数字更显得相形见绌了。到了1761年，加拿大的人口扩张到6万人左右，法属西印度群岛的白人人口徘徊在5万左右。然而，18世纪中期，英国在其北美殖民地拥有大约200万人口，这一数字在18世纪末上升到300万。由此构成的需求基础，远比法国殖民地所提供的市场更加广泛、更能刺激经济发展。

此外，令法国非常恼火的是，英国及其北美殖民地还通过非法途径，向法国在西印度群岛的殖民地提供商品。这只是美洲内部普遍无视垄断贸易安排的一个例子。法国与其他国家一样有罪，它向英国北美殖民地出售的糖价，比牙买加等英属群岛所给出的价格更低，而且法国人几乎同英国人一样厚颜无耻，蔑视西班牙对其殖民地的贸易限制。1703年，英国与葡萄牙达成了《梅休因条约》，使英国得以挤入17世纪90年代以后在巴西大量开采黄金的贸易。法国人介入的原因不仅于此，还为了更好地与西班牙北美殖民地进行贸易，销售其商品，以确保获得美洲另一个主要金属产地墨西哥的白银。

从1715年到1750年，法国与西班牙建立了紧密的贸易联系，法国得以渗透到西班牙的美洲市场内部。里昂和马赛是这些经济活动的主要发源地。马赛也是与黎凡特进行贸易的关键港口，在路易十四发动战争的最后几年中，马赛始终处于建设之中。除了里昂和维瓦赖地区的各类奢侈品和丝绸，鲁昂、香槟和朗格多克等地的毛织品也都是非常受欢迎的商品，它们可以用于交换黎凡特的轻质布料。事实证

18世纪时繁忙的马赛港

明，法国成功地将英国从地中海市场中排挤出去，就像其在北欧所做的事情一样。

黎凡特曾经是远东商品的中转站，但在18世纪，人们通过海路接触远东地区的频率越来越高。欧洲对亚洲商品的需求是多样化的，印度的棉布和平纹细布、波斯的地毯、珍贵的木材和漆器、瓷器、樟脑、茶叶和大米，以及在16和17世纪曾是这里主要出口商品的辣椒和香料。法国开发了留尼旺和毛里求斯（二者当时分别被称作"波旁岛"和"法兰西岛"），不仅使当地成为东方贸易的中转站，而且让当地奴隶人口也参与其中。但是，法国的贸易伙伴没有对欧洲商品表现出强烈的需求。当时的中国尤其如此。因此，在另一个"三角贸易"之中，法国只能依靠从西班牙和美西贸易中获得的黄金白银弥补缺口。从17世纪后期开始，法国就在印度沿海建立贸易点，并像它的欧洲竞争对手一样，利用特许贸易公司向当地进行渗透。在路易十四和约翰·劳的统治时期，印度公司经历了一个相对艰难的阶段，但它在1731年得到彻底重组，进而证明了该公司在印度政治和经济生活中的强大力量。早在18世纪40年代以前，印度公司督办迪普莱就常常以牺牲英国人的利益为代价，在当地建立起了一个强大的政治集团。

1770年，意大利智者和哲学家费迪南多·加利亚尼[*]曾经表示："法国的所有财富都集中在边境，所以大城市也都在边缘，而其内陆则相当衰弱，空旷而弱小。"[31]这种说法虽然夸张，却也不难理解。在18世纪，巴黎的人口增长相对缓慢，即从1700年的50万增长到1789年的65万，但周边城市的人口增长更令人印象深刻，里昂（从9.7万到14.6万）、斯特拉斯堡（从2.65万到5万）和里尔（从5.75万到6.25万）等陆路边境城市表现良好。然而，这些数字在与蓬勃发展的海外贸易相关的港口城市面前，无疑就稍显逊色了。南特从4.25万人增

---

[*] 费迪南多·加利亚尼（Ferdinando Galiani，1728—1787），意大利启蒙运动的领军人物。

加到8万人，马赛从7.5万人增加到11万人，波尔多从4.5万人增加到11万人，而鲁昂和勒阿弗尔的人口总数则从7.2万人增加到9.1万人。1720年，土耳其使臣穆罕默德·埃芬迪*造访波尔多，这座省会城市的财富、贸易和建筑给他留下了深刻印象。大革命前夕，通常对法国经济进行严厉批判的英国农学家阿瑟·扬[†]，也对法国城市的"商业、财富和壮丽景象"感到眼花缭乱，他认为法国城市的繁荣可以归功于奴隶贸易、蔗糖进出口以及葡萄酒和烈酒的出口。[32]波尔多对外贸易的收入，从1717年的1 300万里弗增长到18世纪40年代的5 000余万里弗，其比重占当时法国对外贸易总额的四分之一。

加利亚尼的观点强调了经济的离心效应。一方面，法国经由沿海向外拓展，融入世界贸易体系；另一方面，落后贫苦的法国农村与前者形成了极大反差，这里出现了法国社会发展的另一个神话——但就像"人口减少"的错误认知一样，这种看法不仅愚弄了同时代的人，在今后也骗过了许多历史学家。这种观点明显低估了法国对外贸易驱动型的经济模式在18世纪上半叶给整个国家带来的利润，也模糊了加利亚尼指出的鲜明对比。与国内日常生活相关的贸易相比，对外贸易的规模仍然相对弱小：例如，谷物贸易的数量和价值都使殖民地贸易黯然失色，法国与欧洲的贸易占到贸易总额的60%至75%。无论如何，法国从全球贸易中获利颇丰，对更广阔的经济市场也有巨大的潜在价值。尽管来自殖民地的货物一旦抵达法国海岸就会被重新出口，但殖民地商品都是在内陆制造和加工的，甚至是在相当遥远的内陆。例如，虽然波尔多附近遍布糖厂，但最大的糖厂可能位于奥尔良和从南特开始的卢瓦尔河沿海地区。类似地，出口到黎凡特地区的布料产业，也位于马赛的内陆腹地，特别是维瓦赖和塞文山脉一带

---

\* 穆罕默德·埃芬迪（Mehmed Efendi，约1670—1732），奥斯曼帝国政治家，1720年担任驻法大使，并留下了文字记录。

† 阿瑟·扬（Arthur Young，1741—1820），英国农业革命的先驱人物。

垄断了此类贸易，但在外人眼中，这些地区仍然停滞于古老的农业种植。这一时期，良好的河流系统滋养了每一个生机勃勃的港口——南特、波尔多、鲁昂-勒阿弗尔、马赛，这些港口一共承担了大约90%的大西洋贸易，并进一步为商业资本有效应用于生产提供了保证。正是法国农村地区广泛分布的原始工业化景象，给加利亚尼提供了假象。

1715年以后，法国对制成品的需求似乎呈现出稳步上升的趋势，这证明了法国整体经济的蓬勃发展，而非这种增长只出现在与繁荣的殖民地贸易直接相关的地区。不断增长的人口对土地造成了持续的压力——其结果是从18世纪20年代后期开始，农业租金收入稳步增长，而社会精英的可支配收入也相应得到了增长。然而，在18世纪20年代至30年代早期的十余年里，来自中间阶层甚至中低阶层民众对工业制成品的稳定需求——更多样化的服装、鞋子、陶器、餐具、工具、肥皂等——反而给人留下了最深刻的印象。这一时期，工资增长普遍跟不上物价上涨的幅度，但由于商业和工业的复苏，工作机会得到了增加，这意味着即使在许多较贫穷的家庭里，也会有人获取工资收入。这就可以使家庭预算的一部分盈余用作购买非生活必需品。也许，这是在城镇中出现的真实现象，但许多农村地区的情况尚不可知。1733年以后，农产品价格呈现出稳步增长的趋势，这意味着在17世纪末18世纪初的艰难时代里，生活在贫困线以下的许多农民家庭，都可以有闲钱进行投资或消费。邪恶的约翰·劳也帮助了许多类似的家庭，允许他们偿还或抵销债务，同意赎回抵押贷款。当物价上涨和购买力下降使很多农民陷入困境时，许多中上层的农民家庭又开始重操旧业，做起了一项他们几乎早已忘记的基础性工作——致富。

这些新颖、乐观甚至有些令人困惑的发展，通常很少被归功于国家的作用。伏尔泰曾经高呼："我们对法国贸易的熟悉程度，比从法拉蒙\*（传说中法国的第一位国王）到路易十四时代所有人都了解得更多。"[33] 但是，人们普遍认为，这是无视政府，而非政府干预的结果。反宫廷辩论家图桑†表示："这个帝国自己统治着自己。"[34] 这些观点反映了一种广泛存在的信念——法国在18世纪早期成为全球贸易大国，实则是无心插柳之举。某些导致经济形势发生变化的因素，甚至超出了国家的了解范围和政府的先前预判。例如，人口的迅速增长以及约翰·劳在清偿债务方面的积极影响。然而，如果认为政府对经济增长的贡献不大，那就错了。虽然政府外交政策的核心是欧洲的权力政治，但商业因素也确有影响。弗勒里重建了王室商业委员会，虽然这一机构很少开会，但其作用是在政府核心中关注商人的利益。对于1726年确立的法定货币"里弗"，商业委员会承担了维护货币稳定性的重要作用。或许在这一领域，制定充满活力的交通政策尤为关键。正如我们所看到的，路桥工程局的工作就是最出色的证明。《乌得勒支和约》签订后，来自英国的玛丽·沃特利·蒙塔古夫人‡曾经造访欧洲大陆，当她在1739年再次来访时，她对法国农村的繁荣景象予以了积极肯定："道路修缮一新，其中大部分都很平整，巴黎的街道也是如此，道路两旁种植着树木，就像荷兰一样……令人难以置信的是，整个国家都弥漫着富足而满意的空气。"[35]

不过，毫无疑问的是，在1713年以后，避免代价高昂的战争是法国政府为促进经济发展所做出的最大贡献。在许多方面，和平都是摄政王和弗勒里的重要思想与首要战略目标，到了亚琛谈判时，即使路易十五似乎很不情愿，他也遵循了这一理念。和平为经济复苏提供

---

\* 法拉蒙（Pharamond，370—428），据8世纪卡洛林王朝的史料《法兰克史》记载，他是最早的法兰克人首领。

† 弗朗索瓦·文森·图桑（François-Vincent Toussaint，1715—1772），法国百科全书派作家，代表作《论礼仪》（1748）。

‡ 玛丽·沃特利·蒙塔古夫人（Lady Mary Wortley Montagu，1689—1762），英国贵族、作家、诗人。

了良好的环境,法国经济在路易十四时代就饱受战争的困扰,为了维持花费不菲的国家常备军和欧洲军备竞赛,战争的代价实在太过高昂。和平意味着轻徭薄赋,税收直到18世纪40年代才出现缓慢上升。例如,此时法国的人均税收负担可能只是英国的一半,在经济繁荣的情况下,它占人均收入的比重可能还在下降。因此,弗勒里及其谦逊的国务大臣团队值得受到高度赞扬,他们为法国提供了在1725年至1750年间开始实现复苏和发展的政治经济环境,开启了法国经济史上的黄金时代。

然而,即使德高望重的弗勒里也有其致命弱点——海军。无疑,弗勒里谨慎地开出了一剂药方,即把和平作为实现经济繁荣的手段,但他未能意识到,在很大程度上,海外贸易的发展依赖于法国商船能否获得其竞争对手(特别是英国)的充分保护。弗勒里在很大程度上延续了摄政王的决策,放弃了此前在海军规模上保持与英国同等地位的野心,尽管海军大臣莫勒帕致力于努力追赶英国。1730年,莫勒

七年战争期间,法国海军在与英国海军的对抗中表现糟糕

帕在一份备忘录中敦促国王提供"保护","对贸易来说这是绝对必要的。"[36]在奥地利王位继承战争中，法国海军在与英国的对抗中表现糟糕，人们获悉此事时，才刚把大量资金投入造船业。这场战争在全球层面敲响了警钟：它强调了更强大的海军力量对于保护贸易的必要性，也突出了在战争时期通过建立本地市场（特别是在农村）以抵御经济脆弱性的重要意义。《亚琛和约》带来了和平与大量土地上的农业改革，这是此领域在一个多世纪的明显沉寂后，突然出现的一波"旷野独处症"潮流。农业的自给自足再一次成为美德。

因此，到18世纪50年代中期，一个非常令人担忧的情况是，法国似乎在与英国的全球竞争中逐渐落后，特别是在海军为商人提供安全保障的层面，法国处于明显劣势，而且也没有充裕的时间来进行土地改革，以此促进法国的农村经济。七年战争是法国数十年来不重视发展海军的报应。这场战争不仅会给法国的商业表现和国际地位打上问号，而且会打击这个"伟大的国家"作为一个主要强国的自信，还将为政府批评者提供肥沃的土壤——此时，公共领域正处在发展之中。

## 注　释

1　M. Antoine, *Louis XV* (Paris, 1989), p. 353.

2　Louis to Noailles: ibid, p. 355.

3　Richer d'Aubé, 'Réflexions sur le Gouvernement de France', *Bibliothèque Nationale. Nouvelles Acquisitions Françaises*, 9515, fo. 556. Cf. E. J. F. Barbier, *Journal historique et anecdotique du règne de Louis XV*, ed. A. de La Villegille (4 vols.; Paris, 1857-1864), vol. ii, pp. 402ff.; Charles-Philippe Albert, duc de Luynes, *Mémoires sur la cour de Louis XV (1735-1758)*, (17 vols; Paris, 1860-1865), vol. Vi, p. 48.

4　René-Louis Voyer de Paulmy, marquis d'Argenson, *Journal et mémoires*, ed. E. J. B. Rathery (9 vols., Paris, 1959-1967), vol. iv, p. 106.

5　Barbier, *Journal historique*, vol. iii, p. 296.

6　P. Narbonne, *Journal des règnes de Louis XIV et Louis XV (de l'année 1701 à l'année 1744)* (Paris, 1866), p. 502.

7 This was according to d'Argenson (who detested her): *Journal et mémoires*, vol. vii, p.282. See C. Jones, *Madame de Pompadour. Images of a Mistress* (London, 2002).

8 See above, p. 120.

9 Barbier, *Journal historique*, vol. iii, p. 242.

10 See below, pp. 137–139.

11 Jacques-Louis Ménétra, *Journal of My Life*, ed. D. Roche (New York, 1986), p. 22. The event is recorded and commented on in all the memorialists of the reign, and is well covered in A. Farge and J. Revel, *The Vanishing Children of Paris: Rumor and Politics before the French Revolution* (Cambridge, Mass., 1991).

12 Barbier, *Journal historique*, vol. iii, p. 296.

13 D'Argenson, *Journal et mémoires*, vol. vi, p. 219.

14 See above, p. 22.

15 See above, chapter 3, Section E.

16 Cited in J. Black, 'Mid Eighteenth Century Conflict with Particular Reference to the Wars of the Polish and Austrian Succession', in id. (ed.), *The Origin of War in Early Modern Europe* (Edinburgh, 1987), p. 228. This was a familiar British fantasy.

17 D'Argenson, *Journal et mémoires*, vol. iv, p. 135; Antoine, *Louis XV*, p. 400.

18 Ibid.

19 M. S. Anderson, *The War of the Austrian Succession, 1740–1748* (London, 1995), P. 35; Maurice, comte de Saxe, *Mes Rêveries* (2 vols.; Amsterdam and Leipzig, 1757), vol. ii, p.148.

20 See below, p. 228.

21 Cited in Daniel Roche, *Histoire des choses banales: Naissance de la consummation (XVIIe– XIXe siècle)* (Paris, 1997), p. 248.

22 See below, next section.

23 See above, p. 55

24 Example from 1637 cited in F. Lebrun, 'Les Crises démographiques en France aux XVIIe et XVIIIe siècles', *Annales ESC*, 35 (1980), p. 216.

25 See above, pp. 55–56.

26 The concept is developed in O. Hufton's outstanding *The Poor of Eighteenth-Century France (1750–1789)* (Oxford, 1974).

27 See below, pp. 275, 281, 297, etc.

28 See M. Sonenscher, 'Fashion's empire: trade and power in early eighteenth-century France', in R. Fox and A. Turner (eds.), *Luxury Trades and Consumerism in Ancien Régime Paris: Studies in the History of the Skilled Workforce* (Aldershot, 1998).

29 M. Berg, 'French Fancy and Cool Britannia: The Fashion Markets of Early Modern Europe', *Proceedings of the Istituto internazionale di storia economica 'F. Datini'* (Prato, 2001), p. 532; John Law, *Oeuvres complètes*, ed. P. Harsin (3 vols.; Paris, 1934), vol. ii, pp.115–116.

30 Cited in L. Hilaire-Pérez, *L'Expérience de la mer: Les Européens et les espaces maritimes au XVIIIe siècle* (Paris, 1997), p. 16.

31 Abbé Galiani, *Correspondance*, eds. L. Perey and G. Maugras (2 vols.; Paris, 1890), vol. i, p. 247.

32 Mehmed efendi, *Le Paradis des infidèles. Un ambassadeur ottoman en France sous la Régence* (Paris, 1981), p. 79; Arthur Young, *Travels in France in the Years 1787, 1788 and 1789*, ed. C. Maxwell (Cambridge, 1929), p. 58.

33 Cited in M. Filion, *Maurepas, ministre de Louis XV, 1715–1749* (Montreal, 1967), p. 43.

34 François-Vincent Toussaint, *Anecdotes curieuses de la cour de France sous le règne de Louis XV*, ed. P. Fould (Paris, 1908), p. 66. The work first appeared in 1745 with coded names.

35 Letter to her husband, 18 August 1739, cited in A. M. Wilson, *French Foreign Policy during the Administration of Cardinal Fleury* (Cambridge, Mass., 1936), p. 55.

36 'Situation du Commerce Exterieur du Roiaume exposée à Sa Majesté par M. le Comte de Maurepas' (1730): cited in full in Filion, *Maurepas*, p. 159.

# 五、启蒙时代

## 《百科全书》的时刻

《百科全书》是以没有设计、放任自流的方式陆续出版的。17卷正编在1751年至1772年间先后问世，11卷图编在1762年至1777年间穿插发行。完整版的《科学、艺术和工艺详解词典》（这是它的全称）收录了大约150位已知的匿名作者的作品，包含了70 000余篇文章和近3 000幅图片。[1]《百科全书》的参编者数量众多，甚至其中大部分都是18世纪最伟大的作家：伏尔泰、卢梭、孟德斯鸠、孔狄亚克\*、霍尔巴赫†、布丰‡、魁奈、杜尔哥§、莫雷莱¶、杜克洛\*\*、若古††、

---

\* 艾蒂安·博诺·德·孔狄亚克（Étienne Bonnot de Condillac，1715—1780），法国哲学家、认知学家。
† 保罗·提利·德·霍尔巴赫（Paul Thiry d'Holbach，1723—1789），法国哲学家，无神论者。
‡ 乔治-路易·勒克莱尔·德·布丰（Georges-Louis Leclerc de Buffon，1707—1788），法国博物学家。
§ 阿内·罗伯特·雅克·杜尔哥（Anne Robert Jacques Turgot，1727—1781），法国经济学家，重农学派代表人物。
¶ 安德烈·莫雷莱（André Morellet，1727—1819），法国经济学家。
\*\* 夏尔·皮诺·杜克洛（Charles Pinot Duclos，1704—1772），法国作家。
†† 路易·德·若古（Louis de Jaucourt，1704—1779），法国学者，《百科全书》中篇目最多的撰稿人。

格林\*。起初发行的对开本出版了4 000至5 000本，但随着再版、增补和重新印刷，这套作品在整个欧洲售出了大约25 000套，其中大约一半在法国境内。在那个时代，《百科全书》是被誉为"启蒙哲学家"的法国知识分子和作家的杰作，它的权威和神话地位也由此得到了保证。

《百科全书》的投资者在1745年发起这个项目时，对他们要做的事情一无所知。他们最初的计划是一项远没有那么野心勃勃的冒险：将伊弗雷姆·钱伯斯[†]在1728年出版的《百科全书》翻译成四卷本的

*德尼·狄德罗，《百科全书》项目负责人*

---

\* 弗里德里希·梅尔基奥尔，冯·格林男爵（Friedrich Melchior, Baron von Grimm, 1723—1807），生于德意志的法语记者、艺术评论家、外交家。
† 伊弗雷姆·钱伯斯（Ephraim Chambers，约1680—1740），英国作家，1728年出版《百科全书》。

法语版。但是，他们忽视了项目负责人德尼·狄德罗\*的才华与远见。时年32岁的狄德罗放弃了手工业的背景，他宁愿依靠自己的智慧而非双手生活。狄德罗与同样年轻的天才数学家、巴黎沙龙的宠儿让·勒朗·达朗贝尔[†]达成联盟，二人立刻安排了新项目中的文章，并计划在1751年推出前两卷。

如果狄德罗知道人们对他未来二十年的期望，那么在一开始，他就会为自己撰写一份工作说明书，在其中胪列"狮子的勇气"、"征服者的远见"、"恺撒的野心"、"复仇者的可怕能量"和"犀牛皮下的伪装"，更不用说其他一系列令人眼花缭乱的外交、金融、辩论、组织和智力技能了。几乎就在同一时间，这项事业就濒临崩溃，此后也会被无休止的考验和磨难所困扰。1749年，狄德罗因撰写《论盲人书信集》而被投入了位于万塞讷的国家监狱，国王密札指控他的作品违反了宗教信仰。在第一卷出版的同一年，《百科全书》陷入了由普拉德神父[‡]引发的"丑闻"，他是狄德罗的朋友，曾经写作了一篇关于"确实性"的文章，他在教会中的上级指控这是一份无神论作品。1752年2月，国王颁布法令，禁止出售狄德罗作品的前两卷——事实证明，此举并没有想象中的那么糟糕，部分原因在于人们已经订购了大量副本，而不需要公开出售。《百科全书》已经赢得了足够多的朋友和支持者来继续出版，但它也吸引了相当大的敌意。《百科全书》的反对者不仅来自当局，也包括著名的让-雅克·卢梭，他为《百科全书》撰写过一些文章，但随后转而反对整个事业，特别是反对达朗贝尔本人。[2]达朗贝尔确实感受到了压力，随着1757年第六、七卷的出版，攻击变得愈发恶毒，达朗贝尔完全退出了这个项目。《百科全书》

---

\* 德尼·狄德罗（Denis Diderot，1713—1784），法国启蒙哲学家，《百科全书》主编。

[†] 让·勒朗·达朗贝尔（Jean-le-Rond d'Alembert，1717—1783），法国物理学家、数学家、天文学家。

[‡] 让-马丁·德·普拉德神父（Jean-Martin de Prades，1724—1782），法国神学家。

的敌人们把这套丛书与爱尔维修\*公开发表的无神论作品《论精神》联系在一起，尽管爱尔维修虽然是一位启蒙哲学家，但他实际上并没有为《百科全书》做出过贡献。1759年2月，巴黎高等法院下令烧毁了这部作品，御前会议正式吊销了狄德罗的出版执照，同年晚些时候，《百科全书》被列入教宗的编目。得益于马勒泽布†的友善帮助，《百科全书》渡过了这次危机。马勒泽布是巴黎间接税法庭的成员，来自拉穆瓦尼翁家族，也是管理图书贸易的负责人。他已经对狄德罗的事业表现出了足够的宽容态度，有一次，他甚至将《百科全书》的副本存放在自己家中，以便不让爱管闲事的警察发现。风波一旦过去，马勒泽布就"默许"狄德罗继续出版，并巧妙地说服了巴黎治安总监萨廷‡，使后者保持中立态度，由此《百科全书》的其余部分可以在1776年出版。尽管《百科全书》很快就获得了国际社会的好评，但它也始终散发着地狱般的味道，问题也在反复出现：1770年，大约6 000本《百科全书》被扣押在巴士底狱，直到1776年才获准发行。

《百科全书》是一次重要的资本主义冒险，它的出版涉及了约20 000名工人，花费了700余万里弗。虽然赞助人、读者和作者的数量并不令人忧虑，但图书分销过程中仍带有天然的危险。因此，马勒泽布为这项事业争取到政治精英内部的同情就显得非常必要。得益于年轻的贝尔尼神父的帮助，马勒泽布与蓬帕杜夫人建立了联系，而后者也常常表现出对哲学的兴趣。18世纪50年代后期最重要的国务大臣舒瓦瑟尔§，则是支持《百科全书》的另一个关键人物。这些联系都

---

\* 克劳德·阿德里安·爱尔维修（Claude Adrien Helvétius，1715—1771），法国哲学家、辩论家。
† 拉穆瓦尼翁·德·马勒泽布（Lamoignon de Malesherbes，1721—1794），1752、1760和1781年三度当选法兰西科学院院长，1775年入选法兰西学术院，1775年至1776年间出任内务大臣。
‡ 安托万·德·萨廷（Antoine de Sartine，1729—1801），1759年至1774年间出任治安总监，1774年至1780年间出任海军大臣。
§ 艾蒂安·弗朗索瓦·德·舒瓦瑟尔（Étienne-François de Choiseul，1719—1785），1761年至1766年间担任海军大臣，1761年至1770年间担任陆军大臣，1766年至1770年间担任外交大臣兼国王卫队司令。

五、启蒙时代

有助于《百科全书》的推广，以至于批评这项工作的机构——如教会和巴黎高等法院——的成员也会购买和阅读《百科全书》。以往，任何类似的项目都需要依靠国家资助，但《百科全书》内容上存在的风险性，就显然不可能实现这一点。虽然预订的方式并不新鲜（它在英国非常普遍），但《百科全书》是第一部严重依赖于预订才能继续印制并以此来吸引投资的重要作品。这也意味着，当狄德罗因为作品而被监禁和骚扰的时候，整个项目能否继续都受到了来自强大的预订者的质疑，因为他们希望自己的付出得到回报。

因此，《百科全书》项目的核心是包容与协作的精神。这部作品由狄德罗负责组稿和审校，代表了集体创作的胜利。当然，伟人也会打盹，其中某些篇目不免令人乏味，尤其是最后几卷甚至让狄德罗感到厌倦。但总体来说，《百科全书》写作和编辑的标准很高，时人公认的权威也参与其中，例如多邦东\*从自然史视角对王室花园、勒鲁瓦†关于天文学和钟表制造的描述。布尔热拉‡负责与兽医相关的内容，布隆德尔§负责建筑部分，维隆·德·富尔邦奈¶负责财政和经济部分。此外，若古也参与其中并撰写了约5 000篇文章，与狄德罗和达朗贝尔类似，他是一位跨学科通才与天资出众的集大成者，他的工作填补了很多空白。

《百科全书》旨在将所有学科的知识引入求知者的思考范围之内。对于求知欲很强的人来说，《百科全书》也使他们感兴趣的范围进一

---

\* 路易·让-马里·多邦东（Louis Jean-Marie Daubenton，1716—1800），法国博物学家，1793年至1794年间出任国立自然历史博物馆馆长。

† 朱利安·勒鲁瓦（Julien Le Roy，1686—1759），法国科学家，路易十五的钟表师。

‡ 克劳德·布尔热拉（Claude Bourgelat，1712—1779），法国科学家，兽医，创办了世界最早的兽医学校。

§ 雅克-弗朗索瓦·布隆德尔（Jacques-François Blondel，1705—1774），法国建筑家，王家建筑学院教授。

¶ 维隆·德·富尔邦奈（Véron de Forbonnais，1722—1800），法国经济学家，1752年出任法国造币监察长。

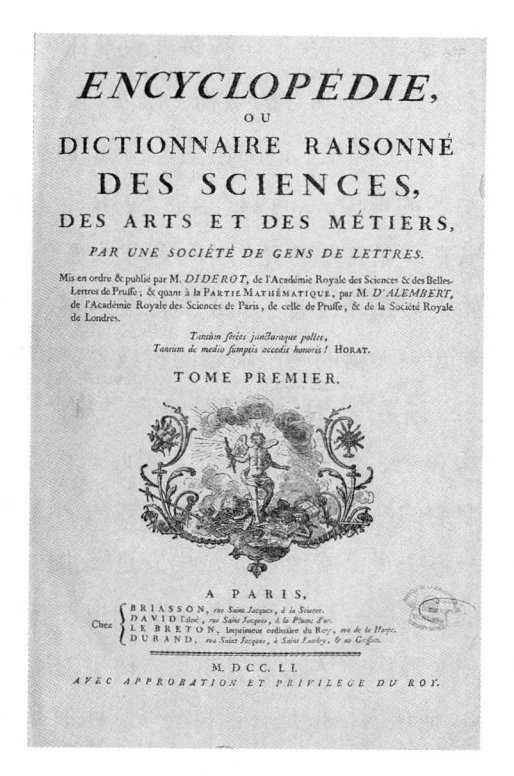

法文版《百科全书》封面

步扩大。值得注意的是，正如狄德罗的名言所说，"与物理学或形而上学的知识体系相比，制作袜子的机器更加拥有智慧、学问和影响力"[3]，《百科全书》中包含了大量关于机器、发明和组织生产方法的描述，还用大量篇幅对其制造过程进行了精确的视觉描述。《百科全书》将传统上被视为"低级"和"不光彩"的事物纳入研究范围，其理由有三：首先，它坚信人类是所有知识的衡量标准。《百科全书》提供了一个全面的知识路线图，呈现了"科学的秩序和联系"。狄德罗指出，"人类是唯一的术语，一切必须从它开始，以它为终点"，以此含蓄地批评了先验的或神性的知识观念。"如果把我的存在和人类同胞的幸福抽象化，那么大自然的其他部分对我来说又有什么关系呢？"[4]这句话暗示，人的价值是衡量知识运用的关键标准。其次，

五、启蒙时代　245

《百科全书》的包容性理念隐含了一种激进的批评，编辑们反对一切不符合基于"社会实用性"观念的事物。确实，《百科全书》推广了"社会的""社会""社交"等术语的使用，由此作为排除那些被认为是不光彩的研究主题的理由。《百科全书》对所有形式的知识进行了一种实用主义的审查，尤其是曾经作为"科学女王"的神学，如今却被可悲地发现，如果按照"社会"知识的标准考察，它几乎会被视作"巫术"，被放置在知识大树的一根遥远的树枝上。相反，哲学被誉为"最广泛和最重要的科学"，因为它是最符合"社会"要求的。[5]与知识体系一样，机构和个人也受到了批评。因此，教会被无情地嘲讽：它的知识主张是空洞的，它所珍视的巴洛克式的虔诚是荒谬的，它的许多教士（就这一点来说，就像贵族一样）是懒惰的社会寄生虫。实用性促进了社会的进步——这是技术形式的知识在《百科全书》中获得重要声望的第三个原因。达朗贝尔在其"初步论述"中特别提到了弗朗西斯·培根[*]，他认为培根是《百科全书》所倡导的经验主义、归纳方法的早期实践者，而非源自《圣经》或是笛卡尔理性主义的先验方法。达朗贝尔引用了约翰·洛克[†]的经验主义和以艾萨克·牛顿[‡]为代表的科学方法，并对此深表赞同，将之视为经过哲学家的磨砺而成为强大分析工具的批判方法。他问道："在科学和艺术方面还有什么没取得进步？""今天有多少发现是此前没有预料到的？"[6]他认为，通过运用人类理性来改善社会存在着无比的希望！

这种对进步的看法隐含着一种非常特殊的历史观，也反映了《百科全书》所扮演的角色。在他的文章中，狄德罗谈到了《百科全书》这项事业的目标：

---

[*] 弗朗西斯·培根（Francis Bacon，1561—1626），英国哲学家，古典经验论的提出者。
[†] 约翰·洛克（John Locke，1632—1704），英国哲学家，被誉为"自由主义之父"。
[‡] 艾萨克·牛顿（Isaac Newton，1642—1727），英国物理学家、数学家，曾任英国皇家学会会长。

为了将散落于地球表面的知识统合起来，向与我们生活在一起的人们阐述它的一般性体系，并将之传递给我们的后代；为了不使过去几个世纪的努力在未来几百年内付诸东流；我们的孩子在受到比我们更好的教育的同时，也会变得更加高尚和快乐，我们也不会在没有完成人类应有义务的情况下死去。[7]

因此，这项集体事业旨在服务于一个人道的、进步的任务。理性的进步不是一帆风顺的，事实上，过去总是被戏剧化地描述为理性和迷信之间的激烈斗争。《百科全书》卷首插画描绘的则是在乌云消散、天空放晴时，理性拉开了蒙住真理双眼的面纱。这种摩尼教式的预言把历史写成了人类思想进步的编年史，并将其表现为一个不断启蒙的过程。它把通常所说的启蒙哲学家，尤其是"百科全书派"，视作启蒙运动的世俗化信徒；而把任何可能压抑理性批判光芒的思想或制度，塑造成恶棍的角色。

教会常常被指控为进步事业的重要障碍，有组织的宗教罪行（偏执、狂热、迫害、火刑等等）的细节也被描述得令人厌恶。尽管《百科全书》的编者们必须谨慎应对世俗权力，但政府也并非没有受到批评。《百科全书》一些最具智慧的篇章（如杜尔哥关于教会基础的论述），就对处于波旁王朝核心地位、与社会实用性背道而驰的"团体主义"进行了抨击。达朗贝尔指出："即使是亲王和大人物的名字，除非他们曾对科学做出贡献，也无权出现在《百科全书》之中……这是人类精神的历史，而不是人类虚荣心的历史。"[8]这种严格的知识纯洁性甚至可以追溯到《百科全书》先驱们的集体努力，即太阳王为规划和促进科学研究成立的王室学院。为了强调学术传统在知识和组织方面的缺陷，《百科全书》的编者们付出了很多努力。法兰西学术院编纂词典未能开花结果，就是一个著名的失败案例，这几乎不是一个可以效仿的例子。狄德罗表示，政府对这些项目会起到阻碍而非促进的作用，"如果政府参与其中，它将永远无法完成"，尤其是因为，"一个新任的国务大臣通常不会接受前人留下的项目"。[9]他认为，这些官方的学院无论如何都是由贵族主导的，他们对科学没有任何兴趣，也没有做出任何人性化的承诺：类似于《百科全书》这样的东西是必要的，因为它容纳了"来自社会各个阶层的大批人，他们拥有价值，但学院却因地位问题将其拒之门外"。如果有什么不同的话，《百科全书》偏爱商人、贸易者和手工业者，因为经验主义的方法对他们而言更加自然。

《百科全书》带来的知识合作不仅延伸到"文人社会"和作为顾问的"技术工人"。除此之外，《百科全书》的包容性足以吸引读者加入这个联合项目与挑战之中。这种情况尤其表现在书中所使用的不同修辞上。审校者的要求迫使《百科全书》的编者不仅鼓励读者反对这

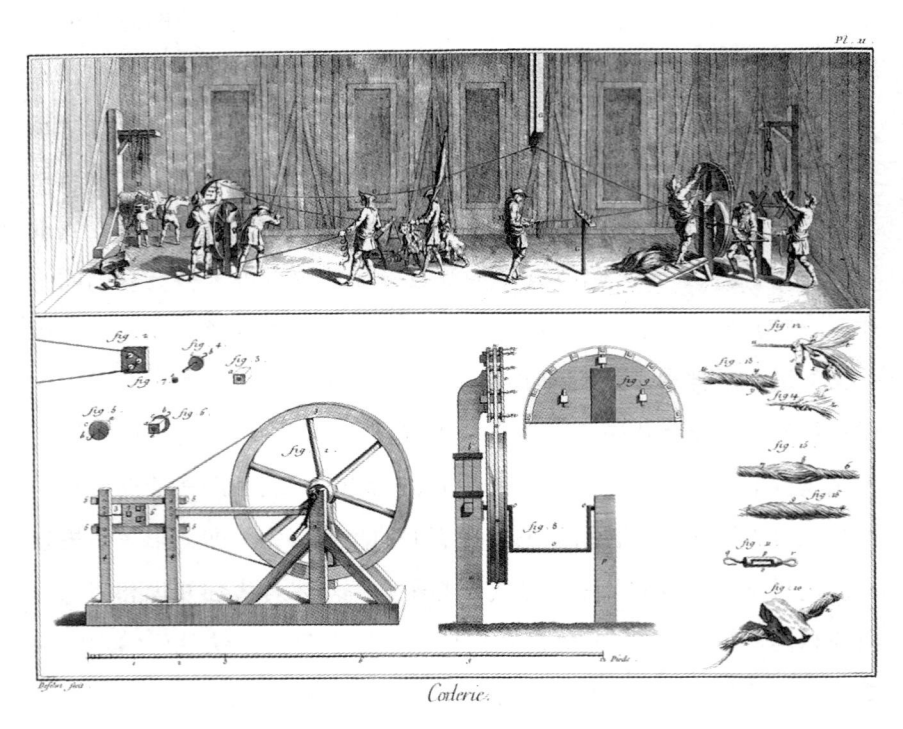

《百科全书》中的插图

种操作，而且对书中所体现的知识也同样坚持批判精神，就好像《百科全书》本身就应用于人类知识领域一样。因此，学习变成了一种互动、联想的活动，读者可以拒绝预先设定的意义，从而对其进行更动态化的阐释。

这种策略突出表现在宗教方面。《百科全书》对基督教的大部分进攻，都是通过暗中示意，而非从正面进攻的方式展开的。尽管口惠而实不至，但编者们鼓励读者们参与其中。在此过程中，讽喻和在最意想不到之处发起最严厉的攻击，构成了发挥作用的重要策略：例如，一篇关于异教女神朱诺的文章是圣母崇拜的尖锐批评；关于日本天皇一文的攻击对象是罗马教宗制度；关于"植物羊"的文章旨在嘲讽道成肉身的学说。[10]另一个与此相关的必要方法是相互参照的巧妙运用，因为各卷是由字母顺序排列的，这种方法本身就暗含了拒绝把神学放在首要位置的知识分级方式。狄德罗认为，相互参照的方法具有深刻的启发性和解释学意义，而不仅仅是工具性价值：

（它们可以）明确对象，表明密切接触的相邻关系和彼此孤立的遥远联系；它们强调结果，把树干与枝蔓相连，让一切事物统一起来，并使其成为真理和具有说服力……对一些我们不敢公开侮辱的荒谬观点，它们也可以发起攻击、使之动摇，甚至将其暗中颠覆。[11]

因此，在一篇关于"食人者"文章的结尾处，编者补充了"参见圣餐、圣餐仪式、圣坛等"的字样——这是对圣餐变体论的微妙讽刺。真理就掩盖在这些隐秘的联系、融合与对立关系之中，在此过程中，读者的参与也是至关重要的。

《百科全书》拓展了知识的界限，运用了关键的方法，以创造对社会有用的知识为目标进行智力输出。理性的光芒应该比世界的光芒或太阳王的光芒更加夺目，这已经迈出了激进的一步。然而，在很多方面，《百科全书》引发的认识论革命，构成了其最引人注目的一面，它强调作者与读者之间的集体联系，在启蒙光芒编织的网络中，通过一项统一而理性的启蒙计划维系在一起。沟通不仅被认为是社会的基础，而且被视作构建知识和改变人类的方式。《百科全书》的核心是对适合于"启蒙世纪"的新政治的渴望，以及在理性的批判性和自我反思效用驱动下新的、经过授权的社交形式。《百科全书》所渴望的，只不过是体现"改变人们普遍思维方式的力量"，以便发起一场"在人们的思想和民族特性中的革命"。[12]

## 点点星光

狄德罗和达朗贝尔梦想着建立一个由点点星光构成的关系网，这些批判理性的节点促进了启蒙市场，它是自我反思的虚拟共同体，通过印刷媒介的联合，旨在追求社会进步的"革命性"集体使命。然而，这个梦想只有，而且只可能在这样的社会中才具有意义——那些点点星光已经足够繁密，还能为启蒙运动提供受众和招聘阵地。对"百科全书派"而言，幸运的是，他们的宣传场所不是未曾开化的旷野，而是文化环境和公共领域——它们接受了开明社交的潜在影响，认为沟通交流的社会实践牢不可破。随着时间的推移，巴黎越来越多地从凡尔赛接过了文化引领者的角色，更明显的是，启蒙哲学所映射的公共领域，并没有被轻易纳入王室的管辖范围。无论是在文化阶层、彬彬有礼的社会精英中，还是在法国迅速发展的商业社会中，"精神交往"都是最行之有效的。

对于知识生活和科学进步来说，沟通交流是一种不可或缺的观点。这种认识的最早起源不在18世纪，而在自然法原理和路易十四时

若弗兰夫人的沙龙

代发展起来的礼仪和社交理论之中。其中一个重要的组织形式就是沙龙。贵族女性在家中组织聚会，通常让社会地位较低的男男女女大声朗读他们的最新作品。这些沙龙不仅成为社交场合，而且是制订艺术和知识计划的场所，进而规范了礼貌的行为模式。18世纪，与此最相似的沙龙由位于巴黎近郊索镇的曼恩公爵夫人主持，活动时间从摄政时期一直持续到她在18世纪50年代去世。然而，总的来说，18世纪的主要沙龙成员都来自更广泛的、不具有特别排他性的背景。德方夫人\*是一位财政家的妻子，尽管不如枢机主教之妹唐森夫人†那般精彩，但她也有一段丑闻，即她是达朗贝尔的母亲，并在婴儿时期就抛弃了他。另一位财政家的妻子若弗兰夫人‡和嫁给日内瓦百万富翁兼政客的

---

\* 德方夫人（Madame du Deffand，1696—1780），法国作家，沙龙女主人。
† 唐森夫人（Madame de Tencin，1682—1749），法国作家，沙龙女主人。
‡ 若弗兰夫人（Madame Geoffrin，1699—1777），法国沙龙女主人，以才智作为唯一标准衡量来宾。

苏珊娜·内克[*]就比较沉稳，朱莉·德·莱斯皮纳斯[†]则作为达朗贝尔的情人而声名鹊起。沙龙参与者的社会出身愈发广泛。若弗兰夫人既接待了许多大人物——包括瑞典的古斯塔夫三世[‡]、波兰前任国王斯坦尼斯瓦夫·莱辛斯基，以及许多造访巴黎的贵宾和各国大使，也招待了许多出身低微的文人。沙龙讨论议题的范围也在扩大。虽然公开谈论政治始终是禁忌——事实上，那些试图专门讨论政治的沙龙（例如摄政时期的曼恩公爵在索镇的聚会、18世纪20年代的"恩特里索尔俱乐部"）都被勒令禁止。然而，历史、哲学与政治经济学与作为17世纪沙龙热点话题的文艺作品现在也时常一同出现。

沙龙提供了一个易于接受启蒙思想的环境。学院也是如此。在后路易十四时代，官方的学院受到了很多歧视。甚至在《百科全书》问世之前，孟德斯鸠就在他的《波斯人信札》（1721年）中轻蔑地嘲笑法兰西学术院——"一个长着四十个脑袋的身体，其中充满了数字、隐喻和反义词"[13]，指责院士们假定的使命是为统治者的荣耀服务。这些学院得以幸存下来，甚至通过巧妙地改变自身角色和定位而重新获得繁荣。在路易十四统治时期，以巴黎为基地建立的学院，得到了各省诸多机构的有效补充。1715年有15家，1743年有19家，到18世纪70年代有30家，那时几乎所有大城市都有一家学院。这些机构都是在国王的庇护下正式建立起来的，国王为它们颁发了特许状。它们把关心知识与文化的地方精英笼络在一起，经常在固定地点开会，还资助了图书馆。这些学院带有自上而下的官方色彩，旨在为当局赋予认识论的合法性和制定审美标准方面的权威，许多机构也有相当大的自主性，并以反映地方社会关切为荣。这种情况在巴黎制造了一点紧张氛围：1750年，法兰西学术院获奖论文的主题是关于"应该允许学

---

[*] 苏珊娜·内克（Suzanne Necker，1737—1794），法国沙龙女主人，1764年嫁给雅克·内克。

[†] 朱莉·德·莱斯皮纳斯（Julie de Lespinasse，1732—1776），法国沙龙女主人，与法国将军吉贝尔伯爵（Comte de Guibert，1743—1790）亦有长期通信。

[‡] 古斯塔夫三世（Gustavus III，1746—1792），1771年继任瑞典国王。

术团体扩散到何种程度"。此外，与沙龙一样，这些学院的议程继续扩大，纳入了一套更加实用主义的思路，超越了文学或狭义的科学问题，并延伸到社会问题和科学应用领域。这种转变反映在它们举办的有奖征文比赛之中，这些比赛在全国范围内引发了公众的兴趣。1750年以后的论文主题以消除乞丐、护理技术和排水系统为特色。在1760年后许多地方成立的王室农业协会的实践中，这种功能性和实用性的特色也得以彰显。

在18世纪，沙龙和学院所经历的转变与狄德罗、达朗贝尔在《百科全书》中所倡导的开放、集体和实用主义价值观达成一致。与后者一样，它们代表了本国语言的学习形式。自17世纪的黄金时代以来，法语已经取代了拉丁语，成为欧洲知识分子所向往的，而且作为礼貌用语的通用语言（1685年以后新教徒在法国以外地区的扩散也加速了这一趋势）。沙龙和学院共同孕育了一种"文人共和国"的理念，任何拥有智慧、知识和文化修养的人，都可以很好地用法语进行交流和阅读。18世纪发展起来的其他协会形式，也有助于在国家之外发展包容性的知识社会公共领域。例如，法国的第一个共济会组织于1721年在敦刻尔克成立，巴黎的第一个共济会组织则于1725或1726年成立。尽管在18世纪30年代末，教宗和枢机主教弗勒里曾对此现象进行抨击，但共济会组织还是在城市中得到了广泛传播。经历了18世纪60年代的快速增长期，沙特尔公爵\*在70年代努力领导将全国的共济会框架重组为法国大东方会。18世纪80年代，又出现了新的共济会成立高潮。至80年代末，整个法国可能有多达1 000个共济会组织，其中包括了5万至10万名会员。或许还有十分之一的作家也是共济会会员。确切地说，除了神秘的仪式之外，很难说清这些组织在紧闭的大

---

\* 沙特尔公爵（Duc de Chartres），指路易-菲利普二世（Louis-Philippe II，1747—1793），1785年承袭奥尔良公爵，成为排名第一的血亲亲王，大革命期间别名"菲利普·平等"（Philippe Égalité）。

门背后所做的事情，但很明显，他们同样感受着礼貌性的社交精神，也同样怀有改善人类生活的愿望。

咖啡馆文化是一种不那么私密，但同样欢快的社交形式，它在18世纪也获得了持续的发展。第一间咖啡馆于1672年在巴黎成立。1723年有380家，到18世纪80年代数量可能增加了三或四倍。咖啡馆在其他城市的迅速蔓延，使这种原本稀有的药品成为日常生活的平凡商品。酒吧、酒馆和台球厅中更加喧闹的文化是对咖啡馆社交活动的补充。一系列报纸和期刊的预订促进和推动了公共辩论。1782年，作家路易-塞巴斯蒂安·梅西耶[*]对巴黎咖啡馆的市民讽刺道："他们举办学术会议，对作家和戏剧进行评判，评估它们的地位和判断力……喋喋不休地围绕报纸展开讨论。"[14]

梅西耶关于报纸在咖啡馆文化中定位的评论，突出了印刷品作为启蒙运动社交机制"润滑剂"的关键作用。沙龙和学院的口头报告都是通过密集的"书信产业"传递的[15]，良好的邮政服务则是启蒙运动社交的必要条件。然而，正如《百科全书》的例证表明，没有任何事物可以与印刷品发挥同样的作用，后者可以让社交生活在无形中发生——亦即没有参与者的真实存在。由此，印刷品拥有比沙龙和学院管辖范围更大的受众群体。印刷品读者的数量急剧增加。在路易十四统治的最后几年，每年大约授权200余部作品出版，1750年增加到300部，到18世纪70年代后期增加到600部。这些数字包括"默许"的授权，这是政府为允许出版而采用的策略，但也为随后的镇压留有空间——但这些数字忽略了未经政府同意而出版的"黑作"的数量。这类书籍有一个巨大的黑市。在巴黎，有120名持有执照的商贩从事非法作品交易，其中许多人还在巴黎警方无法直接触及的地方获得了某种程度上的半豁免权，例如耶稣会总部和罗亚尔宫。非法作品（包

---

[*] 路易-塞巴斯蒂安·梅西耶（Louis-Sebastien Mercier，1740—1814），法国戏剧家、作家。

《法兰西公报》，1786年

括日益繁荣的色情市场上的大多数作品）通常在法国边境的列日、阿姆斯特丹、布永、纳沙泰尔和日内瓦等地印刷，然后由骡子驮着、经过秘密山路而偷运到法国。

海外的印刷厂也为期刊和报纸市场的发展做出了贡献，这一领域呈现出前所未有的繁荣景象。1715年，读者可以接触到的期刊不过12种，1750年约有20种，到1785年有82种。很多期刊的主题都是关于文学、哲学或某些特殊领域的，但从18世纪中期开始，以时事为导向的出版物有了实质性增长：1750年的5份政治刊物中有4份在国外出版，并在非正式的政府许可下发行；政治刊物的数量在1770年增长到12份，到1785年有19份（其中16份仍在国外出版）。官方出版的《法兰西公报》提供了政府审查员认为适合印刷的所有新闻，但它不得不在市场中与《阿姆斯特丹公报》和《莱德公报》等外国报刊展开竞争，尽管政府提出警告，但这些报刊编辑的独立性越来越强。除此之外，报业在1750年以后获得了巨大的成功——各省的广告报、新闻报和公告。直到1789年，这些报纸还保留着印刷品市场的气息，其中交换的信息五花八门，从官场贪腐到马粪，从城堡到台球桌，从领主权到专利救济和假牙。然而，随着新闻报道机构的增加——1751年发端，1770年有16家，1789年有44家——新闻报道的范围扩大到时事报道领域，有时也必然带有政治色彩。

随着书籍贸易和报刊网络的蓬勃发展，城市对国内外事务日益开放的特征也由此凸显。正如我们所看到的[16]，随着经济的发展，城市在18世纪30年代以后日渐繁荣。城市的规模不断扩大：到1789年，城市人口已经超过了500万人——大约每5个法国人中就有1人住在城市。（作为对比，应该指出的是，尽管英国的城市人口比例可能高达40%，但这也意味着法国城市人口的总数是城市化水平更高的邻国的两倍。）伦敦人在英国城市人口中的比例非常高，而法国城市化的突出特点则在于，拥有2万至6万居民的中等城市相对稳定——只有巴黎（约65万）、里昂和马赛（各12万）远超这一规模。在这一时期，比人口增长更引人注目的现象是城市面貌的变化。波旁王朝的常备军和沃邦元帅的"双重防御体系"，使中世纪以来环绕城市的巨大城墙变得过时。现在，这些城墙被拆除了，留下边缘的开阔空间被开发为林荫大道、广场、步行街和露天市场。医生们对拆除城墙的行为表示赞赏，因为这使城市的空气更加流通、光线更加充足。许多城市仍然保留着大多昏暗、曲折的中世纪街道系统，难闻的气味使有教养的英国访客感到难以置信；然而，城市公共卫生在很多细节上的进步，正在改变着城市生活的感觉：例如，公墓的搬迁、医院的重建、垃圾清理和街道清洁的显著改善、铺路和照明计划、沼泽和沟渠的排水系统、洁净用水的供应、对产生有毒废物行业（屠夫、制革者等）的严加管制等等。在这场影响深远的环境工程改造运动中,有一些内容是在国家指导下展开的:特别是在拆除城墙、补偿性地建立王室卫队和军营、装饰督办办公室以及发展作为王室场所的中心广场(以便更好地展示国王雕像)等领域,地方督办都扮演了重要的促进和塑造性角色。这些变化还表明,城市居民对重新改造城市环境的需求也越来越大。许多重建工作集中在美丽的私人住宅方面,大人物们通过在这里举办沙龙、聚会、戏剧表演和音乐会,在城市文化生活中发挥了关键作用。在18世纪末,剧院的兴建也反映了各省城市文化的支持和日渐成熟。户外文化也在不断发展:过去由教会和地方团体主导的等级森严的公共游行,逐渐让位于露天进行的群众表演、庆祝活动和体育赛事(赛马、网球、花式足球等),所有人都可以从中领略到"平等的魅力"。[17]英国"沃克斯豪尔"模式的公共花园是非常受欢迎的社交场所,这里举行的活动通常在烟花中达到高潮——对启蒙时代来说,这是一种非常合适的壮观形式。

巴黎路易十五广场,广场正中曾立有国王的骑马雕像,法国大革命期间,雕像被推倒,广场后改名为协和广场

五、启蒙时代　257

开放的空间、商业主义的侵入以及礼仪社会日益增长的声望，都促使城市环境与启蒙哲学家的自愿集体文化更加符合。若弗兰夫人曾经拒绝让有权有势的黎塞留公爵进入她的沙龙，她认为智慧而非社会地位才是进入其社交圈的通行证。这种行为在城市文化中很有意义，因为它不像此前那样被团体主义精神所严重支配。在这种文化内部，团结和认同的主要方式是人与人之间的平等思想，而不是预先设定的社会金字塔中的等级。至少在理论层面，启蒙时代的点点星光是不带有阶级色彩的。启蒙作家的社会出身非常复杂。狄德罗的父亲是裁缝师，卢梭的父亲是钟表匠，莫雷莱的父亲是造纸工，马蒙泰尔[*]的父亲是裁缝。在另一个极端，若古和孔多塞[†]都有古老的封建家族血统，霍尔巴赫是一个非常富有的男爵，爱尔维修和他的科学家同事拉瓦锡[‡]都是普通农民。在原则上，社会的最高层并没有被排除在这个世界之外，但他们进入这个圈子的条件与团体主义者的等级制度不同。此外，总的来说，知识精英可能更多来自职业化的中间阶层，而不是来自富裕或贫困阶层：伏尔泰是公证员的儿子，杜尔哥来自一个有名的穿袍贵族之家，拉梅特里[§]和魁奈都有医生的从业经历，而莫佩尔蒂[¶]曾是一名军人。这一群体的职业定位还延伸到了教会领域：例如，孔狄亚克、雷纳尔[**]和马布利[††]都是教士（至少是某一类神职人员）。

---

[*] 让-弗朗索瓦·马蒙泰尔（Jean-François Marmontel，1723—1799），法国历史学家、作家。
[†] 尼古拉·德·孔多塞（Nicolas de Condorcet，1743—1794），法国哲学家、数学家，1782年当选法兰西科学院院士。
[‡] 安托万-洛朗·德·拉瓦锡（Antoine-Laurent de Lavoisier，1743—1794），法国化学家、生物学家，提出"元素"的概念，被誉为"近代化学之父"。
[§] 朱利安·奥弗雷·拉梅特里（Julien Offray de La Mettrie，1709—1751），法国哲学家，机械唯物主义者。
[¶] 皮埃尔·莫佩尔蒂（Pierre Maupertuis，1698—1759），法国数学家、物理学家，最先确定地球呈扁球形。
[**] 纪尧姆·雷纳尔（Guillaume Raynal，1713—1796），法国作家，早年曾在巴黎圣叙尔皮斯教区工作。
[††] 加布里埃尔·博诺·德·马布利（Gabriel Bonnot de Mably，1709—1785），法国哲学家，曾任巴黎圣叙尔皮斯耶稣会神学院的五品修士。

如果说启蒙哲学家的构成相对复杂，那么城市公共领域的其他追随者也是如此。与印刷文化一致，启蒙运动形成了一个跨越阶层和性别的社交氛围。这需要一定程度的知识修养和适当的闲暇时间。后者大大减少了商业活动参与者的数量。在与国家文化联系最密切的机构中，教士和贵族占据了主导地位：例如，20%至40%的各省学院成员来自前两个等级，而宫廷贵族在沙龙中的比例严重过高。然而，这些机构与王室的距离越远，贵族的参与度就越低。总的来说，在社会学意义的公共领域中，启蒙文化的倡导者主要来自中等阶层：律师、国家官员和医生，以及其他较小的专业群体——工程师、教师、没有头衔的军人和教士。各省学院的成员中来自中等阶层的人数比例不高于40%，但这个数字在其他领域相对更高，例如《百科全书》预订者（50%）和合作者（84%）、活跃的作者（59%）、共济会（78%），甚至在咖啡馆和酒吧等非正式社交场所中的情况也是如此。至少从社会学的角度来看，尽管贵族的比例相对过高，但这是一个以资产阶级为主的公共领域。尽管沙龙是由女性管理的，但它的参与者也以男性为主。[18]

早在中世纪，资产阶级的基本价值观之一，就是严格地把自己与体力劳动者、工人阶级区分开来。尽管公众越来越有方法发出自己的声音，但公共领域还是属于资产阶级的。识字率在18世纪不断提高：路易十四时期，法国男性和女性的识字率分别是29%和14%，到18世纪80年代分别提高到47%和27%。乡村地区（特别是南部和西部偏远地区）的识字率要低得多，与之相反，法国北部和东北部地区的识字率相对较高，一般来说男性达到了75%，女性达到了50%，而且似乎很少有不识字的巴黎人。启蒙运动的设计者希望长期对公众进行启蒙；但在短期内，启蒙哲学家对运动在粗野公众中留下的印象感到悲观。狄德罗赞扬了织布机发明背后的独创性，但他也提到，织布机的操作者"在不了解任何东西、不知道任何知识，甚至在毫无预想的情况下就把机器搬走了"。尽管狄德罗承认开明劳动者贵族的智慧潜力，但《百科全书》往往对技术官僚体系中的机械化程度表现出热情。[19] 工人不需要头脑。

　　阶级区分是百科全书派集体认同的核心，它也显著表现在公众教育领域。不过，公众教育方面的进步不是启蒙哲学家促成的，而要归功于他们的对手。启蒙哲学家嘲笑特伦托宗教会议以后巴洛克式虔诚的形式主义，高度怀疑大众教育的意义，他们的理由是这种倾向鼓励那些本应从事农耕的人转向以宗教为业。事实上，真正将印刷品送到公众阶层手中的，与其说是启蒙哲学家，不如说是教会人士和那些具有慈善心肠的虔诚者，教会学校和宗教人员参与的小学是实现这一方式的主要途径。在小学教育以上，宗教团体同样接受教学大纲的更新。尤其是耶稣会承担了法国一半以上的中学教育，他们培养的学生中很多成为启蒙哲学家（伏尔泰、拉梅特里、爱尔维修、杜尔哥、莫雷莱等等），这些人对课程设置的实用价值非常敏感。与法语的蓬勃发展相比，作为教学语言的拉丁文的衰落，也证实了这种更加实用主义的教学理念。

　　在过去的一个世纪中，教育需求的迅猛发展，也成为一个愈发显著的趋势，甚至超越了启蒙哲学家的社会需求。小学的课程大纲仅局限在宗教真理、道德戒律和三个"R"*；但阅读和计算能力至少让个人具备了在印刷媒介和市场经济中参与公共辩论的能力，这恰恰构成了市场经济的基础。在封闭的大学里，教学现代化的呼声来自学生本身，他们通过专业技能的灌输认识到职业的潜力。此外，小学、中学和大学的传统形式还得到了各类附属机构的补充——军事学校、技术学校、艺术和设计学校、商业学校、公共讲座课程等等，这些机构的成立在很大程度上响应了大众和中产阶级的需求。

---

\* 指阅读（Reading）、写作（wRiting）和算术（Rithmetic）。

饶有兴味的是，关于教育价值的辩论，揭示了启蒙哲学家和百科全书派要求社会进步的主张。哲学要求、社会商业化以及对脑力劳动和专业培训的日益尊重，这些特点保持高度一致。然而，与之相反的是，公众对教育的需求表明，现代性不是对当下产生影响的唯一版本——启蒙运动同样也在发挥作用。与启蒙哲学家的期待相比，新的公共领域更加多元化，而且也不总是那么讲究礼节。

## 文明化的男性、自然化的女性

1787年，历史学家吕利埃[*]在法兰西学术院的就职演说中表示，1750年是18世纪的转折点。他的理由不是著名的和约缔结，也不是君主的耀眼光芒。相反，他强调这是启蒙哲学家在公众舆论领域建立对王室的知识霸权的时刻。[20]这是历史学家的简化观点；历史学家也确实如此认为。然而，本着同样的精神，达尔让松侯爵在1751年对"哲学风暴"中激荡的"革命"问题进行了思考。1767年，伏尔泰宣称，"在过去15年左右的时间里，人们的思想发生了一场革命"——他想到的也是同样的时代。[21]《百科全书》的时刻，深深烙印在启蒙时代的集体记忆之中。

吕利埃提到了18世纪中叶一个最引人注目的现象，即在1750年前后出版的许多重要著作中，历史观已经发生了变化。正如我们所看到的，历史研究在1700年前后被用作一种手段，对路易十四统治时期的神话进行批判性审视。[22]历史学保留了它的论辩色彩，直到18世纪中叶才突出了其中崭新的基本概念和实践。1751年《百科全书》序言中倡导的哲学史是一项关键内容，它将历史视作启蒙理性的不断胜利。同一时期出版的其他作品也体现了这种"准胜利主义"的叙

---

[*] 克劳德-卡洛曼·德·吕利埃（Claude-Carloman de Rulhière，1735—1791），法国诗人、历史学家。

伏尔泰，法国启蒙哲学家代表之一

述，有时还会更加复杂。例如，伏尔泰1751年出版《路易十四时代》，是一部关于太阳王统治的文化史作品；孟德斯鸠1748年出版的《论法的精神》，分析了过去不同政权的政治文化环境与价值观；让-雅克·卢梭1750年出版的《论科学与艺术》，提出了相当不同的历史叙述（1755年发表的《论人类不平等的起源和基础》又提供了第二种论述）；布丰是自然史年代学取向的代表，多卷本《自然史》的第一卷于1749年出版。无论这些作品的区别是什么，它们都表现出一种历史主义的感性，超越了过去教会或国家提倡的正统历史观。

若古在其为《百科全书》写作的关于"历史"的文章中给出了一种定义，历史"被视作对真实事实的叙述"，并与建立在虚构基础上的"寓言"形成鲜明对比。[23]18世纪中期所有的基础文献都公开表示了对"天启宗教"可能性的怀疑——直到最近，它才被承认是主要的认识论标准，这种怀疑有助于形成健全而有社会根基的历史知识。上帝及其在世俗领域的代表似乎不能为揭示过去社会运作背后的隐含规则提供任何线索。例如,布丰利用化石证据和物理实验来支持他的观点,即世界远比教会的创世说要更古老(路易十四的波舒哀主教将创世的时间确定在公元前4004年,而认为诺亚大洪水发生在公元前2348年)。卢梭在勾勒远古以来的人类历史的时候,引用了古代经典而非《圣经》中的例证。类似地,孟德斯鸠对法律"精神"(或思想)的考察,从一开始就排除了单一神圣方案的可能性。他在序言中写道:"首先,我研究的是人;而且我开始相信,在人类法律和习俗的无限多样性中,他们不仅会被其幻想所引导。"[24]利用旅行者关于欧洲以外社会历史中越来越多的人类学记录,孟德斯鸠发展出一种固定的人类进化的阶段性观点——每个社会都经历了狩猎、田园生活、农业和贸易等阶段,而这种模式中没有《圣经》教义的位置。

除了卢梭这个引人注目的"例外"(我们还将回到这一点),对于18世纪中叶的历史学家而言,他们大多赞同达朗贝尔在"初步论述"中隐含的进步主义观念。例如,兼具诗人、戏剧家、风趣家、散文家、历史学家和全面的美文作家等身份的弗朗索瓦-马里·阿鲁埃·德·伏尔泰就是如此。早在摄政时代,年仅24岁的伏尔泰就因其剧作《俄狄浦斯》(1718年)而声名鹊起,他所有类型的尝试都取得了成功,只有他的朝臣生涯除外。伏尔泰曾因开摄政王的玩笑而被短暂关入巴士底狱;后又因向罗昂骑士[*]寻求报复,再次被投入巴士底狱。罗昂骑士因不尊重诗人,让其仆人将之痛打一顿,伏尔泰试图让王室宫廷接纳自己的努力不幸失败。尽管获得了蓬帕杜夫人的支持,但他在18世纪40年代担任王室历史学家和国王卧房绅士的角色也惨遭失败。后来,伏尔泰接受腓特烈二世之邀,在普鲁士国王军队中出任哲学家,但仍以失败告终。1753年回到法国后,伏尔泰选择住在靠近瑞士的边境地区,1759年后住在弗尼。通过大量的信件和出版物,

---

[*] 居伊-奥古斯特·德·罗昂-沙博(Guy-Auguste de Rohan-Chabot,1683—1760),法国贵族,1726年1月与伏尔泰发生争执,4月17日伏尔泰被投入巴士底狱。

伏尔泰参与到"文人共和国"之中,他的写作疯狂而出彩,足以使其成为第一个完全以笔为生的法国作家。

《路易十四时代》(1751年)是伏尔泰最负盛名的历史著作。这部作品为17世纪关于古典与现代的大辩论做出了贡献,伏尔泰坚定地站在现代一方,认为路易十四时代的法国所取得的巨大文化成就无疑是对古代的重大进步。他拒绝叙述"无休止的战争细节,以及通过武力夺取和重新占领的方式对城市的进攻",而选择了关于"人类天赋和礼仪"的历史[25],这与《百科全书》把"蹂躏地球的征服者"和"启迪世人的不朽天才"相提并论的说法非常符合。[26]在这部作品中,伏尔泰对太阳王的赞美与其诸多同行的态度形成鲜明对比。孟德斯鸠在《波斯人信札》中讽刺路易十四是"伟大的魔法师",而圣皮埃尔神父则将路易十四与尼禄、阿提拉甚至撒旦相提并论。[27]伏尔泰的这种赞美,与他自己更习惯的观点并不相符,他带有强烈的自由主义和英国色彩。18世纪20年代,出于政治安全的考虑,伏尔泰曾在英国旅居数年,这段时光改变了他的视野,让他观察到个人自由和物质进步的问题。1734年,伏尔泰出版《哲学通信》,他假借旅行文学的名义,对法国的风俗习惯进行了隐晦而诙谐的讽刺。英国人对科学采取开放和世俗的态度,牛顿的归纳法和洛克的经验主义是其中的典范,但伏尔泰更多地暗示,法国人的知识生活是由天主教会所主导的,笛卡尔式的理性主义压抑了洛克和牛顿的方法在法国的成长。英国人享有个人和宗教自由的权利,这一点被庄严地写入英国宪法;而法国人则在国王密札、残酷的宗教统一和新闻审查制度下饱受折磨。英国人拥有一个具有广泛代表性的爱国者议会,而法国人则不得不忍受一个团体主义、派系色彩和充当法律讼棍的高等法院。公众刽子手大肆焚烧《哲学通信》的情景,也确实符合伏尔泰的刻板印象。英国人贸易繁荣,生活幸福;法国人重农抑商,重视社会地位而轻视财富,生活品质较差。伏尔泰表示:"在英国,商业使人们致富,进一步扩大了他们的自由；而这种自由反过来，又促进了商业繁荣和国家强盛。"[28]

可以建立一种将贸易、自由和公民美德融合在一起的良性循环，进而形成一个"国民伟大"的新格局，这种想法在原则上适用于法国人，因为在伏尔泰看来，法国人是"地球上最善于交际和最有礼貌的人"。[29]事实上，在社会精英和启蒙哲学家中，这种思想已经开始获得市场。枢机主教弗勒里治下的和平时代，推动了法国的经济增长，促进了对商业领域持有更加积极的看法。[30]像其他许多人一样，伏尔泰受到了客居英国的荷兰作家伯纳德·曼德维尔[*]《蜜蜂的寓言》（1723年）一书的影响。这部作品的副标题"私人恶习、公共美德"，表明了公私之间的道德脱节，这也是这部作品饱受非议的原因。伏尔泰认为，对个人自我利益的彻底重估，成为社会进步的中介；个人对物质幸福的追求与更广泛的社会幸福完全一致。伏尔泰最喜欢的经济学家是让-弗朗索瓦·梅隆[†]，他认为此人是"一个有智慧的人、一位公民和一位哲学家"[31]，梅隆曾经一度担任约翰·劳的秘书，并在1734年发表了一部颇有影响的《商业政治论集》。在梅隆的作品中，"曼德维尔主义"的色彩稍有减弱，他删除了那些令人发指的愤世嫉俗的标题。[32]梅隆认为，奢侈品可能在精神上是不可取的，但在适度的情况下，它提供了集体物质生活改善的关键内容——它刺激了贸易、交流和沟通，使人的感官更加敏锐，培养了更强的社交能力，生产了更多的财富。针对路易十四统治最后几年中法国的工商业表现，梅隆进行了批判，他反对"一个人奢侈就意味着其邻居贫穷"的说法；相反，在其看来，社会越奢侈，个人的基本需求就越有可能得到满足。[33]此外，奢侈是一个动态而非静止的概念，概念的演变反映了历史的进步：在

---

[*] 伯纳德·曼德维尔（Bernard Mandeville, 1670—1733），哲学家、政治经济学家和讽刺作家。

[†] 让-弗朗索瓦·梅隆（Jean-François Melon, 1675—1738），法国政治经济学家，被视作重农主义运动的先驱之一。

波尔多学院任职期间,梅隆指出,节俭是一种值得尊敬的共和美德;但他也表示,商业和有节制的放纵,是推动和谐社会互动的积极力量:"哪里有温和的风俗,哪里就有商业(反之亦然)。"[34]《百科全书》对此表示赞同:"所有国家都有奢侈品。"在关于奢侈品的文章中,作者区分了"懒惰轻浮的奢侈品"(这是不好的)和"礼貌的、总是具有实用性的奢侈品";总的来说,奢侈品"增加了人类的幸福"。[35] 赞同一定程度的奢侈,是詹森派持有的观点:在17世纪颇有影响力的伦理学家皮埃尔·尼科尔[*]看来,人类如此堕落,上帝和物质创造的距离如此遥远,以至于人们开始相信如下观点,即个人通过追求自身利益进而实现公共幸福。其他教会人士(包括作为詹森派死敌的许多耶稣会士)也同样承认,在一个幻灭的世界中,存在有目的、有益的人类行为和改善空间。人类自由和社会进步似乎依赖于经济增长:值得注意的是,政治经济学家米拉波侯爵[†]在其18世纪中期的写作中,首先使用了"文明"的术语,用以解释相关争论。[36]在启蒙时代,贸易与文化、商业与启蒙,始终未曾远离彼此。

然而,对于这种物质改善、进步和社会学的混合过程,米拉波为其赋予了这个永恒的名称——"文明",而启蒙哲学家与百科全书派更将之奉为自己项目的核心,但此时,有关奢侈辩论的情况已经发生了改变。另一位启蒙运动的代表人物让-雅克·卢梭,对奢侈和文明做出了一种完全负面甚至是邪恶的解读,他从一个完全不同的角度来观察历史。18世纪40年代,这个日内瓦钟表匠的儿子在来到巴黎的葛拉布街之前,曾有过极不愉快的童年和奇特的青春期性关系。后来,他与狄德罗和其他启蒙哲学家缔结友谊,写诗,培养音乐兴趣,并

---

[*] 皮埃尔·尼科尔(Pierre Nicole,1625—1695),法国神学家、道德哲学家,最杰出的詹森主义者之一。

[†] 维克多·里克蒂·德·米拉波(Victor Riquetti de Mirabeau,1715—1789),法国政治经济学家,重农学派的先驱之一,人称"老米拉波",是活跃于法国大革命前期的米拉波侯爵之父。

卢梭，法国启蒙哲学家代表之一

为《百科全书》撰写文章。1749年，他通过法兰西学术院有奖征文的特殊渠道，在文人共和国中大放异彩。第戎学院的征文选题"艺术和科学的重建是否有助于道德的净化"，对卢梭产生了非比寻常的影响。他拒绝了其哲学家朋友的进步主义论调，给出了一个相当响亮的否定回答：财富和奢侈伴随科学进步而来，现在已经腐蚀了人类的纯洁天性。人类的良知似乎在告诉他，当代世界是腐败的。

卢梭的获奖作品可能仍然是一种诙谐的、并不特别具有原创性或影响力的智力游戏。例如，他的核心论点与对奢华和腐败的"次费奈隆式"的批判产生了共鸣，而他对内心声音的推崇则早于弗朗索瓦·文森·图桑毁誉参半的作品《论礼仪》（1749年）。最重要的是，在余生中，卢梭全身心投入到探索"第一论"所体现的认知中。这项智力和情感投资的第一个回报，是他又一次提交的获奖论文，即1755年的《论人类不平等的起源和基础》。这篇文章通常被称作"第

五、启蒙时代　267

二论",卢梭采用了一种令人眼花缭乱的思想实验形式,其前提在于,一旦第一批人类从动物状态中走出来,那就是无辜的、强壮的、健康的,并且具有保持孤独而非社交的本能。然后,他想象自己和读者经历了造就现代人的不同阶段——语言的习得、私有财产的出现等等。卢梭在后来写道,"我敢于揭露人类的本性","我把自我塑造的人与自然人进行比较,并表明他所谓的进步实则是其一切苦难的真正根源"。[37]奢侈品远不是人类幸福的来源,反而会对社会造成非自然的祸害,是对痛苦挣扎的人类的侮辱。

卢梭的"两论"瞄准了启蒙哲学家的核心。即使是像他们那样能够容忍不同意见的群体,虽然可以在卢梭的博学、历史研究和理性论证中发现许多值得钦佩的地方,但也难以接受卢梭本人。伏尔泰在收到"第二论"的文本后,以粗野和讽刺的笔调写下回信,"先生,我已经收到了您的这部反人类的新书","感谢您,我从来没有见过试图把人变成野兽的如此聪明才智"。[38]沙龙上的戏谑和激烈的论辩(加上教会当局对他拒绝原罪论的愤怒和反对),刺痛了脸皮很薄的卢梭。1756年,他略带戏剧性地离开了巴黎,在法兰西岛的一个"隐居地"过起了更孤独的、回归自然的生活(在其哲学家敌人的想象中,他四脚着地,以草为食)。随后,他与昔日的朋友们彻底决裂,并对达朗贝尔进行了高度个人化的攻击。到1760年,他郑重地致信伏尔泰:"我恨你。"[39]

因此,卢梭放弃了与启蒙哲学家期待的渐进式社会改革之间建立明显而可行的联系,他的"两论"构筑了一种信条,即在表面上看起来对现在和未来极度悲观。然而,尽管卢梭为当时社会诊断出的疾病似乎无法治愈,但希望仍然存在。就像某些毒药在有限的剂量下,还可以成为有效的解药;在人类通向美德的道路上,也有一些种子提供了重生的可能。抛开伏尔泰和其他人的嘲讽,卢梭并没有寻求让人类回归自然状态,而是要探索如何在更高层次的条件下重新想象社会。

这种情况在卢梭18世纪60年代初的作品中表现得更为明显。1762年完成的《社会契约论》开篇掷地有声："人生而自由，但枷锁无处不在"——卢梭对公民可以从其美德中收获自由与幸福政府的形式，进行了半历史、半预言式的分析。[40]

然而，正是卢梭作品中的人性和情感——而明显不是政治——的内容，为他赢得了此后的声望和知名度。卢梭在18世纪60年代早期出版的两部小说《朱莉，或新爱洛伊丝》和《爱弥儿》，在随后的几十年间被广泛阅读。在这两部小说中，卢梭创造了一种新的作家声音，整体上浸透着令人心碎的伤感，触动了读者最深处的情感，读者的反应仿佛在狂喜的内心骚动中获得重生。在一个喜欢放声哭泣的世纪，卢梭的读者们打破了一切纪录。他们深受触动，用辞藻华丽的散文，向作者传递自己的感受，表达"欢欣的泪水"和"真情流露的心声"。文章说道，"我们几乎窒息……我们不得不哭泣，我们必须向您写信，让您也情绪激动、哽咽哭泣"，"您已经让我深深折服。我的灵魂已近乎爆炸，必须与您分享这份痛苦……"[41]真正引起读者内心深处的共鸣、为读者和作者之间建立起亲密关系的内容，与其说是朱莉的故事本身（这是一个关于求而不得的爱情故事，女主角在结局悲壮地死去），不如说是主人公之间亲密和坦率的情感关系，以至于许多读者都很难相信故事是虚构的。这部作品似乎提供了一个关于美德生活和世俗生活的崭新方案，强调了良知的作用，突出了情感真实和透明在创造自我过程中的重要性。当然，伏尔泰的称呼还是"伏尔泰"，狄德罗的亲密友人将他称作"德尼"，而《新爱洛伊丝》则把卢梭变成了每一个人的朋友，是他们可爱的（尽管很难这么说）"让-雅克"。

在文学领域，《新爱洛伊丝》取得了辉煌的成功——这本书的购买者排起了长队，图书馆按小时出借各个章节。次年，卢梭的《爱弥儿》也取得了同样的成功。尽管《爱弥儿》保持了小说的形式，但在相当大的程度上，它还是一本关于教育的小册子，可以与"两论"相

五、启蒙时代　269

媲美。"两论"设想的自然人优先于社会，但《爱弥儿》则是围绕洛克的观念来组织文字，即对一个以"爱弥儿"为名的年轻男孩的教育，可以通过控制他的感官印象进行，进而发展道德人格和自然幸福的能力以及透明的社会关系。小说的核心旨在塑造个人美德，但卢梭的目标不是为了消除社会的积淀，从而达到"两论"中提到的"自然人"。相反，他努力想象在一个必然腐败的社会中如何培养有道德的公民。公民美德似乎可以加以改进，一种新的、更自然、可以超越当代社会局限的人性结构也可以由此被创造出来。他公开表示，要更新特勒马科斯的故事，其作品中也充满费奈隆式的细节描述。然而，至关重要的是，他所描述的美德是服务于公民的，而不是像费奈隆的作品一样，将美德视作国王的镜子。《爱弥儿》就是资产阶级公共领域中的《特勒马科斯纪》。

通过商人、旅行者和传教士，外生型社会实践中产生的关于意义的辩论不断发展，并吸引了喜爱阅读的公众的兴趣，"自然"美德的问题由此被赋予了额外的实质。在过去，很多作品都对西欧的技术、宗教和道德优越性表现出赞赏。的确，启蒙哲学家和百科全书派的文明工程，其基础是当代理性之光与野蛮黑暗时代的对比。然而，自从西班牙人征服美洲以来，始终有一股旅行文学的潮流在提出质疑，西方对这些社会的渗透是否起到了文明化的效用。在18世纪的一些作品中，这种情况得到了证实，它们发展出如下观点，即"野蛮人"比他们的征服者表现出更多的美德和道德高尚性。卢梭反对"高贵的野蛮人"的说法，但没有表现支持态度，他自己并非没有种族中心主义的偏见。因此，爱弥儿必须在欧洲温和的气候中长大，因为在炎热和寒冷的气候里，"大脑的组织能力更差"。[42]尽管如此，《爱弥儿》还是鼓励了许多同时代人把自然美德放置在更奇妙、更原始的社会中加以观察。种植园奴隶制度是法国殖民和经济发展的基础，而该制度衍生出的人道主义思想，在这一趋势中也发挥了作用。18世纪中期对南太平

《爱弥儿》插图:"这是自然规律,你为什么要违背它呢?"

洋的探索也是如此，这里是欧洲在启蒙时代的"新发现之地"。18世纪70年代初，詹姆斯·库克\*和法国学者布干维尔†关于塔希提岛生活的编年史作品具有特殊意义：塔希提岛被描绘为一个真实存在的乌托邦，一种欧洲国家的伊甸园式的景象。在卢梭的著作出版后的几十年里，人们对其作品的接受很大程度上受到了这种思潮的强烈影响，而这种思潮进一步凸显了自然美德与文明腐败之间的对比。

《爱弥儿》讲述了一个男孩关于公民美德的故事，同样对女孩们也产生了非常重要的影响。小说的中心人物是年轻且道德完美的爱弥儿，而其结婚对象苏菲的命运似乎表明，女性天生就是要作为次要角色的。关于女性教育，卢梭规定：

> 必须建立在与男性的关系上。讨他的欢心，赢得他的尊敬和喜爱，把男孩抚养长大，成年后要照顾他，给他忠告和安慰，使他感到生活愉快和幸福——这些永远是女性的职责。[43]

然而，爱弥儿的性格在某种意义上是可以塑造的，而似乎有一个非历史的、"自然"的方面，限制了女性特质的塑造。这种母性的家庭角色，使女性没有自己的理性活动，转而去支持其伴侣的行为。一切有助于产生思想性内容的事物都不在女性可接触的范围之内，而她们的所有任务则是必须处理实际问题。[44]

哲学家知识体系的核心是沟通与平等的社交理论，但卢梭关于女性的看法则违背了这一原则。女性经营的沙龙不仅提供了一个社会各界交往的场所，而且也是一个礼貌和互惠的理性交流和关键的认识论

---

\* 詹姆斯·库克（James Cook，1728—1779），人称"库克船长"，英国皇家海军军官，首批登陆澳大利亚东岸和夏威夷群岛的欧洲人。

† 路易·安托万·德·布干维尔（Louis Antoine de Bougainville，1729—1811），法国海军上将、探险家，1763年完成环球航行。

的场所。在沙龙里，男性接受女性的正式指导，由女性来主持辩论和监督礼貌讨论的界限。人们认为，法国文明之所以能够比其他国家先进得多并因此深感自豪，正是因为在女性管理下，礼仪得到了规范，知识得到了磨炼。从圣皮埃尔神父到孔多塞，许多启蒙哲学家都非常赞同这种关于女性的自由主义观念，而对女性法律和社会地位低下的现状进行了批评，若古在《百科全书》关于"女人"的文章中进一步指出，丈夫在婚姻中享有权威是"违背人类自然平等的"。[45]

卢梭在"第一论"的某个脚注写道："我远远没有想到，女性的统治地位本身就是一种罪恶。"[46]事实上，他将女性视为最优秀的"道德性别"[47]，高度评价了女性能够为社会提供价值。然而，同时代的许多人却从他的作品中解读出截然相反的观点，而这种论调自18世纪中叶以后得到了越来越多的支持。卢梭赞许地指出，斯巴达的女性被限制在家中，并被禁止进入（男性）公共生活展开的公共舞台。卢梭称，古罗马、文艺复兴时期的意大利和许多其他社会的历史表明，一旦女性开始影响政治事务，政体就会陷入腐败和堕落。一个自然有序的政体，以母亲在家中给孩子喂奶（而不是把孩子丢给雇来的奶妈）为象征。然而，当一个女人出现在公共场所、宫殿、街道或者沙龙，这就成为另一个混乱和腐败的象征。卢梭对作为启蒙运动典型场所的沙龙进行了恶毒的攻击，由此踏上了他公开反对启蒙哲学家的道路。卢梭声称，沙龙参与者是如此多"（人类）自由的暴君"，"尽管他们评判一切，但实则一无所知"[48]，因此需要对其进行控制和指导。

卢梭的著作对18世纪后半叶的性别道德经济产生了巨大影响。卢梭引发了有关18世纪的男性在多大程度上是文明和善良的辩论，但那些从卢梭的思想中汲取灵感的人，似乎阻止了一切关于女性在社会变革中发挥积极作用的讨论，因为他们想要把女性束缚在其"自然"的无时间的框架内。"自然"的社会框架强调家庭是教授公民美德的场所，在家庭中，只有男性才可以进行思考和发生公共行为。相比之下，女性在脑力劳动中只能扮演从属、辅助和支持性的角色，并被限制参与公共生活之中。这种观点得到了男性医生的支持，他们倾向于更严格地从两性之间的生理不同来界定性别差异。例如，皮埃尔·鲁塞尔\*在1755年出版的《女性作为身体和道德存在的系统性概述》是一部极具影响力且被不断再版的作品。在书中，作者直率地引用了当下的生理学和解剖学辩论，并最终指责女性独特的神经系统限制了她们的智力发展，"她们脆弱的器官会更敏锐地感受到［严谨研究］涉及不可避免的不良影响"[49]，并把刻在她们身体上的生育能力，视为相信女性与男性有本质区别的理由。女性的固有特征使她们应该被允许在生育、母乳喂养（当时非常流行）、抚育孩子和照顾丈夫的工作中发挥作用。这种观点与政治经济学家对人口减少的忧虑相吻合——社会繁荣似乎有赖于女性从事本来应该自然而然进行的生育任务。自然也越来越被视为人类幸福的基础。

## 重振幻灭的世界

启蒙哲学家旨在唤醒世界，也就是说，将世界从魔幻或精神力量主导的"自然"中抽离出来，进而呈现出一个更物质的现实版本，对后者而言，理性所难以达到的力量并没有产生影响。就像他们曾经的敌人詹森派一样，启蒙哲学家认为在这个世界上，上帝的意图既是难以捉摸的，也是人类理性无法企及的。然而，与詹森派不同，启蒙哲学家试图将人类生活的意义根植在"社会"的基础上。"社会"一词在18世纪初才开始被广泛使用，它所引发的共鸣来自对超越精神价值的拒斥，以及对文化意义建立在社会基础上的信念。这并不是说启

---

\* 皮埃尔·鲁塞尔（Pierre Roussel，1742—1802），法国医生、记者。

蒙哲学家们忽视了神性。事实上，正如苏格兰启蒙哲学家大卫·休谟所提示的那样，即使在时尚狂热之风盛行的巴黎，相信无神论的人远比不信仰上帝的人要少得多。[50]霍尔巴赫男爵和他的密友们（比如狄德罗），也不时表现出完全怀疑的态度。不过，许多被同时代人视为彻底无神论者的人，都在抗议他们的信仰。就连超越机械论、否认灵魂的拉梅特里，《作为机器的人》（1747年）的作者，也为上帝存在的可能性敞开了大门。至于伏尔泰，尽管他也精心策划过反对教会的方案，但他终将死于教会的怀抱之中。

直到18世纪中叶（甚至更早），启蒙哲学家们都倾向于从伏尔泰那里获得线索，正是他使所谓牛顿式的比喻流行开来——上帝是钟表制造者，宇宙的内部机器是按照一些经验上不明显的设计来运行的。因此，自然哲学家从认识论的谦虚立场出发，避免洞察神性的神秘作用，而把自己限制在次要的因果关系层面上。关于上帝，似乎唯一可知的是，一旦他的创造完成，上帝就把自己从创造物中移开，并以一种本质上有益的方式建立了人类世界的机制。然而，上帝对物质世界的不干预意味着整个启示宗教的全部内容——《圣经》、教会、神迹记载——必然是虚假的。所以，那些宣扬上帝干预其中的人就是骗子和恶鬼，他们合谋使人类处于愚昧无知和黑暗偏见的状态之中，而哲学家们正在努力使人类摆脱这种状态。伏尔泰著名的口号——"消除（宗教的）耻辱"——不是针对上帝的，而是指向那些以他的名义发声的教士。狄德罗也发表了一段激进的反教会言论：

> 这就是我们的方案：对迷信、狂热、无知的人或傻瓜、罪犯、暴君一概毫不留情。我希望看到我们的弟兄在对美德的热爱、对仁慈的感触和对真理、善良、道德的体验中团结起来——这是一个更有价值的三位一体。我们知道的比基督徒多是不够的；我们必须证明，我们比他们更优秀，因为科学比信仰和足够

五、启蒙时代　275

的恩赐更能造就好人。[51]

因此，启蒙哲学家对遥远的上帝的信仰，与对所有自称是神性解释者的系统性敌意结合在一起。天主教会声称会提供美德的典范，这个显然虚伪的说法，虽然让启蒙哲学家感到愤怒，但也为他们提供了最有说服力的宣传要点。启蒙哲学家们将自己对宽容的友善呼吁和作为教会残忍、狂热的长期根源的历史记录进行了对比。他们特别构建了一种常见的教士形象——教士本质上没有信仰，被自己的欲望所驱使，对社会没有价值：对伏尔泰来说，修道院是"充满混乱和敌意的场所""教士们都是懒惰的"。[52]高级教士浮华的生活方式、教会粗暴地拒绝按比例向国家缴税、贪婪地坚持对所有农产品征收十一税，这些都被认为凸显了教士缺乏对社会利益的承诺。

然而，在"消除耻辱"的运动中，尽管启蒙哲学家们的行为愈发严厉，但其中大多数人并没有忽略教会在社会中的作用。不过，这不是基于教士们声称的对超验性价值和意义的接触，而是基于这些价值和意义对社会的效用。对神性的信仰是社会秩序的支柱，上帝会惩罚作恶之人，奖励良好的行为。这种信仰必须由教士来培养。伏尔泰的著名观点是："如果上帝不存在，那就有必要发明上帝。"这句话虽是调侃，却突出了启蒙哲学家在很大程度上希望寻找到的一种调和媒介：一方面，他们认为基督教的启示传统缺少道德和智慧；另一方面，他们对唯物主义持怀疑态度，因为它未能给在有德行和幸福的人类社会中必不可少的道德感留下空间。

耐人寻味的是，启蒙哲学家们以社会实用性为由支持宗教的观点，也越来越受到其反对者的拥护。一方面，教士以此来回应反教会人士对其所谓"社会寄生说"的嘲讽；另一方面，这也反映了宗教思想的重要转变。特伦托宗教会议后的"牧业使命"为天主教会所承袭，即国家需要温顺服从的臣民，这种理念鼓励了一种将道德问题置于精神关切之上的倾向。迪努阿尔神父[*]就曾表示:"真正的虔诚在于忠实履行自己的职责。"[53]一位"好神父"应当将自己的关怀置于追求神学细节之上,他应该成为本教区内自然、宽容、爱好和平和极其仁慈的发言人和仲裁者——这种良好的神父形象,无疑是教会打出的诱人广告,甚至启蒙哲学家们也如此认为。这是许多地方确实存在的事实,正如我们所看到的,与法国教会史上的其他任何时候相比,这一时期的教区神父都更加虔诚、热心和有教养。[54]勤奋工作、不受重视、但对社会有益的"好神父",在仁爱修女会中也有类似角色,虔诚的修女在面对摧毁灵魂的任务时所展现的职业操守和人性关怀,甚至让伏尔泰都深信不疑。

与高级教士相比,很多人都认为"好神父"对社会的贡献更大,在精神上也更令人钦佩,这使许多教区神父也产生了远高于自己地位的想法。从18世纪50年代开始,不满的声音开始在许多教区出现,尤其是在南锡、普罗旺斯和多菲内,尽管有正式的王室禁令,但下层教士还是通过教区议会来表达抗议。这些抱怨往往带有詹森主义的色彩,许多教士还被17世纪奥古斯丁修会的埃德蒙·里歇尔的学说所吸引,在其看来,基督门徒的继承者不是主教,而是全体教士。这些教士认为,教会的决策应该在民主的教区议会中达成。此外,他们的斗争还具有经济和精神方面的原因:低得可怜的薪俸(大部分下层教士需要以此为生)没有跟上生活成本的增长,1690年的教士津贴是300里弗,1750年提高到500里弗,1786年又增加到750里弗(其中神父助理的薪资只有300里弗)。与高级教士的巨额收入两相对照,下层教士们对此感到非常不满。尽管里歇尔的追随者们惊讶于自己受到了启蒙哲学家的影响,但他们在抗议中越来越多地使用公民道德和社会实用性的语言,这是启蒙运动辩论中的常用表述。

---

[*] 约瑟夫·迪努阿尔(Joseph Dinouart, 1716—1786),法国神父,辩论家,女性主义的辩护者。

五、启蒙时代　277

在教会内部，启蒙哲学家所宣扬的实用主义观念的影响逐渐增强，其部分原因在于教会对自己在世俗领域影响日渐衰微的焦虑和担忧。1725年以后，隐藏在宗教一致性外表下的深刻裂痕，开始在全国范围内显现。18世纪中期以后，这些裂痕发展成为一道深渊。这种心态上彻底转变的最突出例证，体现在死亡前一套华丽的信仰与做法的变化——这是特伦托宗教会议巴洛克式虔诚的核心，正如我们前文所述，对国王来说尤其如此。[55]包括慈善和带有宗教色彩的遗赠、复杂的葬礼安排，以及对上帝和圣徒的灵魂召唤——这种传统形式的遗嘱迅速减少。在普罗旺斯，超过80%的人在18世纪中期写下了传统的遗嘱；但到了18世纪80年代，只有一半人如此行事。在巴黎，这种转变发生得更早，范围也更广泛。仿佛大多数法国人正在开始遗忘如何死亡，或者至少是如何像天主教徒那样死亡。宗教和慈善捐赠的比例急剧下降，致使医院和慈善机构的财政状况也逐渐恶化。较为典型的是，常年举行巴洛克式葬礼的墓地受到了实用性和卫生条件的攻击：1776年，由于可能造成健康风险，在教堂内下葬的行为被禁止；位

折除前的"无罪者公墓"

于巴黎市中心但又杂乱无章的"无罪者公墓"被迁往更偏远的地方，由此开启了墓地向郊区转移的进程，这将在19世纪初成为一项社会准则。

其他带有宗教色彩的指标也在同步下降，有时下滑的速度甚至过于惊人。宗教类书籍占所有出版物的比重在1720年有三分之一左右（在路易十四时期更高），但到1750年只有四分之一，1789年只有十分之一。在18世纪的大部分时间里，从事宗教职业的人数似乎也在以自由落体的速度跌坠，1750年前后出现了明显的加速，但到18世纪80年代又下降了四分之一。1680年，法国拥有25万名教士，到1789年只留下一半的规模。其中受影响最大的是不为人爱戴的常规教士。18世纪20年代，他们的人数就开始下降，而1768年将宣誓年龄提高到男性21岁、女性18岁，更彻底击溃了这一群体。此外，从18世纪60年代开始，教会本身也在试图关闭已经失败的机构——在二十年内，1768年成立的"教士委员会"关闭了全国六分之一左右的修道院。兄弟会也进入衰败阶段：教会人士对这些团体沦为集体渎神聚集地的趋势加以谴责，同时批判了其成员在咖啡馆和共济会中寻求伙伴和亵渎宗教的活动。公共领域的社交活动似乎提供了一个比宗教联系更有吸引力的模式。

教会的道德教义越来越被忽视。教会审查员夜以继日地工作，但无法阻止启蒙哲学家作品的传播，他们把这些作品的信息告诉教徒，并加以贬斥。事实上，教宗目录上的许多作品，也在法国教会的书架上找到了销路。18世纪中期以后，由于胡格诺派不再受到压制，以及政府和启蒙哲学家越来越意识到宽容是不可避免的趋势，那些坚持路易十四在1685年《枫丹白露敕令》中宣布的宗教统一性原则的教会内部人士，也对此感到沮丧。参加教堂活动（特别是复活节活动），不再像以前那样是共同体内部团聚的场合，神父哀叹酒吧的开放、滚球游戏和喧闹的行为。对奇迹的信仰、参与朝圣和传教活动以及宗教艺术的活力，都出现了下降的态势。由于特伦托宗教会议以后的影响，教会对性问题的态度长期严格遵守教义，但到此时，也出现了大幅度恶化的迹象。从18世纪40年代到1789年，私生子的比例上升了近50%：尽管城市仍然保持罪恶的名声，其私生子的比例远高于农村（例如，巴黎约有三分之一的新生儿是私生子，而南特则有近40%），但事实上，农村地区私生子的增速可能比城市地区更明显。婚前怀孕和弃婴的比例也在上升：在18世纪40年代至80年代之间，弃婴的比例增长了100%。震惊的忏悔者们报告说，越来越多的证据显示，城市和农村都曾出现过中断妊娠的情况。

如果认为这种对宗教信仰的侵蚀是相当普遍的，那就大错特错了。与平均薪酬水平一样，宗教信仰的平均水平掩盖了其内部巨大差异的复杂性。在特伦托宗教会议以后，城镇一直是聚集天主教热情的前沿，但在18世纪，人们的虔诚程度逐渐减弱，而在受特伦托宗教会议影响较慢的农村地区，人们更倾向于坚持信仰。这里，共同体内部的压力往往导致了保守主义和同质化的发展趋势，尤其是在偏远山区，与山谷和平原地区活跃的思想与商品教会形成了鲜明对比。例如，尼斯和上普罗旺斯、阿尔萨斯-洛林、沃莱、维瓦赖以及布列塔尼的部分地区都是很好的例子，这些地区甚至完全抵制了世俗化的趋势。与17世纪相比，18世纪表现出了更大的宗教活力。性别是另一个形成显著差异的例子：一般来说，女性比男性更有可能保持宗教信仰。此外，从18世纪70年代起，还出现了部分复苏迹象：宗教从业者的人数增加了，出版业的宗教活动也在急剧复苏——1779年关于著作权法律的变化导致了宗教出版物的激增。畅销作《守护天使》在十年内重印51次、售出10万余册，引领一时之风。

在过去的一个世纪里，教士每每指责启蒙哲学家对宗教统一性的侵蚀和日渐增长的精神冷漠。这是一个直击要害的例证。启蒙运动的确试图改变人们的态度，也确实影响了法国大部分精英和知识分子的行为和内心深处的信念。然而，在很大程度上，这也是18世纪的法国发生更广泛的社会、经济和文化变革的产物，与商业资本主义的发展也有关联。除了启蒙哲学家之外，还有许多人发生了心态转变，这需要与遥远的神灵达成一致，并将宗教价值建立在物质世界的基础之上。此外，启蒙哲学家承认上帝的存在，对于民众的宗教信仰，他们保持重视而非贬低的态度，并在他们的世界中为教会的道德教义保留了一席之地。这种情况的根源不是启蒙哲学家的反教会观点，却与社会的变化有关。而且，此时的教会正处于精神改革的阵痛之中，它试图为宗教行动寻求更有目的性的社会意义。还有，民众并没有从启蒙哲学家那里找寻自己的社会价值。在为公众提供的作为文学读物的"蓝皮书"中，我们可以发现一些反映启蒙精英价值观的痕迹——随着时代的发展，占星术和预言书越来越少，而科普和礼仪类作品日益增多。不过，总的来说，普通民众与他们的神父和共同体领袖一样，都对启蒙哲学家心存疑虑。人们普遍认为，后者最典型的特征是"性变态"：用流行的说法，鸡奸是"启蒙哲学家的原罪"，而色情和淫秽作品通常被称作"启蒙书籍"。

此外，对于陷入困境的教会来说，启蒙哲学家虽然是一个有用的替罪羊，但宗教习俗转变的根源还在于教会本身。例如，一些像克里斯托夫·索瓦贡这样的纯粹主义者教士，对民众的虔诚提出了最严厉的批评，在其看来，他的教区居民对基督教只是口头上的服膺，这终究会成为一种祸害。[56]尽管许多教士希望改善他们的信仰、改进他们的生活，从而更好地适应于世俗化时代的要求，但事实仍然是，教会是一个四分五裂的房子，这种分裂也使教会对启蒙哲学家的攻击大打折扣。教会内部的理论斗争围绕针对启蒙哲学家的不确定性战略、激烈的反詹森主义以及里歇尔派开始发起的社会批判等内容展开，但这些斗争也降低了教会的整体效力。从18世纪50年代末开始的驱逐耶稣会士的运动也是如此，尽管他们早年曾站在反宗教改革的前线。狄德罗对他的情妇索菲·沃兰德*说，1762年教会驱逐耶稣会士的行为"让启蒙哲学家开怀大笑"。[57] 耶稣会士常常被批评为过于迁就教徒们的罪孽。另一方面，詹森主义者在忏悔时往往非常严格，他们希望净化民众信仰中所谓的"异教徒"成分，这使他们许多的潜在支持者渐行渐远，使不信教的人数越发增长。

启蒙哲学家区分了攻击教会和否认上帝存在的两类人，但很多个人显示出了对宗教冷漠的态度，不过他们没有拒绝对仁慈天意的普遍信仰，还相信信仰具有可以计算的社会效益。对于许多人来说，天意被披上了自然的外衣。对于一些更激进的启蒙哲学家来说，启蒙时代把上帝推下神坛，而让自然取代了上帝的位置。1770年，霍尔巴赫在国外以匿名形式出版了《自然体系》一书，在这部反映了过于强烈的唯物主义色彩的作品中，作者将自然视为一种替代性的，比基督教上帝更真实、更有吸引力的神灵，并向他的读者高声疾呼："回归自然！""（自然）会安慰你，打消阻碍你的恐惧，撕碎你的焦虑……带走使你和你所爱之人分离而产生的仇恨。"[58] 这种表述过于极端，而布丰在临终之际则有一种相对温和的说法："我总是用造物主的真名来呼唤他；但把这个词语去掉，再把自然的力量放在这个位置上，却只是一个简单的步骤。"[59]

《百科全书》指出，"自然"是一个"模糊的术语"，这种模糊性正是它的魅力所在。《百科全书》提供了至少8个独立的含义来证明这一点。[60] 虽然"半无神论者"可能会对上帝被自然取代感到高兴，但许多正统的基督教徒也认为，自然构成了一个超越善的来源，它能够为正确的生活提供指导。伏尔泰曾利用牛顿的学说，证明自然界中所谓神圣的有序性，没有为上帝干预人类事务预留任何空间，但随着18世纪的发展，基督教的捍卫者运用这个论点，证明了上帝存在的必要

---

\* 索菲·沃兰德（Sophie Volland，1716—1784），狄德罗的情妇和秘书。

性。自然由此构成了一个"存在巨链",神性是它的创造者,人类位于顶端,其他生命形式则被置于下部,相互关联的层级模式非常复杂,以至于背后必然有一个隐藏的设计者。这一领域的代表作是普吕什神父[*]的《自然景观》(1732—1750),这本教育学纲要提供了关于自然景观的礼节性对话,先后有过几十余个版本,销量超过了2万册。从18世纪50年代末开始,卢梭的著作进一步推动了把对自然的崇拜视为"糖衣景观"的发展[61]:城市、宫廷、商业和文明的批评者只有在尽可能远离其腐败影响的环境中,才会感到舒适。

因此,卢梭激发了人们对山水田园风光的强烈热情,在那里,人类腐败之手介入的情况没有那么明显。此外,在1750年以后,自然主义的启蒙哲学家越发意识到,自然不仅仅是预先设计好的被动产物,它本身也是一种能动的力量,兼具决定他者和被他者决定的双重特性,对牛顿和伏尔泰关于宇宙是人造物的观念形成了挑战。尽管莫佩尔蒂、布丰和其他人试图把物种的固定性转向更加进化主义的立场,但"存在巨链"仍然存在,似乎证实了上帝的精心设计。然而,描述自然的主要隐喻从钟表(一种复杂的机械工艺品)过渡到自然有机体(能够生长和发展)。布丰说,自然是"一个从不停歇的积极的工人,它能够利用一切"。[62]

一名工厂的中级检查员说:"通过思考发现真理的方式,自然提升了人的灵魂。"这种诚实的情感证实了18世纪后半叶法国人对自然历史的普遍重视。[63] 也许确实需要一种像启蒙运动那样彻底扎根于城市和商业价值的文化,进而形成一种对自然的崇拜,以便把知识分子的好奇心和对许多城市居民已经失去,或是害怕失去的对世界的怀念融合在一起。虔诚者们往往停留在对自然界各种形式的沉思和享受层

---

[*] 诺埃尔-安托万·普吕什(Noël-Antoine Pluche,1688—1761),法国作家、博物学家、生物学家。

布丰，法国著名博物学家

面——特别是像布歇*这类钟情于矫揉造作的田园主义艺术家。然而，18世纪对自然的崇拜的一个显著特征是，位于正在展开的图景背后，有很多人试图进入机器的空间（这是普吕什的比喻）。他们使用一种广泛而多样的方法，通过在沙龙和学院中灌输的礼仪方法达成统一，试图对自然界的附带产物进行调查、理解、收集和分类。而在这些活动的背后，正是启蒙运动对社会实用性的坚定信念。当雷奥米尔†在花园里沾满露水的草地上一动不动地待了一整晚，以便观察毛毛虫在夜间的活动时，他产生了这样一种信念，即通过更好地了解这个世界，

---

\* 弗朗索瓦·布歇（François Boucher，1703—1770），法国画家，洛可可风格的代表人物。曾在路易十五宫廷中担任首席画师，深受蓬帕杜夫人赏识。

† 勒内-安托万·德·雷奥米尔（René-Antoine de Réaumur，1683—1757），法国科学家，昆虫研究专家，1731年提出列氏温标。

很可能会推动工业产品（油漆、燃料等）的出现。巴赞*对蜜蜂进行了博学的、半拟人化的研究，他的指导思想是，先进的养蜂业可以刺激国民经济。法国各地医生们检查他们所使用的气压计和温度计，不知疲倦地访问医院和穷人住宅，记录发病率、死亡率与气象学的模式，因为他们坚信，一个更健康的世界将是一个更幸福的地方。在布丰位于勃艮第的城堡中，獾在他的壁炉边取暖，刺猬在他的锅里排便，这位伟大的博物学家为了理解动物界的风俗习性，特意建立了一个动物园，把自己的房子交给了这些动物。布丰将博物学和一系列实用主义的实验结合在一起，包括畜牧业、化学和电力，希望以此进一步增加他的个人财富，也能促进国家的生产。

博物学家身处一线的重要意义，不仅在于他们所做的事情，而且还因为他们让其他人间接地体验大自然。真正的收集热情与呈现被发明、被语境化的自然作品的行动相结合，以期为广大民间业余爱好者提供视觉享受。学院、公共机构和私人都参与到这个过程之中。例如，1739年至1788年间，巴黎的王室花园在布丰的管理下，成为一座展示异域自然景观的场所。朗格多克财政家博尼埃·德·拉莫森†在巴黎的私人住宅基本上就是一个博物馆，游人可以漫步其间，依次参观化学实验室、药房、精密仪器藏品、大量经过填充和腌制的动物标本，以及欧洲最好的机械藏品之一。尽管这些藏品中经常会出现一些"小玩意"，但这些自然博物馆所引发的对自然的欣赏，与此前文艺复兴时期的"奇珍室"大相径庭。后者突出畸形、惊人和怪异的东西，而启蒙运动则强调自然的秩序和规律性，并寻求通过合理的分类系统来呈现它们（正如米歇尔·福柯所指出的，分类学是启蒙科学不变的

---

\* 吉勒-奥古斯丁·巴赞（Gilles-Augustin Bazin，1681—1754），法国博物学家，代表作《蜜蜂的自然史》。

† 博尼埃·德·拉莫森（Bonnier de la Mosson，1702—1744），法国贵族，曾任朗格多克三级会议地区司库。

反映）。[64]基于类似的逻辑，布丰在四十余卷的巨作《自然史》中，只有三页篇幅涉及怪物。表现自然法则（而非违背它）给人留下了更深刻的印象。

新技术的出现和进一步发展，鼓励并激发了这种多形式的"礼仪科学"浪潮。法国人因其卓越的玻璃制造技术而闻名于世，这既为研究除月球以外的天体提供了更好的望远镜，也为观察月球以外的宇宙提供了更高质量的显微镜（亚里士多德的描述很快就成为过时之谈）。对于每一位热衷于自己所从事的科学研究的学者来说，都有许多业余自然科学家在美化自然世界、揭示自然的进步性和发掘自然的利用价值上贡献了自己的力量。在这方面，特朗布莱[*]是一个有效的榜样，他通过对池塘中的水螅进行细致观察，发现了一种巴洛克式的性生活方式，从而使人们对繁殖的最基本观点产生了怀疑——在自家后院中，人们就可以窥视造物主的秘密。除了昆虫学，气候测量、天文观测和岩石研究也成为一时之热，但法国国内科学观察主义的流行领域，还是要数植物学。1782年，卢梭出版了《一个孤独漫步者的遐想》，在书中，他描绘了自己心满意足地在乡间漫步的情形，他手里拿着放大镜，腋下夹着一本林奈[†]的作品。林奈是瑞典的博物学家，他关于植物分类体系的论述堪称经典。

除了展示自然史的橱窗，花园也是满足公众对科学和自然兴趣的一个窗口。路易十四花园严密的几何图形展现出了浓厚的个人爱好，但此后，凡尔赛宫规整的花园不再是争相效仿的对象。威廉·肯特[‡]和"万能布朗"[§]在英国所推崇的英式花园更贴近自然，不仅为人们提供

---

[*] 亚伯拉罕·特朗布莱（Abraham Tremblay，1710—1784），日内瓦博物学家，最早提出实验动物学的方法。

[†] 卡尔·冯·林奈（Carl von Linné，1707—1778），瑞典动植物学家、医生，瑞典科学院的创始人之一。

[‡] 威廉·肯特（William Kent，约1685—1748），英国建筑师、景观设计师、画家。

[§] "万能布朗"（Capability Brown），即兰斯洛特·布朗（Lancelot Brown，约1715—1783），英国园林设计师。

了一个更舒适的环境,而且可以让人们尽情享受自然的力量(而不是像在凡尔赛宫,自然位于人类的力量之下)。许多城市精英在乡间别墅中建造的花园也采用了英式风格,包括蛇形小径、湖泊、水池、灌木等等。它们所激发和投射的情感(甚至是一种流行的哥特式忧郁),就像卢梭的读者所感受到的那种未受污染的风景一样。花园的定位几乎是说教性的,但它提供了一个可以让个人与自然交流的场所,甚至可能直接感受上帝之手,并通过探索情绪的调色板,寻找自己的方向。

在对自然世界的复杂性、奇观的欣赏以及对"自然"的自我探索中,工程技术也发挥了很大的作用。更平坦、更快速的道路,现代化的公共交通和蓬勃发展的酒店业,也使城市居民有可能感受到卢梭所钟情的野性"自然"风暴。古典文明厌恶荒野、沙漠和山脉的"真空状态",但在卢梭的推动下,这些荒芜之地现在也有了自己的特色。没有任何收藏家能够把阿尔卑斯山放在自己的储物柜里,但新的旅游基础设施,则可以让人们在某种程度的舒适和有格调的情况下,带着一摞导游书去参观和探索山地。1787年,富有冒险精神的博物学家德·索绪尔\*首次登上了勃朗峰,他没有欣赏风景,而是迅速完成了一系列的温度和气压测量,为同伴们测量脉搏,并生火烧水测量沸点,这是那个时代特有的行为。下山途中,他边走边采集岩石样本,并把自己的经历写成了一部科学畅销书。

在18世纪,印刷术可能还是影响传播和普及对自然爱好的最关键技术。如果说每一位启蒙哲学家的身后都有20位业余的博物学家的话,那么每一位业余博物学家的身后就有几十位读者,他们对"生命科学"(这里使用一个不合时宜但很有帮助的术语)无比着迷。大部头的自然史著作通常都配有海量插图——普吕什、布丰、雷奥米

---

\* 奥拉斯-贝内迪克特·德·索绪尔(Horace-Bénédict de Saussure, 1740—1799),瑞士博物学家、地质学家,被认为是现代登山运动的创始人。

纪念索绪尔登顶勃朗峰的雕像

尔（关于昆虫）、拉马克骑士\*以及来自洛林的博物学家布克兹（关于植物）†，他们通过《百科全书》开创的订阅模式获得资金，并且大受欢迎。此外，还有不少形式较小的作品，通常印刷成小开本，以便外出散步时携带。到18世纪80年代，科学作品和小说是私人藏书中最重要的类型，而作为17世纪重要藏书的神学作品则位居其后。科学期刊如雨后春笋般涌现：1767年，耶稣会的著名刊物《特雷乌杂志》停刊，为专业科学领域的发展留下了广阔的空间。大众新闻界也接过了接力棒：例如，《巴黎日报》会定期报道王室花园里的异国植物的开花情况。田园诗（质量往往糟糕得令人发指）、以农村为背景的小说、关于各省和自然现象的历史地理描述，以及各种类型的导游书和口袋书，再加上把韦尔内‡和于贝尔·罗贝尔§的自然主义风景画带出艺术收藏家圈子之外的版画，都为这个高度繁荣的市场提供了更多元素。

通过图书贸易的形式，自然成为商品，这不仅激发了人们对风景画的兴趣，而且为生命科学发展了广泛的受众。这种公共科学的资本主义因素在一个以礼仪探究为主体的世界中引发了一些焦虑，因为这个世界认为自己是由绅士科学家构成的。尽管科学家和他们的赞助者从文化市场的发展中获益匪浅，但他们仍然拒绝企业家们过于迎合民众口味的尝试。法兰西科学院院士丰特奈尔¶认为，学院的作用是"纠正公众对虚假奇迹的误解，同时报道真正的奇迹"。[65]人们尤其关注科

---

\* 让-巴蒂斯特·德·莫奈，拉马克骑士（Jean-Baptiste de Monet, Chevalier de Lamarck, 1744—1829），法国博物学家，进化论的倡导者和先驱。

† 皮埃尔-约瑟夫·布克兹（Pierre-Joseph Buc'hoz, 1731—1807），法国律师、医生、博物学家。

‡ 克劳德·约瑟夫·韦尔内（Claude Joseph Vernet, 1714—1789），法国风景画画家，代表作15幅民俗组画《法国海港》。其子、孙亦是著名画家。

§ 于贝尔·罗贝尔（Hubert Robert, 1733—1808），法国风景画画家，浪漫主义画派的代表人物。

¶ 贝尔纳·德·丰特奈尔（Bernard de Fontenelle, 1657—1757），法国作家，代表作《与世界的多元性对话》。1691年入选法兰西学术院，1697年起担任法兰西科学院秘书，任职长达42年。

五、启蒙时代　289

学传播过程中的表演性因素。启蒙运动的科学英雄们——从波义耳[*]和牛顿,到拉瓦锡和普利斯特利[†]——都在鼓励科学的公开展示。省级学院、沙龙和私人也都热衷于筹办此类活动。然而,人们认为,实践教育与公众娱乐之间的界限需要谨慎地加以控制。物理学家诺莱神父[‡]就是一个典型案例,他声称要满足公众"最合理的好奇心",强烈反对任何"纯娱乐表演"[66],但他却进行了关于电的高度戏剧化的演示,造成周围的一圈士兵和300名教士同时被电击中,同时被垂直地抛向空中。诺莱神父保持了基本的绅士风度,但他的很多追随者都是追求利润的商人。在最薄的科学外衣和最不可靠的社会实用性主张下,科学企业家们提供了完全逃避现实的娱乐活动,而且为之付出了代价。在巴黎和法国的其他城市中,到处充斥着解剖学的怪物秀、会说话的马、魔术表演、幻觉特技、奇妙的提灯表演等等,这些都让彬彬有礼的科学家们感到恼火和尴尬,也证明了社会精英之外的人对科学充满活力的兴趣。

18世纪80年代初,维也纳医生弗朗茨·安东·梅斯梅尔[§]在巴黎公开展示了他深信不疑的所谓动物磁力学的科学理论,并引发了最为激烈的争论。梅斯梅尔有很多优点——出身正统的医学世家、对"自然"疗法的重视、进口的科学仪器,以及人道与功利主义的理由——但他所倡导的运动显然没有达到预期的符合绅士礼仪的标准。一个由当时最著名的科学家(包括化学家拉瓦锡、天文学家巴伊[¶]和物理学家

---

[*] 罗伯特·波义耳(Robert Boyle,1627—1691),爱尔兰自然哲学家、炼金术师,代表作《怀疑派的化学家》。

[†] 约瑟夫·普利斯特利(Joseph Priestley,1733—1804),英国自然哲学家、化学家、教育家和政治理论家。出版著作达150部以上,对氧气研究做出了重要贡献。

[‡] 让-安托万·诺莱(Jean-Antoine Nollet,1700—1770),法国物理学家、神父,关注于电的实验和研究,1762年当选法兰西科学院院长。

[§] 弗朗茨·安东·梅斯梅尔(Franz Anton Mesmer,1734—1815),德意志心理学家、催眠术科学的奠基人。

[¶] 让·西尔万·巴伊(Jean Sylvain Bailly,1736—1793),法国天文学家,1789年至1791年间出任巴黎市长,后被送上断头台。

本杰明·富兰克林*）组成的官方委员会，对梅斯梅尔及其全部作品进行了最为严厉的谴责。梅斯梅尔被指控的内容包括：把自己的研究作为一种晦涩的秘密，试图摆脱科学家同行的监督；从容易上当的病人那里骗取钱财；通过治疗过程中的身体抚摸，使女性病人达到兴奋状态（这被认为是相当不绅士的行为）。然而，梅斯梅尔的活动也得到了广泛支持——主要来自医学和科学机构内部，这种情况凸显了启蒙哲学家主张的脆弱性，即启蒙时代正在敲响公信力的丧钟。梅斯梅尔强调他的疗法是"自然的"，这表明自然仍然可以接受各种各样的解释，同时也表明公共领域是可以滋养（而不是消灭）奇迹的时代，不过这是其反对者的观点。

梅斯梅尔以催眠术对患者进行治疗

---

\* 本杰明·富兰克林（Benjamin Franklin，1706—1790），美国政治家、科学家、发明家，1779年至1785年间出任美国驻法国公使。

当然，卢梭有影响力的作品，建立在对城市和商业价值全盘否定的基础之上。启蒙哲学家们突出了城市在文明进步中的作用，但在卢梭看来，"城市是人类的深渊"，而作为启蒙哲学之城的巴黎，除了"嘈杂、烟雾和泥泞"之外，更别无他物。[67]然而，即使是卢梭，在经历了数十年的隐居和乡间流浪后，在他生命的最后八年里，又回到了巴黎这座人类的"金鱼缸"里生活。他违背了自己的规定，即他的天性是"写作和（之后的）隐居"[68]，他穿着醒目的亚美尼亚服装"自然地"在街上闲逛（哦，不过是匿名地）。他的关门弟子梅西耶提供了一个更有特色的"启蒙式"回答：他记录了自己年轻时如何被卢梭的著作所感染，前往最荒凉的森林中以自然状态的方式生活——只是发现这样生活的枯燥乏味之后，他立马回到了巴黎。[69]大多数作家都会欣然同意加利亚尼神父的观点，即他宁愿做一根黄瓜或南瓜，也不愿意放弃生活在巴黎的乐趣。[70]

尽管有反对城市的言论作为掩护，通过科学普及的自然观念，还是为商业营销对城市品位的改变发挥了关键作用。法国花园中的外来植物和灌木，以一种无声的方式证明了法国殖民主义和商业力量的扩张——来自布干维尔岛的九重葛就是一个恰当的例子。咖啡馆里供应的咖啡，以及沙龙和学院中消费的茶和巧克力，在市场变革的力量下都成了日常饮品。启蒙时代花园中的"自然"奇观（瀑布、湖泊、微缩的阿尔卑斯山、小径、遗迹等），都是利用路桥系统官员们开发的工程和水利技术而创造出来的。那些引领时尚的上层女性——蓬帕杜夫人和路易十六的王后玛丽-安托瓦内特*——都在凡尔赛宫内设计了"自然主义"的英式花园，后者还在城堡附近开辟了田园风格的小村庄，她可以在那里扮演牧羊女和挤奶员的角色，以此开创了所谓"牧羊女"的潮流。因此，启蒙时代的自然与商业资本主义的价值和实践

---

\* 玛丽-安托瓦内特（Marie-Antoinette，1755—1793），奥地利公主，1770年与王太子（即未来的路易十六）成婚，1774年成为法国王后，1793年被送上断头台。

之间的关系，远比卢梭主义式的修辞中所提示的要好。"存在巨链"的基础是买卖交易，它为日益增长的中产阶级和精英受众提供了一种商品化的自然，进而使他们对日益幻灭的世界重新感到着迷。

## 公共领域的争议性政治

在1794年的恐怖氛围中，令人生畏的理论家圣茹斯特*曾表示："幸福"在欧洲是一个新的概念。[71]然而，将世俗的幸福视为有目的的集体行动产物，这个观点的源头在于启蒙运动，而非法国大革命的发明。启蒙哲学家们投入了大量的精力，试图在幻灭的世界中建立一个合法的、有根基的国民共同体，在这个共同体内部，公众的幸福感不是源自来世，而是可以在一个不断改善的、有秩序的社会的基础上找到。

然而，启蒙运动的进步主义规则受到了来自内部的强烈质疑。从18世纪中期开始，也正是启蒙运动似乎正在掌握知识霸权的时刻，诸如"理性""自然""文明""启蒙"这些关键术语都经历了激烈的竞争。随着时代的推移，人们越来越意识到《百科全书》流行期间的乐观主义之风的脆弱性。在此过程中，卢梭对于进步的价值、意义和方向做出的系统性质疑，起到了关键作用。但事实上，也存在其他迹象。例如，1755年造成3万至4万人遇难的里斯本大地震，戏剧性地使伏尔泰直面世界上的邪恶问题。在1757年出版的小说《老实人》中，伏尔泰对"世人所生活的世界是所有可能存在的世界中最好的一个"的浅薄观点进行了几近野蛮的嘲讽。在1734年和1776年至1787年间，孟德斯鸠和吉本†分别出版了有关罗马帝国史的作品，有助于培

---

\* 路易·安托万·德·圣茹斯特（Louis Antoine de Saint-Just，1767—1794），法国大革命雅各宾专政时期的领导人，与罗伯斯庇尔及其盟友一同被处决。

† 爱德华·吉本（Edward Gibbon，1737—1794），英国历史学家、议员，著有《罗马帝国衰亡史》。

养一种新的意识——文明可以衰落，也可以兴起。此后，在围绕美洲的自然与人类、以及关于欧洲是否真的在退化的争论中，这种观念也发挥了作用。梅斯梅尔事件同样戏剧性地表明，即使在作为启蒙理性中心的巴黎，也仍然存在着盲目轻信的情况。启蒙哲学家发现自己经常会受到攻击，有时分歧还时常出现在他们内部，这一事实也加剧了启蒙运动的脆弱性。

直到1789年，巴士底狱的阴影一直笼罩着启蒙哲学家和他们的作品。个别教士可能会被社会实用主义的学说所吸引，但对于任何超越神学正统和公共礼仪的哲学著作，教会的监督者们都始终保持警惕。尽管在18世纪五六十年代，担任图书市场主管的马勒泽布执行了较为宽松的政策，但政府始终都在监督写作，巴黎治安总监也不时对作者、印刷商和书商进行镇压——巴黎高等法院往往非常乐意介入这种活动。[72]如果这还不够的话，在教会的辩护人和捍卫者之外，其他作家也尖锐地提醒启蒙哲学家，他们并没有垄断印刷业，批判理性也可以被用来反对他们的支持者。卢梭吵闹地表示，自己要脱离启蒙哲学家阵营，由此造成了持久的分裂。1757年，一股"反启蒙运动"的力量开始从文人世界兴起，帕利索[*]、弗雷龙[†]和莫罗[‡]对启蒙哲学家阵营发起了各种进攻。莫罗的讽喻作品《关于卡库卡人历史的回忆录》，攻击了启蒙哲学家的反宗教、虚荣、知识精英主义和非人道观念，并且很好地运用了自己的幽默、轻松、幻想和讽刺的手法。在1775年以前的二十多年时间里，弗雷龙长期担任文学类期刊《文学年鉴》的主编，这份期刊经常对启蒙运动的自以为是进行抨击。此后，《文学

---

[*] 夏尔·帕利索·德·蒙特诺伊（Charles Palissot de Montenoy, 1730—1814），法国剧作家，《百科全书》和启蒙运动的反对者。

[†] 埃利·卡特林·弗雷龙（Élie Catherine Fréron, 1718—1776），法国文学评论家，"反启蒙运动"的核心人物。

[‡] 雅各布-尼古拉·莫罗（Jacob-Nicolas Moreau, 1717—1803），法国历史学家，曾任路易十六的家庭教师。

年鉴》的任务被取消律师资格和特立独行的记者兰盖\*及其在1777年至1792年间出版的《政治年鉴》所承袭，他对"可恶的《百科全书》"及其编者提出了严厉的批评。[73] 即使在沙龙中，启蒙哲学家也未能幸免于难：达朗贝尔为了莱斯皮纳斯而抛弃了德方夫人，前者对"我们的贵族和《百科全书》的大师"嗤之以鼻，并为她主持的讨论会注入了强烈的反启蒙运动色彩。[74]

这些锁链和矛盾给启蒙哲学家营造了一种高度紧张的氛围。诚然，他们处在困境之中，但他们也经常发挥这一主题的价值，强调反对者也是他们这场有政治影响的运动的一部分，而启蒙运动也不是因为王室和特权世界的限制而发展起来的。然而，在实践中，许多启蒙哲学家与政治机构的结合程度，远比他们标准化的"局外者"修辞和颠覆性的言论要更加紧密。得益于社会出身和职业，一些人已经步入了社会政治精英阶层，而沙龙也提供了一个管道，使出身较低的文人能够与社会精英阶层接触，进而发展出友谊、委托和依赖的模式。这种情况往往被嫁接到现有派系的联盟之上。蓬帕杜夫人是启蒙哲学家团体的重要友谊纽带，因此在1749年，当财政总监马绍在寻找一位可以帮助他撰写小册子的辩论家的时候，他就能够利用蓬帕杜夫人的社交网络，获得伏尔泰的服务。[75] 其他一些派别的领袖也显示出他们拥有以这种方式来利用和庇护启蒙哲学家的能力。例如，蓬帕杜夫人的死敌孔蒂亲王，他在18世纪50年代末变成了"投石党人式"的国王反对者，他同样在扶植自己的文人。他不仅是耶稣会的首领，而且把它的总部设在巴黎，并使其处于普通警察的管辖范围之外，以便为颠覆性作品的印刷商和作家使用。孔蒂亲王在1776年去世后，奥尔良公爵也采取了类似的做法，其住所罗亚尔宫的休息区成为秘密作家和出版商的避风港。与启蒙哲学家有密切联系的其他高级政治人物还有舒

---

\* 西蒙-尼古拉·亨利·兰盖（Simon-Nicholas Henri Linguet，1736—1794），法国记者，政治保守主义者。

瓦瑟尔和杜尔哥——前者从18世纪50年代末至70年代长期担任掌握实权的大臣；后者是"百科全书派"的一员，当他在1774年被任命为财政总监时，他撤销了弗雷龙和兰盖的反启蒙运动期刊的许可证——这一行动表明，即使是启蒙哲学家，也不能摆脱陈旧的政治怨恨，而且在多数情况下，启蒙运动内部也没有什么感情色彩可言。

与启蒙哲学家经常向世界呈现的统一和进步的面貌相比（尤其是在他们所支持的政治方面），启蒙运动本身更加分裂和多元化。我们无须花费太多心思就可以意识到，如果没有发生重大的制度变革，"启蒙"（不论它被认为是什么）都不可能在法国范围内得到完美的传播；也不需要认识到，传统的政治安排并没有为他们所设想的那种变革提供最好的，甚至是最适当的手段。然而，如何塑造一种启蒙的政治，仍然是一个长期的问题。出于简单而有效的考虑，我们可以依据启蒙哲学家的一般性认识，对法国社会需要如何改善划分出三种政治解释。[76]第一种观点与孟德斯鸠的关系密切，并为高等法院所采纳，强调了传统法律合法性的重要意义。第二种观点受到伏尔泰的特别青睐，在政府内部有很大影响，强调了一个充满活力的国家有能力通过理性和有序的行动带来幸福。第三种观点与卢梭针对社会弊病的诊断以及公民共和主义的意识形态相联系，强调了集体政治意愿的重要性。

所有这三种寻求社会进步的蓝图，都跨越了资产阶级公共领域和政治宗教团体之间的空间。特别是对于后者而言，他们对启蒙运动的政治目标并不像启蒙哲学家所理解的那样抵触，而且资产阶级公共领域的知识分子渴望保持对既有权威的顺从和忠诚。启蒙哲学家的政治方案与政治精英长期以来所关注的各种问题相互重叠，其影响也比历史学家通常所认为的要更大。具体包括：国家权力和公共福利之间的关系；公法的性质；失落世界中的宗教；国家是忏悔的统一体还是理性的行政机构；耶稣会士与詹森主义者之间的争论——以及在欧洲舞台上的新教与天主教之争；国家的经济机构、贸易和消费的道德等等。就在启蒙哲学家集体加入这些长期的政治对话之后——大约就是《百科全书》出版的时刻——法国因七年战争的失败而陷入危机和士气低落的局面。政治风险的加剧也为政治讨论增添了色彩和戏剧性。因此，启蒙哲学家是政治的"发现者"，而不是政治的"发明者"。对于现实政治精英而言，启蒙哲学家既可能是代言人，也可能是批评者。启蒙哲学家的政治改革方案，往往与此前的政治立场也有重合之处。

波尔多高等法院法官、1748年出版的畅销书《论法的精神》的作者孟德斯鸠，对变革中的法律观点提出了最有影响力的看法。他对启蒙运动的政治辩论做出了巨大的贡献，为理解政治制度提供了一种影响深远的、以历史和环境为基础的分类法。孟德斯鸠洞察了气候对政府构成的作用，并将之与更广泛的历史意识相联系，即文明的连续阶段对政治组织形式的影响。他提出了共和政体、君主政体和专制政体三种类型。他认为，每一种政府组织形式都有一个主导的价值特征，

孟德斯鸠，法国启蒙哲学家代表之一

这种价值观的延续对政权的健康发展至关重要：共和政体要求美德；君主政体是一种对荣誉的信仰，将统治者和他的贵族团结在一起；而专制政体则由恐惧所推动。这种相对性的分类还有一个历时性的层面，因为孟德斯鸠还提出了适用于所有政体的内部演变规律，而其根据则是任何一个政权核心原则的腐败都必然会引发整体性衰退。

在孟德斯鸠的分类体系中，18世纪的法国是一个拥有强大贵族、充满荣誉感的君主制国家。然而，这种荣誉受到了内部腐败的威胁，甚至有可能使君主政体退化为专制政体。造成退化的部分原因在于，荣誉被商业社会中奢侈和贪婪的竞争所损害——孟德斯鸠在为贸易的优点而欢呼的同时[77]，也意识到了它的弊端。另一部分原因在于，他看到了由于统治者权力的增长，造成了贵族利益的牺牲，从而导致了进一步的堕落。孟德斯鸠在1721年出版的《波斯人信札》中表达了共和主义的情感，但他也是一个过于消极的发展主义者，他不相信时间可以倒流，从而使罗马的共和制度重新出现在现代大商业的君主政体面前。孟德斯鸠对光荣革命后的英国政体青眼有加。伏尔泰理想中的英国建立在其商业成功的基础上，它孕育了对个人自由和宽容精神的尊重。孟德斯鸠同样重视个人不受限制的自由，认为这是政府组织形式的理想结果。然而，尽管孟德斯鸠并不否认英国商业在放松社会等级制度方面的作用，但他认为英国成功的关键在于三权分立的制度。孟德斯鸠认为，英国宪法（他的观点与伏尔泰一样，宪法在英国当时的政治实践中并不牢固）是建立在司法、立法和行政权力相互区隔的基础上的。就像牛顿对宇宙的描述一样，孟德斯鸠对英国宪法的理想化描述强调通过不同力量的平衡而达成和谐。

在《论法的精神》一书中，孟德斯鸠虽然没有完全表明自己的政治立场，但他对君主和国家权力日益增强的批评却是相当明显的。这位波多尔高等法院法官呼吁，应当用中间机构来平衡王权，这就与高等法院传统中反对王权的话语非常接近，几乎立刻就被加以利用。王室被指控为对古代宪法所依据的基本法持有系统的不尊重立场。历代国王取消了各省和国家三级会议的代表制形式，减少了高等法院的合法抗议权，并建立了一个秘密的、不负责任的"官僚机构"——"bureaucracy"这个词开始被使用，"官僚机构"攻击传统的财产权，并将公共事务从司法领域转移到封闭的行政领域。总而言之，绝对君主制玷污了贵族的荣誉，对结社自由进行了巨大攻击，"专制主义"仿佛就在眼前。尽管高等法院法官们有时会象征性地穿上美德的罗马共和制外衣，但更有特色的是，他们遵循孟德斯鸠（以及布兰维利耶）的论点，即像高等法院这类中间机构的法律权利是建立在古老宪法的基础之上的，这种宪法起源于公元五六世纪高卢的法兰克人入侵的黑暗时代。基本法的出现时间早于法国的君主政体，因而也具有优先性。

当时，很多人可能不愿意接受高等法院肩负着历史合法性重任的观点，但他们仍然重视高等法院法官对主权权力滥用所造成的限制。然而，与此相反的是，许多启蒙哲学家激烈反对高等法院，用狄德罗的话说，他们认为高等法院是"与哲学和理性不可调和的敌人"。[78]他们中的很多人将绝对君主制下不可分割的主权视为启迪法国社会的最佳媒介。这种观点有其重要的先例，而这些先例又有历史或"元历史"的维度。例如，1734年，迪布瓦神父在《法国君主制批判史》中，对布兰维利耶进行了有力的反驳。他认为，5世纪的法兰克王国继承了此前罗马帝国的全部领土。因此，根据这种"罗马主义理论"，王室宣传者和反启蒙运动哲学家莫罗也赞同这一观点，即克洛维和路易十五都是绝对君主。伏尔泰在《路易十四时代》中指出，路易十四的统治是迄今为止文明的顶峰，统治者如果要增加人类的幸福，就应该努力模仿和超越太阳王的中央集权制实践。在这方面，霍布斯[*]、格

---

[*] 托马斯·霍布斯（Thomas Hobbes，1588—1679），英国的政治哲学家，代表作《利维坦》。

劳秀斯*和普芬道夫†对17世纪重获生机的自然法传统也非常重视，他们认为，由于原始生活的恐怖，早期社会将主权赋予了他们的统治者，以此作为共同体福祉的最佳保障。契约理论的变体强调了君主保护其臣民福祉的责任。伏尔泰也曾与高等法院有过不少纠葛，[79]他不相信富有的法官会比一个习惯站在人类利益斗争之上、制定符合所有人利益的政策的君主更加无私、更不分彼此。像他的许多同道一样，伏尔泰在很大程度上忽视了路易十四的追随者们试图笼罩在统治者身上的神圣光环。伏尔泰认为，在一个失落的世界中，应该由理性指引王室完成它的使命。

许多启蒙哲学家坚信，绝对君主制可以通过逐渐专业化的国家官僚机构和理性的运用进一步改善社会福利。当代统治者对国家官僚机构的行政能力相当羡慕，因为它可以使一个非常个性化的君主使用一种理性、非具象化以及客观的形式，进而管理一个巴洛克式的复杂政治体系。"治安"的概念就是理性的行政管理，它被视为一种历史性的力量，可以推动社会进步。此外，转型中的君主政体致力于理性统治，与古代宪法相比，它更有可能为人类带来幸福，这种观点也得到了一系列既定实践和程序的支持。例如，王室指派的督办，在由其管理的省份的社会和经济发展中，发挥着越来越重要的作用。路桥系统的土木工程师也提供了一个公路系统，使启蒙运动促进沟通和交流的理想成为可能。尽管高等法院的话语将会被启蒙哲学家贬斥为公共生活中的秘密暴君，但其中所体现的服务伦理和专业知识对许多人来说，也似乎是一种颇具吸引力的家长制模式。

早在17世纪90年代，王室就已经规划了福利方案，但特别是到

---

\* 胡果·格劳秀斯（Hugo Grotius，1583—1645），荷兰法学家，国际法和海洋法的重要创始者。

† 塞缪尔·普芬道夫（Samuel Pufendorf，1632—1694），德意志法学家和历史学家，自然法的辩护者。

了18世纪50年代以后，它才真正开始取得进展。尽管与启蒙哲学家相比，大多数国家公务员更不愿意让王室放弃传统立场和对神圣性的要求，但从18世纪50年代开始，政府对社会物质福利的世俗性关注就愈发增多。相反，许多启蒙哲学家被吸引到众多同龄人攻击政府的社交圈之中。

这种潜在合作关系的突出例证就是重农学派，其中包括"革命之父"米拉波侯爵、殖民地行政长官与公法学家梅西耶·德·拉里维埃\*、王室医生魁奈、行政官员与记者杜邦·德·尼穆尔[†]，以及当时的地方督办（后来成为财政总监）的杜尔哥。重农学派推崇专业的服务规范，为了社会福祉，他们尝试建立关于政治经济和社会关系的法律。这门新兴的政府科学，与所有科学一样，应该是公开的、公共的，而不是像过去那样神秘的、封闭的。而且，政府科学应当致力于发展国家的物质财富，因为在重农学派看来，这是实现幸福的必要条件。他们在所有与贸易、工业和交换相关的方面提出了"放任自由，允许通过"的口号。他们批判了自科尔贝尔时代以来法国政府所支持的重商主义经济政策。政府应当后退一步，让市场力量可以自由支配有关生产和分配的一切事物——这种取向在呼吁自由贸易、取消内部收费和关税方面得到了体现。尽管重农学派为脱下贸易和工业领域的团体主义外衣进行了斗争，但他们认为，这两个领域远没有农业对法国的经济命脉至关重要，土地是他们分析的重点。重农学派对农业的重视与费奈隆（以及我们将要提到的卢梭）所宣扬的平等主义借鉴精神相去甚远。与孟德斯鸠类似，重农学派批判过度的奢侈，但认为财富的不平等和某种奢侈的生活是刺激经济中的企业和创新精神的先决

---

\* 梅西耶·德·拉里维埃（Mercier de la Rivière，1719—1801），法国经济学家，重农学派的代表人物。曾在巴黎高等法院和殖民地任职。

[†] 杜邦·德·尼穆尔（Dupont de Nemours，1739—1817），法国作家、经济学家、官员，大革命期间移居美国。

五、启蒙时代　301

重农学派代表人物杜尔哥,曾在路易十六时期担任财政总监

条件,孟德斯鸠曾写道:"牢固的奢侈不取决于虚荣的精致表象,而是建立在真正的需求之上。"[80]重农学派认为,舒适而富足的有产者阶层(在其眼中就是地主)将为经济振兴注入巨大的活力。因此,他们欢迎农业指导书的大量出版,因为这些手册传播了英国农业改良的经验;他们致力于推动粮食贸易的彻底自由,因为他们认为这是致富的最佳手段;他们为教育和国家财政制定了独特的政策;他们还尝试了新的政治代议制形式,与三个等级无关,土地利益才是其中的主导因素。

重农学派之所以能够产生重要影响,很大程度上是因为他们采取了一系列有力的策略——与各省和国外的舆论领袖进行大规模通信;广泛出版;在1765年创办内部刊物《公民历书》;外科医生兼经济学家魁奈为蓬帕杜夫人的健康服务，通过她在宫廷内部讨好王室。然而，在两场令人深省的战争期间及之后（1740年至1748年间的奥地利王位继承战争和1756年至1763年间的七年战争），政治精英开始重新思考国家权力的问题，战争强调了变革的必要性，以及过度依赖国际贸易和牺牲强大的农村经济的危险性。重农学派既是权力的工具，也是权力的批评者。

因此，重农学派并没有完全反映启蒙运动的全部思想。事实上，在18世纪60年代，重农学派对政府粮食贸易自由化政策的影响，导致文人群体中发生了激烈争论。智慧而彬彬有礼的加利亚尼神父带头反对重商主义，指责其拥护者对自己错误理论的真实性有一种准宗教式的信仰，批判他们对大多数人来说生死攸关的问题进行非人道的灾难性试验。然而，尽管重农学派被谴责为根深蒂固的专制主义面孔戴上了一个似是而非的理性面具，但他们的许多控诉者同样坚定地认为，君主是实用主义改革的创造者，甚至在重农学派失势后的很长一段时间内，这仍然是一种政治选择。

对重农学派的攻击，标志着18世纪中期兴起的第三股政治批评浪潮进入到政治领域，即由让-雅克·卢梭的著作更新后的共和主义传统。甚至可以说，包括卢梭本人在内，没有人认为一种值得信赖的共和政体在18世纪的法国这样的国家是可行的。孟德斯鸠将共和美德归根于遥远的过去，事实上，当时欧洲的共和国（例如威尼斯和尼德兰）普遍被认为是腐败的、不值得效仿的对象。法学和理性主义对君主政体的批判都是基于类似的信念，即现代国家是可以改善的，而共和主义的批判则是完全消极的。正如卢梭"第一论"所表明的，腐败似乎是现代性的必然产物，即使共和制也无法逃避。

如果说共和主义话语没有提供政治蓝图的话，那么它作为一种针对基于官僚机构、常备军、高级金融和商业活动的现代君主制的批判性话语，还是产生了巨大的影响。甚至在卢梭之前，费奈隆在乡间的

"世外桃源"就已经处于这样的框架之内，而布兰维利耶和巴黎高等法院法官也适时借鉴了古典共和主义的资源。然而，卢梭为这种方法增加了新的爆炸性要素。他认为，对于约束人类激情和欲望，对于政体向专制主义的偏移来说，公民美德都是必不可少的。此外，公民美德也是不可剥夺的。卢梭的论述进一步深入，对此前具有绝对主义色彩的自然法传统进行了民主化改造，并认为无论是国王、高等法院还是其他任何政治实体，试图代表公民利益的行为，都会对公民身份中固有的个人自然权利造成无理的侵犯。对卢梭来说，公民权利在本质上优先于法律权利。无论任何法律先例，只有当政治决策来自公民集体，并被表达为整个共同体的普遍意志时，它才具有合法性。

在规模较小的直接民主制国家，例如古代的斯巴达或罗马共和国早期，政治决策可以面对面进行，而作为一个非实体国家存在的普遍意志也更容易被想象。即使卢梭区分了（相当低级的）"大多数意志"和符合整个社会的客观和道德层面的最佳利益的"普遍意志"，这也是由个人完全根据良知所下定的判断。具有浓厚政治悲观主义色彩的卢梭遗憾地表示，在"最严格的民主"和（参考托马斯·霍布斯对强大中央集权国家的辩护）"最完美的霍布斯主义……可以想象的最武断的专制主义"之间，"没有可以接受的中间地带"。[81]然而，他将当前宿命论的政治观点与强烈的自我信念联系起来，也正如我们所看到的，这种观点在其读者中具有极强的感染力。[82]卢梭论著的影响强化了现有的古典共和主义的政治思想，并将其道德化、戏剧化和个人化。但是，在法国这样一个庞大的国家中，卢梭的普遍意志不可能被想象为一种可操作的结构（尽管卢梭本人确实对波兰和科西嘉进行了反思，并为他的家乡日内瓦点燃了火种），由于公民美德不是集体而是个人的追求，传统政治也难逃被抹黑的命运。

卢梭对共和主义传统的复兴，刺激其他作者试图将公民美德移植到当前的政治形式之中，继而与卢梭的作品进行了批判性和建设性的对话。例如，马布利和摩莱里\*呼吁国家对财富加以监管，并重新实施财产管制法，以此作为平衡财富的一种手段。另一些激进者再次从英国寻找灵感——不过有趣的是，他们既没有重视伏尔泰对商业的论述，也没有关注孟德斯鸠构筑的宪法典范，而是选择了18世纪关于共同财富的讨论。然而，受此启发的政治作品仍然局限在知识分子内部，没有产生更大的影响。正如理性话语（君主制）和法律话语（高等法院）那样，共和主义是一种没有明显的制度关怀和意识形态载体的思想。但是，从某种意义上说，这个弱点反而成为它的优势所在，因为这意味着共和主义可以潜移默化地融入不同的情况和语境之中。

卢梭对共和主义的强调，与其说是通过提出具体的政治实现方式（他对此始终抱有悲观态度），不如说是通过提供个人公民美德的指导原则，使人们对自我和政治环境产生不同的感受。此外，在高等法院和重农学派设计的政治改革方案中，个人并不是财产持有者。任何感性的存在（也就是资产阶级公共领域中的每一个人），都能感受到卢梭对公民美德发自内心的向往。

大约1750年前后，《百科全书》的出版似乎标志着一种以人类理性为基础，为所有人共同利益而理解社会、对社会产生作用的方式的具象化呈现。正如我们看到的，理性领域开始沿着一些不同的轨道发生裂变。18世纪中期以后，由于赞同理性之光的文人作家的影响越来越大，现实政治也发生了改变。但是，这种影响被抛弃在各种具体方案与策略的身后，没有指明具体的方向。在1750年至1789年间，理性的浪潮没有继续上涨：启蒙运动的不同派别在波旁王朝复杂的政体和不断变化的环境中逐渐消退；一些大臣对启蒙运动的某些内容尝试做出回应，但另一些大臣则完全忽视了它们。启蒙哲学家提供了改革的方案，但即使政府没有必要约束这些方案，它们也还是借鉴了此前

---

\* 艾蒂安-加布里埃尔·摩莱里（Étienne-Gabriel Morelly，1717—1778），法国教育家、空想社会主义者。

存在的政治问题和困境。

然而，对1750年以后的政治版图真正产生影响的方式，是这种辩论与争议的复杂组合体被投射到新兴的公共领域之中。正如我们所看到的那样，路易十四和枢机主教弗勒里在过去始终是对公众进行政治操纵的高手，但他们在政治争论中提及公众则是一种修辞策略，这种策略在德摩斯梯尼\*以前出现，并在摄政时期被赋予了新的生命。但是，我们将要论证，在1750年前后——从关于詹森派的讨论开始，继而是解释一场失败战争的难题——出现了一种日益增长的趋势，即政府将其事业系统性地推向公共领域，而启蒙哲学家和文人已经在公共领域中建立了自己的领地。这使得古老的政府策略（即把所有政治都看作"国王密情处"，或是以宗教禁令的形式来使人们保持沉默）都似乎成为无可奈何的过时做法。此外，为公众辩护的探求几乎不约而同地转化为对"公众舆论"的强调——普通公民的想法、言论以及（最重要的是）印刷品——从而成为无可挑剔的政治合法性来源。

在1794年恐怖统治的高峰，后来居上的启蒙哲学家孔多塞侯爵在狱中面临死亡的时候，写下了《人类精神进步史表纲要》，书中揭示了对人类在理性指导下不断向前发展的不可动摇的信心。启蒙运动期间，他深有感触地意识到，公众舆论逐渐成为"一个独立于所有人类压迫的法庭，它有利于理性和争议；它也是一个难以绕过的法庭，其审判结果也是不可能回避的"。[83]这种现象早在它被完全理论化之前就开始出现了：迟至1766年，《百科全书》中关于"舆论"的词条反映了早期的用法，将其定义为"基于可能的动机或可能的、不确定的心理判断的信念"，之后又定义为"一道微弱和不完全的光线，只能通过猜测来揭示事物，使之总是处于不确定和怀疑之中"。[84]然而，正如我们即将看到的，此后对公众舆论的呼吁被视为一种道德上的最高

---

\* 德摩斯梯尼（Demosthenes，公元前384—前322），古希腊演说家、民主政治家。

共同特征，它可以消除个人观点的偏颇之处，成为文人、高等法院法官、大臣以及政府宣传者的政治辩论中的主要内容。

从18世纪中叶开始，政治感觉的变化不仅仅是一个崭新的、"虚拟的"现实，公众舆论进入到政治辩论的领域。同样重要的是，这种语言标记背后的社会学指示对象也在增加。"公众"曾经被勃艮第公爵的圈子所忽视；但到了18世纪第二个十年，它又被获得合法地位的王子以及索隐派、詹森派所认可；现在，更具有了一个不可估量的、更广泛的社会范畴。[85]此外，政府组织形式和派别也获得了相应的发展，资产阶级公共领域的中等阶层和精英人士被纳入舆论的范围之内。在不断演变的政治游戏规则之下，在舆论法庭上真正能够表现出色的辩论，是那些听众们已经乐于将其作为休闲追求的辩论。因此，对于旅行文学、自然创作和遥远虚构的热爱，鼓励文人利用乌托邦来传达他们的信息——尤其是孟德斯鸠的《波斯人信札》和梅西耶在1771年出版的畅销书《2440》，在其中，外乡人造访的"异国"本质上就是18世纪巴黎的理性版本。这些作品所鼓励的寓言式阅读风格，象征着作者希望不受审查员的限制，但也表明他们对读者理解其政治隐喻的能力充满信心。另一种具有巨大影响力的政治文本同样如此，即所谓的"诉讼案情摘要"或"司法备忘录"。从18世纪中叶开始，这类作品利用卢梭的抒情小说、剧院中的"资产阶级剧目"和格勒兹\*夸张的家庭画作，对权力的滥用进行了强有力的修辞性论证。作家们还利用色情文学的特定市场，创造了一种非常危险但又极其有利可图的政治色情文学，对王室的性行为加以讽刺（例如嘲笑路易十六没有性能力）。[86]

18世纪中叶以后，政治处于不断变化之中，以便迎合公共领域发展出的口味。正是在这样的氛围下，与《百科全书》出版时那种粗暴

---

\* 让-巴蒂斯特·格勒兹（Jean-Baptiste Greuze，1725—1805），法国画家，关注市民生活，擅长风俗画和肖像画。

单一的自信相比，启蒙运动不仅表现了更多元、更分裂、更焦虑不安的特点，而且更好地反映了现实世界中的政治分歧和困境。

## 注　释

1 *Encyclopédie, ou Dictionnaire raisonné des sciences, des arts et des métiers, par une société de gens de lettres* (Paris, 1751–1772).

2 See below, p. 192.

3 *Encyclopédie*, vol. i, p. 716 (article, 'art').

4 Ibid., vol. v, p. 641 (article, 'Encyclopédie').

5 Diderot, cited in R. Darnton, 'Philosophers trim the tree of knowledge: the epistemological strategy of the *Encyclopédie*', in id., *The Great Cat Massacre and Other Episodes in French Cultural History* (New York, 1985), p. 199.

6 'Prospectus de l'Encyclopédie', in D. Diderot, *Oeuvres complètes*, eds. H. Dieckman and J. Varloot (5 vols., Paris, 1975), vol. v, p. 88.

7 *Encyclopédie*, vol. v, p. 635 (article, 'Encyclopédie').

8 'Avertissement' to *Encyclopédie*, vol. iii, p. iv.

9 *Encyclopédie*, vol. v, p. 636 (article, 'Encyclopédie').

10 As noted in R. Darnton, *The Business of Enlightenment: A Publishing History of the Encyclopédie, 1775–1800* (Cambridge, Mass., 1979), p. 8.

11 *Encyclopédie*, vol. v, p. 642 (article, 'Encyclopédie).

12 Ibid., vol. v, p. 637 (article, 'Encyclopédie').

13 Montesquieu, *Lettres persanes* (1721), letter lxxiii.

14 Louis-Sébastien Mercier, *Tableau de Paris* (12 vols; Amsterdam, 1782–1788), vol. i, pp.227–228.

15 Bouhier, cited by D. Goodman, *The Republic of Letters. A Cultural History of the French Enlightenment* (Ithaca, NY, 1994), p. 17.

16 See above, p. 166.

17 *Réponse d'un artiste à un homme de Lettres qui lui avait écrit sur les wauxhalls* (Amsterdam, 1769), cited in G. A. Langlois, '"Les Charmes de l'égalité:" éléments pour une urbanistique des loisirs publics à Paris de Louis XV à Louis-Philippe', *Histoire urbaine*, 1 (2000), p. 12.

18 For women, see below, pp. 195ff. The commoner representation would undoubtedly be even higher in all cases if we counted non-noble clerics involved in the various activities.

19 Cited in S. Schaffer, 'Enlightened Automata', in W. Clark, J. Golinski and S. Schaffer (eds.), *The Sciences in Enlightened Europe* (Chicago, 1999), p. 129.

20 As cited in M. Hulliung, *The Autocritique of Enlightenment. Rousseau and the Philosophes* (Cambridge, Mass., 1994), p. 38.

21 Voltaire as cited in K. Baker, *Inventing the French Revolution. Essays on French Political Culture in the Eighteenth Century* (Cambridge, 1990) p. 214; René-Louis Voyer de Paulmy, marquis d'Argenson, Journal et mémoires, ed. E. J. B. Rathery (9 vols.; Paris, 1959–1967), vol. vi, p. 464.

22 See above, p. 26. For the political uses of historical research, see section E below.
23 *Encyclopédie*, vol. viii, p. 220 (article, 'histoire' ).
24 *De l'Esprit des lois*, 'Préface'.
25 Voltaire, *Le Siècle de Louis XIV*, ch. 1.
26 *Encyclopédie*, vol. v, p. 641 (article, 'Encyclopédie' ).
27 *Lettres persanes*, lettre xxiv; N. Ferrier-Caverivière, *Le Grand Roi à l'aube des lumières, 1715–1751* (Paris, 1985), p. 48.
28 *Lettres philosophiques*, in Voltaire, Oeuvres, ed. P. Naves (Paris, 1988), p. 45.
29 Voltaire, Zaïre (1736): *'seconde epître dédicatoire'*.
30 See above, p. 169.
31 Voltaire, cited in D. Roche, *France in the Enlightenment* (Cambridge, Mass., 1998), p.566.
32 Ibid.
33 Voltaire to the chevalier du Coudray, 8 March 1773: *Correspondance complète*, ed. T. Besterman (101 vols.; Geneva, 1953–1977), vol. xxxix, letter 18236, p. 327.
34 *De l'Esprit des lois*, book 20, ch. 1.
35 *Encyclopédie*, vol. ix, pp. 769–770 (article, 'luxe' ).
36 In fact, Mirabeau, who used the term in 1756, saw religion rather than trade and exchange as crucial to the process of civilization. The term soon took on a more materialist and progressivist flavour: see discussion in J. Starobinski, *Blessings in Disguise, or the Morality of Evil* (Cambridge, 1993), esp. p. 3.
37 J.-J. Rousseau, *Oeuvres complètes* (5 vols.; Paris, 1959–1995), eds. M. Raymond and B. Gagnebin, vol. i, p. 388.
38 Voltaire, *Correspondance*, vol. xxvii, p. 230 (letter 5, 792).
39 Ibid., vol. xlii, p. 134 (letter 8, 238).
40 For further discussion of Rousseau's politics, see below, pp. 221ff.
41 Readers' fan mail cited in Darnton, *Great Cat Massacre*, esp. pp. 236–238.
42 Émile in *Oeuvres* (5 vols.; 1964–1995), vol. iv, p. 267.
43 Ibid., vol. v, p. 703.
44 Ibid., vol. iv, p. 736.
45 *Encyclopédie*, vol. vi, p. 471.
46 Rousseau, 'First Discourse' , in *Oeuvres*, vol. iii, p. 21n.
47 As explored in L. Steinbrügge, *The Moral Sex: Women's Nature in the French Enlightenment* (Oxford, 1995).
48 'Lettre à d'Alembert' , in *Oeuvres*, vol. iii, pp. 45 and 1, 135 n. 5.
49 Pierre Roussel, *Système physique et moral de la femme, ou Tableau philosophique de la constitution, de l'état organique, du tempérament, des moeurs et des fonctions propres au sexe* (Paris, 1775), p. 103.
50 N. Hampson, *The Enlightenment* (Harmondsworth, 1968), p. 131.
51 Diderot, *Correspondance*, ed. G. Roth (16 vols.; Paris, 1955–1970), vol. iv, pp. 176–177 (29 Sept 1762).
52 Voltaire, *Oeuvres*, vol. cxxxiv, pp. 399, 403.
53 Cited in J. de Viguerie, *Histoire et dictionnaire du temps des Lumières, 1715–1799* (Paris, 1995), p. 284.
54 See above, pp. 97–98.
55 See above, pp. 33–34.

56  See above, p. 98.

57  Diderot, *Correspondance*, vol. iv, p. 98 (letter of 12 August 1762). For the expulsion of the Jesuits, see below, p. 247ff.

58  D'Holbach, *Système de la nature* (3 vols; London, 1770) vol. ii, pp. 397–398.

59  Cited by J. Roger, *Buffon* (Paris, 1989), p. 566.

60  *Encyclopédie*, vol. xi, p. 8.

61  B. M. Stafford, *Artful Science. Enlightenment Entertainment and the Eclipse of Visual Education* (Cambridge, Mass., 1994), p. 234.

62  D. C. Charlton, *New Images of the Natural in France. A Study in European CulturalHistory, 1750–1800* (Cambridge, 1984), p. 79.

63  Roland de la Platière, husband of the future Girondin salonnière. The citation whichcomes from 1785 is in Roche, *France in the Enlightenment*, p. 246.

64  M. Foucault, *The Order of Things. An Archaeology of the Human Sciences* (New York, 1971).

65  L. Daston, in Clark, Golinski and Schaffer (eds.), *The Sciences in Enlightened Europe* (Chicago, 1999), p. 347.

66  Ibid., pp. 355, 357.

67  *Émile*, in *Oeuvres*, vol. i, p. 277.

68  In his *Confessions: Oeuvres*, vol. i, p. 116.

69  Mercier, *Tableau de Paris*, vol. i, pp. 25–28.

70  Abbé Galiani and Madame d'Épinay, *Correspondance*, ed. G. Dulac (5 vols.; Paris, 1992), vol. ii, p. 259.

71  In his *Fragments sur les institutions républicaines* (3rd fragment).

72  See below, p. 268.

73  1778 edn, cited in J. Sgard, *Dictionnaire des journaux, 1600–1789* (Paris, 1991), vol. ii, p. 137.

74  De Viguerie, *Histoire et dictionnaire*, p. 314.

75  See above, p. 147.

76  I am drawing heavily here on the tripartite division elaborated in K. M. Baker, *Inventing the French Revolution* (Cambridge, 1990).

77  See above, p. 191.

78  Cited in J. Proust, *Diderot et l'Encyclopédie* (Paris, 1962), p. 451, n.7.

79  See esp. below, over the Calas Affair, pp. 270–271.

80  Montesquieu, *De l'Esprit des lois*, ch. xix.

81  Rousseau to Mirabeau, 26 July 1767:, in id., *Correspondance*, ed. R. A. Leigh et al. (51 vols.; Oxford, 1972–1999), vol. xxxiii, p. 243.

82  See above, p. 193.

83  *Esquisse d'un tableau historique des progrès de l'esprit humain* (Paris, 1988), p. 188.

84  *Encyclopédie*, vol. xi, pp. 506ff (article, 'opinion').

85  See above, pp. 48–49, 52, 102.

86  See esp. below, p. 308.

# 六、洪水滔天之前
## (1756—1770)

### 达米安的主显节

  1757年1月5日，主显节前夕的一个寒冷的夜晚，路易十五遭遇了一次刺杀未遂事件。在探望过患有流感的女儿维克图瓦公主[*]之后，路易十五正要离开凡尔赛宫返回特里亚农宫。当他走下凡尔赛宫的台阶准备登上马车的时候，一个身着骑手服装、头戴帽子的身影绕过瑞士卫队，一刀刺向国王身体的侧面。路易十五用手摸向身侧，看到了血迹，他惊呼："有人碰到我了！"之后，他看到刺客低头擦拭刀刃，继而下令："逮捕他，但不要伤害他。"国王被搀扶着走上台阶，尽职地扮演着君主在弥留之际的角色，召集耶稣会告解者，将权力移交给王储，并为自己的生活丑闻向妻子和女儿们公开道歉。

  接着，外科医生发现国王的伤口并没有致命风险。

  向"受爱戴者"高呼"国王万岁"的机会仍然存在，但很少有人认为值得这样去做。朝臣们认为路易十五对刺杀事件的关注超过了应有的程度，而且这件事在巴黎也没有引起太多关注（甚至是兴趣）。

---

[*] 维克图瓦·路易丝·玛丽·泰蕾兹（Victoire Louise Marie Thérèse，1733—1799），路易十五之女。

达米安行刺路易十五

这个想要刺杀国王的人，在"铁面人"马绍表面宽容的目光下，被百般折磨，度过了他的主显节。这是一个失业的、四十多岁的家仆，最初来自阿拉斯地区，人们称他为弗朗索瓦·达米安[*]。他使用的武器似乎是一把不过三英寸的短铅笔刀，再加上国王为御寒穿着的厚重大衣，刀刃对国王两肋之间造成的不过是一点皮外伤。在整个审讯和判决过程中，达米安给人留下了一种独来独往者的印象，刺杀行为也出自他自己相当混乱的动机。然而，正如戴尔·冯·克莱[†]指出的

---

[*] 罗贝尔-弗朗索瓦·达米安（Robert-François Damiens，1715—1757）。关于他的受刑过程，可参见［法］米歇尔·福柯：《规训与惩罚：监狱的诞生》，生活·读书·新知三联书店2023年版。

[†] 戴尔·冯·克莱（Dale Van Kley，1941—2023），美国历史学家，代表作《法国大革命的宗教起源》。

那样，如果达米安是一个无名小卒的话，他也是"一个被某些重要人物所熟知的无名小卒"。[1]他的仆人生涯使他经历了各种各样的贵族家庭，其中包括巴黎高等法院中的几个詹森派成员，长期的观察和旁听足以使达米安形成了一种"宗教"意识，他把这种意识当作他攻击行为的主要动机。达米安表示，他是有感于王室税收和民众苦难而采取了行动；他没有想杀死国王，而是要"触碰"国王（由于路易十五长期以来拒绝进行国王触摸的活动，这是一个具有讽刺意味的逆转），以此"促使国王恢复关乎国家秩序与安宁的一切事宜"。[2]没有人能相信他不是派系斗争的工具。高等法院法官和詹森派成员声称，达米安是被耶稣会所陷害的，因为耶稣会曾为1610年刺杀亨利四世的凶手拉瓦亚克[\*]提供过帮助；而几乎其他所有人都把指责的矛头推向有詹森主义倾向的高等法院法官，认为达米安正是在他们家中设计了通过暗杀企图进行政治谈判的奇怪行为。

一切都让巴黎高等法院感到非常尴尬。1757年1月，它正处在与政府的对峙之中——这是它在18世纪50年代卷入的第二次重大政治危机。危机先后发生在1752年至1754年和1756年至1757年期间，所谓的"忏悔书事件"在教会与国家的关系之间营造了一种持续紧张的氛围。1746年被任命为巴黎总教区总主教的克里斯托弗·德·博蒙[†]在其管辖的教区内，对詹森派发起了猛烈的攻击，最终命令教区神父拒绝向任何未能出具忏悔书的人提供最后的圣礼，这意味着公开承认了《乌尼詹尼图斯通谕》所描绘的关于灵魂纯正性的说法。高等法院反对这种拒绝执行圣礼的做法，理由在于这不仅是对个人的冒犯，而且是对公共秩序的威胁，更是在暗示对良知和法律问题有最终决定权

---

[\*] 弗朗索瓦·拉瓦亚克（François Ravaillac，1577—1610），1610年5月27日刺杀亨利四世的凶手。

[†] 克里斯托弗·德·博蒙（Christophe de Beaumont，1703—1781），1746年至1781年间担任巴黎总教区总主教。

的是教会而非法律。高等法院法官的意见也得到了大多数巴黎人的支持——包括达米安在内，后者就声称自己是在"大主教第一次拒绝执行圣礼的时候"制订了攻击国王的方案。[3]1752年3月还发生了另外一起事件，一位特别虔诚和受欢迎的巴黎神父勒梅尔被他的大主教拒绝了最后的圣礼，高等法院介入其中，完全谴责了后者的做法，并于4月18日颁布了禁止在巴黎市内使用忏悔书的公告。国王批评高等法院超越了世俗与灵魂武器之间的界限，并下令在所有关于《乌尼詹尼图斯通谕》的问题上保持沉默——这种有利于拖延的"弗勒里式"回应，同时也是国王正在等待为审查该问题而专门成立的特别王室委员会的调查报告。然而，正如弗勒里所熟知的那样，沉默也是需要加以控制的：它永远不会按照政府现在所认为的那样主动发生。不仅是在巴黎，而且在高等法院管辖的北方教区，随着一连串拒绝圣礼事件的陆续发生，氛围很快又开始紧张起来。1752年12月，高等法院向博蒙发起反击，下令没收他的财产，并邀请全国贵族一起加入反对他的行列。国王尝试阻止这一行为，发布了警告高等法院的诏令，而高等法院则通过起草"大谏诤书"表明自己的立场，并以此作为回应。

"大谏诤书"基本符合契约主义的逻辑，它写道，"臣民对统治者具有奉献和服从的义务"，"统治者对臣民履行保护和防卫的义务"[4]，也因此遭到了国王的严正拒绝。面对僵局，高等法院于1753年5月5日投票决定暂时停止它的正常职能。政府发起了一场政变，将个别高等法院法官流放到法国各地的城市和监禁场所，继而把高等法院最核心的机构"大法庭"迁至蓬图瓦兹，后来又将其迁至苏瓦松。在这场虚张声势与反对虚张声势的博弈中，高等法院法官原本认为他们的缺席会迫使政府接受条件，因为缺席意味着全国大部分地区都将没有上诉管辖权。然而，国务大臣只是拧紧了螺丝，于1753年9月成立了一个组成人员经过精心挑选的"王室法庭"，让其处理通常由高等法院负责的司法事务。下级法庭承认这个机构，但很少与它进行业务往来。事实上,国王对巴黎高等法院的处置引发了一场全国性的声援运动,包括巴黎沙特莱法庭和部分省级法院等重要机构,都对巴黎高等法院表示支持。最终在1754年9月2日,经过孔蒂亲王的斡旋,国王召回了高等法院,并重新颁布了"沉默法",责令争端各方不要讨论拒绝圣礼的问题。

在1752年至1754年的危机中,政府尝试解决教会和高等法院之间的利益冲突,但这种努力的效果并不长久,其原因在于"沉默法"使高等法院具有了重要的警示作用,而好斗的法官们也乐于运用这种角色来对付大主教。1754年12月初,博蒙公开批准了拒绝圣礼的规定,高等法院随即迫使他立刻去职流亡,并在次年3月18日颁布法令,否认《乌尼詹尼图斯通谕》具有信仰准则的效用。政府拒绝批准这项法令,开始私下与教宗本笃十四世\*进行秘密谈判,通过斯坦维尔伯爵——日后的舒瓦瑟尔公爵——的周密策略,确保教宗的裁决可以化解当下的局面。然而,高等法院在其他问题上也毫不让步。1755年,王室试图向温和的"大法庭"授予立法权,而不需要经过高等法院的认可,高等法院则担心此举是为了削弱自己的权力。对于政府在对普鲁士和英国作战之初征收的税款,高等法院进行了前所未有的攻击。在国家面临战争之际,高等法院通常不会反对这些措施。但在1756年7月,高等法院提出了尖锐的批评,直到8月21日,王室司法机构强制通过了财政法令,才使高等法院有所收敛。

1756年10月,从罗马传来了教宗关于拒绝圣礼问题的通谕,使事情更加恶化,并且引发了18世纪50年代第二次重大政治危机。矛盾的是,在很大程度上,教宗的裁决赞同高等法院对忏悔书的看法,认为只有在一些顽固者极其古怪的情况下,才可以拒绝执行圣礼。这使得博蒙的立场和虔诚者的利益再一次被调动起来。然而,对于高等

---

\* 本笃十四世(Benedictus PP. XIV, 1675—1758),1740年当选罗马主教,同年继任教宗。

法院来说，这也是不够的。法官们既对教宗通谕的内容感到不满，也对王室似乎要在全国范围内实施通谕的方式感到不满，因为国王没有按照真正的高卢传统，将通谕提交给高等法院进行批准。

1756年12月7日，高等法院正式宣布教宗通谕是非法的，此举使掌玺大臣马绍召集宫廷派成员，让他们刺激国王采取更激进的行动。在其看来，压制高等法院有助于实现宗教和平，并使对政府财政政策的批评意见沉寂下来。因此，12月13日，路易十五召开御临高等法院会议，以强制登记12月10日颁布"惩戒法令"的方式，做出以下决定：颁布1756年通谕的主要内容；对高等法院提出反对意见的权力，进行更加详细的规定；限制高等法院打断司法程序和发起政治抗议的权力；在组织变革方面，增加了高级法官的权力，而牺牲了被称作"虔诚者"的更加激进的年轻法官的权力；废除了高等法院的两个法庭——它们在总共约500个席位中占据了90个位置。削减席位不一定不受欢迎，因为高等法院职位的价格一直都在下降（原因可能是高等法院处理司法事务的数量减少了），所以削减席位反而可以提高它的价格，保护法官的投资。然而，在这种特殊的情况下，高等法院法官在"惩戒法令"中，看到的只有自己权力被削弱的事实和博蒙及其手下的胜利。随着高等法院的罢工被宣布为非法行为，大约有140名法官辞去了自己的职务。

因此，达米安在1757年1月主显节期间的刺杀行动，是在一场严重、多层次的政治危机中发生的事件。由于作为反对王权核心的高等法院参与了对这名可能的弑君者的审判过程，事情的解决变得愈加复杂。法律程序成了一场带有表演性质的审判。虽然高等法院法官集体加入对抗国王的斗争之中，但他们同样永远忠诚于君主，并对这个倒霉的弑君者的行为感到恐惧。孔蒂亲王来到了审判现场，他似乎是在浑水摸鱼，却使问题的性质更加复杂。一些证据显示，高等法院中的反对派参与了达米安制订的疯狂计划，这种极端忠诚的情绪也起到

1757年3月，达米安在巴黎格雷夫广场被残忍处决

了转移注意力的作用。官方叙述总是忽略这一事件发生时动荡的政治背景，然而来自巴黎编年史作者巴尔比耶的观点不是孤例，他认为达米安的行为源自"詹森派体系"，而且"这一派别试图影响公众，扰乱人们的思想"。[5]

1757年3月，达米安在巴黎的格雷夫广场被处决，高等法院坚持要求遵循处决成功刺杀亨利四世的凶手拉瓦亚克的先例。在这场恐怖的处决行动中，达米安只不过是一个仪式性的替罪羊角色。一系列象征性的报复式酷刑都按照准礼拜的方式进行——焚烧，撕扯肉体，打断骨头，最后由四匹马把达米安的四肢从他的躯体上扯断。令人毛骨悚然的是，他的身体顽固地拒绝被肢解，不得不由刽子手桑松[*]进行继续切割和殴打。[6]这场审判大戏在全场观众面前上演，象征性地用受伤君主的强制力来反击潜在刺客可悲的暴力行为。在高等法院的设计

---

[*] 参见［法］勒谢尔博尼埃：《刽子手世家》，张放译，新星出版社2010年版。

六、洪水滔天之前（1756—1770） 317

下,这个令许多启蒙哲学家都感到惊恐万分的惨烈场景,旨在将高等法院一切反对君主制度的污点全部扫除干净。

狄德罗曾将高等法院的政治策略概括为"以反对国王的方式支持国王",在对达米安的审判和处决过程中,情况当然也是如此。[7]在绝对君主制下,高等法院采取隐晦立场是有其实际原因的,对国王的不忠和反对与公然叛国往往只有一线之隔,而顺从地说出绝对主义格言,也因此成为自我保护的手段。然而,在这些形式之下,一个更为强大的政治反对派在18世纪50年代获得了不断发展,他们的观点与绝对主义理论中通常体现的主张相悖。复兴高等法院话语的核心是限制王室的特权,除非这些特权是以国家的基本法为基础而存在的,但高等法院则声称自己是这些法律的监护人。与绝对主义理论中强调国王主权的不可分割性,并将之寄托于统治者肉身的观点不同,高等法院法官现在认为,政治和谐取决于"君主权力、法律以及司法大臣"之间的合作。他们继续表示,"国王、法律和高等法院法官,是一个不可分割的整体"。[8]高等法院法官突出法律的首要地位,而不是国王本人的地位,他们以历史为根据,用布兰维利耶和孟德斯鸠所倡导的方式,强调古代基本法的重要性,并在1753年由地下活动的"抽搐者"和律师路易-阿德里安·勒佩吉[*]撰写的《关于高等法院基本职能的历史通信》中得到了具体表现。勒佩吉专注于严谨的档案研究,并利用过去在王室与高等法院争端中偶尔出现的论点,旨在为高等法院的权威建立合法性——这种合法性一部分是历史,一部分是浪漫式的虚构,还有一部分是政治上的一厢情愿。在其看来,高等法院与君主制一样古老,甚至比后者更加悠久,因为它起源于日耳曼人的集会,并被法兰克王国的编年史家描述为墨洛温王朝政治文化的基础。勒佩吉认为,高等法院在1753年的权威"恰恰是克洛维时代的权威",即

---

[*] 路易-阿德里安·勒佩吉(Louis-Adrien Le Paige, 1712—1802),法国律师,詹森派运动的代表人物。

"一堵铜墙铁壁"——反对任何削弱法律效力的行为。[9]高等法院在1755年关于"大法院"的讨论中对此予以激烈反对:"在君主制存在的一千三百年里,国王的法院总是在各种不同名称下组成同样的法庭,在国家内部履行同样的职能。"[10]作为路易十五的贤明顾问,头戴假发和身着红袍的高等法院法官们,与克洛维在6世纪墨洛温王朝战士在战神广场上组成的"法兰克法庭"具有同质性。

因此,高等法院以作为"法律的保存者"和"宪法正确性的捍卫者"而越来越感到自豪。正如我们所看到的[11],这种提法与"索隐派"的神学语言有着密切联系,在1730年至1732年高等法院关于詹森主义的争论中得到具体化,并在孟德斯鸠1748年出版的《论法的精神》中获得了进一步认可。鉴于君主制和绝对主义制度的不稳定性,这位作为波尔多高等法院法官的哲学家认为:"法律的保存者是必要的……必须有一个机构,可以确保法律从其被掩埋的灰尘中清理出来。"[12]勒佩吉进一步推广了这个理论:就像自己所属的詹森派被视为早期教会的继承者和被迫害世界中的"真理保存者"一样,高等法院是"法律的保存者",是体现国民意志的"原始和基础的宪法"。

故而,在18世纪50年代高等法院形成的反对派争论性语言中,詹森主义的痕迹随处可见。此外,正如达尔让松侯爵所指出的那样,高等法院的论点暗示着"国民高于国王,就像普世教会高于教宗一样",其中有一种准教会至上主义的色彩。[13]高等法院不仅是向国王呈现法律,还似乎暗示着他们自己(而非君主)才是代表"国民"的主体。达尔让松侯爵指出,与"国家"这个概念类似,"国民"这个术语"在路易十四时期从未出现过,但现在正在取代高等法院话语中更古老的'臣民'或'人民'"。[14]1757年初,雷恩高等法院曾表示:"高等法院只是以国王的名义对国民说话,反之也是以国民的名义向国王说话。高等法院的谏诤书就是国民的谏诤书。"[15]这种"国王"和"国民"修辞的两极分化——高等法院声称自己在其中扮演了重要角色——在形式上与波旁王室的观点相反，即国家和国民都体现在统治者的有形框架内。

在"抽搐者"的时代以后，与高等法院仍旧保持联系的詹森主义者，通过将他们的宗教争论与对法庭管辖权的诉求更紧密结合在一起的方式，寻求整合和寻找他们的精神目标。詹森派的人数相对有限，在18世纪50年代通常参与高等法院事务的250名法官中，可能只有几人是坚定的詹森主义者。这些人的影响首先归功于他们和另一个精力旺盛的少数派之间的合作——指勒佩吉领导的詹森派律师群体；其次则在于他们表现出了非凡的能量。除了与高等法院协作的策略，他们设法将自己的宗教诉求挤入那些比较沉稳的高等法院法官的管辖范围内，这些团体还负责将高等法院的路线之争传播到巴黎之外的地区。这一发展是18世纪50年代中期政治危机的一个特殊特征。勒佩吉等人所坚持的管辖权论点之一是，作为原先法兰克人会议的继承者，高等法院在过去曾经被不公正地分裂了。因此，所有高等法院真正形成了同样的构成要素（或阶级）——正如1756年高等法院的谏诤书所指出的，"在一个单一而独特的高等法院中，不同的成员来自不同的阶级，但是，他们被相同的精神所激励，被相同的原则所滋养，被相同的目标所关注"。[16] "阶级联盟"的理念为各省高等法院加入政治争端提供了理由，这比1648年至1653年投石党运动以来的任何时期都要更加狂热和大胆。1753年至1754年间，艾克斯、波尔多、雷恩和鲁昂的高等法院，为支持被流放的巴黎高等法院而进行了抗议。司法大臣拉穆瓦尼翁的反应是，立刻召集举行抗议的机构进行正式的训诫——然而，各省高等法院法官利用他们访问首都的机会，与大律师和其他支持巴黎高等法院的伙伴们进行了交流，并发展了团结情谊。截至18世纪50年代中期，图卢兹、波尔多、梅斯、格勒诺布尔和艾克斯的高等法院，都通过援引法兰克人的历史，使其支持巴黎高等法院的诉求和发展；而雷恩高等法院则对查理曼和"虔诚者路易"统治时期的法律加以发展。各个高等法院之间的相互支持，也延伸到财政、宗教和司法领域。

  18世纪50年代发生政治文化转型的重要原因在于，高等法院内部强有力的、日益协调的省级机构，以及新旧之间、詹森派与高等法院之间政治争论的碎片化，促使形成了一个有张力的反对派话语体系。随着公共领域的成长，辩论的语言比18世纪任何时期都更广泛、更有颠覆性地产生了共鸣。1714年，王室宣传者让-尼古拉·莫罗指出，詹森派的问题只是单纯"想知道在一本非常虔诚但相当无聊的书中，帕基耶·凯内尔神父是否解释了'恩宠'的性质和效果"。到了18世纪50年代，问题变成了"了解国王是否是其王国的主人"。[17]此外，由于法国在1756年开启了一场波及欧洲乃至全球范围的战争，这个问题就变得更加紧迫。

  由于政权顶层缺乏政治管理技巧，问题变得更加严重。国王个人的专制主义与精神忏悔的综合混杂，造成政府政策的一致性也受到了影响，这使国王似乎也难以掌控局面。甚至对反詹森主义者大加批判的勒佩吉，亦曾疑惑地指出，御前会议"有时为教士服务，有时为高等法院服务，有时则介于两者之间"。[18]没有弗勒里作为靠山，国王在控制宫廷人员方面的能力，并没有比控制高等法院的能力高出多少。18世纪50年代初，他在与教会的对抗中退缩了，这也使他勇敢的财政总监马绍失去依靠，沦为一只"跛脚鸭"。因为路易十五的信任，马绍得以继续留任，但在1754年的国务大臣改组中，他的职位从财政总监被换成了海军大臣（尽管他保留了掌玺大臣的职位）。随着"铁头"在政治上的地位越来越低，派系之间的权力斗争开始重新出现，进而破坏了稳定的局面。"虔诚者派"围绕王后和王储展开活动，再加上陆军大臣达尔让松侯爵和大多数主教的支持，形成了一个非正式的反对派阵营，他们虽然因博蒙在忏悔书问题上的溃败而有所收敛，但仍然对以蓬帕杜夫人为中心的派别发起了多次进攻。至于蓬帕杜夫人，她在18世纪50年代中后期的影响力，可能比任何时候都要大得多。蓬帕杜夫人的反对者把她描绘成通过无休止的庇护制度来维持政府的形象，但这只不过是她武器库中的一件武器而已。尽管路易十五非常依赖于她的政治才能，但国王情妇的身份也限制了她的成就。

此外，正当路易十五需要高等法院支持的时候，他却疏远了这个机构，1757年1月27日，路易十五驱逐了16名高等法院法官，这种专横态度使整个高等法院都与他为敌。随后，他于1757年2月1日解除了马绍的职务，马绍被认为是1756年"惩戒法令"的制定者，也属于蓬帕杜夫人的派别，但在达米安刺杀未遂事件中，他建议蓬帕杜夫人离开宫廷，这就摧毁了他与蓬帕杜夫人的关系。就像每个人都有属于自己的标签，与此同时，经验丰富而又虔诚的陆军大臣达尔让松侯爵也被迫去职。之后，接替他们的国务大臣多是无名之辈，而且能力非常平庸。在这种情况下，蓬帕杜夫人推动了其门下的贝尔尼神父

贝尔尼神父

的职业生涯，填补了政治上的空白。贝尔尼神父是1756年外交革命的设计师，正如我们所看到的，这将成为战争爆发的前奏。[19] 贝尔尼神父得到了教会的信任，他也意识到，如果要防止高等法院成为战争募资的政治障碍，就需要对其进行安抚。与弗勒里神父一样，他在幕后辛勤工作，寻求妥协，在高等法院中扶植了一个亲近政府的派别——"国务大臣派"，之后终于在1757年9月说服国王下令停止执行《惩戒法令》。

贝尔尼神父的政治技巧暂时安抚了高等法院。然而不过几周，政府就发觉自己深陷于一场深刻的政治危机之中，尽管这场危机的根源在于军事危机，而非高等法院——1757年11月5日，普鲁士国王腓特烈二世在罗斯巴赫战役中战胜法国，这是法军在18世纪最惨重的失败之一，法国人对本国的军事力量产生了怀疑，就像焦虑的卡拉曼侯爵[*]所说，这似乎成为"我们的君主制即将毁灭的信号"。[20]

## 分崩离析：七年战争

"我们死后，将会洪水滔天。"

历史学家或许急于把这句话视作1789年的预言，但这句臭名昭著的表述，据说是蓬帕杜夫人于1757年讲的，那是一个压抑的君主在位期间最令人沮丧的一年。达米安事件给国王留下的伤痕，在心理上比身体上更加严重——同时代的人注意到了这种沮丧情绪的蔓延，一个英国秘密情报来源甚至在当年8月给伦敦的一份加密报告中说，路易十五"最近经常流泪，有时还被发现有放弃王位的倾向"。[21] 也许英国间谍把国王表达在位压力的厌倦情绪看得太重了，这种情况事实上并

---

[*] 维克多·莫里斯·德·卡拉曼（Victor Maurice de Caraman，1727—1807），法国将领，1757年升任国王卫队的准将。

不少见。然而，国王在1757年发现自己所处的环境特别严峻，而且情况只会越来越糟。政府在国内遇到的严重困难被一场战争所掩盖——正如罗斯巴赫战役所凸显的那样，这场战争不仅使政权蒙受羞辱，而且带来了严峻的挑战，很多比路易十五实力更强的统治者都退缩了。

与前一年战争开始时充满希望的氛围相比，1757年的阴霾尤为突出。在一个被历史学家称为"外交革命"的联盟逆转的过程中，国际关系发生了惊人的重新组合。外交革命最突出的特点是法国与奥地利哈布斯堡家族的结盟，两个多世纪以来，后者几乎一直是法国侵略的目标。这一转变背后的倡议来自维也纳，特别是奥地利政治家考尼茨*，他在1749年以后就认为，与法国结盟是奥地利夺回西里西亚（这里在奥地利王位继承战争中被普鲁士国王腓特烈二世夺走）的最好机会。让玛丽亚·特蕾莎接受这个想法是一项漫长的任务，1750年至1753年间，考尼茨在奥地利驻法国大使的任内完善了这项任务。1755年，正是他的继任者施塔尔亨贝格†，有针对性地经过蓬帕杜夫人，让奥地利女王与路易十五进行了秘密接触。最初对此保持怀疑态度的路易十五，允许蓬帕杜夫人的门徒伯尼斯接手这项任务。在完全保密的情况下，贝尔尼和施塔尔亨贝格在蓬帕杜夫人位于贝尔维尤住所附近的不同地点会面。1756年3月，英国与法国昔日盟友普鲁士之间召开的威斯敏斯特会议，促使法奥谈判更有针对性。尽管普鲁士国王腓特烈二世抗议，说他是"世界上最忠实、最热心和最受欢迎的盟友"[22]，但事实证明，他对法国而言并不可靠。1755年的英俄和约规定，如果汉诺威王朝遭遇外国侵略，俄国人会站在英国一方并提供军队，这使腓特烈二世认为，如果与英国人互相保护财产，他可以获

---

\* 考尼茨-里特贝格（Kaunitz-Rietberg，1711—1794），奥地利政治家、外交家，担任哈布斯堡王朝首相近四十年，1764年获封神圣罗马帝国亲王。

† 格奥尔格·亚当·施塔尔亨贝格（Georg Adam Starhemberg，1724—1807），奥地利外交家，1765年获封亲王。

得很多好处。

尽管标志着法国和奥地利正式结盟的《凡尔赛条约》在1756年5月公布后，引起了公众的惊愕和诧异，但这种与神圣的外交传统完全决裂的做法，还是非常具有意义的。奥地利不再是过去那个充满威胁、可能成为霸主的国家。它没能把神圣罗马帝国变成统一的哈布斯堡国家。奥地利王位继承战争表明，过去经常发生法奥冲突的低地国家和意大利北部，已不再是奥地利扩张的目标区域，而法国似乎对自己所拥有的一切也感到"满意"。[23]曾经属于哈布斯堡王室的西班牙，也落入了波旁王室之手，因此法国对四周包围的担心并不强烈。哈布斯堡家族现在主要关心巩固他们在东南欧的财产和夺回西里西亚，法国则有理由重视与哈布斯堡的友谊。弗勒里正确地把握住了阻止奥地利可能对洛林进行报复的明智之举，而法国最大的国际问题来自英国——这是它在全球舞台上商业和殖民领域中的对手。故而，与奥地利结盟预示了一个大陆和平的时代，并使法国能够集中精力在世界范围内对抗英国。此时，法国实际上已经在北美和印度地区对英国展开了战争，而且剥夺了它在欧洲大陆上的主要盟友。至于法国国内，与另一个天主教大国结盟可以缓和"虔诚者派"内部的部分不满情绪。然而，这一切只有在法国抵制了奥地利向普鲁士发动进攻、夺回西里西亚的战争热情的情况下才可以实现。因此，《凡尔赛条约》建立了一个防御性联盟，它使低地国家中立化，同时也排除了奥地利对法国在美洲的援助。之后，被威斯敏斯特会议激怒的俄国决定与英国决裂，与奥地利缔结进攻性联盟，并寻求同法国的友谊。

奇怪的是，困难的局面也越来越多。天主教欧洲似乎与英国和普鲁士代表的新教势力相互对立。然而，与其说这是一种宗教虔诚问题，不如说是一种实用主义取向，腓特烈二世担心普鲁士被奥地利和俄国所包围，并渴望首先进行报复，遂在1756年8月入侵萨克森，以其作为通往奥地利波希米亚的跳板。这也使法国站在哈布斯堡盟友的立场上参与了这场战争。根据预测，战争将是短暂而温和的：普鲁士拥有一支强大的军队和一位杰出的指挥官，即腓特烈二世本人。但在面对法、奥、俄三国联军时，普鲁士的力量又很薄弱。由于只有"背信弃义的阿尔比恩"*从旁协助，再对比普鲁士境内的360万居民与三国联军领土上的7 000万居民，普鲁士似乎挑选了一个糟糕的对手。为了迅速结束欧洲大陆上的竞争，法国在战争中投入了大量资金：为俄国、瑞典和萨克森提供了大量军费补贴，而第二份《凡尔赛条约》也承诺为奥地利提供更多援助，并派出超过10万人的军队支持，以此换取法国在低地国家的各种利益及其重新配置的权利。早年在德意志取得的军事胜利，使普鲁士军队处于防守态势，而与英国的冲突也充

1757年，法军在罗斯巴赫战役中惨败

---

*"背信弃义的阿尔比恩"（perfidious Albion），针对英国的贬义用法，讽刺政府为了自身利益而轻视与其他国家的联盟或承诺。

满希望，甚至似乎可以弥补法国人在前两年对英国作战中蒙受的巨大耻辱。[24]英国试图将陆战引向欧洲大陆的尝试以失败而告终——它在诺曼底和布列塔尼发起的进攻和登陆意图都被击退了，1756年5月，法国夺取了自《乌得勒支和约》签订以来一直为英国所控制的米诺卡岛。法国政府随后与热那亚谈判，获得了在科西嘉岛建立海军和军事岗哨的权利。在美洲，法国指挥官蒙卡尔姆[*]有效地将其微薄的军事力量与当地定居的印第安部落成员一同部署作战，使英国人度过了一个糟糕的年份。

如果事情没有在1758年和1759年变得更糟糕的话，那么1757年可以说是法国局势崩溃的一年。腓特烈二世改变了战争的性质，在德意志南部取得了两场辉煌的胜利：11月5日在罗斯巴赫战胜了法国和帝国军队，12月5日在洛伊滕战胜了奥地利。在法国，罗斯巴赫战役被迅速视为一种最可怕的耻辱。军事经验丰富的圣日耳曼伯爵[†]总结道，"国王拥有太阳之下最糟糕的步兵"，而法军领导层也受到更多恶毒的攻击。[25]腓特烈二世以少胜多，大败奥法联军的"骑士精神之花"，也战胜了后者的联盟策略，因为这场战役不仅巩固了普鲁士与英国的联系，而且让人们进一步质疑法奥联盟的军事智慧。

这次失败沉重打击了法国人的士气，甚至有人想要迅速采取谋求和平的行动。然而，法国政府深陷泥淖，以至于无法使和平作为一个可行的选择。另一个恶兆是，奥地利收复西里西亚的想法似乎正在支配着它前进的道路。尽管对普鲁士来说，人数劣势使法奥两国的胜利似乎并非遥不可及，但由于后者缺乏军事协调，再加上一些相当糟糕的将领（与腓特烈二世的出色表现形成鲜明对比），始终阻碍了法奥

---

[*] 路易-约瑟夫·德·蒙卡尔姆（Louis-Joseph de Montcalm，1712—1759），七年战争时期法国在北美战场的总司令。

[†] 克劳德·路易，圣日耳曼伯爵（Claude Louis, Comte de Saint-Germain，1707—1778），年轻时因谣言离开法国，奥地利王位继承战争期间担任奥军元帅；回到法国后，七年战争期间表现出色；1760年辞职，担任丹麦陆军元帅；1775年至1776年间接受路易十六的任命，出任陆军大臣。

联军的胜利。在接下来的几年中,腓特烈二世的战败次数要多于他的胜利次数,因为每到战争时节,法奥联军都会从东西两个方向上对其进行扫荡。但事实证明,腓特烈二世总能在关键时刻取得对力量强大的敌人的关键性胜利,在所有战争都陷入停滞的状况下,还能保持普鲁士在竞争中的优势地位。

与腓特烈二世对武装斗争的全心投入相比,法国国王显得并不相称。事实上,即使在1757年,也可以发现法国政府在制定核心战略方面存在着重大问题。除了解雇马绍和达尔让松之外,年迈的诺瓦耶在1756年退出国务委员会,也使路易十五失去了一位经验丰富的得力助手。紧接着,罹患抑郁症且痴迷于保密的路易十五最倚重的顾问之一,即他的表弟孔蒂亲王,也发生了叛变。自18世纪40年代初以来,国王与孔蒂亲王经常秘密会面,起初是为了让后者当选波兰国王而展开行动,后来又制定了一套平行于国家间战略的外交方针,即所谓"国王密情处"。然而,孔蒂亲王与蓬帕杜夫人的关系一直不好,随着后者权力的不断巩固,二人之间的关系也在逐步恶化。

外交革命给孔蒂亲王造成了巨大冲击,他被排除在宫廷的信息圈之外。路易十五(或者是蓬帕杜夫人)拒绝让他继续参与"国王密情处",也不同意授予他补偿性的军事指挥权,这使孔蒂亲王深感不满。在提到血亲亲王时,他曾不经意地表示:"王冠属于我们所有人,我们中最资深的人佩戴着它。"[26]这位波旁王朝的搅局者,很快变成一个顽固守旧的投石党人,孔蒂亲王模仿他杰出的祖先在1648年投石党运动中的方式,组织了一个支持自己的政治集团。通过18世纪50年代中期的危机,他与巴黎高等法院建立了联系,1756年以后,正是在孔蒂亲王的庇护下,高等法院主要辩护者勒佩吉在圣殿区展开活动,因为圣殿区是一个不受警方直接审查的安全之地。孔蒂亲王将高等法院的事业视为己任:1755年,他支持高等法院法官邀请公卿贵族拥有参与高等法院会议的权利,而在对达米安的审判中,他也扮演了一个重要角色。随着蓬帕杜夫人与启蒙哲学家的联系越来越少，孔蒂与后者建立了良好的关系（特别是与伏尔泰、狄德罗和卢梭），他也涉足共济会之中。此外，在1757年，还有传言表示，孔蒂亲王正试图从国王在达米安事件后的低迷状态中谋求利益，制订新教起义方案，让英国人在法国西部登陆。外交革命对"新皈依者"寻求更大宗教宽容的希望造成了沉重打击，正如达尔让松侯爵所说的那样，到1757年，战争呈现出了"天主教徒对欧洲新教徒全面讨伐"的性质。他还狡黠地提到了法国对盟国财政补贴的巨大承诺，即"由法国担任司库"。[27]如果孔蒂亲王的起义计划确实存在的话，那么它没有产生任何结果；但另一方面，国王与自己昔日的密友却渐行渐远。

孔蒂在成为政权的反对者后，一直断断续续地留在法国，直到1776年去世。然而，在国家处于战争状态、政府危机未曾断绝、大臣轮替就像歌剧院布景更换一样迅速的情况下，法国无疑遭受了沉重的打击。[28]接替马绍和达尔让松侯爵的国务大臣只在任一年：1758年，陆军大臣由保尔米侯爵\*换成年迈的贝勒-伊勒侯爵；而在海军大臣一职上，马绍的继任者佩伦克·德·莫拉斯†则被马西亚克侯爵‡取代，之后又是受到蓬帕杜夫人庇护的贝里耶。从1754年至1759年11月，有不少于五位财政总监，如此高更换频率的背后原因，部分在于一些在任者无法胜任工作。掌权时间最久的人是最没有天赋的人之一——司法大臣拉穆瓦尼翁，人们普遍认为他还不如著名的"机械行事者"沃康松§，这是后者在宫廷中表现出的特点。

---

\* 安托万·勒内·德·瓦耶（Antoine René de Voyer，1722—1787），马克·达尔让松之子，保尔米侯爵（Marquis de Paulmy）和第二代达尔让松侯爵，1757年至1758年间出任陆军大臣。

† 佩伦克·德·莫拉斯（Peyrenc de Moras，1718—1771），1756年至1757年间出任财政总监。

‡ 克劳德·路易·德斯潘肖（Claude Louis d'Espinchal，1686—1770），即马西亚克侯爵（Marquis de Massiac），1758年3月至10月出任海军大臣。

§ 雅克·德·沃康松（Jacques de Vaucanson，1709—1782），法国发明家、机械师。

派系之争和王室的心血来潮对贝尔尼神父的倒台发挥了作用，贝尔尼是18世纪50年代中期在某种程度上的延续性人物，他曾勇敢地试图让"国家航船"重新漂浮起来。他先是通过策划外交革命，而后又通过化解达米安事件以来高等法院的反对意见获得声望，使自己被提升为外交大臣和御前会议成员，之后又被任命为枢机主教。但他的行为还是过火了。1758年底，贝尔尼正式辞去外交大臣一职，由继任者斯坦维尔伯爵继续负责与教士和高等法院的关系。在这一领域，斯坦维尔伯爵确实存在一些天赋。这就造成了"二人共同掌权"的局面——正如贝尔尼所说："同一顶帽子下有两个脑袋。"[29]但在国王一方，显然觉得一个人就可以了。自从弗勒里去世后，国王就对设立首席大臣的想法十分抵触，尤其是把这个职位交给一个有可能引起其他大臣嫉妒的人，于是在1758年12月，他突然将贝尔尼神父从国务委员会中开除，并将之流放出宫。对于君主政体来说幸运的是，他现在转向了斯坦维尔伯爵，即1758年受封的舒瓦瑟尔公爵，国王任命后者作为贝尔尼的继任者，继续负责外交事务。

当舒瓦瑟尔公爵进入国务委员会的时候，由于死亡、政治流放和大臣候选人选择不当，御前会议的人才相对匮乏，而此时国家财政也处于极度低迷的状态。复兴的第一步是走出政府在18世纪50年代末所处的可怕财政状况。战争开始时，国家财政状况并不是很糟糕。马绍的"廿一税"政策对1748年以后的债务进行了很好的控制。而且，尽管高等法院提出了抗议，1756年6月还是在战争期间第二次征收了"廿一税"。从那时起，国家希望通过贷款——尤其是非常不划算的"终身年金公债"——而不是税收的方式来支持战争。此外，战争持续时间越长，信贷成本就越高，令人满意的和平前景也越发渺茫。显然，这场战争的成本几乎是此前奥地利王位继承战争的两倍。看起来，国家破产的可能确实存在。米拉波侯爵警告说："一个缺乏现金的政府，就意味着它放弃了合法的权力，放弃了最原始的本质。"[30]1758

年，政府向所有城市征收为期六年的"自愿捐献"，但在第二年，政府财政收入的缺口仍有约2亿里弗，大约相当于一个正常国家一年的收入。同年9月，新任财政总监西卢埃特[*]尝试了一种更加激进的办法。在高等法院，他提出的"普遍援助"的组合计划，通过御临高等法院会议的方式得到强行通过，其中包括第三次征收"廿一税"，以及对包括从烟草到马车、奴仆、墙纸、丝绸和金银器皿在内的奢侈品的广泛征税。在一个消费主义日益严重的时代[31]，这种不良行为几乎引发了社会各界和政治精英的普遍谴责。路易十五通过将王室金银器皿送到铸币厂的方式，试图争取大臣们的支持——这是一个宏大的、"路易十四式"的姿态，但是由于这种方式吓坏了国家潜在的贷款人，结果适得其反。即将到来的信用崩溃迫使路易十五解雇了西卢埃特，他的继任者贝尔坦放弃了对奢侈品征税，但是从"普遍援助"中捞取了他希望获得的东西，特别是战争期间的第三次"廿一税"。他还规定，曾经不受租税限制的个人，需要加倍缴税。这些措施再一次激发了高等法院法官的反对，因为他们作为非纳税人的个人权益显然受到了影响。[32]

战争前景非常糟糕。由于与痴迷于西里西亚的奥地利的关系过于密切，法国未能在欧洲很快结束战争。法国对德意志的持久战役投入了10万余人，再加上对其盟友的高额补贴，这些情况都使法国很难将资金转用于同英国在世界范围内的冲突。尽管在北美耀眼的开局很有欺骗性，但法国军队没能阻止英国人通过路易斯堡的航道。1758年，英军攻克路易斯堡，俄亥俄河沿岸的法国要塞也相继落入英国人之手。绝望之下，舒瓦瑟尔公爵说服国王同意在1759年组织一场对英国的海陆协同作战方案。该计划旨在与苏格兰的詹姆士二世党人叛乱相附和，以期缓解法国在北美的压力，甚至也许可以让英国人重新回到谈判桌上。这项计划的要旨，与1759年3月签署的第三份《凡尔赛条

---

[*] 艾蒂安·德·西卢埃特（Étienne de Silhouette, 1709—1767），1759年3月至11月出任财政总监。

1759年，法国海军在基伯隆湾遭遇毁灭性打击

约》中法国对奥地利财政援助的缩减相吻合。这一条约明显减少了法国在和平时代可能获得的利益——但在当时的情况下，这是最不值得法国人为此费心的。然而，法国对入侵英国的计划缺少现实主义的态度，因此也受到了英国王室海军的重创。8月，法国的地中海舰队在葡萄牙外海战败；11月，布雷斯特舰队又在基伯隆湾遭遇了毁灭性的打击。法国入侵英国的希望就此破灭。

  英国王家海军统治着海洋。在战争的剩余时间里，由其提供的增援物资和人员使英国在全球所有的冲突地区都能拥有局部优势。即使法国的经济条件允许，或者像英国首相威廉·皮特\*那样在国内充满热

---

\* 威廉·皮特（William Pitt，1708—1778），英国辉格党政治家，1766年至1768年间出任英国首相。

情地进行有效组织，法国人也从此再无法入侵英国，甚至被拒绝进入欧洲以外的世界。因此，法国在海外的指挥官们一直处于不利地位。在加拿大，虽然蒙卡尔姆率领的3 000人于1758年在卡里永堡击败了大约15 000名英军，但是考虑到这种人数上的不平衡，期望法国取得连续性胜利显然要求过高。1759年9月，由沃尔夫\*率领的76艘船只、13 500名水手和9 000名士兵组成的英国军队夺取魁北克。一年之后，17 000名英军又在蒙特利尔战胜了2 000名法军。世界另一端的情况也类似：22 000名英军将法国总督拉利-托朗达尔†及其所辖的700人围困在本地治里，累计时间长达数月之久，这一重要的印度贸易港口于1761年1月被英军占领。海军的优势使英国人可以在全球范围内攻占其他由法国占领的前哨基地，这些要塞开始像成熟的李子一样落入英国人的怀抱之中。

为了减轻波旁王朝政体正在遭受的灾难，舒瓦瑟尔公爵做出的巨大努力，恰好与欧洲各国王室更迭相吻合。1759年，西班牙国王斐迪南六世逝世，更有活力的查理三世取而代之，后者决心向英国人通过贸易、武力和掳获商船而在新世界取得的贸易主导地位发起挑战。查理三世寻求与法国结盟，并在1761年8月达成了第二个所谓的"家族盟约"，将法国、西班牙、那不勒斯和帕尔马公国的波旁王室联系在一起。秘密条款规定，西班牙将于1762年1月1日加入法国一方的战争。然而，这种力量平衡的转变而产生的影响又受到了两个因素的削弱。首先，英国人继续在海洋上取得了一系列胜利，占领了西班牙在加勒比海地区的哈瓦那和在菲律宾马尼拉等处的战略要地，进而威胁到了西班牙帝国整体上的完整性；其次，俄国统治者的更迭使腓特烈

---

\* 詹姆斯·沃尔夫（James Wolf，1727—1759），英国陆军少将，在七年战争中表现出色，却不幸饮弹身亡。

† 托马·阿蒂尔·德·拉利-托朗达尔（Thomas Arthur de Lally-Tollendal，1702—1766），法国陆军元帅，曾任法属印度总督。

二世的好运看起来似乎更加不可思议。1762年，由于俄国伊丽莎白王后的去世和彼得三世的继位，普鲁士国王获得了意想不到的解脱，彼得三世是个疯狂的"腓特烈主义者"，他立刻在战争中改变阵营，将俄国占领的东普鲁士地区归还给腓特烈二世。至此，冲突各方似乎都有了结束战争的理由——即使是英国，好战的皮特也已经被更善解人意的比特\*取代。和谈在1762年11月真正拉开帷幕。1763年2月10日，签署《巴黎条约》；五天后，又签署《胡贝斯堡条约》。大陆战争正式结束。

西班牙在1762年的干预改变了达成和平的条件：虽然很难想象，但1761年的和平条件对法国来说可能会更加糟糕。积极的一面包括，法国保留它在加勒比海地区主要的产糖岛屿（圣多明各、瓜德罗普、马提尼克）。在其他一些法国人可以感激的小恩小惠中，这次战败对法国国内造成的困难，远比其他多场战争要小得多。战争是在德意志乃至更广阔的范围内进行的，因此，战争对法国的影响虽然严重，但这些既不是最直接的，也不是实质性的破坏，而且为恢复留下了适当的余地。同样，1763年的和平对法国来说是一种极大的惩罚，它在欧洲花费了七年时间，却没有得到任何好处。1748年《艾克斯-拉-沙佩勒和约》中的主要条款得到了确认，西里西亚仍然留在普鲁士手中——事实上，米诺卡岛回到了英国人之手。在全球舞台上，这次损失的规模既是巨大的，也是屈辱的，甚至比《乌得勒支和约》还要糟糕。除了小小的圣皮埃尔岛和密克隆岛之外，法国失去了它在北美和加拿大的所有属地，仅仅保留了在纽芬兰岛的捕鱼权。法国在路易斯安那的领地被送给了西班牙——似乎是出于某种骑士精神的家族姿态，以补偿后者在佛罗里达被英国人夺走的损失。法国在加勒比海地区也有损失，除了戈雷岛外，塞内加尔也脱离了法国的掌控。法国在印度也被削减到只有五个贸易中转站。

---

\* 约翰·斯图尔特（John Stuart，1713—1792），第三代比特伯爵（Earl of Bute），1762年至1763年间出任英国首相。

有些人对这种情况不以为然。在大多数同时代的人眼中，保留蔗糖产区足以弥补失去路易斯安那的损失——路易斯安那既是约翰·劳梦寐以求的土地，也是伏尔泰在《老实人》中所说的"加拿大积雪中的几亩地"。然而，很多人认为这次和谈对君主制来说是一次巨大的羞辱，君主制最珍视的价值和结构都受到了伤害。法国陆军和海军都已经被证明是没有什么价值的。法国的贵族军官队伍显得软弱无力，而官僚机构则受制于政府核心部门的派系斗争。最重要的是，国家荣誉——路易十五在《艾克斯-拉-沙佩勒和约》中展示他的宽宏大量时的那个无法定义的实体——已经比君主政体在历史上任何时候都更明显地妥协了。

恢复国家荣誉是舒瓦瑟尔公爵给自己布置的任务。直到1770年下台，他都会以不同组合的方式，更新关键的外交大臣、陆军大臣和

身着戎装的舒瓦瑟尔公爵

海军大臣等职位，以便为他日益巩固的统治地位建立一个广泛的权力基础。由于18世纪60年代急剧变化的政治环境，他需要保持清醒的头脑：对国王的尊重达到了历史最低点；孔蒂亲王重新开启了王朝政治；批判性的政治话语不断发展，尤其是在高等法院中，已经出现了对绝对主义传统价值的质疑；一个公共辩论和讨论的领域已经开启，而政府很难对其加以控制。

在未来几年中，舒瓦瑟尔公爵将利用他在政府中的核心地位，在屈辱的军事失败和政治士气低落之后，领导国家进行改革和重组。最终，他的努力获得了成功——但只是在他离开政坛之后：如果没有舒瓦瑟尔的改革，美国独立战争带给法国的幸福结局，将是不可想象的。

## 舒瓦瑟尔的替罪羊：虔诚者与耶稣会士

很久之前，国王通过御临高等法院会议下达的命令被认为是不容置疑的。波旁王朝早期的权力理论家洛索*指出："当国王在场时，高等法院法官就不再拥有权力，这就像太阳会掩盖星星的光芒一样。"[33] 如今，至少在地球上，这种情况已经不复存在了。1763年5月3日，路易十五郑重其事地要求（高等法院）登记财政总监贝尔坦起草的一揽子财政法令，这些法令最初是在4月24日颁布的，旨在调整七年战争之后的国家财政状况。这些措施规定，1760年制定的第三次"廿一税"和1761年确认加倍的"人头税"，应在1764年1月结束，但第二次"廿一税"还应该再维持六年——直到和平时期。1758年设立的城市"自愿捐献"也将在同一时间段内继续执行。贝尔坦的一揽子财政计划包括一项新的印花税（"百分之一税"）以及额外的间接税。此

---

\* 夏尔·洛索（Charles Loyseau, 1564—1627），巴黎高等法院律师，著有《论等级和简单尊严》。

外，他还宣布了一项土地清查计划，以便更加公平地征收直接税。后一项措施旨在解决一个常年困扰纳税人的难题，税收由原先解决国家财政问题的可靠手段，变成了一个疏远高等法院和争取民众支持的有效方法。

5月3日，国王召开御临高等法院会议，"受到了全体民众的冷眼旁观"。[34]王室典礼正在失去使人信服的迷人力量，这一点也反映在当时对表达王室意愿的辩论之中。1756年，詹森派宣传家勒佩吉以匿名方式出版了《御临高等法院会议信札》。这部作品对古籍的挖掘令人印象深刻，证明了御临高等法院会议的仪式，实际上继承于古代法兰克人的集会，墨洛温王朝的君主曾经通过会议征求臣民的意见和建议；他认为，只是由于时间的推移和无法定义的"专制主义"运作方式，使其变成了纯粹仪式性的国王审判活动。高等法院对5月3日的御临高等法院会议提出了异议，他们抱怨的不仅包括王室法令的内容，还有仪式的形式：法兰克人的真实经验要求他们确实需要征求高等法院的意见，高等法院法官可以大声表达自己的想法，而不是像被传唤一样顺从地点头。

根据"阶级联盟"的原则，这种仪式性的争论同样发生在各省高等法院之中。在巴黎之外，御临高等法院会议采取由国王的个人代表（负责各省事务的贵族或中将）宣读君主信函的形式，而且君主信函应该是立刻登记的。到了18世纪60年代初，这种传统模式正在被削弱：高等法院的"星光"拒绝被王室的"光芒"所掩盖。1758年起，贝桑松高等法院在任命弗朗什-孔泰的地方督办布儒瓦·德布瓦纳\*为首席法官的问题上与当局发生冲突，致使1760年出现了大规模的高等法院法官辞职浪潮。问题虽然经过调解得以解决，但其他省份却因为1763年的财政方案而爆发了进一步的争端。在鲁昂和图卢兹，代表国

---

\* 布儒瓦·德布瓦纳（Bourgeois des Boynes，1718—1783），1754年至1764年间曾任贝桑松财政区督办兼贝桑松高等法院首席法官，1771年至1774年间出任海军与殖民地大臣。

王的中将试图通过御临高等法院会议强行登记的方式立法，但遭到了诺曼和朗格多克地区高等法院法官的粗暴反对。在鲁昂，这场争论导致了法官的集体辞职；在图卢兹，全体法官甚至被强制软禁；而在多菲内，相关抗议活动导致了格勒诺布尔高等法院的被迫流亡。

因此，新近反对策略的发展与王室典礼在政体中发挥神圣魔力日益明显的失败相吻合。因为国家已经摆脱了它迄今为止所穿戴的神秘外衣（例如，路易十五打消了使用国王触摸的念头），绝对主义政治实践的意义正在被颠覆。确实，国王的身份似乎不是那么神圣，而是很可悲的。例如，巴黎人对1763年2月23日举行的另一场王室典礼感到既兴奋又生气，就在可耻的《巴黎和约》的墨迹还没有干透的时候，路易十五广场（后来陆续被称作"革命广场""协和广场"）的中央竖起了一座崭新的国王骑马雕像。然而在最严重的战争灾难中，路易十五从没有离开过蓬帕杜夫人和其他众多情妇的身边去往前线，正如巴尔比耶指出的那样，路易十五最好战的行为是他在战争期间猎杀了大约一千只雄鹿。[35]对于许多巴黎人来说，这种战争和骑手的表现形式令人难以接受，他们开起了玩笑，说路易十五被四个"grues"（既指吊车，也指妓女）高高举起，然后轻轻放下。相比之下，官方国家公报的报道则被广泛认为是虚构的：其中描述了"庆祝活动"和"无数人的欢呼声"，但事实上整场活动都被暴雨冲刷得一干二净。[36]

另一个对绝对主义神圣基础的打击，是反耶稣会运动的日益发展。作为世界范围内反宗教改革的先锋，耶稣会士非常善于迎合他们所服务国家的特征。在法国，他们被证明是国家核心与虔诚者之间相互联系的无价保障，赢得了许多高级教士的尊重和支持，而后者曾经是耶稣会最严厉的批评者。他们的位置接近于政体核心，这使他们成为詹森派新一轮诋毁运动的主要目标，而启蒙哲学家也在其中发挥了作用。

詹森派领袖一直在幕后做罗马教廷的工作，劝说教宗本笃十四世撤回对《乌尼詹尼图斯通谕》的支持。教宗突然去世后，克雷芒十三世[*]于1758年7月继位，他拒绝直接攻击《乌尼詹尼图斯通谕》，这使得詹森派改变了他们的策略，更谨慎地策划在法国反对耶稣会的活动。詹森派的高等法院法官们始终声称，是耶稣会士派出了暗杀国王的刺客——就像1610年的拉瓦亚克，其部分原因是为了掩盖自己在达米安事件中的痕迹，但软弱无力、毫无根据的指控却为他赢得了更大的信任。1758年9月，葡萄牙国王约瑟夫一世[†]险些遇刺，国王的股肱之臣庞巴尔[‡]利用这一事件，公然攻击耶稣会士。1760年，不知疲倦的勒佩吉完成了《耶稣会诞生与发展通史》，他的观点在詹森派的内部刊物《教会新报》上得到了进一步放大。有人指责耶稣会士拥护放纵主义神学，鼓励而不是遏制罪恶；他们积累了巨额财富；他们每个人都恶毒；他们带着年轻的男孩走向歧途，向他们灌输弑君的训诫；他们是由一个外国人建立的，本质上是反对法国的组织。然而，勒佩吉的王牌是，断言耶稣会的基本规则是"专职的"——在詹森派和教宗权制限派中，这是一个相当时髦的词汇：他们在罗马的上级（即教宗）统治着法国臣民，丝毫不关心他们作为法国王室臣民的权利，就好像他是土耳其、波斯或蒙古的暴君一样。[37]

最不明智的是，耶稣会士自己把问题推到了紧要关头。其中一个名叫拉瓦莱特的人在马提尼克岛积累了相当大的财富。1755年，当来自马提尼克岛的拉瓦莱特的货船被英国扣押时，他的两名债主，马赛商人里昂斯和古费尔就破产了。拉瓦莱特因此被起诉，当法院规定赔偿应该从整个耶稣会的财富支付时，耶稣会将此案上诉到巴黎高等法院，审判于1762年3月31日开始。耶稣会再没有可以隐藏的东西了。

---

[*] 克雷芒十三世（Clemens PP. XIII, 1693—1769），1758年当选罗马主教，同年7月16日继任教宗。

[†] 约瑟夫一世（Joseph I, 1714—1777），1750年继任葡萄牙国王。

[‡] 庞巴尔侯爵（Marquês de Pombal, 1699—1782），1750年至1777年间出任葡萄牙国务大臣，权倾一时。

庞巴尔侯爵驱逐耶稣会成员

5月，法院判决马赛商人胜诉，命令耶稣会向他们支付150万里弗。8月，通过"上诉"程序，最高法院认定法国耶稣会总负责人对该团体的"专制主义"及其"无政府倾向、谋杀和弑父主张"负有个人责任。法国耶稣会禁止招募新人和宣誓；他们的教堂会众、协会和各省机构被解散；学校也被勒令关闭。

一项缺乏热情的、让耶稣会作为一个全国性教会进行自我改革的计划虽然得到了路易十五的支持，但也失败了，其部分原因是新任教宗的不妥协。此时，对耶稣会的攻击已经发展到全国层面——几乎所有地方的高等法院都在"阶级联盟"的典礼上，对巴黎高等法院表示支持。这场运动也收获了国际知名度：耶稣会已经在1759年被驱逐出葡萄牙，并且将在1767年被驱逐出西班牙及其殖民地。1764年11月，路易十五正式取缔了这一组织，但允许其中3 500名法国会员以私人身份居住在法国境内。1773年，教宗克雷芒十三世完全废除了耶稣会。

路易十五对这一决定表示遗憾：他支持废除耶稣会，并告诉舒瓦瑟尔，"这是为了我王国的和平"，但同样也"违背了我的意愿"。[38]这是18世纪50年代末虔诚的王太子的观点，他讨厌舒瓦瑟尔不敬宗教，认为后者深深卷入了一场不择手段的反耶稣会阴谋。即使舒瓦瑟尔从未真正策划过耶稣会的倒台活动，但在这些绝望的时刻，他肯定准备为了政治稳定和与高等法院的联盟牺牲耶稣会。伏尔泰曾经酸溜溜地指出："我们不能用谏诤书来支付军队的费用。"[39]而且鉴于七年战争国家财政的需求，的确迫切需要维持巴黎高等法院的地位。舒瓦瑟尔为国家制定复兴方案的主要内容是与日益暴躁的高等法院法官们达成协议。他对陆军、海军和外交事务的管辖权使其处于最佳状态，能够意识到国内危机对摇摇欲坠的战争所造成的破坏性影响。

舒瓦瑟尔对废除耶稣会的态度有助于巩固政府与高等法院之间不断发展出的缓和氛围，启蒙哲学家也参与其中。现在，与高等法院法官的合作似乎成为一种惯例：例如，到1760年，财政总监贝尔坦与少数几位高等法院法官一同制定了财政政策。舒瓦瑟尔谨慎地寻求以多种方式巩固自身地位，以抵御来自宫廷中虔诚者的仇恨，特别是在政府机构中提拔了自己的亲属和门生。他的堂兄舒瓦瑟尔伯爵在1761年被任命为外交大臣，并被授予普拉兰公爵的头衔。\*舒瓦瑟尔在宫廷中赢得了包括博乌[†]和德·沙特莱[‡]在内的诸多洛林贵族的支持，同时

---

\* 夏尔·德·舒瓦瑟尔（Charles de Choiseul，1712—1785），艾蒂安·弗朗索瓦·德·舒瓦瑟尔的堂兄，1762年获封普拉兰公爵（duc de Praslin）。

[†] 夏尔-朱斯特·德·博乌（Charles-Juste de Beauvau，1720—1793），路易十五的亲近"顾问"。

[‡] 路易·马里·德·沙特莱（Louis Marie du Châtelet，1727—1793），曾任法国驻奥地利、英国大使。

还与他的朋友、总收税官和宫廷银行家拉博德侯爵\*保持直接联系。此外，舒瓦瑟尔还任命他的一个兄弟为主教，提拔了另一个曾效力于奥地利军队的兄弟，并将自己的妹妹嫁给了一位公爵。这种三角形稳定结构的支持有助于确保舒瓦瑟尔公爵的地位，因为尽管他有广泛的影响力，与路易十五的关系也很暧昧，但他从未被授予首席大臣的职位。

与高等法院的联盟总是不稳定的。事实证明，舒瓦瑟尔特别善于运用双方关系中的各种摩擦，使其符合自己的政治利益。由于他对高等法院的态度，舒瓦瑟尔赢得了蓬帕杜夫人的支持，因为这使她想起了挚爱贝尔尼。正如我们在前文提到的，1763 年 5 月，贝尔坦强硬的财政政策通过御临高等法院会议的形式在巴黎高等法院获得批准，但引发了全国各地高等法院的抗议，舒瓦瑟尔利用随之而来的政治危机，削弱了他在政府中竞争对手的地位。顽固派司法大臣拉穆瓦尼翁，长期以来一直是虔诚者的支持者，被剥夺了名誉且被流放。拉穆瓦尼翁以司法大臣终身任职的传统为由，拒绝交出自己的职位，因此舒瓦瑟尔继续反击，任命此前担任巴黎高等法院首席院长的勒内-夏尔·德·莫普†出任新设立的"副司法大臣"，同时让莫普之子接任父亲在高等法院的职位。

财政政策的变化进一步加强了国务大臣与高等法院之间的有机联系。1763 年 11 月，贝尔坦的财政改革方案基本上被撤销；次月，他被巴黎高等法院法官拉瓦迪‡取代，后者在反对耶稣会的运动中名声大振，成为新任财政总监。舒瓦瑟尔告诉孔蒂亲王，这项任命是故意的，"让高等法院没有借口"[40]，随后又采取了和解措施，让不听话的图卢兹、贝桑松和鲁昂等地高等法院，在民众的狂欢中恢复了正常职

---

\* 让-约瑟夫·拉博德（Jean-Joseph Laborde，1724—1794），法国商人、银行家、奴隶主。

† 勒内-夏尔·德·莫普（René-Charles de Maupeou，1714—1792），1770 年至 1774 年间出任法国首席大臣、大法官。

‡ 克莱芒·夏尔·弗朗索瓦·德·拉瓦迪（Clément Charles François de Laverdy，1723—1793），1763 年至 1768 年间出任财政总监。

能。1764年初，在看到政府与高等法院合作的新浪潮时，第戎高等法院兴奋地表示："这是一个新秩序的开始！"[41]

现在，舒瓦瑟尔在政府的核心机构中已经没有了主要的竞争对手，在一连串意外死亡之后，当前的派系集团被迫解散，舒瓦瑟尔的地位得到了进一步巩固。1761年，王室委员会中最有权势的人物贝勒-伊勒去世。更为关键的是，王太子与王太子妃先后于1765年和1767年早夭，一年后玛丽·莱辛斯卡王后也去世了，这让"虔诚者派"的势力大打折扣。更让舒瓦瑟尔担心的是，1764年，年仅43岁的蓬帕杜夫人去世，宫廷派很快就开始挑选她的继任者。国王最终选择了让娜·贝屈*，她是一个修道士的私生女，但她的美貌和智慧为

杜巴丽夫人

---

\* 让娜·贝屈（Jeanne Bécu，1743—1793），即杜巴丽伯爵夫人（Comtesse du Barry），路易十五的官方情妇。

她在巴黎的社交圈中赢得了很大声望。她被适时地改造为一名贵族，1769年初被送入宫廷，还为她提供了一个配偶，但这位配偶很快就消失了。舒瓦瑟尔对这位国王的新任情妇很不满意：他原本已经为自己的妹妹格拉蒙公爵夫人*安排了这一位置，而且他知道杜巴丽夫人与他在宫廷中的竞争对手关系密切。然而在开始阶段，杜巴丽夫人对珠宝和时尚的追求显然超过了干预政治的热情。

舒瓦瑟尔非常轻视杜巴丽夫人，但他也看不起几乎所有的人（他在回忆录中也提到了路易十五）。在世界范围内，王室情妇的地位都在江河日下，而国务大臣的地位正在蒸蒸日上。蓬帕杜夫人被指责出身于资产阶级，但相比之下，杜巴丽夫人的出身就显得更平民化了。至于舒瓦瑟尔的上位，则是政府官员的社会构成明显上升的表现。高级贵族主宰国家并不是什么新鲜事：事实上，极少数平民获得高官职位的案例才是更值得一提的事情（迪布瓦、弗勒里以及之后的内克）。贵族仍然是整个政治机构的主导。此外，除了极少数例外，要进入君主制的氛围也越来越难了：从18世纪50年代末开始，宫廷礼仪开始要求在宫廷中出现的贵族应该能够展现出"世家贵族"†谱系。此外，18世纪50年代以后的新情况是，最高层和最有声望的贵族甚至更多地渗透到国家的技术服务之中。弗勒里以路易十四为榜样，努力使朝臣（佩剑贵族）和官僚（穿袍贵族）的等级制度在尽可能的范围内相互分离。贝尔尼神父是维瓦莱一个古老的小贵族家庭的后裔，因此，当他在1757年接受外交大臣一职（这通常是穿袍贵族的职位）的时候，他也开创了一些先例。如此，他只不过是此后大量来自古老贵族

---

\* 格拉蒙公爵夫人（Duchesse de Gramont），即贝娅特丽克丝·德·舒瓦瑟尔（Béatrix de Choiseul，1729—1794），参与了"舒瓦瑟尔派"与"杜巴丽夫人派"之间的冲突。

† 世家贵族（noblesse de races），根据1583年亨利三世的敕令规定，只有家世可以追溯到四代以上的贵族方可称作"世家贵族"，且只有贵族家世延续到第四代时，贵族（noble）方可称作"gentilhomme"，四代以下的贵族是"新受封贵族"（anobli）。参见黄艳红：《法国旧制度末期的税收、特权和政治》，第35—36页。

的任命的第一个官僚。1758年,当贝勒-伊勒公爵(尽管他倾向于忽略自己是穿袍贵族、财政总监尼古拉斯·富凯的孙子)被任命为陆军大臣时,就有人担心这一职位会对公爵的地位造成损害。贝尔尼神父还嘲笑说:"仿佛治理一个大王国是不可想象的、没有尊严的。"[42]事实上,贝勒-伊勒、贝尔尼和舒瓦瑟尔的任命都标志着政府核心部门的社会堤坝被打破了。在蓬帕杜夫人时期,宫廷派对国务大臣的影响越发明显。现在,随着舒瓦瑟尔的出现,贵族们明确承担起这些职能,而且直到1789年,国务大臣的各个职位都将由高级贵族主导——因此也可以说是由高级贵族派系主导的。普拉兰公爵夫人说:"这些职位已经落入我们手中……这些小资产阶级(令人吃惊的是,她指的是非常尊贵的穿袍贵族)将不再插手。"[43]尽管"灰姑娘式"的财政总监之职,在法律允许的情况下,常常由经过良好训练的"鲁滨孙式"人物出任。但是,他们仍然被排斥在迷人的贵族圈子之外。而在政府的核心地带,也已经出现了一连串的棘手麻烦。

## 君主制的重组

舒瓦瑟尔的威严和贵族式的傲慢并不意味着他脱离了政府需要的范围。相反,在七年战争的黑暗岁月中,他利用自己崇高的大臣地位,重新审视了法国的所有活动,制定了彻底的改革方案。在法国重建和计划向英国复仇的过程中,舒瓦瑟尔告诉路易十五,法国需要"对英国采取预防措施,并保卫自己",从而对抗一个"企图在世界各个角度都获得霸权"的国家。[44]因此,法国需要像避免瘟疫一样,避免草率地重返战争状态。在外交层面,这就意味着法国和奥地利的联盟捆绑在了一起。舒瓦瑟尔接受这点的原因不是出于热情,而是出于务实的权宜之计:通过在欧洲保持战备,法国可以把精力集中在必须与英国对抗的全球舞台上。舒瓦瑟尔意识到,法国需要西班牙舰队的帮助才能与英国的王室海军相互抗衡，他将法奥联盟与巩固1761年以来维系法国和西班牙波旁王室统治者利益的"家族盟约"结合了起来。

这种外交目标的代价是，减少了对欧洲强权政治重大变化的影响。因此，在1763年，法国不得不允许俄国人斯坦尼斯瓦夫·波尼亚托夫斯基\*当选波兰国王——这是腐败的"国王密情处"数十年阴谋的微薄回报。类似地，法国鼓励奥斯曼土耳其人进攻俄国，以期遏制俄国在中东欧的影响力，但令人恼火的是，俄国在1768年至1774年的俄土战争中取得了胜利。

值得注意的是，在舒瓦瑟尔的管理下，法国的扩张不是通过武力，而是通过颠覆王位和外交协议进行的。1766年，路易十五年过耄耋的岳父、波兰国王斯坦尼斯瓦夫·莱辛斯基去世后，首先发生的事情是，按照1737年在弗勒里斡旋下签署的国际协议，洛林地区完全且明确地被纳入法国的版图。斯坦尼斯瓦夫允许洛林公国接受来自巴黎的准垂直管理，他的死亡只是加强了法国对这里的控制。作为一个边境省份，洛林处于陆军大臣的全面监视之下，而舒瓦瑟尔本人恰恰就是洛林人。舒瓦瑟尔与大多数人一样，不会为洛林失去表面上的独立地位而感到悲伤。但是，法国在舒瓦瑟尔时期获得的第二片土地，即热那亚的科西嘉岛，当地居民引发了更多问题。正如弗勒里所意识到的，获得洛林意味着法国东部边境的巩固。对于舒瓦瑟尔来说，科西嘉岛不仅为抵御对普罗旺斯的侵略发挥了宝贵的掩护作用（普罗旺斯曾在西班牙和奥地利王位继承战争期间被入侵），而且提供了良好的港口和进入意大利市场的较好途径。法国曾在七年战争中驻军科西嘉岛，但发现这里动荡不安，帕斯卡尔·保利[†]领导了反对热那亚的独

---

\* 斯坦尼斯瓦夫·波尼亚托夫斯基（Stanislas Poniatowski，1732—1798），1764年至1795年间担任最后一任波兰国王兼立陶宛大公。

† 帕斯卡尔·保利（Pascal Paoli，1725—1807），科西嘉独立运动的政治家、爱国者。

立运动。热那亚当局接受了法国提供的关于稳定科西嘉岛的建议，同意在自己无法支付军事行动费用时，将科西嘉岛归还给法国。1768年至1769年间，法国需要2.5万人的军队来恢复科西嘉岛的秩序。随着热那亚对科西嘉岛的放手，这里变成了法国的属地。18世纪60年代末，保利被流放，而包括波拿巴家族在内的大多数科西嘉岛上的显赫贵族，都团结起来支持法国的权威。

尽管舒瓦瑟尔通过外交手段，为巩固法国的国际局势做了大量努力，但他也面临着通过大规模武装力量的投入来报复英国的可能性，而法国在七年战争中蒙受了类似的耻辱。1762年，大约10万人复员，休整中的军队也进行了全新的彻底改革。征兵行动第一次从独立的征兵官手中转移到国家的控制之下。兵团的数量和构成发生了变化，1763年，步兵兵团的征购方案停止了，兵团的命名方式由上校的名字改为各省的名称，士兵也必须向国王宣誓效忠。兵团引进了更加标准化的制服和武器供应；指挥系统正式形成；进一步推动在军营和要塞中部署军队；普鲁士风格的纪律规范也被引入军队之中。严厉与仁慈相互交织：更好的工资标准得以确立；对长期服役和残疾老兵的养老金进行了改革；此外，还采取措施改善了食品供应和医疗必需品的质量。在七年战争中，炮兵的表现非常糟糕，舒瓦瑟尔任命格里博瓦尔[*]担任炮兵督察，鼓励他大胆思考：后者引进了更轻便、更机动的火炮，创新了在战场上灵活的部署形式，这种形式直到1825年仍然是法军的标准。海军也得到了更多的关注与投入。舒瓦瑟尔虽然来自洛林，但他并没有对海洋一无所知，而是意识到了一支强大的海军作为对抗英国和保护法国商船的手段的重要性——确实，他的祖父曾在路易十四统治时期被巴巴里海盗奴役，担任过圣多明各和乌龟海岸的指挥官，并在一场海战中死于英军之手。1763年，在法国走向战争之

---

[*] 让-巴蒂斯特·格里博瓦尔（Jean-Baptiste Gribeauval，1715—1789），法国炮兵军官、工程师，为法军设计了攻击性更强的火炮体系。

荣军院中的格里博瓦尔雕像

前，舒瓦瑟尔给自己定下了组建一支由90艘舰船和45艘护卫舰组成的舰队的目标；到18世纪70年代早期，法国舰队已拥有66艘普通舰船、35艘护卫舰和21艘轻型护卫舰，几乎所有战舰都是在1762年以后建造的。

舒瓦瑟尔军队改革的标志是对质量和专业技能的关注，尤其表现在军官招募方面。上一任陆军大臣达尔让松伯爵扩大了从高级贵族中招募军官的范围，但舒瓦瑟尔又回到了对"世家贵族"的关注——这是他的本能反应之一。这种对社会地位的偏爱，可能源自人们对军官群体在七年战争中表现不佳原因的认识，他们认为根源在于富有的、最近被封为贵族的家庭为自己购买了高级指挥权。舒瓦瑟尔的举措也与对贫穷的各省贵族的重新评价有关，后者被越来越多地神化为军事承诺和荣誉崇拜的培育园地，特别是在阿尔克骑士[*]于1757年出版《军事贵族，或法兰西爱国者》一书后。在抨击宫廷奢侈和财富对传统价值观的腐蚀作用的同时，阿尔克骑士敦促国家支持贫困的乡绅，有力地证明了家世和教养是军事职业化的有效刺激因素，且与舒瓦瑟尔对政府人员采用的方法类似。[45]

在更普遍的意义上，阿尔克的著作重新承诺了在军队内部对世界贵族的系统性偏爱。1758年，希望获得高级军衔的人需要确认古老的贵族身份，而1762年关闭认购步兵军团职位的做法，至少在一定程度上是出于防止有钱的暴发户对军队造成腐蚀性影响。作为前耶稣会士、在国际层面追求财富的战士、腓特烈大帝的狂热支持者，圣日耳曼伯爵在1775年至1777年间担任陆军大臣期间，进一步推动了这项政策，他停止了所有军事职位的购买。现在更强调的是，需要知人善任地寻找有志于职业发展的年轻军官。[46]在舒瓦瑟尔的领导下，拉弗勒什的前耶稣会学院被改造成了一所预科学校，为那些希望进入军事学院的好战的8岁孩子提供服务。18世纪60年代末，梅济耶尔的

---

[*] 阿尔克骑士（Chevalier d'Arc），即菲利普-奥古斯特·德·圣福伊（Philippe-Auguste de Sainte-Foy，1721—1795），法国军事家、文学家，路易十四私生子图卢兹伯爵的私生子。

炮兵学校也进行了教学改革，它在招生方面也采取了越来越精英化的态度。多才多艺的农学家和海军工程师杜哈梅尔·杜蒙索\*也重振了布雷斯特海军军官学校的教育（这所学校在1769年后正式成为王室机构）。

尽管舒瓦瑟尔所做的许多尝试都具有贵族式的吸引力，但在他的任期内，一种革新的、技术官僚式的精神也在他身上体现出来，这种精神试图使政府的服务更加合理并恢复它的活力，从而使国家能够加强基础设施建设和刺激经济发展。正如前文所提到的那样[47]，路桥工程就是一种典范，它忠诚于国家服务的道德，重视交换在释放生产资源和刺激社会进步方面的价值。在启蒙和理性的驱使下，开明的土木工程师将为了人类的利益，不遗余力地从事道路改善和桥梁建设工作。准军事化的服务体系和择优晋升机制，也有助于提高学校的团队精神——通过竞争性考试录取学生，而学生也在1772年以后穿上了制服。他们不仅对自己，而且对劳役制度下使用的工人，都有强烈的秩序感与纪律感，他们对这些工人具有严厉的、准军事化的权威。1775年成立的路桥工程学校就是军事训练学校与其他民用领域学校（如1783年为培养采矿工程师成立的矿业学校）的典范。

18世纪50年代末和60年代初以后，通过地方督办"毛细血管式"的行动，试验和创新精神逐渐从中央政府传播开来。许多督办坚持自己专业的传统领域，例如，普罗旺斯地区艾克斯的督办们有四分之三的工作关注涉及财政事务——但也有许多人表现出更多的才能和想象力，并与舒瓦瑟尔的现代化方案保持一致。例如，1750年至1786年间担任蒙彼利埃督办的圣普里埃斯特†，他与控制朗格多克省三级会议

---

\* 杜哈梅尔·杜蒙索（Duhamel du Monceau，1700—1782），法国医生、航海工程师和植物学家。

† 让-埃马纽埃尔·吉尼亚尔·德·圣普里埃斯特（Jean-Emmanuel Guignard de Saint-Priest，1714—1785），曾任朗格多克督办。

的几位主教进行了卓有成效的合作，使这个地区在大革命前夕成为法国工业化程度最高的省份之一。同样，雅克·杜尔哥在1774年被拔擢为财政总监之前，这位不折不扣的沙龙爱好者、《百科全书》的秘密撰稿人、伏尔泰和狄德罗的朋友，从1761年开始担任贫困的利穆赞督办（他曾半开玩笑地称其为"西伯利亚"）。他实现了邮政服务的现代化，改善了通信，引入了粮食自由贸易，并鼓励采用新的耕作方法和制造技术。寻求创新是他关注的另一个重点，以此减轻当地居民的贫困程度，并刺激生产力的发展：他探索了减轻纳税人负担的方法；为不受欢迎的民兵服务安排了替换制度；在物资匮乏之时设立了慈善机构；为贫困家庭减免税收；对马铃薯这种廉价而健康的粮食替代品改变了态度；对他在巴黎发现的一种新型捕鼠器而感到兴奋；还支持了最新的公共健康风尚。他还赞助了走遍法国的国王产科医生、库德雷夫人\*的助产班，她表示要通过减少助产士的无能和无知来拯救婴儿，从而"对我的祖国"有用[48]——任何一个王储都可以把这句话当作自己的座右铭。

在国家对农业的鼓励方面突出的一点是，督办们利用人道主义和爱国主义的语言来佐证他们的倡议。杜哈梅尔·杜蒙索在1750年发表了《土地文化专论》，这是自17世纪初奥利维耶·德·塞尔的著作以后，法国出版的第一部关于农学的原创作品，它引发了随后的出版热潮，其中大量借鉴了英国和荷兰的创新。由于全球贸易网络很容易受到英国海军霸权的影响，政界意识到有必要推动国内的粮食生产，由此对农业狂热的崇拜也不断发展。1760年以后，贝尔坦号召按照省级学院的模式组建地方农业协会，以此传播最佳的实践方式、鼓励农业技术的创新和模仿。1761年至1763年间，有16个这样的机构分散在各省，督办们专门负责它们的发展。18世纪60年代，里昂和位于巴

---

\* 库德雷夫人（Madame du Coudray，约1712—1794），法国助产士，受到路易十五的资助。

黎郊区的阿尔福尔都建立了兽医学校，这显示了对维持牲畜品质的关注。在很大程度上，学校是贝尔坦心血的结晶。尽管他在1763年被舒瓦瑟尔赶下了督办的职位，他还是被国王继续任命为排名第五的国务大臣，即所谓的"小国务大臣"，直到18世纪80年代初，他都负责处理一般的经济问题，不仅催生了一系列的广泛举措，还形成了一个客户网络，其中包括路易十六统治时期的一些伟大技术专家，例如拉瓦锡、特吕代纳、孔多塞、维克·达齐尔[*]和杜尔哥。

对农业的重视与重农主义对政府圈子内部产生的影响有关。1763年，《经济杂志》指出："现在，国家的天才几乎完全转向了经济领域。"[49]对此，重农学派功不可没。尽管他们的学说中对农业和财产所有者、自由贸易和经济自由化问题的教条主义坚持，使他们受到了来自其思想诞生地的启蒙哲学家的批评，但这个团体还是很好地对政府政策施加了影响。他们在宫廷和行政圈子里（通过贝尔坦）都有很好的关系，在全国各地的高等法院、省三级会议、农业协会、学院和商会中，他们都着力培养真正的信徒小群体。

尽管舒瓦瑟尔本人很讨厌魁奈，但对公爵来说，重农学派强调打破经济发展桎梏的观点极具吸引力，舒瓦瑟尔对国家的重新调整，预示着经济的重振，这将使政府能够在不使国家陷入贫困的状况下投入战争。因此，他对财政总监、高等法院法官拉瓦迪采取了不闻不问的态度，拉瓦迪喜欢经济自由化的主张，他的任命是舒瓦瑟尔与高等法院妥协政策的一部分。1763年至1764年间，拉瓦迪通过了放开粮食贸易的法令，以此作为促进农业生产和增加地主财富的手段。在这些地主中，具有商业头脑的高级贵族占有首要地位。1767年，有关贵族堕落的法律被放宽，贵族因此可以在不失去他们的地位及其相关特权的情况下，从事银行业和制造业。[50]后一项措施在很大程度上得益于

---

[*] 费利克斯·维克·达齐尔（Félix Vicq d'Azyr，1748—1794），法国医生，解剖学家。

科耶神父\*在1756年出版的《商业贵族》一书的影响。科耶反对孟德斯鸠（以及之后的阿尔克骑士）的观点，他认为允许贵族追求富裕，并不会扼杀君主政体所必需的荣誉感：事实上，这意味着国家没有必要补贴贫穷的贵族，还会有更多资金投入军队的职业化事业。

舒瓦瑟尔和拉瓦迪有可能被商业贵族的想法所吸引，但他们也注意到了平民的经济诉求，在18世纪60年代见证了一系列其他自由化政策的颁布，并以理性、自然和人性的语言进行了详细解释。例如，1762年，一项允许制造商在农村落户的法令，削减了城市行会的特权——这项措施对农村工业起到了明显的促进作用。1763年，舒瓦瑟尔还采纳了大西洋港口商人的请求，放宽了对贸易的限制性规定；1769年，他废除了印度公司，该公司对好望角以外的贸易垄断受到了马赛和圣马洛商业利益集团的猛烈攻击。从1764年起，拉瓦迪对市政管理进行了重大改革，允许当地居民有更大参与度：1765年制定法律的序言中提到，选举是"促进收入、减少支出、恢复所有公共管理中的必要秩序和经济的最适当手段"。[51]

舒瓦瑟尔对拉瓦迪的市政改革没有太大兴趣，后者的政治自由主义并不符合舒瓦瑟尔的贵族品位。然而，舒瓦瑟尔在18世纪60年代主持的一系列经济自由主义活动，在七年战争的损失和失败后，促进了国民经济的蓬勃发展。尽管《巴黎条约》造成了一些损失，但殖民地贸易在1763年至1778年间仍然取得了巨大发展，这也凸显了在舒瓦瑟尔领导下，法国所取得的经济复苏。

## 爱国主义话语：法官的裁定

1765年，来自北方海滨城市加来的热度陆续点燃了巴黎、凡尔

---

\* 加布里埃尔-弗朗索瓦·科耶（Gabriel-François Coyer, 1707—1782），法国神父，作家。

赛，继而蔓延至整个法国。布瓦内特·德·贝罗伊\*的戏剧《加来围城》在法兰西戏剧院上演，在全国范围内收获了无与伦比的反响，掀起了一股爱国热情。这部剧作描述的是早年英法冲突中的一个插曲——百年战争，当英国国王爱德华三世†围攻加来这座英吉利海峡的港口城市时，曾下令杀死六位当地居民，他们以国家的名义委曲求全地接受了自己的命运（后来被罗丹‡塑造成了不朽的形象），甚至让这位卑鄙的英国君主也感到悔恨。该剧的不同之处在于，法国（而非希腊或罗马）的历史事件成为行动的焦点，法国资产阶级在面对邻国英国的军事入侵时表现出了对君主的无私奉献，而英国君主恰巧正在要

《加来之民》雕塑，罗丹

---

　　\* 布瓦内特·德·贝罗伊（Buirette de Belloy，1727—1775），法国剧作家、演员。
　　† 爱德华三世（Edward III，1312—1377），1327年起担任英国国王。
　　‡ 奥古斯特·罗丹（Auguste Rodin，1840—1917），法国雕塑家，通常被认为是现代雕塑的奠基者。

求继承法国王位。

这是一则符合敏感的战后时期的、激动人心的爱国寓言故事。德·贝罗伊的同行科莱*有些羡慕地提到,该剧是如何无休止地在热情的人群中上演的,有一场演出是免费的,这样巴黎的民众就可以分享爱国颂歌了:"女商贩和普通人……都在呼喊着作者,在他出现时高呼'国王万岁!德·贝罗伊先生万岁!'"[52]宫廷也加入这种热情之中,该剧在凡尔赛宫屡次上演,路易十五向德·贝罗伊颁发了一千埃居和一枚金质奖章。国王还允许德·贝罗伊将剧本的印刷本献给自己,这本书很快就卖得很火。加来为德·贝罗伊授予了荣誉市民的称号,该剧不仅在各省巡回演出,在圣多明各还向狂热的殖民地观众演出。

《加来围城》显然不符合所有人的口味。戏剧爱好者们赞赏剧中的情感和人物塑造,但对蹩脚的诗律深表遗憾。在听说舒瓦瑟尔为这部剧作所激发的爱国主义情感所吸引,并让德·贝罗伊以同样的方式写出更多作品时,人们就更加愤怒了,"给天才下达命令就像是给糕点师下达命令一样"。更重要的是,许多朝臣对爱国主义剧作的流行也感到不满。艾扬伯爵†冷嘲热讽地将其称作"只适合于鞋匠的悲剧",而且身处宫廷中的他的不满对象,不仅包括作为黩武的统治者的主人公,还有反派中一个最高级的法国贵族——变节的法国人哈考特公爵,以及剧中重点刻画的六个出身资产阶级的"祖国殉道者"。加来市长曾激动地向市民强调:

> 加来的捍卫者,忠诚人民的领袖,
> 都是我们敌人嫉妒的对象和榜样。

---

\* 夏尔·科莱(Charles Collé,1709—1783),法国剧作家、歌曲作者。
† 艾扬伯爵(comte d'Ayen),即路易·德·诺瓦耶(Louis de Noailles,1713—1793),路易·安托万·德·诺瓦耶之子。

许多启蒙哲学家也发现，这种爱国主义情感是令人忧虑的：剧中最著名的一句台词"我看到的外国人越多，我就越热爱自己的祖国"，冒犯了他们固有的世界主义思想，使他们对英国的习惯性狂热也显得有些古怪。据说，霍尔巴赫主持的沙龙以"祖国之爱"是一种"偏见"的理由直接批评了这部剧作。然而，1765年在《百科全书》中出现的关于"祖国"和"爱国主义"的文章，却抓住了这种极端爱国主义的情绪。

《加来围城》的现象表明，重建君主政体是可以受到欢迎的。政府不必依赖其古老的仪式性神秘感和神圣的光辉（反正超物质享乐主义者舒瓦瑟尔不喜欢君主政体的这两个方面）。理性和人性的启蒙价值观，既不是高等法院，也不是启蒙哲学家的专利。大臣们长期以来拥有提供信息和制造舆论的习惯，他们雇佣大律师（有时甚至是其中的詹森主义者）和文人来撰写政府宣传和反对高等法院的攻击性文章，要不然就会通过咖啡馆、公园和其他巴黎礼节性社交地点来传播对自己有利的观点。资产阶级公共领域提供了一个扩大的、更加警觉的舞台，大臣们可以在此基础上发展出对于整个王国的集体认同感，并以国王作为中心和象征。政府在七年战争中的宣传已经超越了对英国民族的原始的种族主义攻击，其所谓的"野蛮"和"原始"特征与法国人较为优雅和可爱的风格形成了鲜明对比。[53]到1766年，小册子作者巴塞·德·拉·马雷勒*指出，相较于英国而言，法国爱国主义的特点围绕着对统治者的服从："法国人对其君主的热爱是国家最有力的支持，是君主权力和荣耀不可动摇的基础。"[54]仅凭一部剧作就能使人们对其国王产生爱国热情的法国人，显然还保留着对君主政体残存的好感，这种好感可以超越贵族和高等法院，甚至处于启蒙运动之上。爱国主义可以同时属于平民和国王共同所有，有鉴于此，绝对

---

\* 路易·巴塞·德·拉·马雷勒（Louis Basset de la Marelle，约1730—1794），法国作家。

主义作家路易-塞巴斯蒂安·梅西耶在其1771年的最畅销科幻小说《2440》中表示,爱国主义是"国王发明的、对天地万物有害的狂热主义"。[55]

这种现象的另一个因素是政府赞助的成效,即把王室权威重新置于民族历史的绝对主义版本之中。18世纪50年代政治斗争的一个显著特点是,来自高等法院的批评家(其中最引人瞩目的是詹森主义博学家勒佩吉)通过艰难的古籍研究,提供了比王室更具信服力的对民族历史的叙述。形成对比的是,18世纪50年代末以后,政府开始制定规程,建立自己的档案资源,并形成了基斯·贝克所说的"意识形态武器库",从而能够与高等法院的历史叙述(其中偶尔也会有一些虚构内容)进行对抗。[56]在财政总监西卢埃特、之后是贝尔坦的支持下,前詹森派小册子作者雅克-尼古拉·莫罗由起初的独自一人,到18世纪60年代末与一个名为"宪章内阁"的学院性质的团体合作,开始编纂构成国家官方记忆的文献。到大革命前夕,它已经包括了350个档案仓库中的50 000余份文件。这些文献使政府可以进行强有力的历史论证,弥补其在科学客观性方面的不足:1765年以拉瓦迪之名、实际上由莫罗执笔的《国王对布列塔尼省享有完全主权的证明》,是一部极具派系色彩的绝对主义论战式作品,它旨在消解布列塔尼名流关于地方相对自治的历史论证。

舒瓦瑟尔的政府越来越多地运用这种民族主义式方案,使僵化的绝对主义学说与理性论辩和仁慈的人性观念像蜂蜜和牛奶一样混合在一起。正如我们所看到的那样,从17世纪90年代开始[57],在国王诏书和其他君权文件的序言中,都使用了"公共福祉""恩惠""爱国主义"之类的语言,并展示出对解释、"启蒙"和命令的更系统追求。

然而,绝对主义的影响却很难消失。君主和国家机构不得不对他们习惯的行事方式进行调整,这是一个艰难的过程。长期以来,政府始终控制着公共讨论发生的正式场所,并担心被视作过度公开地介入

六、洪水滔天之前(1756—1770) 357

辩论领域，还不得不赢得国王曾不假思索同意的争论的胜利。例如，律师巴尔比耶在某个场合很高兴地指出，高等法院公开散布的谏诤书得到了"国王的答复"，这些答复"很有力，写得很好"。但重要的是，巴尔比耶补充道："明智的人们认为，国王为了制定他想要的法律和税收制度而不得不与高等法院抗争的行为，是不体面的。"[58] 正如我们已经看到的[59]，政府对整个王国范围内印刷厂数量加以控制，对图书贸易进行监管，经营唯一被允许报道政治新闻的报纸（即《法兰西公报》），并在全国范围内实行审查制度。法国政府非常重视审查制度在维护宗教信仰和公共道德方面的作用：1757年颁布的一项王室法令规定，任何卷入写作、出版或传播威胁国家或宗教权威并试图扰乱公共秩序的文章的人都将被处死。对作者、出版商和读者来说，虽然死刑在实践中不被时常运用，但审查制度和国家干预始终是一种日常的威胁。

与路易十五可以做到的内容相比，君主政体下的爱国主义需要更多关注公众品位，更多关注礼仪举止，更多对个人风范加以理性控制，因为后者代表了倾听和诉说的双重意愿。1765年，鲁昂高等法院首席院长米罗梅尼尔\*对财政总监拉瓦迪说："无论我们说什么，国王必须不停地用理性的语言同我们讲话，而不是使用愤怒的语言。"[60] 机会是美好的：高等法院法官和官员们在觐见路易十五的时候，无一例外地都被他的专横气场、对讨论的轻视态度以及近乎野蛮蔑视的任性鲁莽所吓倒。1766年，在基督被鞭打的节日——因此有"鞭笞训辞"——国王与巴黎高等法院发生了一场著名的冲突，他以一种傲慢的、与历史无关的方式，向那些对他提出质疑的人表明了王权专制主义的朴素特征，这是路易十四都无法比拟的：

---

\* 阿尔芒·托马·于·德·米罗梅尼尔（Armand Thomas Hue de Miromesnil，1723—1796），1757年至1771年间出任鲁昂高等法院首席院长，1774年至1787年间出任掌玺大臣。

> 只有我一个人拥有主权……只有我的法庭（原文如此）才有存在的必要和权威……公共秩序完全来源于我本人，我的人民与我合为一体，国民的权利和利益——如果人们敢把它们从君主政体中剥离开来的话——必然与我个人的权利和利益相统一，而且只掌握在我个人手中。[61]

为了把这一点讲清楚，路易十五下令在《法兰西公报》上发表这篇演讲的文字，并将之发送给所有的主权法院和殖民地——事实上，有人认为，这篇演讲的针对目标与其说是高等法院法官，不如说是普通民众。然而，这种行为的效果可能会适得其反。第戎高等法院院长德·布罗塞斯\*不是唯一对这种表现做出愤怒反应的人，他的态度似乎既怪诞而不合时宜，又构成了本质上的威胁："东方专制主义和赤裸裸的暴政，就是口径最大的大炮。"[62]

这种华丽的王室表演没能为"不受爱戴者"改变局势。正如我们所看到的，昔日的仪式和宫廷的浮华都没有发挥任何作用，国王权威正在失去它的神圣光辉。然而，路易十五仍然总是喜欢回顾理想化的、路易十四式的绝对主义样板，其中可以添加一些"费奈隆式"的点缀，而不是像舒瓦瑟尔所设计的那种更受欢迎的"爱国"君主政体风格。尽管德·贝罗伊在其《加来围城》的献词中声称"加来唤回了梅斯"，但路易十五并没有表现出恢复他以前"受爱戴者"地位的丝毫迹象。[63]确实，18世纪60年代中期以后，"饥荒协议"的谣言就开始广泛流传，其大意是国王和投机者与谷物商人达成秘密交易，将谷物价格哄抬至过高，从而带来了饥荒，造成大量人口死亡，而无情的统治者却大发横财的局面。

---

\* 夏尔·德·布罗塞斯（Charles de Brosses，1709—1777），法国学者，1766年任勃艮第高等法院大法庭庭长，1775年升任首席院长。

路易十五骑马雕像的落成典礼

此外，在公共领域的讨论中，君主政体的爱国者资格也受到了越来越多的质疑和批评——特别是由高等法院提出的批判。例如，在反耶稣会运动的高峰期，一位耶稣会的辩护者控诉高等法院法官使用了"混合着叛乱语言的爱国主义黑话"，而图卢兹高等法院则控诉耶稣会士"对民族精神的印象毫不敏感"。[64] 在18世纪50年代末以后有关国家财政的争端中，这种运用爱国主义术语表达反对意见的趋势愈发显著。评判财政是政府的致命弱点，巴黎高等法院逐渐尝试将传统意义上被视为国王私人事务的内容，变为君主法庭理应关注的内容。正如巴尔比耶在1760年指出的：

> 高等法院利用这种情况扩大自己权威的方式是正确的，更何况饱受赋税折磨、使用谣言和抱怨对政府提出警告的民众，希望通过高等法院的抵制行动来让自己松一口气。[65]

然而，国王很难接受关于财政问题的建议，即使这些建议来自他的高等法院。18世纪50年代末开始，得益于图书贸易总监马勒泽布对审查制度的宽松政策，重农学派在政府成员内部已经成为一种流行风尚。[66]不过，在七年战争高峰的1760年，站在政府一方的米拉波侯爵出版了《税收理论》，他强调只有在民众同意的状况下才能征税，声称土地所得税是最公平的赋税，并呼吁废除总包税所制度，为此，米拉波侯爵被关入巴士底狱，后来又被流放到他的家族庄园。在七年战争结束后的1763年5月，政府通过举行御临高等法院会议，尝试重建国家财政的改革，似乎也标志着一种自由主义的转变[67]，法国政府正式鼓励个人提出建议，按照更合理和更有成效的方式改革国家税收制度。然而，这很快就被证明是一场骗局。大量文章呼吁对税收制度的彻底改革，正如《百科杂志》指出的：" 现在每个人都因成为改革者而烦恼。"[68]鲁塞尔·德·拉图尔\*在诽谤性的《国家财富》一书中，呼吁废除所有税种，只保留单一的综合所得税；而律师达里格兰†的《反财政家》一书，则对总包税所制度进行了猛烈攻击。这些印刷品的数量和激进程度使政府感到震惊，并决定进行压制。1763年11月，作为与巴黎高等法院和解的一部分内容，政府同意由一个高等法院法官组成的委员会来接受和处理财政提案，但到1764年3月，又对这些提案下达了新的禁令。

这一事件的过程和结果，充分说明了将绝对主义君主政体推向公共舞台的问题。路易十五通过在传统的镇压路线和有时几乎是羞于启齿的自由主义政策之间摇摆不定的方式，希望得到两全其美的效果。但是最终的结果是最糟糕的。政府的审查制度没有实现有效的镇压，而政府鼓励的自由却使审查制度看起来更容易受到批评。要求对微妙的政治问题保持沉默的鹦鹉学舌式的呼吁愈发陈旧，而且完全无法阻止高等法院批评浪潮的到来。

---

\* 鲁塞尔·德·拉图尔（Roussel de La Tour，约1710—1798），法国作家、经济学家。
† 埃德姆-弗朗索瓦·达里格兰（Edme-François Darigrand，1735—1810），曾任总包税所雇员、巴黎高等法院律师。

六、洪水滔天之前（1756—1770） 361

高等法院法官针对国家在财政事务中践踏法律规范的趋势进行了抨击。在18世纪60年代的大部分时间里，税收制度创新本身不是一个问题，而高等法院法官们认为政府在财政事务中不断扩大了行政权力。高等法院的一个主要批评目标是不负责任的、"专制的"地方税务官员，后者总是寻求通过更有效的征收和评估程序，"使纳税人服从于他们微不足道的权威，并置身于他们的财政科学之中"。[69]总包税所的税务官员也受到了类似批评。总包税所的负责人可能是法国最不受欢迎的人，而他们在地方的代理人也不遑多让，被描绘成贪婪、腐败和不顾个人自由的形象。总包税所中处理走私案件的特别法庭，也因其任意性和非人道性受到了特别严厉的攻击。

作为"财政学"在各省的主要倡导者，地方督办同样受到了攻击。他们是人道、慈善和爱国主义方案的设计者，但也因其"专制"和"不爱国"的倾向而受到他人的抨击，高等法院还认为他们超越了基本法律的界限。除了为贪婪的地方税务官员提供支持以外，督办还为修筑道路组织强制劳役，这也成为另一个争论的焦点。监督这项工作的路桥工程师都是无能的独裁者，他们迫使农民脱离土地而去修路，据说其效用还有待证实。督办们还通过抽签的方式决定兵役——这是遭到高等法院反对的另一种王室服务的方式。许多高等法院的法官同时也是领主，他们并不喜欢督办们为保护农民共同体免受领主侵占，以此确保农民大部分盈余以王室税收的形式进入国库的努力，这种情况特别发生在勃艮第地区。就像督办在各地推行粮食自由贸易政策一样，政府的经济自由化措施一方面受到了某些高等法院的攻击，但另一方面也得到了其他高等法院的认可。拉瓦迪在1764年至1767年间新近制定的针对流浪问题的严酷法律，也招致了很多批评。由于巴黎高等法院对新税制充满敌意，政府放弃了这一政策，但又在全国范围内建立起一个崭新的、由国家资助的"乞丐收容所"体系，以此监禁乞丐和流浪者。收容所因其高成本、低效率和侵犯个人自由的特点在各省引发了众怒,例如,在朗格多克,省三级会议曾痛苦地抱怨道,贪图利益的骑警队几乎不分青红皂白地大肆逮捕,造成了地方经济的破坏,而当地经济则依赖于在农时的关键节点上拥入的外来工人。

从18世纪50年代末开始,高等法院呼吁的措施包括减少财政征税、优化国家机构的成本、简化税收制度、通过高等法院对税收官员进行更多的地方性问责,但这些号召并没有形成统一而连贯的改革方案。与这些零散的、不协调的和临时性的内容相比,更引人关注的事物是包装这些想法的爱国主义外衣。高等法院的想法总是表现出最彻底的民族悲观主义,这一点给可怜的达米安留下了深刻印象:有害的、不爱国的政府命令使国家走向绝望和人口减少的境地。高等法院的抗议也越来越多地被当作对剧场中观众的呼吁。就像国王对公众舆论的日益关注一样,高等法院法官也仿佛超越了国王的肩膀,把目光投向了更广阔的公众的态度,公众是他们抗议的真正接受者,可以权衡和判断他们的论点是否有力,以及他们对国民福祉是否具有执着的高度重视。

由此,政策问题成为爱国主义辩论,分歧以宣传审判的形式出现,并以公众的认可作为奖励。高等法院法官不再将自己的主张局限在法院的围墙内部,而是更加系统地努力将其扩展到新兴的公共领域。高等法院的法院书记团由大律师、辩护律师、书记员、法警、庭警以及在高等法院和其他王室法庭中工作的法律界人士构成,作为高等法院的文化中介,在城市社群内传播高等法院法官观点的过程中扮演了重要角色。"阶级联盟"中建立的联系,也从国民层面展现了这些争端。不过,印刷文字无疑才是普及公共辩论的最佳手段。过去,高等法院的谏诤书一直被认为是私人文献,即使它不会被呈递给国王阅览,也肯定不会被当作公共文件。然而,从18世纪50年代初开始,尽管王室明令禁止,但这些谏诤书的副本仍然成千上万地流出和传播,并形成一股潮流。谏诤书的副本和免于审查的司法备忘录、通过詹森派内部组织网络秘密发行并刊登勒佩吉大量作品的《教会新报》，以及日益完善的外国报刊（例如荷兰的《莱德公报》），共同成为向更广泛的公众传播高等法院立场的重要媒介。

因此，在扩大公共辩论的维度上，高等法院发挥了主导作用，它根据自己对更广泛社会的代表性角色提出论点，将公众作为一种爱国主义的最高法庭，公众的意见就是正义和合法性的仲裁者。然而，他们对扩大公众参与政治的立场是非常矛盾的。作为18世纪中叶公共辩论条件自由化的受益者和审查制度的巧妙规避者，高等法院法官对曾经"国家秘密"的岁月投以哀伤和怀念的目光，他们完全不反对回到压制和束缚的状态。高等法院法官的小心谨慎，不仅是为了维持法律运作的公开性，还想保护自己不受政府侵犯、拥有谴责公开出版物的权利。例如，正是他们起草了1757年的法令，规定对出版罪行判处死刑，他们还在1758年大张旗鼓地谴责爱尔维修的无神论著作《论精神》，该作品的出版就像是从一个打瞌睡的审查员眼皮下溜走的一样。典型的是，坚定的詹森主义激进者勒佩吉直言不讳地开展了批评。1759年，他们又公开谴责了启蒙运动的"圣经"、狄德罗主编的《百科全书》前七卷；而在1762年，卢梭的小说《爱弥儿》取得了卓越的成就，这使巴黎高等法院和巴黎大主教博蒙联合起来，对其进行了全面批评。高等法院对七年战争后财政改革的公开讨论的态度，突出体现了其立场的矛盾性：1764年，巴黎高等法院公开纵容政府对公共辩论加以限制，有关税制改革的公共辩论也在混乱中结束。在同一时期的另一个相关案件中，著名的自由化图书贸易总监马勒泽布以巴黎审理间接税案件的税务法院\*法官的身份，对犯有出版罪的勃艮第三级会

---

\* 税务法院（Cours des Aides），国内一般的辞典把它译成"审理间接税案件的最高法院"。但这一说法并不准确。因为它们的职能不仅涉及间接税，而且涉及 Tailles 这一主要的直接税。不过 aides 这个词在14世纪（即税务法院草创之时）可以指称所有税收，只是到后来它才专门指对食物和饮料等物品征收的间接税。转引自黄艳红：《法国旧制度末期的税收、特权和政治》，第47页，注释5。

马勒泽布

议秘书进行了惩戒性处罚。君主法庭希望扩大辩论的范围，但又不希望走得太远。

高等法院法官经常给人一种希望重演投石党运动的感觉，他们与政府进行着传统的虚张声势与反虚张声势的博弈，利用自己惯用的各种阻挠手段，大声发言却又暗中妥协立场。这仅仅表明，这场正在上演的、有着完全不同框架的政治博弈如何改变了高等法院法官行动的背景和意义。宫廷、政府和高等法院不再是唯一的参与者。高等法院对政治辩论公开性的矛盾心理，提醒人们注意高等法院"代表"人民的要求的局限性——或者说，这表明他们的代表性版本中包括了对不同意见的完全压制。18世纪60年代不仅见证了高等法院的争吵向国家政治问题的升级，而且目睹了对高等法院的有力批判，因为高等法院法官本身受到了公众的密切关注，而他们也不断向公众发出这样的呼吁。

高等法院法官不断提到的"公众"，并不只是一种修辞手法；

它已经开始实现一种新的社会学意义上的一致性，而且开始寻找自己的声音。马勒泽布后来意识到了这一种发展，强调了理性阅读人群的形成，他们的判断甚至比高等法院法官的判断更具有优先性：

> 知识正在通过印刷术得到扩展；成文法如今也为每个人所知……法官自己可以由受过教育的公众来评判，如果他们可以在冷静和反思性的阅读中批判的话，那么这种责备就会更加严厉和公平。[70]

在马勒泽布的分析之外，我们还想加入识字率的提高、经济的增长、交通方式的改善和社会流动性的增强在培养具有理性认识和分析能力的、有血有肉的公众方面的作用。但不可否认的是，高等法院——尤其是高等法院中充满活力的詹森派团体——在改变18世纪五六十年代以来的政治特征方面发挥了关键作用。正如马勒泽布指出的那样，法官们现在可以自我审判——在很多方面，他们只能责备自己。

正如我们所提到的那样，如果国王常常是两头不讨好的话——他既被认为太过专制而不支持改革，又被认为太过自由而无法有效进行压制——那么高等法院也面临同样的情况。这方面的一个很好的例证是所谓的卡拉斯事件，它不仅给图卢兹高等法院招致了国际谴责的阴云，而且损坏了高等法院的总体声望。1761年10月，患有抑郁症的马克-安托万被人发现死亡，他是图卢兹一名新教徒店主让·卡拉斯的儿子。\* 起初人们认为这个孩子是自杀的，但很快就有谣言说他是因为其父母为了阻止他改信天主教而被谋杀的。尽管这位年迈

---

\* 让·卡拉斯（Jean Calas，约1698—1762），新教徒，法国商人，因其子马克-安托万（Marc-Antoine）之死而被错判死刑，伏尔泰曾为其声援。

的父亲在酷刑下坚持自己的清白，但他还是在1762年3月被高等法院判处车裂之刑，他以坚忍不拔的精神承受了这一命运。在某种程度上，这一事件的严重后果与法国上下反对胡格诺派的冷漠态度格格不入。然而，造成天主教的西班牙、法国与新教的英国、普鲁士之间对立的七年战争重新反映了昔日的情况。法国西南部就是这些反映的特定场所：该地区在1755年至1757年间长期被新教徒起义的谣言所笼罩。图卢兹地区在1761年发生的一次事件还导致一名新教牧师被处决。在卡拉斯被处决两个月后，为纪念在宗教战争中从新教徒手中夺回城市的传统年度仪式如期举行——这是对天主教团结的一次特别庆祝活动——警察们拥有了新制服，圣殿遗迹被粉刷一新，惯例的烟火表演尤其壮观，教宗克雷芒十三世还为参观教堂的教徒们特别免除了债务。

逮捕卡拉斯

由于启蒙哲学家伏尔泰的影响力,"卡拉斯案"变成了"卡拉斯事件"。他刚一听到审判和处决的消息时,就把这一事件归纳为天主教的不宽容、迷信和司法偏颇的象征——并决定为此做些什么。这涉及与高等法院和教会的斗争。伏尔泰对卡拉斯事件的成功支持,凸显了18世纪60年代法国政局的多层次和复杂性。伏尔泰拥有足够的关系,可以从他的宫廷朋友和欧洲各地的赞助者(包括普鲁士的腓特烈二世和瑞典的古斯塔夫三世)那里为蒙冤的卡拉斯家族寻求资金支持。他与巴黎的大律师们合谋,后者根据伏尔泰提供的论据而出版的法律简报畅销一时。但最重要的是,伏尔泰把案件带入公共领域,他援引的"公众"和"国民",也正是国王和高等法院似乎正在争相获得支持的对象。伏尔泰把卡拉斯的故事作为一种偏执的表述,在不同形式的文学作品中提到过六次以上。他引发舆论造成了如下结果:1763年3月,御前会议决定将此案交给国王重新审理。1765年6月,在卡拉斯被处决三年后的同一天,他被正式宣布为无罪。通过舒瓦瑟尔,伏尔泰使路易十五本人向卡拉斯家族拨付了一大笔补偿性的抚恤金,卡拉斯家族雕刻的版画在巴黎风靡一时。伏尔泰在自己床头也摆放了一幅。

伏尔泰还会在其他一些场合为受压迫者拿起武器——例如,他对1766年的拉巴尔骑士\*案件感到震惊,在此案中,巴黎高等法院倾向于支持阿布维尔地方法庭的决定,即这位涉及亵渎神明的幼稚恶作剧的年轻贵族应该被拔掉舌头、砍去右手并被处决。这些案件不仅仅显示了公众舆论可以被用于政治目的。在伏尔泰看来,"舆论支配着世界,而最后是启蒙哲学家们支配着人类的舆论"。这些案件还表明了法律制度(尤其是高等法院)的不公正和固有的偏执。丹麦驻巴黎大

---

\* 拉巴尔骑士(Chevalier de La Barrem,1745—1766),法国因亵渎神明罪而被判处死刑的最后一人。

使克罗伊茨伯爵\*在谈到拉巴尔骑士一案时指出："每个人都惊讶地看到，那些希望成为民众保护者和拥有权威的地方长官，事实上表现了如此黑暗的迫害精神。"[71] 在公共领域，高等法院法官也不可避免地受到了一些严厉的批评，而这些批评恰恰来自他们声称自己所代表的公众。

## 从布列塔尼事件到莫普革命

18世纪五六十年代的政治和意识形态斗争，使政治不再是王室的专利，或者更简单地说，不再是国王头脑中的事物。了解国王的想法——甚至是关于祖国的想法——不再是热爱或服从于它的充分条件。在论争和辩论的氛围中，高等法院和政府似乎都难以发挥控制作用。

在七年战争结束后的几年内，舒瓦瑟尔与巴黎高等法院之间的关系逐渐缓和，这已经浇灭了公共辩论中的颠覆性因素。然而，在18世纪60年代的尾声，发生了该世纪最严重的政治危机，即所谓的"莫普革命"。这场"革命"推翻了舒瓦瑟尔的统治，导致高等法院在全国范围内被彻底废除，取而代之的则是一个更直接回应王室权威的司法机构。莫普革命是最有活力，也是最强有力的一次尝试，旨在重整国家秩序，对路易十五的蓬帕杜夫人有关"洪水滔天"的预言做出防范。这场危机突出了18世纪50年代政治特性的诸多变化。例如，重要的是，它不是起源于王室的核心，甚至也不是起源于巴黎高等法院，而是起源于国家的边远地区，即布列塔尼省。

布列塔尼是法国对比最鲜明的地区之一。英国农学家阿瑟·扬敏锐而慧眼独具地将其描述为"特权与贫穷"的故乡。[72] 18世纪，该省

---

\* 古斯塔夫·菲利普·克罗伊茨伯爵（Gustaf Philip, comte de Creutz, 1731—1785），瑞典诗人、外交家。

人口增长缓慢，尽管利用劳役修建了公路网，当地的农业经济也没有因此获得发展。该省的特征仍然与传统主义和对排他主义特权的历史性依附紧密相连。布列塔尼是一个三级会议地区，尽管当地古老的佩剑贵族精英控制着雷恩高等法院，但该省三级会议则被更为广泛的贫困贵族所掌控，他们是在1719年切拉马雷亲王阴谋中签署《保卫布列塔尼自由法案》的小贵族地主们的孙辈。如果说高等法院的"阶级联盟"有助于这个自称落后的省份走向公共领域的网络，那么这里三个从事殖民贸易的、最有活力的港口也是如此，它们是名副其实的商业贸易集散地和繁荣发达的城市——洛里昂、圣马洛和贩卖奴隶的南特。这些城市的商业精英们渴望将本省问题引向更广阔的公共领域，而不是局限在其贵族统治的范围内。

1763年11月21日的协定弱化了贝尔坦的税收方案，这或许意味着巴黎高等法院与舒瓦瑟尔之间关系的新开端[73]，但它在布列塔尼却引发了很大不满。间接税的变化被认为是对布列塔尼省自由的侵犯。尽管在政府的劝说下，雷恩高等法院最终接受了这些措施，但省三级会议却在1764年10月举行的会议上断然拒绝了这些措施。在强硬的抵抗行动中，国王在布列塔尼的代表、当地军事指挥官达吉永公爵*发挥了主导作用。第二年春天，高等法院的部分法官集体辞职，以此抗议他们所遭受的待遇。

对国王来说，高等法院与三级会议的联合反对看起来更像是阴谋。国务大臣圣弗洛朗丹的怀疑对象是高调的雷恩高等法院总检察官卡拉杜克侯爵——拉夏洛泰先生†，他既是魁奈和重农主义者的朋友，也是著名的反耶稣会和反教会作家，拥有自己的政治野心。圣弗洛朗

---

\* 达吉永公爵（Duc d'Aiguilon），即埃马纽埃尔-阿尔芒·迪普莱西·德·黎塞留（Emmanuel-Armand du Plessis de Richelieu, 1720—1782)，黎塞留之侄。1753年任布列塔尼地方军事指挥官，1771年至1774年间出任外交大臣，1774年任陆军大臣。

† 卡拉杜克侯爵（Marquis de Caradeuc）、路易-勒内·德·拉夏洛泰（Louis-René de La Chalotais, 1701—1785），詹森主义者，曾任布列塔尼高等法院总检察长。

丹或许认为，拉夏洛泰除了是侮辱国王的匿名小册子作者之外，还利用他掌握的路易十五写给作为国王"小情人"之一的罗曼小姐[*]的私人信件进行政治敲诈。总之，政府在1765年11月果断采取行动，逮捕了包括拉夏洛泰及其儿子在内的雷恩高等法院的六名法官，并将之投入巴士底狱。雷恩高等法院被流放，政府发起了一场反对布列塔尼自治要求的秘密宣传运动。

1763年以后，巴黎高等法院长期沉浸在舒瓦瑟尔与拉瓦迪的蜜月期中，没有对他们在雷恩的同事给予太多支持。政府决定由特别委员会来审判拉夏洛泰及其"阴谋家"，然后成立一个比之前更忠心的新高等法院，直到此时，巴黎高等法院法官才意识到问题的严重性，特别是因为政府在同一时间也在重新组建波城高等法院。新一届的雷恩高等法院由达吉永和一批来自政府的"打手"精心构成，其中包括后来成为财政总监的卡洛纳[†]和巴黎治安总监勒努瓦[‡]，并于1766年1月举行了第一次会议。这个新机构立刻被冠以"达吉永辖区"之称，引发了巴黎高等法院和其他各省高等法院的抗议，它们抨击政府侵犯了法官的独立性和地方特权。

1766年3月2日，为了直接回应高等法院的抗议，路易十五发表"鞭笞训辞"，他在会上坚决支持绝对主义原则，这与高等法院声称代表"国民"的主张或是"阶级联盟"的理论毫无关系。[74] 然而，在持续不断的危机中，政府始终未能兑现这些豪言壮语和骄傲情感。政府内部日益分裂，舒瓦瑟尔在宫廷中的主要竞争对手、"布列塔尼事件"的核心人物达吉永正在崛起。

---

[*] 安妮·库皮耶·德·罗曼（Anne Couppier de Romans，1737—1808），1760年至1765年间与路易十五有染，并育有国王唯一的私生子。

[†] 夏尔·亚历山大·德·卡洛纳（Charles Alexandre de Calonne，1734—1802），1783年至1787年间出任财政总监。

[‡] 让-夏尔-皮埃尔·勒努瓦（Jean-Charles-Pierre Lenoir，1732—1802），1774年至1775年间和1776年至1785年间两度出任巴黎治安总监。

布列塔尼军事指挥官达吉永公爵

达吉永对省内的异议采取了强硬的、不讲道理的态度。他在私下指出:"我认为政府必须强硬,以便完成国家的任务,并让每个人都各司其职。"[75]然而,到了1766年,他对政府未能对此政策提供继续支持感到失望。关于究竟由谁来审判拉夏洛泰的问题,国务大臣们多次改变主意,这使其在布列塔尼当地的政府支持者陷入困境,而且感受到了来自高等法院支持者的敌意。国王决定动用他的提审权,将此案由雷恩转交给御前会议,但他又在1766年12月撤销了对拉夏洛泰的全部指控——路易十五大言不惭地表示:"我不想再找罪人了。"[76]达吉永认为,舒瓦瑟尔在暗中鼓励高等法院的行动,允许流传召回曾经的雷恩高等法院并以此取代"达吉永辖区"的谣言。达吉永受到了当地高等法院支持者的嘲讽,他们声称达吉永始终是耶稣会的秘密支持者，而整个"布列塔尼事件"则是达吉永无法控制耶稣会的秘密活动所造成的结果。在凡尔赛，达吉永主张改革各省三级会议，使其更加服从的计划也遭到了冷遇。1768年8月，达吉永辞去了布列塔尼军事指挥官一职，政府随后也表示投降：曾经的高等法院被恢复，六名被囚禁在巴士底狱的布列塔尼高等法院法官获得释放——只有拉夏洛泰被流放到了法国西南部的桑特。

达吉永离开布列塔尼，意味着一个对舒瓦瑟尔及其政策带有强烈敌意的批评家重新回到了宫廷。在王后、王太子及太子妃去世后，一个以达吉永公爵为中心的"虔诚者派"着手开始改革。达吉永公爵与"虔诚者派"的联系，与其说是他自己的个人信仰，不如说是由于他和詹森派高等法院法官之间的复杂关系，以及他的家庭关系——公爵妻子的叔父、国务大臣圣弗洛朗丹和公爵的堂兄、年迈的黎塞留公爵都是"虔诚者派"的一员。"虔诚者派"似乎已经养成了一种习惯，他们通过对邪恶的妥协来追求美德，黎塞留公爵就是一个放荡之徒，而路易十五的最后一任情妇杜巴丽伯爵夫人也与这一团体有着密切联系。

因此，就在舒瓦瑟尔国内政策的局限性逐渐显现的时候，他又不得不重新应对宫廷中再次出现的敌对派系，以及政府内部的反对者（"小国务大臣"贝尔坦也被证明是"虔诚者派"的支持者）。现代化和经济自由主义的政策虽然取得了很大成就，但也带来了一些问题。尽管法国摆脱了七年战争的压力，获得了非常好的经济复苏，但粮食的自由贸易却引起了消费者的不满。从1764年开始，直到1770年，都有零星的粮食骚乱。当时，促进经济的策略也未能明显解决政府的财政问题，甚至愈发严重。1767年，拉瓦迪被迫向高等法院寻求支持，以期批准延长1763年的"廿一税"：为了将此税种延长四年，他和舒瓦瑟尔向高等法院法官慷慨解囊，甚至公然行贿，但他们不得不满足于只延长两年的结果，还得忍受着尽职的高等法院有关国家经济必要性的训诫。

在七年战争期间和之后艰难的余波中，舒瓦瑟尔安抚巴黎高等法院的政策——首先是驱逐耶稣会士，然后是不断调解和游说——为政府赢得了它所需要的空间和时间。然而，至18世纪60年代末，正如"廿一税"问题所暗示的那样，这种政策非但没有缓解高等法院法官对政治的兴趣，反而使其得到强化。1763年，图卢兹高等法院首席院长表示，政治危机是由"每个高等法院中十位声称要统治国家的性格急躁之人"造成的。[77]相比之下，在这一个十年结束时，原本属于激进派少数人的观点得到了大部分高等法院法官的认同。例如，在巴黎，曾经的詹森派残余得到了新鲜血液的补充，一些高等法院法官明显比长期在高等法院任职的家族更能直言不讳。其中最著名的就是米夏·德·蒙特布林\*，他从1765年开始成为一些同道者的智囊团领袖，并主持所谓的"法国公法讲座"。

国家财政日益成为高等法院抗议的对象，而巴黎高等法院与宫廷派之间也建立了越来越紧密的联系。邀请亲王、公爵和贵族一同讨论国家重大问题的策略正在变得司空见惯，这是在1755年至1756年"大法院事件"的辩论中首次采用的大胆做法。[78]他们在1766年和1768年先后发出了同样的呼吁，尽管政府做出了很多努力，但恢复"大法院"的想法最终还是失败了。虽然国王劝说他的亲戚们不要接受这个邀请，但很明显，除了孔蒂亲王之子德·拉马尔什公爵†之外，所有血亲亲王都更加支持高等法院。在反对1764年至1765年间的拉瓦迪市政改革一事上，各省的佩剑贵族和穿袍贵族之间也有合作。舒瓦瑟尔既没有对这些政策中有关选举的内容表现出兴趣，也没有阻碍

---

\* 米夏·德·蒙特布林（Michau de Montblin，1740—1770），法国法学家，巴黎高等法院审判员。

† 德·拉马尔什公爵（Duc de La Marche），指路易-弗朗索瓦-约瑟夫·德·波旁-孔蒂（Louis-François-Joseph de Bourbon-Conti，1734—1814），1776年继任孔蒂亲王。

在各省拥有权威的贵族,例如勃艮第的孔蒂、弗兰德斯的苏比斯*和鲁西永的诺瓦耶,他们纷纷写信表示反对在地方进行的改革:苏比斯为了贵族的利益甚至不惜与舒瓦瑟尔翻脸,指责他"破坏了这个国家的宪法……剥夺了它的特权"。[79]在1769年至1770年间,改革被悄悄搁置下来。

在"布列塔尼事件"中,舒瓦瑟尔无力掌控高等法院和各省政治的弱点暴露无遗。1768年,刚刚复职的雷恩高等法院法官对复职一事的感激之情,甚至不如对拉夏洛泰不在其列的痛恨之情。1770年3月,他们郑重决定重新开始对1766年事件的刑事调查,但这一次的首要怀疑对象变成了达吉永,而非国王已经宣布无罪的拉夏洛泰。诉讼在雷恩开始,但是达吉永本人希望巴黎高等法院的同僚介入审判。他不仅想为自己正名,而且希望对高等法院造成打击,他曾经告诉国王,这个机构试图"摧毁古老的政府形式,用一个他们喜欢的政府取而代之,并且自己在其中扮演主要角色"。[80]国王的回答略显忧郁:"我同意,但你不妨等着瞧,会发生什么事!"[81]

国王的预感很快得到了证实。尽管司法大臣莫普支持审判的想法,因为他认为达吉永将被释放和洗脱罪名,但法律程序却发展成为一个充满指控与反指控的杂乱局面。甚至达吉永还被指控曾有暗杀拉夏洛泰的计划,高等法院也因此正式剥夺了他的贵族地位。路易十五觉得事情太过分了,于是在1770年6月27日通过御临高等法院,正式免去了达吉永的罪责。然而,赦免拉夏洛泰是一回事,憎恨拉夏洛泰的对手采取同样的手段、无视高等法院已经收集到的证据,则是另一回事。高等法院的法官们非常愤怒,拒绝承认无罪释放达吉永是合法的。尽管他们试图拉拢血亲亲王站在自己一边,但这种努力遭遇了挫败,后者显然对王室行动的不成熟感到震惊。波尔多、梅斯、第戎、

---

\* 夏尔·德·罗昂(Charles de Rohan,1715—1787),第四代苏比斯亲王(Prince de Soubise)。

雷恩等各省高级法院纷纷介入其中，对御临高等法院做出的决定表示强烈抗议。然而，试图度过危机的国王以越权为由，逮捕了几名布列塔尼的高等法院法官，并且在1770年9月3日再次亲临巴黎高等法院，对他们加以训斥，明确表示自己将把与其他高等法院之间的通信视作"反对国王本人及其权威的犯罪同盟"的证据。[82]

大臣们处于混乱状态之中，就连舒瓦瑟尔这位十余年来御前会议的主要人物，也陷入了明显的困境。由于以达吉永为中心的"虔诚者派"在宫廷中重新抬头，舒瓦瑟尔不仅权力遭到了削弱，还与曾经的盟友司法大臣莫普闹翻了。财政总监迈农[*]制定了一套激进的财政改革方案，并于1769年12月提交给御前会议，旨在将法国从它面临的"可怕的毁灭状态"中摆脱出来。莫普在破坏这些计划方面发挥了重要作用，迈农辞职时，他能够说服国王弃用舒瓦瑟尔提名的人选，而选择自己的人选，即他的长期政治盟友、巴黎高等法院法官泰雷神父[†]。泰雷神父是一名百分之百忠诚于国王的高等法院法官，由于曾经担任过孔蒂亲王的私人顾问，他还与这位爱管闲事的亲王保持着联系——这种情况使舒瓦瑟尔忧虑不安。泰雷神父继任后立刻实施的财政政策，进一步削弱了舒瓦瑟尔的实力。这位新任财政总监对主要的高消费部门进行了大幅削减，其中主要是舒瓦瑟尔兄弟管理的陆军和海军部门，因此也破坏了他们的庇护网络。1770年2月，泰雷决定实行部分国家破产政策，这也沉重打击了舒瓦瑟尔青睐的宫廷银行家们，尤其是财政家拉博尔德。

由于他在外交事务上的表现最终无可挽回地抹黑了他的履历，舒瓦瑟尔的命运由此注定。18世纪50年代末以来，路易十五对舒瓦瑟

---

[*] 艾蒂安-迈农·但沃尔（Étienne Maynon d'Invault，1721—1801），1768年至1769年间出任财政总监。

[†] 约瑟夫·马里·泰雷（Joseph Marie Terray，1715—1778），1769年至1774年间出任财政总监，1770年至1771年间兼任海军大臣。

尔的信任基于这样一个事实，即尽管他们一致认为需要重整武装力量，但二人都将维持和平视为第一要务。然而，国王对战争的敌意远比舒瓦瑟尔大得多。18世纪70年代末，舒瓦瑟尔极力想全权委托西班牙，抵制英国在南大西洋的马尔维纳斯群岛（或称福克兰群岛）的殖民活动。在法国的武装力量还没有做好充分准备的时候，在法国的财政状况糟糕透顶的时候，在国王明确希望保持和平的时候，法国似乎还是有可能被拖入战争。在事情就要得到解决的几天前，国王冷冷地对舒瓦瑟尔说："先生，我告诉过您，我不想要战争。"[83] 1770年12月24日，舒瓦瑟尔被解职，与此同时，国王还在给西班牙国王查理三世的私人信件中许诺，法国将坚定不移地维持现有的联盟关系，但也明确表示，这不会涉及与英国开战。在接下来的六个月中，国王亲自指导了外交政策的制定。

舒瓦瑟尔被解职使巴黎陷入混乱，尤其是因为一场重大的政治危机已经处在酝酿阶段。1770年12月3日，高等法院审查了11月28日颁布的法令，该法令由泰雷神父起草，显然没有征求过舒瓦瑟尔的建议。法令禁止高等法院之间的沟通，禁止任何反对王室命令和御临高等法院的抗议行为。法令内容虽然强硬，但它冗长的序言更为有力，通过序言，莫普将高等法院伪装成"国民的代表、国王意志的必要解释者、公共事务管理的监督者和君主债务的赦免者"。[84] 高等法院的法官们并不打算就此收手，几天之内，他们与政府之间陷入了一场针锋相对的冲突，双方似乎都没有多少宝贵的回旋余地。高等法院撤回抗议，以便换取国王撤回法令，但这种寻求妥协的努力仍然无果而终。政府的无能只会让事情越变越糟：在1月19日至20日夜间，火枪手叫醒了每一位高等法院法官，询问他们是否同意恢复履行司法服务。39人表示同意，但在第二天会议气氛不是那么孤立的情况下，他们放弃了，高等法院重申了对国王政策的集体反对态度。

接下来，是同时代人称作"莫普革命"的开端，这是在舒瓦瑟尔时代之后，王室政策发生的一个崭新的、独特的转变。在1月19日至20日夜间，所有在前一天夜晚拒绝复职的高等法院法官都收到了国王密札，他们被流放到全国各个条件恶劣的地方。显然，他们的办公场所也将被没收，以便为国王牟利——这是一个闻所未闻的行动。作为这场惊人政变的策划者，莫普无疑也是非常认真的。一年之内，在财政总监泰雷神父和外交大臣达吉永的协助和教唆下，莫普拆散了巴黎高等法院；将其庞大的选区划分为一个更紧密的司法管辖区域网络，并用一个更有弹性的新抗议机构代替了高等法院的原有位置；与此同时，莫普还制订了其他重要的社会法律改革计划。波旁王朝的司法结构已经被撕开了缺口。与路易十五统治时期任何一次表达异议的事件相比，"莫普革命"付出了更为愤怒、更为动荡的代价。一件始于布列塔尼的边缘事件，最终引发了动员国民舆论的全部力量。

## 注　释

1　D. Van Kley, *The Damiens Affair and the Unravelling of the Ancien Régime, 1750–1770* (Princeton, NJ, 1984), p. 23.

2　Ibid., p. 36.

3　Ibid., p. 43.

4　J. de Flammermont, *Les Remontrances du parlement de Paris au XVIIIe Siècle* (3 vols.; Paris, 1888–1898), vol. i, p. 523. This phrase was all the more annoying for the crown in that it had first been used by the Parlement in 1527 and therefore could not be presented as dangerously innovatory.

5　E. F. J. Barbier, *Journal historique et anecdotique du règne de Louis XV*, ed. A. de La Villegille (4 vols.; Paris, 1857–1864), vol. iv, p. 198.

6　For an account of the scene based on contemporary accounts, see the opening pages of Michel Foucault, *Discipline and Punish. The Birth of the Prison* (London, 1977).

7　Cited in J. Rogister, *Louis XV and the Parlement of Paris, 1737–1755* (Cambridge, 1995), p. 231.

8　M. Antoine, *Louis XV* (Paris, 1989), p. 579.

9　L. A. Le Paige, *Lettres historiques sur les fonctions essentielles du Parlement* (Amsterdam, 1753), p. 320.

10　Flammermont, *Les Remontrances du parlement*, vol. ii, p. 26.

11　See above, p. 106

12　*De l'Esprit des lois*, book 2, ch. 4.

13　René-Louis de Voyer de Paulmy, marquis d'Argenson, *Journal et mémoires*, ed. E. J. B. Rathery

(9 vols.; Paris, 1859-1867), vol. iii, p. 153. In conciliar theory, a council of the church universal had spiritual precedence over the authority of the pope.

14　Ibid., p. 315.

15　J. Egret, *Louis XV et l'opposition parlementaire, 1715-1774* (Paris, 1970), p. 84. Some of Le Paige's fellow polemicists in the 1750s followed Conciliarist logic to the conclusion of seeing the highest expression of sovereignty as not king, nor even the parlements, but the Estates General, which the emergence of absolutism had consigned to mothballs. This was as yet, however, only a minority view.

16　Flammermont, *Les Remontrances du parlement*, vol. ii, p. 138 (22 August 1756).

17　J. Merrick, *The Desacralization of the French Monarchy in the Eighteenth Century* (Baton Rouge, La., 1990), pp. 94-95.

18　D. Van Kley, *The Damiens Affair*, p. 115.

19　See next section.

20　L. Kennett, *The French Army in the Seven Years War* (Durham, NC, 1967), p. x.

21　J. D. Woodbridge, *Revolt in Prerevolutionary France: The Prince de Conti's Conspiracy against Louis XV 1755-1757* (Baltimore, Md, 1995), p. 135.

22　M. S. Anderson, *The War of Austrian Succession, 1740-1748* (London, 1995), p. 63.

23　See above, p. 137.

24　See above, p. 139.

25　T. C. W. Blanning, *The Origins of the French Revolutionary Wars* (London, 1986), p.41.

26　P. Mansel, *Louis XVIII* (Stroud, 1981), p. 40.

27　D'Argenson, *Journal et mémoires*, vol. ix, p. 340. For the debate on Conti, see Woodbridge, *Revolt in Prerevolutionary France*.

28　The comparison was the Président Hénault's, according to Kennett, *The French Army in the Seven Years War*, p. 6.

29　M. Antoine, *Louis XV* (Paris, 1989), p. 748.

30　M. Sonenscher, 'The Nation's Debt and the birth of the modern republic: The French fiscal deficit and the politics of the Revolution of 1789', *History of Political Thought*, 18 (1997), p. 94, n. 85.

31　See esp. below, chapter 8, section B.

32　See below, p. 246.

33　J. Barbey, *être roi. Le roi et son gouvernement en France de Clovis à Louis XVI* (Paris, 1992), p. 183.

34　Barbier, *Journal historique*, vol. iv, p. 453.

35　id., *Chronique de la Régence et du règne de Louis XV (1718-1763)*, ed. Charpentier (8 vols.; Paris, 1857), vol. vii, p. 77, n. 1.

36　id., *Journal historique*, vol. iv, pp. 447, 460.

37　D. Van Kley, *The Jansenists and the Expulsion of the Jesuits from France, 1757-1765* (New Haven, 1975), p. 28.

38　Id., *The Religious Origins of the French Revolution from Calvin to the Civil Constitution, 1560-1791* (New Haven, 1996), p. 158.

39　J. Swann, *Politics and the Parlement of Paris under Louis XV* (Cambridge, 1995), p.216.

40　ibid., p. 241.

41　Antoine, *Louis XV*, p. 799.

42　*Mémoires et lettres de François-Joachim de Pierre, cardinal de Bernis (1715-1758)*, ed. F. Masson (2 vols.; Paris, 1878), vol. ii, p. 61.

43　Swann, *Politics and the Parlement of Paris*, pp. 49-50.

44  J. Bérenger and J. Meyer, *La France dans le monde au XVIIIe siècle* (Paris, 1993), p.240.

45  See above, pp. 251-252.

46  I owe this formulation to C. C. Gillispie, *Science and Polity at the End of the Old Régime* (Princeton, NJ, 1980), p. 309.

47  See above, p. 115.

48  A. M. Le Boursier du Coudray, *Abrégé de l'art des accouchements* (Paris, 1759), cited in N. R. Gelbart, *The King's Midwife: The History and Mystery of Madame du Coudray* (Berkeley, Ca., 1998), p. 76.

49  Cited in S. L. Kaplan, *Bread, Politics and Political Economy in the Reign of Louis XV* (2 vols.; The Hague, 1976), p. 117. Cf. above, pp. 219-220.

50  See below, pp. 327ff.

51  M. Bordes, *La Réforme municipale du contrôleur-général Laverdy et son application* (Toulouse, 1967), p. 18.

52  *Journal et mémoires de Christophe Collé*, ed. H. Bonhomme (3 vols; Paris, 1868), vol. iii, p. 16. My account of the impact of the plays draws heavily on this source, and on A. Boes, 'La lanterne magique de l'histoire: essai sur le théâtre historique en France de 1750 à 1789', *Studies on Voltaire and the Eighteenth Century*, p. 231 (1982).

53  D. Bell, 'Jumonville's death: war propaganda and national identity in eighteenthcentury France', in C. Jones and D. Wahrman (eds.), *An Age of Cultural Revolution: England and France, 1750-1820* (Berkeley, Ca., 2002), esp. pp. 45ff.

54  Cited in W. Kraus, '"Patriote", "patriotique", "patriotisme" à la fin de l'Ancien Régime', in W. H. Barber et al., *The Age of Enlightenment. Studies Presented to Theodore Bestermann* (Edinburgh, 1969), p. 393.

55  Louis-Sébastien Mercier, 2440 (2 vols.; Paris, Year V), vol ii, p. 610. (This is a later edition.)

56  K. Baker, *Inventing the French Revolution*: see esp. 'Controlling French history: the ideological arsenal of Jacob-Nicolas Moreau', pp. 59-85.

57  See above, p. 25.

58  Barbier, *Journal historique*, vol. iv, p. 236.

59  See above, pp. 116-117, 213.

60  Cited in Egret, *Louis XV et l'opposition parlementaire*, p. 181.

61  Flammermont, *Les Remontrances du parlement*, vol. ii, pp. 557-558.

62  D. Roche, *France in the Enlightenment* (Cambridge, Mass., 1998), p. 421.

63  See above, chapter 4, section A.

64  D. Bien, *The Calas Affair: Persecution, Toleration and Heresy in Eighteenth-CenturyToulouse* (Princeton, NJ, 1960), p. 68; D. Van Kley, *Jansenists and the Expulsion of the Jesuits*, p. 156.

65  Barbier, *Chronique de la Régence et du règne de Louis XV (1718-63)*, ed. A. de La Villegille (8 vols.; Paris, 1866), vol. vii, p. 237.

66  See above, pp. 172, 213.

67  See above, p. 245.

68  J. Riley, *The Seven Years War and the Old Régime in France: The Economic and Financial Toll* (Princeton, NJ, 1986), p. 192.

69  Egret, *Louis XV et l'opposition parlementaire*, p. 132: the quotation is from Necker, future Royal Finance Minister. See also above, p. 113.

70  Cited in R. Chartier, *The Cultural Origins of the French Revolution* (Durham, NC, 1991), pp. 31-32. See also above, ch. 5.

71 *Le Comte de Creutz. Lettres inédites de Paris, 1766-1770*, ed. M. Molander (Paris, 1987), p. 361.

72 A. Young, *Travels in France in the Years 1787, 1788 and 1789*, ed. C. Maxwell (Cambridge, 1929), p. 114 (19 September 1788).

73 See above, p. 250.
74 See above, p. 263.
75 Egret, *Louis XV et l'opposition parlementaire*, p. 159.
76 Antoine, *Louis XV*, p. 857.
77 Egret, *Louis XV et l'opposition parlementaire*, p. 101.
78 See above, p. 229.
79 Bordes, *La Réforme municipale*, p. 142.
80 Swann, *Politics and the Parlement of Paris*, p. 328.
81 Antoine, *Louis XV*, p. 911.
82 Flammermont, *Les Remontrances du parlement*, vol. iii, pp. 153-157.
83 Antoine, *Louis XV*, p. 923.
84 Ibid., p. 92.

# 七、三巨头及其余波
# (1771—1784)

## 莫普革命

历史学家们有时会以后见之明的眼光，将1770年至1774年间的历史概括为绝对君主制在高等法院面前重新明确自己地位的最后机会。在这种情况下，作为"三巨头"核心人物的莫普（还包括财政总监泰雷和自1771年起担任外交大臣的达吉永），开始以一个有远见的政治家形象出现，他试图拔除专制主义最顽强的肉刺，并以一种先发制人于1789年革命的方式重建国家的行政和财政。直到1774年路易十五的意外去世，以及其继任者、年轻而缺乏经验的路易十六过早地决定解散"三巨头"的联盟，这场"失败的革命"才宣告结束——但这并非莫普本人的过错。[1]

尽管蓬帕杜夫人对即将到来的"洪水"进行了宿命论式的召唤，但政府没有坐等政权崩溃，莫普的时代只是在七年战争后管理政治制度和改革国家的诸多尝试之一。鉴于君主制在那场冲突的黑暗时期中所处的惊人状态，如果把这段时期总体上看作一个断断续续复苏的历史，而非一个不可避免最后衰亡的时代，这种说法确实有一定道理。在这段历史中，不同的政治家提出了不同的改革路径。这一时期的诸

莫　普

多措施表明，莫普掌权的时代或许不是政治上最有希望的年代。莫普本人与其他同在这一职位上的政治家没有什么不同之处：他的主要动机似乎是想推翻舒瓦瑟尔的个人野心，希望自己成为首席大臣。他不仅没有明智地着手改革政治体制，反而在无意间走上风口浪尖，推翻了保持着微妙平衡的舒瓦瑟尔体制，并在路易十五统治时期面临最严重的财政和经济危机之际，引发了一场影响广泛的、超出高等法院层面的政治危机。尽管"三巨头"可以压制反对派，政权也能在"三巨头"倒台后得以维系，但"莫普革命"激起了公众革命，并使之激进化，进而让没有国家主导的、征求公众意见的改革更具争议性。

1769年至1771年发生了一场18世纪被人遗忘的财政和经济危机，在很多方面，其严重程度甚至可以与具有划时代意义的1787年至1789

年相提并论。1768年开始的歉收导致粮食价格上涨了一倍,面包价格达到了自1709年至1710年饥荒以来的最高水平。大中规模的粮食生产者发了财——尽管其代价是牺牲了消费者和小生产者的利益。葡萄酒减产造成了普遍的痛苦,而制造业也经历了破产和裁员。与1709年至1710年不同的是,人口下降的影响有限——整个危机期间,出生的人数多于死亡的人数,这就意味着更多的人可以生存下来,进而发泄自己对政府的不满。1763年至1764年间,国家关于粮食自由贸易的立法没有获得广泛欢迎,还助长了谣言的火势,甚至重新点燃了人们对国家参与"饥荒阴谋"(即《饥荒法令》)的信念。可以预见的是,税收大幅下降对国家财政造成了恶劣影响。严重的税收缺口导致纳税农民和税收官员(他们征缴的短期贷款通常会帮助政府度过这种艰难时刻)发现自己捉襟见肘的时候,其中一些人已经破产了。

泰雷向路易十五解释说:"我是被牵着鼻子走的。"[2]这位新任财政总监是个彻头彻尾的"即兴演出者"。事实证明,他善于解决危机时期需要面对的财政问题。1769年,他推出了一系列大幅削减国家支出的措施,包括随意减少某些政府财政债务的利息和暂停支付其他债务。这种举措在一些圈子中引发了强烈抗议,例如新贵伏尔泰就声称,他的指甲在这次行动中"被剪断了最锋利的地方"。[3]然而,泰雷对那些国家依赖的财政家的信贷,还是予以了灵活支持,他还小心保护着巴黎市政厅的租金——大多数高等法院法官和许多巴黎的中产阶级家庭都在其中拥有大量投资。尽管有这些巧妙的手段,但1770年初不断恶化的经济危机还需要更严厉的措施,而高等法院势必会加以阻止。因此,推翻高等法院的冲动,与其说出自精明的战略设计或改革热情,不如说是出于短期的个人和政治目标。巴黎高等法院是野心勃勃的莫普通向权力道路上的主要障碍,也是饱受困扰的达吉永在政治前途上的主要障碍。现在,巴黎高等法院也阻碍了泰雷执政期间所依赖的财政改革的实施。舒瓦瑟尔的惯用策略是为高等法院留出一条通道，但这对"三巨头"来说都是不可能的。事实上，对高等法院法官根深蒂固的敌意，就像一种政治黏合剂，它把莫普、达吉永和泰雷紧紧地团结在一起，共同完成破坏性的使命。

莫普本人虽然是巴黎高等法院的法官，但他在1771年2月决定流放巴黎高等法院之后，又颁布了一项法令，正式指责法官的叛逆行为，并着手重组整个高级司法行政部门，这也标志着莫普由"偷猎者"到"狩猎者"的转向。高等法院杂乱无章的司法权被分散到六个崭新的"高级法庭"，分别位于阿拉斯、布卢瓦、马恩河畔沙隆、克莱蒙-费朗、里昂和普瓦捷，每个法庭都会对上诉的民事和刑事案件进行审判。虽然只有巴黎高等法院被允许注册王室法律，但它的谏诤权受到了严格限制，其人数也大大减少。更令人震惊的是，新法庭的法官不是卖官鬻爵的职位持有者，而是由国家任命的带薪公务员，他们获得了国家的承诺，即长期为国家服务的话，将逐步获得贵族待遇。曾经的高等法院法官可以得到补偿，以弥补他们失去职位所造成的损失。许多人认为，莫普最终会在重压下崩溃并恢复高等法院，因此拒绝办理相关手续，对新制度发起了猛烈进攻。

"三巨头"对巴黎高等法院的攻击，仅仅是一项更加雄心勃勃的改革计划的顶点。各省高等法院抱怨巴黎高等法院所遭受的苛刻对待，这使莫普别无选择，只能把他们也纳入自己的枪口下。除了相对温和的波城高等法院外，所有高等法院都被改造了，甚至还有四个高等法院被废除了（制造麻烦的鲁昂，以及杜埃、梅斯和东布）。高等法院的司法权被分配给了"高级法庭"。这些法庭也因吸收其他一些被迫解散的法院而受益——包括巴黎的"税务法院"、"大法院"和"海军法院"，里昂的"货币法院"，以及克莱蒙的"税务法院"。这些措施旨在制定一个更加合理、有效的司法版图，但也希望被解散的法院能够提供大量的司法人员，以为新机构所用。就像1766年布列塔尼危机开始之初达吉永所做的那样，因为法国各地的国家官员都在寻找

泰 雷

忠诚的新人，故而司法官员也得到了晋升和种种好处。

　　莫普和泰雷极力宣传这种新安排的合理性、创新性和精英色彩，同时在新法庭中废除原告为审判而支付的费用。这些措施被视为更普遍意义上的王室运动的组成部分，以使司法"迅速、纯洁和自由"。然而，这些说法不过是为改革而做的表面文章，其深层理由还在于艰难的财政和政治现状。由于高等法院改革，3 500名"非买卖官员"（主要是司法官员）只占"可买卖官员"总数的2.5%左右。泰雷确实认真考虑开展一项长期的运动，弥补所有的买官者，但约翰·劳的幽灵使政府拒绝对此做出任何承诺。无论如何，卖官鬻爵盛行的现状非但没有减少，短期的财政压力反而不断增加，这也使泰雷的想法继续强化。泰雷在任内创设了大量职位——保守估计约有9 000个，比路易十五统治时期的任何年代都要多。例如，1771年11月，经过合并的所有市政官职，再次成为可以卖官鬻爵的职位。自拉瓦迪1764年至1765年改革以来，这些职位都是通过选举产生的。这种手段被视作赤裸裸的、损人利己的伎俩，其目的是鼓励购买继续选举的权利，以从市镇中榨取资金。类似的方法还表现为泰雷的另一项决策，他决定让贸易行会中一定数量的负责人职位变成既是世袭的，又是可以购买的。一位名叫勒尼奥的巴黎律师挖苦道，这些措施"肯定不会考虑到人民的利益和福祉"。[4]

在通过现有的捐官制度使国家经济更加有利的方面，泰雷也展现出极大的智慧。1771年2月颁布的一项法令规定，买官者应当自行评估自己职位的价值，这使官职制度更加合理化。财政总监狡猾地坚持评估结果应该成为纳税的依据，因此也避免了职位持有者的夸大其词，并以此获得更大的投资回报：一种崭新的"百分之一德尼税"被拓展到所有职位，同时带来了高收益。官员的工资支付制度也在更大程度上获得了标准化。此外，利用职务作为进入贵族阶层的阶梯的个人，被要求为这种特权支付更高的价格。泰雷将这种新的合理化精神扩展到国家财政管理结构的改造之中。更高效、更集中控制的金融机构得到发展，减少了国家支出，增加了财政收入。高等法院的沉默使财政总监在1771年11月发布了一项毫无异议的法令，将一种"廿一税"确定为永久税，另一种"廿一税"则持续到1781年。关于直接税，泰雷深信"每个资本持有者，无论贫富，都必须按照相同比例缴纳尽可能多的税款"。[5]随着高等法院安全地让步，他还强调了马绍确立的潮流，即利用王室督办来修正（或者说"核实"）税收评估方式，进而从地主精英阶层中榨取更多钱财。

在高等法院失去价值的背景下，泰雷对纳税人和买官者的无情压榨使法国度过了财政危机，而后两类人发现自己对国王"果决、纯粹和自由"的公正性感到后悔。1772年，政府收支接近平衡——这是在

《巴黎条约》签署不到十年后取得的一个伟大成就。自那以后，泰雷也已经挺过了国家经济危机影响最严重的时刻。在粮食价格居高不下的时候，没有哪位大臣能够指望获得民众的欢迎，但泰雷在1770年7月放弃对粮食自由贸易的教条主义政策，这一决定让民众对政府的攻击不再像此前那般凶猛。粮食出口现在已经被取消了。尽管泰雷促进了法国内部的贸易，但当他所依赖的督办们声称自由贸易危害到社会结构时，泰雷甚至削弱了这一政策。1773年，法国西南方的部分地区发生了粮食骚乱，但在那时，政府迅速把握了民众不满的时机，顺利开始了经济复苏。

泰雷保持消息畅通、利用行政补救措施来预防问题发生的策略也是三巨头的典型政策。在外交方面，达吉永是一个不折不扣的实用主义者。如果说法国在外交领域取得成就不多的话，那是因为很少进行尝试。正如1770年马尔维纳斯群岛危机所显示的那样，与英国发生战争不在法国的计划之内。舒瓦瑟尔伟大战略的失败也凸显了法国在欧洲（特别是东欧）事务上的局限性。舒瓦瑟尔在波兰人中培养的亲法派无力阻止俄国、普鲁士和法国盟友奥地利在1772年对波兰的第一次瓜分。此外，法国在1768年怂恿土耳其与俄国开战，但土耳其人受到了重创，并在1774年签署的《凯纳吉条约》中承认俄国舰队可以进入黑海。达吉永试图重组法国在北欧的联盟，但没有取得成果：与英国的友好接触遭到了拒绝；利用充满活力的瑞典国王古斯塔夫三世对抗日益强大的普鲁士和俄国的尝试，直到1774年仍收效甚微。

达吉永对冒险主义外交政策的拒斥，得到了路易十五的全力支持，随着他接近统治的第七个十年，种种迹象都表明国王虔诚地遵守着其曾祖父临终前提醒他的避免战争的忠告。路易十五很可能认为，他必须把一个和平安宁的国家留给他的孙子和继承人贝里公爵，1770年，贝里公爵与奥地利女王玛丽亚·特蕾莎的女儿玛丽-安托瓦内特举行了无与伦比的盛大婚礼。随着年龄的增长，路易十五对舒瓦瑟尔与高等法院妥协的精神彻底失望了,他也变得更愿意接受宫廷中"虔诚者"的影响(这一点也非常像他的曾祖父)。路易十五保留了他对打猎和情妇的嗜好,并对华丽物品情有独钟:例如,他同意大规模重修凡尔赛宫,在贝里公爵的婚礼之后为另外两个孙子普罗旺斯伯爵[*]和阿图瓦伯爵[†]举行了同样奢华的婚礼。国王在御前会议上的表现终于也更加从容了。早先政治上的守旧派要么去世了,要么像舒瓦瑟尔一样被流放了,政府成员的日益贵族化显然符合国王的需要。舒瓦瑟尔及其堂兄普拉兰公爵的失宠意味着两个公爵的失败,但这也被超级精英论者达吉永成为政府核心的局面所平衡。此外,国王还得到了另一位朝臣蒙蒂纳侯爵[‡]的加入,并将其任命为陆军大臣——不过此人就像法学家博纳伊是一名不称职的海军大臣一样,也是政坛上的一个无名小卒。

"三巨头"的核心政策很大程度上反映了国王的意志。在1771年4月13日的御临高等法院会议上,国王对在旧高等法院废墟上建立新高等法院的法令正式予以登记,在其简短演说的结尾,他表示,"我永远不会改变(我的政策)",这种激烈程度让听者不寒而栗。[6]在随后的政治冲突中,政府反对者试图辩称国王是被他的大臣们误导了,但国王则反驳道:"你说我完全没有被告知?没有比这句话更荒谬的了。"国王对"三巨头"及其政策的个人认同,是他的大臣手中最有力的一张牌。它特别有利于遏制宫廷内部的派系斗争。在过去几十年中,血亲亲王与高等法院法官之间建立了许多庇护关系,由于王公们已经开始吹嘘自己有权参加高等法院贵族法庭并为此机构赋予了政治角色,因此高等法院地位的下降也给他们带来了不利影响。在令人恼

---

[*] 普罗旺斯伯爵(Comte de Provence, 1755—1824),路易十六之弟,未来的路易十八(Louis XVIII,复辟王朝时期1814年至1824年间在位)。

[†] 阿图瓦伯爵(Comte d'Artois, 1757—1836),路易十六之弟,未来的查理十世(Charles X,复辟王朝时期1824年至1830年间在位)。

[‡] 路易·弗朗索瓦·德·蒙蒂纳(Louis François de Monteynard, 1713—1791),1771年至1774年间出任陆军大臣。

火的孔蒂的常年刺激下，王公们利用从勒佩吉那里获得的论据，正式发起了对政府反对高等法院的攻击。他们公开在《乌得勒支公报》上发表抱怨言论，国王因此将他们逐出宫廷，直到1772年才允许他们回来。类似的强硬态度还表现在与宫廷有关系的地方政要身上，例如分别担任诺曼底和朗格多克军队指挥官的哈考特公爵和博乌亲王，他们致力于使王公贵族和高等法院法官保持一致。1771年，一个诺曼底贵族代表团大胆要求召开早在1666年就被废除的诺曼底三级会议，他们被立刻关到了巴士底狱。

国王的支持帮助"三巨头"战胜了改革的反对者。1771年4月，御临高等法院会议决定成立新一届的巴黎高等法院；8月至11月间，各省高级法院也陆续建立，并准备在圣诞节前开始工作。他们确实开始工作了。狡猾和诡计、强制施压和政治贿赂使大量新任高等法院法官加入其中，同样帮助粉碎了巴黎大律师的反对意见——后者是高等法院法官中最有力的捍卫者之一。因此，法国所有高等法院都将在"阶级联盟"中并肩作战的假设，也被证明是没有根据的。此外，尽管在高等法院的宣传中，莫普及其追随者无一例外地被描述为出身低贱、技术无能、没有政治骨气、支持耶稣会的野心家，但这种令人不快的描述是完全不合适的。与他们的前辈相比，这些人在经验和社会背景方面的差异，小于二者在意识形态层面的差异。他们形成了一个初具规模的"保王派"，相对而言，他们不受老高等法院法官的花言巧语和辩论立场的影响，并愿意接受各部大臣和地方督办的动员。

三巨头的成就更加令人印象深刻，因为他们面对了18世纪迄今为止最动荡和最激烈的公众抗议。奥地利驻法大使梅尔西伯爵\*告诉玛丽亚·特蕾莎："政治问题几乎已经成为宫廷、社会、城市乃至整个王国的唯一话题。"[7]镇压是政府应对公共抗议策略的关键部分。政府收

---

\* 梅尔西伯爵（Comte de Mercy），即弗洛里蒙·克劳德（Florimond Claude，1727—1794），奥地利外交家，1766年至1790年间出任驻法大使。

紧了审查制度，警方间谍加班工作，打击"危险"书籍、作者和出版商，其中很多人很快都被关入了巴士底狱。为此，这座著名的监狱不得不专门建造新的仓库，用以存放从印刷厂和小贩那里缴获的越来越多的煽动性文学作品（其中有6 000份新版《百科全书》是在交火中被发现的）。官方的《法兰西公报》编辑团队被一个更加顺从的团队所取代，《莱茵公报》等外国报刊也受到了前所未有的压力，以确保它们不会支持高等法院的事业。

政府还试图以创造性和压制性的方式影响公共辩论。到1771年底，包括伏尔泰在内的众多作者，撰写了上百本支持政府的小册子，伏尔泰抛弃了启蒙哲学家的身份，转而支持他认为两害相权取其轻的政府。这位经历过"卡拉斯事件"的老将，曾经与高等法院有过太多纠葛，因此对后者不甚尊重，他指出："我宁愿服从一头生来就比我强壮的好狮子，也不愿服从与我同类的两百只老鼠。"[8]伏尔泰对莫普计划全面编纂法律以及推行重大教育和福利改革的传言表示欢迎。1772年8月，开明的瑞典国王古斯塔夫三世发动了一场没有流血的保王派政变，这让人们相信欧洲已经出现了反对代议制政府的过度行为的浪潮。

巴士底狱远景

在莫普政策中关于保王派合法性的部分，明显缺乏强烈的宗教主题。政府并不缺少虔诚者的支持（事实上，政府的反对者抨击它是狂热的耶稣会主义者）。然而，关于君权神授的主张论述不多。对恭顺的期望是建立在历史上的社会实用主义论点之上的，这反映了时代的开明特性，而不是建立在神学教义的基础之上。因此，自七年战争以来，政治话语中的唯物主义转向，被证明是舒瓦瑟尔时期的长久遗产。国王自己的宣传官员正在剥夺国王的神圣光环；费奈隆的美德功利主义正在战胜波舒哀对王室神性的暗示。

小册子对国王进行了世俗化的神圣化，将其视为穷人的朋友和国民的恩人，与此相反，贵族则被全面妖魔化了。尽管他们自以为是地谈论基本法，但穿袍贵族和君主法庭被认为与古代的佩剑贵族一样，都是对仁慈君主所设计的社会改良计划的阻挠者。高等法院对莫普的反对被认为是抵制自由和廉价的正义所带来的社会利益，而对自私贵族的压制则是国民幸福的希望般预兆。伏尔泰和其他小册子作者将专制主义修辞与历史记录中的案例混合在一起，以此证明国王对政治合法性的主张比最高法院的主张更有坚实的基础。正如一位愤怒的小册子作者所哀叹的那样，"政府想通过恢复黑暗时代的方式，来让我们所有人都感到快乐"，但这种观点被"在国王最专制的时代，法国人感受到了更多的幸福或安宁"的论调所反驳。[9]这个口号试图表明，绝对主义的力量越强，人们的幸福感越多。

莫普革命的反对者直接挑战了尚处于萌芽阶段的保王派的福利性修辞。反对政府的小册子以匿名方式出版，人们将其手手相传，藏在斗篷下偷偷阅读，吹嘘着一种截然不同的爱国主义，成功躲避了审查官员和警察的监管。这些小册子的数量远超其竞争对手的三或四倍，不仅得到了高等法院法官和大律师的默许，而且得到了所有政治派系的支持，包括宫廷贵族、家族亲王和一些启蒙运动的支持者，例如爱尔维修、雷纳尔、霍尔巴赫和梅西耶。许多最坚定的声音来自律师，一位消息灵通的小册子作者声称，在处置完耶稣会士之后，作为曾经詹森派残余的律师们现在设法"把自己变成一个爱国者党派"，而身处圣殿中的勒佩吉也密切关注着事态发展。[10]在莫普当政期间，大约有一半的反政府小册子出自詹森派之手，大约有三分之一因出版罪而被逮捕、接受警察审讯的嫌疑人也是詹森派成员。毫无疑问，基于历史的论点是爱国主义宣传的重要内容，这是勒佩吉及其同事在数十年对詹森派的斗争中所熟悉的，而孟德斯鸠也被认为支持这种观点。莫普抨击高等法院是墨洛温王朝代议制的继承者，这被视为对国家基本法的攻击，甚至君主在过去也承认它处于一种"快乐而无能为力"的状态，无法改变这些法律。[11]三巨头就是"内阁专制主义"的化身。

在这种熟悉的背景下，有一些主题脱颖而出。反政府话语中的一个崭新特征是缺乏宗教共鸣。如同保王派很少使用神权语言一样，这些纯正的詹森派狂热分子也很少使用宗教论证。耶稣会的废除使典型的詹森派替罪羊不复存在，一种新的世俗主义精神在爱国者和莫普支持者的阵营中都非常流行。爱国者宣传的第二个特征是，他们的要求超越了君主王室的集体利益，并且暂时徘徊在超越集体的"国民"概念周围。例如，马勒泽布在1770年代表巴黎税务法院撰写的谏诤书中，甚至提出了召开三级会议的要求。三级会议是关乎国民重要问题的庄严讨论，上次开会是在1614年——它被"准永久性"关闭的日期与现在受到攻击的绝对主义统治开始的日期相同。[12]国民主权的概念和国民的"普遍意志"正在开始出现。

莫普论辩的第三个特点表现在，对政治词汇中最基本术语的含义和定义进行激烈争论，而爱国者及其反对者所共享的同一套词汇，对此亦有促进作用。1771年4月，埃皮奈夫人*致信加利亚尼神父，她写道："笔战开始了，头脑发热，字典正发生变化，除了国家理性、贵族

---

* 路易丝·德·埃皮奈（Louise d'Épinay，1726—1783），法国作家、沙龙女主人。

《武装办报者》卷首

和专制主义等空泛的词汇外，我们听不到别的什么。"[13]无处不在的"专制主义"一词提供了很好的例证。虽然保王派恪守了"绝对主义"与"专制主义"之间的传统界限，但其中的许多反对者也在抨击着一些做法和特权，而这些做法和特权在几十年前还被认为是君主政体内无可争议的真理。他们认为，专制主义不仅体现在国务大臣、内阁成员、警察和税务官员的政策中，而且体现在统治者的个人生活中。诸如泰维诺·德·莫朗德[*]的《武装办报者》，许多作品对路易十五及其情妇、大臣们进行了个性化的，而且通常是公开的色情攻击，旨在将

---

[*] 泰维诺·德·莫朗德（Thévenot de Morande，1741—1805），法国辩论家、诽谤家。

宫廷生活的不道德与腐败现实置于公众视线之下。一位好国王应当是国家利益忠实而有德行的仆人；路易十五则似乎是一个极端反面的人物。据说，专制主义还体现在对个人"自由"的不尊重上——而"自由"本身也是另一个含义存在争议的词语。尽管"自由"的含义仍然保持不变，即指历史上被证实和法律上可强制执行的特权——例如各个行省、城市和其他团体（包括高等法院在内）的"自由"——但人们越来越倾向于为"自由"一词赋予更积极和更普遍的含义，这就与卢梭及其自然法传统产生了呼应。[14]因此，通过国王密札放逐个别高等法院法官的方式被认为是更普遍地缺乏尊重个人自由的表现。同样地，政府对审查制度的强硬立场也被解读为对言论自由和良心自由的"自然"权利的攻击。故而，莫普的论辩记录了波旁王朝法国政治文化和词汇的巨变。绝对主义真理不仅受到了比以往更系统、更大胆的挑战，政府及其批评者也扩大了政治辩论的范围。

然而，爱国者运动表面上的优势只是它许多弱点中一层轻薄的外衣。无论爱国者多少次在辩论中取胜，事实证明他们都不可能动员公众舆论，而公众舆论的支持是无休止地被唤起的。更为重要的是，爱国者们所使用的那些模糊而空洞的语言，非但没有澄清，反而掩盖了运用这些语言的个人（王公贵族、高等法院法官、律师、启蒙哲学家等等）的各种不同利益。从1772年起，小册子的数量显著减少，这不仅突显了国家警方行动效率的日益提高，而且反映了公众对爱国者事业的支持越来越少。尽管傲慢的博马舍*在1773年出版的几本最为畅销的小册子中，对新组建的巴黎高等法院进行了有效的嘲弄，但爱国者运动在当时似乎未能实现其政治目的。

因此，莫普似乎取得了胜利，而因腐败备受嘲笑的泰雷，则在1772年基本上平衡了国家的财政预算，并在1773年安然度过了他上

---

\* 皮埃尔-奥古斯特·卡洛纳·德·博马舍（Pierre-Auguste Caron de Beaumarchais，1732—1799），法国博学家、剧作家，代表作《费加罗的婚礼》。

任以来所面临的最严重的经济和金融危机。然而,那些在波旁王朝中依靠派系为生的人,却有可能因为派系的消亡而丧命。尽管到1774年,"三巨头"因为战胜高等法院和民众的反对,积累了相当大的政治信用,但他们的处境依然很脆弱。他们的最大优势之一是他们的团结和凝聚力。1770年至1771年间,出于打倒巴黎高等法院的共同目的,"三巨头"被紧紧地绑在一起,一旦这个威胁消除,三人之间的共性就会随之减少。他们之间开始出现了更多的分裂倾向。莫普和泰雷之间的关系从冷淡的合作伙伴变成了彼此疏离的冰川,而达吉永则开始制订自己的计划,特别是尝试讨好血亲亲王。在莫普眼中,达吉永的行为是叛国的,原因在于王公们拒绝参加他的新高等法院(并因此授予其贵族法庭的声望)。这是新机构的一个长期延续的弱点。

尽管1774年在国外出现了莫普即将卸任的传言,但国王对他的支持并没有发生任何动摇。然而,如果说路易十五的决心没有丝毫动摇的话,那么他的身体状况却摇摇欲坠了。国王在外出打猎时病倒了,被诊断染上了天花——虽然他自己是最后一个知道此事的人,只有当他看到自己满是麻点的双手时,国王才意识到发生了什么。他立刻尝试用自己肉体的腐烂,来证明君主的仪式性身体的永恒价值。他对杜巴丽夫人说:"现在我知道是怎么回事了,我们不能再一次上演梅斯的丑闻……我亏欠于上帝和我的人民。"[15]情妇被立刻送出宫廷,路易十五开始模仿他的曾祖父像基督徒一样死去,而后者的形象和表现一直困扰着路易十五长期统治的方方面面。尽管天花的传染性没有让太孙出席临终前的告诫活动,但其他宫廷仪式还是围绕着形象日益丑陋的统治者机械地进行,路易十五被固定在太阳王圣殿中心的国王卧室的床上,忍受着种种痛苦。编年史家们注意到,路易十五迟来的虔诚,为他赢得了一些公众的同情,但对那些想让王室灭亡而聚集在一起的派系斗争者来说,这种同情并没有什么意义。舒瓦瑟尔一派的力量增强了,而像黎塞留和达吉永这样的"虔诚者派"的积极分子,则与现在被流放的杜巴丽夫人一道，开始拼命地寻找盟友。在路易十五弥留之际，内阁已经发展到可以撤换的程度，就像君主政体需要找寻新的方向一样。

## 杜尔哥的实验

在路易十五去世前，"三巨头"同盟就已经开始瓦解；国王年轻的孙子贝里公爵即位后，更将其彻底摧毁。新的统治者与他的前任

"大太子"，路易十六之父，于1765年去世

在情感上从未亲近过，他一直与那具有传染性的垂死之躯刻意保持距离。在父亲"大太子"于1765年去世后，11岁的贝里公爵就当上了王储，登基时也只不过是位少年，新任国王路易十六甚至还没有进入国务委员会，他觉得自己太过年轻，以至于不能承担统治的重任。尽管他以尊敬的路易十四为榜样，决心在首席大臣缺席的情况下进行统治，但他也切实意识到自己需要帮助。作为费奈隆《特勒马科斯纪》的狂热爱好者，路易十六拼命寻找一位"门托尔"来帮助开启自己的政治生涯。他对自己的家族不抱任何希望，与他的父亲一样，二人都觉得孔代亲王和奥尔良公爵的军事力量是政治麻烦的制造者。尽管在18世纪70年代初，他曾赞誉莫普将"路易十五的王冠重新戴在头上"[16]，但莫普那相当有限的改革热情到1774年之际已经消耗殆尽，他的内阁普遍不受欢迎，被指责为带有专制色彩的傲慢和腐败。

最后，路易十六选择了一位过气的大臣来担任自己的顾问，这就是患有痛风的七旬老者莫勒帕，他的主要功绩在于为王室服务三十余年和对政府广泛了解。1749年（路易十六出生之前），由于蓬帕杜夫人策划的一场阴谋，莫勒帕在路易十五的宫廷中失宠，但他在"大太子"眼中并没有丧失威望，"大太子"在1765年临终之际将他推荐给了自己的儿子。路易十六在写给莫勒帕的信件中表示："我是国王，但我只有20岁，还不具备我所需要的一切知识。"[17]除了定期与国王进行磋商之外，莫勒帕在政府中并没有其他职责，这种尴尬的地位使他一开始很容易受到派系的攻击，特别是来自强烈要求召回其庇护人的舒瓦瑟尔派。但是，他通过说服路易十六在8月24日的一场宫廷政变中解除莫普和泰雷的职位，进一步巩固了自己的地位，达吉永在稍早前就被驱逐出宫。这次内阁变化的其他受益者是曾经担任过督办的杜尔哥，他在最近被任命为海军大臣，现在晋升为财政总监；还有诺曼底高等法院法官米罗梅尼尔，他是莫勒帕的门生，被任命为掌玺大臣。职业外交家韦尔热纳\*接受了外交事务,英勇而满脸皱纹的老兵圣日耳曼伯爵就任陆军大臣,巴黎治安总监萨廷接任海军大臣。这次对莫普内阁的成功清洗,在很大程度上要归功于莫勒帕的深层影响,但公众注意力大量集中在杜尔哥身上,他是新一届内阁中最有活力的人,用加利亚尼神父惊讶般的赞誉来说,这只罕见的鸟儿是"取得成功的百科全书派学者!"[18]杜尔哥的就任为新内阁带来了一种哲学和世俗主义的色彩,极大地冲击了"虔诚者派"——例如,克罗伊公爵†声称,对杜尔哥的任命是"自克洛维以来对宗教的最大打击"[19],并徒劳地对启蒙哲学家一派明显夺取政府职位授予权的做法表示不满。随后在1775年,作为自由主义的前审查员和启蒙哲学家之友的拉穆瓦尼翁·德·马勒泽布被任命为宫廷大臣,这位巴黎税务法院的院长和莫普政变最激烈的反对者之一就任后,"虔诚者派"更加惶恐不安。

在把玉玺还给国王时,莫普曾故作高深地提到了自己解散高等法院的行为:"我帮助(路易十五)打赢了一场持续三百年的官司,现在(路易十六)想要重审这个案件。他就是主宰。"[20]事实上,新内阁所做的第一件事情,就是商议召回高等法院,在"三巨头"垮台后的几个星期内,民众对高等法院的支持已经迅速膨胀。作为近一个半世纪来一直涌现国务大臣的菲利波家族的后裔,莫勒帕对他"鲁滨孙式"的同事们在高等法院中的困境也并非毫无同情。但是,他的那句"没有高等法院,就没有君主制"的格言[21],突显出他对自己最后一次掌权以来政治修辞和实践所发生的变化缺少认知。11月初,巴黎高等法院成功回到了1771年以前的局面,在接下来的一年中,各省高等法院也被陆续召回。

---

\* 夏尔·格拉维耶·德·韦尔热纳(Charles Gravier de Vergennes,1719—1787),曾任法国驻神圣罗马帝国、瑞典大使,1774年至1787年间出任外交大臣,1781年至1787年间出任首席大臣。
† 埃马纽埃尔·德·克罗伊-索勒尔(Emmanuel de Croÿ-Solre,1718—1784),法国贵族、元帅。

在时人眼中，召回高等法院预示着一个新的开始，在莫普的专制时代后，它将分裂的国民重新团结起来。这一举动还显示出这位年轻君主的痛苦心态，他希望以赢得臣民喝彩的方式进行统治。这种讨好般的愿望，既是道德和政治原则，也是个人的怪癖。路易十六在孩童时代的家庭教师德·拉沃古翁公爵\*和极端保王派宣传家莫罗，都曾向他灌输过一种强烈的意识，即必须成为一个满足人民利益的有美德的君主。12岁那年，他写作并用自己的小印刷机出版了一本题为《〈特勒马科斯纪〉中所见的道德和政治原则》的小册子，其中就充满了"费奈隆式"的观点。此外，他还广泛阅读历史作品，从中挑选了一些可供模仿的好国王与需要摒弃的坏国王的例子：良善的统治是一种让民众幸福的统治，要求统治者具备很高的个人道德水平——对不幸者保持关爱，在交往中保持开放心态，对多样性保持宽容，以及对王室职责的绝对承诺。作为王太子，他发现很难忍受自己祖父的道德沦丧，因此在其成为国王后的第一项举措就是宣布，只有具备"公认道德"的人才可以出现在宫廷中，这就为私人品德和公共美德之间画上了等号。路易十六还憎恨前任国王对公众舆论视而不见的态度。这位新任国王曾在他孩童时代的笔记本上写道："我必须经常听取公众舆论，它永远不会错。"[22] 至少在最初，路易十六保持了言行一致，当他为自己召回高等法院的决定辩护时，他表示："尽管它在政治上可能被认为不是明智之举，但在我看来，这是普遍意志（原文如此），而我渴望被爱。"[23]

在寻求民众爱戴的过程中，路易十六觉得他和杜尔哥堪称知音。这不是源于杜尔哥身上臭名昭著的对宗教的冷淡态度——这确实同国王从他虔诚的父亲那里获得的宗教灵感相悖。然而，路易十六的道德主义政治观与杜尔哥对人道改革的崇高承诺和谐地保持一致。财政总

---

\* 安托瓦·德·科萨德（Antoine de Caussade，1706—1772），法国中将，1758年获封拉沃古翁公爵（duc de La Vauguyon）。

监向他年轻的君主承诺，要为人民带来更大的繁荣，正如他所说，他的目标是"不破产，不增税，不借贷"——对国王来说，这个口号与"三巨头"时代既不道德，又不受欢迎的政策截然相反。杜尔哥是一个思想者和急功近利者的奇怪结合体（更准确地说，他掌权后留下的语言遗产，恰好就像他推出的更快速、更具流线型的"杜尔哥马车"一样）。他是一位紧随各种科学发现的知识分子，他的崇拜者孔多塞指出，杜尔哥深信"道德科学和政治科学的真理，与构成自然数学体系的真理，具有相同的确定性，甚至像天文学这样的分支，也具有像数学一样的确定性"。[24]然而，与这段令人不寒而栗的、充满傲慢的引文相比，杜尔哥更像是一个实用主义者。虽然他的名字与重农学派紧密相连，但他与魁奈和米拉波那些只会纸上谈兵的知识分子不一样，而是更近似于贝尔坦和特吕代纳那样的实干家，杜尔哥与后两人一样具有全面的行政智慧，在担任利穆赞督办的十余年间得到了磨砺。他不缺乏伟大的想法，但他既没有时间，也没有意愿去说服别人，让别人相信自己是正确的。加利亚尼认为，杜尔哥将把法国管理得像个种植园一样，这种说法未免有些夸大其词[25]，但这位新任财政总监当然更喜欢阐述和实施自己的想法，而不是处理混乱和不规范的异议。

杜尔哥认为，释放经济潜力、创造更大繁荣和幸福的关键，在于他以真正信徒般的激情来捍卫经济自由。他表示："贸易越自由、越活跃、越广泛，民众就能更迅速、更有效、更广泛地得到供给。"[26]市场监管的减少可以让供需机制发挥作用，进而为地主带来利润，为消费者带来可以负担得起的食品。同样，必须取消国家和企业对劳动和生产的监管，因为它阻碍了生产，限制了穷人自由谋生的能力。政府需要远离经济，只有在既得利益和人类激情的博弈可能对集体幸福产生不利影响的极端情况下，再出面进行干预。杜尔哥有别于在他之前操控政治权力杠杆的那些人，他具有典型的启蒙哲学思维，即社会重建的基础可以也应当是人类理性，而不是神谕或司法的合法性。杜尔哥以堪称典范的经历和兴致，开始了他自己负责的任务——为他的统治者带来一个繁荣和幸福的社会，而不诉诸更高的税收、政府贷款或国家破产的措施，在"后莫普时代"的流行浪潮中，他推动的激进改革计划与重农主义者的理性原则息息相关。

1774年9月13日，杜尔哥取消了对粮食市场的所有管制，按照1763年至1764年提出、之后又被放弃的原则放宽了粮食贸易。1775年2月，他又推出了一揽子的改革方案——"六项法案"，其中包括废除行业协会和终止劳役（即取消用于道路建设的农民劳动税），取而代之的是除教士以外的所有人都需要缴纳的新财产税。这些激进改革带来了抗议的呼声——既有路易十六在理论层面非常重视的公众舆论（杜尔哥认为公众的支持应是理所当然的），也有社会和政治机构内部的不满。杜尔哥对政敌释放的善意视而不见，把有悖于自己观点的敌意归结为无知或欺骗。然而，在一个国家，粮食自由贸易永远不会成为一项受欢迎的改革，尽管商业资本主义大举入侵，但阻碍自由流通的物理、地理和制度上的多重阻碍，不可避免地会在收成不好的时候造成粮食短缺的情况。对饥荒的恐惧已经成为社会和政治生活中无法绕过的问题。此外，杜尔哥的不幸之处还在于，当他推行自由化政策的同时，恰逢1774年的恶劣天气造成了粮食危机，导致面包价格翻了一番。1774年底，勃艮第爆发了市场骚乱，次年蔓延到法国北方的大部分地区，面包师、富农、铁石心肠的地主以及其他所谓的"垄断者"都遭受了多次袭击。此外，还发生了征税事件，愤怒的人群阻止了从饥荒受灾区运出粮食的车队，并以所谓的"公平价格"卖掉了粮食。春末，骚乱的浪潮已经蔓延至巴黎和凡尔赛。杜尔哥对经济自由放任，对社会态度温和，但当成群结队的谷物骚乱者挑战他的政策时，他证明了自己在政治上的强硬。年轻的国王赋予他以武力镇压民众的力量，5月，在一系列恫吓性质的公开处决中，所谓的"面粉战争"告一段落。

"面粉战争"中困苦的法国民众

"面粉战争"中的民众暴力并没有对杜尔哥的地位造成威胁,但杜尔哥更多受到了来自国家内部反对改革的政敌的攻击。粮食贸易自由化和总包税所特权的减少相辅相成,受到影响的财政环境迅速鼓励人们反对杜尔哥。其中表现尤为突出的是瑞士百万富翁、银行家雅克·内克\*策划的一个团体,他在1775年公开发行了反对杜尔哥的《论谷物贸易立法》,将这场斗争推向公共领域。作为回应,杜尔哥让孔多塞和莫雷莱出面反对这位来自日内瓦的新秀。

复职的高等法院也加入了给固执己见的杜尔哥制造难堪的队伍之

---

\* 雅克·内克（Jacques Necker,1732—1804）,日内瓦财政家、政治家,1776年至1781年间担任"国库总管"和财政总督察,1788年至1790年间相继出任财政总督察、首席财政大臣、首席大臣。

中。巴黎的法官们对年轻的国王让他们"起死回生"的决定没有表现出感激之情。1774年11月12日，在让高等法院复职的御临高等法院会议上，国王发出了非常错误的声音：路易十六将复职说成是王室的恩典和赦免，而不是国王对法国基本法的威严性表现出的迟到服从。与此同时进行的行政改革——削减高等法院法庭的数量、增加各省法庭的权力、限制高等法院的抗议权以及威胁使用"全权法院"作为对法庭强制实施纪律的手段——都引起了进一步的不满。此外，高等法院法官指出，放开粮食贸易也是一种恶意行为，因为此举践踏了他们为消费者利益而管理市场的传统权力。到1775年中期，他们开始意识到，政府正在进行进一步的重大改革。众所周知，杜尔哥想在各省引入通过选举产生的代表会议，他还希望通过改革国王密札制度来为新教徒赋予信仰自由、允许赎回封建债券。

高等法院法官认为，杜尔哥内阁一心想要进行深远的改革，以至于国家各团体之间的合作结构都受到了威胁——血亲亲王也持有这样的观点，他们在无法压制的孔蒂亲王的带领下，不失时机地在高等法院法官中占据了一席之地。在针对劳役的立法和废除行会的攻击中，高等法院的防御姿态表现得尤为突出。（尽管在科尔贝尔时代，高等法院曾激烈反对建立行会，但在此时，他们却设法使废除行会的措施听起来好像触及了国家最根本的神经。）他们在谏诤书中声称："在一个秩序井然的君主政体中，任何以人道和慈善包装自己的制度，都倾向于建立人与人之间的义务平等，一旦破坏了'必要的区别'，就会导致混乱；绝对平等将导致破坏公民社会的后果。"[27] "必要的区别"包括司法上的区别：高等法院法官强调了三个等级在制度层面的重要意义，每个等级都有不同的权利和义务。在这种情况下，像减免劳役这类引入普遍税制的措施，只是大臣专制主义的细枝末节，它可能会进一步造成法国历史上团体之间的等级制度。特别是由于杜尔哥更愿意相信自己的宣传，他比莫普危险得多。

高等法院的谏诤书没有收到任何效果，在1776年3月的御临高等法院会议后，"六项法案"被强制执行。然而，这些法案却使杜尔哥昔日的声望大打折扣：这位备受爱戴的新官变成了令人厌恶的、不尊重法律的专制主义祸害。此外，在宫廷内部，杜尔哥削减王室开支的做法也引发了诸多不满。特别是比他更急于求成的同僚圣日耳曼伯爵推出了大量的军事改革方案，进一步加剧了人们对政府的怀疑。圣日耳曼为军队结构合理化做出的尝试，造成一些军团被迫解散（由此导致一些朝臣失去了军事指挥权），废除了军职的买卖制度，以及许多人眼中具有威胁的技术性岗位依据能力择优录取的制度。[28]

如果说杜尔哥在哪一时期最需要得到国王的信任，那无疑就是现在。但事实证明，路易十六并不是一个意志坚定的人。面对高等法院和王室中不断涌现出的不满情绪，他的大臣甚至无法掌控巴黎的沙龙和公众舆论（以前这是他的优势之一），路易十六陷入了优柔寡断的状态（这也是他的长处）。与各种描述中经常出现的愚笨或懒散形象不同，路易十六总是在需要顽强意志的时候犹豫不决。对此，普罗旺斯伯爵曾有过一个形象的比喻，他形容自己和王兄的对话就像把两个涂满油的圆球放在掌心里一样。[29]老谋深算的莫勒帕发现了国王的这种性格缺陷，并利用它来为自己谋利。他对杜尔哥改革在国家各个层面引起的不满感到震惊，并注意到高等法院中关于波旁王朝政体的灵魂正在岌岌可危的争论。掌玺大臣米罗梅尼尔与其他法官一样，对违背司法等级制度的反团体主义改革怀有根深蒂固的敌意，他在暗中与最有发言权的高等法院法官取得了联系。外交大臣韦尔热纳现在也与他野心勃勃的同事作对，他将杜尔哥视为敌人，认为财政总监坚决反对法国支持北美殖民地反对英国的做法令人生厌——杜尔哥曾戏剧性地表示："第一声枪响会使国家走向破产。"[30]

朝臣和杜尔哥内阁同僚的抹黑宣传削弱了国王对这位政治家的承诺，路易十六和杜尔哥似乎有很多共同点，但后者缺乏对传统的尊重使国王深感不悦。路易十六对杜尔哥在一份报告中所体现的启蒙运动进步主义思想感到不满,在国王看来,杜尔哥试图谴责"庄严的制度,他竟然声称这些制度是几个世纪以来无知和野蛮的产物,似乎我的三位前任的统治可以等同于黑暗时代的统治"。[31]路易十六秉承了前几任国王的训诫,对杜尔哥摆出一副首席大臣的样子也毫不喜欢。国王私下表示:"杜尔哥先生想要成为我,但我不想让他成为我。"[32]1776年5月12日,路易十六以杜尔哥无视波旁王朝神圣传统为由,解除了他的财政总监一职。接任杜尔哥的是曾经担任督办,但更微不足道的克吕尼\*。到1776年年底,杜尔哥的全部改革计划——粮食贸易自由化、取消行会、结束劳役——都被取消了。

在派系斗争和个人野心的影响下,路易十六对试图革新的激进内阁的支持已经付诸东流。这位新国王将公众舆论视为政策风向标的局限性被无情地暴露出来(尽管他毫不犹豫地坚持这一点)。他召回高等法院的决策是以政治文化的革新精神为前提的,而这种精神显然未能实现——高等法院法官在血亲亲王的带领下,立刻恢复了昔日加以阻挠和刁难的习惯。对于杜尔哥这样的改革派大臣来说(莫普和泰雷也是如此),现在不得不面对的障碍是国王反复无常的性格。

路易十六的问题与其说是对原则的执着,不如说是这些原则的时常矛盾——这些原则包括他对作为统治者历史遗产的忠诚、对道德统治的执着以及对公众舆论的开明尊重态度。1775年6月举行的国王加冕仪式,证实了这些良好愿望的不可比较性。[33]在1774年底的一份简报中,杜尔哥敦促国王为实现开明的时代而将仪式现代化。他认为,在巴黎(而非兰斯)举行简短的加冕礼,将会节约更多成本、从参观者手中获得更多的收入,并且提供一个更加令人满意和开放的仪式,而通过这场仪式,国王也将得到"人民的爱与感激"。杜尔哥

---

\* 让·艾蒂安·贝尔纳·德·克吕尼(Jean Étienne Bernard de Clugny, 1729—1776),曾任普瓦捷、圣多明各、波尔多督办,1776年5月出任财政总监,10月卒于任内。

身着加冕礼服的路易十六

认为，一个建立在公众认同而非神权基础上的君主政体，不需要任何在所有不合时宜的细节层面上演的古老仪式。作为君主政体基石的加冕礼，似乎突然暴露在公共领域的腐蚀力量之下。激进的小册子作者表示，加冕礼为国王和人民提供了建立庄严联盟、重温社会契约的机会。包括杜尔哥在内的其他人都嘲笑这个"荒谬的仪式"是"一场政治游戏"，杜尔哥甚至在私下表示，加冕礼是"所有无用的开支中最无用的，也是最荒谬的"。

路易十六对杜尔哥做出了些许让步，加冕礼上有一些"开明的"礼仪。但总体来说，国王更多地接受了他身边高级教士们的观点，认为加冕礼是一种复兴的宗教仪式，在这个没有宗教信仰的时代，国王可以通过仪式做出神圣的，甚至是传教士般的承诺。按照自古以来的传统,加冕礼在兰斯举行,仪式的核心是坚定的中世纪主义和神权主义。例如,在加冕礼结束时,神圣的新任国王将触摸2 400余名贫民——这是超过一代的法国人第一次见证这种仪式。加冕礼誓词中要求消灭异教徒的部分得以保留(这让新教徒和启蒙哲学家们非常恼火),理由在于路易十四是这份誓词的作者,因此,正如路易十四所说,"改变传统的界限……让它们被智慧所取代"是不合时宜的。在兰斯大教堂的中殿放置了许多剧院内才有的长凳,仪式的关键环节也出现了不伦不类的、戏剧般的掌声,除了国王之外的很多参与者也都难以保持正襟危坐的严肃神态,以上种种使这场加冕礼虽然闪烁着永恒的光辉,却营造了一种喜剧般的氛围,甚至给伏尔泰留下了深刻印象。然而,这场加冕礼也是一部带有黑暗色彩的滑稽剧:普通民众被阻挡在大教堂门外,身穿礼服的国王出现在民众面前接受他们的欢呼——这项加冕礼的传统环节也被完全取消,因为有人担心会被解读为早期的契约主义。在启蒙运动后期发生变化的话语世界中,政治辩论日益世俗化,甚至路易十五都将对神权的唤起视为禁忌,这场加冕礼虽然没有引起新任国王的关心,却在不知不觉中,发明了一种具有崭新形式的宗教地方主义和政治保守主义。

## 北美的爱国主义

尽管杜尔哥的实验以失败告终,但年轻的国王仍然在全国范围内享有良好声誉——事实上,到1775年底,财政总监的声望已经相当低,以至于他的解职反而助长了国王声誉的提升。虽然在国王的加冕礼上出现了一些反对的声音,但改革的举动和政治复兴的情绪,在杜尔哥之前就已经不是新鲜之事了。在很大程度上,这种情况一方面要归功于莫勒帕的影响,由于杜尔哥被免职,莫勒帕在路易十六心目中的地位得到了加强;另一方面,也要归功于这些年的主导政策的影响,即法国卷入北美独立战争。这场战争让法国从侧面对宿敌英国发动了猛烈进攻,刺激了以国王为核心的大众爱国主义的重新抬头。

路易十六像一头笨拙的大熊,需要被舔舐才能练就政治手腕,而且他本来就对统治毫无兴趣。虽然他保留了从偶像路易十四那里继承来的宫廷礼仪,但这位年轻国王在仪式上的表现,总显得比他的朝臣们更加笨拙。他的政治道德观促使他走向一种自我表现的风格,重视人情味,而非冷漠和不屑一顾。这往往表现为对朴素家庭精神的偏爱——事实上,国王似乎在远离庄严仪式的情况下,以慈爱的丈夫或资产阶级家长的身份作为伪装,享受着最简单的快乐。根据克罗伊公爵的记录,国王和王后有一次分别带着自己的随从骑马外出,二人在布洛涅森林偶遇。王后"从马上跳下来,而(路易十六)跑到她身边,亲吻了她的额头。人们鼓起掌来,(国王)又在玛丽-安托瓦内特的脸颊上深情地吻了两次"。[34]这种非正式的风格有时会相当尴尬——因为天性羞涩的路易十六使他的自发行为成为一个问题——但毫无疑问,玛丽-安托瓦内特本人对礼仪的厌恶也在其中发挥了作用。王后对宫廷仪式的明显厌恶,成为人们广泛讨论的话题:一位来自安茹、名叫贝纳尔的神父在凡尔赛参加国王的公开晚宴时,注意到国王满脸红晕("喝了不少酒"),而王后几乎没有打开她的餐巾,只是非常无聊地摆弄着她的食物。[35]玛丽-安托瓦内特更喜欢在朝臣和亲密朋友的簇拥下享受快乐。她在每年春天组织的每周舞会名声斐然——而且是出了名的高档。她参加的许多欢庆活动都是在特里亚农宫等不对外公开的王室私宅举行的,那里参加活动的人可能更多。莱维公爵\*后来尖刻地回忆道:"除了一些因心血来潮或阴谋诡计而被指定的宠儿之外,所有人都被排除在外——不再有因等级、服务、尊敬或是高尚出身的人进入王室的私密关系圈内部。"[36]

---

\* 弗朗索瓦-加斯东·德·莱维(François-Gaston de Lévis,1719—1787),法国贵族、元帅。

在这幅画像中,玛丽-安托瓦内特因"衣着打扮与王后的身份不符"备受批评

国王夫妇对家庭亲密关系的重视,煽动了贵族的不满情绪,鼓励了阴谋和派系斗争。在路易十五统治期间,宫廷派往往围绕着国王的主要情妇们展开。路易十六对婚姻的毕生忠诚,使王情妇从政治舞台上消失了,但由于某种反常的、神秘的政治逻辑,派系反而围绕着王后个人活动。玛丽-安托瓦内特比她的丈夫小一岁,在政治上也不成熟,她在舒瓦瑟尔倒台后为其提供了政治庇护,舒瓦瑟尔正是1757年法奥联盟和1770年她自己婚姻的设计师。重新起用舒瓦瑟尔并不是完全不可能的,他许多可能的追随者都在王后的社交圈中活动——例如,雄心勃勃的图卢兹总教区总主教洛梅尼·德·布里耶纳\*,以及18

---

\* 洛梅尼·德·布里耶纳（Loménie de Brienne,1727—1794）,1763年至1788年间出任图卢兹总教区总主教,1778年至1788年间担任首席大臣、显贵会议主席。

世纪70年代后期一直试图取代韦尔热纳外交大臣一职的布勒特伊男爵[*]。舒瓦瑟尔在1776年去世的孔蒂亲王周围的支持者们也是如此。在"王后派"中，也可以找到追求享乐、热衷赛马的年轻贵族，例如吉讷公爵[†]、夸尼公爵[‡]和贝桑瓦尔男爵[§]；一些外国移民，例如来自瑞典的风度翩翩的费尔桑伯爵[¶]；还有一些亲密的女性友人，例如朗巴勒亲王夫人[**]和波利尼亚克公爵夫人[††]；此外，还有个别刚刚成人的年轻亲王，即普罗旺斯、阿图瓦和奥尔良的继承者沙特尔公爵（他将在1785年继承父亲的爵位）。这个团体是一个松散的组织，没有统一的观点，但它确实营造着某种对立的氛围——支持奥地利、王室宫廷和高级佩剑贵族——这与内阁相互背离。此外，这个新兴的"王后派"，至少在早期还取得了一次值得夸耀的"成绩"，他们在1774年参与了扳倒达吉永的行动，在王后眼中，达吉永对法奥联盟的怀疑态度因他和杜巴丽夫人的友谊而更加严重。

莫勒帕具有很强的政治管理能力，他能够驾驭国王持续的政治不成熟，并对新兴的"王后-莫勒帕派"加以控制。1776年，路易十六为莫勒帕授予了一个空洞的头衔——"王室财政委员会主席"，这有助于加强他在道德上高于其他大臣的地位。他现在也被允许参与国务

---

[*] 路易·奥古斯特·勒通内利耶·德·布勒特伊（Louis Auguste Le Tonnelier de Breteuil，1730—1807），1783年至1788年间出任宫廷大臣，1789年出任首席大臣。

[†] 阿德里安·路易·德·博尼埃（Adrien Louis de Bonnières，1735—1806），1776年获封吉讷公爵（Duc de Guînes）。

[‡] 弗朗索瓦·亨利·德·弗朗克托·德·夸尼（François Henri de Franquetot de Coigny，1737—1821），法国元帅。

[§] 皮埃尔-维克多·德·贝桑瓦尔·德·布伦斯塔特（Pierre-Victor de Besenval de Brünstatt，1721—1791），瑞士作家，法国元帅。

[¶] 汉斯·亚克塞尔·冯·费尔桑（Hans Axel von Fersen，1755—1810），瑞典外交官，玛丽-安托瓦内特的密友。

[**] 朗巴勒亲王夫人（Princesse de Lamballe，1749—1792），意大利贵族，玛丽-安托瓦内特的密友。

[††] 波利尼亚克公爵夫人（Duchesse de Polignac，1749—1793），法国贵族，玛丽-安托瓦内特的密友。

大臣和国王沟通事务的场合，凡尔赛宫布局的重新调整也使他可以通过秘密渠道非正式地接触到国王。莫勒帕还改变了政府的结构，他将大部分决策权从笨重的国务委员会转移到他认为更容易操纵的特设委员会。此外，他还旨在将玛丽-安托瓦内特的精力转移到非政治领域。与三十年前蓬帕杜夫人的命运相比，他在这项任务中取得了更大的成功：到18世纪80年代末，王后已经成为宫廷、外交、军事和教士任命权的主要庇护者，并成为高级时装和音乐方面的时尚领袖。莫勒帕巧妙地遏制了派系斗争的压力，这使他得以拼凑出一个相对统一的内阁。的确，在杜尔哥之后，一个出人意料的政府稳定时代开始了。韦尔热纳继续担任外交大臣，米罗梅尼尔继续担任掌玺大臣（直到1787年），萨廷继续担任海军大臣（直到1780年），圣日耳曼的接任者蒙巴雷\*也将继续担任陆军大臣。马勒泽布的继任者阿姆洛†，将在1776年至1783年间担任宫廷大臣。而在财政总监克吕尼在1776年卒于任上之后，这个在金融事务方面发挥重要角色的职务由日内瓦银行家雅克·内克在1776年至1781年间担任。

使大臣们团结在一起的原因，不仅仅是莫勒帕选择了他们的事实。在杜尔哥失败之后，莫勒帕制定了一整套外交政策方针以及实施此方针的财政战略——对此，不仅国务大臣们达成了基本共识，国王也表示了赞同。路易十六对前任国王为数不多的称赞之一，就是他克制而不咄咄逼人的外交政策。这位年轻的国王对1740年腓特烈大帝夺取西里西亚和1772年奥地利、普鲁士与俄国瓜分波兰所标志着的国际关系的衰落而感到震惊，并希望扭转这一趋势。他解散了"国王密情处"。他对外交大臣韦尔热纳说，"诚实和克制必须成为我们的口号"，

---

\* 亚历山大·德·圣莫里斯-蒙巴雷（Alexandre de Saint-Mauris-Montbarrey，1732—1796），1777年至1780年间出任陆军大臣。

† 安托万-让·阿姆洛·德·沙尤（Antoine-Jean Amelot de Chaillou，1732—1795），1764年至1775年间出任勃艮第督办，1776年至1783年间出任宫廷大臣，1779年当选法兰西科学院院长。

后者也同意法国应该"保持恐惧,而非寻求领土扩张"。[37]两人都对神圣罗马帝国皇帝约瑟夫二世的扩张主义外交政策保持高度怀疑态度,并拒绝支持盟国奥地利在1778年就巴伐利亚王位继承问题与普鲁士展开斗争。

然而,尽管他们持有各自的原则,但路易十六和韦尔热纳都对英国自七年战争以来造成的法国国际声望日益下降、波旁王室荣誉遭到削弱的局面深感不满。因此,从1775年起,英国在北美殖民地的叛乱为他们提供了使国际平衡向法国倾斜的黄金时机,他们没有花费太多工夫就放弃了所谓的美德原则。尽管行动起初被财政总监杜尔哥所阻止(他对将正在恢复的国家财政彻底交给战争的方式保持谨慎态度),但前任海军大臣、明显是一名"仇英者"的莫勒帕也参与其中。不过,杜尔哥的解职缓解了法国军事介入的趋势。额外的投入被用于萨廷主导的海军建设,韦尔热纳则努力说服其他欧洲列强相信,法国决心不打破欧洲大陆的势力均衡——法国的目的只是"破坏(英国的)商业和削弱(英国的)实力"。[38]当和平请愿以政治道德家无法驾驭的诡辩方式跨越英吉利海峡的时候,路易十六和韦尔热纳开始向北美的叛乱者提供秘密援助。资金、武器和粮食是通过不在明面上的前线组织提供的,例如企业家和剧作家博马舍在里斯本经营的企业;法国军官获得了休假许可,他们被允许跨越大西洋与英国人作战;法国甚至同意北美叛军使用法国的港口。最后,在1778年2月,法国政府与北美叛军签署了一份联盟和商业的条约,其中的秘密条款规定了法国对美国战后独立国家地位的承认。

英法两国的敌对行动于1778年夏天开始。法国早期的主要努力是拉拢西班牙加入联盟,继而准备在英国进行两栖登陆,并为征服直布罗陀做好准备。1780年,一支由罗尚博伯爵\*率领的约6 000名远征军

---

\* 罗尚博伯爵(Comte de Rochambeau, 1725—1807),法国元帅,参加北美独立战争的法国远征军司令,被认为是"美国的开国元勋之一"。

罗尚博伯爵和华盛顿率领联军围攻约克镇

来到北美。1781年,罗尚博伯爵、法国海军上将格拉斯\*和美国叛军司令乔治·华盛顿在切萨皮克湾附近发起联合行动,将康沃利斯†领导的英军围困在约克镇。英军不光彩的投降在欧洲产生了巨大影响:它使法国的公众舆论感到震惊,引起了英国政府的变革,并不可避免地推动了走向和平的进程。战争在美洲大陆、加勒比海地区和印度继续上演,英国甚至通过1782年加勒比海上的圣徒岛之战在一定程度上改善了自己的处境,这场战役使价值超过2 000万里弗的法国舰队沉入海底。然而,到那个时候,战争的总体结果已经显而易见:13个殖民

---

\* 弗朗索瓦·约瑟夫·保罗·德·格拉斯(François Joseph Paul de Grasse,1722—1788),法国海军将领,指挥法国舰队参加切萨皮克湾海战,直接导致英军在约克镇投降。

† 查尔斯·康沃利斯(Charles Cornwallis,1738—1805),1778年至1781年间出任北美英军副总司令。

地获得了独立。

1783年2月，英法和谈初步达成，9月正式签署了《巴黎条约》。法国的盟友表现出色：北美殖民地赢得了独立，西班牙得到了佛罗里达和米诺卡岛的回报。然而，法国本身没有获得太多领土，只被归还了少量殖民收益和土地——与1763年前重新征服加拿大或印度的属地完全不同。然而，战争和海军的胜利为法国的国际声望创造了奇迹，奥地利大使梅尔西伯爵认为：在一位强大的大臣的掌舵下，法国的实力和繁荣程度是其他国家无法比拟的。[39]战争也受到了法国人民的欢迎，他们允许路易十六像他的祖父在18世纪60年代所做的一样，摆出爱国者的姿态。这个"伟大的国家"似乎正在重回正轨。

北美战争打响之初，一份匿名的新闻报道就曾表示，法国人"只会谈论和梦想战争"，"除了战争和复仇，他们什么都做不到"。它的目的是"羞辱英国人的自尊心，并将英国在海上的平等权利和优势地位让与法国"。一种新的、寓意战争的"叛军"发型迅速流行起来，法庭不得不对此明令禁止，理由是代表英国的、像蛇一样逼真的发型可能会使女性精神紧张。[40]随着仇英情绪逐渐战胜了亲英情绪，国王像七年战争期间一样，成为爱国热情的焦点。1773年，在路易十六和玛丽-安托瓦内特第一次造访巴黎时，德·贝罗伊创作的、在18世纪60年代风靡法国的爱国反英剧作《加来围城》被专门安排向国王夫妇演出。[41]1775年德·贝罗伊去世后，他的讣告还在强调这位剧作家如何"向法国人揭示了他们热爱的国家的秘密，并告诉民众，爱国主义并不只属于共和政体"。[42]战争环境使路易十六沐浴在战士和保护者的荣耀中，也让他沉浸在对人民福祉父亲般的关怀中，这是他政治哲学的核心。路易十六的个人美德似乎让他的光辉更具吸引力。流行印刷品、小册子、报纸文字和廉价版画都在宣传"好国王"的形象，他被描述成一个有人情味的个体，仁慈、宽容，并且全心致力于他的爱国责任。他还被描绘了和孩子们一起散步、为有需要的人做慈善的形象，或者通过一些逸事突出他的亲和力与幽默感。通过流行印刷品和雕刻作品，玛丽-安托瓦内特的分娩、疾病、节日和生活事件也得以呈现。1786年，王室在瑟堡参观了海峡上正在建造的新的海军防御设施，这项活动凸显了年轻国王和广大民众的爱国热情。一种歇斯底里的集体情绪聚焦于路易十六个人，热情的人群高喊着"国王万岁！"，而沉浸在这种氛围中的国王也回应道："我的臣民万岁！"在军事战争的背景下，民众的君主主义思想和"准费奈隆式"的父权主义思想融合在一起：路易十六在这个"他的家庭"狂欢的时刻，把民众称作他的"孩子"。[43]

自路易十四时代以来，媒体对王室的曝光逐渐明显，如今又在资产阶级的公共领域中为它赋予了更大的活力，国王的家庭生活和公共生活比法国君主制历史上的任何时期都更广为人知。然而，与此同时，国王与民众之间的直接接触也明显减少了。路易十六及其王后都没有过多地偏离王室宫殿的常规路线，相比之下，即使是相对喜欢宅在深宫之中的路易十五也成了名副其实的"流浪者"。事实上，瑟堡之行是法国大革命之前，国王走出法兰西岛的唯一机会。凡尔赛宫的大门仍然敞开，让更多的人前来瞻仰国王的风采——一些英国访客对游荡在走廊和花园中的不怀好意的人感到震惊。但是，正如国王和王后发现将自己与贵族隔绝开来更为合适一样，对于全体民众来说，他们也更加注重保护自己的隐私。

这种"捉迷藏式"的国王展示活动是有风险的。例如，熟悉就可能会滋生轻蔑。这不是一些沉闷的朝臣的观点，开明督办和知名文人塞纳卡·德·梅尔汉\*就如此认为。例如，他曾表示："国王亲近臣民是好事，但这需要通过行使君权，而非让臣民熟悉他的社交生活来实现……这种熟悉让更多人看到了国王，减少了他们对国王的尊重。"[44]

---

\* 塞纳卡·德·梅尔汉（Sénac de Meilhan，1736—1803），1766年至1790年间先后出任拉罗谢尔、罗什福尔、普罗旺斯、瓦朗谢讷等地区的督办。

此外，王室宣传所引发的民众对国王夫妇家庭生活的兴趣，也不一定能仅限于家庭的舒适范围之内。因此，在路易十六执政初期，就传出了他无法与玛丽-安托瓦内特进行性生活的小道消息，据说其原因在于国王的隐私部位存在畸形（当然也可能是由于心理上的性功能障碍）。[45]到1778年，这个问题不复存在，国王夫妇开始孕育孩童：首先是一个女孩，然后在1781年生下了太子——这让人们大加赞赏。然而，对国王夫妇性生活的怀疑和影射永远不会消失。反奥地利宫廷派发起了一场更加尖锐的、针对玛丽-安托瓦内特的秘密诋毁行动：王后起初被攻击对婚姻不忠诚，之后又被说是贪图于性生活（与年轻贵族，甚至可能与国王的弟弟），最后又被抨击是"性变态"——尤其是与波利尼亚克伯爵夫人（后来成为公爵夫人）和朗巴勒亲王夫人保持所谓的"同性关系"。早在大革命时期的小册子作者染指之前，玛丽-安托瓦内特在不知不觉中就已经成了地下色情作品中的明星。

在北美战争期间，媒体对路易十六的包装具有很强的政治风险：一个自称绝对主义君主政体的国家正在帮助一个未来的共和国摆脱另一个君主立宪政体的束缚。韦尔热纳领导了一些行动，希望消除和解释这种明显的矛盾。作为外交大臣，他有权控制法国民众获得政治和国际新闻的外国媒体的发行，但他扩大了自己的影响力，发展出一台名副其实的新闻管理机器。审查制度更加严格：《法兰西公报》没有提到《美国独立宣言》，甚至淡化了比如1777年10月萨拉托加战役等叛军的胜利。韦尔热纳利用警察骚扰那些不服从命令的记者和作家。他还向国际新闻界提供编造的简报，贿赂编辑和记者，甚至毫不吝啬地资助一份新的《英国事态报》，这份报纸的具体任务是反击在其他媒体上出现的共和主义情感。

亲政府的媒体将法国对13个殖民地的援助及其联盟表述为实现古老的反英目标的纯粹工具性手段：法美同盟只是一种发自内心的、持久的仇英情绪的外在表现。此外，法美同盟还被认为是政治上的善意

头戴海狸皮帽的本杰明·富兰克林

之举,路易十六向年轻人提供了特有的慷慨和父亲般的臂膀。从政治上讲,后一种说法取决于殖民者与法国人的政治愿望存在本质上的不同。事实上,政府在宣传中非常强调美国人是一个"新的民族",他们停留在社会组织的早期阶段,试图建立欧洲社会长期以来的政体。因此,美国驻巴黎特使本杰明·富兰克林举止朴素,头戴海狸皮帽,穿着农民的衣服,头发散乱,在法国宫廷和上流社会的假发和时髦服装中,呈现出非常古板,甚至是原始的形象。

然而,法国并不能摆脱韦尔热纳和国王所担心的意识形态的影响。一位保守派作家质疑韦尔热纳的策略,称他"把关于人们天生就有、不可剥夺和不可接受的权利与固有主权的矛盾性论断"强硬地塞到国王和其他大臣的嘴里。[46]尽管法国在北美获得的成功使统治者的爱国主义荣耀得以巩固,并突出了法国在国际体系中的巅峰地位,但仍有许多人愿意将美国人的自由斗争视为一个寓言,希望这个寓言有朝一日可以从新世界传到旧世界。例如,当读者们看到政府宣传中的富兰克林是一个与高贵的野蛮人只有一步之遥的形象时，其他人却抓住了富兰克林所体现出的与人性美德直接相关的内容。一些人深受触动，他们把美国对自由的追求视为将自由移植到法国的序曲。其中特别突出的是在独立战争中服役的职业军人，他们或是在18世纪70年代末作为志愿军，或是在1780年后加入罗尚博伯爵的部队。例如，与诺瓦耶家族联姻的拉法耶特侯爵[*]、拉梅特兄弟以及罗尚博伯爵本人的政治观点都因参与北美的自由斗争而发生了改变。在他们看来，美国人与其说是未开化的准原始人，不如说是法国的政治老师。

因此，从18世纪70年代末开始，爱国主义被法国人欣然接受，这种"美式酱汁"可以用多种方式加以调制。爱国主义已经挣脱了詹森主义的司法-神学束缚，成为一种更加明显的世俗意识形态。即便如此，爱国主义仍然可以被随意解释。一方面，它指的是民众对君主政体的热情支持，"费奈隆式"的爱国主义似乎体现的是国王的社会主体的爱国主义。另一方面，这个词语也可以唤起对自由主义者同胞兄弟般的同情，他们正在改革自己的政治文化。此外，随着北美战争的结束，以及法国意识到爱国主义必须付出代价的事实，这个词语将进一步面临语义上的压抑。北美战争使法国的国家财政状况严重恶化，"爱国"和"革命"也逐渐成为同义词。

## 爱国主义的代价

1781年11月，法美联军在约克镇取得了辉煌的胜利，当消息被送到莫勒帕卧榻的时候，处于弥留之际的他因病重无法接受这个消息，也无法理解窗外疯狂的欢呼声。事实上，在那个时候，法国明显为自

---

[*] 拉法耶特侯爵（Marquis de Lafayette，1757—1834），法国政治家。曾在美国独立战争（1777—1783）、法国旧制度末期和大革命初期（1784—1792）和七月王朝（1830）期间发挥过重要作用。

己的军事参与付出了代价。一场财政危机迫在眉睫；宫廷派系斗争重新活跃；而且随着莫勒帕的去世，内阁的力量比它看起来更加虚弱。任何对政府问题的补救措施，都更加令人难以接受。此外，从财政上来说，此前法国参与美国独立战争的行动，对广大民众几乎没有造成什么痛苦。但在1781年以后，痛苦变得近在眼前。约克镇战役成为战争必须停止，而非由此开始的信号。

在北美战争的大部分时间里，法国的财政管理权始终握在一个人手中——雅克·内克。相对来说，杜尔哥在政治机构中似乎是一个局外人，但内克更是如此。44岁的内克唯一担任的政治角色是日内瓦驻巴黎大使，而这个荣誉性的职位还是他的日内瓦同胞为了感谢他对他们（以及他自己）带来的利益而授予他的，特别因为是内克作为法国驻印度公司董事所做出的贡献。这个日内瓦人有自己的政治抱负，而实现这些雄心的地方就是法国：他利用妻子在巴黎的沙龙作为宣传武器；与政界和文学界精英建立了商业和业余时间的联系；此外还撰写了反对杜尔哥经济政策的论战文章。在18世纪70年代早期，他曾帮助泰雷获得了一些重要的贷款，他知道政府财政的运作方式，韦尔热纳和莫勒帕也清楚地知道这一点，法国在卷入北美的事务中需要一些奇特的经济手段。内克的外国人和新教徒身份使他无法获得财政总监的头衔和特权，最初他被任命为财政总监塔布罗\*手下的王室国库主管；1777年塔布罗下台后，内克被提升为财政总监——事实上的财政大臣。尽管他得到了晋升，但内克并没有解释其中的原因；他的职责是生产供他人使用的弹药。这种将内克视为技术人员而非政治家的工具性观点，象征着他不仅由于自己的新教信仰被排除在国务会议之外，而且不具有进入国王内室的特权，这项仪式性的权利使在场者可以在国王的房间里讨论国家事务。

---

\* 路易·加布里埃尔·塔布罗·德雷奥（Louis Gabriel Taboureau des Réaux，1718—1782），1776年至1777年间出任财政总监。

雅克·内克，在路易十六统治期间曾任财政总监

直到1781年被迫下台，这个日内瓦人的形象似乎就和他的苏格兰前任约翰·劳在上一代人心目中那样，被视为一位财政奇才。在压力更小的和平年代，他接受了路易十六与杜尔哥达成的共识，即国家不破产和不征收新税，并在一场对法国来说代价不亚于七年战争的战争中继续坚持这些共识。1780年，第二个"廿一税"被延长五年，但这一政策只为法国带来了约2 000万里弗，其余收入几乎都是通过借贷获得的。内克使用了久经考验的方法，例如国家彩票、向各省的三级会议借款等等，但他对"终身年金公债"的依赖极其严重。大量借款由贴现银行负责处理，这一机构是内克在日内瓦的财政竞争对手伊萨克·潘肖[*]于1776年创建的，旨在为经济扩张提供廉价信贷。内克赶走了潘肖，把那些允许他涉足国际货币市场的银行家和财政家纳入贴

---

[*] 伊萨克·潘肖（Isaac Panchaud，1737—1789），瑞士银行家、财政家，英国奴隶贸易者。

现银行董事会,特别是其中包括了在《南特敕令》废除后流散在日内瓦、阿姆斯特丹、伦敦、加的斯和其他地区的新教徒财政家移民。

1777年,在韦尔热纳对这位日内瓦人的幻想破灭之前,他曾私下评论道:"如果内克能在不脱离这个体系的情况下结束战争,那么他将在他的领域成为一个非常伟大的人。"[47]不依赖于征收新税的自然反应会获得重要的政治和经济效益。特别是内克的策略有助于安抚那些在莫普时期饱受折磨的高等法院法官。1774年以后,莫勒帕和米罗梅尼尔证明了自己适应于莫普统治风格的高等法院管理体系,他们通过培养上层高等法院法官、保持消息畅通、向潜在的麻烦制造者发放薪金等方式,发展出一个友好支持内阁的派系。1782年,米罗梅尼尔吹嘘道:"自从我上任以来,高等法院法官从未小题大做。"[48]没有问题使得高等法院一方非常平静,高等法院法官可以从中获取政治资本。甚至在1780年第二个"廿一税"的延期方案也顺利获得通过。内克对财政的管理为国王赢得了荣誉,并进一步强化了他的爱国主义凭证。1780年,埃德蒙·伯克\*巧妙地反讽道:路易十六在内克的指导下规避了"随心所欲的财政",他真正成了"一个爱国的国王"。[49]

没有征收新税的战争堪称"内克体制"的顶点,它使公众信心成为法国历史上出现的一种新现象。首先,公众信心可以通过放弃征税选择权的方式得到提高。人们普遍认为,政府宁愿增加税收也不愿宣布破产,其原因在于破产可能会造成低额信贷的远离:纳税人总是可能成为借贷者祭坛上的祭品。那么,如果内克能够避免征收新税,他就能让国家的借贷者和纳税人双双满意。其次,通过开展强调内克的财政管理智慧及其(巧合般的)人道主义精神的公关活动,公众信心也获得了提升。正如他关于粮食贸易的论述所表明的那样,这位日内瓦人远没有杜尔哥那么自信,认为市场的隐形之手可以带来普遍的繁

---

\* 埃德蒙·伯克(Edmund Burke,1729—1797),英国政治家、思想家。辉格党保守任务,著有《反思法国大革命》。

荣和幸福。分析家们刚刚意识到，法国不是在经历人口减少，而是在面临人口强劲增长的局面；内克认为，人口增长可能会产生更多穷人，国家应该发挥积极作用，避免民众遭受痛苦和反抗斗争。他厚颜无耻地让自己的妻子实际承担起"卫生和公共福利大臣"的职责，后者着手改革医院、探望病人、鼓励精简慈善机构等等。除此之外，她还通过其他人道主义政策塑造内克的公共形象，例如：1779年废除王室领地上的农奴制，1780年废除司法酷刑。

内克对宣传的利用显然是为了使国王和他本人受益。这一点在他寻求通过省级"行政机构"的政治代表形式来吸引各省舆论，进而与国王建立起更紧密、更具同情心的关系的过程中表现得尤为明显（内克使用"行政机构"一词，也是为了避免与杜尔哥备受谴责的选举议会方案相提并论）。内克相信，这些机构可以发展成为检验和形塑公众舆论的重要部门。1778年，内克在一份向路易十六提交的秘密备忘录中强调，这种机构对国王的优势是自诩为具有代表性的督办和省级高等法院所不具备的。特别是对于各省的高等法院而言，应当将其只能完全限制在纯粹的司法领域。然而，国王对这一建议并不感兴趣，内克的最初方案也不得不被淡化。只有贝里和上吉约纳两个地区试验性地引入了这一模式。这种"行政机构"享有征税权，并在当地督办的监督下管理道路工程。这些机构保留了神圣的三级制度——成员的四分之一是教会人士，四分之一是贵族，二分之一来自第三等级，而且通过王室提名和拉拢（而非选举）的方式组成。对此，杜尔哥酸溜溜地表示，这些机构和自己选举议会方案的相似性，"就像风车和月亮一样"。[50]

最后，内克的目标是通过提高公众对其财政管理的信任，在这一领域中获得比以往任何一位国王或大臣所梦想的更多的透明度。他认为，国家财政事务的神秘感会对借贷者产生威慑力，而公开账目的好处在于，可以表明国王具有健康的财政状况，破产和征收新税不是迫

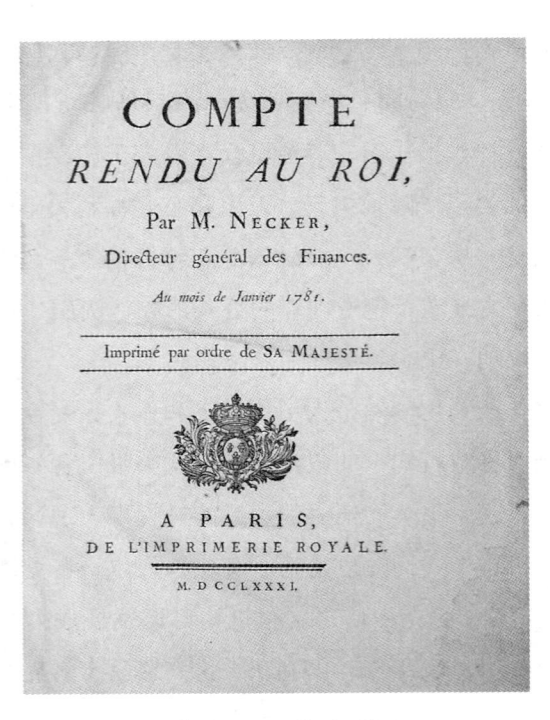

《国王账目》书影

在眉睫的事情。因此，在1781年2月，内克出版了一本《国王账目》，顾名思义，这不是一份提交给国王的秘密备忘录，而是一份公开的王室财政状况报告。朝臣克罗伊公爵沮丧地承认，这项工作是"一个伟大的政治创举"（尽管狡猾的莫勒帕称赞此举"既真实又适当"）。[51]《国王账目》在一夜之间成为畅销书，销量高达10万册。这本书无疑增强了内克的信誉和个人受欢迎程度。

虽然内克的理财技能将会受到他的继任者们（以及未来的历史学家们）的无情批评，但《国王账目》表明，在平均每年4亿里弗的日常支出外，国家的小金库中还有大约1000万里弗的结余。然而，至关重要的是，《国王账目》未能表现出北美战争给法国造成的全部额外开支。如果我们能重构内克关于这一问题的想法的话，那么他似乎对国家的日常开支和特殊开支做出了根本性区分，并且以下列条件作为基本假设：其一，国家可以设法从日常开支的账户中支付贷款的利息，从而不会出现赤字；其二，战争既不会持续太久，也不会太频繁；其三，一场有力的财政紧缩运动，使日常支出处于不断的审查之下。

经济政策确实构成了内克施政方案的一个重要方面。他延续了杜尔哥在王室内部削减闲职的工作，但在行政合理化改革上走得更远，对财政管理中的腐败行为发起了全方位的攻击。这些措施的目的不仅是为了减少国家在公费和津贴方面的支出，而且——正如泰雷所指出的——通过将由业余官员担任的职位（他们认为自己的职位是一种私人财产，应该为他们的投资带来回报）转变为由数量更少、更加忠诚的领薪官员担任的职位，以此来提高效率。内克的早期措施是买断王室领地和森林部门大约481名"可买卖官员"的职位，代之以数量极少的国家官员。同样，王室的几十名财政官员也被一名财务总管所取代。当六位有权有势的财政官员对内克在官僚机构中大刀阔斧的改革方案提出质疑时，内克立刻罢免了他们，并在随后又罢免了四名商业官员。1780年，内克罢免了48名税收总管，他们掌握了法国三分之一至二分之一的税收。此外，如果有买官者侥幸保留了职务，他们还将受到更为严格的审查。对账目的日常监督成为一项强制执行的措施，这样一来，持有国家收入的买官者就不会利用职务之便把钱借给国家——这是一种被广泛采用的财政腐败形式。高级的宫廷官员被禁止出售其部门内的下属职位，甚至像王室大总管孔代亲王这样的人物也必须严格遵守这项规定。总包税所也没有摆脱内克改革的影响：1780年，日内瓦人削减了总包税所的工作量，将征集王室领地收入和间接税的工作交给了领取国家薪水的官员。

作为一位百分之百的实用主义者，内克偶尔也会利用"可买卖官员"的优势为政府筹集资金——他在1780年决定将拍卖师变为向买官者开放的职位，以此为国库增加了大约750万里弗的收入。然而，更加具有内克个人特色的措施是，他坚持对个人纳税申报单进行更加仔细的监控来增加税收——这一问题曾令巴黎高等法院焦头烂额。这种增加收入的措施，就像建立一个更精简、更有效的税收机器一样，旨在确保国家日常账目的顺利运转，并且能够承受支付贷款利息所造成的额外负担。

内克的行政合理化策略，意味着中央对国家财政的控制达到了一个新的高度。"预算"一词直到1764年才进入法语，而它所代表的实践，还没有成为一种被接受的政府程序。弗勒里及其继任者们担心再次上演约翰·劳所引发的风波（由于当时对单一财政供应者的过度依赖而使国家蒙受了政治灾难），故意将权力下放纳入国家账目之中。因此，财政大臣们没有一个单一的收入基金，也没有必要的官僚机构来确定国家到底有多少收入和支出。"王室国库"由两个完全独立的司库负责。许多王室资金——特别是那些与开支较大的机构（陆军、海军、宫廷部）相关的资金，以及用于路桥工程、各省、工场审查方面的开支——根本没有经过两位司库之手，而是在不同的账目中进行处理。年度审计更是一场闹剧，由于1716年正义法庭被废除，对财政管理不善的司法审查也就不存在了。

内克的财政官僚机构改革方案，虽然代表了更现代、更集中的方向，但没有得到其他大臣同僚的欢迎。例如，在泰雷严格的财政管理体制下，造船业逐渐衰败，面对使法国海军与英国皇家海军相抗衡的任务，海军大臣萨廷成为最大宗的花钱者。从1726年到1775年，海军部的年度支出增加了四倍以上（从800万里弗到3 320万里弗），在北美战争期间，法国有四分之一到三分之一的国家借款用于海军开支。在1779年和1780年，萨廷开始使用未经授权的资金，内克对此非常敏感。两人争执不下，以至于国王不得不出面做出裁决（莫勒帕因病暂时休养）。路易十六坦率地表示，内克的理财能力使他"对我们更加有用"[52]，萨廷被立刻解职。

然而，到了1780年，内克为短期（而非长期）战争设计的财政策略，已经感受到新的压力。他被允许向英国发出和平的信号，但外交大臣韦尔热纳说服了国王和莫勒帕，认为法国需要留在战场上，以此获得军事干预的成果。然而，战争的延期和借贷成本的上升，正在威胁着内克维持国家日常开支信贷的策略。越来越多的证据表明，占政府借款一半左右的"终身年金公债"已经变得没有必要的那般昂贵了。"终身年金公债"的平均利率是8%，在18世纪80年代初上升至10%左右，但它对预期寿命的提高完全不够敏感。此外，允许贷方指定另一个人的生命作为年金基础的做法被财政投机者（具有讽刺意味的是，其中最重要的人是日内瓦银行家）所利用，而这些人指定的对象是那些在天花中幸存、特别健康的年轻处女。到了18世纪80年代，30名"不朽的日内瓦女仆"的生命，负担着数百万里弗的贷款。

内克对限制开支的需求愈发敏感，却又被其内阁同僚们缺乏财政训练的现实所削弱。内克赢得了与萨廷的竞争，海军大臣一职被他提名的卡斯特里侯爵[*]接任。1780年，在"王后派"重回政治舞台的压力下，作为财政总监的内克在整个财政部内的权威也得到了提升，而塞居尔侯爵[†]则接替蒙巴雷担任陆军大臣。然而，这两项任命却破坏了莫勒帕精心构筑的和谐的内阁框架。莫勒帕和韦尔热纳对内克日益增长的影响力感到不满，年近耄耋的莫勒帕还有接任国王导师的野心。此外，内克的政策造成了他与其他大臣之间的紧张关系，这让宫廷内部的一些派系、买官者集团和经济利益既得者深感欣慰，他们痛恨内克的吝啬、对责任的粗暴坚持和对行政合理化的偏好。

在这种背景下，内克在1781年2月出版的《国王账目》，可以被

---

[*] 夏尔·欧仁·加布里埃尔·德·卡斯特里（Charles Eugène Gabriel de Castries，1727—1801），法国元帅，1780年至1787年间出任海军大臣。
[†] 菲利普·亨利·德·塞居尔（Philippe Henri de Ségur，1724—1801），法国元帅，1780年至1787年间出任陆军大臣。

看作是对他的财政和政治命运的一种略显绝望的举措。清楚明晰的王室账目能使质疑者噤声,并为战争的继续所必需的巨额贷款奠定基础。事实也证明了这一点。此外,《国王账目》的出版还旨在通过在全国范围内唤起公众舆论和改革受益者来支持内克日益衰落的政治地位。然而,尽管《国王账目》提高了内克在民间的地位,却削弱了他在政治上的生存机会。《国王账目》理应是"国王的秘密",而不应该成为公众关注的焦点,内克的想法让莫勒帕那样的守旧者和韦尔热纳那样的自然保守主义者深感震惊。此外,内克还引起了民众对王室宠臣和朝臣的养老金数额的愤慨,这也使他成为另一批人的长期敌人。

1781年4月,路易十六的弟弟普罗旺斯伯爵做出了一个令人震惊的恶意行为,这标志着他自此卷入了派系斗争的世界:他泄露了内克在1778年写给国王的支持省三级会议的备忘录。在这份文件中,内克

路易十六之弟普罗旺斯伯爵,即日后的路易十八

很好地比较了省三级会议和高等法院与地方督办的差异。由此，在巴黎的高等法院和王室行政机构的中心都爆发了骚动。一场小册子战争加入其中，人们对《国王账目》中那些光辉人物的可靠性提出了种种质疑。在这个关键时刻，国王要求韦尔热纳就《国王账目》的可取性提供合理论据。韦尔热纳对《国王账目》大加嘲讽，认为它是日内瓦人——更糟糕的是英国人——的伎俩，并对内克及其整个部门的"创新精神"严厉谴责。[53]内克采用像掷骰子一样的方式最后一次尝试巩固个人地位。1781年5月16日，他向国王提出申请，要求加入国务委员会，并控制陆军和海军的开支。这项要求显然太高了。如果国王同意内克的请求，那就是把财政大臣置于其他大臣之上，并使国王失去韦尔热纳和莫勒帕的无条件支持。路易十六断然说不。被拒绝的内克目瞪口呆，当场辞职。

关于内克下台时王室财政问题的严重程度，历史学家们仍存在分歧。然而，明确无误的是，内克的辞职使这个问题进一步恶化。在1781年至1783年间（战争结束前的两年），法国的借款和内克在1781年之前五年间的借款一样多。新贷款的利率往往更高，从而加重了日常开支的负担。到1783年北美战争结束后，法国的国家债务增加了10亿里弗，这意味着每年还要额外支出1亿到1.3亿的利息。由于内克的继任者放弃了日内瓦人用以支付额外利息的裁员和行政合理化政策，这就使这种情况几乎不可能维持下去。

内克的继任者是出色的"王室仆人"约利·德·弗勒里[*]，与前任相比，他拥有更少的自由裁量权，因此他惊讶地发现，财政状况远没有内克在《国王账目》中描绘的那样乐观。内克写在日常账目上的1 000万里弗盈余，实则是1 500万的赤字；按照约利·德·弗勒里的预估，国家拥有数额庞大的非常规借款，即使在未来十年中分摊这

---

[*] 约利·德·弗勒里（Joly de Fleury, 1718—1802），1781年至1783年间出任财政总监。

笔欠款，国家每年的财政赤字仍将超过5 000万里弗。约利·德·弗勒里的家族关系遍布高等法院和穿袍贵族阶层的每一个角落，这对他的新税制改革来说具有非常宝贵的价值。法国海军在1782年圣徒岛之战的失利，成为他向高等法院提请颁布法令的借口，这份法令以迫切的军事需要为由，建议征收第三次"廿一税"，税期维持三年。高等法院对此几乎没有任何异议。约利·德·弗勒里还向财政和行政机构保证，在欧洲银行业的世界性环境中，浮动贷款的时代已经宣告结束。与内克相反，他还试图利用买官者的信任，并由此开始施行新的政策，全面恢复被内克取缔的"可买卖官员"的职位（甚至包括一些在泰雷和杜尔哥时期被取消的职位）。恢复48名税收总管的职位是改革初期一项令人震惊的政策，随后还有许多其他职位被相继恢复。对高级宫廷官员的严密审查被取消，对账目的监督也得到了放松。复职的官员们对重新上任充满感激之情，进而慷慨地提供贷款，但即使如此，仍不足以让陷入困境的王室国库恢复正常。

内克下台不过一年，约利·德·弗勒里就已经抛弃了前任的财政紧缩、财政管理的中央化和理性化，以及拒绝新税制的政策。内克最头痛的问题之一——实际上也是他辞职的原因——是财政总监对其他部门的支出缺乏控制，但这个问题并没有得到解决。在莫勒帕之后，派系斗争顽固地阻碍了内阁财政政策的统一，这点在其他方面也得到了同样的印证。尤其是海军大臣卡斯特里意识到，除了国王之外，他没有义务向任何人汇报自己的账目。更严重的是，即使与英国达成了和平协议，法国海军的开支仍然相当巨大。卡斯特里认为，当下的和平完全不能令人满意，他试图将海军维持在战争状态，准备与英国人重新开战。在其看来，这场战争迫在眉睫。卡斯特里的案例表明，莫勒帕在杜尔哥倒台后着力协调的国务大臣之间的团结局面迅速瓦解。莫勒帕的影响力在他去世之前的一段时间内就已经下降了。1780年，他未能阻止国王对塞居尔和卡斯特里的任命,这两名宫廷贵族成为政府的核心,他们不仅对"鲁滨孙式"的官员极其蔑视,而且与玛丽-安托瓦内特周围的派系保持着密切联系。莫勒帕体制的消亡使"王后派"冲出了他在1776年以后设法遏制的宫廷庇护圈,重新出现在政治舞台上。

尽管直到18世纪80年代末,政府人员组成基本都保持稳定,但这掩盖了政府内部日益严重的分裂程度。外交大臣韦尔热纳是最接近莫勒帕的继任者,但事实证明,他完全无法像莫勒帕那样做到息事宁人,他实际上更愿意扮演派系领袖的角色,而不是担任在各部大臣之上的协调者。国王尊重韦尔热纳(对于他的大多数大臣而言,他现在都表现出某种轻蔑的态度),但他不愿意让人认为他有一个首席大臣,所以韦尔热纳也很少得到超过其他大臣的优先权。他不能旁听国王与其他某位大臣的讨论,这意味着他无法像莫勒帕那样对各部大臣协调和监督。此外,韦尔热纳所积累的大部分影响力,都花在为自己和家人谋求利益之上。作为新贵的韦尔热纳遭到了朝臣们的憎恨,他出身低微,并试图利用自己的地位将其家族成员安置在整个政府机构的重要位置上。

最具代表性的是,韦尔热纳为控制高额开支部门和无序会计程序所做的努力,非但没有缓和,反而进一步加剧了内阁的分歧。1783年2月,一个新的"财政委员会"成立,成员包括韦尔热纳——他现在的头衔是王室财政委员会主席——掌玺大臣米罗梅尼尔、财政大臣约利·德·弗勒里,以及国王本人。各个部门都需要定期向这个委员会提交账目,并获得批准。塞居尔和卡斯特里认为自己正在与穿袍贵族同僚们进行一场殊死竞争,无休止地对此加以阻挠。几个月后,约利·德·弗勒里在与卡斯特里就未经授权的海军开支展开的斗争中败北,只能黯然辞职。

约利·德·弗勒里的继任者是年轻但经验丰富的财政官员勒费弗

尔·德·奥尔梅森*，此人非常诚实，国王总是对他的政治美德表示赞许：''你有道德，而且不是一个阴谋家。''[54]但事实证明，诚实的品质既不足以让他应对财政危机，也不能让善变的君主保持对他的青睐。此外，韦尔热纳似乎使他的同事的工作变得更加困难：奥尔梅森惊讶地发现，外交大臣在没有告知财政总监办公室的情况下，就擅自动用了这个部门的账目，以国王的名义从旁提耶夫公爵†那里购得了一座位于朗布依埃的城堡。不过，两位大臣就此问题达成和解，韦尔热纳支持奥尔梅森对征收间接税的改革方案，其中涉及从税收耕作转向国家直接管理的形式。此举最终导致了政府与总包税所的正面冲突，后者策划了对作为政府短期贷款来源的贴现银行的挤兑。韦尔热纳懦弱地退缩了，把善良的奥尔梅森当作牺牲品献给了高级金融界。自从内克下台后，国家再一次落入高级金融界的魔爪之中。

在奥尔梅森之后担任财政总监的是夏尔-亚历山大·德·卡洛纳，由于北美战争的开销（内克对此负有部分责任）和《国王账目》事件（日内瓦人对此负有全部责任）造成了一系列围绕王室财政问题的争端，他面临着更加困难的挑战。内克曾经大胆尝试用他从一个非常分散和混乱的会计体系中得出的数字来建构王室财政模式。尽管他非常努力，但正如其政治对手立刻指明的那样，内克不是一个无私的分析师，而是一个看起来毫不光彩的、在账目上损失惨重的玩家。内克倒台后，关于王室财政状况的索赔和反索赔都无法以公正的方式得到裁决。因此，《国王账目》究竟是打开了透明之窗，还是一个粗鄙的、自私自利的政治寓言，这一点仍然无法确定。由于内克在被解职后选择了继续从政，而国王则听从韦尔热纳的意见，与任何内克的"创新

---

\* 勒费弗尔·德·奥尔梅森（Lefèvre d'Ormesson，1751—1808），1783年短暂出任财政总监，1792年出任巴黎市长。

† 旁提耶夫公爵（Duc de Penthièvre），即路易-让-马里·德·波旁（Louis-Jean-Marie de Bourbon，1725—1793），路易十四和情妇蒙特斯庞侯爵夫人的孙子。

精神"都保持距离、完全闭口不谈，表现得仿佛财政问题是国王一个人的事情，这就使问题更加糟糕。故而，内克的继任者们在就任财政大臣后，总会因为面对着"日内瓦巫师"和整个文人公共阶层对他们的批评，而把自己的任务变得非常复杂。无论国王多么讨厌这个事实，国家的财政管理已经成为公共领域中议论的一个话题。

## 费加罗的"主宰"

在国务大臣和王室财政官员的焦虑情绪之上，在北美和平达成所带来的欢呼声之上，费加罗这个活泼而暧昧的人物形象也出现在当时的法国社会之中。众所周知，皮埃尔-奥古斯特·卡洛纳·德·博马舍在1775年上演的戏剧《塞维利亚的理发师》取得了巨大成功，他很快又创作了续篇《费加罗的婚礼》，讲述了男仆费加罗和一名女管家的故事。然而，人们认为这部戏剧在政治上太过激进，以至于无法上演。据说，第一部剧中对人性弱点的轻松讽刺，在后来变得更加尖锐，包括了对国王密札和国家监狱巴士底狱的攻击，使其很快在关于政治专制主义的辩论中几乎具备了图腾一般的价值。此外，博马舍知道自己在说什么：他的职业生涯和他的创作一样丰富多彩，他是发明家、商人、投机者、冒险家、政府间谍、小册子作者、出版商、北美叛乱者的助手等等，除此之外，他还体验过国家监狱的内部情况。这部新作的情节由一系列具有道德缺陷的人物所构成：虚伪的巴西利奥、好色的巴尔托洛、善变的凯鲁比诺、贪污的法官、无知或酗酒的农民，而故事的核心是贵族领主阿尔马维瓦伯爵，他是一个玩世不恭的浪子。阿尔马维瓦伯爵报复心强、贪婪、对妻子病态地不忠（他试图将封建的初夜权强加给男仆的未婚妻），而且——最不友好的说法是——非常愚蠢，正如博马舍所说，这位高贵的贵族是这样一个人物："作者对他的尊重十分慷慨，没有把人民的恶习借用在他身上。"[55]

在剧中，伯爵最初贬低为"心灵童话般"的爱情征服了一切，甚至战胜了一个大领主的罪恶。然而，就在费加罗通过巧妙的安排，让伯爵从自己未婚妻的怀抱中回到伯爵夫人的床上之前，他已经在主人不在场的情况向其宣布：

> 因为你生来就是大领主，所以你觉得自己是一个伟大的天才！……高贵、财富、等级、地位——所有这些都让你感到骄傲！但你为得到这些好处做了什么？你只是为自己的出生添了麻烦，仅此而已！[56]

这部戏剧将讽刺、夸张、辛辣和崇高混合在一起，再加上邪恶的幽默，使它变得危险——甚至因太过危险而不能上演。《费加罗的婚礼》于1778年完成，但直到1781年，法兰西喜剧院才同意其演出。然而，路易十六等诋毁者的裁判似乎阻碍了这部戏剧的前景。国王让王后的侍女康庞夫人[*]给他读这部戏。当她读到费加罗那段著名的独白时，国王厌恶地站了起来：

> 可恶！我们必须摧毁巴士底狱，这样才不会让这部剧成为危险的无稽之谈。这个人在拿政府必须尊重的一切事情开玩笑……不，当然，你可以肯定（这部剧将永远不会上演）！[57]

国王的弟弟普罗旺斯伯爵、掌玺大臣米罗梅尼尔和宫廷中的"虔诚者派"一同加入了王室发表厌恶的和声中，巴黎总教区总主教禁止他的教徒观看这部戏剧。

---

[*] 亨丽埃特·康庞夫人（Henriette Campan，1752—1822），法国贵族，与玛丽-安托瓦内特相伴二十余年。

《费加罗的婚礼》

事实证明,路易十六在艺术审查方面就像他在公共政策方面一样无能。"王后派",连同阿图瓦伯爵在内,都喜欢《费加罗的婚礼》,而巴黎的知识分子们也纷纷要求在首都的文学沙龙里阅读这部戏剧。很快,俄国女皇叶卡捷琳娜[*]就吵着要它的剧本。1783年,宫廷大臣布勒特伊同意法兰西喜剧院在凡尔赛宫的舞台上以半私人的形式进行演出,但国王在最后一刻禁止了它。但《费加罗的婚礼》正在取得进展,阿图瓦伯爵让其在一次私人场合为王室上演。剧本经过了修改——背景从法国搬到了西班牙,涉及巴士底狱的内容被删除,各种

---

[*] 叶卡捷琳娜二世(Catherine II,1729—1796),1762年即位为俄国女皇。

对教权的嘲讽也被裁减干净，在最终聘请了一位具有同情心的审查官（剧本的第六任审查官）之后，这部戏剧于1784年4月27日在巴黎的法兰西喜剧院公开演出。

史无前例的12次谢幕象征着《费加罗的婚礼》所取得的胜利。按照《秘密通信报》的报道，"人们笑声不断"。[58]国王的弟弟们出席了首演，而朗巴勒亲王夫人则带领着凡尔赛宫的女性代表团，挥舞起她们的钻石。公爵夫人们宁愿蹲在花园里简陋的凳子上，也不愿意错过这场盛会。在剧院外购票的拥挤人群中，三名不幸的旁观者因此丧生。然而，博马舍的苦难并没有结束。他与报纸上的批评者们发生了不合时宜的争吵，国王很随意地中断了自己的牌局，在一张"黑桃7"的牌面背后签署了拘捕令，将其短暂关入圣拉扎尔修道院的国家看守所。博马舍的支持者们很快利用了这个悖论，强调了文化生活的变化，路易十六的厌恶正是这部戏剧的最佳广告。截至1787年，该剧在巴黎的演出场次达到了前所未有的100场，作者积累了约6万里弗的版税，在外省上演了无数次，并被翻译为欧洲的各个主要语言。莫扎特根据达·彭特填词的剧本改编的歌剧\*，已经让费加罗成为欧洲文化想象中的一个固定角色，整个欧洲大陆都在演奏莫扎特的曲调，在费加罗式的幽默中发笑。

不过，到底是什么笑话呢？宗教领域中的偏执者们从来没有发觉莫里哀的《塔尔士夫》有什么问题，而贵族男女现在是博马舍最热情的赞助者，他们在剧作中的形象虽然丑陋，却很有魅力，对自己的同类发起了攻击。根据同时代人的记录，人们看到宫廷贵族们玩笑式地拍打着自己的脸颊，表示他们兴奋地接受了剧中的讽刺。确实，观众们在剧作中发现的大部分美好之处，就在于它的俏皮。国王个人的愤

---

\* 沃尔夫冈·阿马德乌斯·莫扎特（Wolfgang Amadeus Mozart，1756—1791），奥地利音乐家，1786年与意大利诗人洛伦佐·达·彭特（Lorenzo Da Ponte，1749—1838）合作改编了四幕喜剧《费加罗的婚礼》。

怒，使每一场演出都成为公众越界行为的微观呈现。国王、教会、批评家、审查员、国王密札和国家监狱，都没能使《费加罗的婚礼》及其无法抑制的作者保持沉默，这成为投石党人（以及启蒙哲学家）欢呼机智幽默的胜利和为公众舆论平反的寓言。这部戏剧的命运实际上使言论自由事业、对任意逮捕的法律赔偿问题以及国家权力特征进一步戏剧化，这些问题将贯穿18世纪80年代所有更严肃的场合。

外交大臣韦尔热纳在1781年曾经表示，"法国不再拥有教士、贵族和第三等级"，"这种区分是虚构的、没有任何实际意义的、纯粹的表面现象"。这是他作为王室仆人的一厢情愿的想法，明显高估了君主政体在削弱古老制度上的权力。韦尔热纳还曾表示，"君主的讲话，所有臣民都必须服从"[59]——博马舍和费加罗都有理由因为这句话而狂笑。《费加罗的婚礼》似乎表明，路易十六似乎无法管理自己的剧院团体、宫廷或家庭，更不用说统治他的王国了。除了作为政治压迫的指示器以外，这部戏剧还促使民众在社会中进一步质疑贵族的社会效用性和为国服务的能力，以及在一个日益由公民而非臣民构成的世界中受尊重的价值。

博马舍及其创作都没有反对贵族本身。费加罗的人生目标是获得资产阶级的体面地位，他希望通过自己的功绩而非用街垒战斗达成这一目标。博马舍也不是一个明显的反贵族主义的支持者：因为他本人就是一位贵族。他早年以钟表匠为业，其早期作品非常符合狄德罗开创和理论化的资产阶级戏剧传统：据其自述，他在1770年创作的《两朋友，或里昂商人》是"为商人创作的……旨在致敬第三等级"。[60]然而，在此之前，他已经利用自己的宫廷关系获得了王室钟表匠的任命，积累了大量的个人财富，使之有能力购买贵族官职：1761年，他用现金购得国王秘书的职位，这是一种获取贵族地位的直接手段，随后又在王室领地担任了一个"可买卖官员"的职位，成为一名不起眼的高等法院法官。

博马舍，法国喜剧作家，《费加罗的婚礼》作者

博马舍（或者说"卡洛纳"才是他真正的父姓："德·博马舍"作为一种虚荣的社会攀比，是他在职业生涯早期加上的）并不是唯一追求贵族地位的人。大约有 4 000 个官职（包括市政、法律、行政和军事领域）可以使它的担任者获得贵族身份，尽管其中许多官职已经由享有贵族地位的人担任，但这构成了资产阶级向贵族阶层渗透的一个重要渠道。一个世纪以来，君主法庭法官的价格明显下降，一部分原因是他们命运的不确定性，另一部分原因是他们处理的法律事务（以及因此可能获得的薪水和津贴）逐年减少。不过，总体而言，贵族官职的买卖非常活跃，这不仅得益于全国范围内信息的快速流通，而且鼓励了全国市场的形成：在被称为"公告"的全国广告网络中，贵族职位（与领主和封建主头衔类似）与牙粉、马车、雨伞和宠物一样被广泛宣传。博马舍买下的国王秘书一职（就像此前的伏尔泰一样）是

提升社会地位的毫无疑问的手段，这个职位不需要承担任何责任。即使它的售价飙升到12万里弗之上，也仍不乏买家。这些买家通常是富商、制造商和财政家，偶尔也有成功作家，或是臭名昭著的像刽子手桑松这类的怪人。在整个18世纪，大约6 000名平民通过购买贵族职位的方式进入了贵族阶层——仅在路易十六的短暂统治期间就有约3 000人。他们构成了贵族等级约40 000个家庭中总人数的七分之一到六分之一。

博马舍对贵族的接受在另一个方面也堪称典范。18世纪的贵族享有相当多的财富、资产、社会尊重和文化资本，因此，如果贵族身份是可以获得和可以负担的话，就需要用最自我否认的政治原则或卢梭式的道德品质来加以抵制。享有贵族地位的人数尚不足法国人口总数的1%，却垄断了国务大臣（像内克这样的人是规则之外的个例）、高级行政、财政和司法官员、王室职位、军队高级指挥官和主教身份。他们拥有全国五分之一至三分之一的耕地，在国家商业和金融生活的诸多领域都处于主导地位。在社会的各个层面——村庄、乡镇、城市、首都、宫廷——贵族也总比和他们共同居住的平民要富裕得多。此外，他们还是最重要的艺术赞助者和最引人注目的文化消费者。

贵族主教塔列朗——之后成为法国大革命的政治家和主要幸存者——后来声称，"贵族不是一种，而是七八种"[61]，他还谈到了一些具体的划分——穿袍贵族和佩剑贵族、宫廷贵族和外省贵族、旧贵族和新贵族等等。就财富而言，贵族阶层肯定是高度异质化的。抛开五六十名超级富裕的、以宫廷王室为基础的贵族不谈，到18世纪80年代，贵族的总人数约在20万至25万之间，大致可以分为三类：五分之二的人极其富有，五分之二的人生活舒适，最后五分之一的人徘徊在沦为第三等级的边缘。概括而言，在1715年已经拥有了最多财富的贵族，将在整个18世纪都处于最有利的地位，他们在财富、社会、政治和文化地位方面，都可以收获更多利益。他们持有的大量土地，可以使他们从农产品价格的持续上涨和随之而来的地租增长中获得极大收益。相当数量的中产阶级和富裕贵族，对整个经济的增长做出了不成比例的贡献。例如，法国北方"大面积耕作区"的贵族农场主，非常支持引进英国人和荷兰人开发的新型集约化农业技术。采矿业、玻璃制造业和钢铁生产业都被视作等级制度的一部分，由贵族主导。许多纺织厂和化工厂的老板都来自第二等级，而在南特、鲁昂和波尔多等港口城市，贵族和富裕的资产阶级形成了一种商业寡头政治，进入一些经济增长显著的领域，特别是殖民贸易之中。

如果说贵族越来越多地参与了国家的经济生活，那么这至少在一定程度上是因为取消贵族资格的原则不再将其排除在外。虽然活跃的官职买卖市场有可能使资产阶级"封建化"，但剥夺贵族资格在法律层面的放松正在使贵族更多地与市场力量联系起来。与从事丧失贵族资格的经济活动相比，一名贵族更有可能因为他无法缴纳人头税而丢失自己的地位。黎塞留和科尔贝尔始终尝试让贵族们参与贸易，到1701年，贵族们可以自由从事批发和海上贸易，他们的租船、建筑和海上运输保险等行为不会使其失去贵族的身份、荣誉感和特权。1767年，制造业和银行业也被列入许可名单。购买王室秘书之职不要求个人必须放弃任何形式的经济活动。在布列塔尼，贵族身份可以"沉睡"，也就是说，一名贵族可以从事商业活动来恢复他的财富，一旦完成之后，他还可以恢复此前的身份。例如，作家夏多布里昂<sup>*</sup>为了维持他在孔堡的世袭地位，曾经转而从事租船和奴隶贸易。政府为了证明对贵族地位和经济活动的可协调性的承诺，还通过王室专利权证书的方式对成功的商人封爵，强调这些人所体现的社会效用和个人美德。1767年起，政府每年为成功的商人和制造商举行两次授爵仪式——确实，这个频率相对适度，甚至杜尔哥也没有选择加速。

---

\* 弗朗索瓦-勒内·德·夏多布里昂（François-René de Chateaubriand，1768—1848），法国作家、政治家，代表作长篇自传《墓畔回忆录》。

贵族和商业资产阶级上层之间的利益共同体以商业为导向，有时会使在理论上重视血缘和荣誉而非金钱关系的老贵族感到尴尬。像布兰维利耶这样为贵族辩护的知识分子后代强调，贵族秩序源于原始的"血液和土壤"，进而声称博马舍这样的贵族商人和受封者根本就不是贵族。事实上，为了掩盖贵族的商业活动，各种各样的计谋（出面者、同睡行为等）交织在一起。然而，这种忸怩作态已经过时了。"可买卖官员"是荣誉与金钱结合的润滑剂。商业合作关系越来越多地通过跨阶层的婚姻来实现：在贵族的婚姻市场上，一名可爱却出身贫寒贵族家庭的女孩，与另一名丑陋但出身商业或金融贵族之家的女孩相比，前者的价值要低于后者——许多出身名门的继承人一定会为此感到懊悔。启蒙运动的共同文化也为精英群体的成长铺平了道路：正如我们已经看到的，贵族遍布于资产阶级的公共领域之中。[62]

然而，在贵族精英和商业阶层之间，仍然存在着相互不信任、不合作的领域，过分夸大贵族参与经济扩张的程度和他们与第三等级的融合程度，也不免会造成误解。尽管贵族在采矿业和冶金业中占据主导地位，但在世界范围内而言，平民的活动远远超过了贵族对工业的参与程度。事实也证明，政府总是比贵族阶层本身更热衷于建立一个商业贵族。剥夺贵族资格的行为，与其说是立法规定，不如说是一种心态。在贵族阶层中，有四分之一的人通过在军队中任职来维持他们自中世纪以来的地位，大约6%到8%的人从事令人尊敬的法律职业。许多较为贫穷的贵族根本没有资本投入贸易、工业或农业改良领域。无数人与生俱来的傲慢态度，使相当一部分贵族无法参与在传统上需要回避的各种致富手段。此外，对于每一个放弃经济活动的贵族来说，都对应着一个希望过着悠闲懒散生活的资产阶级——这种状态通常被称作"像贵族一样生活"。这一点非常重要，也许（考虑在第二等级中发生的改变）已经变得不合时宜了。

直到科尔贝尔的时代，资产阶级从事商业活动，而不与社会上那些拥有更多资本、现金和关系的人竞争，一直是他们的隐性特权。一个世纪后，这种情况完全改变了。宫廷贵族，特别是在政府任职的贵族，通过他们的影响力、关系网和极大的优先权，从在国家经济战略中的作用获益。政府是法国经济的工业制成品中最大的客户：它维持着欧洲最庞大的军队之一；到18世纪80年代，它发展了一直可与英国匹敌的海军；它还扮演着文学艺术事业的慷慨资助者的角色。国际实际上成为商业合同和经济法规的交换所，可以使公司、王朝甚至某些地区取得成功或破产。18世纪朗格多克部分地区羊毛业的繁荣建立在军队制服合同的基础之上，在朗格多克出色的孩子、枢机主教弗勒里的影响下，18世纪初签订的这些合同成就了当地的金融王朝。与之类似，卡斯特里侯爵在18世纪80年代担任海军大臣期间，从王室那里获得了重要的采矿特许权，推动了塞文地区的工业发展，使他与勤奋但人脉较差的图贝夫家族形成了竞争关系，后者最终因厌恶而选择移民。特别出众的是克罗伊公爵，他是一位勤勉的朝臣和值得信赖的将军，利用一系列国家特权（包括政府下令禁止进口具有竞争力的比

凡尔赛宫中贵族们奢华的舞会

利时煤矿），开发了昂赞地区的高利润煤矿。

正如商业批评者经常指出的那样，王室宫廷的交易不仅局限在服务和地位层面，而且包括了经济利益。由于地位特权成为可以交换的商品，所以贪婪似乎取代了荣誉，成为宫廷恩惠的施加方式。在巴黎和凡尔赛，财政家们是强势存在的一股力量，也是刺激贵族参与商业活动的一个因素。宫廷贵族往往不会以家族企业的形式与商人展开竞争，而是利用巴黎货币市场可以获得的资本，投资主要资本家的风险项目：采矿业和冶金业，以及新兴的、充满活力的领域——例如化工业、殖民冒险、蒸汽动力的制造业、印花棉布业等等。此外，在很多情况下，贵族的"参与"只不过是他们做出自己所热衷的、与赌博类似的投机姿态而已。

宫廷的恩惠在平民商业界引发了不满。这种情况在国家垄断的工业和服务业领域尤其明显。例如，塞特港的商人们竭尽全力，也没有打破路易十四授予其在马赛的竞争对手、黎凡特人的贸易专有权。国家在许可进入利润丰厚的市场方面的重要性，在官职买卖领域也很明显。18世纪，增值最快的非贵族"可买卖官员"职位，是那些只有通过官职才能进入市场的领域。那些没能进入蓬勃发展的服务业市场的"可买卖官员"，它们的价格可能是低迷的，而那些允许人们作为公证人、律师、招待员、拍卖师、外科医生、假发制造商或美发师等工作的官职，它们的定价却急剧上涨。主要的财政官员为货币市场上有利可图的联系提供了空间，他们也是官员买卖领域中最活跃的。因此，通过法庭和/或政府认可而获得的特权，已成为分享企业垄断市场、提高市场份额抑或提供有利贸易地位的一种手段。

在精英问题上，政府举棋不定——这是犹豫不决的路易十六的典型做法。一方面，政府一直倡导的商业贵族理念，会使自己和国家更加富裕，而它同时也在鼓励市场活力方面发挥了关键的战略性作用。但在另一方面，政府从未完全脱离与更传统的旧贵族价值观之间的联系。路易十五和路易十六都为自己是王国内的"第一绅士"而感到自豪,并沉浸在旧贵族的古老价值观中,他们在那里可以找到真正而传统的美德和荣誉。从18世纪中叶开始,高级官职的贵族化和对宫廷演说的限制完全符合两位国王的口味。有时,这会导致穿袍贵族的贬值。正如我们所见,穿袍贵族与佩剑贵族之争仍在宫廷和内阁中上演,尽管在巴黎以外的其他地方,这种分歧没有像路易十四时期那么明显了。贵族等级的不同分支之间,联姻是非常重要的,同样关键的还有启蒙运动中普遍存在的精英文化的影响,穿袍贵族和佩剑贵族都参与其中,并倾向于模糊社会界限。在许多省份,穿袍贵族与佩剑贵族早已变得几乎无法区分。例如,雷恩高等法院的法官们都由布列塔尼最年长、最出色的绅士们担任。普罗旺斯的情况也是如此。到18世纪80年代,61%的艾克斯高等法院法官都是佩剑贵族(这一比例在1715年是42%)。

贵族内部最重要的争论集中在乡村贵族和新晋贵族两方面。特别是18世纪中叶以后,贫富贵族之间的分化在激烈的辩论中被凸显出来。巴黎编年史家巴尔比耶将乡村绅士描述为与乡下人一起教育后代的人,他们"不同于真正的农民,只是因为他们戴着佩剑,自称为绅士"。[63]值得注意的是,不应该把文学主题当作具体现实:因为即使是最倒霉的小贵族("小鹰")也拥有一两个仆人。尽管如此,这一群体确实错失了经济机会,严重依赖他们的免税份额而生活,缺乏必要的资金来参与开明的社交活动,并有可能在18世纪更加商业化的世界中四处碰壁。在许多地区,有贵族居住的村庄数量急剧下降,一些贵族沦入农民的行列,另一些则转移到城镇中寻找财富(偶尔会以轿夫、骡夫、挖沟人等身份出现在纳税人名单中)。在18世纪50年代的勃艮第地区,高贵的索尔克斯-塔万尼公爵家族出现了一匹害群之马——这位"流浪的绅士","穿着一件破旧的马褂,身旁跟着一条白色的猎犬"——受到了警方关注。那些坚持留在居住地的贵族往往在绝望的情况下如此行事：夏多布里昂提到，布列塔尼的贵族们在鸽子窝、兔子笼和青蛙生活的沼泽里发号施令。[64]

在18世纪50年代一场著名的知识分子辩论中，乡村绅士始终是人们关注的焦点，这场争论也使科耶神父和孟德斯鸠针锋相对。[65]特殊的是，政府对二者都很重视。正如我们所看到的，科耶神父提出了关于消除贵族从事贸易的一切障碍的建议，政府予以回应，进一步放宽了限制。另一方面，政府也非常认真地考虑了阿尔克骑士的呼吁，即更努力地将乡村绅士的精力引导到作为他们历史使命的军事事业之中。1751年在巴黎创建的军事学院针对的正是乡村绅士，此后又出现了许多相关举措。例如，陆军大臣圣日耳曼在1766年建立了12所附属的省级军事学校，并发展了类似的机构，以便为年轻的海军学员提供专业培训。1781年"塞居尔法令"的颁布使这个趋势达到顶点，根据该法令，陆军大臣禁止那些不能表明自己四代贵族身份的人获得军队的最高职务——此举显然旨在平息被圣日耳曼伯爵剥夺了购买军队委任状特权的宫廷贵族们的愤怒。那时，阿尔克骑士推动了文学作品的热潮，其中强调乡村绅士在王朝内培养职业服务道德方面的作用，这将使军队对国王更加忠诚，在战场上更有效果。似乎只有放弃商业利益，才能维持荣誉和美德。

国家发现自己在贵族道德问题上面临着两种定位，一是战士精英的古老价值观，二是对社会繁荣做出贡献的杰出人物（包括贵族和非贵族）。国家不愿意从社会等级中抽身而出，允许其精英被市场力量和变动中的思想心态所改变。这将使国家与新兴贵族（而非"世家贵族"）联系起来，也是国王们发现难以做到的一步。这在财政政策上表现得尤为突出，例如，政策倾向于偏袒长者，牺牲新近腐败贵族的利益。1695年以后，所有贵族都以人头税的形式缴纳直接税，而18世纪以来，又增加了各种各样的"廿一税"。高等法院有效阻止了国家将更公平、更合理的方法引入评估直接税的过程中，并将替代劳役增加为贵族的纳税义务。此外，至于税收问题，在知识和人际关系相对重要的地区，与根深蒂固的贵族们相比，新兴贵族往往不善于捍卫自己的地位。家族亲王和古老的佩剑王室成员可以利用庇护和取消庇护的威胁，实际上作为一种免税的手段。家族亲王的个人财富是这样的：从理论上来说，他们应当缴纳约240万里弗的税款，但实际上他们只缴纳了不到20万。奥尔良公爵轻描淡写地表示："我想交多少就交多少。"[66]

贵族也是国家慷慨赠予的最大受益者：例如，路易十六不仅对两个弟弟阿图瓦和普罗旺斯伯爵的避税行为视而不见，还分别为他们偿还了3 700万和2 900万里弗的赌债和其他债务。自从路易十四建设凡尔赛宫以来，宫廷就把挥霍的生活方式强加给当地居民，在大多数情况下，这种生活方式只有依靠国家津贴来维持：舒瓦瑟尔时期四分之三的财政收入来自于此，而玛丽-安托瓦内特的宠臣波利尼亚克家族则享受着亲王般的待遇，王后在1780年给他们提供了和亲王一样的70万里弗的年薪。因此，也会有一些受害者：1785年，负债600万里弗的舒瓦瑟尔失宠而亡；1781年，盖梅内亲王*破产，留下约3 200万里弗的债务。愤愤不平的乡绅们哀鸿遍野，抱怨宫廷为这些"秃鹫"和"掠食者"的挥霍行为埋单，但事实上，国家只是在遵守一项他们也能从中获益的原则，即慈善应该与个人在社会等级中的地位成正比。虽然高额津贴引起了革命会议的不满，但从旧制度继承下来的2.5万份王室津贴中，有四分之三的年薪不足2 000里弗，其中三分之二拨付给士兵，特别是贵族军官，理由是他们提供了"服务"，或是"他们的祖先提供过服务"。[67]从地位的需要来看，这种王室的慷慨赠予没有向新兴贵族，特别是买卖官员的贵族倾斜。事实上，后者还不得不缴纳专门为他们设置的税款，这是一种侮辱：例如，1771年，财政总

---

\* 盖梅内亲王（Prince de Guémenée），即亨利-路易-马里·德·罗昂（Henri-Louis-Marie de Rohan，1745—1809），1775年至1782年间担任路易十六的大侍从长，1783年宣布破产。

监泰雷向所有在1715年之后获得贵族身份的新兴贵族征收10 000里弗的确认税——这项措施带来了600万里弗的收入。

鉴于政府在维持现有的社会等级制度或允许其按照新兴商业社会的类似方式进行改革的混合信息，贵族内部、贵族与第三等级商人之间出现的紧张关系并不令人感到意外。虽然大多数地方贵族可以加入对腐败的宫廷贵族的普遍攻击中，但无论贫穷或富有的老贵族，都把他们的怨气发泄到因腐败而产生的新兴贵族身上。莫里哀的"资产阶级绅士"应该理解新兴贵族的大部分争论，这些争论关注向上流动的第三等级模仿社会上层人士生活方式上的滑稽行为。据称，新兴贵族拼命地用遗忘之河的河水清洗自己，以去除平民出身的污点；或是粗鲁地与旧贵族们寻求接触，用宣传家路易-塞巴斯蒂安·梅西耶的话说，就像"铁寻找磁铁的影响"一样。[68] 作为准平等主义的社会混合体，沙龙或学院或许会缓和不同群体之间的关系，但事实证明，在这些礼貌的群体之外，社会喜剧的既定传统则使问题更加棘手。戴有佩剑和盾形纹章、为自己的住所建立塔楼、让自己的佃户像封建附庸一样恭顺、豢养一批奴仆、确认自己在游行队伍中的正确位置，或是给自己的姓氏加上前缀（所以才有了"德·博马舍"），这些古老的标志社会地位提升的符号，仍然被新兴的资产阶级认真对待。也正因如此，他们受到了社会上层人士的嘲笑（实际上也被地位较低的平民所嘲笑）。到1789年，将"真正的"贵族与可悲的资产阶级模仿者（或是有抱负的新兴贵族）区隔开来的文化界限依然存在。

路易十四的朝臣、编年史家圣西蒙曾说，"国王可以造就贵族，却无法造就绅士"[69]，1789年情况几乎和说这句话的时候一样正确：进入贵族阶层最容易的步骤是获得贵族地位（通常也是纯粹的经济步骤），最难的是要获得整个贵族阶层不受干扰的认可。向上流动的资产阶级无一例外地发现，相对于贵族地位来说，贵族认同是一个逐渐远去的地平线。因此，与贵族有关的符号被赋予了沉重的文化负担，而贵族排他性的姿态和象征都可能被解释为怨恨。18世纪70年代以后，许多省级高等法院限制了那些可以接受古老谱系的人进入地方法院，但这些行动基本上没有收到效果；而1781年"塞居尔法令"在排除平民和新兴贵族方面的内容，也没有达到乡村绅士所希望获得的成功。这种由国家认可的排他性活动，对那些寻求提升社会地位的人产生了不可低估的心理影响。到1789年，贵族与资产阶级之间的关系已经成为社会地位剥夺和文化心态挫败的双重问题。塔列朗自己也是一个残疾人（他的瘸腿使其无法在教会以外担任任何贵族职务），他非常了解"塞居尔法令"的文化缺陷弊病是如何发挥作用的：它们"与其说是对贵族的恩惠，不如说是（对民众的）侮辱"。[70]

《费加罗的婚礼》恰好卷入了这场正在进行的、关于贵族价值与美德的文化辩论。正如我们所指出的，贵族等级中的很大一部分在18世纪发生了巨大变化，他们似乎更愿意接受18世纪的商业价值。因此，许多贵族可以对博马舍的讽刺不屑一顾，认为他利用了已经被抛弃的刻板印象。但是，博马舍却使他的观众们相信，高贵的豹子永远不会完全失去它身上的斑点。他的剧作将贵族权力的外衣描绘成罪恶的伪装：法律是阶级权力的工具；封建义务（尤其是初夜权）涵盖了强奸和原始的性满足；出色的贵族婚姻也不过是一种假象。贵族的恶习显而易见，甚至他的男仆都能搪塞阿尔马维瓦伯爵，从而表明才能比出身更高贵。此外，更具颠覆性的是，《费加罗的婚礼》在幽默和欢笑中对文化进行了剖析。这个笑话就是贵族——因为贵族本身就是一个笑话。

拿破仑·波拿巴日后评论道，法国大革命不是从巴士底狱的倒塌开始的，而是从《费加罗的婚礼》第一次上演开始的。这种说法是错误的。它低估了贵族文化能够吸收和包容这种幽默讽刺的程度，高估了该剧的政治影响。同样，一些平民认为这部剧作也有它所嘲笑的道德缺陷。无论如何，我们还是可以理解波拿巴的用意。《费加罗的婚礼》表明，贵族不是国家荣誉和原始美德的保存者，而是道德上的破产者和可悲者，这部喜剧巧妙地反映了18世纪80年代发生的一个更普遍的过程，即国王对妖魔化的贵族继续施加恩惠和特权的过程。尽管它幽默地相信，所有类似事情"都要在歌声中结束"，但大部分中产阶级的观众却在散场后，把反对贵族的政治信息带回了家中。

## 注 释

1 See esp. A. Cobban, *A History of Modern France. Vol. 1: 1715-1799* (Harmondsworth, 1957).

2 J. F. Bosher, 'The French crisis of 1770', *History*, 57 (1972), p. 19.

3 Voltaire, *Correspondance complète*, ed. T. Bestermann (101 vols.; Geneva, 1953-1977), vol. lxxiv, p. 202 (letter 15, 258).

4 W. Doyle, Venality. *The Sale of Offices in Eighteenth-Century France* (Oxford, 1996), p.119.

5 M. Kwass, *Privilege and the Politics of Taxation in Eighteenth-Century France* (Cambridge, 2000), p. 42, n. 57.

6 J. de Flammermont, *Les Remontrances du parlement de Paris au XVIIIe siècle* (3 vols.; Paris, 1888-1898), vol. iii, p. 204.

7 D. Echeverria, *The Maupeou Revolution: A Study in the History of Libertarianism. France 1770-1774* (Baton Rouge, La, 1985), p. 27.

8 Voltaire, *Correspondance*, vol. lxxix, p. 79 (letter 16, 094).

9 Citations from N. R. Gelbart, *Feminine and Opposition Journalism in Old Régime France: 'Le Journal des Dames'* (Berkeley, Ca, 1987), p. 152; and D. Van Kley, 'The religious origins of the patriote and ministerial parties in pre-Revolutionary France: controversy over the Chancellor's constitutional coup. 1771-1775', *Historical Reflections/Réflexions historiques*, 18 (1992), p. 52.

10 [Mathieu-François Pidansat de Mairobert], *Journal historique de la révolution opérée dans la constitution de la monarchic françoise par M. de Maupeou, Chancelier de France* (7 vols; London, 1774-1776), vol. ii, p. 351 (20 January 1771).

11 See above, p. 47.

12 See above, p. 12.

13 Abbé Galiani, *Correspondance*, eds. L. Perey and G. Maugras (2 vols.; Paris, 1881), vol. ii, p. 88.

14 See above, pp. 221ff.

15 M. Antoine, *Louis XV* (Paris, 1989), p. 986. For Metz, see above, pp. 126-127.

16 Duc de Croÿ, *Journal inédit du duc de Croÿ, 1718-1784*, eds. vicomte de Grouchy and P. Cottin (4 vols.; Paris, 1906-1907), vol. iii, pp. 134-135.

17 Cited in J. de Viguerie, *Histoire et dictionnaire du temps des Lumières, 1715-1789* (Paris, 1995), p. 344.

18 Galiani, *Correspondance*, vol. ii. pp. 334-335.

19　De Croÿ, *Journal inédit*, vol. iii, p. 153.

20　Cited in Viguerie, *Histoire et dictionnaire*, p. 359.

21　J. M. Augeard, *Mémoires secrets de J. M. Augeard, secrétaire des commandements de la reine Marie-Antoinette, 1760–1800*, ed. E. Bavoux (Paris, 1866), p. 77.

22　J. Hardiman, *French Politics, 1774–1789: From the Accession of Louis XVI to the Fall of the Bastille* (London, 1995), p. 232.

23　Echeverria, *The Maupeou Revolution*, p. 32 (quoting Pidansat de Mairobert). The king doubtless did not spot the potentially Rousseauian implications of his phrase, 'general will'.

24　C. C. Gillispie, *Science and Polity in Old Regime France* (Princeton, NJ, 1980), p. 3.

25　Galiani, *Correspondance*, pp. 345–346.

26　*Oeuvres de Turgot*, ed. G. Schell (5 vols.; Paris, 1913–1923), vol. iv, p. 204.

27　Flammermont, *Les Remontrances du parlement*, vol. iii, p. 279.

28　See above, p. 255.

29　J. Hardman, *Louis XVI* (London, 2000), p. 18.

30　D. Dakin, *Turgot and the Ancien Régime* (London, 1939), p. 131.

31　Jean-Louis Soulavie, *Mémoires historiques et politiques du règne de Louis XVI, depuis son mariage jusqu'à sa mort* (6 vols.; Paris, 1801), vol. iii, p. 147.

32　M. Price, *Preserving the Monarchy. The Comte de Vergennes, 1774–1787* (Cambridge, 1995), p. 49.

33　For the episode, and all citations, see J. Le Goff, 'Reims, ville du sacre' in P. Nora (ed.), *Les Lieux de mémoire* (3 vols.; Paris, 1997), vol. i; and H. Weber, 'Le sacre de Louis XVI', in *Le Règne de Louis XVI* (Dourgne, 1977).

34　De Croÿ, *Journal inédit*, vol. iii, p. 125.

35　F. Y. Besnard, *Souvenirs d'un nonagénaire* (2 vols.; Paris, 1880), vol. ii, p. 129.

36　*Souvenirs-portraits du duc de Lévis*, ed. J. Dupâcquier (Paris, 1993), p. 160.

37　J. Hardman and M. Price (eds.), *Louis XVI and the Comte de Vergennes: Correspondence, 1774–1787* (Oxford, 1998), p. 250.

38　Ibid., p. 237.

39　Comte de Mercy-Argenteau, *Correspondance secrète entre Marie-Thérèse et le comte de Mercy-Argenteau*, ed. A. d'Arneth and M. Geoffroy (3 vols.; Paris, 1874), vol. i, pp. 225–226.

40　J Grieder, *Anglomania in France, 1740–89. Fact, Fiction and Political Discourse* (Geneva, 1985), pp. 19–20.

41　See above, pp. 259–261.

42　S. Schama, *Citizens: A Chronicle of the French Revolution* (New York, 1989), p. 37; S.M. Hardy, *Mes Loisirs*, ed. M. Tourneux and M. Vitrac (Paris, 1912), p. 410.

43　J. Merrick, 'The Body Politics of French absolutism' in S. E. Melzer and K. Norberg (eds.), *From the Royal to the Republican Body. Incorporating the Political in Seventeenth and Eighteenth-Century France* (Berkeley, Ca., 1998), pp. 17–18.

44　de Viguerie, *Histoire et dictionnaire*, p. 355.

45　For the puzzle of the king's sexuality, see esp. D. Beales, *Joseph II. Vol. 1. In the Shadow of Maria Theresa, 1741–1780* (Cambridge, 1987), pp. 371–375.

46　K. M. Baker, *Inventing the French Revolution* (Cambridge, 1989), p. 344, n. 99.

47　Price, *Preserving the Monarchy*, p. 52.

48　Hardman, *Louis XVI*, p. 87.

49　Cited in D. Jarrett, *The Begetters of Revolution. England's Involvement with France, 1759–1789*

(London, 1973), pp. 160–161.

50 Price, *Preserving the Monarchy*, p. 54.

51 Croÿ, *Journal inédit*, vol. iv, pp. 230, 234.

52 Hardman, *French Politics*, p. 55.

53 Price, *Preserving the Monarchy*, p. 56.

54 Marquis de Bombelles, *Journal*, eds. J. Grassion and F. Durif (2 vols.; Geneva, 1978–1982), vol. i, p. 204.

55 *La Folle Journée, ou le Mariage de Figaro*, 'Préface'.

56 Acte v, scène iii.

57 Madame Campan, *Mémoires sur la vie privée de Marie-Antoinette* (3 vols., Paris, 1822), vol. i, p. 278.

58 C. Petitfrère, *1784: Le Scandale du 'Mariage de Figaro'. Prélude à la Révolution française* (Brussels, 1989), p. 9.

59 Price, *Preserving the Monarchy*, p. 57.

60 J. Lough, *An Introduction to Eighteenth-Century France* (London, 1960), p. 94.

61 Talleyrand, *Mémoires*, ed. duc de Broglie (5 vols.; Paris, 1891–1892), vol. i, pp. 117–118.

62 See above, p. 184.

63 Barbier, *Chronique*, vol. v, p. 15.

64 R. Forster, *The House of Saulx-Tavannes: Versailles and Burgundy, 1700–1830* (Baltimore, Md, 1971), pp. 34–35; François de Chateaubriand, *Mémoires d'Outre-Tombe*, ed. J. C. Berchet (Paris, 1989), p. 129.

65 See above, pp. 255ff.

66 G. Chaussinand-Nogaret, *The French Nobility in the Eighteenth Century. FromFeudalism to Enlightenment* (Cambridge, 1985), p. 51.

67 Tim Le Goff, 'Essai sur les pensions royales', in M. Açerra et al., *État, marine etsociété. Hommage à Jean Meyer* (Paris, 1995), esp. p. 261.

68 Louis-Sébastien Mercier, *Tableau de Paris* (12 vols., Amsterdam, 1780–1788), vol. vii, ch. dc.

69 Cited in P. Goubert, *The Ancien Régime, French Society, 1600–1750* (London, 1969), p.179.

70 Talleyrand, *Mémoires*, vol. i, p. 119.

# 八、垂死的波旁王朝
# (1784—1788)

### 钻石：并非王后挚友

　　《费加罗的婚礼》的最后一幕再次上演：那是1784年8月11日，一个夏日的午夜，在宫廷深处一片昏暗的小树林——"维纳斯丛林"里。一名穿着斗篷、头戴面纱的年轻女子，手中拿着一朵玫瑰花。一名身穿大衣的男人朝她走来，帽子遮住了他的脸庞。男人弯下腰，亲吻了女人长袍的下摆，接过了她的玫瑰。女人低声说了几句希望获得认可的话："你可能希望过去的事情都被忘记。"喧闹声消失了。两人逃离了现场，也逃离了彼此。

　　这次隐秘的误认事件，是一场精心策划的骗局中的核心事件——"诈骗诡计"，一旦被揭穿，它会成为法国和欧洲的焦点话题。具有讽刺意味的是，国王把一件相对滑稽有趣的社会新闻变成了政治问题，随着事件发展，它将凸显日益削弱的君主权力根基，进一步抹黑王室的形象，玷污王后的声誉和荣耀——她在这个洛可可式的故事中，唯一犯下的错误就是她太爱钻石了。

　　玛丽-安托瓦内特对钻石的爱有多深，那么她对罗昂亲王、国王大侍从长、斯特拉斯堡枢机主教路易就有多么深刻的憎恨。仇恨的原

拉莫特夫人

因是难以理解的。是不是由于罗昂在18世纪70年代初担任法国驻维也纳大使期间说过的话或做过的事？是不是由于他众所周知的对奥地利同盟的谨慎态度？是不是由于他身上享乐主义高级教士的世俗气质，因其追求猎狐、豪华奢侈品和美女而臭名昭著？是不是由于他那种大人物般的蔑视和邪恶的智慧，甚至国王和（特别是）王后在宫廷里也会谴责的粗俗行为？或者也许是由于罗昂亲王太过明显地想要权力，以至于表现得非常痛苦？无论如何，枢机主教意识到王后憎恨他，并且意识到只要这种仇恨继续下去，他所渴望的高官厚禄就永远不会到来。

　　拉莫特夫人\*是一名穷困潦倒的贵族，原名让娜·德·圣雷米·

---

　　\* 拉莫特夫人（Madame de La Motte），原名让娜·德·圣雷米·德·瓦卢瓦（Jeanne de Saint-Rémy de Valois，1756—1791），"钻石项链事件"的主要策划者。

八、垂死的波旁王朝（1784—1788）　453

德·瓦卢瓦，据说她是亨利二世私生子的后代。她向罗昂亲王提出建议，表示接触玛丽-安托瓦内特的方式是依靠她对钻石的热爱。这个聪明的女性冒险家可能已经成为罗昂的心腹，她制订了一项计划，利用枢机主教对权力的热情和王后对钻石的热爱来谋求财富。在"维纳斯丛林"中发生的神秘午夜会面，是一系列精心设计的骗局网络的焦点，罗昂误以为玛丽-安托瓦内特——实际上是一个被雇来的、名叫妮克·勒盖的妓女——向枢机主教请求"她"的谅解。那时，拉莫特夫人已经从枢机主教那里勒索了一大笔钱，据说是为了给王后提供现金。然后，钻石出现在现场，它是一条美妙的宝石项链，最早由王室珠宝商伯默尔和博萨格为路易十五设计，准备送给蓬帕杜夫人，但一直未能售出。罗昂被拉莫特夫人说服了，他认为王后需要在好友的秘密帮助下，购买这条璀璨夺目的项链。枢机主教得到了适当的提示，随即开始行动起来。珠宝商们收到了王后所谓的采购订单和罗昂预付的定金——160万里弗。

当伯默尔直接去找玛丽-安托瓦内特询问这笔巨额开销的第一笔分期付款时，骗局被揭穿了，他手里拿着票据，上面还有玛丽-安托瓦内特的签名——更确切地说是伪造的签名。（事实上，当时这条项链已经被拆成多份，它的500多颗宝石被拉莫特夫人的同伙在巴黎和伦敦的黑市上出售了。）诡计被发现后，玛丽-安托瓦内特勃然大怒。1785年8月15日，枢机主教罗昂在凡尔赛宫被捕，当时他正准备做弥撒，国王亲自审问了他，正式将其批捕，之后他就穿着枢机主教的盛装，穿过一群目瞪口呆的朝臣，最终被押送到巴士底狱。

第二天，路易十六在写给韦尔热纳的信中表示："这是我见过的最悲惨、最可怕的事情。"[1]在关押枢机主教的过程中，国王似乎是出于一种忠诚于婚姻的骑士精神，心甘情愿地同意了王后的特殊要求，即他只能在王后在场的情况下与他的大臣们讨论此事。玛丽-安托瓦内特告诉她的弟弟约瑟夫二世："这件事是我自己和国王商议决定的，大臣们一无所知。"[2]米罗梅尼尔和韦尔热纳等老谋深算的顾问们一再强调，要把国王的责任和婚姻的尊严区分开来，但他们的警告没有得到重视。路易十六听从了宫廷大臣布勒特伊的意见，他利用这个机会，以其他大臣的利益为代价，来提高自己的影响力。他特别向国王保证，如果案件被提交审判，他将确保高等法院会做出有罪的判决。

然而，即使是绝对主义制度下的君主，在囚禁他的"表亲"（作为枢机主教和法国最杰出的贵族家族的代表人物，罗昂有权利使用这种王室称谓）时也会引发深刻的政治反响。在罗昂入狱的第一天，两位血亲亲王就带领着名副其实的法国贵族集团来巴士底狱探望他。这

枢机主教罗昂

种同情不是昙花一现的。罗昂的诉讼得到了大部分宫廷贵族、教会机构和公众舆论的支持，他们坚定地抵制王室对此事的态度。当案件进入到审判阶段时，甚至连高等法院的法官们都对罗昂的罪行表示怀疑。1786年5月31日，每位法官都依次发表了自己的观点，然后宣布了审判结果。拉莫特夫人被判有罪，处以烙刑和终身监禁（她很快就越狱了）；但是，枢机主教以26票对23票的多数被判处无罪。欢呼的人群围住了法官，其中约有一万人来到巴士底狱，他们在那里大声要求释放罗昂。《莱德公报》欣喜地表示："受压迫的无辜者战胜了欺诈、诡计、骗局和忘恩负义。"[3]

王后对判决结果感到心烦意乱，她的丈夫更是怒不可遏。国王完全误判了政治精英和公众舆论的情绪。他以国王密札的方式囚禁了罗昂，这与最近王室随意的报复行为形成了鲜明对比——博马舍只是在圣拉扎尔修道院无奈地苦苦等待。[4]此外，在罗昂被宣判无罪后，路易十六将其流放到奥韦尼亚的一个偏远之地，并解除了他的大侍从长一职，国王接着又做了一件小事，即把年迈的苏比斯元帅从国务委员会中开除，只因此人属于罗昂的派系。路易十六把此事公之于众，在高等法院进行审判，让他和妻子的名誉接受公众的审视。韦尔热纳和新任巴黎治安总监德·克罗斯\*加班加点地工作，审查各类雇佣文人和漫画家的一系列颠覆性作品，但在随后的小册子宣传战中，王后的名誉还是受到了极大损害。此事的法律实质在于，作为辩论的重要媒介，"司法备忘录"或印刷的法律摘要不再接受审查。由詹森派开创、经伏尔泰在卡拉斯事件中戏剧性地加以利用的"司法备忘录"一方面向更广泛的公众发出呼吁，成为评判是非曲直的高级法庭，另一方面也希望代表公众，构成马勒泽布口中的"国民自由的最后堡垒"。[5]在莫普时代，大律师团体结构的瓦解刺激了法庭辩论演说的出

---

\* 路易·提鲁·德·克罗斯（Louis Thiroux de Crosne，1736—1794），1785年至1789年间出任巴黎治安总监。

现,后者更具侵略性和戏剧化,正如勒佩吉所说:法庭审判成为"角斗士的竞技场,他们用锋利的牙齿互相撕咬"[6],而钻石项链案件的辩词将法庭上戏剧性的滑稽表演生动地带入了公共领域。罗昂的辩护律师塔吉特是"司法备忘录"艺术最受欢迎的倡导者之一,他在此案中的工作以及其他律师在审判期间写作的十余份辩词,印刷数量达到数千份——特别是为酷似玛丽-安托瓦内特的妮克·勒盖而作的第一份辩词,印刷数量超过了两万份。

路易十六严重误判的最大受害者是他的妻子,而保护她的声誉恰恰是他亲自参与此事的最初动机之一。从此,钻石不再是王后的挚友。通过判断罗昂只是受骗者而非罪犯,高等法院法官们暗中承认,为了给自己购买昂贵的珠宝,法国王后在夜间进行交易并卷入轻微的色情交易,也是合理的事情。这一结论不仅来自经过宣誓的证词,而且来自该事件所引发的大量论战文章。钻石项链事件蔓延到了更广泛的公共领域,小册子作者和新人律师为了出名或是赚几个零钱,愿意与所有对王后、宫廷或政府怀有敌意的人进行接触。

玛丽-安托瓦内特不是圣人:她干涉政治,爱炫耀,沉迷赌博,愚蠢地举止轻浮,这些都已经众所周知。不仅是小册子作者,就连像邦贝尔侯爵[*]这样极端传统的朝臣,都对王后在特里亚农小村庄的行为感到不满——他愤怒地表示,使王后的"茅舍"看起来更加贫穷而花费的巨额资金,应该用于改善周边农民的住房上。[7]然而,她根本不可能像宫廷集团的贵族外臣、"恐奥者"、莫勒帕的追随者和其他人在泄愤式的辩论中所表述的那样糟糕。这些作品将玛丽-安托瓦内特肆无忌惮的欲望描述为理所当然,就像地下政治色情作品中所记载的那样,甚至还增加了更多的罪行和恶习:冷酷的轻浮、欺骗、腐败、吸血鬼般的贪婪。这些故事被广为相信,因为它们与政治文化中所广泛

---

[*] 马克-马里·邦贝尔侯爵(Marc-Marie, marquis de Bombelles,1744—1822),法国教士、外交家。

八、垂死的波旁王朝(1784—1788)

攻讦玛丽-安托瓦内特的讽刺漫画

流传的阶级和性别叙事相关。在《费加罗的婚礼》中已经被利用的反贵族、反宫廷思潮里，玛丽-安托瓦内特就是懒惰和腐败的贵族的代表。更糟糕的是，她是位女性。正如我们所看到的，卢梭认为，政治应该是有德行的男性的专属领域，这种观点使女性在公共生活中的地位受到质疑，并强烈要求将女性限制在家庭生活的私人领域。未能遵守这一性别界限的王后，不仅给她自己带来了骂名，而且也在暗中连累了她的丈夫。绝对主义君主的神圣光环不足以抵御卢梭式的指控，即路易十六甚至都不能维持自己的家庭秩序。在"司法备忘录"的政治话语中，这相当于指责作为"人民之父"的国王没有履行他更广泛的父权责任。

钻石项链事件中反复出现的王后的堕落、王室的软弱和宫廷的软弱等主题，突出了国王夫妇主要的形象问题，并向更多的观众公开呈现了这一问题。在某种程度上，如果说国王应该为这种情况负责的话，那么他的大臣们也让他非常失望。布勒特伊愚蠢地鼓励国王亲自处理此事，并将其推向公共领域。但这件事不只是国王一个人的责任，就某种意义而言，在莫勒帕去世之后，路易十六和玛丽-安托瓦内特受到了内阁内部不团结的影响。1783年11月，卡洛纳担任财政总监，布勒特伊担任王室大臣，加上韦尔热纳，这意味着当前的内阁中有三位野心勃勃的大臣，他们的理念和权力基础相互冲突。韦尔热纳希望继承莫勒帕超越各位大臣地位的心愿仍然没有改变，尽管在德·奥尔梅森失败之后[8]，他的信用相当低下：韦尔热纳无力阻止财政委员会的解散，而他曾通过这一机构监督国家开支、对内阁大臣中的竞争对手加以约束。布勒特伊通过王后的势力获得了权力，并且仍然坚持他曾经与奥地利驻法大使梅尔西共同提出的"让王后统治"的理念。[9]1784年，他见证了从奥尔良公爵手中购买圣克鲁城堡作为王后居所的过程。这座城堡的内部运作方式震惊了许多同时代人，人们认为这些操作完全脱离了常规——例如，仆人需要穿上王后的制服，命令要以"王后的名义"下达。王后的个人爱好似乎很不寻常，而财政方面的沉重开销则让财政总监卡洛纳深感不悦。因此，布勒特伊把钻石项链事件视作一个机会，他希望以牺牲他的两个对手为代价，重新获得国王夫妇的信任。

布勒特伊将钻石项链事件视作自己晋升的工具，而没有考虑它可能对国王夫妇造成的潜在危害。他对审判罗昂有罪的预期过高，低估了高等法院管理的艺术。自从前任领袖莫勒帕死后，巴黎高等法院又开始变得不守规矩了。卡洛纳此前的政治经历让高等法院法官们感到害怕，他被指责在1783年至1784年间提出了改革高等法院的倡议（最后无果而终），因为他试图削减高等法院庞大的管辖范围，并重新调整了它的收费制度。此外，高等法院内部的权势转移也让管理任务变得更加困难。莫勒帕始终强调，有必要在大法庭中保留最资深的法官。与此相反的是，那些被认为不够重要、不能为内阁效劳的人，他们在高等法院中的地位相对被忽视了。这种情况在次级法庭中最为明显，在那里可以看到观点更激进、更加不满的法官，而事实也证明，各省高等法院的法官比他们在巴黎的同行更不温顺。虽然巴黎高等法院的初级法庭在审判枢机主教罗昂的过程中没有发挥直接作用，但他们对围绕审判的公众情绪起到了推波助澜的作用。

此外，内阁的反对者们从一个不太可能的地方得到了援助，即政府本身。布勒特伊在内阁中的竞争对手韦尔热纳和卡洛纳决心阻止这一事件，避免以牺牲自己为代价来增加布勒特伊的影响力。卡洛纳在1783年就任时主要是通过与玛丽-安托瓦内特的关系进行斡旋的，但他上任后就与王后疏远了，而购买圣克鲁城堡一事彻底疏远了两人。无论如何，卡洛纳的职业生涯表明，他是国王忠实而正统的仆人：众所周知，他是路易十五1766年所谓"鞭笞训辞"的"编剧"，而在18世纪60年代末布列塔尼的"拉夏洛泰事件"中与达吉永公爵一起工作过[10]，然后又在佛兰德做过一段时间督办。卡洛纳很快与韦尔热纳和掌玺大臣米罗梅尼尔展开合作，以期削弱布勒特伊和王后的影响力。当布勒特伊竭尽所能团结国务大臣时，卡洛纳则利用他所有的诡计，为那些希望为枢机主教开脱罪责的人撑腰。奥地利驻法大使梅尔西随后声称，至少有十几名投票支持罗昂无罪的人，直接受到了卡洛纳的资助。[11] 韦尔热纳与罗昂家族保持着密切的友谊和庇护关系，他暗中为枢机主教的案件努力，例如通过将玛丽-安托瓦内特签名的伪造者从日内瓦引渡回来的方式（而布勒特伊很愿意此人留在那里）来加强辩护的力度。

钻石项链事件中，财政总监利用王室庇护来阻挠其他大臣的意愿和国王的事业，这既突出了政府现在所处的严重政治局势，也使这种局势进一步恶化。经历了"后莫普时代"的长眠，巴黎高等法院似乎正在觉醒，并开始发挥政治作用。米罗梅尼尔一直认为，"没有什么

卡洛纳

比大臣之间的团结，以及与（高等法院）首席法官之间团结，更能让阴谋家们感到不安的了"[12]，现在，大臣的内讧反而鼓励了反对派。在卡洛纳的领导下，巴黎高等法院发出了17份谏诤书，一些省级高等法院甚至更加直言不讳。此外，令人担忧的是，法官们选择关注的重点领域之一是国家财政——特别是财政总监卡洛纳的政策。

卡洛纳不是奇迹的创造者。但问题在于，他自以为是。上任后，他意识到自己只有有限的时间来把事情做好：1786年，约利·德·弗勒里在北美战争后于1783年经高等法院通过的第三个"廿一税"即将到期，总包税所的租期也要截止。卡洛纳后来声称，他发现国库的状况比内克所说的要严重得多，由内克《国王账目》鼓舞的公众信心是他唯一的资产。因此，卡洛纳选择不考虑增开新税或破产（路易十六无论如何都坚决反对这一点）。他没有以贫穷为借口，而是以财富为借口。卡洛纳机敏睿智、口齿伶俐、风度翩翩、和蔼可亲，是一个与宫廷贵族相处融洽、精通金融领域的"鲁滨孙"，他晚上是一名赌徒，白天则爱睡懒觉（据说他甚至在国王的会议上打瞌睡）。从1783年到1786年，在国家的财政偿付能力于他任内被削弱的情况下，卡洛纳继续实行内克所倡导的宽松货币政策，把赌注押在未来。直到1787年，他的借款已达6.35亿里弗，比内克在1777年至1781年间的借款还要多，因此，法国每年的财政赤字还要加上4 500万的利息。内克至少可以拿国家处于战争状态当作借口。尽管18世纪80年代中期的国际形势不允许对陆军和海军机构进行彻底整顿，但卡洛纳仍然是一名和平时期的财政总监。

　　塔列朗评价道，卡洛纳有一种"破产放荡者的精明管家"的气质[13]，而这位财政总监用在宫廷亲信身上的开销尤其引人注目，也最惹人诟病。路易十六统治时期约一半的养老金是在他的管理下发放的，但他在不经意间的挥霍，吸引了以阿图瓦伯爵为首的许多昔日王后的追随者，据说卡洛纳将大约5 600万里弗塞进了他们的腰包。虽然巨额财富都给了宫廷的亲信，但财政总监对音乐家和艺术家也非常慷慨，这为绝对主义统治的最后几年增添了生活的乐趣。他辩解说，自己的慷慨是一个更大的经济计划的一部分。他认为，法国是"一个通过增加支出而获得资源的王国"。[14]他坚称，内克削减王室开支的方式反而鼓励了吝啬之风，给人留下了一种与王室不相称的贫穷印象，这让国家潜在的贷款人望而却步。卡洛纳表示，要筹集向法国这样的大国所需要的资本，借贷是绝对必要的，如果这需要炫耀财富，那也没什么不可以的。此外，在对非常富有者慷慨的同时，卡洛纳对王国的主要利益相关者也非常慷慨。他特别注意确保政府看起来像国内外投资者都愿意与之做生意的那种样貌。因此，他确保比他的前任更加及时地支付租金，他还设立了一个"债偿基金"，重新安排了支付过去债务的方式。他表现出抵制股市投机的态度，在1784年迫使贴现银行削减利息，以此抑制股价的上涨。政府贷款的高利率不仅是为了吸引法国的富人，也是为了吸引荷兰、热那亚和瑞士货币市场上的可支配资金。到18世纪80年代末，超过四分之一的政府贷款都集中在外国人手里。

卡洛纳花钱摆脱财务困境的本能，并不像人们有时描绘的那样毫无头脑。他的顾问和宣传人员——诸如第二代重农主义者杜邦·德·尼穆尔、瑞士银行家克拉维埃\*、比利时银行家瑟内夫和宣传人员米拉波——对国家财政结构问题的大小并不感到恐慌，而是对北美战争后法国繁荣的美好潜力感到兴奋。他们认为，法国巨大的土地财富使其信用状况比其竞争对手英国的纸面实力要强得多，而英国仍在对其在北美的损失进行调整。塞纳卡·德·梅尔汉得意地说："借钱给英国的人，是把钱借给了一个只有战争获胜才能还钱的赌徒；而借钱给法国的人，是把钱借给了一个拥有真正财富的人。"[15]尽管英国的工业正在大步前进，它的经济从北美的耻辱中快速复苏；但法国的工资水平更有竞争力，其在前沿技术方面的成就也无人可及。在这个历史性的机遇时刻，迫切需要刺激国内需求（在这方面，卡洛纳有计划地打击了行会限制和市场保护），最重要的则是形成资本。如果这些目标能够实现的话，那么法国就没有理由不在经济领域取得像它在外交和文化领域所取得的各种成就了。

卡洛纳在基础设施建设项目上投入了大量资金，这些项目促进了工业发展，优化了技术革新，改善了通信方式。例如，一个重要的发展是在瑟堡设立了庞大的海军中心，路易十六于1786年自豪地参观了这里，引发了民众的欢呼。这座港口促进了当地工业的发展，成为最

---

\* 艾蒂安·克拉维埃（Étienne Clavière，1735—1793），日内瓦财政家，1792年至1793年间出任财政部长。

八、垂死的波旁王朝（1784—1788）　463

1786年，路易十六造访瑟堡

新海军技术的实验室，也从军事角度提醒了作为商业对手的英国，法国在全球事务中的严肃态度。卡洛纳还批准了大量专门支出，用于里昂、马赛和波尔多（也包括巴黎）的大型商业都市的城市化项目，并为道路和运河建设工程提供了额外的信贷支持。1785年，他成立了一家新的印度公司，此举完全违背了英国的意愿，但卡洛纳对法国的经济潜力拥有十足的信心，愿意同英国展开合作，并在1786年促成了英法贸易条约。这项条约的前提是，法国葡萄酒和白兰地的出口将与英国工业制成品的进口相匹配。英国的工业品似乎没有什么危险，正如热心的购物者所指出的那样，尽管已经存在禁运法令，但在巴黎的商店里还是可以购买到大多数来自英国的小商品。

卡洛纳摆出一副工业家和商人的最好朋友的姿态，接管了内克对新科尔贝尔式工业发展的兴趣。在内克冷落这些人的领域，卡洛纳却提供了大量的国家补贴和廉价信贷刺激,并在有帮助的情况下,支持从国际竞争对手处挖来技术工人——这是实现技术转让的最有效手段之一。纺织业和化工业从这种援助中获益匪浅,但卡洛纳更青睐于重工业:特别是他对勃艮第的勒克鲁索的工业聚集区进行了大量投资,这里在18世纪80年代成为欧洲最先进的铸铁厂。

与传统的财政总监类似,卡洛纳希望那些通过购买官职或包税方式进入国家统治阶层的人保持富有,并做好满足国家大部分信贷需求的准备。然而,卡洛纳的创新之处在于,更系统地尝试鼓励国家债权人和最富裕的养老金领取者与政府建立投资伙伴关系,以此促进生产和基础设施建设。阿图瓦伯爵延续了前面所说的贵族对工业投资的偏爱[16],他在雅韦尔建立了化工厂和瓷器厂,而在奥尔良建设了玻璃厂和印花棉纺厂,并对蒸汽机所具有的工业潜力展现了像孩子一样的热情。同样,普通农民也被怂恿在巴黎周围修建关税围墙,以此提高间接税的征收效率(卡洛纳在1786年续约时从他们身上额外榨取了1 600万里弗)。这种公私合作关系的一个特别引人注目的代表是鲍达尔·德·圣詹姆斯<sup>*</sup>,他购买了海军司库一职,在工业和基础设施项目上的个人投资高达700万里弗:除了在勒克鲁索投资的170万以外,他还持有与波罗的海国家进行贸易的北方公司的巨额股份,此外他还在昂热大量投资帆布、在纳瓦拉和卢瓦尔采矿。圣詹姆斯不仅是供水公司的总监——这家公司以佩里埃兄弟工程技术为基础向巴黎提供水源——而且在圣多明各拥有奴隶主种植园。

18世纪60年代,卡洛纳主导和刺激的投资浪潮促进了消费需求,鼓励了工业聚集、技术创新、资本形成和重要经济部门的活力。[17]然而,最终的进步既不够迅速,也不够均衡,无法在1783年他所面临的改革时间窗口结束时改变国家的财政状况。事实上,到1786年和

---

\* 鲍达尔·德·圣詹姆斯(Baudard de Saint-James,1738—1787),法国财政家。

1787年，法国出现了投机热潮的不祥之兆。卡洛纳起初曾努力控制18世纪70年代末以来货币宽松政策所造成的投机浪潮，但这项任务相当艰巨。卡洛纳逐渐紧密掌控的贴现银行首先是"一家贷款银行"，正如伊萨克·潘肖所说[18]：银行家们以4%到5%的利率向其贷款，然后再以5%或6%的利率将钱借出，或者用以购买利率高达6%到10%的国债。金融集团和银行家们为了个人利益哄抬股票价格，而一些贸易公司（包括卡洛纳的心血印度公司在内）的生意则不甚理想。

卡洛纳曾经与一个由比利时人瑟内夫领导的银行家和财政家团队密切合作，瑟内夫也曾与阿图瓦和奥属尼德兰的日内瓦资本有密切联系。（这给财政总监的批评者提供了一条新的线索：他与本国民间和外国的"水蛭"都有关。）然而，到了1785年和1786年，这个团队已经远远不能掌控大局了，事实上，卡洛纳似乎正在成为相互竞争的财团的玩物，这些财团一心想从投机泡沫中获取利益，甚至延伸到巴黎广泛的房地产投机领域。经济已经开始过热，1786年底，一个规模庞大得极其惊人的造假团伙被公开曝光，所有信贷市场遭到破坏，并引发了整个18世纪最严重的货币匮乏危机。随着商业信心的减弱，贷款被收回，激进媒体兴高采烈地将卡洛纳及其亲信与最新披露的金融黑幕联系在一起，泡沫就此破裂。1787年1月至6月，五个最大的国家财政家（包括鲍达尔·德·圣詹姆斯和与他在陆军部同样有着企业家精神的同僚）面临着相当严重的流动性危机。他们不得不宣布破产，继而由此引发了一系列小企业的倒闭浪潮。卡洛纳创造的经济繁荣正在逐步消失，他的财政政策也变得毫无意义。直到1789年7月14日巴士底狱陷落之前，短期贷款都处于溢价状态。

布勒特伊和卡洛纳在商业和政治领域都存在竞争关系（他们甚至分属于两个不同的向巴黎提供水源的企业），布勒特伊不辞辛劳的努力，使日益恶化的经济和金融状况看起来比实际情况更加糟糕。特别是，他把财政总监任人唯亲、腐败和无能的事情透露给了法庭人员、高等法院法官和新闻宣传人员。卡洛纳因在财政事务方面的两面三刀和肆意挥霍而名誉扫地,这对他处理与巴黎高等法院的关系来说成为一个特别大的障碍。高等法院在1783年底和1784年同意贷款时,愿意假设政府是无罪的,但其明确表示,更喜欢内克在《国王账目》中所提出的那种公共会计的透明度。火上浇油的是,内克在1784年出版的《财务管理理论》中谴责了卡洛纳的做法。一封封谏诤书向财政总监发出警告,敦促他更谨慎地编制预算和强化问责机制。1785年12月,当卡洛纳被迫重回高等法院,争取进一步的贷款授权时,法官们坦率地表示,他们对财政总监管理国家财政的成效感到不满。卡洛纳侥幸逃过了这场政治风暴——事实上,1786年3月还发生了一场小规模冲突,高等法院法官们在当时暗示,政府调整货币中金银配比的审慎财政措施,实则是出于对个人利益的追求。卡洛纳还是得到了国王的支持。1785年12月23日,在一次为执行贷款立法的御临会议上,路易十六亲自从高等法院的卷宗中撕下了谏诤书,解雇了卡洛纳最激烈的批评者之一、王室报告员阿梅古,国王宣布:"我想让大家知道,我对我的财政总监非常满意。"[19]对于一位以优柔寡断而著称的君主来说,如此响亮的声明并没有起到什么作用,反而使卡洛纳的选择余地进一步缩小。

因此,1786年中期,卡洛纳在钻石项链事件中为战胜布勒特伊付出了惨重的代价。财政总监现在无可挽回地陷入了困境。法国财政的年度赤字大约是1亿里弗,某种形式的财务整合因此必不可少。然而,他在内阁中的地位被竞争和怨恨削弱了,他的行动自由也进一步被迫减少;至于高等法院的任意妄为,造成这种情况的部分原因也是他在钻石项链事件中采取了分裂式的管理策略所致,如果卡洛纳把更多贷款(更糟糕的是在和平时期使用新的税收方案)带给高等法院,高等法院自然会表示反对。对于国家积弊来说,削减和节约开支都是一种过于轻微的补救措施,而国王作为一位监督者,则要防止任何破产的想法。随着经济步入困难时期，市场被恐慌氛围所笼罩，赌徒卡洛纳再一次开始赌博：他建议国王应该寻求一种代表性会议的帮助，即争取显贵会议对改革方案的支持，而上一次召开这种会议还是在1626年。然而，显贵会议是否会轻易接受一个不值得信赖、声誉日益下降的大臣的诱惑？在很大程度上，这将取决于公众舆论是否愿意被裹挟其中。

## 奢华的外表与外表的奢华

在18世纪70年代风靡的《忏悔录》中，让-雅克·卢梭回忆道：1731年，当他还是一个年轻人的时候，有一次在从巴黎到里昂的途中迷路了，找到一座简陋的农舍寻求帮助。这位农民起初只向卢梭提供了粗制的大麦面包和牛奶，但最后经过仔细检查，确认他不是总包税所派来向其榨取更多税款的代理人之后，才打开了用活动木板做成的厨房门，拿着一片白面包、一块开胃的火腿和一瓶好酒下楼带给他。卢梭诅咒道：这个国家对公众的压迫如此之大，以至于一位富裕的农民为了躲避征税官好奇的目光，"不敢吃他用汗水挣来的面包，只能通过展示他周遭的贫困景象来避免个人的毁灭"。[20]

卢梭讲述的小故事是一则关于法国社会和经济特性的寓言。表面的事物往往具有很大的误导性——而且确实是有意误导的。正如劳动阶层的成员通过伪装成穷困潦倒的形象来使自己免受征税人的危害一样，正如我们所看到的，在天平的另一侧，财政总监可以认为，让法国重新成为一个伟大国家的最好方法，就是让它表现得已经是一个伟大国家了。同样，在王室宫廷的化装舞会上，一位公爵可能会过于追求引人瞩目的炫耀，以此掩盖他日益干瘪的钱包——而王后则在她专门修建的"村庄"中打扮成挤奶女工的样貌。这种过分炫耀财富和奢侈的矛盾态度，使法国社会呈现出一种相当极端的两极化面

打扮成农妇的玛丽-安托瓦内特

貌,来自英国的旅行者和评论家对此喋喋不休。法国是一个"教宗与木屐""特权与贫穷"并存的国度,缺少每个善良的英国男女都追求的"中间道路"。1794年,女性主义者的"原型"玛丽·沃斯通克拉夫特[*]抨击了法国社会"像铸币厂一样(原文如此)的分工",她声称,法国人"在他们的词典中没有一个词来形容'舒适'",这显然是中产阶级和英国的概念。[21]

游客和旅行者沙文主义式的判断和不知所云的悲叹,对于了解

---

\* 玛丽·沃斯通克拉夫特(Mary Wollstonecraft,1759—1797),英国作家,代表作《为女权辩护》。

18世纪末法国社会的基本结构，只是一份并不可靠的指南。尽管贫穷的乞丐或农场工人与炫富的公爵或贵族之间的差距不可避免地大得惊人，尽管法国经济在18世纪80年代遭遇了问题，但经济扩张的好处还是在社会中广泛地传播开来。但是，为了理解这一点，人们需要能够破译那些往往是误导性的表象。

此外，需要特别强调的是，路易十六统治时期经济状况的健康程度是相对的，因为历史学家们普遍发现，很难抵挡以下观念的盛行，即这一时期的经济指标逐渐恶化，18世纪初取得的成果也遭到侵蚀，并为1789年革命的爆发铺平了道路，据说在当时的法国，已经暴露出了它真实的、陈旧的和分裂的自我。这种悲观的观点源于经济史学家厄内斯特·拉布鲁斯\*的统计分析，在20世纪30年代以来具有开创性的定量分析研究中，拉布鲁斯描绘了价格、工资和租金的长期趋势，而他得出的结论是：在1726年至1731年间，以及18世纪70年代末至80年代期间，虽然农产品价格上涨了约60%，但同一时期的工资水平名义上只上涨了约25%，由此意味着购买力下降了15%到25%。拉布鲁斯认为，穷人越来越穷，富人越来越富：差不多同一时期，土地租金几乎翻了一番。拉布鲁斯对1778年至1787年间的判断尤为严重：农产品价格的下降导致农业利润的下降和需求的疲软，由此工业和农业利润都受到了冲击。1787年至1789年危机的根源在于法国经济长期保持大规模消费不足的特点。[22]

尽管拉布鲁斯的作品还留有价值，但他对经济的勾勒存在不少错误。虽然拉布鲁斯对法国民众的生活水平感到悲观，但在1789年之前的半个世纪里，平均实际工资似乎只下降了不到10%——与包括英国在内的大多数欧洲国家相比，这一数字还是不错的——而且，正如我们所看到的，这个平均值遮盖了在其周围所暗藏的巨大变化。拉布鲁

---

\* 厄内斯特·拉布鲁斯（Ernest Labrousse，1895—1988），法国左翼知识分子，社会经济史学家。

斯认为，路易十六统治时期是一个结构性危机的阶段，这是其作品中最薄弱的部分。大量证据表明，许多经济行业的繁荣一直持续到18世纪80年代末（在某些情况下甚至更久）；而且，考虑短期因素的话，例如1786年造假丑闻引发的信贷危机，造成经济困难的许多方面似乎都与政府的不明智政策有关，而不取决于那些"长时段"带来的问题。此外，这些问题大都出现在18世纪末，这是一个以消费增长和持续繁荣为特征的时代。

整个18世纪，法国经济发展良好，足以支持人口的大幅度增长，也没有发生任何破坏路易十四统治后期的人口灾难。在这个世纪的大部分时间里，政治算术家们都相信法国注定会经历人口减少；从18世纪70年代起，人们逐渐意识到，人口数量事实上正在增长，而且增长态势很快。在此之前的任何历史阶段，人口的急剧下降都很有可能被认为是战争、疾病或饥荒造成的结果。然而，尽管有迹象表明，避孕措施开始被系统性地运用到控制家庭规模的方面，但人口仍然保持了增长。从1715年的2 150万人，增加到1789年的2 860万人，增幅约三分之一。全国的死亡率则从18世纪初的4%下降到18世纪90年代的3.55%，降幅约10%以上。在18世纪40年代至80年代之间，男性的预期寿命从23.8岁上升到27.5岁，女性的预期寿命则从25.7岁上升到28.1岁。性别之间是不平衡的，社会和地理上的进步也是多样化的：中产阶层和上层人士的生活状况迅速改善，而东部、北部和中部山区的情况也好过其他地区。死亡率的危机正在普遍成为过去。即使是1768年至1770年和1787年至1789年糟糕的收成引发了非常严重的社会危机，也没有由此造成严重的人口问题。文化氛围缓和的标志在于，人们不再关注死亡率，而是越来越重视发病率。法国民众已经忘记了如何死亡[23]，现在学会了如何生病：医学家们强调各种形式的"文明"疾病——无论是神经疾病还是精神障碍，无论是儿童疾病还是老年疾病。

养活多余人口的食物来源不是英国和低地国家正在进行的农业革命（科学轮作、饲料作物、播种机械等）的结果。诚然，在杜哈梅尔·杜蒙索《土地文化专论》（1750年）大量重印的推动下，"亲英派"出现了改进农学作品的热潮，但这对大众态度的影响可能微乎其微。伏尔泰讽刺道："除了农民，每个人都在读这本书。"埃诺地区的农民设法适应了新技术，并取得了令人瞩目的成就，但总的来说，农民在土地上的生产力仍然低迷——事实上，在某些地区（如维瓦赖、奥弗涅和比利牛斯山），生产力几乎是静态的。在法国北部和东北部的大面积耕作区，富裕地主（包括许多贵族）特别积极地尝试新的耕作方法。这些地主的商业头脑有两种方式：有些人走的是创业路线，他们通过引进新技术，有时还会圈占公共土地，来提高土地的生产率；而另一些人则把前者看作一种辅助性冒险，采取了一种精巧的手段，通过商业化的方法来管理庄园，从而提高利润。他们修订领主的土地赋税簿籍，进行专业的财产核算。作为未来的革命者，"格拉古"巴贝夫*就曾于18世纪80年代在皮卡第地区担任封建制下的书记官，法国大约三分之二的领主土地都是在18世纪被规划出来的。重新征收已经消失多年的封建和领主税，在农民中非常不受欢迎。勃艮第的索尔克斯-塔万尼公爵家族甚至发掘出一项只在13世纪出现的税款，而且重新开始征收这一税种。利用这种方法，普罗旺斯伯爵仅用几年时间，就把他的领主收入从30万里弗增加到190万里弗。

为不断增长的人口提供更多的粮食，这是粗放型，而非集约型的经济模式。这些方式也带有政府鼓励的痕迹。首先，新作物的传播促进了农业的多样化：尽管马铃薯的推广者和开明的督办们做出了最大的努力，但土豆仍然被认为只适合猪和比利时人食用，它在日常饮食中的地位并没有得到提升。然而，玉米的表现似乎更好，尤其是在西

---

\* 弗朗索瓦-诺埃尔·巴贝夫（François-Noël Babeuf，1760—1797），亦称"格拉古"巴贝夫，法国大革命时期空想社会主义者、革命家、记者，"平等派密谋"的领导者。

南部地区。其次,更多土地被用于耕种。从18世纪60年代中期开始,政府为开垦土地提供税收优惠措施,到1789年,60万公顷的新开垦土地占据了总耕地面积的大约2.5%。在奥弗涅等地区,这场运动完全是受需求引导的,贫困的市镇将农业拓展到被忽视的偏远贫瘠地区。然而,在其他以商业利润为主要推动力的地区,农业增长更为显著:勃艮第的耕地面积增加了8%至10%。在重农主义者的推动下,政府鼓励圈占公共土地,这也使更多土地被用于耕种:在1769年至1781年间,法国通过授权立法的方式,允许在阿尔萨斯和洛林、勃艮第、佛兰德、阿图瓦和其他地方分割公共土地。

继续扩大农业生产的第三种方式是实行地区专业化的举措。巴黎、大城市和军队对各类农产品的需求不断扩大,这刺激了越来越多的地区摆脱传统的多种种植方式,转而专注于种植市场作物。巴黎地区取消了对葡萄酒生产的投入,转向更加单一的谷物生产——他们知道自己可以从南方进口葡萄酒,就像他们越来越多地从诺曼底、利穆赞和夏洛莱地区获取肉类,从布雷、欧日和贝桑获取黄油和奶酪一样。葡萄酒种植是地区专业化的特殊特征。18世纪以来,不断上涨的价格不断鼓励大小农户种植葡萄,到18世纪80年代,按照埃克斯皮里神父*的估计,约有450万人以葡萄酒贸易为生。[24]这一领域的增长相当不平衡,18世纪70年代,葡萄酒产量过剩导致了价格下降,给较小的种植者带来了压力。然而,高质量的生产区——尤其是波尔多、勃艮第和香槟(在香槟地区,葡萄酒起泡法的发明导致了起泡的白葡萄酒取代了该地区传统的红葡萄酒)——都已经发展了出口渠道,使他们免受经济衰退的影响。18世纪80年代,波尔多对英国的出口额翻了一番。一个世纪以来,像昂内斯家族这样的爱尔兰移民家庭,帮助夏朗德地区发展了以出口为导向的白兰地贸易,呈现出一片繁荣的景象。

---

\* 让-约瑟夫·埃克斯皮里(Jean-Joseph Expilly,1719—1793),法国教士,著有《高卢与法兰西辞典》。

法国的葡萄酒庄园

国外和像巴黎这样的大城市对优质葡萄酒和白兰地的大量需求的增长,只能通过改善交通的方式来得到满足,这就使得城市的供应区域迅速扩大。由此产生了第四种方式,即进行更好的分配,这或许也是最重要的一种方式,通过这种手段,农业可以满足新增人口和繁荣经济的需要。正如我们所看到的,更加流通的交换方式(商业)对启蒙时代的经济和哲学来说都至关重要。更好的交通,特别是通过加龙河谷连接地中海和大西洋的中部运河,以及得到改进的公路系统,使法国东南部的地区专业化成为可能,大旅行家们对交通系统也表达了赞许。运输成本下降了三分之二,因此下朗格多克地区可以发展它的葡萄酒贸易、橄榄种植和羊毛制造业,而且没有付出牺牲粮食种植业的代价，因为人们知道可以依靠快速和廉价的粮食运输。下朗格多克把粮食种植业留给了上朗格多克地区日益商业化的粮食生产。18世纪内，中部运河的贸易增长了两倍，并在1780年达到顶峰。随着大革命的临近，对联系、沟通和速度的重视程度也在加速。路桥工程局为法国提供了约3万公里用于铺设和养护的道路。18世纪70年代中期，杜尔哥引入了得到改善的交通和运输系统，大大缩短了旅行时间，降低了运输成本。从1765年到18世纪80年代，巴黎去往斯特拉斯堡、马赛和图卢兹的交通用时分别从曾经的11天、12天和15天，下降到4天、8天和7天——从市场整合和国民舆论的形成视角来看，这是一个令人震惊的社会现象。

大幅改善的交通促进了贸易、工业和农业的发展。在18世纪，法国的对外贸易增长了四倍，殖民地贸易增长了十倍，而国内贸易（占所有商业的五分之三）也空前繁荣。18世纪的贸易顶峰是80年代。从18世纪50年代到80年代末，博凯尔国际博览会的贸易额增长了两倍。在这种情况下，除港口城市外，其他城市的贸易增长就稍显落后了：18世纪，城镇人口占总人口的比重从15%上升到20%左右。即使在增长较缓的地方——鲁昂从64 000人增长到73 000人，巴黎从51万人增长到62万至65万人——这些数字也往往掩盖了它们与其他周边地区的动态关系：例如，作为法国国内的工业中心之一，鲁昂附近还有大约6万人在周边的村庄工作。这种互补的形式非常普遍：原发工业化刺激了农村的发展，而不是（或同时）促进了城市人口的增长。

在灾难性的七年战争之后，法国以一个全球大国的形象迅速反弹，给人留下了深刻印象。西印度群岛仍然是法国王冠上的明珠——尤其是圣多明各岛的糖类出口占据世界总额的近50%。法国继续参与奴隶贸易，将自己的利益进一步深入到非洲西部和中部地区。法国在北美战争中击败了英国，似乎开启了向美国本土和西印度群岛的商业渗透。1763年，法国在印度遭遇了损失，但随后又迎来了与东方国家

（包括中国在内）的贸易繁荣；尽管布干维尔和拉彼鲁兹[*]分别在1768年和1785年对南太平洋的探险本质上是出于科学研究的目的，但项目也获得了潜在的贸易利润。

法国的国际贸易与它的工业密切相关，许多工业部门在18世纪七八十年代继续保持了繁荣。老工业的命运喜忧参半，部分羊毛和亚麻产地从18世纪中叶开始遭遇衰退。但新兴工业，如棉制品、煤炭、铁、玻璃和化学工业，总体表现良好。18世纪初得到完善的以时尚为导向的生产周期，仍然使法国商品在国际市场的诸多领域中占据优势地位。[25] 18世纪80年代中期，法国拥有115家棉花企业（英国为111家），生产了1 600万米的布料（英国为1 240万米）。随着18世纪80年代勒克鲁索工业区的动工，高新技术和重量投资的钢铁工业在国际范围内取得了成功。制糖厂、烟草精炼厂和位于异国的皮革制造厂，这些与法国蓬勃发展的海外贸易相关的产业，也得到了迅猛增长。

许多来自殖民地的进口商品被运往国外，以满足欧洲其他国家的需求，但很多商品留在了法国国内，并开始向社会层面渗透，增加了法国对外国商品的需求。18世纪初，糖、咖啡、茶、巧克力和烟草都是奢侈品，几乎只能被富人享用，它们的药用价值和营养价值一样高。到了18世纪80年代，尽管道德家和医生对这些看似新奇的放纵形式进行了猛烈的攻击，但在"时尚帝国"的帮助下，这些产品正在逐渐成为中产阶级或大众饮食中不可或缺的一部分。曾经被当作鼻烟或用烟斗吸食的烟草，现在被当作口粮发放给士兵，这种现象已经变得非常普遍。达尔让松认为，在物价高涨的时代，人们之所以对烟草消费保持了高需求，是因为穷人都认为它有营养价值。[26] 咖啡也大量进入了低端市场：几乎一半的巴黎家庭都有一把咖啡壶，咖啡配牛奶开始成为城市工人阶级早晨的常规饮品。糖也进入了越来越多的食物

---

[*] 让-弗朗索瓦·德·拉彼鲁兹（Jean-François de La Pérouse, 1741—1788），法国海军军官、探险家，1785年率队探索太平洋，1788年在所罗门群岛附近失踪。

18世纪时巴黎街头的咖啡商人

和饮料中,造成了大规模的龋齿现象,18世纪20年代牙医科学的诞生只是对这一现象的部分补偿。巴黎人均每年消费10磅糖。18世纪90年代,当供不应求时,愤怒的消费者走上街头,由此爆发了糖骚乱和粮食骚乱,这也表明"必需品"和"奢侈品"之间的界限变得非常模糊。

这种奢侈品看似"民主化"的现象,实则标志着物质文明的商品化,这种趋势表现在各个层面之中,并构成了生活方式和评判标准转变的一部分内容。尽管对奢侈品的品位往往带有一种异域风情和殖民色彩,但国内行业(如饮料贸易)也受益于消费者需求水平的提高。中产阶层和贵族对棉织品、瓷器和漆器等异国半奢侈进口品的需求十分强劲，足以刺激进口替代物的生产。白色印花布的非凡命运，伴随着廉价瓷器的适度发展，以及使用纸浆暂时替代漆器的需求——以往被归类为奢侈品的文化艺术品的廉价版本，现在被称作"半奢侈品"或"庸俗奢侈"的产品。

家庭消费品市场的增长不断超出了基本生活必需品的维度，构成了一场"物质革命"的背景[27]，这场革命正在中下阶层的家庭中悄然发生。从巴黎的实际情况来看，家庭内部确实发生了变化：空间更加差异化和专门化；床越来越华丽，标准的旧亚麻布柜为新的衣柜、橱柜、抽屉柜等所取代。在墙上，布满灰尘的挂毯被墙纸所取代，墙上还装饰着雕刻、图画和镜子。窗户上增加了窗帘，标志着对亲密关系的崭新关注。诸如写字台、牌桌和衣帽架这样炫耀性的家具变得越来越普遍，杯子、瓷器和家用器皿也进入日常生活。装饰品的流行是一种物质主义的形式，而且教会也默许了其中的一些内容：圣物（十字架、虔诚的雕刻品、念珠、徽章以及宗教书籍）构成了这种现象的重要部分。鼻烟盒、剃须刀、雨伞、茶壶、珠宝、手表等外在物品，被视作判断一个人是否优雅的标准。手帕成为处理烟草的一种方式，在穷人和富人的口袋中都占据了一席之地。按照玛丽·沃斯通克拉夫特的说法[28]，舒适的生活方式出现在许多家庭之中：火炉可以取暖和净化空气，寒冷的夜晚总会使用热水瓶和暖脚器。人们在衣物上的开销越来越多，与18世纪初的穷人相比，世纪末的穷人拥有两倍以上的衣物。年复一年被拿出来穿着的羊毛服装，被更轻便、更多样化的服饰所取代。虽然男人们倾向于坚持深色和保守的裁剪和布料风格，但整洁的马裤和长袜取代了工人的裤子。女人们对时尚有着更为浓厚的兴趣，她们的衣服在重量、颜色和平滑度方面都更加多样化。到18世纪80年代，人们可能会把一个挤奶女工错认为公爵夫人——这种认同危机让那些喜欢把等级社会写在脸上的人感到愤怒。然而，尽管有人呼吁为限制奢侈设立新的法律，但他们的行为被视作可笑且不合时宜的——1759年财政总监西卢埃特在这方面表现出的趋势为自己赢得了普遍的嘲笑。

让-雅克·卢梭也在抱怨者之列,自从他在1731年遇到那位谨慎的农民以后,世界确实在发生变化。外表已经成为一种新的现实的象征,而不是一种新的骗局:巴黎人的外表、行为、品位都在越来越与众不同。卢梭对此嗤之以鼻,"巴黎无法代表法国";他认为巴黎和其他所有城市一样,是"人类的深渊"。[29]卢梭对巴黎流行的消费主义的反叛行为,表现为他放弃了时装和怀表,而穿着古老的亚美尼亚服饰,头戴一顶海狸皮帽。然而,消费主义的时代终将笑到最后:他的简约品位反而引发了一场时尚潮流,最终以玛丽-安托瓦内特和她的挤奶女工裙而结束。同样,卢梭对胭脂和其他贵族化妆品发起攻击,但也促使制造商们开发出新的美容辅助品(如"植物胭脂"),可以让使用者能够获得更"自然"的外表。[30]就连"自然妆感"本身,似乎也能成为市场结构的一部分。

巴黎是法国商品的耀眼窗口,但远不是这场消费热潮的唯一焦点。许多同时代人都倾向于将所谓猖獗的商业主义的英国和更注重生存的法国进行广泛对比。显然,与作为世界购物之都的伦敦相比,法国大多数省份的市场都较为糟糕。然而,尽管英国对消费品需求的密集程度更大,但法国的家庭市场却超出了英国:法国城镇人口高达530万,而英国只有230万——即使我们承认英国的人均可支配收入高于法国,但法国的人口优势更使人印象深刻。因此,法国国内对消费品的需求不仅广泛地分布于城市,而且延伸到许多农村。18世纪中叶,图卢兹的城市编年史家皮埃尔·巴尔泰\*表示,"最为朴素的农民夫妇都同样会被令人炫目的精神所刺激","同样的奢侈,我将其称为人类精神的衰败"。[31]里昂的纺织工人、诺曼底的农民和利穆赞的采石

---

\* 皮埃尔·巴尔泰(Pierre Barthès, 1704—1781),法国作家,代表作《失落的时光》,描绘了图卢兹18世纪的节日和仪式。

工匠，都会在星期天穿着带有银制衣扣、精美鞋扣和彩色缎带的华丽服饰。被任命为勒芒周边教区神父的弗朗索瓦-伊夫·贝斯纳神父*注意到，以往需要五年以上时间才能改变的时尚，现在处于无休止的摇摆状态，他只能通过工作日的穿着来区分富人和穷人。[32]

这些现代风格的传播方式是多种多样的。家庭用人在其中扮演了文化中介的重要角色。家庭用人中的大多数是农民（例如，在巴黎有90%的用人来自外省），他们死后的遗物目录表明，他们在接受男女主人个性化的物质文化方面更为早熟。集市和市场蓬勃发展，成为猖獗的商业主义的转折点：18世纪70年代，集市的数量增加了三分之一，到18世纪80年代，法国已经有16 000个集市日和16万个市场日。小贩们拿着一些小玩意，让农民们自以为拥有了这些东西，自己就能成为巴黎人。在许多地区，邮政员充当了大型企业的零售网点，而许多小城镇正在发展零售品店：1715年，奥布河畔阿基斯地区只有少数商人，他们被表述为"卖罐子和木屐的、没有像样商店的可怜乞丐"。然而到了1775年，2 000多名居民中已经拥有14名商人、4名五金商、2名铁匠、1名食品杂货商、8名裁缝、4名假发制造商、2名二手服装商和1名亚麻布商。[33] 报纸的作用不应该被忽视：从18世纪50年代开始，法国各地都建立了省级广告报纸网络，为一系列令人眼花缭乱的商品和服务提供了渠道，同时满足了"实用与快乐"和"购买巨链"的双重需要。[34]

对消费品的新品位似乎也对家庭组织和生活方式产生了影响。如果像拉布鲁斯所说的那样，农村和城市工人的平均实际工资长期下降，那么在他们家庭里出现的消费品，不仅意味着品位的变化，而且表明了新的工作策略。许多家庭似乎都参与了扬·德·维里†所说的

---

\* 弗朗索瓦-伊夫·贝斯纳（François-Yves Besnard，1751—1842），法国教士，代表作《革命教士：九旬老者回忆录》，记录了大量关于法国社会变迁的细节。

† 扬·德·维里（Jan de Vries，1890—1964），荷兰语言学家，莱顿大学教授，专门从事日耳曼研究。

"勤奋革命"[35]，家庭成员们更有系统地从事有偿工作，以便把他们的共同收入保存在一起，从而进入消费品市场。例如，在蒙彼利埃地区，农业工作的日工资从18世纪中叶起始终保持不变；然而在夏天，工人们凌晨三点起床，完成相当于两天的工作，回家时口袋里装着双倍的工资，比以前赚得更多。对于这种需要以更多工作量来弥补工资下降的趋势，原始工业的广泛传播就显得尤为重要。原始工业使家庭妇女（有时也包括儿童）能够在家中从事纺纱、织布或其他琐碎的工业工作，进而补贴她们的丈夫和父亲从农业工作中获得的收入。从这种家庭策略的角度来看，这一时期在中下阶层内部普及避孕措施是可以得到解释的：限制孩子的数量意味着可以有更多金钱用作所有家庭成员的消费品和服务方面的开销——也正是在这一时期，孩子成为父母巨大的情感投入和商业投资的中心。

正如这些例子所表明的那样，商业扩展带来的机遇被各种各样的社会阶层所迅速把握。显然，经济增长的主要推动者和受益者是成熟的城市资产阶级，他们的人数迅速增加——从70万上涨到230万（从他们的肖像上所显示的脂肪面积来判断，他们的腰围也在增长）。然而，抓住商业机遇的进取心和主动性并不能形成资产阶级的垄断。如前所述[36]，一部分贵族利用他们丰富的社会优势，从扩大工业、金融和土地市场中不断获益。农产品价格的上涨趋势也对许多农民产生了有利影响。富农和中农拥有能够养活自己和家人的充足粮食，他们只需要一辆马车和一袋余粮就可以在市场中获得可观的收益。葡萄酒价格的上涨对小农来说也是天赐良机：在阿尔萨斯，一个农民家庭想要养活自己，需要拥有12公顷的耕地，但如果种植葡萄的话，只需要2公顷土地。

在那些试图从经济扩张中获益的人当中，有大量平民阶层的表现也很突出，但这一事实不应该让我们忽视商业资本主义在整个18世纪里发展不平衡的问题。这个消费主义的时代消耗了生命和身体，同时也装饰和丰富了它们。"慈善"一词的发明者很晚才意识到，18世纪末主要的社会问题不是人口减少——这个古老的幽灵在18世纪70年代已经基本平息——而是过度拥挤和不健康的城市，以及被剥夺土地的农村出现大规模贫困化现象的威胁。工业和农业的倡导者努力压低劳动力对利润和租金的要求，特别是在贸易周期处于不利位置的时刻，贫富差距问题也更加尖锐。18世纪70年代末，俄国贵族丹尼斯·冯维辛[*]对巴黎消费主义商店橱窗的总体卫生状况感到震惊，他认为巴黎"只比猪圈干净一点"，那些令人震惊的对比也是平平无奇的："人们每走一步就会发现一些特别出色的商品，然而，在它旁边也会有一些非常可怕甚至野蛮的东西。"[37] "生活必需品"价格昂贵，但用国际标准衡量，奢侈品的价格却非常便宜：住宿、食物和马车的价格是圣彼得堡的两倍，但装饰品、服装、书籍和雕刻品的价格只有圣彼得堡的一半，甚至更加便宜。[38]

尽管各地政府越来越多地发表人道主义言论，但它们在消除贫困的问题上却毫无效果，甚至在最著名的地方也是如此。国家的慈善项目，如慈善讲习班、救灾、对贫困贵族的养老金和医疗援助计划，往往是隔靴搔痒而非根本解决方案。更令人沮丧的是，大多数慈善机构的财务状况在18世纪不断恶化，其原因在于它们的服务需求不断增长，机构运行成本持续膨胀，以及慈善捐款的明显减少。国家在财政方面给予的最大承诺，是在18世纪60年代末建立了一个由几十所救济院组成的网络，用于解决流浪者收容问题。这些机构遭到了严重批评，最终令人震惊地沦为压迫感十足和极其不卫生的济贫院，就像是关押着各种各样的穷人的监狱。

截至18世纪80年代末，警告和人道主义的关切之声达到了顶峰。然而，在痛苦的表象和现实之间划清界限，无疑是非常困难的，就像

---

[*] 丹尼斯·冯维辛（Denis Fonvizine，1745—1792），俄国讽刺作家，戏剧家，代表作《旅长》。

警察将一马车妓女送往济贫院

在"奢华"的表象和现实之间划清界限一样。18世纪70年代末以来,许多地区的农产品价格持续下滑,农业收入逐年下降,1789年的歉收更让农民们倍受打击。1785年至1786年的一场严重干旱造成了牛的大量死亡,由此毁掉了许多农民家庭,尤其表现在南方地区。1786年英法贸易条约签订后,从1786年至1787年开始,法国大部分工业都受到了来自英国竞争的不利影响。但即使这些严重的问题叠加在一起,也没造成法国经济的结构性危机。法国经济在某些领域仍然呈现出良好的发展态势——事实上,1786年以后,英国制造业产品成功渗透进法国市场,这一辉煌成就凸显了法国国内需求的持续增长。然而,一些农村地区开始出现大规模饥荒,但法国经济看起来并不像无法在灾后完成自我修复。

尽管路易十六时期的情况仍然很糟糕,但在路易十四的统治下,贫困问题要严重得多。虽然1788年至1789年的财政危机非常严重，但作为一种社会现象，它的严重性却被现在所处的舆论环境进一步放大。与路易十六统治时期相比，太阳王的时代没有调查、报告、审讯、社会分析、准民族志调查以及对经济和人口的预估。无知曾经是一种幸福：对民众苦难的了解，成功激起了人们的罪恶感和人道主义的诉求，即应该做更多的事情——特别是政府应当介入其中。路易十六统治时期的一个显著特点是，商业竞赛中的输赢双方都会向政府寻求帮助和支持——如果他们没有获得帮助，就会产生怨恨和批评。

国家政策在很大程度上发挥着作用。从18世纪五六十年代起，自由主义的风气席卷了政府部门，使经济受到了国际竞争的影响，有时会令人振奋，有时却使人沮丧。法国商业活动的领域不断扩大，使一些传统领域受到冲击，另一些领域也沦为国际竞争的牺牲品。因此，在18世纪七八十年代，黎凡特和波罗的海被英国和荷兰商人渗透，法国也为此付出了代价：例如，朗格多克的羊毛贸易在很大程度上依赖于黎凡特市场，但自18世纪50年代以后就长期处于危机之中，未能恢复到之前的繁荣景象。1769年以后，西班牙禁止木炭出口，比利牛斯山脉的许多煤矿和冶炼厂都陷入了无可挽回的衰落境地。相似地，西班牙国王查理三世禁止法国向伊比利亚半岛和西班牙的北美殖民地出口丝绸和亚麻，这一举动凸显了家族盟约的局限性，对迄今为止表现都非常出色的法国纺织制造业造成了沉重打击。

由于法国政府在1783年以后与英国和它曾经在北美的殖民地进行贸易，法国贸易和工业的许多领域也蒙受了损失。法国缺少一个对本国制造的产品保持巨大需求的殖民地市场，许多人甚至希望作为盟友的美国可以很好地担负起代理人的角色。法国商人败给了他们在英国的同行，但其根源在很大程度上还要归咎于政府，法国政府未能以任何有意义的方式向世界展示自己的旗帜。法国大使抱怨这个新生国家"不健康的民主环境"。[39]法国的繁文缛节和行政管理也是深层次的阻碍因素。美国不仅没有脱离英国的范围,而且开始渗透到法属西印度群岛的市场。

如果说自由主义精神利弊各半,那么法国在国内贸易和工业方面也是如此。1759年,法国取消了禁止对棉花进行彩色印染的法令,以此阻止英国的竞争,此举刺激了印花布业的蓬勃发展。同样,1762年,法国允许工业在行会社团框架之外建立自己的组织,由此在许多领域都促进了原始工业化。然而,政府对国内经济自由化从未投入百分之百的关注:数目繁多而又价格高昂的过路费,增加了运输的距离和时间成本。相似地,尽管杜尔哥废除了行会,以此作为放松对劳动力管制的一种手段,但正如我们所看到的,他的改革半途而废:杜尔哥的继任者引入了一种经过改良的行会制度,在某种程度上实则降低

18世纪时的手工纺织业作坊

了劳动力的流动性，特别是"工人护照"的推广尤其强化了这一点。（典型的情况是，政府对行会制度表示赞赏，因为行会内部职位的出售给政府带来了可观的现金收益。）此外，粮食贸易自由化方面也存在不连贯和不一致的情况。1754年、1763年至1764年、1775年和1787年，自由化政策和监管措施都是交替施行的。

路易十六时期的经济政策时断时续，这与财政总监职权的脆弱性密切相关——正如克罗伊公爵沮丧地表示的，这个职位"应该是稳定的"[40]：1754年至1789年间，大约有17任财政总监，其中有10任是在路易十六统治的十五年中就职的。法国企业家在现实世界中必须参与竞争，但政府不应该为此受到指责——但实情又的确如此。绝对君主制更多使用了福利主义的权力话语——立法绪论几乎沦为慈善的哲学论述——由此也提升了民众的期望值。同样，启蒙运动寻求通过有目的的人类行为来解决社会弊病，这使得法国民众对国家的失望尤其不宽容，他们故意为各种各样的弊病寻找替罪羊。在这种背景下，尽管卡洛纳的英法贸易条约被吹嘘成一个崭新的、更自由化的对外贸易时代的开端，但这个条约从来都具有双面性。从中期来看，法国经济似乎有足够的韧性来承受与英国的竞争所造成的冲击，并将劣势转化为优势，但短期内的现实困难也是不可避免的。尽管波尔多人对其葡萄酒在英国的新市场感到沾沾自喜，但纺织业和钢铁工业对随后来自英国制成品的竞争则感到愤慨：来自英国的进口额度从1784年的1 600万里弗上升到1787年的2 300万里弗，再上升到1788年的2 700万里弗。许多怨声载道的地方，例如诺曼底的亚麻工厂和蒙托邦的羊毛织造厂，甚至在1786年之前就已经陷入了严重的财政困境。然而，现实的困难通常都被归咎于国家。路易十六治下的政府发现，要达成自己的目标可能已经非常困难了；到18世纪80年代末，正如卡洛纳沮丧地发现的那样，他们还把完全不可能发生的事情严肃地放在了面前。

## 喧嚣年代中的无声革命

路易十四时代的巴黎总教区总主教哈雷·德·尚普瓦隆[*]曾经说过:"国王不喜欢制造噪音的事物。"[41]相比之下,路易十六统治时期无疑是一个喧嚣的年代,尤其是越来越多的争议和辩论,不仅以书面形式呈现,而且以口头方式表达,王室和教会机构正在丧失钳制喧嚣声的能力。然而,在泡沫化的、生机勃勃的表象下,一场"无声的革命"正在发生。[42]人们的心态有了既微妙又普遍的变化,对待生死的态度不再以精神为导向,而是更加个性化,特别是"购买巨链"的出现表明,人们的思维、信仰、行为乃至微笑方式,都发生了根本改变。

事实上,正是在1787年,一个微笑酿成的丑闻震撼了整个公共领域。造成麻烦的微笑来自维热-勒布伦夫人[†]在同年发表的自画像。卑鄙的宫廷信使莫弗尔·德·昂热维尔[‡]在《秘密回忆录》中指出:"艺术家、艺术爱好者和有品位的个人都一致谴责这种行为,(维热-勒布伦夫人)在微笑时露出牙齿是前所未有的事情。"[43]描绘露齿的微笑不仅打破了自古以来的表现惯例,而且违反了17世纪末就已经确定的情感艺术表达程式,这是由路易十四的首席画家和多样神话阐释者夏尔·勒布伦所确定的。在画中张嘴表明一个人是怪异的(暴露出令人作呕的龋齿,让这一点更为强化)、痴呆的、粗俗的,或是说明他受到了某种高度极端情绪的影响。在上流社会中,极端的面部表情不可想象。

---

[*] 哈雷·德·尚普瓦隆(Harlay de Champvallon,1625—1695),1671年至1695年间担任巴黎总教区总主教。

[†] 伊丽莎白·维热-勒布伦(Élisabeth Vigée-Lebrun,1755—1842),法国著名女画家,曾为玛丽-安托瓦内特绘制肖像画。

[‡] 巴泰勒米·莫弗尔·德·昂热维尔(Barthélémy Moufle d'Angerville,1728—1795),法国律师、文学家。

维热-勒布伦夫人

如果说波旁王朝在18世纪末即将面临财政破产的窘境，那么认为它在情感表达方面作为时尚引领者的角色也即将破产，则是一种荒谬的说法。但是，维热-勒布伦夫人那个惹人不快的迷人微笑，确实是一种真正变化的标志，这种转变关乎审美准则和身体表现形式的权威和合法性来源，也将成为1788年至1789年危机的特征。尽管王室曾经一度被视为这一领域的终极审判者，但"公众舆论"已经取代了王室的地位。18世纪20年代以来以科学为导向的牙科的兴起，以及一批能够将拔牙艺术发展为预防美容牙科的专业医生队伍的出现，成为新的露齿微笑出现的前提。然而，在西方文化中，牙医带来的微笑热潮并非王室的功劳,后者对牙科的进步毫无兴趣。路易十五和他的曾祖父一样,由于不专业的拔牙手术而失去了健康的牙齿,满口烂牙对他的声音造成了影响,破坏了他的笑容,他在年轻时的一位情妇也因口臭而闻名。路易十六的一名侍从后来回忆说,国王有"一条好腿",但"他的牙齿排列非常不整齐,笑起来很丑陋"。国王的弟弟阿图瓦伯爵(即未来的查理十世)则"一直张着嘴,这让他的面孔看起来相当不聪明"。[44]18世纪中叶以后,报纸上充斥着牙膏、牙粉、牙齿美白剂、牙刷、牙签和刮舌器的广告,还有大量的假牙和其他"人造物品",这证明了消费者对新时尚的强烈需求,但这些新时尚几乎没有,甚至根本没有得到王室的认可。

王室放弃了在设定时尚品位标准上发挥作用的习惯性角色,有些人对此感到遗憾。国王的侍从德泽科伯爵\*后来表示,路易十六及其王室对奢华服饰的漠不关心,无疑树立了一个不好的榜样,降低了臣民对君主的尊重。[45]最典型的例子是,1775年在兰斯,不苟言笑的国王迫不及待地脱下了厚重的加冕礼袍,而且此后再也没有穿过这套服装,他更喜欢在宫廷里穿着更轻巧、没有那么正式的衣服,如此一来,外人就很难从他的贵族同胞当中找出国王的身影。国王穿上了由他的兄弟们和奥尔良公爵推广起来的英式骑手上衣,甚至法国国王似乎也选择了倾向资产阶级的奢侈生活,这被认为比法国宫廷的传统装饰风格更加可取。[46]尽管路易十六的王后为了维持传统付出了大量努力,但总体来说,即使是越来越被视为缺乏活力和远离现实的凡尔赛宫,似乎也要向作为公共活力源泉的巴黎低头。正如梅西耶所说,路易十四的太阳神庙已经变成"飓风环绕"下的"卫星"。[47]

18世纪80年代,尽管许多经济部门都遭遇了问题,但文化和休闲市场保持着高度繁荣。18世纪60年代以后,在巴黎欣赏戏剧的观

---

\* 费利克斯·德·弗朗斯·德泽科(Félix de France d'Hézecques,1774—1835),法国贵族,著有回忆录《路易十六宫廷的篇章》。

众数量开始迅速增长，而全国范围内对戏剧和歌剧的兴趣不断发展，特别是到了18世纪80年代，各省的剧院都在蓬勃开幕。正如我们所看到的，《费加罗的婚礼》的出色成就表明，观众的反应比王室的意见更有价值，公众舆论（而不是统治者的文化仆从）也越来越成为绘画审美质量的决定性因素。自1737年以来，在巴黎定期举办的艺术展览——所谓的"沙龙"——吸引了大批观众，这激怒了那些想要成为鉴赏家的人，也毫无疑问地影响了艺术实践。1755年参观展览的只有7 000人，而到了1788年，超过21 000人挤进了展厅，正如一家报纸所说的那样，"（沙龙）构成了一个巨大的剧院，在那里，地位、声望和财富都无法为不好的品位留有一席之地"。[48]之后，受到雅克-路易·大卫*的名作《贺拉斯兄弟的宣誓》的启发，公众的艺术品位又转向了古典共和主义。

参观者如织的巴黎"沙龙"

---

\* 雅克-路易·大卫（Jacques-Louis David，1748—1825），法国画家，新古典主义画派的代表人物。

这一时期，作为典范的启蒙运动的先驱们相继去世：伏尔泰和卢梭死于1778年，达朗贝尔死于1783年，狄德罗死于1784年，而沙龙领袖德方夫人和埃皮奈夫人分别死于1780年和1783年。在这种阴郁的死亡氛围之下，公共领域的运作和舆论构建的场所正在发生重大变化。正如我们所看到的，在启蒙运动的经典时期，巴黎的沙龙和地方的学院都曾在引领国民风尚方面发挥过先导作用，但在重要性上，它们正在被其他形式和风格的社交活动和舆论建构所取代。此外，礼貌性的谈话逐渐被印刷品替代，后者成为知识交流的媒介，与沙龙和学院的主导领导构成了竞争关系。

新闻业在启蒙运动中发挥了更大作用，它们将全国上下的亮点汇聚起来，旨在创造一个更美好、更公平、更包容和（希望）更幸福的国家。在这种情况下，象征着消费主义获胜的商品的买卖双方，不知不觉中融合成"购买巨链"以及其中所隐含的互动与平等体系内部各种思想的生产者和消费者。[49]在这方面，"商业"概念的普及具有重要意义，因为它不仅表示了商品贸易，而且意味着知识交流：按照德布罗斯的说法，"文字之间的交流和其他商品之间的交换一样"。[50]《奥尔良人公报》的编辑强调了期刊出版业在"思想交流和商业"方面的作用。无疑，报纸使公众对政治和文化事件的反应也越来越快：例如，在北美战争期间，《法兰西公报》的发行量达到了12 000份。我们也许可以推测，在1750年之前，法国各类报纸的总发行量仅为15 000份，而到18世纪80年代中期，这一数字上涨到60 000份。当然，报纸的读者范围更加广泛：18世纪60年代以后，专门订阅报纸的阅览室陆续出现（对于潜在的个人读者来说，订购价格往往过高）；咖啡馆和萌芽中的俱乐部也是如此，它们模仿英美的模式，在18世纪80年代的大城市中开始涌现。例如在家庭或工作场所，我们可以预估的集体读者的总数成倍增长，大致在25万至50万之间。此外，报纸肩负着市场和公共集会或论坛的双重理念相互叠加：《利摩日公报》

天真地将报刊网络想象成"一种遍布整个王国的兄弟会或学院的组织形式",而正如废奴主义游说团体"黑人之友"协会的精神领袖雅克-皮埃尔·布里索\*兴奋地指出的,一个充满活力的新闻网络使雅典的民主精神通过印刷媒介得到进一步传播:"一个人可以在同一时刻向数百万人传递真理:通过报刊,人们平静地进行讨论,冷静地做出决定,并发表自己的意见。"[51]

18世纪80年代,人们愈发意识到新闻界在民主化方面的潜力,同时也对共济会的出现寄托了更多的期望。1744年,法国共有44个共济会团体,1765年增加至165个,到路易十五去世时已经有大约400个。到1789年,这一数字已经激增至近1 000个,它们分布于全国各地,吸纳了5万至10万名共济会成员,使共济会运动成为法国最大的自发性组织。除教会外,5%的城市男性人口都加入了共济会。早年,

18世纪时的共济会仪式

---

\* 雅克-皮埃尔·布里索(Jacques-Pierre Brissot,1754—1793),早年从事律师工作,法国大革命期间成为吉伦特派的领导人。

枢机主教弗勒里曾经镇压过这场秘密运动，认为它对宗教、君主制和道德都造成了危险。然而到了1780年，玛丽-安托瓦内特在写给姐姐的信中表示："每个人都属于它；每个人都知道那里发生的一切……它构成了一个慈善和欢乐的团体：他们经常聚餐、聊天和唱歌——这根本不是它所宣传的无神论团体，因为我听说，每个人嘴里都会谈到上帝。"[52]确实有一些主教和修道士加入了共济会，无视教宗对成员资格的禁令。教士们更喜欢共济会组织内的欢愉，而非宗教兄弟会所强调的灵魂。共济会成员遍布于各行各业，甚至包括王公贵族：法国共济会首席大会长是安坦公爵；而在路易十六时期，这一职位由沙特尔公爵担任（1785年以后奥尔良公爵继任，他代替孔蒂亲王，成为波旁王朝的主要问题制造者）。

尽管许多共济会团体保留了高度的排他性和内部氛围，但总体来说，共济会成员的社会构成向第三等级倾斜。例如，在学院中，前两个等级（教士和贵族）分别占20%和40%，但在共济会中，它们分别只占4%和18%，超过四分之三的共济会成员是平民：资产阶级食利者和职业阶层（律师、医生、国家雇员等）的比重尤其高。共济会运动的另一个显著特点是它吸引了大量流动性较强的社会阶层：大约有五分之一的成员来自贸易和商业领域，而军官和学生的人数也相当多。工匠、店主和小职员虽然不属于启蒙社交网络的其他任何形式，但可以在共济会兄弟般的队伍中找到他们的身影。此外，与学者们相比，共济会成员更加年轻，在社交上也没有那么老成持重。

尽管共济会成员遍及社会各个阶层，但他们忠实地反映了与普通人的距离，而启蒙哲学家、沙龙参与者和学者们正是在此基础上形成了"公共"的概念。共济会的身份认同隐藏着一种对道德高尚和美德尊严的要求，它排除了"那种最卑贱的"劳动者——以及无论其出身如何的大多数女性。女性是否可以加入共济会的问题引发了激烈讨论，尽管许多女性确实加入了共济会，但通常只是加入了作为其附属机构的"收养会",被限制在一个兼具象征性、装饰性和观赏性的角色范围内。不仅仅是在共济会,人们对女性在理性辩论世界中的角色越来越感到焦虑,这反映了卢梭的粗暴式共和主义观念,即女性没有参与公共事务的空间。人们会记得,这位加尔文派的圣徒更喜欢女性停留在家庭内部,最好是给婴儿喂奶,或者顺从地服侍她们的男人。

共济会文化中贬低工人和妇女作用的卢梭主义,在新的政治俱乐部和团体(博物馆、中学、社团等)中也占据了主导地位。资产阶级男性(加上一些温和的贵族)发现,如果没有沙龙参与者此前提供的女性统治,一切都会更加容易。女性从启蒙交流的活跃者和促进者变成了知识生活的弃儿。在这十年里,对催眠术的准精神治疗式的崇拜为这一主题提供了一个有趣的变化案例。医学界试图压制奥地利魔术师弗朗茨·安东·梅斯梅尔的实验,反而导致富有的专业人士和年轻的自由派贵族支持他的事业,并对启蒙运动学院派提出了激烈的批评。催眠术在女性中大受欢迎,但主要的催眠师们认为女性构成的力量太过薄弱,无法在宗教组织中发挥作用。

因此,共济会和催眠术是阶级和性别政治的典型例证,在路易十六统治时期的公共领域中得到了进一步拓展。共济会在寻求建立全国性的知识分子社交网络方面也堪称典范,这些社交网络共同体现、代表和强化了公众舆论。18世纪六七十年代,孔多塞试图在全国范围内建立一个学院协调框架的行动以失败而告终,其原因部分在于各省的学院担心自己会受到巴黎方面的控制。然而,在国内建立更广泛联系的愿望是强烈的,1786年,阿拉斯学院(罗伯斯庇尔是该机构的成员)的院长迪布瓦·德·福斯耶[*]提议为学院成立"总通信处",这一倡议鼓励不同机构之间建立友好关系,受到了广泛欢迎。同样,1778年成立的王家医学院(此后医学院的原型)的秘书维克·达齐尔精

---

[*] 迪布瓦·德·福斯耶(Dubois de Fosseyeux,1742—1817),曾担任国王侍从,法国大革命期间曾任阿拉斯市长。

法国大东方会的纹章

力充沛,能够争取到全法范围内热情的医学专业人士的帮助,这一机构吸引的成员建立起了一个全国性的气象学、流行病学和其他观察视角的国家数据库。甚至在此之前,法国大东方会就已经采取了相应措施,将法国所有共济会成员聚拢在同一个全国性机构内部。尽管一些通常具有更多神秘色彩和激进倾向的共济会团体拒绝加入大东方会,但后者的确为共济会提供了更大的民族凝聚力,突出了启蒙运动后期更积极地利用文化网络的愿望。

共济会不仅在法国范围内传播,还宣扬人道主义、平等主义的理念。1773年,大东方会通过确立正式选举、多数人统治和代议制管理的方式,将上述理念具体化;而巴黎的分会"九姐妹会"则将新世界和旧世界的共济会成员都称作"共济会民主制的公民"。[53]然而,总体来说,在玛丽-安托瓦内特眼中,政治和宗教激进主义不是共济会的主流,这种观点是正确的。大多数共济会成员都是基督徒(既有天主教徒,也有新教徒)或自然神论者,他们对不同观点持有宽容的态度也是理所当然的:事实上,蒙彼利埃的学生分会独具特色,明确禁止

八、垂死的波旁王朝(1784—1788) 495

会员谈论宗教或政治事务。18世纪90年代末，保守主义理论家在寻找革命起源的过程中，将共济会视作恐怖时期的革命思想催生者。然而，许多共济会会员可能更喜欢唱歌、喝酒和丰富多彩的仪式，而不是任何所谓的政治或知识活动，他们在共济会以外的生活世界中，反而在社会上遭遇了更多的偏见。尽管一些更秘密的共济会派别尝试了大胆激进的想法，巴黎和凡尔赛分会中的精英成员也参与到内阁的政治活动中，但总体来说，这些并不是共济会的特色标志，大多数分会都宣称了对共济会的忠诚。（在"恐怖时期"，如果有救国委员会的成员此前出自共济会，他们也会被列入流亡贵族的军队和反革命的朱安党叛乱者的队伍里，或是被送上通往断头台的马车上。）

如果说共济会尚没有构成政治动荡方案的核心领导者，但它作为培养公共精神的学校和塑造公民身份的实验室，仍然发挥了非常重要的作用。与绝对主义的正式原则（或者更多的学院和沙龙）形成鲜明对比的是，等级社会的鄙视链条在共济会的圈子中并不适用。至少在理论上，公爵和亲王们在进入共济会的大门前，都会褪去自己的王冠，虽然各个分会内部也有等级之分，但这是基于服务、资历和功绩的，而非依据外部世界的社会地位进行划分的结果。这些分会是精英统治和道德社会的"飞地"，在其神秘的光环和怪异的仪式习俗背后，散布着一种彻底的世界改良主义风尚。共济会的话语强调，对善意和社会救济的关注何以为人类开辟了一个光明而崭新的未来，以及社会和政治的和谐可以在一个扩大的公共领域的理性辩论中实现。共济会尤其强调自我完善，这被视作道德和智力在社会中发挥领导作用的必要条件。

共济会在全国范围内形成了一个规模庞大的网络，这也明显反映了资产阶级公共领域日益增长的对更包容、更有社会意识和更加社会化的宗教仪式的需求。共济会主旨思想的核心是将自我完善与社会进步的目标联系在一起，这与18世纪80年代公共领域其他场所中更为紧迫的政治文化发展保持一致：例如，内克夫人和让利斯夫人\*在巴黎举办的沙龙，比她们的前辈们更公开地体现了政治色彩；在学院组织的征文比赛中，论文主题也从文学和哲学更多地转向社会科学和政治问题；在报刊上，司法备忘录的编年体引发了有关名人的争议性著作；在诸如废奴主义者的利益集团中，以及在新的政治俱乐部、博物馆、巫师团体等类似群体中，也是如此。

因此，在路易十六统治时期，公共辩论的氛围和情绪发生了重大变化。值得注意的是，对改革的关注符合了启蒙运动的原则，顺应了资产阶级公共领域的潮流，进而在国家的核心层面得到了回应。路易十六公开承认，自己对舆论保持了最高的尊重；在选择内阁大臣和决策过程中也考虑了舆论的意见；允许他的大臣们使用启蒙哲学家作为政策顾问和宣传者；同意在他的法律前加上带有"哲学"色彩的序言；开始涉足新的政治代议制；并且在他的私人日记和法律序言中，像共济会会员或激进记者一样狂热，将公众舆论的超然美德加以神话。雅克·皮肖[†]为《方法论百科全书》撰写的关于"治安"（"理性行政管理"）的数卷本内容在1789年问世，他在其中阐述了将绝对君主制与公众舆论相结合的基本原理，并努力使这种结合听起来不像是一场仓促的婚姻。他说："公众舆论既不同于专制国家中绝对统治的服从精神，也不同于共和政体中普遍存在的民意。"[54]在一个不再抱有幻想的世界里，社会不再像此前那样团结在共同的基督教价值观周围，国王有机会利用他的神权地位换取自己在公共领域受到欢迎和进行统治的机会。通过适应公众的要求，国王也许能够在专制和无政府状态之间找到一条中间道路，并以爱国的方式创造一个更文明、更幸福的社

---

\* 费利西泰·德·让利斯（Félicité de Genlis，1746—1830），法国小说家、剧作家、回忆录作家。

† 雅克·皮肖（Jacques Peuchet，1758—1830），法国律师、统计学家、记者、档案管理员。著有《治安和市政辞典》，为法国出版商夏尔-约瑟夫·庞库克（Charles-Joseph Panckoucke，1736—1798）主编的《方法论百科全书》的一部分内容。

会。这项举措不仅要归功于费奈隆，而且要归功于卢梭，路易十六可以将自己重新塑造成"第一公民"，并将对公共幸福的追求视作他最为重要的国王职责。

然而，随着18世纪80年代末金融和经济危机逐渐降临，路易十六发现自己不自觉地"脚踏两只船"。他是首先作为像受人尊敬的路易十四这样的波旁王朝君主，还是首先作为资产阶级公共领域的爱国公民？在一定程度上，这种进退两难的困境部分反映了国王摇摆不定的惊人心态，以及他希望两全其美的内心设想。他一方面摆出舆论捍卫者的姿态，代表"他"的人民对等级社会的外壳发起进攻；另一方面又对个人批评表现得极为敏感，抵制对其地位造成影响的平等主义趋向，表现出贵族式的傲慢反应。正如我们所看到的，许多同时代人认为，王权扩张不利于公共利益。例如，一个典型的例子是，人们百余年来不断保证，改革税收制度是为了保护穷人和弱者，但这并没有削弱另一个几乎普遍存在的观点，即国家对税收制度的更大控制意味着对所有人征收更多税款，这一点在实践中似乎也得到了证实。

但是，路易十六在两种政治选择之间摇摆不定的状态，并不仅仅是他个人的失败，也不仅仅是不真诚的表现。这也反映了18世纪80年代关于国家在服务社会效用方面出现的明显分裂。这种分裂的轮廓往往难以描绘——只有在一片喧嚣声中，才能准确把握"无声的革命"。不过，"无声的革命"不仅在新兴的公共领域中广泛存在，而且在传统等级秩序下的特权群体中也越来越多地出现。例如，其中一个突出例证是围绕专业能力在社会效用最大化过程中的作用的激烈辩论，以及专业知识如何有效满足中央集权国家和日益增长的公共自我意识两种需求的平衡。概括地说，当时关于专业精神和公共服务存在两套话语。一方面，人们寄希望于在体制框架内、以尊重社会秩序和垂直依靠关系的方式进行改革。以军队为例，七年战争后的改革，旨在培养一支高效的职业化军队，他们具有斯巴达式（或者可能是普鲁士式）的美德，在更加官僚化和更加等级化的结构中运作，还拥有更好的训练和更清晰的职业道路。即使是1781年臭名昭著的"塞居尔法令"，它将最高的军事指挥权限制在贵族内部，也是在这一框架下采取的职业化措施：其目的不是为了排斥那些靠天赋崛起的平民，而是为了打击那些通过捐官制度获得职位、缺乏所谓传统贵族代代传承的荣誉精神的新贵。

另一方面，除了军队内部的这种集体话语外，当时还发展出另一种更明显的职业性公民话语，它既借鉴了开明专制主义的平等化修辞，也参考了公共领域中更加民主的价值观，强调公民之间横向的相互依赖和平等联系。军官不应该受到专业纪律的束缚而被迫与更广泛的社会隔绝开来，从某种意义上应该说，他在成为士兵之前就是公民——类似的表述在大量论战文字和出版物中反复出现。"士兵-公民"之说源自1780年一本赞同上述观点的小册子的标题[55]，这个概念与官员们所信奉的社会精英（及其隐含的"不爱国"色彩）的集体职业主义毫无联系，他们常常把自己的职责说成是国王的"臣民"而非"国民"之中的"公民"。"爱国的"兄弟军官将对国家的忠诚置于对上级的机械服从之上，他们往往是雄心勃勃的年轻军人，渴望着让躲藏起来的军官队伍接受更广泛的社会影响。

同样，教会内部也出现了围绕集体价值和公民价值之间的话语冲突。一个世纪以来，教士着重践行了经典的天主教式的职业精神，这种职业性以接受上层的纪律为基础，并以穿戴教士"制服"为标志。然而，到了路易十六统治时期，特别是许多下层教士，开始逐步将他们的职业精神建立在对国民的承诺，而非贵族高级教士或尘世教宗的服从上。例如，在1776年多菲内教区神父亨利·雷蒙\*《教区神父的权利》一书出版后，他们将自己视作"公民的神父"，对他们而言，

---

\* 亨利·雷蒙（Henri Reymond，1737—1820），法国教士，曾在维埃纳、格勒诺布尔、第戎等教区任职。

正如罗马谚语所说:"民众的声音就是上帝的声音。"[56]尽管最初反对《唯一受生者》通谕的主教们会对这种想法感到震惊,但詹森派(及其兄弟教会里歇尔派)正在鼓励一种"准民主"的呼吁,即在制定符合"国家"利益的教会政策时,需要拥有教士的集体发声。

18世纪医学和外科学的进步有助于促进医学职业性的公民话语的发展,在这种话语中,敬业的医务人员被视作世俗社会的"好神父",他们是愿意牺牲自我的超级爱国者,以兄弟般的情感为生病的公民提供有益于生命和身体健康的礼物。然而,行医的能力也被视为自私的团体特权,受到了无休止的限制。内科医生比外科医生拥有更多特权,被视作反社会和反实用性的;而外科医生更加注重经验,与接种天花、割除白内障和产科等关键治疗手段保持着更紧密的联系。同样,巴黎医学院坚持只有经过训练的巴黎毕业生才能获得在首都的执业资格,这也是一种有私心的限制性举措,所有巴黎人的健康也因此受到影响。一个自由的医疗实践领域应当满足对改善医疗服务的需求,而这种需求则是由迅速增长的"公共卫生官员"来保证的。国家对催眠术的压制,使那些曾经支持非正统疗法的医生开始全面攻击医学界,进而扩展到政治层面的等级秩序,因为在他们看来,从"学术权贵"到贵族制度似乎只有一步之遥。

关于职业精神的辩论也出现在众多的公务员群体内部,而对政府官僚机构的广泛批评使辩论更加尖锐。似乎需要一种有力的自由主义攻势,方能终结"行政当局与'国民'之间存在的破坏性分裂"。[57]例如,提供路桥工程服务的公民工程师构成了集体职业主义的令人瞩目的焦点,他们拥有严格的训练计划、精密的官僚体系和对社会实用性的坚定承诺。然而,他们也因为技术官僚式的傲慢和远离对公民的关系而受到了越来越多的批评,到了18世纪80年代,许多年轻的工程师都在强调需要更加关注国民的意愿(而不仅仅是国王的命令)。总包税所的情况也是如此,尽管它发展出一种集体协作式的服务伦理和优雅的官僚体系流程,马克斯·韦伯亦对此感到自豪,但它还是被批评为对国家不负责任的"吸血鬼"。

这些辩论还蔓延到对官职买卖的公共讨论之中。长期以来,卖官鬻爵的官员都在强调自己的职位是私人财产,保护这些财产是国王的根本义务,以此反对国家的攻击,为自己辩护。在外界看来,这就像自私自利和任人唯亲一样,君主政体被批评为一种纯粹为了国家财政利益而违背市场价值的制度,这种制度将特权和不应有的财富置于权柄的附近。然而,随着时间的推移,买官者也在其集体框架内培养出来的职业道德和通过磨砺获得的专业知识对社会福利的贡献,来尝试证明自己的地位。正如一个优秀的鞋匠比一个优秀的爱国者更容易制作出好的鞋子一样,他们认为,买官者中的佼佼者——巴黎高等法院的法官——将统治者限制在基本法的范围内,对更广泛层面的社会福利做出了至关重要的贡献。

对改革问题享有特别发言权的是那些集体生活接受国家管理的专业团体,它们不仅对公共领域的新公民社交能力做出了积极回应,而且特别对繁荣的商品和服务业市场产生了反响。尽管以市场为导向的从业者时常因自己超越单纯的商业考虑而感到自豪,但是由于对其服务的需求日益增长,致富的机会也随之增加,许多人开始接受市场价值,他们认为这完全符合公民义务的要求。他们对自由贸易的承诺,与其说是对启蒙运动或重农学派主张的教条式认可,不如说是对面包价格而非工作经验的个体担忧——对于面包来说,中产阶层有储备可以依靠;而在后一种情况下,他们经常受到国家对企业特权支持的阻碍。令人震惊的是,从18世纪中叶开始,那些价格上涨最快的可买官职,正是能够进入充满活力的商品和服务市场的职位——律师、公证人、法律工作者、拍卖师和假发制造商。在这群人中,很多人都非常感谢这些职位给他们带来的市场优势,赞同国家支持它所承诺的保护他们免受市场危险的想法。然而,历届政府对腐败行为的态度反复无常，特别是在18世纪60年代以后，越来越多的人对国家的"支持"感到失望，更愿意在自由市场的世界里冒险。这种情况表明，许多商人和制造商也曾在自由的利益与国家的保护之间摇摆不定。

多层次的法律界见证了同样维度下的"团体"与"公民"之争。高等法院法官强调，他们的团体法律知识正是基本法律正确性的保证，并且抵制任何削弱他们人数或权利的企图；但整个法律界并不缺少个人，后者认为团体特权是专业知识的基础，社会也必然从中受益。然而，在所有群体中，大律师和律师有关培育公民专业精神的呼声最高。他们在很多场合都如此行事，包括在政治论辩（特别是在"莫普危机"期间）和在记载刑事和民事案件里揭露团体"专制"权力滥用的司法备忘录中。此外，巴黎的律师们利用公民专业主义的话语来振兴潜在的自然法传统，以此保护雇佣工人免受团体内部大师的"暴政"。他们在法国东部的同事们也在保护农民群体反对强加的封建税捐方面做了同样的工作——1780年，当贝桑松高等法院拒绝登记废除农奴制的王室法令时，这一运动得到了进一步推动。在18世纪80年代，公民与团体这两个专业概念之间的冲突更加尖锐，因为在整个法国，那些此前长期支持法官所认同的团体主义高等法院事业的大律师和律师们，反而发展出一种独立的态度，并吹嘘自己与更广泛的社会建立了更密切、更富有成效的联系。

因此，在18世纪80年代，等级社会的团体细胞在现代化的政体和市场经济中产生了关于专业服务和社会性质的辩论，这些讨论与在公共领域的再生机构中关于国家和社会的争论相互影响。事实上，专业人士（律师、医务人员、军官、政府雇员）构成了共济会分支、俱乐部和阅览室等组织中出现最多的成员之一，这种情况使新的协同组合得以发展。到了18世纪80年代，越来越明显的是，资产阶级公共领域并不是一个存在于王室城堡之外的实体。相反，它的许多成员要么在国家内部，要么已经得到了国家的好处，并为普及对权力和礼仪目标的争议性讨论发挥了作用。他们设定了辩论的节奏,在当前的辩论中,国王是运动员而非裁判员,是参与者而非仲裁者。他们也加入了商业阶层、金融界人士和纳税者的行列中,对国家在财政和经济领域内的不合理处置发出了抱怨的声音。

因此,在18世纪80年代,个人成为新的政治情绪最有力的支持者——个人被卷入团体主义国家的监管权力、仍在蓬勃发展的商品和服务市场的吸引力,以及不断扩大和更新的社交和辩论公共领域的三角关系之中。代表"公众"发声的律师、医生、政府雇员和其他专业人员,既不是托克维尔所说的与世隔绝的、政治上很天真的边缘知识分子,也不是马克思主义传统中所构想的原始工业资本家。这两种表述都预示着国家与市民社会之间的分离,但这并不是波旁政体的特征。然而,这种分裂将构成政治和社会制度的内在特征,在即将到来的大革命中,正是这些人成了主导者。

## 难以捉摸的公众:财政和制度改革

对于法国来说,它在美国独立战争之后获得的崇高的国际地位,在1787年至1788年间轰然崩溃。除了法国长期以来为欧洲所公认的文化霸权,1783年的《凡尔赛条约》还为它带来了全球外交上的胜利,预示了未来的辉煌,彰显出一个财政状况良好的政府所鼓励的经济繁荣景象——内克的《国王账目》得到了所有人的信任。然而到现在,君主制似乎在道德和财政层面都丧失了合法性,经济也陷入困境,波旁王朝的外交更是完全混乱,几近瘫痪。

外交失败既是政府软弱的表现,亦是其根源所在。韦尔热纳从美国战争中走出来,决心与联省共和国建立更密切的联系,法国曾与联省共和国并肩而战,后者的海军实力和商业力量是对抗英国的绝佳力量。这是一场精妙的行动。首先,荷兰的内部事务在当时并不稳定。

英军在约克镇向美法联军投降，美国独立战争的胜利一度大幅提高了法国的国际地位

其次，这样操作有可能疏远作为法国盟友的奥地利，因为奥地利可能会担心此举威胁到了毗邻的奥属尼德兰（或比利时）。再次，自1780年玛丽亚·特蕾莎去世后，独享奥地利皇帝之权的约瑟夫二世并不安分，仍在寻求领土扩张。1713年《乌得勒支和约》签订后，出于保护邻近的联省共和国的商业利益，斯海尔德河在奥属尼德兰的航运权被迫停止。此举严重限制了比利时安特卫普的发展，约瑟夫现在极力敦促开放斯海尔德河，并建议奥地利用其在比利时的领地交换巴伐利亚。法国与普鲁士共同阻止了上述行动，并消除了奥地利与尼德兰之间的分歧。1785年11月，韦尔热纳与尼德兰达成了防御联盟。然而，当时在联省共和国占据主导地位的城市"爱国者派"与保守、亲英的尼德兰执政发生了激烈的冲突。在这件需要谨慎处理的事情上，韦尔热纳被他的同僚布勒特伊（代表了玛丽-安托瓦内特的"亲奥派"）和

卡洛纳所拖累。甚至在1787年2月韦尔热纳逝世之前，法国的败局就已经奠定。1787年9月，在新任普鲁士国王腓特烈·威廉二世之妹、尼德兰执政之妻遭遇了袭击之后，普鲁士国王派兵推翻了"爱国者派"的势力（其中很多人逃离了尼德兰），并在英国的支持下进行了威慑性的海军演习，恢复了尼德兰执政的权力。由此，法国失去了尼德兰的友谊，后者在1788年与普鲁士正式结盟，而奥地利仍然在为无法给予承诺的法国感到痛苦。

在外交层面，法国已经陷入了一种令人沮丧的无效状态——这种情况在东方的表现尤为突出，韦尔热纳为平衡土耳其和俄国的友谊做出了不少努力，但失败的结果被证明是令人尴尬的。英国和普鲁士的情报来源已经向两国政府清楚地表明，法国既没有资源，也没有意愿在1787年至1788年进行军事行动。政府只是过分专注于国内的困难，而这些困难的核心正是国家将经济资源转化为武装力量的能力。看到海峡对岸的英国人以"惊人的"方式建立起他们的武装力量，韦尔热纳明智地指出，虽然法国拥有"比英国更坚实的资源，却远不能轻易将这些资源投入使用。这是'公共'舆论的产物，这种舆论在绝对君主制中的发展程度无法与混合君主制相提并论"。[58]这是对公众舆论变得如此强大的褒奖，因为在18世纪初，例如阿瑟·扬等英国评论者就曾预估，正是绝对君主不遵守信用的能力，使法国人对英国人具有潜在的优势。[59]然而，现在的情况有所不同。内克之女斯塔尔夫人[*]记录了父亲的名言："信用只是适用于财政事务的（公众）舆论。"[60]正如韦尔热纳所指出的那样，即使是一位被认为享有绝对权力的君主，他在进行财政决策时也会被限定在上述等式内部。

1787年至1788年间，英法两国的矛盾逐渐显现。在英国走出了在美国遭受的耻辱、成功恢复了财政状况之后，法国王室则试图通过

---

[*] 斯塔尔夫人（Madame de Staël，1766—1817），法国小说家、随笔作者，著有未竟之作《法国大革命》。

寻求与公众舆论的和解,进而解决自身的财政问题,但其难度也越来越大。法国政府发现,自己既难以同公众相处,又无法得到短期贷款的支持。究其缘由,国务大臣为了刺激经济和抵御日益严重的国家破产危机而出台的不受欢迎的财政政策,已经不是造成这种困境的唯一原因。此外,法国在军事上的无能为力,削弱了国家对民众的吸引力。军事胜利曾是这个"伟大的国家"最常使用的王牌之一——领土扩张和国际荣耀始终是波旁王朝政治方案中的关键组成部分。[61]国土防卫的需要为增加税收提供了理由,而从18世纪中叶开始,正如我们所看到的,带有军国主义色彩的王室民粹主义已经在公共领域中发展起来。1744年,路易十五在梅斯受到了人们的"极度爱戴",其原因是他曾冒着生命危险来到边境领导他的国家。尽管后来渐失民心,但他的确从七年战争期间及之后激发的爱国主义精神中受益匪浅。路易十六以此为基础,特别是通过在美国战争中的成功而获益。1786年路易十六访问瑟堡,进一步显示了王室民粹主义的潜在力量——这里发生的海上保卫战成了反英斗争中的一种爱国主义护身符。[62]然而,在严重的财政危机背景下,政府需要得到一切可能获得的帮助。但此时,国家财政的无能为力,使得关于战争与和平的舆论动员也超出了政府的能力范畴。

为了实现国家的财政复苏,财政总监卡洛纳开启了日后被证明为他最后的赌博。他确信自己推行改善国家偿付能力的至关重要的严厉财政措施无法得到高等法院的支持,因此他决定向高等法院摊牌。法官们的反驳总是引用他们代表公众的角色。现在,卡洛纳选择了一个新的机构提出一整套影响深远的改革方案,而这个机构需要被视为比贪官污吏更能代表国民的愿望。最终,他在绝对主义王权的垃圾堆中找到了这个机构——显贵会议。显贵会议的上一次召开还是在1626年应枢机主教黎塞留的要求,其目的是为了提供一种比高等法院更容易获得公众认可的形式。这个古老机构的组成人员通常经过了国王在王国范围内的三个等级中的精心挑选,而卡洛纳决定将他的改革方案提交给这个机构。1786年8月,他向国王提交了《改善财政计划概要》。卡洛纳希望,会议的声音能够"在公众的普遍意见中发挥作用"[63],并为财政改革铺平道路。

与寻求1787年底到期的第三个"廿一税"的替代方案相比,卡洛纳的计划更加雄心勃勃。他的想法是完全废除这个税种,而代之以统一的土地税。土地税要求实物支付,因此不受通货膨胀的影响,而且全部土地所有者,无论其社会地位如何,都将被征收土地税。与有时间限制的"廿一税"相比,土地税将成为一个永久性的税种,并会根据财产价值进行分级。土地税的评估、划分和征收过程,将在各地督办的指导下进行,并在地方层面受到教区、区和省三个层级的监督。与内克建立的机制相比,卡洛纳的省三级议会网络更接近于杜尔哥此前提出的方案,他们的成员都享有选举权,以土地所有权为基础,而没有分成三个等级。杜尔哥式的自由主义色彩也明显出现在卡洛纳试图重新激活经济繁荣的辅助性改革之中,而这恰恰构成了卡洛纳所有政策的基础:降低劳役、取消国内关税壁垒、放开粮食流通(大多数情况下是粮食出口)。

为了使国家摆脱严重的财政困境,卡洛纳一方面呼吁引入一种更公平、更简单的税收制度,另一方面又要通过按比例征税的方式,向富裕的精英阶层征收更多税款,毕竟整个任职期间他都在"养肥"这些人。虽然国王最初对卡洛纳的方案感到震惊——甚至脱口而出,"这是纯粹的内克的计划"[64]——但他也因改革所蕴含的公平精神而激动不已,这些改革旨在减轻百姓身上的负担,路易十六对百姓的福祉亦牵挂颇多。虽然国王对其臣民的生活境况不甚了解,但很明显的是,经济困难使穷人的处境更加严重。因此,卡洛纳改革方案诞生于一个很不理想的背景,在1787年初筹备显贵会议期间,他的地位被进一步削弱。以海军司库鲍达尔·德·圣詹姆斯为代表的一系列主要财

1787年2月22日，"显贵会议"在凡尔赛宫召开

政家的破产，破坏了财政总监的借款能力。卡洛纳不知疲倦地为显贵会议做着准备工作，但突然病倒了，加之同年2月韦尔热纳意外离世，显贵会议被迫延迟开幕。韦尔热纳是路易十六最容易信赖的大臣，他对卡洛纳的支持至关重要，可以使其免受其他坚决反对召开会议的国务大臣的怒火——如布勒特伊、塞居尔和卡斯特里。这些不幸的事件为凝聚反对派的力量提供了宝贵的时间，他们很快团结起来，于1787年2月22日会议召开之际提出了自己的论点。

卡洛纳赌博成功的最大资本在于国王全心全意的支持。路易十六在显贵会议开幕式上呼唤着"好王亨利"的精神，号召将整体利益置于局部利益之上。"这是我的工作，"他私下说，"我会完成它的。"[65]然而，卡洛纳在显贵会议政治管理方面的能力，并不比他对高等法院的管理能力高出许多。他从一开始就透露了年度财政赤字高达约1.12亿里弗，与内克在1781年宣布有1000万里弗的盈余相比，这种情况

508 伟大民族：从路易十五到拿破仑的法国史

显然让参会政要们大为震惊。国家财政支出的约40%用于偿还曾经的贷款，陆军和海军军费又占到了25%以上，国家似乎已经被战争和债务压垮了。然而，正如掌玺大臣米罗梅尼尔略带几分幸灾乐祸地告诉国王的那样，多数参会者"担心你的财政赤字没有得到充分证明"。[66] 事实上，赤字大得如此出人意料，以至于很多人都认为他们被虚假的数字所欺骗，所以才同意采取紧急措施。

卡洛纳安排了七个委员会来讨论他的提议，每个委员会都由一位血亲亲王负责（过去几年中，卡洛纳对这一群体都非常宽容）。所有负责人中，只有曾经帮助卡洛纳操控债券的阿图瓦伯爵在争取大臣们的支持时发挥了作用。虽然一些提议在原则上似乎可以接受，但显贵会议对提出这些建议的方式和提建议者都表示了不满。一位观察家指出，卡洛纳在金融上的两面派和腐败的名声，使他看起来是"他试图改革的弊端的组合体"。[67] 大多数政治和社会精英在从卡洛纳那里购买一辆二手马车时都会反复思考，更不用说接受他打包提出的激进改革方案了。正如奥地利大使梅尔西私下指出的那样，整个"冗长过程"似乎"不过是为了筹集更多资金而进行的小把戏"。[68]

内克在会议上的许多支持者认为，卡洛纳关于赤字的主张不像这位来自日内瓦的大师有说服力。玛丽-安托瓦内特的门徒、雄心勃勃的图卢兹总教区总主教洛梅尼·德·布里耶纳，代表教士等级的代表们发声，对可能失去从历史上传承下来的教会权力表示忧虑。其他代表则担心省三级议会，他们认为省三级议会既过于民主（因为忽略了等级差别），又过于专制（因为最后很可能会沦入地方督办的魔爪）。然而，争议最大的还是提案中关于土地税的内容。这次会议的参与者是150名拥有土地财富的个人——他们将首先受到土地税的影响：教士、穿袍和佩剑贵族、三级会议地区的代表，以及数十位市政机构的长官。不那么自私的是，参会者还借鉴了高等法院关于税收的讨论，这些言说在18世纪50年代以后已经逐渐成熟，强烈表达了对国家的合法基础正在被"专制的"国王直接代理人所推翻的担忧。[69]他们坚称,卡洛纳所倡导的、凌驾于历史特权之上的普遍征税方案在和平时期是违法的。这种税收只有三级会议才能授权——上一次召开是在1614年,三级会议比显贵会议或高等法院更有资格代表全体国民——这种想法最初是由拉法耶特侯爵提出的,他采纳了马勒泽布在"莫普危机"期间提出的建议,几乎被视为一种挑衅。但很快,它获得了广泛支持。

到4月初,整个活动很明显地失败了,未能达到卡洛纳设想的预期效果。显贵会议没有产生它被操纵下的答案,事实上,它对公众的影响是反对而非支持改革。政治机构和公共领域弥漫着对整个"冗长过程"的怀疑,卡洛纳发现自己无法吸引到短期贷款。为了拉拢潜在的债权人,他发布了一项"补充指令",其中明确指出,改革方案完全得到了国王的无条件支持。与此同时,他还发布了另一份颇具煽动性的"通知",要求在法国各地的讲坛上免费散发和宣读。"通知"声称,任何反对改革之人都是出于自私和派系利益的动机。这种向第三等级发出的呼吁,不仅太少,而且太迟(还相当没有说服力:毕竟在精心挑选的贵族参会者中只有两人不享有贵族地位)。现在,即使路易十六的个人支持,也无法拯救地位摇摇欲坠的财政总监。令他感到遗憾的是,在采取了一系列的王室改组后,包括由拉穆瓦尼翁取代米罗梅尼尔担任掌玺大臣,国王解雇了卡洛纳。卡洛纳的助手之一布瓦尔·德·富尔盖\*起先被指派担任财政总监,但这一任命并未奏效,国王被迫将政府交给在显贵会议上卡洛纳的最严厉批评者——洛梅尼·德·布里耶纳。

5月1日,布里耶纳被任命为显贵会议主席;8月,他又被任命为首席大臣。这对他的庇护人玛丽-安托瓦内特来说是一次胜利,也标

---

\* 布瓦尔·德·富尔盖(Bouvard de Fourqueux,1719—1789),1787年4月至5月间短暂出任财政总监。

志着自路易十三王后奥地利的安娜以来，王后首次在波旁王朝政体中扮演了重要角色。玛丽-安托瓦内特在"钻石项链事件"中遭遇不幸的挫折之后，这是一个令人惊讶的急转弯。在显贵会议召开之前，她和"她的"大臣布勒特伊、卡斯特里、塞居尔甚至没有被征询过意见，而且人们开始用"赤字夫人"的绰号称呼王后，作为对其奢侈生活的确认。现在，属于王后的"明星"冉冉升起，而国王的"明星"却逐渐陨落。国王对卡洛纳的离职感到非常难过：他赞同卡洛纳的政策，认为这些政策符合他所珍视的公共意愿，而且他觉得自己是被迫解雇卡洛纳的——这可能是自1649年投石党人迫使年幼的路易十四解雇马扎然以来，第一次发生在法国国王身上的情况。路易十六对"教士的暴民"和"内克的暴民"充满敌意[70]，他厌恶布里耶纳，因为后者决心让参与政治的国民相信卡洛纳是一个骗子。国王对这位像慢性湿疹一样的大主教非常憎恨，并对其将胳膊自以为是地放在会议桌上

布里耶纳，在路易十六统治末期曾担任显贵会议主席和首席大臣

的举动感到震惊。路易十六陷入忧郁之中,他变得越来越悲观:在夏天的一次御临高等法院会议上,人们看到他在打鼾。然而,对布里耶纳来说,与国王的疏离及其古怪的坏脾气相比,王后始终如一的宠爱才更为重要。

以这些不幸为开端,布里耶纳建立起一个杰出的主张改革的内阁,并持续到1788年底才垮台,最终成为财政问题的受害者,而无论从哪个角度来看,布里耶纳在当时都无法在波旁王朝政治文化的传统框架下处理这一问题。作为一位参与政治的高级教士,布里耶纳曾在朗格多克的三级会议中有着出色的行政经验,他亦曾提出"启蒙的"观点,甚至将这些观点带入他的教会工作之中——因此,国王曾以法国教会的大主教至少应该信仰上帝为由,拒绝让其担任巴黎总教区总主教。马勒泽布被任命为一个没有实际职务的大臣,领导着一个为虔诚者们所厌恶的内阁智囊团,其中包括启蒙哲学家孔多塞和莫雷莱,以及巴黎市议员阿德里安·迪波尔[*]和律师塔吉特。现在,布勒特伊在王后的亲信中已处于边缘,不再是一个威胁,布里耶纳的亲兄弟布里耶纳伯爵被提拔为陆军大臣,马勒泽布的侄子拉吕泽讷伯爵[†]被任命为海军大臣,团队的凝聚力得到了进一步强化。马勒泽布的表亲拉穆瓦尼翁接任掌玺大臣,他以一系列人道的开明改革而闻名,特别是他推动了刑事诉讼程序的现代化(包括消除司法酷刑的最后痕迹、下级法院的合理化),以及在1787年11月为法国70万新教徒赋予了公民身份。

至少在一定程度上,布里耶纳对卡洛纳的攻击成为他职业生涯中使用的手段。他掌权之初就意识到,国家财政状况确实糟糕——赤字

---

[*] 阿德里安·迪波尔(Adrien Duport,1759—1798),法国贵族,大革命开始之际加入第三等级。

[†] 塞萨尔·亨利·德·拉吕泽讷(César Henri de La Luzerne,1737—1799),1787年至1790年间出任海军大臣。

比卡洛纳所说的还要高出20%到30%。因此，他放弃了对卡洛纳改革方案的敌意，尝试让贵族们接受方案的修正版。显贵会议拒绝上钩，也被迫解散。布里耶纳现在不得不采取一套卡洛纳所反对的行动方案，迫使顽固的高等法院推行实质性的改革举措。允许粮食自由贸易和减轻劳役的确获得了通过，设立省三级会议的提议也被通过，虽然现在恢复了三个等级的制度，但第三等级的代表数量增加了一倍。然而，正如预期的那样，关于对公共和印刷文件征收新印花税的问题，高等法院展开了激烈的讨论——这实际上是一种信贷税，因为信贷的安排必须写在盖章的纸上；高等法院还对修订后的土地税政策进行了攻击，原因是现在征收的是现金而非实物。1787年8月6日的御临高等法院会议后，上述措施被强制执行；对此提出反对意见的高等法院也被放逐至特鲁瓦。然而，布里耶纳继续展开谈判，并于9月底达成协议，取消了两项法律。作为回报，回归的高等法院同意在五年内征收两笔"廿一税"。此时，普鲁士对联省共和国的入侵，不仅突显出法国日益下降的国际地位，而且反映出法国改革王室财政结构的迫切需要。

布里耶纳上台后，曾向国王承诺要通过经济手段节省开支，而从夏天开始，他就对宫廷大臣展开猛烈攻击。布里耶纳向挂名的闲职官员宣战：携带国王私人物品的侍从[71]、杂物和领带保管人以及王室猎手都被裁撤了。1788年1月的一项专门法令取消了王后身边的173个职位。布里耶纳与内克在财政管理方面的改革精神相互契合，他精简了财政总监的办公室，有效地建立起一个统一的国库，可以——而且确实——编制了所有账目的清单。然而，就其本身而言，这些措施再也不会使逐渐下沉的国家之轮扬帆起航。纵观整个18世纪，王室开销和宫廷年金赏赐在政府总支出的比重实际正在下降：1726年约占四分之一，1788年约占六分之一。然而，这一领域的财政紧缩在意识形态层面产生了强大的效应，增强了债权人对法国政府财政管理能力的信心，并且安抚了公众舆论——正如我们所看到的，公众舆论对宫廷的奢侈和寄生虫般的经济状况日益不满。

和路易十六所有的财政大臣一样，布里耶纳发现自己陷入了两难的境地。国家财政问题的严重使经济增长看起来不过是表面现象而已。但是，人们对国家税收政策冷嘲热讽的态度普遍而深刻，以至于即使用社会正义作为修辞，新的累进税都被广泛视作对所有人征收更加沉重的赋税。然而在另一方面，对国家债权人的挤压现在也受到了政治风险的困扰。曾经将少数财政家看作替罪羊的旧时代早已一去不复返——例如，正义法庭在1716年的决定似乎也不再发挥作用。国家被牢牢束缚在信贷网络之中，包括国王本人的官僚机构、国内外的个人和团体也都陷入其中，所以任何减少支付国家年金利息的举措都会被批评为"专制的"。泰雷时代（路易十六对此非常反感）表明，这种策略可能会导致政治危机，进而损害信心，使国家未来借贷的谈判条件更加恶化。此外，自摄政时期以来，国家债权人的数量越来越多，社会阶层也愈加混杂。财政制度的作用不仅在于将有钱有势者的财富纳入国库；尽管约翰·劳体制带来了灾难，但它也吸纳了社会上其余人群的大量储蓄。在18世纪初，巴黎约四分之一的工薪阶层在死前持有政府债券；到了路易十六时期，这一数字已经达到了该群体的三分之二。所有权就像拥有一顶假发、一个咖啡壶或一面剃须镜一样，是一种消费主义的特征。作为财政家和宣传家的克拉维埃估计，在路易十六统治年间，多达30万的法国人都是国家的债权人。[72] 其中，绝大多数人既是纳税人，又是资产阶级公共领域的全额股份持有者。这也意味着，政府在税收或操纵国家信贷方面的任何创新，都会对更广泛的公众产生直接影响和后果，这一事实证明了内克观点的正确性，在其看来，国家信贷只是公众舆论在财政上的化身。[73]

布里耶纳的经济政策需要一段时间才能在储蓄上取得效果，由于短期贷款的短缺，首席大臣于11月9日再次叩开了高等法院的大门，

1787年11月9日，路易十六与布里耶纳一同出席了在高等法院召开的会议

要求批准进一步的贷款，而作为回报，他同意在1792年"廿一税"到期之际召开三级会议。国王出席了会议，但程序上的混乱让聚集在一起的贵族们不能确定，国王是通过司法程序强行登记了贷款，还是相信自己出席高等法院可以确保没有人可以反对这项提议。当奥尔良公爵出面质疑诉讼程序的合法性时，国王不屑一顾地反驳道："这是合法的，因为这是我的意愿。"——这是法国国王在公开场合所能说出的最纯粹的、绝不掺假的、政治毫不敏感的绝对主义原则的凝练。

从1787年秋天至1788年初，情况一直处于微妙的平衡状态。布里耶纳在11月9日高等法院会议上的强硬立场，短期来说稳固了他的地位，特别是他以国王密札的形式流放了奥尔良公爵，还逮捕了后者在高等法院中最重要的两名支持者。根据英国驻法大使多塞特公爵[*]的报告："大主教对他所有的经济计划都确信无疑。"[74] 投资者接受新贷款

---

[*] 约翰·弗雷德里克·萨克维尔（John Frederick Sackville, 1745—1799），第三代多塞特公爵（duc de Dorset），1784年至1789年间和1795年至1799年间两度担任英国驻法大使。

的事实表明，人们对政府的措施也越来越有信心。高等法院认为自己处于守势——在新的一年，出现了将要重新召回莫普，进而实施更严厉惩罚的传言。在高等法院内部，政治主动权正在转移到更年轻、更激进的法官手中。他们在下层法庭拥有更多的代表，可以确保自己免受王室的攻击。市议员杜瓦尔·埃普雷梅尼\*曾因私下号召法国"去波旁化"而臭名昭著，尤其是在呼吁召开三级会议的运动中直言不讳。在杜瓦尔的推动下，高等法院于5月3日发布了"王国宪法宣言"，杜尔瓦的主张也成为该宣言的核心。此外，宣言还抨击了通过国王密札任意逮捕的行为，确认了高等法院法官不可随意罢免的原则。

1788年5月8日，一记大锤落下。布里耶纳的"五月敕令"由御临高等法院强制登记，规定了上级法庭的重组，高等法院失去了更多的司法权力，而被称作"大巴伊法院"†的下级上诉法庭所取代；此外，还创设了"全权法院"‡，尽管大臣们试图将其伪装成一个古老机构的重建，但它事实上是由巴黎高等法院的"大法庭"成员以及所有主要大臣和王国内的高级政要所组成的。"全权法院"将负责立法登记，进而将高等法院限制在单纯发挥司法作用的角色上。另一项法令还规定了所有高等法院的休庭期。多塞特沾沾自喜地向伦敦报告说："威胁到这个王国内部安宁的风暴即将散去。"[75] 他的判断大错特错。

1788年夏季和初秋，反对王权的斗争在法国蔓延开来，首先起事的是贵族，他们在大力捍卫自身特权的同时，还以保护国民不受内阁专制的影响而自豪。在巴黎，正是高等法院法官煽动了城市内部不满的火焰，陆续从法律界的大律师及其助理以及民众阶层中获得舆论支持。在外省，几个设有高等法院的主要城市也遭遇了相同的情况。一

---

\* 杜瓦尔·埃普雷梅尼（Duval d'Eprémesnil, 1745—1794），法国政治家、小册子作者，1789年至1791年间担任三级会议代表。

† "大巴伊法院"（grands bailliages），1788年5月至1789年9月设立的高级法庭。

‡ "全权法院"（cour plénière），1788年5月至1789年5月设立的高级法庭。

些政治机构卷入了路易十六时期的政治冲突：尤其是在格勒诺布尔和贝桑松，这里为反对1782年颁布的"廿一税"法令而斗争。1787年末以后，许多其他的高等法院亦介入其中，重新发起了18世纪60年代至70年代初流行一时的关于"阶级联盟"的讨论。一些高等法院对被迫暂停的巴黎高等法院表示了兄弟般的支持，并继续反对进一步的财政法令和设立省三级会议，他们认为省三级会议不过是中央权力的喉舌，将会减少而非强化各省的特殊性。权力从高等法院转移到"全权法院"的方案受到了普遍批评——有人甚至将其称为"奴隶的元老院"。[76]借着为了在省级高等法院登记法令而进行军事动员的机会，人们高声疾呼反对内阁专制、攻击国王密札、大力传播各省的爱国主义，一些机构同时呼吁召开三级会议，以此作为仲裁处理财政和政治危机的唯一手段。在波城、雷恩和格勒诺布尔，民众纷纷起义支持受到迫害的高等法院法官。在6月7日的"瓦片之日"，格勒诺布尔的市民甚至爬上房顶，向士兵们的头上投掷瓦片。

1788年的抗议运动，在本质上是由贵族发起的。即使贵族在这个问题上——就像在大多数其他事情上一样——往往会有深刻的意见分歧，他们也会把其他阶级引入其中。穿袍贵族中投石党人的不妥协态度受到了许多宫廷贵族的赞许。一些贵族向国王明确表示，他们不会在新的"全权法院"中任职，而布里耶纳发现自己在宫廷中的地位受到了报复性的影响，布里耶纳表示："他们把公共财政视作取之不尽的仓库，而我不会让他们肆意掠夺。"[77]大主教意识到自己受到了教士等级的攻击：在1788年夏天召开的教士会议上，主教团中的一些人抨击了王室政策。通常关于教士税收捐赠问题的相对温和的讨论，即所谓的"自愿捐献"，变成了教士内部互相指责的混战，其中还涉及对授予新教徒公民身份的抱怨，一些教士认为此举改变了政权的精神根基。对于与昔日之敌的高等法院同流合污，虔诚者利益集团的残余势力似乎毫不顾忌，教士会议最终提出了两年内增加180万里弗的解决方案，而不是布里耶纳要求的800万里弗。作为贵族主导的另一个国家机构，军队中也有很多人对内阁感到不满。布里耶纳的经济政策影响了许多职业军官的生计，而其兄弟在陆军部推行的行政改革，也在18世纪70年代圣日耳曼的改革之后，激起了新的怨恨。在一些驻军中，特别是在雷恩和格勒诺布尔，下级军官们对参与平息布里耶纳"五月敕令"引发的骚乱的工作，也表示了强烈的反对意见。

动荡还围绕着新成立的省三级会议继续出现，其中大约二十个省三级会议是于1788年夏秋两季在税区地区成立的。政府的意图是，省三级会议只能在督办们的领导下运转，督办则是国王在地方的代表：在国王本人看来，君主政体是"绝对主义的，因为权力不能共享"。[78]然而，外省的声音常常充满了希望：在多菲内，维里厄伯爵*向这场"最圆满、最幸福的革命致敬"。他感叹道："是时候了，我们终于可以为自己思考和说话了。"[79]安茹的一位小贵族在当地议会中宣布，他打算"依靠督办吃剩下的东西发财"。[80]许多督办认为他们权力的削减不可避免，尽管其他人仍然认为可以把高等法院变成一只易于操控的小狗。可是，如何协商地方权力格局的问题仍然没有定论。尽管省议会工作的目的性很强，而且能与同时成立的区、市行政当局一起协同运转，但1788年夏天的骚乱使大多数地方的改革试验被迫暂停。除了在传播思想和地方代议制、行政管理的实践经验方面发挥作用外，这些议会在促进有关省级行政区改革方面也扮演了重要角色。人们不时发声，呼吁按照省议会的方式，增加第三等级在三级会议地区现有机构中的代表权。在其他因专制主义发展而被取消等级制的地区，还有人要求恢复等级制度。

1788年7月到8月，中央的政治发展使省三级会议的问题变得更加尖锐。面对贵族领导下的反对派，布里耶纳觉得自己有些力不从

---

\* 弗朗索瓦-亨利·德·维里厄（François-Henri de Virieu，1754—1793），法国军事家，1789年至1791年间出任三级会议代表。

心，更重要的是，缺少短期贷款使他无法度过危机。政府不得不依靠下一年的税收预付款。政治危机也在同时加剧，一方面源于1786年造假丑闻造成的货币和信贷危机，另一方面，1788年夏天的恶劣气候意味着次年税收收入也会受到影响。在这种情况下，财政家们不愿意提供贷款，尤其是不愿意支持像布里耶纳这样的大臣，因为他的政策旨在减少国家对财政家集团的依赖程度。

面对毫不妥协的贵族的压力，布里耶纳做出了一系列惊人的反转举措。首先，他试图利用召开三级会议的承诺，以此作为动员资产阶级公共领域站在国王一边的手段。他表示，"既然贵族和教士抛弃了国王，那么国王就是（第三等级）的天然保护者"；那么，"他必须投入平民的怀抱，利用他们来打压另外两个等级"。[81]因此，他在1788年7月5日颁布法令，公开呼吁所有人就三级会议的构成和运行提出想法与建议。在1787年危机期间，布里耶纳曾经禁止政治集会和团体的举行，并对新闻报刊加以审查，但现在，他让政府支持一场宣传册运动，进而破坏高等法院关于历史和宪法的主张。其次，布里耶纳动员外省舆论反对高等法院。他曾禁止布列塔尼的贵族代表团参加当地的三级会议，但在1788年夏天，他几乎毫不犹豫地同意贵族重回各省的三级会议。他的目的是为了制衡高等法院的意见，并通过有利于第三等级的组织形式来促进它的发展（特别是在完全按照人数投票的三级会议中，将第三等级的代表数量增加一倍）。此外，如果必须要有代议制机构的话，布里耶纳更希望省级机构承担起这一职能，因为它们将更具有操作性。他狡猾地计算着，如果新的省级机构到1792年都能运行良好的话，也就不需要一个全国性的机构了。因此在秋天，省三级会议在多菲内、普罗旺斯和弗朗什-孔泰授权成立，这些地区的三级会议分别自1628年、1639年和1674年以后都没有召开，或是在政治上无所作为。随后，政府进一步承诺将在各省陆续恢复类似的机构。

讽刺特权等级压迫第三等级的漫画

通过号召各省和第三等级来平衡已经被称作"特权阶层"的其他两个等级（就好像特权不是波旁政体的固有特征似的，事实上特权在三个等级中都很猖獗），布里耶纳重复了卡洛纳在1787年4月蛊惑人心的态度。然而，他的举动力度不够，也未免太迟了。留给首席大臣的时间已经不多了。信任是不可能再次恢复的：8月8日，在一次绝望的尝试后，布里耶纳同意于1789年5月1日召开三级会议，并将在这一日期之前停止所有"全权法院"的活动。接下来的一周，也就是在8月16日，为了偿还政府的债权人，他决定推出利率为5%的公债，此举实际上违背了政府的义务。每个人口中都在谈论"破产"这个可怕的词汇，并急于到贴现银行兑换当前持有的债券。

布里耶纳不仅没有获得公众的信任；在此过程中，他也破坏了国家的信用。自18世纪20年代约翰·劳体制问世以来，政府拒绝了单一的信贷来源（类似于英国的英格兰银行），而倾向于寻求国家内部的多种法人机构，并认为后一种方式在政治上更为谨慎。未能到来的贷款凸显了布里耶纳与各大团体的疏离关系。他的地位已经朝不保夕。值得注意的是，玛丽-安托瓦内特在阿图瓦伯爵的怂恿下，将她的支持者从大主教换成了内克，而后者正一如既往地等待着时机的到来。8月26日，布里耶纳被解职，国王不得不重新召回他厌恶的内克出任财政总监。这是18世纪第一次重新召回的大臣——通常情况下，离职的大臣都会退休或被迫流放。[82]此外，国王还批准日内瓦人在国务委员会中占有一席之地，内克曾在1781年提出这个要求，但恰恰成为其被免职的导火线（尽管1787年的宽容法令使这个宗教姿态式的问题变得不再那么重要）。随后进行了内阁改组。司法改革彻底失败的拉穆瓦尼翁被人取代，他在离职后开枪自杀。曾在这年夏天对各省贵族表示同情的布勒特伊也退出了政治舞台，王后的宠爱现在也不过是一个模糊的幻想。但是现在，对于新的开端已经没有任何幻想。在内克看来，自己的角色与其说是崭露头角的政治设计师，不如说是守门人兼救火队员。他必须泼灭贵族和各省叛乱的火焰，保持国家的完整，直到三级会议对政治上无法预估的问题给出全面而令人满意的解决方案。他似乎真的担心国家正处于内战的边缘，他的第一个措施就是将三级会议提前至1789年1月1日举行。[83]这一安抚性的举措，再加上他个人享有的政治信誉，都有利于财政的稳定。

布里耶纳在辞职之际告诫国王："一定要避免无条件地召回高等法院，否则你的君主政体将被摧毁，国家也会遭到破坏。"[84]路易十六对此置之不理，于9月23日恢复了高等法院的一切权力。布里耶纳是一位预言家吗？说实话，君主政体的征兆看起来并不乐观。1787至1788年发生的一系列召回、反复和再次召回的事件表明，波旁王朝的政体已经处于非常脆弱的状态：自1626年以来第一次的显贵会议；自1614年以来第一次的三级会议；自投石党运动以来第一次解雇国王信任的大臣（卡洛纳）；自很久之前撤销《南特敕令》之后第一次由新教徒加入国务委员会（内克）；撤销《南特敕令》所确立的宗教身份与公民身份之间的平衡关系被打破；自奥地利的安娜以后第一位更有势力的王后；黎塞留和科尔贝尔时代以后第一次的省三级会议；自路易十三统治时期以来，督办的角色受到了前所未有的质疑；等等。关于政治合法性的性质和形式的辩论，由于接连发生的经济、财政和外交危机而更加严重，波旁王朝绝对主义的最显著特征也因此受到了威胁。

英国特使丹尼尔·海尔斯*在向伦敦报告高等法院的完全胜利时指出："现在可以肯定的是，政府长期以来不屑一顾的这些机构，终于从此前的负面威信中提升了自己的地位，如果它们选择展示权威，也没有什么人可以对此形成阻碍。"[85] 当然，高等法院现在不仅回归了，而且很有特色——他们从流亡之地回来时，街道两旁充满了欢呼声，让人想起了与1755年别无二致的热情。但是，他们的胜利也不过是一场骗局。六个月里，高等法院法官小心翼翼地讨好大臣，希望与他们开展合作，以对抗日益崛起的民主力量。

在鲁莽的高等法院法官杜瓦尔·埃普雷梅尼嘲笑般地敦促法国"去波旁化"的时候，他想要回到的是波旁王朝绝对主义到来之前的所谓"贵族的黄金时代"。但是，自从宗教战争和投石党运动以来，政治游戏的规则和参与者的数量已经发生了变化。公众舆论，这个卡洛纳和布里耶纳为了达成目的而极力从瓶中唤出的精灵，从1788年底开始在政治舞台上很容易地就确立起自己的地位。"这个现代之神"[86] 看似不再受到政府的束缚，现在正努力地表现自己，威胁要证明高等

---

\* 丹尼尔·海尔斯（Daniel Hailes，约1751—1835），英国外交官，1784年至1787年间出任英国驻法国大使馆秘书。

法院的虚伪性，认为它就像波旁王朝绝对主义正在腐烂的身体中的残余部分一样。"去波旁化"似乎威胁到了高等法院和王朝的权威。在1788年五月危机最严重的时候，巴黎的一位律师注意到：

> 当前的巴黎和整个王国由三个部分组成，它们的名字分别是：保王派，高等法院法官，国民。后两个群体拥有共同的事业，国民希望这个联盟可以长久存在。

然而，到1788年底，瑞士宣传家马莱·杜潘[*]将会表示："争论已经完全发生了改变。国王、专制和宪法现在都是次要问题。真正的战争是在第三等级和其他两个等级之间展开的。"[87]

## 注　释

1　J. Hardman and M. Price, *Louis XVI and the Comte de Vergennes: Correspondence, 1774-1787* (Oxford, 1998), p. 376.

2　*Marie-Antoinette, Joseph II und Leopold II: Ihr Briefwechsel*, ed. A. von Arneth (Leipzig, 1866), p. 94.

3　J. D. Popkin, *News and Politics in the Age of Revolution: Jean Luzac's 'Gazette de Leyde'* (Ithaca, NY, 1989), p. 195.

4　See above, p. 324.

5　Cited in D. A. Bell, *Lawyers and Citizens. The Making of a Political Elite in Old Regime France* (New York, 1994), p. 157.

6　Ibid., p. 153.

7　Marquis de Bombelles, *Journal*, eds. G. Grassion and F. Durif (2 vols.; Geneva, 1978-1993), vol. i, p. 293.

8　See above, pp. 321-322.

9　F. C., comte de Mercy-Argenteau, *Correspondance secrète entre Marie-Thérèse et le comte de Mercy-Argenteau*, eds. A. d'Arneth and M. Geoffroy (3 vols.; Paris, 1889-1891), vol. iii, p. 36.

10　See above pp. 273ff.

---

[*] 马莱·杜潘（Mallet du Pan，1749—1800），日内瓦记者、宣传家，加尔文主义思想家和反革命改革者。

11  F. C, comte de Mercy-Argenteau, *Correspondance secrète du comte de Mercy-Argenteau avec l'empereur Joseph II et le prince de Kaunitz*, eds. A. d'Arneth and J. Flammermont (2 vols.; Paris, 1889–1891), vol. ii, pp. 32–34.

12  W. Doyle, Officers, *Nobles and Revolutionaries. Essays on Eighteenth-Century France* (London, 1995), p. 30.

13  *Mémoires du prince de Talleyrand*, ed. duc de Broglie (5 vols.; Paris, 1891–1892), vol. i, p.104.

14  J. Hardman, *French Politics, 1774–1789: From the Accession of Louis XVI to the Fall of the Bastille* (London, 1995), p. 153.

15  D. Jarrett, *The Begetters of Revolution. England's Involvement with France, 1759–89* (London, 1973), p. 220.

16  See above, pp. 327ff.

17  See below, pp. 350ff.

18  Cited by Pierre Leon in F. Braudel and E. Labrousse (eds.), *Histoire économique et sociale de la France, ii. 1660–1789* (Paris, 1970), pp. 317–318.

19  M. Price, *Preserving the Monarchy. The Comte de Vergennes, 1774–1787* (Cambridge, 1995), p. 159.

20  J.-J. Rousseau, 'Confessions', in id., *Oeuvres complètes*, eds. B. Gagnebin and M. Raymond (5 vols.; Paris, 1959), vol. i, pp. 163–164.

21  Mary Wollstonecraft, *An Historical and Moral View of the Origins of the French Revolution and the Effects It Has Produced in Europe* (London, 1794), vol. i, pp. 511 and vii.

22  See esp. C. E. Labrousse, *Esquisse du mouvement des prix et des revenus en France au XVIIIe siècle* (Paris, 1933); id., *La Crise de l'économie française à la fin de l'Ancien Régime et au début de la Révolution* (Paris, 1944).

23  See above, p. 201.

24  Expilly, *Tableau de la population de la France* (1780).

25  See above, p. 162.

26  René Louis de Voyer de Paulmy, marquis d'Argenson, *Journal et mémoires du marquis d'Argenson*, ed. E. J. B. Rathery (9 vols.; 1859–1867), vol. vii, p. 9.

27  J. Cornette, 'La Révolution des objets: le Paris des inventaires après decès (XVIIe–XVIIIe siècles)', *Revue d'histoire moderne et contemporaine*, 36 (1989). This is a useful summary of work by Daniel Roche, Annik Pardailhé-Galabrun and others, references to which are given in the bibliography.

28  See above, p. 349.

29  M. Hulliung, *The Autocritique of Enlightenment. Rousseau and the Philosophes* (Cambridge, Mass., 1994), pp. 151, 178.

30  See Morag Martin's unpublished Ph.D. dissertation, 'Consuming Beauty: The Commerce of Cosmetics in France', University of California, Irvine, 2000.

31  R. A. Schneider, *The Ceremonial City. Toulouse Observed, 1738–1780* (Princeton, NJ, 1995), p. 47. Despite the religious grumbling, the church connived in the new consumerism: see below, p. 356.

32  F. Y. Besnard, *Souvenirs d'un nonagénaire* (2 vols.; Paris, 1880), vol. i, pp. 137, 303.

33  C. C. Fairchilds, 'Marketing the Counter-Reformation: religious objects and consumerism in early modern France', in C. Adams, J. R. Censer and L. J. Graham (eds.), *Visions and Revisions of Eighteenth-Century France* (Philadelphia, 1997), p. 50.

34  C. Jones, 'The Great Chain of Buying: medical advertisement, the bourgeois public sphere and the origins of the French Revolution', *American Historical Review* 103 (1996): one of the *Affiches*' catch phrases was their concern for 'l'utile et l'agréable'.

35  See esp. J. de Vries, 'Between purchasing power and the world of goods: understanding the household economy in early modern Europe', in J. Brewer and R. Porter (eds.), *Consumption and the World of Goods* (London, 1993

36  See above, pp. 327ff.

37  Denis Fonvizine, *Lettres de France, 1777-1778* (Paris, 1995), ed. H. Grose et al., pp. 144, 105.

38  Ibid., p. 119.

39  Peter P. Hill, *French Perceptions of the Early American Republic, 1783-1793* (Philadelphia, 1988), p. 3.

40  Duc de Croÿ, *Journal inédit du duc de Croÿ*, eds. vicomte de Gourchy and P. Cottin (Paris, 1906-1907), vol. iv, p. 279.

41  R. Taveneaux, *Le Catholicisme dans la France classique, 1610-1715* (2 vols.; Paris, 1980), p. 323.

42  See above, ch. 5, esp. section C.

43  Moufle d'Angerville, *Mémoires secrets*, vol. xxiv (18 September 1787), pp. 351-352. Cited in C. Jones, 'Pulling Teeth in Eighteenth-Century Paris', *Past and Present*, 163 (2000).

44  Félix, comte d'Hézècques, *Souvenirs d'un page à la cour de Louis XVI* (Paris, 1904), pp. 6, 60.

45  He actually thought it was the cause of the Revolution: *Souvenirs d'un page*, pp. 190-191.

46  See above, p. 191.

47  L. S. Mercier, *Tableau de Paris* (12 vols.; Amsterdam, 1782-1788), vol. iv, ch. cccxlvi, p.258.

48  Louis de Carmontelle, writing in 1785, cited in T. E. Crow, *Painters and Public Life in Eighteenth-Century Paris* (New Haven, Ct, 1985), p. 18.

49  See above, chapter 5, section C.

50  Cited in D. Roche, *France in the Enlightenment* (Cambridge, Mass., 1998), p. 361 (my translation).

51  Jones, 'Great Chain of Buying', p. 24; and J. D. Popkin, in R. Darnton and *D. Roche (eds.), Revolution in Print, 1770-1800* (Princeton, NJ, 1989), p. 145.

52  *Louis XVI, Marie-Antoinette et Madame Elisabeth. Lettres et documents inédits*, ed. F.Feuillet de Conches (6 vols.; Paris, 1864), vol. i, p. 137.

53  M. Jacob, *Living the Enlightenment. Freemasonry and Politics in Eighteenth-Century Europe* (New York, 1991), p. 151.

54  Jacques Peuchet, 'Discours préliminaire', *Encyclopédie méthodique: Jurisprudence. ix. Police et municipalités* (1789). Cited in K. M. Baker, *Inventing the French Revolution. Essays on French Political Culture in the Eighteenth Century* (Cambridge, 1990), p. 196

55  Joseph Servan, *Le Soldat Citoyen* (1780).

56  T. Tackett, *Priest and Parish in Eighteenth-Century France: A Social and Political Study of the Curé in a Diocese of Dauphiné, 1750-1791* (Princeton, NJ, 1977). See also above, p. 200.

57  V. Azimi, '1789: L'echo des employés, ou le nouveau discours administratif', *XVIIIe siècle*, 21 (1989), p. 134.

58  Hardman and Price, *Louis XVI and the comte de Vergennes*, p. 103.

59  As noted in M. Sonenscher, 'The Nation's Debt and the birth of the modern republic: the French fiscal deficit and the politics of the Revolution of 1789', *History of Political Thought*, 18 (1997), p. 66.

60  Madame de Staël, *Considérations sur la Révolution française*, ed. J. Godechot (Paris, 1983), p. 79.

61  See above, pp. 7ff.

62  See above, p. 345.

63  J. Egret, *The French Pre-Revolution, 1787–1788* (Chicago, 1977), p. 6.

64  J. de Viguerie, *Histoire et dictionnaire du temps des Lumières, 1715–1789* (Paris, 1995), p. 403.

65  J. Hardman, *Louis XVI* (London, 1993), p. 114.

66  Id., *The French Revolution Sourcebook* (London, 1999), p. 43.

67  Malouet, cited in Egret, *The French Pre-Revolution*, p. 30.

68  Cited in Price, *Preserving the Monarchy*, p. 225.

69  See above, pp. 217, 266–267.

70  Louis, cited in N. Aston, *The End of an Elite. The French Bishops and the Coming of the Revolution, 1786–1790* (Oxford, 1992), p. 64 ( 'prêtraille', 'Neckeraille' ).

71  D'Hézècques, *Souvenirs d'un page*, p. 211.

72  D. Roche, *The People of Paris. An Essay in Popular Culture in the Eighteenth Century* (Leamington Spa, 1987); H. Root, *The Fountain of Privilege. Political Foundations of Markets in Old Régime France and England* (Berkeley, Ca., 1994), p. 203n. The discrepancy between Parisian and provincial levels should be noted.

73  See above, p. 379.

74  *Despatches from Paris, 1784–1788*, ed. O. Browning (London, 1909), p. 263.

75  *Despatches from Paris, 1788–1790*, ed. O. Browning (London, 1910), p. 44.

76  Weber, cited in Aston, *The End of an Elite*, p. 104.

77  Egret, *The French Pre-Revolution*, p. 185.

78  Ibid., p. 255n.

79  Citations from Baker, *Inventing the French Revolution*, p. 216; J. Nicolas, *La Revolution française dans les Alpes, Dauphiné et Savoie, 1789–1799* (Toulouse, 1989), p. 46.

80  P. M. Jones, *Reform and Revolution in France. The Politics of Transition, 1774–1791* (Cambridge, 1995), p. 142.

81  Egret, *The French Pre-Revolution*, p. 179.

82  Maurepas — dismissed in 1749, recalled in 1774 — was the arch-exception in this respect.

83  Subsequently postponed to May 1789: see below, chapter 9, section A.

84  Hardman, *French Politics*, p. 98.

85  *Despatches from Paris, 1788–1790*, p. 105.

86  Cited by R. Birn in H. Chisick (ed.), *The Press in the French Revolution* (Oxford, 1991), p. 67.

87  D. Bell, *The Cult of the Nation in France: Inventing Nationalism 1680–1800* (Cambridge, Mass., 2001), p. 72; Mallet du Pan, cited in G. Lefebvre, *The Coming of the French Revolution* (Princeton, NJ, 1947), p. 45.

# 九、政治文化的革命
# （1788—1791）

## 想象之中的国民，担心最坏的局面

  从1788年底开始，法国政治舞台上越来越多的参与者和观察者都注意到，一种崭新的政治现象正在出现。而直到1788年夏天，人们还普遍认为，这场危机不会是投石党运动的重演。促成这一转变的关键事件是，1788年9月巴黎高等法院结束流亡，重新进入到政治生活之中。9月25日，在民众的欢呼声中，新复职的高等法院法官表示，他们希望"按照1614年的形式"召开三级会议。没过多久，人们就意识到，这将关乎第一、二等级——教士和贵族——对第三等级的统治。1787年至1788年间，高等法院领导了一场抗议政府的运动，并在公共领域吸引了民众的广泛支持。现在，高等法院法官似乎有意在公众舆论的背后捅刀子。他们的行动和受欢迎程度的影响，既是戏剧性的，也是意料之外的：他们突然成了政治问题的一部分，而不是解决方案的一部分。

  与备受关注的多菲内的例子相比，高等法院的态度立刻被指责为"不爱国的"和"不国民的"，他们似乎变得尤其倒退。在1788年夏末的多菲内，重新召开省三级会议的讨论，导致全省范围内三个等级的代表在维济耶举行了一次会议，要求将第三等级的代表数量增加一倍，并按照人数进行投票——首席大臣洛梅尼·德·布里耶纳狡猾地以地方主义情绪为由同意了这个方案。在许多方面，"维济耶方案"本身并不是特别激进：某些省三级会议已经扩大了第三等级的代表人数，而最近成立的省议会在其会议中也是按照人数投票的。最重要的是，由于高等法院对按照1614年的形式带有煽动性的偏爱，主张将第三等级加倍、按照人数投票的"维济耶方案"，对于那些要求在国家层面进行彻底改革的人来说，这就成为他们心中的重要准则。

1788年深秋，公众对巴黎高等法院的强烈抗议，把大多数高等法院法官吓得魂飞魄散，失去了像投石党人那样的智慧。虽然以市议员阿德里安·迪波尔为首的少数高等法院法官保持了激进立场，但作为一个整体的高等法院却在快速后退。他们的会议现在变得更加严肃，就像一位议员指出的那样："一层黑色的面纱笼罩在会议之上。"[1]高等法院法官试图通过谴责粮食投机的方式来讨好民众，其效果却因为他们对爱国政治宣传册的攻击而大打折扣。国王蔑视高等法院要求政治发言权的诉求，也进一步削弱了后者的地位。暴躁而激进的杜瓦尔·埃普雷梅尼——曾经"去波旁化"理念的信徒——怯懦地向国王保证：如果国王愿意解散三级会议，那么高等法院将会通过政府想要颁布的任何财政法令。很快，当杜瓦尔·埃普雷梅尼走过罗亚尔宫的时候，他就受到了公众的嘘声。

高等法院立场的转变是正在发生的政治变革的严重性的体现。过去，高等法院法官的力量来自他们扮演的为民众不满发声的角色。马勒泽布在1787年曾经指出，法院构成了"巴黎的回声"，而"巴黎的公众就是全体国民。高等法院是有权发言的唯一机构……因此这是一个关系到整个国民的问题"。[2]高等法院法官流亡期间，高等法院的喉舌作用黯然消失，其他可以表达意见的主体将其取而代之。1787年被布里耶纳赶入地下的俱乐部，现在又开始了公开活动。奥尔良公爵的罗亚尔宫——位于城市中心的娱乐场所和政治指挥部——也变得热闹非凡。在全国范围内，非正式的委员会和集会在大小城市纷纷涌现；咖啡馆、阅览室和资产阶级公共领域内的其他机构，都在上演着热烈的讨论；报纸随处可见——仅1788年就有40种报纸问世，宣传小册子的数量也在激增。巴黎出版商尼古拉·鲁奥[*]在1789年1月惊呼道："各种小册子每天像雨点一样落下。"[3]1788年7月5日，布里耶纳颁布法令，要求对三级会议的组织形式提出意见，这份法令致使（或者说人们只是以此为借口）在1788年9月至1789年5月间，大约有四百多篇政治评论文章像瀑布一样倾泻到法国民众手中。

即使在投石党运动和宗教战争时期，舆论都没有像现在这样自由。然而，如果说每个人似乎都对政府有他/她所喜欢的意见，那么在一幅超动态的话语地图上，政府则构成了沉默而平静的一点。路易十六越来越容易抑郁，对孩子健康的担忧也使他的身体每况愈下。他的第四个孩子苏菲[†]在1787年中出生不久就夭折了，而王太子则长期处于生病状态。他的妻子与费尔桑伯爵保持不正当关系的谣言广泛流传，这也很难让国王高兴起来。内克在重新掌权后采取了一种不同寻常的观望态度，而没有寻找任何措施来拯救处于可怕的瘫痪状态的政府。日内瓦人的复职让国家的债权人感到放心，部分原因在于他用自己的财产向政府提供了大量贷款，但内克也在打赌，他最好的选择是"让财政管理处于一种沉默而模糊的状态"[4]，直到三级会议召开后才可能考虑进行根本性的改革。此外，内克的处境因其在国务委员会中的软弱而进一步恶化。在国务委员会中，掌玺大臣巴朗坦[‡]和宫廷大臣

---

[*] 尼古拉·鲁奥（Nicolas Ruault，约1742—1828），巴黎出版商，个人通信被结集为《大革命期间一个巴黎人的故事》出版。

[†] 苏菲·海伦·碧雅翠丝（Sophie Hélène Béatrice，1786—1787），路易十六和王后的幼女，不足一岁便患结核夭折。

[‡] 夏尔·德·波勒·德·巴朗坦（Charles de Paule de Barentin，1738—1819），曾在巴黎高等法院、税务法院等机构任职，1788年至1789年间出任掌玺大臣。

洛朗·德·维勒泰*，都被认为是彻底的绝对主义的最后捍卫者。玛丽-安托瓦内特对国王的影响越来越大，这对内克毫无帮助。玛丽-安托瓦内特意识到，内克只是在政治上必不可少的，但她个人却很讨厌内克。她的亲信（波利尼亚克公爵、费尔桑伯爵）更发起了一场针对内克的造谣运动。

内克对高等法院关于1614年形式的声明感到愤怒，决定召开第二次显贵会议，就三级会议的程序问题征询意见。这不是一种动员公众舆论的手段，而是为了让他在已经变成雷区的王室委员会中拥有更加坚实的权威。与他最近发现的缺少政治动力的情况一致，内克向贵族们提出的提议也并没有收到多少他想要的答案。可以想见，他的不干涉举措遭遇了失败。显贵会议从11月6日开始，但其组成与卡洛纳在1787年亲自挑选的机构基本相同（"遗憾"的是，其中仍有四五名平民）。这个机构与此前一样，固执地坚守着特权和传统的剧本，并以宪法作为依据。尽管贵族们的确接受了所有等级都应平等纳税的观点，但他们尤其反对将第三等级人数加倍或按人数投票的方案。更糟糕的是，就在12月12日会议闭幕之际，七位家族亲王中有五人（奥尔良公爵和普罗旺斯公爵除外）认为应该向路易十六递交一份备忘录。这份文件的内容很快就广为人知，它抨击了内阁政策"通过思想的发酵……在政府的原则中引发了一场革命"。由于担心会出现专制或民主的局面，亲王们重申了他们的主张，即三级会议应该以"法律和惯例所规定的形式"举行，并敦促路易十六依赖"那些为国王和祖国抛洒热血的、勇敢的、古老的、可敬的贵族"。[5]

面对这些高高在上的、善于阿谀奉承的佩剑贵族，国王和内克一定挤出了苦笑，不过几个月前，他们还在领导着一场类似于投石党运

---

\* 皮埃尔-夏尔·洛朗·德·维勒泰（Pierre-Charels Laurent de Villedeuil，1742—1828），1785年至1787年间出任鲁昂财政区督办，1787年短暂出任财政总监，1788年至1789年间出任宫廷大臣。

动的反王权斗争；与此同时，担任地方行政长官的穿袍贵族，也在政治和社会领域积极地回到保守主义的轨道上。然而，这些举措非但没有简化三级会议选举和运行规则的制定工作，反而使之更加复杂化，更重要的是，血亲亲王备忘录的公布进一步削减了政府的贷款。于12月27日公布的一份奇怪的题为"委员会决议"和次年1月24日公布的选举规则中，政府的主张介于"维济耶方案"和保守贵族的愿望之间。在法国封建制度的区划框架下，选举产生了大约1 000名代表（而不是像许多贵族要求的通过省三级会议的方式）。[6]第三等级代表总数相当于其他两个等级代表人数之和："第三等级代表人数翻倍"已经获得了承认。然而，投票程序的问题仍然悬而未决——这是对贵族做出的重大让步，也是民众宣传小册子掀起新一轮风暴的契机。

政府对三级会议的目标显然不够明确，这对其管理事件的能力来说也会造成不利影响。在给国王的一份备忘录中，马勒泽布哀叹道，18世纪末的国王应该成为"14世纪三个等级的召集者"，而非成为"一个因其文明而复兴的'伟大的国家'的所有者"。"用一个得到全体国民认可的制度抓住人们的想象力，这种制度会让他们感到惊喜和愉悦。"[7]然而，对复兴王室爱国主义的呼声低估了国王本人的倦怠和王室委员会中普遍存在的僵局。路易十六并没有像马勒泽布所呼吁的那样，以富有想象力的创新为目标，进而将因为贵族/平民、旧/新贵族之间的紧张关系而日益分化的有产阶层团结在一起，路易十六似乎选择了他在1775年兰斯加冕仪式上所青睐的带有分裂色彩的中世纪精神。[8]

讽刺的是，无论在小册子和报纸上，还是在讨论和辩论中，贵族和教士都被妖魔化为"特权等级"，自私自利的他们构成了改革的严重阻碍。而在贵族和教士群体中，许多个人都在政治批评的高潮中扮演了关键角色。例如，最活跃的"爱国者"团体是社会层面排外的跨等级精英组成的"三十人委员会"。从1788年底开始，他们每周都在年轻的高等法院法官阿德里安·迪波尔家中集会。"三十人委员会"（顺便一提，这个数字被低估了，可以确认的实际参与者有大约70人）的成员尽管来自上流社会，但只有一小部分非贵族人士：例如大律师塔吉特、评论家拉克雷泰尔、西耶斯神父、银行家克拉维埃和潘肖。"三十人委员会"中还有一个来自巴黎高等法院的穿袍贵族团体，但其中大部分人在1789年初逐渐转向保守主义。大部分成员与"爱国者"贵族相重叠：包括亲王和首席贵族（达吉永、诺瓦耶等人）、"美国人"（如拉法耶特和拉梅特兄弟）、其他军官和自由主义者（例如孔多塞、拉罗什福考尔德-利昂库尔[*]、杜邦·德·尼穆尔、勒德雷尔[†]和米拉波）。

  这些人习惯于政治——但政治也有不同种类。他们过去曾参与过各种改革计划：例如，杜邦·德·尼穆尔与卡洛纳、拉克雷泰尔与马勒泽布、莫雷莱与布里耶纳之间都有过合作关系。这样一个多元化的团体消除了他们之间的分歧，或者说他们至少选择在一起商讨策略，这一事实本身就彰显了他们对政府的某种防御性姿态，而在同时代的人来看，这个政府的威胁性远比历史学家通常所意识到的严重。政府选择破产的危险似乎确实存在，令人担忧的是，选择破产不仅会毁掉资产阶级，而且会破坏社会和政治的纽带，还将为新的专制国家权力开辟道路——对比之下，这使约翰·劳体制看起来就像是一个玩物。

  "三十人委员会"成员的政治阅历丰富多彩，其中许多人既是共济会会员，还参加过梅斯梅尔的运动，这些都有助于该团体在全国范围内传播小册子和文学作品的活动建立起广泛联系。"爱国"或者后

---

[*] 拉罗什福考尔德-利昂库尔（La Rochefoucauld-Liancourt，1747—1827），法国贵族，政治家、科学家，1789年当选三级会议代表，1789年至1791年间担任制宪会议代表。

[†] 皮埃尔-路易·勒德雷尔（Pierre-Louis Roederer，1754—1835），法国贵族，律师、记者，1789年当选三级会议代表。

来被称作"国民"的文学，不仅要求对当下的宪法活动进行修补，而且呼吁建立一个崭新的、更"国民"的框架，其中包括了一个自由立宪政体、一种有限君主制和一份权利宣言。在这方面，"三十人委员会"成员最有力，也是最具影响的文本是《第三等级是什么？》，这份著名的小册子由教士西耶斯神父于1789年1月出版。他对自己的设问给出的答案（和重点）是"一切"，这是正在发生的剧变的征兆。西耶斯将第三等级对国家财富和繁荣的巨大贡献，与两个"特权等级"寄生和自私的特点进行了对比。然而，如果说在生产和社会实用性层面，第三等级是"一切"，那么在政治层面，他们却"什么也不是"——这种情况必须改变。在一场变革政治意愿的行动中，"国民"

《第三等级是什么？》书影

应当在社会上真正有用的领域中寻找代表，西耶斯列举了农业、工业、商业等"对个人有益的服务"以及军队、法律、教会和官僚机构等公共服务——事实上，对正在社会中发展选民的"国民"的政党来说，这是一个不错的描述。"消除特权等级，"他使用了一种精明老到而又极具动员性的说辞，"国民不会减少，反而会增加。"[9]

在重新定义"特权"一词的过程中，没有任何文本起到了《第三等级是什么？》所发挥的作用。它的含义在莫普时代就出现了巨大变化，现在已经确定下来。"freedom"和"liberty"不再是"特权"的同义词，而是它的反义词。"特权"现在指的是一种局部的、自私的占有权，并对组成"国民"的全体公民的自然自由造成了损害。"每个人都必须忘记自己，"塔吉特呼吁道，"……将自己从个体存在中抽离出来，放弃一切团体精神，只属于更大的社会，做祖国的孩子。"这样的表述也唤起了1789年之前关于公民权利和团体权利的讨论。[10] 正如米拉波所言，团体特权可能对于"反对国王有所帮助"，但它已然被"国民所厌弃"。这种语义上的调整与权利正当性的历史理据向自然法传统的过渡同时发生。[11] 尽管贵族群体仍然倾向于从历史角度思考问题，并从布兰维利耶开始就由关于"国民"起源神话的讨论，但像西耶斯这样精明的爱国者已经意识到，这是一场只有贵族可以获得胜利的辩论，因此他开始侧重于使用一种更实用的方法，强调个人权利在本质上的不可侵犯性。对西耶斯来说，历史是"凶残和野蛮的（黑暗）夜晚"。正如另一本小册子所说，"用已经发生的事情来证明应该发生的事情的那种狂热，我们不应该相信；因为我们抱怨的恰恰是那些已经发生的事情"。[12] 如果说这类论证有历史因素的话，那就是法兰西"国民"自1614年以来就已经发展到了一个理性的时代。布列塔尼律师朗奇耐\*问道："对于一位壮年来说，1614年的服装会比儿童服

---

\* 让-德尼·朗奇耐（Jean-Louis Lanjuinais，1753—1827），法国贵族、法学家，1789年当选三级会议代表。

饰更适合我们吗？"[13]小册子中的表述也从"复辟""复兴"这类司法用语滑向了"自然""再生"这类更具有生物学意义的用语（或者在神学层面，考虑到詹森派爱国主义起源，这一点的意义可能更为重大）。

1789年春夏两季流行的通俗漫画，描绘了一名贵族和一名教士看到一头沉睡的雄狮突然醒来而惊恐万分的场景——这头雄狮当然代表了第三等级，或者从更广义的角度来说，代表了挣脱了昔日奴役枷锁的"人民"。这幅漫画在很多方面都非常引人注目：第三等级的意识觉醒、三个等级都被视作正在上演的戏剧中的主要角色、人民像狮子

"我是第三等级"

一样的力量和美德，以及将两个"特权等级"都看作人民觉醒的潜在受害者。然而，全部要素中最引人注目的是国王的缺席。眼前唯一的君主是丛林之王——正在觉醒的"人民"。"国民"的躯体不再被认为是王室的一部分，而是独立于王室之外，由三个等级共同构成（取决于狮子的饥饿程度，甚至有可能是一个单一的、狮子般的主体）。正在上演的政治和社会斗争引发了阶级对立，而国王或许是旁观者，或许是人民战胜特权阶级的支持者。

在三级会议开幕前的激烈辩论中，法兰西国家正在被重新想象——它不是一个团体式的、纵向排列的等级社会，而是一个由遍及公共领域的"公民"构成的、更加平等的社会。公民话语的胜利使得团体的自我辩护显得更不爱国、自私和分裂。那些迄今为止最享受特权非法果实的人，现在也被打上了一个走向毁灭的问号。在充满幻想的朗格多克贵族安特雷格伯爵\*看来，"第三等级就是人民，人民就是国家的基础：它就是国家本身，而其他等级只是国家的一部分"。类似地，一位普罗旺斯的小册子作者在1788年底表示，国王自诩为"养育国家的父亲"，这一角色现在已经从君主转移到了第三等级。[14] 毫无疑问，到目前为止，共和主义还没有被提上议事日程，除了那种古老而虚弱的、统治者和被统治者都必须要效忠于它的共和国或共同体意识。所有人都热切盼望国王能够顺应民意，并且可以依靠国王来对抗"专制的"贵族集团。"后专制主义"的时代即将到来。

从某种意义上说，在1788年至1789年间的选举运动中，将贵族塑造成政体中的危险恶魔可以看作"费加罗"的复仇。路易十六统治期间贵族和朝臣的自私形象，已经在社会上煽起普遍的反贵族情绪。此外，1788年底至1789年初外省政治活动中显而易见的派系仇恨，也为反贵族情绪增添了更多的理由和优势。贵族们或许已经开启

---

\* 安特雷格伯爵（comte d'Antraigues），即路易-亚历山大·德·洛奈（Louis-Alexandre de Launay，1753—1812），法国外交家、小册子作者、政治冒险家，1788年提出第三等级即是"国民"。

了改革的进程，但就像巴黎高等法院一样，他们现在似乎是在自己拖着梯子往上爬，也变得更加不易妥协。家族亲王在1788年12月的请愿书与其说是集体的窃窃私语，不如说是贵族卷土重来的竞选纲领。自由派的"三十人委员会"发现自己正在与一个秘密的保守派核心阵营——"百人委员会"——支持贵族的宣传展开竞争，"百人委员会"的组织者是"变节者"杜瓦尔·埃普雷梅尼，他们在很多地区的影响力甚至超过了"爱国者"。在多菲内和弗朗什-孔泰，省三级会议经过了改革，贵族们将没有任何封地的贵族排除在他们的行列之外。布列塔尼地区类似的贵族野蛮行径，也导致新受封贵族被排除在第三等级之外。例如，非常富有的商人雅克·科丹\*通过捐官制度，购买王室秘书的职位而被封为贵族，也被排除在贵族等级之外——于是他在家乡南特组织了反贵族的游说活动，以此争取参加三级会议的选举。在南特附近的雷恩，阶级间的紧张关系导致了1789年1月的街头战斗。

事实证明，贵族们无法掌控选举活动。选举规则是中世纪末以来的既定模式，当它适应于18世纪的交流网络时，"触动了"（这个词曾被使用过）整个"国民"的公众舆论。1789年1月24日通过的选举程序，其10余万份副本被分发出去。他们开启了法国历史上——实际也是世界历史上——迄今为止最雄心勃勃的政治协商活动。站在21世纪的立场上，我们不难发现这种民主制度的局限性所在：三方选举过程，女性的缺席[15]，剥夺了许多穷人公民权的简捷程序，等等。即便如此，这一过程的范围也非常广泛。每个"巴伊辖区"†的所有贵族聚集在一起，选出他们等级的代表。第一等级和第三等级的选举程序更

---

\* 雅克·科丹（Jacques Cottin，1754—1823），法国奴隶种植园主、政治家，1789年当选三级会议代表。

† 在法国旧制度时期的司法体系中，最基层的司法与行政管理单位称作"普雷沃辖区"（les prévôtés），其上是"巴伊辖区"（les bailliages）和"塞内夏尔辖区"（les sénéchaussées），二者平级，前者存在于北方，后者存在于南方。其上是"初等法院"（les présidiaux），最高是"高等法院"。参加庞冠群：《司法与王权：法国绝对君主制下的高等法院》，第39—42页。

加复杂。修道院选派代表参加教区会议，而主教和世俗教士需要亲自出现。第三等级的选举制度尤其复杂。在200多个教区会议之下，还有一个庞大的初级会议的机构：在乡村是按照教区划分，但在城市则更加繁杂，包括专业协会、行业公会、教区和"巴伊辖区"的选举会议。没有规定财产特许权——任何年龄在25岁以上的男性都可以参与选举（只要他不是仆人、演员或破产者，并且出现在纳税人名单上）。尽管许多人要么选择拒绝参加集会，要么被共同体中的富人排挤到一边，但协商规模仍然是非常广泛的。

此外，这个庞大的选民群体被要求积极代表自己发声。1789年1月24日的选举条例指出："尊敬的国王希望每个人，即使他来自王国

1789年的一份"陈情书"

538　伟大民族：从路易十五到拿破仑的法国史

最遥远的地区、居住在最偏僻的住所，都能相信自己的愿望和诉求能够得到满足。"[16]除了选举代表和议员外，这个庞大的蜂巢结构中的每个单元都收到了邀请，需要就推动改革问题发表意见。根据我们的判断，绝大多数选举会议都利用这一权利起草了"陈情书"。事实上，他们认为这项工作远比选举代表传达意见的方式更为重要。有相当一部分陈情书（约占"巴伊辖区"所有陈情书总数的一半）都是由作者集体出资印刷的。

在重大政治变革的前夜，陈情书展现了关于国民希望和恐惧的无与伦比的缩影。然而，这显然不是一次民意调查，它带有现实背景、长期心态变迁和社会结构的多重印记。选举是在1789年3月至4月举行的，始于前一个夏天的经济危机正在上演，给迄今为止主要围绕政治和宪法的辩论带来了巨大的社会经济转折。正如我们所看到的，在农业经济领域，18世纪80年代是非常困难的十年。[17]1787年的收成非常糟糕，1788年6月13日灾难性的冰雹更使情况雪上加霜，从诺曼底到图卢兹的庄稼都被摧毁了，谷物、葡萄藤和果园无一幸免。到了冬天再次遭遇的极寒天气，随后又是破坏性的解冻，都对农作物的生长带来了危害。在1788年9月至1789年2月期间，面包和木柴的价格几乎翻了一番，尽管这意味着那些有盈余的生产者可以获得投机利润，但与18世纪的其他危机相比，处于这种状况的个人数量非常稀少。1786年的假币丑闻引发了货币短缺，这也导致了消费者对制成品需求的下降，进而造成了裁员和大规模的企业倒闭。18世纪80年代末，英法贸易条约引发的诸多领域的行业衰退，已经减少了城市和农村工人的就业机会。到1789年，根据观察家们的报告，里昂有25 000名失业的丝织工人，鲁昂和阿布维尔分别有10 000到12 000名失业的纺织工人，除此之外，周围村庄还有数千人失业。半个世纪以来的市场整合和交通改善，以及政府在救济行动方面积累的行政经验，确保了这场危机只停留在食物短缺的层面，而没有造成彻底的大饥荒。农村并没有像1709年那样饿殍遍野,而是四处充满着饥饿、愤怒和焦虑的农民。在从国外进口粮食以缓解饥饿和短缺的问题上,内克花费了大量的精力。即便如此,政府的作为仍然相对有限。大量农村的穷人背井离乡,法国的公路上到处都是寻找工作、救济与庇护的乞丐和流浪者。因此,包括法国农村社会稳定在内的很多问题,都取决于1789年的收成。

由于经济形势引起的恐惧和忧虑,民众对政治改革的希望更加强烈。与1775年的"面粉战争"别无二致,这导致了与谷物和面包有关的骚乱。从1789年1月布列塔尼的面包店遭到袭击开始,到3月至4月的选举期间,骚乱在北方的佛兰德以及中部的多菲内、普罗旺斯、朗格多克和吉约纳地区蔓延开来。为了维持和平,政府出动了军队,虽然军队的士气开始逐渐下降,但仍能保持稳定。因为许多暴动者的"道德经济"问题,秩序也进一步恶化。他们要求维持合理的面包价格,并通过大众税收的形式保证当地的粮食供应。此外,他们现在还

1789年4月28日,政府军镇压巴黎的"通宵骚乱"

声称，他们的行为在某种程度上已经得到了国王的认可。普罗旺斯一位忧心忡忡的督办告诉内克（前者的辖区在3月至6月间经历了50余起骚乱），"到处都有人在攻击教士、贵族和资产阶级"；"农民们不停地宣称，破坏和掠夺符合国王的意愿"。[18]4月27日至28日，巴黎发生了所谓的"通宵骚乱"，一个名字与"通宵"发音相同的墙纸制造商关于"需要降低工资"的发言被人误解，引发了工业密布的圣安托万区发生严重骚乱。"法兰西近卫团"*在镇压骚乱的过程中，造成了约50人的死伤。（由于缺乏政治智慧，国王将骚乱归咎于巴黎高等法院。）

在近代早期，严重的经济危机与最广泛的政治协商偶然结合在一起，成为民众提出诉求的有力背景。国王表示要与他的人民进行对话，而他的人民也信守承诺，提出了大量名副其实的控诉：教士约有40份陈情书，贵族有158份，第三等级则有234份。效忠国王表明了一种战略思维，即没有任何人会反噬养育他的人："必须谨慎行事，"一位第三等级的代表后来回忆说，"以免对专制主义造成过度惊吓。"[19]然而，在尊重国王的外表之下，这些陈情书使用的是公民的语言，而非臣民的语言，他们更侧重于宣扬"国民"的神圣权利，而非君主的神圣人格。内克对这些鼓舞人心的情绪无动于衷，他没有对选举程序施加影响，甚至对尝试这样做的王室地方官员予以惩罚。崭露头角的政治家们极尽所能地影响公众舆论。为了巩固这种"控诉"的文化，部分陈情书被作为样本广泛分发，但收效甚微。尽管一些从城市寄往偏远乡村的陈情书确实曾被人模仿，但奥尔良公爵指示西耶斯撰写的文章，似乎在他自己的领地上也没有产生影响，更不用说对其他人了。不过，总体而言，在自己的观点与别人强加的观点之间，农民们似乎也懂得如何做出区分。

---

\* 法兰西近卫团（Gardes Françaises），旧制度时期的法军中，两支非正式编制的国王御林军之一，另一支是瑞士近卫队。

农民在1789年春天起草的陈情书，充满了浓厚的地方主义色彩。在"巴伊辖区"选举会议上被广泛讨论的各省权利和重大政治、宪法问题，都处于大多数农民陈情书的关注范围之外，农民也没有号召推翻贵族和教士在地方上的权力（他们会在几个月内以起义的方式实施这一方案）。农民们意识到，陈情书式的协商不过是"弱者的武器"[20]，它表达的是感激之情，而非威胁反抗的决心。因此，他们使用的是教区的语言，最擅长于详细列举他们的负担，把自己的痛苦戏剧化，而不是详细阐明获得拯救的方式："我们祈求陛下怜悯我们的农田，因为我们遇到了冰雹"——这是巴黎盆地默努维尔小镇农民的恳求。[21]然而，尽管农民们的要求是恭顺的，表面上非常保守，但总体来说，农民的陈情书对波旁王朝政体及其地方受益者造成了腐蚀性的攻击。农民的陈情书中有四分之三要求减轻王室、世袭领主或教会的强行征税，十项最常见的要求中有八项与税收负担相关。农民对道德经济的依赖上升到道德财政政策的程度。农民反对的不是国家征税的事实。虽然呼吁降低国家税收的诉求比其他任何诉求都要多，但对陈情书的语言分析可以表明，"公民"与"纳税人"这两个词语之间存在着普遍的等同性。然而，如果说纳税被认为是理所当然的，那么最令人不快的是征税的方式和结果——过于武断、不稳定，或者使中间人发财（总包税所在这方面就是显著的一个例子）。尽管农民的抗议大都集中在国家层面，但他们对贵族和教士的批评也远远超过曾在1614年撰写陈情书的前辈。最令农民不满的还是领主征收的不公平（这与领主实际上提供服务的减少形成了鲜明对比）。他们抱怨的典型象征是，漠不关心的领主纵容自己的鸽子肆意破坏庄稼，同时却禁止农民发起任何形式的反抗的权利。[22]同样，一些地区对教会征税"什一税"的抱怨相对较少，因为大部分税款都被留在共同体内部，用于慈善或工资的费用。农民已经充分适应了波旁王朝的法律文化，没有提出推翻政体的要求。然而，他们确实寻求实质性的改革，敦促赎回甚至废除各种形式的领主税（后一种要求约占四分之一）。面对同样的道德评判标准，城市有时也会受到批评，被视作培养高利贷者、封建律师和调查员，以及从剥削农村廉价劳动力中获益的无情制造商的温床。

农民大会及陈情书的构成会向富裕地主倾斜，通常很少有工薪阶层的参与，而穷人在大多数地方都被排除在外。这种社会筛选在更高级的协商过程中继续出现。在很大程度上，第三等级各"巴伊辖区"的选举会议是城市资产阶级和被赶出贵族会议的新受封贵族的产物。许多农村共同体对城市和领主制的不满都被冲淡了。这凸显了很多城市资产阶级从领主制度中获益的事实，但在一定程度上反映了第三等级的愿望，即控诉对象的范围不应该过于狭窄，而是应该与更广泛的"国民"概念联系在一起。人们广泛呼吁，要求定期召开有权处理税收问题的三级会议。这常常演变为一场对资产阶级地位和事业，或者是其他有侮辱性的特权形式的广泛攻击。许多贵族也支持税收平等，但第三等级更强调法律面前人人平等，要求废除腐败和军队等国家官职的平等。他们还呼吁消除自由贸易的国内壁垒（不过鉴于英法贸易条约的敏感影响，他们要求限制外国竞争）。农民的陈情书常常表现出对市场的不耐烦，而第三等级的陈情书则表现出对他们所面临的贸易障碍的厌倦。

如果说陈情书的内容反映了社会筛选的过程，那么由"巴伊辖区"选举会议授权向凡尔赛三级会议传达意愿的代表团成员构成的情况更是如此。第三等级代表团由604人组成，其中没有一个农民或工人。那些经济活动的积极从业者（大多数是商人和制造商）组成了一个约有90人的稳定队伍，此外还有约40名地主。在人数上，这些人远不及那些更有发言权、更善于表达的职业资产阶级：在648名当选代表中，医生和律师各占四分之一左右，各位官员占二分之一左右。总之，第三等级代表由来自不同领域的城市精英中受过教育的上层人士组成——农民和工人对这一事实提出了批评。一位不愿透露姓名的小册子作者在写于春天结束之际的《穷人向三级会议的抱怨》中表示:"第三等级选出的代表中没有一位来自我们这个阶级的代表;似乎一切都是为富人和有产者设计好的。"[23]对于第三等级来说,三级会议的间接选举形式超越了穷人和富人之间的主要分界线。

教士和贵族采用了更加直接的选举方式,但在意识形态和社会层面,他们递交的陈情书和选出的代表人数都不像第三等级的那样统一。教士普遍希望天主教能够继续成为法国日常生活的中心,一些人还认为应当改变最近对新教徒的宽容态度。然而,教会内部最大的分歧在于上层教士和下层教士之间。下层教士人数上的优势保证了他们在教士选举会议中稳定的代表权,这是他们此前不敢想象的时期:教士代表团在三级会议中的总数是295人,其中约三分之二是教区神父(共192人),而主教只有51人。贵族在"巴伊辖区"会议上也存在着分歧。新受封贵族被排除在外,而大量乡绅贵族(约占代表团总数的四分之一)参加了会议,这就使会议充满了地方色彩,有时甚至显得非常土气。整个代表团最突出的特点是它代表了世家贵族的胜利。在1789年的贵族总数中,虽然可能有三分之一是在1700年以后获得,另有三分之一是在1600年以后获得的,但在三级会议的代表团中,不少于80%的贵族是在1600年以前(其中四分之三是在中世纪)获得的贵族爵位。因此,一个世纪以来,长期在国家政治中高举贵族利益的穿袍贵族行政官员被边缘化了:在贵族代表中,佩剑贵族的人数是穿袍贵族的八倍。贵族代表共282人,其中约50人是自由派贵族(包括来自三十人委员会的杰出成员),还有约40位自由派乡绅。大约75人曾在军队服役,增加了三级会议的职业导向性。

贵族的陈情书反映了这种分裂的程度。在宪法、财政和个人自由问题上,贵族经常与他们当地的第三等级选举会议的观点达成了共识。然而,在贵族占据主导地位的选举会议中,他们对于特权问题更倾向于固守自己的立场，过分重视其优越性的象征——此举激怒了资产阶级（例如携带佩剑和加盖城堡），并拒绝对领主制度进行重大改革。与第三等级的陈情书不同，贵族使用的语言是"保存"和"维持"，而不是"镇压"或"废除"。仔细分析贵族陈情书的内容可以发现，在税区地区（因此行政权力集中化更加明显），以及资本主义渗透程度更深、交通更发达、经济生活集中在小城镇的地区，第三等级和贵族之间保持了相对一致的意见。相反，在大城市、传统精英保留了大量地方权力的边远地区（包括大部分三级会议地区），以及资本主义势力相对薄弱的地区，第二等级与第三等级之间的冲突更为明显。

美国驻巴黎特使莫里斯总督审视了这种国民决策的非凡场景，并将自己的东道国和刚刚起步的祖国加以比较：法国是"一个存在于希望、前景和期待中的国家——对古老制度的崇敬荡然无存，现有形式的根基遭到动摇，新的秩序即将出现，甚至在新秩序中，以前所有机构的名字都将被抛在一边"。[24] 即将发生的不仅仅是一场改革，而是所有领域的政治"再生"。

## 夏日的闪电

1789年的夏天本应是沟通的季节。国王表达了希望被他的人民"启蒙"的心愿，引人注目的协商过程被写在陈情书中，新闻界也获得了相当大的出版自由——虽然代表们在前往凡尔赛参加历史性的开幕式途中，遇见了乞丐和流浪汉，看到了种种苦难现象，但有关三级会议的一切都让他们坚信，他们正在与国王就法国的未来展开对话。这种对话此前从未发生过：在1789年这个决定命运的夏天，法国的政治和社会都发生了翻天覆地的变化，而路易十六却明显不愿意——甚至可能无法——进行沟通。

4月的"通宵骚乱"似乎让国王深感不安,这也证实了将三级会议从巴黎迁至国王更容易接受的凡尔赛的必要性——阿瑟·扬有些反感地指出,后者是一座"完全听命于王室"的城市。[25] 1789年6月4日,路易十六的长子因肺结核而夭亡,这使国王的心情更加沉重。即使在公开场合,玛丽-安托瓦内特也几乎无法抑制她对新议会的蔑视,而路易十六的兄弟阿图瓦和普罗旺斯伯爵已经开始打压内克在王室内阁中的影响力。巴黎高等法院的高级教士和高等法院法官们对民众的热情感到恐惧,法官们已经完全摆脱了过去那种煽动性的行为方式,恳求路易十六维持(而非破坏)现状。

因此,第三等级在凡尔赛并没有受到友好欢迎。为了迅速扼杀三级会议的政治创造力,王室顾问们为会场创设了一种突出历史惯例和古典壮丽的场景——就像1775年的国王加冕礼一样。充满"旧法国"风格的宫廷礼仪随处可见。在5月4日举行的宗教仪式上,第三等级的代表们非常懊恼地发现,与贵族身上的光彩耀人的制服相比,他们身上的暗黑色制服显得黯淡无光。亨利四世为贵族头上佩戴的华丽羽毛,在路易十四时代之前是一种极好的特征,但人们低估了这种团体(同时也是消费主义)特权的历史标志对资产阶级的伤害程度。此外,咄咄逼人的传统主义似乎也触怒了许多贵族。里昂第三等级代表佩里斯·杜·吕克\*对一位来自贵族等级的共济会成员的言论感到震惊,后者曾非常严肃地告诉他:"(你)实际来自另一个流着不同血液的种族。"[26] 平民出身的代表们像牲口一样被谄媚的司礼官包围起来,受到了贵族"上司"的冷嘲热讽,并被要求在国王面前下跪,他们发现自己越来越不满于期望波旁王朝的历史礼仪形式能够为"国民再生"提供合适的框架。诚然,5月5日三级会议正式开幕之际,所有代表们都

---

\* 佩里斯·杜·吕克(Périsse du Luc,1738—1800),法国图书出版商,1789年当选三级会议代表。

1789年5月5日，三级会议在凡尔赛宫正式开幕

被盛大的场景所震慑，但正如托马斯·杰斐逊[*]的概括——开幕式就像歌剧一样气势恢宏，这种情况明显反映出一种用资产阶级公共领域的视角来评判王室仪式的倾向。[27]第三等级的代表们还失望地发现，国王借用内克和掌玺大臣巴朗坦之口，在三级会议上的开幕致辞，仍然是王室意志、团体特殊主义和民众遵从的陈词滥调。事实上，他们的愤怒足以让他们在第二天拒绝执行国王的命令，即通过等级会议而非集体会议的方式查验他们的资格。许多代表都获得了选举人的授权，支持按照人头而非等级进行投票。贵族和教士分别召开会议，而第三等级的代表们却立场坚定——如此，事态的发展就陷入了僵局。

"我们的三级会议什么都没有做，"来自普瓦图的贵族代表费里埃[†]在两周后报告说，"我们整日喋喋不休，大喊大叫，没有人在听别人

---

[*] 托马斯·杰斐逊（Thomas Jefferson，1743—1826），美国政治家，1785年至1789年间出任美国驻法大使，回国后担任美国首任国务卿、第二任副总统、第三任总统。

[†] 夏尔-埃利·德·费里埃（Charles-Élie de Ferrières，1741—1804），法国政治家、文学家，1789年当选三级会议代表。

九、政治文化的革命（1788—1791） 547

说话。"²⁸ 第三等级的会议也呈现出一幅不光彩的无秩序状态。由于缺少代议制程序的典范（他们将及时借鉴英国下议院的模式），会议显得混乱不堪。"数以百计的代表试图发言，"一位目击者记录道，"有时是所有人同时发言，其他时候是一个人发言；我们根本无法分辨出动议的提出者。"²⁹ 然而，政治无能的表象也只是表象。第三等级的代表们在会议开始前就拒绝接受国家的团体框架，这对制宪程序造成了极大的破坏。此外，事实证明，王室的失语和政府的镇压无法遏制政治僵局引发的日益高涨的抗议声浪，这种情况尤其出现在巴黎。由于选举程序的复杂性，直到5月20日，巴黎出席三级会议的代表选举仍未结束，这既反映了凡尔赛正在进行的政治运动，也受到了这些政治运动的影响。虽然教士和贵族的会议闭门举行，但第三等级（或自称为"下议院"）允许公众列席他们的会议，从而保证吵闹的巴黎人也能感受到政治危机的气息。"下议院"公布了他们为寻求出路而做出的无果尝试：其他两个等级接受了国王的命令，国王本人则刻意保持冷漠，拒绝会见参会代表。国王的政府为压制讨论所做的努力也适得其反。例如，普罗旺斯的"探险家"米拉波创办了一份《三级会议报》，来报道会议上发生的事情。据说一天之内，就有超过1万名巴黎人订阅了这份报纸，但政府对此表示不满，并将其关闭。米拉波的反击是以给选民写信的方式出版报纸——这是审查人员无法触及的策略。英国农学家阿瑟·扬在造访罗亚尔宫时谈道，"现在巴黎出售小册子的商店的生意好得令人难以置信"，他不相信罗亚尔宫已经成为民众激进主义的风暴中心，甚至似乎正在失控："当报刊上充斥着最公平，也是最具煽动性的原则……以至于即将推翻君主政体的时候，却没有出现任何回应，高等法院也没有采取任何措施，来限制趋于极端的出版行为。"³⁰

由于既没有倾听几个月前的公共辩论，也没有在会议开幕后与第三等级进行对话，国王切断了自己与公众舆论的联系，而公众舆论是

"下议院"的坚定支持者。6月17日，"下议院"决定采用"国民议会"的名称，王室的不理解在这个时候也表现得淋漓尽致。国王在得知这一消息时噘起了嘴，"这只是一个短语"。[31]然而，这一象征性的举动——既颠覆了团体特权的原则，也颠覆了对历史仪式的尊重——标志着平民代表们停止了等待的游戏，以他们"至少占据全体国民的96%"为由，开启了他们自己"国民再生"的任务，许多贵族和教士的代表也加入他们的队伍之中。只有这个按照人头进行投票的崭新机构，才能"解释和表达国民的普遍意志"。[32]

6月20日一早，当代表们发现他们的会议厅大门紧闭时，他们立刻担心出现最坏的情况，这也充分反映了国王在夏季危机期间的冷漠态度在新议会中引起的怀疑和担忧。代表们担心自己的生命安全，认为即将发生的王室政变会将他们一网打尽，于是他们来到附近一个曾用作网球场的大厅。在巴黎代表之一、科学家巴伊的指挥下，他们进行了庄严的集体宣誓，表明自己直到新宪法正式颁布后才会解散。

网球场宣誓

网球场宣誓这一戏剧性事件的根源在于对路易十六的误读。会议厅的关闭只是一个疏忽：御前会议决定举行一次特殊会议，国王将在会上试图向分裂的等级提出改革方案，进而结束当下的僵局，而且人们在此之前已经认为没有必要再进行辩论了。结果，在6月23日举行会议之际，网球场的戏剧已经让政治氛围发生了不可估量的变化。

回看1789年6月23日，路易十六或许会发现，这将成为他政治生涯中最后一次没有受到胁迫的自由发言。他在当天提出的改革方案，标志着以内克和国王兄弟们为代表的两方在御前会议上提出的相互矛盾的观点之间达成了妥协。所谓"国民议会"的决定被宣告为无效，一个由贵族主导的立宪政体已经被勾勒出了它的大致轮廓。只有纯粹属于全体国民的事务才将被交付共同投票，其他所有事务则将通过不同的等级会议来处理。财政平等、王室预算、国民同意的新税种，以及更大程度的个人自由（放松国王密札制度、减少新闻审查等等）都将得到实现。但路易十六既没有提到改革封建制度，也没有做出任何重大的社会变革。确实，国王终于打破了沉默——但只是反过来让一向健谈的第三等级陷入了令人沮丧的沉默。三级会议代表克鲁泽-拉图舍[*]沮丧地指出，国王似乎是在"独自制定宪法"，而没有进行任何协商或谈判。[33]伴随着会议的召开，大量军事力量的存在更让代表们感到非常不安。当国王结束发言后，他命令各个等级分别退下，待验证过他们的权力之后再继续会议。但是，所谓的第三等级拒绝让步，当王室司礼官要求他们解散时，米拉波上前高声疾呼：只有刺刀才能把他们赶走。

路易十六的御前会议显然没有像他希望的那样，成为开启制宪进程的动力。僵局仍在继续，而"下议院"——或者说新的"国民议会"——的地位却在日益巩固。引发这场政治危机的财政状况仍

---

[*] 雅克·安托万·克鲁泽-拉图舍（Jacques Antoine Creuzé-Latouche，1749—1800），法国律师，雅各宾派成员。

未好转：国库严重空虚，以至于国王不得不四处筹款，来为他亲爱的、刚刚夭折不久的王太子举行弥撒。御前会议导致政府股票进一步下跌。晚近的消息表明，秩序崩溃已成定局。在距离凡尔赛宫一里格的地方，农民们公然违反狩猎法令，用偷猎而来的猎物装满了他们的仓库；而从各省传来的报告也表示，高物价和持续的政治动荡引发了骚乱和叛乱。在巴黎，几周前还在通宵骚乱中向人群开枪的法兰西近卫团，现在却拒不服从长官命令，反而自由地同骚乱中的平民友好相处。

在凡尔赛的幕后，正在涌现的政治团体和策略也有助组织活动。"三十人委员会"的成员继续在政治宣传方面发挥作用。此外，1788年与布列塔尼贵族的冲突，已经使当地的平民代表们变得更加强硬，他们开始举行非正式的晚间会议，以便在第二天的正式会议上采取一致行动。这些会议在不久之后被称作"布列塔尼俱乐部"，来自其他代表团中具有相似观点的许多代表们也参与其中，最著名的是来自阿图瓦的代表，其中有一个名叫马克西米连·"德"·罗伯斯庇尔（他是如此签名的）的人，他是一位雄心勃勃的年轻律师。正是这个集团在6月23日让新的国民议会得以维持，甚至在此之前，他们就已经巧妙地与支持他们事业的贵族和教士进行谈判和结成联盟。6月13日，来自普瓦图的三位神父离开教士会议并加入了"下议院"，此举受到了热烈的欢迎，他们的一小部分同伴也在接下来几天继续效仿，直至6月25日，大多数教士都加入"下议院"。6月22日，一大批贵族代表也加入了"下议院"；6月26日，以奥尔良公爵为首的大约47名贵族也加入"下议院"，尽管许多人怀疑奥尔良公爵是为了替自己争夺王位。

6月27日，路易十六做出了一次看似非常重大的让步。他命令贵族和教士等级的剩余代表与他们的同伴们一样，参加获得正式承认的国民议会，并将所有代表从选民们赋予他们的约束性授权中解放出来。欢乐瞬间变得无拘无束。已经为巴黎正在上演的戏剧深深着迷的阿瑟·扬表示，现在是离开首都的极好时机，因为他觉得"革命现在已经完成了"。[34] 杰斐逊也有同样的反应，他在6月29日写给家人的信中谈道，"这场巨大的危机现在已经结束"，"我不会再用最近那样有趣的事情来经常打扰你了"。[35]

这些评论都在强调，法国国内正在发生的事情虽然非同寻常，但还没有达到令人震惊和前所未有的程度。毕竟，杰斐逊本人曾目睹了美国革命。像阿瑟·扬这样的人物也时常会想起英国1688年的"光荣革命"，意识到政治斗争不是偶然发生的。然而，在表象之下，事情却在不可避免地向前推进。例如，摇摆不定的国王并没有停止他的摇摆。就在他似乎要做出让步的同一天，国王召见了布罗格里公爵\*——杰斐逊称此人是"一个高高在上的贵族，冷酷无情而又无所不能"[36]——让后者担任巴黎地区所有王室军队的总司令。很快，数以万计的军队向首都进发，虽然官方的说法是为了防止秩序崩溃，但大多数巴黎人却担心一场即将到来的军事镇压——他们现在已经习惯于对一位向来不透露个人想法的统治者做出最坏的假设。所有焦虑似乎都是在同一天出现的，7月11日，国王解雇了内克及其在王室委员会中所有支持者的职务，取而代之的则是一位被普遍认为公然站在反革命立场上的布勒特伊，他也是王后的忠实拥护者，布罗格里则担任陆军大臣。政府竭力设置路障，以防消息传至巴黎。但这些努力均以失败告终，巴黎民众很快就拿起了武器——事实上，巴黎已处在革命之中。

1789年7月14日的故事已经被写入每一本讲述法国历史的书中，而当天的核心事件——攻占巴士底狱——的前因后果也无须赘述：内

---

\* 维克多·德·布罗格里（Victor de Broglie，1756—1794），法国将军、政治家，1789年当选三级会议代表，大革命期间的雅各宾派、斐扬派成员，1794年被送上断头台。

克被解职的消息如何在巴黎引发了恐慌;办报人卡米耶·德穆兰*如何在罗亚尔宫跳上一张桌子,高喊"武装好"的口号;民众的焦虑如何蔓延到对总收税官围绕巴黎城墙所设关卡的攻击,这些关卡被指责阻止了粮食进入巴黎,进而导致了食品价格飞升;自6月25日以来一直在举行非正式会议的407位巴黎代表,如何在三级会议选举的最后阶段将自己转变为旨在恢复秩序的巴黎市议会;城市防御的准备工作是如何通过召集城市中产阶级加入资产阶级军队——不久之后改称为"国民自卫军"——而建立起来的;以及为了保卫城市而寻找武器和火药的活动,如何导致了先后对荣军院和巴士底狱发起的进攻。进攻过程中那些生动而离奇的要素也广为人知的:叛变的法兰西近卫团在

攻占巴士底狱

---

\* 卡米耶·德穆兰(Camille Desmoulins,1760—1794),法国记者、政治家,罗伯斯庇尔的幼年朋友和丹东的亲密盟友,1794年与丹东一同被送上断头台。

策划夺取要塞的行动中所扮演的角色；妇女和儿童抢运补给物资和照顾伤员；交火和血腥的味道；试图停战的举措，随后在匆忙间对要塞的占领，以及对监狱长德·洛内\*和许多防御者的杀害；还有环城游行中被高举起的那些被砍下的头颅，以及队伍一旁（仅有的）7名从监狱中被释放出来的囚犯。

即使是一向反应迟钝的路易十六也意识到，巴士底狱的陷落改变了一切。他身边的一些人，包括王后和阿图瓦伯爵在内，的确一直在寻找军事解决的办法：奥地利大使梅尔西伯爵早在6月初就向约瑟夫二世报告说："暴力，可能是拯救君主制唯一可行的办法。"[37]很多代表们认为，在布勒特伊煽动下发生的王室"爱国"政变，可能会像1772年瑞典国王古斯塔夫三世发动的政变那样，将国家破产和大臣解职结合在一起。因此，他们在7月12日至13日所做的第一件事，就是禁止任何公共权力机构或个人使用"破产"一词，从而有效地将王室债务国有化。尽管这样，路易十六本人是否参与过这种暴力方案，至今仍是一个无法确定的问题。然而，他的沉默就是他的毁灭：他被自己的沉默寡言紧紧束缚。

巴黎落入叛乱者之手，对发起镇压的政权来说构成了巨大挑战，贝桑瓦尔男爵（布罗格里帐下的中尉、巴黎围城战时的军方指挥官）告诉国王：他无法保证军队的忠诚，他的部队甚至会与叛乱者联合作战。听到此话，路易十六非常沮丧。于是，国王戏剧性地来到了议会的开会现场，宣布他将解散军队并召回内克——此举甚至让一位激动的代表因兴奋而诱发心脏病猝死。出乎预料的是，国王决定亲自前往巴黎。除了凡尔赛的资产阶级卫队，他在没有任何人陪伴的情况下，于7月17日进入巴黎，来到市政厅，并确认巴伊担任市长、拉法耶特侯爵担任巴黎国民自卫军（现在已经更名）司令。当他戴上象征着和

---

\* 贝尔纳-勒内·茹尔当·德·洛内（Bernard-René Jourdan de Launay，1740—1789），1776年起担任巴士底狱监狱长，1789年7月14日在任内身亡。

解之日的三色帽徽时，巴黎的红、蓝色衬托在波旁王朝的白色两侧，一个崭新的、社会与政治相互和谐的时代似乎正在开启。而国王也无疑是其中的一员。

然而，在接下来的几周内，并没有出现和谐的氛围。到7月中旬，情况变得越来越清楚，在巴黎发起的市政革命显然正在被全国各地复制。马赛早在3月就开始了这一进程，但在其他大多数地方，夏季的政治僵局，以及随后莫名其妙的军队调动和各种各样的骚乱，才真正刺激到城市精英采取行动。各地的介入方式各不相同，但通常是由地方的商业和职业精英组成一个特别委员会，他们此前基本上被排除在市政权力之外，而现在要么像巴黎一样完全接管城市事务的运作，要么与现有当局达成分享权力的设计。这些变化的一个突出特点是创建了一支资产阶级卫队，既可以防止贵族或政府的反击，也可以确保法律和秩序得到维护。

农村也处于动荡之中。对于农民家庭来说，从去年收获的粮食储备耗尽到今天开始收割并将新鲜的粮食投入市场之间的这段时间，总是充满了情绪的波动，这种情况在1787年和1788年的两次歉收后更为严重。因此，大多数农村地区已经如坐针毡。陈情书也大大提高了民众预期的门槛。索米尔的一位法律官员抱怨说："农民们结束各自的教区会议回家后，他们以为从此就不需要再缴纳'什一税'、禁止狩猎税和领主税了。"[38]1789年夏天的政治延宕让许多人指责宫廷和贵族阻碍了改革的进行。在春天开始的农村叛乱中，反贵族和反领主的敌意已经逐步凸显出来：在普罗旺斯、多菲内和弗朗什-孔泰，叛乱从3月开始；在埃诺和康布雷，叛乱则从5月开始。从7月20日到8月6日，起源于大约六个地区的系列恐慌构成了所谓的"大恐慌"，并像闪电一样席卷了整个法国，大大扩展了农民叛乱的范围。这些恐慌所传达的核心信息是，贵族及其资助的强盗团伙在农村到处破坏庄稼，对想要改革的人进行杀戮和毁灭。

"大恐慌"是建立在幻想之上的,但这种幻想是可以被理解的。人们并没有采取想象中的那种反革命措施。在攻占巴士底狱后,最倾向于暴力解决问题的宫廷派也已经毫不光彩地解散了,阿图瓦、孔代、布罗格里和波利尼亚克家族在7月20日之前就已经离开法国,开始自我流放。然而,凡尔赛贵族的不妥协态度,经过地方贵族在外省的传播,必然成为无法忽视的内容。此外,在经济和政治焦虑的氛围下,任何不寻常的事件——军队调动、流浪乞丐队伍的出现、城市武装的组建以及业已发生的农民起义——不仅可能,而且已经被渲染成一场险恶阴谋的组成部分。农学家阿瑟·扬在周游农村时经常被农民打断,他们很难想象此人的兴趣是纯粹的科学,在奥弗涅的城堡里,人们指控阿瑟·扬与王后、阿图瓦伯爵以及当地贵族一起密谋。[39]与巴黎一样,对反革命行动的莫名恐惧刺激大众阶层采取了激进行动,大恐慌催化了民众的不满情绪——饥饿骚乱、失业问题、反领主的敌意、农村犯罪——进而转变为激进的社会变革运动。很少有地区完全没有受到影响。在某些地区(特别是多菲内、佛兰德、下诺曼底、马孔奈、阿尔萨斯),恐慌已经演变成了农民的暴力反抗,包括焚烧城堡、袭击地主和大肆抢掠等等。8月2日,蒙莫朗西公爵\*的庄园管家从诺曼底传来了令人惊恐的报告,"到处都是抢劫和掠夺","民众将粮食匮乏归咎于王国的领主,并正在攻击属于他们的一切"。他报告说,一群农民和强盗袭击了附近一位领主的鸽舍,夺取了他档案中所有的领主文件,甚至还厚颜无耻地"以国民的名义签发了一张收据"。[40]事实上,这种行动完全反映了这场运动的特点:通过武装动员反对来自贵族的威胁(这种威胁此前从未发生过);利用适当时机对当地领主采取行动;选择相应的象征性目标(如领主的鸽舍)和经济目标(封建权利登记

---

\* 蒙莫朗西公爵(Duc de Montmorency),即路易五世·约瑟夫·德·波旁-孔代(Louis V Joseph de Bourbon-Condé,1736—1818),第八代孔代亲王,波旁公爵独子,法国大革命期间流亡,起草了《不伦瑞克宣言》。

册）；以及用国民或者国王的名义宣称激进行动的合法性。

在7月底达到高潮的骚乱运动中，所有形式的权力——领主、教会、市政、城市、社会、经济——都可能成为民众愤怒的目标。反贵族主义成为贯穿整个运动的最有力的主线。对领主的憎恨将农村共同体的大多数成员联系在一起，甚至也吸纳了在其他领域具有利益冲突关系的富人和穷人。尽管在18世纪，社会地位不断提升的资产阶级（包括许多第三等级的代表）购买庄园是一种普遍现象，但在很多地区，人们还是认为领主和贵族的利益具有一致性。不出所料，许多贵族将骚乱运动全部归咎于第三等级的平民代表，而后者最初也与贵族保持距离。平民代表迪凯努瓦\*曾经声称，"一个人必须为了民众的利益而努力"，"但民众却无法为自己做任何事情"。[41]一些平民代表认为，农民叛乱（其目标比陈情书中提出的要高得多）进一步证明，贵族叛乱的目的在于阻挠他们制定新宪法的任务。

8月3日，国民议会内部出现了在各省恢复法律和秩序，并要求至少暂时缴纳领主税的呼声。事实上，布列塔尼俱乐部的代表们当时正在设法利用农民革命来加强国民议会的权威。在其看来，农民革命无法逆转，因此他们打赌，议会（而不是国王）应当为这场革命做出至关重要的贡献。在8月4日晚的一次会议上，自由派贵族在达吉永公爵和诺瓦耶子爵这两位"蓝血贵族"的带领下挺身而出，呼吁废除领主税。"8月4日之夜"很快失去了控制，放弃"旧制度"（该术语在这一时期开始使用）的精神在代表们之中迅速蔓延开来。修辞上的自发行为取代了事先的阴谋计划，大量根植于法国历史的制度和惯例以"封建主义"的名义而被废除：领主和封建税、教会的"什一税"、各省和市镇的"自由"、官职买卖……类似的例子不胜枚举。8月5日至11日的一系列法律宣布，国民议会"彻底摧毁了封建制度"。[42]

---

\* 阿德里安·迪凯努瓦（Adrien Duquesnoy，1759—1808），法国律师、农艺师，法国大革命期间曾任南锡市长。

由于七月危机和阿图瓦派的自我流放，国王陷入了无法沟通的沮丧状态。国民议会在7月14日之后处理事务的方式，进一步加重了国王的失落情绪。首先，他对议会决定在新宪法草案之前加上一份权利宣言的做法感到非常恼火，后者在7月底至8月初的大部分时间里都因为权利宣言的问题而争论不休。8月26日，议会正式通过《人权宣言》，对个人的自然权利发出了嘹亮的呼唤，一举瓦解了波旁王朝政体中充满特权的团体结构，并将政治主权赋予了国民而非统治者。[43]其次，国王也对废除特权等级的权力及其影响力的尝试表达了不满，他在8月5日的私人日记中写道："我将永远不会同意，对我的教士和贵族等级进行掠夺。"（"我的"这个形容词所有格揭露了国王的态度。）[44]再次，他对议会似乎还隐藏着的共和主义倾向感到愤怒：议会而非他本人声称是国民的代表，尽管他愿意接受8月4日提出的许多反封建改革要求，但议会代表们还是拒绝接受国王对细节的修改，以至于使他完全脱离于立法程序之外。

路易十六反对政治动荡的立场与议会内部一个松散的团体不谋而合，即由穆尼耶\*、马卢埃†和拉利-托朗达尔领导，与米拉波有着联系的"王政派"，他们希望加强王权，以此作为对抗民众无政府状态的最佳堡垒。然而，王政派的方案始终被议会所拒绝，最突出的一次是在9月10日，议会以绝大多数的反对意见，否决了他们按照英国议会和美国国会的模式建立双元立法机构的提议，而议会给出的理由是，此举有可能使贵族的不妥协立场重新在政府机器中占据核心。9月11日，议会又以并不明显的多数票否决了君主制方案，即反对赋予国王对议会立法的绝对否决权，只同意授予国王搁置的否决权。

---

\* 让-约瑟夫·穆尼耶（Jean-Joseph Mounier，1758—1806），法国政治家、法官，曾参与法国宪法的制定工作。
† 皮埃尔-维克多·马卢埃（Pierre-Victor Malouët，1740—1814），法国政治家，1789年当选三级会议代表，1814年担任海军和殖民地部长。

国王意愿的摇摆让很多人相信，路易十六要么打算逃往外省，要么打算再次发动政变。国王为了自保，决定将臭名昭著的保王派佛兰德军团召至凡尔赛，这就进一步加剧了人们的怀疑。10月3日，巴黎人民在一觉醒来后发现，报纸上充斥着国王卫队在凡尔赛宫为佛兰德军团举行欢迎宴会的恐怖故事，酗酒和过激的宾客们表达着对国王的效忠，并与反革命的情绪相互交织，把象征国民的三色帽徽踩在脚下践踏。保王派的反政变似乎一触即发。10月5日，一位英国大使馆的官员报告说："一支由女性组成的军队吵吵闹闹，但又有条不紊地迈着坚定的步伐，向凡尔赛宫进发，这种场景显得非常滑稽。"[45]这场运动起源于巴黎市场上妇女们对面包价格的示威（因为夏季发生的农村骚乱严重破坏了正常的商业关系）。在激进派和记者们的鼓动下，示威活动演变成平民对宫廷的政治朝拜——带着大炮、干草叉和生锈的火枪，抗议物价和佛兰德军团事件。拉法耶特在手下国民自卫军士兵的

巴黎妇女游行前往凡尔赛，要求王室回到巴黎

胁迫下也参加了这次活动。一夜之间,这场男女混杂的示威活动变成了一场重大的政治事件,就像是强盗团伙洗劫了凡尔赛宫、威胁着王后和朝臣们的人身安全一样。拉法耶特说动国王一家迁居巴黎,并批准了有关废除封建制度和尚未通过的《人权宣言》的立法,从而化解了这场危机。随后,拉法耶特陪同国王的车队返回巴黎,长矛上还悬挂着被杀死的卫队士兵的头颅,议会代表们恭敬地跟随在车队后面,民众则对"面包师及其妻子儿女"被带到巴黎感到满意:在其看来,国王、王后和太子从凡尔赛重回巴黎,象征着政治秩序的恢复和稳定面包价格的保证。

10月5日至6日的事件"通过挫败一场可恶的阴谋拯救了法国",来自勒芒的代表梅纳德·德·拉格罗耶\*在写给妻子的信中如此表示。[46]尽管在这里,正如1789年和随后几年里经常发生的事情一样,政治阴谋的真实与否并不重要,对阴谋的恐惧以及由此产生的动员力量才更为关键。国王一如既往地忍受着事态的发展,但他很快就被刺痛了。王室在胁迫下由凡尔赛回到巴黎,这不仅是象征性的搬迁,而且使他和议会(议会也迁至杜伊勒里宫)更直接地受到了国民意志和巴黎政治的影响。几天后,路易十六给他的波旁王室表亲、西班牙国王查理四世写了一封密信,正式宣布放弃对"今年以来违抗王室权威的一切行为"的追责。[47]波旁王朝的幻象正在进入更加神秘的阶段。

## 政治架构的任务

"国民不是大革命的发动者,"医生出身的三级会议代表康普马[†]表

---

\* 梅纳德·德·拉格罗耶(Ménard de la Groye,1742—1813),法国政治家,1789年当选三级会议代表,督政府时期进入五百人院。

† 让·弗朗索瓦·康普马(Jean François Campmas,1746—1817),法国医生,1789年当选三级会议代表。

示,"如果有机会让国家机器能够继续运转,那么三级会议就不会被召集。"费里埃尔侯爵同样指出,1789年事件的根源在于波旁王朝政体的最终衰败:"法兰西宪法是一座古老的建筑。人们愚蠢地试图重建它的地基,却造成了大厦的倾覆。"[48]

革命者强调波旁王朝的垮台是无法避免的,以此来增强他们在未来时日中的勇气。然而,自七年战争的黑暗时代以来,改革派大臣们就一直尝试致力于波旁王朝政体的"普及化"事业,并使之与18世纪的社会和文化变革相互协调。正如一位来自里昂的代表在7月所说的那样,1789年事件的主要原因既不是"国民",也不是"哲学和启蒙运动在社会各阶层的传播"。[49]尽管波旁王朝政体的衰落并不只是因为所谓的"年久失修"或"修补不善",而是因为财政和政治领域的危机与社会危机之间无法相融。波旁王朝的覆灭并非不可避免。这在很大程度上要归功于一些特殊群体的有目的行动:尤其是被高物价、社会困境和前所未有的选举进程所动员起来的农村和城市消费者,以及新近扩大范围的政治精英中的某些个人,他们试图将政权的不稳定性转化为自己的集体优势,这种方式在此前是难以想象的。

作为变幻莫测的1789年夏季危机的产物,第三等级的平民代表们现在与贵族和教士等级的傀儡们共同组成了国民制宪议会,并且得到了公众的强烈支持。这些人应对1789年夏季危机的方式,也意味着他们拥有了一次千载难逢的机会,可以自上而下地重新塑造政治体制,人们开始用"革命"称呼这种方式。在1789年之前,"革命"一词还保留着些许古典含义的痕迹,即周期性的变化或命运的逆转。"革命"(尤其是它的复数形式)指影响政治制度的重大变革(因此有1640年前后的"英国革命"和1770年前后的"莫普革命"之称)。"革命"还被用以唤起根植于更大层面上的启蒙运动和移风易俗的文化变革:例如,伏尔泰在1771年致信达朗贝尔时表示,他们所处的时代正在见证"一场比16世纪更伟大的革命……特别表现在民众的思想层面"——

而且，这是一场"无声的革命"。[50]"革命"一词在1789年发生了意义上的重大变化，影响到生活的各个领域，表现在意志实现的过程之中。"革命"是一项政治计划，由此可以开启无限的未来。

现在组成国民制宪议会的1 200名代表意识到，他们拥有一个独特的黄金时机，可以建立庞大的政治架构。从三级会议到国民议会的转变，取消了此前选民们强加给机构的约束性权力，而给予其充分的立法自由。绝对主义在夏季的退潮也减少了王权可能带来的束缚。此外，法国既没有处于战争状态，也没有处于国家紧急状态：尽管法国偶尔会表现出对外国干涉的焦虑，但事实证明，法国在国际上的对手并不热衷于介入法国的国内政治。至少在一定程度上，这个"伟大的国家"似乎没有构成太大威胁：例如，在1790年加利福尼亚海岸努特卡湾的冲突中，法国试图支持西班牙，但此举无人信服，而代表们也不愿意向奥属尼德兰的爱国者反奥叛军伸出援手。

代表们在完成划时代政治任务的同时，也摆脱了历史的紧急状况。我们已经看到，在1788年至1789年的竞选活动中，支持第三等级的公共知识分子是如何将政治合法性的依据从历史先例（这是迄今为止绝大多数反绝对主义政治行动的基础）转移到以自然法为基础的理性叙述和普遍适用的规范原则的。朗格多克的新教牧师兼代表拉博·德·圣艾蒂安*声称："历史不是我们的法典。"[51]权利的承载者不是团体，而是个人，主权不在王朝的政体之内，而在拥有权利的公民组成的"国民"身体之内。在被称作"自由元年"的1789年，人们倾向于把过去的一切归结为一个整体，并称之为"前政权"、"旧政权"和影响最久的"旧制度"。因此，革命者对于自己当前任务的一切看法，都与过去毫无差别但又极不公正的重新构想截然相反。这种做法往往抹杀了人们对1789年之前历史变化的认识。旧制度是"领主的时

---

\* 拉博·德·圣艾蒂安（Rabaut de Saint Étienne，1743—1793），法国新教徒，1789年当选三级会议代表，大革命时期的温和派，1793年12月被送上断头台。

代"（这个短语直到20世纪才被大众所牢记），它是一成不变的、强制性的和等级森严的，与之形成鲜明对比的则是充满生机和契约精神的"人权和公民权"的时代——这是属于现在和未来的时代。1789年8月11日，议会确实为国王授予了"法兰西自由的重建者"的称号。然而，这种历史引用却日益减少。大革命是新的开始，是前进而非后退。在一个崭新的、被神话的当下，法国将从绝对君主制造成的停滞和衰弱的麻木状态中获得"再生"。[52]

在拉博·德·圣艾蒂安看来，8月26日通过、10月6日获得国王批准的《人权和公民权宣言》是这个"新世界"的"政治学入门指南"。[53]这些内容的基本轮廓是在过去半个世纪里形成的，并对代表们的思想产生了重要影响：心态的重大转变；商业资本主义的兴起，第三产业和服务业的强势发展；在新的社交和交换方式基础上的资产阶级公共领域的成长；政治和行政系统办事效率的显著提高。《人权宣言》本身就带有其诞生的直接背景的痕迹——限制君主权力、阻止向"专制主义"倒退的愿望。然而，《人权宣言》也超越了起草过程中的环境限制，大胆推动了一种崭新的政治文化的出现——它的基础是非历史性的权利哲学准则。《人权宣言》开篇写道："人生来就是而且始终是自由的，在权利方面一律平等。"——这是卢梭式的经典论断，本身就意味着绝对主义政体中特权至上的团体主义的解体。主权现在的归属者是国民，而不是国王（第三条）；1789年之前在法律中特别规定的有关任意逮捕和惩罚的王室行为，现在都被视为非法（第七、八条）；个人在被证明为有罪之前，都假定无罪（第九条）；同意征税和公务人员的责任感是基本权利（第十四、十五条）；坚持言论和新闻自由（第十一条）；分权而非集权构成了符合组织法要求的前提（第十六条）。1789年之前的教会是宣布宗教信仰自由的对象（第十条）。政府的宗旨是维护"人类自然的和不受时效约束的权利"，其中包括"自由、财产、安全与反抗压迫"（第二条）。所有公民都有权

《人权宣言》

参与立法程序和担任公职，法律被视为"公意的表达"（第六条）。

　　围绕这幅政治蓝图制定新宪法的工作比预期时间要长——直到1791年9月完成后，代表们才能将接力棒交给新选举产生的立法机构。然而，在这两年中，他们的公开声明和私人通信都在歌颂着自己的划时代举措，表现出对他们所取得成就的集体欣赏："我们建立的政治制度，"勒芒籍代表梅纳德·德·拉格罗耶自我陶醉道，"……建立在最明智、最真实、最无可争议的原则之上，将共同利益作为唯一的目标。"[54] 为了实现这一目标，革命者使用了"创造与抹杀""再生与毁灭"的语言，在他们最持久的一项改革中，这一点体现得非常明显，即用一个由83个省组成的合理体系，取代了曾经各省杂乱无章的拼盘组合。虽然"国民统一"是新政权的口号之一，但代表们决心削弱中央集权制，因为他们将之视作旧制度的特征。1789年12月督办制度的废除和一年后高等法院的最终解散，同样引起了人们的高声欢呼：地方政府的框架将以选举而非王室任命或卖官鬻爵的方式构成。国家领土的划分也造成了一些激烈的争论："几何学家"希望每个地区都是长方形的，而"历史主义者"则建议尽可能保留古代各省的边界。最终，双方达成了妥协：设立了83个面积大致相同的省份——据说，每个省的面积都足以保证人们能在一天之内抵达省会（或首府）。如果说各省的边界都得到了一定的尊重，那么这种假设的前提是此前倾向于以自然边界区分各省——革命者尤其热衷于将他们新的行政版图建立在大自然的基础上。因此，每个省的名称也多以山脉、河流或其他自然特色为依据。例如，"普罗旺斯"从地图上消失了，但它原先控制的地区现在由罗讷河口省、下阿尔卑斯省和瓦尔省填补。

各省是构筑国家大厦的基石。它们构成了一种统一的管理模式，取代了波旁王朝政治制度中的间接税与直接税，军事、宗教、司法或其他事务都有不同的执行范围。各省也有相同的内部框架：每个省下辖约六个区，这些区又将市镇集中在一起，而每个市镇都有各自的行政机构。各级政府分担任务，例如，各省在学校、监狱、教堂修缮、公路、运河和赈济穷困等领域都拥有广泛的权利。

新的制度架构具有两面性。一方面，它们被视作地方利益的重要表达，而且被认为是法国政治生活"去中央集权化"的代理人。另一方面，它们的出现是大革命的产物，从中央以下形成了一条单独的沟通渠道，并以国民精神的再生作为使命。不同于许多旧制度省份所坚持的地方特殊主义，新的公共精神是一种能量的融合：既有来自上层政府的推力，也有来自下层的地方活力。重要的是，当国民议会试图庆祝和纪念国民团结的新气象时，他们选择在省一级的框架下来进

1790年，在巴黎举行的联盟节仪式

行：1790年7月14日，巴士底狱被攻占一周年之际，在巴黎举行的联盟节上，各省派来的国民自卫军代表成为主角，他们高举着当地的旗帜，自豪地从国王面前走过。

选举原则在每一层级的实施，是公共生活各领域透明度的最佳保障，也是防止各省成为地方利益代言人的重要手段。参与选举过程的权利是新的爱国公民的身份标识，议会将这种权利自由发放，但并非一视同仁。此后，财产而非出身或历史先例也成为社会和政治地位的决定因素——1790年6月贵族头衔的废除突出表明了这一点。从1789年秋天开始，代表们在选举规则中引入了财产分级的选举权，它与三级会议代表一样，都是间接产生的。虽然全体法国人都享有《人权宣言》中所规定的公民权利，但只有那些拥有固定财产的人才享有投票权。在大约700万成年男性中，约60%（400万人）具备投票资格——与当时欧洲其他地区的选举实践相比，这无疑是一个天文数字；但与大革命时期的普遍主义修辞，似乎还存在一定的差距。这种所谓"积极公民"与"消极公民"的界分，标志着围绕财产代表权形成了一种更普遍的取向，即政治责任资格的分层体系。因此，一个人只有比普通的"积极公民"更富有的时候，才有资格当选市政官员或在省级行政机构中任职；如果想成为议会的代表，一个人至少需要每年缴纳相当于一个"银马克"的税款——这是一个相当大的数额。[55]

在关于公民身份立法等其他方面，议会也为它主张的普遍主义赋予了派系色彩。对于接纳新教徒来说，议会持有的开放姿态令人印象深刻：新教徒被赋予了完全意义上的选举权，还在1789年12月被授权可以竞选公职。然而，对于法国的4万犹太人而言，议会没有表现出过多的慷慨；至于扩大妇女或奴隶的政治权利，议会也没有多加考虑。废奴运动确实存在——1788年成立的"黑人之友协会"就是一个明证，而拉法耶特、格雷古瓦神父*、西耶斯、拉瓦锡和布里索等人都是该协会的赞助者。但是，议会中的废奴主义者仍然有限：大多数代表认为，通过种植园奴隶制维持法国在殖民地的财富，是保证国家繁荣的基本要素。1791年9月底，法国废除奴隶制的决定只不过是道德层面的遮羞布：奴隶制在殖民地被继续保留。早先，议会中殖民地委员会的代表巴纳夫[†]与领导废奴主义者团体的布里索之间，就法国本土的自由是否适用于海外殖民地奴隶的问题展开了辩论，而来自加勒比殖民地的自由黑人是否在新的立法机构中享有代表权，这一问题又使辩论变得更加复杂。1791年9月24日，议会坚持等级原则，剥夺了所有黑人的一切公民权利。

公民权的扩大和法国新制度中选举原则的准自由化，至少保证了公共问责制和透明度。《人权宣言》阐明的另外两项自由——言论自由和集会自由，也构成了这些理想的基础。有关政治问题的辩论不

---

\* 亨利·格雷古瓦（Henri Grégoire，1750—1831），法国天主教神父，大革命时期的重要政治家，废奴主义和普选权的支持者。

† 安托万·巴纳夫（Antoine Banave，1791—1793），法国政治家，大革命早期极有影响力的演说家，支持君主立宪制，斐扬俱乐部的创始者之一。

九、政治文化的革命（1788—1791）　567

仅在国民议会的会议厅和委员会中进行,而且在全国各地的多种场合展开。尽管革命的包容性受到财产、种族和性别的限制,但至少舆论是自由的——事实上也从来没有像现在这样自由过。如果说《人权宣言》的灵感明显来自启蒙哲学,那么大革命初期的政治文化则是启蒙运动公共领域价值观的突出体现。1787年至1788年以来,新闻自由已经得到了一定程度的保证;而在1789年以后,它又得到了极大的扩展;在1791年之前的这段时间里,新闻界享有的自由超过了法国历史上之前或之后的任何阶段。报纸业的活力是衡量公共辩论透明度的一个有效的替代指标,也是法国大革命价值观的关键所在。仅就巴黎而言,1790年就出现了300余份新报纸,到1791年9月制宪议会闭幕时又增加了300份;而在同一时期,各省增加的新报纸也大约有200份。马赛在1789年只有2份报纸,但1791年则有14份。波尔多在1789年和1791年的报纸数量分别是1份和16份。报纸业的蓬勃发展使政治成为每个人的事情,让每位公民都接受了革命政治文化的熏陶。

得益于政治结社自由度的扩大,新闻界的影响也随之扩大。大革命爆发前公共领域内的某些机构,现在确实受到了蔑视:例如,学院越来越被视作贵族排斥异己的聚集地,最终于1793年被废除;至于沙龙和共济会,它们过去在某种程度上的半私人性质使其免于国家审查制度的全面影响,但在新政权的透明和民主氛围下,它们又被视作过于隐秘。大革命时期,公共领域的典型机构是政治俱乐部。某种意义上,政治俱乐部的原型来自国民议会内部的"布列塔尼俱乐部",当后者于10月迁至巴黎后,又改名为"宪法之友协会"。更广为人知的雅各宾俱乐部,它的名字来源于其成员举行过会议的雅各宾修道院。雅各宾派是议会中一个中间偏左的政治团体,他们将大部分时间都用于协调议会第二天的事务上。他们还吸引非议会的代表们参加自己的活动。从1790年起,雅各宾派向公众开放了他们的会议,同时也构筑起一个庞大的交流和俱乐部之间相互联系的中心,这些俱乐部同样是

巴黎雅各宾俱乐部的大门

新政治制度成功的产物。巴黎俱乐部之下的各省俱乐部，成为当地爱国者集会的场所，吸引了大量中产阶级的参与者，他们可以随时了解公共事务。俱乐部也是初出茅庐的政治家们的练兵场，除此之外也是政治道德的学校，俱乐部会在墙上挂着加图\*和布鲁图斯†、伏尔泰、卢

---

\* "小加图"（Cato Minor，公元前95—前46），罗马共和国政治家，是曾任执政官的"老加图"（Cato Maior，公元前234—前149）的曾孙，坚定支持共和制，反对凯撒的"帝国化"企图，战败身死。

† 布鲁图斯（Brutus，公元前85—前42），罗马共和国政治家，参与了对凯撒的谋杀，罗马内战期间自杀。

梭以及本杰明·富兰克林的半身像，旁边还贴着装裱好的《人权宣言》。这些俱乐部的具体形式因地区和背景而存在差异：有的脱胎于现有的文学社团，有的则带有浓厚的共济会色彩；而大多数则像巴黎的原型一样，发展成政治辩论的俱乐部。1790年初，巴黎只有几十个这样的俱乐部，但在夏天就有一百多个俱乐部加入，一年后的数字更是接近一千。那时，不同类型的俱乐部也不断涌现——激进派和保守派、贵族派和平民派等等。[56]

报刊和俱乐部同时发力最为有效。它们对国民议会的政治架构工作提供了持续的互动建议和批评。它们可以反映、叙述甚至影响事件。因为代表们既会阅读报纸，也是政治俱乐部的成员，还会收到一个厚重的邮件袋。来自阿拉斯的律师罗伯斯庇尔通过在巴黎雅各宾俱乐部和国民议会的演讲，在全国范围内为自己赢得了广泛声誉，他还确保自己的演讲能被报刊转载。许多代表之所以能成功当选，都在于他们在新闻界赢得了声望：例如，1791年夏天，农业类专门刊物《乡村之声报》的编辑切鲁蒂*、《法兰西爱国者报》编辑布里索，都被选入立法议会。未来十年中，这样的例子还有很多，例如马拉†、卡拉‡、梅西耶、戈尔萨斯§等等。

国民精神的再生将平等和自由的理念注入法国生活的各个领域。法律面前人人平等的观点意味着法律需要比1789年之前得到更多的尊重。适用于国民的法律编纂工作缓慢展开（1804年的《拿破仑法典》将其推至顶峰）。刑法得到了简化和人性化，包括酷刑在内的有

---

\* 约瑟夫-安托万·切鲁蒂（Joseph-Antoine Ceruti, 1738—1792），意大利裔法国记者、作家，1791年当选为国民立法议会议员。

† 让-保罗·马拉（Jean-Paul Marat, 1743—1793），法国大革命时期著名激进派政治家，"人民之友"，1793年被吉伦特派刺杀身亡。

‡ 让-路易·卡拉（Jean-Louis Carra, 1742—1793），法国记者、革命家，1792年当选国民公会议员，吉伦特派，1793年10月31日被送上断头台。

§ 安托万·约瑟夫·戈尔萨斯（Antoine Joseph Gorsas, 1752—1793），法国政治家，1792年当选民公会议员，吉伦特派，1793年10月7日被送上断头台。

辱人格的残酷刑罚都被废除，并且引入了监狱分级制度，以此惩罚屡教不改的罪犯。与此同时，一种据说非常人道的、新的死刑方式得以问世，它的创始人是来自医生界的代表吉约坦\*，他向他的同伴们保证，"一眨眼的工夫"就能将头颅和身体分开——"人们只会感到脖子后面有一丝凉意"。[57]（达米安知道后会多么高兴啊！）此外，新的功能分层的法庭系统得以建立，通过法官选举以及（从英国引进的）陪审团和高等法院法官的制度，法国的司法更加公正透明、更加注重预防和调解。

随着旧制度的枷锁被成功解除、公共精神通过选举和个人自由得到恢复，代表们满怀信心地期待着一个繁荣、幸福、崭新的时代的到来。人的权利暗示着（尽管没有明确）商品生产、零售和销售的自由。长期以来，自由放任原则就是第三等级司法区陈情书中的要素，它主导了议会对经济政策的思考。8月4日之夜的改革使农村土地摆脱了封建束缚，其他经济领域的改革也体现了相似的自由精神。贸易自由现在涵盖了全部商品：截至1791年，所有间接税（包括令人憎恶的盐税）都被零星地废除了，而领主税和市政税都被视作非法产物。（然而，统一的国内市场受到了关税壁垒的保护，为了表示对市场的警惕和避免受到外国竞争的影响，法国在1790年禁止粮食出口）。8月4日对团体特权的进攻看似要废除行会和各类团体，但事实上它们仍然存在。最终在1791年3月2日，行会和团体才被取缔，以前赋予制造商的国家特权也被取消；1791年6月17日，"勒夏佩利埃法"明令禁止工人和雇主结社——来自布列塔尼的代表勒夏佩利埃†在制定这

---

\* 约瑟夫-伊尼亚斯·吉约坦（Joseph-Ignace Guillotin，1738—1814），法国医生、政治家、共济会成员，1789年当选三级会议代表，废除死刑的倡议者，改进了断头台的技术，热月之后退出政治生活。

† 伊萨克·勒夏佩利埃（Issac Le Chapelier，1754—1794），法国政治家，1789年当选三级会议代表，布列塔尼俱乐部的创始人之一，雅各宾俱乐部的第一任主席，后支持斐扬派，1794年4月24日被送上断头台。

项法律时，实际针对的是政治团体而非工人协会。直到1864年，该法都将罢工行动视作非法。

制宪议会也开始了重建国家财政的工作，国家财政的灾难性局面触发了大革命时期的全盘危机。旧制度的特权等级现在可以全额纳税了。如果说目前所有人在法律面前都是平等的，那么他们在税务官面前也是毫无秘密的。财产税是新财产制度的基础，根据卡洛纳和洛梅尼·德·布里耶纳所宣传的原则，财产税是一项所有人都需要缴纳的统一税。此外，按照改革派财政总监所渴望的方针，旨在集中化和官僚化的国家中央财政政策，为国库带来了更经济、更理性的收益。而在这个进程的另一端，取消财政特权也为地方委员会评估和征缴税款保证了公平性和透明度。

上述制度的引入需要时间。但是，1789年夏季危机导致了税收收入的大幅下降，而取消旧制度的税收项目和批准新的支出（如对腐败官员的补偿）又造成了短期流动性的切实困难。新议会勉强维持住了局面，巴士底狱被攻占后，内克重新担任财政大臣，这对新议会也有帮助作用——新议会放弃了国家破产的道路：它承认国家债务，并承诺进行全面的财政改革。1789年10月6日，代表们呼吁要进行"爱国贡献"——与"税收"这种旧制度下的强制性术语相比，"贡献"一词似乎更能准确衡量纳税人对国家命令的态度：公民被要求一次性支付个人收入的四分之一，以帮助新政权渡过诞生之初的难关。此后，确实出现了一波明显仿效前者的爱国捐赠浪潮。

然而，1789年秋，最能提振国家信用的举措是将教会财产国有化的决定。通过废除"什一税"，8月4日的改革使教会财政的重塑成为必然。11月2日，国家接管了教会的土地。有历史学家估算，教会所有的土地占全国耕地总面积的6%到10%，但同时代人认为这一比例甚至更高。这是在国家重组教会资产之前进行的——1790年7月12日颁布了所谓的《教士公民组织法》，实际上将教会变成了政府管理的一个机构。在此期间，从1790年12月起，法国发行了以教会土地为担保（或"抵押"）的有息国债。此外，还开始将"国民财富"销售给出价最高的人。《教士公民组织法》或许是制宪议会着手推动的最雄心勃勃的政治架构，也是最令制宪议会及其后继者所头疼的一项措施。

## 破坏问题

作为大革命行动的主要象征，巴士底狱在被攻克几天之后就变成了拆除现场，既为巴黎的建筑工人提供了大量就业机会，也为有闲阶层提供了娱乐享受，更为建筑界巨头帕洛瓦\*带来了丰厚的利润——将大块的堡垒当作"爱国纪念品"出售，这是法国大革命商业主义的早期例证。然而，"旧制度"（因为这个术语当时正在被使用）并没有那

拆毁巴士底狱

---

\* 皮埃尔-弗朗索瓦·帕洛瓦（Pierre-François Palloy，1755—1835），法国建筑商，因拆除巴士底狱而闻名。

九、政治文化的革命（1788—1791）　573

么容易瓦解。国民议会只是沉浸在肾上腺素的激情中，不断地在新政权的政治架构中援引团结的原则，事实证明，政治架构的破坏工作远比国民议会的准备工作要棘手得多。

1789年10月，美国总统乔治·华盛顿致信美国驻巴黎大使，对法国发生的"出色的"革命表示敬意，但他担心"革命的规模过大，不可能在如此短时间内、以极少的流血代价完成"。如果"国王的屈辱、王后的阴谋以及王公贵族的不满"不会引发分裂和牺牲，那么就要求出现一个智慧的政府。[58]作为大革命立法的主要目标，"特权"在1789年之前并不局限于华盛顿呼吁的所谓"特权阶层"，波旁王朝政体的任何机构都可以找到它的踪迹。拉博·德·圣艾蒂安曾为1789年以前的改革派大臣勾勒出这样的困境："他想要挣脱（特权的）枷锁，却不知从何下手，因为一旦他触及这些枷锁的时候，他就会让依附特权的利益者大声疾呼。"[59]1789年以后，议会代表们发现自己正处于这种境地。费里埃尔明智地指出，"每个人都希望改革"，"但当他们自己受到影响时，他们就会抱怨不堪"。[60]波旁王朝政体的诸多特征之间相互关联，使问题沿着难以预测的曲折路径分道扬镳。例如，教会的重组与教会土地国有化问题相联系，后者又与解决国家财政困境的需要相关，而国家财政又受到奴隶殖民地的相关决策的影响，至于奴隶殖民地的相关决策又会对公民权产生作用。在每个阶段，都会有一些受部分人欢迎，又为其他人厌恶的决定。诚然，许多人愿意牺牲1789年前的特权利益来换取大革命保障的权利和自由。但是，也有很多人——不只是有权有势的特权阶层——在大革命中饮恨败北，他们的不满情绪成为一种政治催化剂，滋养着"不爱国"的思想和行动。

大多数催化剂停留在旧有的"特权阶层"身上，正是他们在大革命中损失最为严重，而且他们也往往在爱国认同的构筑方面最为顽固。1789年夏季危机的革命剧作将特权阶层塑造成舞台上的恶棍，但这些人物背后的社会团体不愿没有经过斗争就离开舞台。三级会议代表阿德里安·迪凯努瓦很快指出，唯一没有从大革命中"获得巨大利益"的人是"教士、贵族、高等法院法官和金融家"。[61]尽管他天真地认为这些人的重要性已经被全国范围内的爱国主义浪潮所扼杀，但事实证明了他的错误。实际上，这些团体成为大革命反对派势力的聚焦点。

此外，1789年还大大扩展了抗议和抵抗斗争的场域。这方面最重要的就是制宪议会本身，它的分歧与分裂也在日益加剧。正是这一时期，"左派"和"右派"成为代表特定政治派别的术语，在杜伊勒里宫的圆形议事大厅，"爱国者"代表们习惯于坐在制宪议会主席的左侧，而更倾向于君主制的代表们则挤在右侧。"右派"群星闪耀，吸引了大批外省贵族的追随者，他们毫不妥协，包括莫里神父\*、脾气古怪的卡扎莱斯†以及米拉波的幼弟、饱受厌食症折磨的"木桶米拉波"‡。现在排除了穆尼埃的"王政派"也重新集结起来，利用议会赋予的自由，继续支持国王在宪法制定的过程中发挥更大的作用。还有，虽然国民议会（而不是国王）现在是权力中心，但王室仍然是一个重要的政治场所，派系斗争和幕后政治活动也仍在持续上演。从阿图瓦伯爵这样的流亡贵族领袖，到国民议会中的右派领导者，甚至还包括许多通常被视为"左派"的个人和团体，也都在争当国王的耳目。年老的米拉波在1789年夏季危机中尽职尽责地承担他的爱国义务，1790年春天，他又秘密加入了国王顾问的队伍之列，而拉法耶特也时不时地为王室提供建议。

在国民议会之外，"右派"也聚集在《人权宣言》所保障的自由

---

\* 让-斯弗兰·莫里（Jean-Sifrein Maury，1746—1817），法国教士，1789年当选三级会议代表，坚决捍卫教士和贵族的权益，1794年担任枢机主教，1810年至1814年间担任巴黎总教区总主教。

† 雅克·安托万·马里·德·卡扎莱斯（Jacques Antoine Marie de Cazalès，1758—1805），法国政治家、演说家，1789年当选三级会议代表，"王政派宪法之友俱乐部"成员。

‡ 安德雷·路易·德·米拉波（André Louis de Mirabeau，1754—1792），米拉波侯爵之弟，1790年离开法国，坚定反对大革命，因身形肥硕被称作"木桶米拉波"（Mirabeau-'Tonneau'）。

的羽翼之下：大革命的公共领域仍然强调，批评大革命的权利不可侵犯。因此，爱国派和保王派的报刊对立鲜明，例如罗尤神父\*的《国王之友报》和里瓦罗尔†的《使徒行动报》，它们专门从事讽刺和人身攻击。反革命分子还利用集会自由来达成自己的目的。《国王之友报》自诩为"国王之友协会"全国网络的喉舌，该组织大致对应于雅各宾派的"宪法之友协会"。安特雷格伯爵曾是著名的第三等级的支持者[62]，但他现在已然成为一个明目张胆的反革命阴谋家，1790年底至1791年初，他在阿尔代什省协助组织了大规模的保王派集会。朝臣们在巴黎市民中非法地发放金钱，以确保后者能"自发地"参与集体支持国王的示威活动。关于是否需要以侵犯个人自由的方式对潜在的叛国行为进行更严格的监管，议会曾对这个问题进行过多次辩论，事实上，早在1789年就成立过一个调查委员会。然而，这只不过是1792年至1794年间恐怖机关的一个非常苍白的前兆。直到1791年夏天，即使是大革命的公开反对者，也能够自由地行使自由的权利。

米拉波曾说："人民现在得到的承诺已经远远超过了他们能够得到的承诺；他们被赋予了不可能实现的希望……归根结底，人民将会只根据这个事实来评判大革命：它需要更多的钱还是更少的钱？"[63]这种判断虽然粗鲁而又愤世嫉俗，但确实精明。因为大革命带给公共阶层的不只是崭新的视野和更多的交流方式，还为其赋予了新的政治权利语言——正如反革命者所证实的那样，这种语言可以被用于批评国民议会的普遍主义论调。因此，国民议会受到了来自"上级"特权阶层和"下级"大众阶层的双重批评。虽然代表们对于全体国民的利益大谈特谈，但是到了紧要关头，他们的普遍主义倾向总是被资产阶级的

---

\* 托马-马里·罗尤（Thomas-Marie Royou，1743—1792），法国天主教神父、记者，极端保王派。

† 安托万·德·里瓦罗尔（Antoine de Rivarol，1753—1801），法国作家、翻译家，保王派成员。

色彩所覆盖——正如我们已经注意到的财产分级的选举权问题。[64]经济自由的社会影响也存在分歧：例如，1789年秋季开始实行的粮食自由贸易政策，就在农村和城市的消费者中广受欢迎。此外，有关废除封建制度法律的实施，还涉及重新引入许多农民在1789年夏天就已经放弃的赋税。1790年3月15日法令对以下两种赋税进行了区分，其一是因为历史掠夺或个人暴力（农奴制、狩猎权、劳役、器具税等）而强加的封建赋税，其二是其他契约性较强的封建赋税。前者曾在1789年8月4日之夜被彻底废除，后者则要求农民在20到25年间赎回。这就意味着，在新建立的法律体系面前，领主们（无论是贵族还是资产阶级）可以合法起诉犯错的农民，要求后者偿还拖欠已久的地租。还有，即使有些领主接受了彻底废除封建税制的做法，他们也常常试图通过提高正式地租的方式来补偿自己。事实上，议会也允许他们在地租成本中加入旧的"什一税"。

此外，团体特权的取消对穷人和富人都造成了打击。例如，废除三级会议地区制度意味着马上增加了所有布列塔尼人和朗格多克人的税负，而他们的特权地位曾经保护他们免受王室财政的重压。在昔日的布列塔尼省，当地的税收负担甚至可能翻了一番。许多城市都因为特权的取消而蒙受损失，特别是在它们没有获得成为各省省会的机会的情况下：巴耶抱怨道，《教士公民组织法》的颁布造成了教会机构的消失，因此，他所在的城市每年都会在工资和慈善事业上损失近40万里弗的收入。拉昂、吕松两地的居民也表示，由于失去了旧制度时期的行政、司法和教会机构等上层建筑，这两个城市很可能都会面临"毁灭"和"一无所有"的境地。[65]大革命造成的其他意想不到的社会经济影响还有奢侈品贸易的崩溃，特别是在巴黎，高级贵族的移民造成了这一局面；1790年春季，议会决定允许将指券用作法定货币（而不是像最初计划的那样，完全将其用于购买此前教会财产的政府债券），此举导致了通货膨胀的发生。

尽管1789年和1790年的大丰收，至少使粮食价格再次稳定在劳动人民可以承受的范围之内，但1789年以后政治文化转型所带来的社会和经济影响，也造成了民众不满局面的持续发酵。这些影响中的多数内容可能最后被归类为革命的"反面"而非革命的"对立面"——也就是说，他们接受了大革命的理念，希望对大革命加以改进，而不是全盘否定或阴谋推翻大革命。议会立法未能阻止一切民众暴力的发生——事实上，议会的某些决策甚至起到了煽动作用。从1789年12月至1790年中，法国西南部的许多地区（凯尔西、佩里戈尔、利穆赞、阿尔比、鲁埃格）和上布列塔尼的部分地区都发生了针对领主的暴力袭击事件，这些领主或是继续索要封建赋税，或是利用议会关于废除封建制度的温和主义立法来维持他们的社会权威。因维持生计而引发的骚乱也时有发生，特别是在法国北部：1789年10月底，一个名叫弗朗索瓦的面包师在巴黎发生的一场骚乱中遇害，议会也因此引入了戒严令的相关条款。在某些信奉新教的城市，社会抗议也带上了宗教色彩：1790年6月在尼姆发生的斗殴事件，导致信仰天主教的农民与信仰新教的地方当局以及国民自卫军之间展开巷战，造成了数百人死亡（主要是天主教徒）。驻军也危险地卷入政治活动之中，普通士兵试图重温7月14日的经历，他们与平民百姓友好相处，而对主要出身贵族的军官加以攻击。1790年8月，驻扎在南锡要塞的沙托维厄王室军团经历了一场严重的军纪危机，当地的指挥官、臭名昭著的保王派布耶侯爵，以极其严厉的方式镇压了此次危机。制宪议会支持军队的最高长官，但这件事却给人们留下了不好的印象。

1790年至1791年间，民众的不满和幻灭情绪普遍存在于各个领域，而最令人震惊的则是这种情绪在1789年建立的新的政治文化框架内的传播程度。1790年前后，一些农民、城市工人和普通士兵采取直接行动或非法手段的方式，表达了对1789年的殷切希望未能实现、普遍权利未能得到适当落实的失望之情。但是，更多人利用新的法院系统来实现自己的目的，或者向国王和议会请愿要求纠正冤屈。被排除在政治进程之外的个人和团体，也采用了大革命公民身份的话语和实践，进而突显了革命前公共领域的扩张。1789年秋天，关于"积极公民"和"消极公民"的争论尤其激烈。那些被动接受1789年7月14日结果的秘密保王派人难道是民众演说和小册子中声称的"积极公民"？那些真正冲进巴士底狱的人难道又是所谓的"消极公民"？女性是被剥夺公民权的另一个群体，与《人权宣言》起草者的用意相

《妇女和女性公民权利宣言》

反,"公民"这个术语现在也逐渐延伸到她们身上:事实上,"公民"一词在历史上第一次以阴性形式出现;而在1791年,特立独行的作家奥兰普·德·古热\*撰写了一篇论据充分(但几乎完全被忽视)的《妇女和女性公民权利宣言》。

如果说新闻自由允许在公共领域中出现类似的争论,那么集会自由也是如此。1790年,特别是在巴黎,民众俱乐部和社团开始出现,它们的运作方式以雅各宾俱乐部为基础,但成员进一步扩大到更低阶层、更不受尊重的百姓。这些组织的雏形是科德利埃俱乐部(又名"人权之友协会"),它起源于塞纳河左岸的一个邻里性质的团体,而名称则来自作为会议地点的科德利埃修道院。入会的门槛很低,成员包括许多工匠和店主,还有一批才华横溢的记者和知识分子,其中就有乔治·丹东†、卡米耶·德穆兰和让-保罗·马拉。马拉主办的《人民之友报》,也是与之同名的俱乐部的宣传工具,并特别强调了俱乐部具有监督和谴责政府当局的特殊作用。妇女和工人也是18世纪90年代发展起来的诸多科德利埃式的兄弟社团的成员。1792年以后,这些社团通常也被纳入巴黎下属的48个区的新框架内。此外,还有前教士阶层的克劳德·富歇‡创办的更具知识性的"社会俱乐部",许多初出茅庐的政治人物——博纳维尔§、布里索、罗兰、孔多塞——都是在这个俱乐部中成长起来的。社会俱乐部对雅各宾俱乐部进行了一种左翼的批判,因为后者此时是由温和派"三巨头"所主导的,他们分别是格勒诺布尔的律师巴纳夫、前高等法院法官阿德里安·迪波尔,以

---

\* 奥兰普·德古热(Olympe de Gouges,1748—1793),法国女权主义者、剧作家、政治活动家。

† 乔治·丹东(Georges Danton,1759—1794),法国政治家,法国大革命初期的重要人物,曾任司法部长、救国委员会委员,1794年4月5日被送上断头台。

‡ 克劳德·富歇(Claude Fauchet,1744—1793),法国枢机主教,拥护大革命,1793年10月31日被送上断头台。

§ 尼古拉·博纳维尔(Nicholas Bonneville,1760—1828),法国书商、记者,1790年创办真理之友协会。

及信奉"美国主义"的职业军人亚历山大·德·拉梅特[*]，拉梅特的弟弟夏尔·拉梅特偶尔也会介入其中。社会俱乐部联合了科德利埃俱乐部，一同对巴伊及其控制的巴黎市政当局和"1789年协会"发起进攻，"1789年协会"由反对"三巨头"的精英（主要是拉法耶特、西耶斯、塔列朗和巴伊）于1790年春天成立，与雅各宾俱乐部形成了分庭抗礼的局面。此外，这些民众的不满情绪还得到了议会内部的支持和认可，尤其是罗伯斯庇尔，他把自己塑造成为"不可腐蚀者"的形象而声名鹊起，还有其他一些雅各宾派的激进分子，例如佩蒂翁[†]、比佐[‡]和格雷古瓦神父。

乔治·华盛顿曾经提到，国王在1789年夏天受到的"屈辱"，后来表现为一种典型的政治摇摆态势，进而使制宪议会实现政治和谐与安定的任务变得更加困难。路易十六发现自己无法同时做到团结制宪议会和获得来自"他的"贵族和教士阶层的支持。对他来说，放弃从小就习惯的政治生活团体模式，接受新的革命政治文化的公民风格，无疑是很大的考验。贪婪的米拉波梦想着国王能够掌握主动权，推进君主制的"大众化"，从而强化王权。他提醒路易十六说，废除高等法院、省三级会议、贵族和教师的集体特权，是黎塞留都会引以为傲的骄人成就："历代绝对主义政府对王权的促进作用，还不如1789年的影响大。"[66] 不过，路易十六偶尔也会注意把握提高个人声望的机会。例如，1790年2月，他亲临议会，表达了对议会工作的支持，并巧妙地将之与要求亲自参与议会工作的主张结合在一起；1790年7月14日，他在联盟节庆典上担当主角；12月，他又在公开场合斥责流亡

---

[*] 亚历山大·德·拉梅特（Alexandre de Lameth, 1760—1829），法国政治家，曾参与美国独立战争，制宪议会时期的主要领导者。

[†] 热罗姆·佩蒂翁·德·维尔纳夫（Jérôme Pétion de Villeneuve, 1756—1794），法国作家、政治家，1791年至1792年间出任第二任巴黎市长。

[‡] 弗朗索瓦·比佐（François Buzot, 1760—1794），法国政治家，吉伦特派成员，后走向国民公会对立面，自杀身亡。

贵族缺乏爱国精神。

看起来，这一切不过是王室对新政治文化的口惠而实不至。国王内心深处对新的安排充满敌意，因为他现在被囚禁在杜伊勒里宫内，沦为立法权的执行者，大臣们的权力也被收归于议会委员会。虽然国王缺乏必要的智慧和作为两面派的坚定性，但他还是努力发展他祖父的"国王密情处"培养起来的平行秘密外交方式。1789年11月，路易十六给西班牙国王查理四世写了一封私人信件，放弃了他迄今为止所做出的一切让步。一年后，他又同样秘密地向布勒特伊男爵授予全权外交之权（后者是1789年7月11日至14日垮台的内阁会议的核心人物），让其与外国宫廷进行谈判。路易十六之所以没有公开发表反革命言论，首先是为了避免内战，其次是不想过度依赖流亡贵族。毕竟，许多贵族因其在1787年至1788年间的所作所为，是国王陷入悲惨境地的第一责任人。

路易十六的优柔寡断使其越来越受到王后的影响，玛丽-安托瓦内特无条件反对大革命（令国王恼火的是，王后不时会在桌球游戏中打败自己）。王后利用她的支持者费尔桑伯爵和奥地利外交官梅尔西，与她的兄弟奥地利国王约瑟夫二世（1790年2月去世）和利奥波德二世[*]保持联系。这些接触让人怀疑她在管理一个"奥地利委员会"，与法国昔日的盟友进行阴谋叛国。"奥地利婊子"成为公众攻击的对象，损害了王室的事业。在色情报纸和粗劣的版画中，玛丽-安托瓦内特被描绘成哈布斯堡王朝的"梅萨利娜"[†]，污染了法国政治生活的纯洁性；而所谓"红皮书"——国王在1789年以前发放的养老金清单——的披露，更揭示了宫廷奢靡的程度，而可怜的王后则被普遍认为要为此负责。从各方面来说，在这个关键时期，米拉波为君主制"大众

---

[*] 利奥波德二世（Leopold II，1745—1792），1790年加冕神圣罗马帝国皇帝、德意志国王。

[†] 瓦莱里娅·梅萨利娜（Valeria Messalina，约17—48），罗马皇帝克劳狄一世的第三任妻子，据称有"滥交"和密谋反对丈夫的恶名。

化"所收获的成效，要远远低于玛丽-安托瓦内特对君主制造成的巨大破坏力。

如果说王室受到了越来越多的公开攻击，那么王公贵族的情况就更为严重了，他们的"不满"被华盛顿视为政治不稳定的潜在因素。正如我们所看到的，贵族阶层在很大程度上是属于新政治文化的法律框架之内的，但他们也通过流亡的阿图瓦伯爵（1789年7月以后）、普罗旺斯伯爵（1791年6月以后）及其排外主义随从，发展出了在法律框架之外的反革命特征。18世纪90年代，特别是在1791年至1792年之后，大约10万名法国男女都踏上了寻求移民的道路。尽管这些人中只有六分之一是贵族，但他们是早期的移民主体，而且受到了高层政治（1789年7月14日的惨败、大恐慌和十月事件引发的贵族群体不安）以及反贵族立法（特别是封建制度的终结和贵族爵位的废除）的双重推动。流亡中的阿图瓦伯爵自封为摄政王，从他设在都灵的大本营向欧洲各国共同发出希望得到军事和外交支援对抗大革命的请求，利用安特雷格伯爵和其他人煽动国内叛乱活动，并想方设法"不顾他们的个人利益而为国王和王后服务"。[67]然而，到1790年底，除了激怒民意和让国王处于无休止的优柔寡断状态之外，贵族们的努力收获甚少。他们声称自己不仅是自身特权的捍卫者，也是法兰西国民权利的不懈捍卫者，这种空洞的说法听起来毫无意义。1790年7月12日颁布的《教士公民组织法》中关于改革旧制度教会的方案，极大地改变了贵族事业的命运，他们的不受欢迎可以被用来达成自己的目的。

大革命的改革措施（废除"什一税"、教会资产国有化和出售等）使天主教会进行彻底改革变得不可或缺。然而，尽管从长远来看，制宪议会对教会问题的处置被证明是最具灾难性的错误判断，但教会本身——至少在起初——并没有不情愿地成为意识形态导向或反教会改革的受害者。在1789年夏季危机中，第一等级中反对等级制度的下层教士在确保第三等级行动取得成功的方面取得了重要作用，塔列朗、格雷古瓦神父和西耶斯等教会代表亦在制宪议会中扮演着关键角色。1789年之前,"公民-神父"的模式在教会阶层中广泛流传。《教士公民组织法》中的许多规定（例如对社会实用性的强调、对多党制和无故缺席的攻击）都与这种模式相互吻合，并且受到了虔诚的教士和世俗人员的欢迎。制宪议会重组教会的第一步也不是没有受到欢迎的：1789年10月颁布的禁止永久宣誓的法令以及随后在1790年2月开展的教会和修道院改革（允许教士和修女带着国家养老金离开修道院，或者将其重新编入经济效益更高的机构），进一步发展了1789年之前在教会人士和启蒙哲学家中非常明显的反宗教思潮。

此外，与神权决定的绝对主义时代相比，《教士公民组织法》将国民教会与国家更加紧密地联系在一起，从而迎合了1789年以前教会人士中浓厚的詹森主义和/或高卢主义情绪。首先，它使教区结构与刚刚建立的各省结构相互匹配，从而将主教人数从136人削减至83

表现神职人员支持《教士公民组织法》的画作

人。其次，它规定由国库支付教士的工资，例如，教区神父现在的薪俸（每年1 200里弗）要高于1790年以前的水平（每年900里弗）。再次，它规定教区神父由选举而非任命产生：因此，教区神父由区级议会的成员选举产生，主教则由省级议会的成员选举产生，这就使新教徒和犹太教徒都有机会成为选民。对此，梅纳德·德·拉格罗耶愉快地表示，从此"我们将不得不关注我们主教们的美德，而不是在意他们的贵族身份"。[68]最后，通过强调教会只能批准主教的选举，而无权参与主教的任命，《教士公民组织法》结束了教宗与"最虔诚的天主教国王"之间于1516年达成的《博洛尼亚协定》。

《教士公民组织法》与绝对君主政体的改革愿望（事实上也是启蒙哲学家的想法）相当一致，1790年8月24日，路易十六毫不犹豫地批准了这部法律。但是，教宗和教会也很快采取反对行动，又使国王不得不重新予以考虑。教宗庇护六世[*]已经对发生在教宗飞地阿维尼翁和沃奈桑伯爵领地的事件大为不满，这两个地区于6月举行全民公决，同意并入革命的国家，这明显违反了国际法。《教士公民组织法》中的选举制、对教会财产的不尊重以及对其他教派的日益宽容，这些内容都足以引起教宗的反对，从1790年秋天开始，路易十六就开始收到教宗的讲稿，敦促他不要同意改革。虽然教宗的警告击中了国王的要害，但由于教会中很多教宗权制限派表现出的强大同情态度，很多教士可能对教宗的反对泰然处之。然而，出于同样的原因，他们也期待着教会的全体会议能够批准改革。

但是，议会解决这一问题的办法不是将此举提交集体决定，而是要求教会个人成员宣誓效忠。在代表们看来，允许教会以这种方式进行审议，似乎既是对公民平等主义的否定，也是对国家主权的团体主义的侵犯——他们认为8月4日之夜已经结束了这种侵犯。1790年

---

[*] 庇护六世（Pius PP. VI, 1717—1799），1775年继位罗马教宗。

11月27日决定公布之后,新的宣誓方式于1790年12月和次年1月生效。这种情况揭示了一个几乎是两相对立的教会:在教区教士中,尽管55%参加宣誓,但45%拒绝宣誓(他们被称作"反抗派"或"拒绝宣誓派");特别是在教宗于1791年3月公开宣布反对《教士公民组织法》后,大约6%的"宣誓派"撤回了他们的宣誓。其他教士中拒绝宣誓的人数更多:例如,136名主教中只有7人宣誓,其中还有4人是制宪议会的代表,主教们的教士身份因宣誓与否被自上而下地分割开来。

尽管宣誓带有个人主义和反团体主义的色彩,但教士们并不是孤立地进行投票的。相反,他们似乎经常受到来自社会环境的巨大压力。教区居民似乎将宣誓看作当地神父表达自己对当前革命的态度的机会。因此,《教士公民组织法》的投票结果也成为衡量革命信仰程度的一个替代性指标,它不仅勾勒出,而且凸显了革命与反革命情绪的地理分布情况。"反抗派"的地域覆盖了法国西部的大多数地区和西北部的多数地区,从东部的孚日山脉经阿尔萨斯到皮卡第,再到中央山脉的南部边缘。革命教士的据点更为分散:巴黎盆地、从里昂到尼斯的阿尔卑斯地区,以及北部与东北部以皮卡第、香槟和洛林、南方以中央山脉和吉约纳为界的广阔地区。影响教士在选择是否宣誓问题上的因素是广泛而复杂的,但值得注意的是,在许多选择宣誓的地区,"公民-神父"的想法在1789年之前就已经存在,他们的陈情书亦能反映《教士公民组织法》的部分方案。在"反抗派"的地区与法国西部、西南部那些非法语区之间也存在着有趣的联系,这些地区在16世纪和17世纪曾是最为反对中央集权的地区。

《教士公民组织法》在政体的核心处揭开了一个疮口,这个疮口在18世纪90年代不断恶化,削弱了新政权的力量。《教士公民组织法》戏剧化地呈现出政体内部公民与团体之间的冲突。它勾勒出一种植根于崭新的大革命文化的政治地理图景,并将产生令人难以置信的深远影响：1791年的"反抗派"地区与法国政治右翼势力的据点密切相关，直至21世纪前夜。此外，议会对这个问题的处理只是安慰了国王对大革命摇摆不定和表里不一的立场。国王听从教宗的训令，注意到他最尊敬的高级教士的消极态度，并逐渐将立宪派教士视作异端。还有，从1790年12月开始，他也曾看到《教士公民组织法》的宣誓问题成为许多地区内部冲突的根源：在顽固者的阵营，排斥非"宣誓派"并将其由立宪派教士取代的措施，引发了骚乱、生命威胁、公民不服从和其他民众不满情绪的表达。在巴黎这样的地方，绝大多数教士都完成了宣誓，可拒不服从的少数人却成为恶行的替罪羊：例如，来自巴黎主宫院的修女们就遭受了当众杖刑的羞辱。

路易十六对议会宗教政策的态度加剧了政治分歧，尤其在他对流亡亲王和贵族采取模棱两可的态度时更是如此。很快，人们普遍意识到，为了满足自己的精神需要，国王更偏爱"反抗派"而非"立宪派"教士。正因如此，有人认为国王正在等待逃出巴黎的时机，进而在外省或国外掀起叛乱。由于担心国王与大革命事业的破裂可能会引发内战，作为1791年初制宪议会中最有影响力的政治团体，"三巨头"向宫廷发出了秘密邀请，试图通过采取更加保守的政策来安抚国王。他们敦促制宪议会同意了以下举措："反抗派"教士可以进行公开礼拜；禁止集体请愿，以此削弱反教会反王权的政治俱乐部的影响力；并于6月4日通过了反对工人结社的《勒夏普利埃法》。5月14日，"三巨头"之一阿德里安·迪波尔在议会宣布："我们称之为'大革命'的事情，现在结束了。"[69]

然而，至少在一开始，"三巨头"既未能成功缓和国王的情绪，也没有消除政治生活中日益加剧的不安。2月，国王两位年迈的姑母——阿德莱德和维克多——在都灵与阿图瓦伯爵会合，进而引发了一场轩然大波；2月28日，一群年轻的保王派贵族被指控为密谋绑架国王，这次所谓的"匕首骑士"事件使事态进一步恶化。当年的复活节前后，情况已经相当严重了。在复活节前的星期一，即4月18日，国王准备离开巴黎前往位于圣克鲁的王室居所，他计划在那里参加由非"宣誓派"教士主持的复活节仪式。这是为了避免接受立宪派教士的圣餐所做的伪装？或者更阴暗地说，这是王室出逃的借口？当他乘坐的马车正要驶出杜伊勒里宫之际，路易十六发现自己已经被充满敌意的巴黎人民和在非常尴尬的拉法耶特领导下的国民自卫军阻挡了去路。

路易十六确信，只要自己留在巴黎，他实际上就是政治犯，圣克鲁发生的事件对国王离开首都起到了决定性作用。经由玛丽-安托瓦内特的"守护者"费尔桑伯爵的秘密安排，1791年6月21日，巴黎人民醒来时就发现国王带着他的家人们不翼而飞了。路易十六留下了一封公开信，其中生动陈述了自1789年以来他所遭受的一切苦难和内心的怨恨。这份文件还制订了一项改革计划，与他在1789年6月23日御前会议上提出的观点重新勾连起来，是波旁王室改革思想的关键要素。然而，与其说这封公开信是一份谈判文件，不如说它是王室一意孤行态度的表达，其根源则在于一种早已过时的政治文化。此外，事实证明，国王无法像鸟一样离开笼子，这就使他的声明更显笨拙。路易十六的目标似乎是在法国东部与保王派领导者布耶\*取得联系，后者则会接管边境附近的蒙梅迪要塞。按照计划，国王将在那里与议会就宪法改革问题进行谈判。但是，国王既不擅长在午夜行动，也不喜爱旅行——他只有一次离开过法兰西岛（1786年前往瑟堡）——悠闲的王室一行好似闲庭信步，轻率地认为他们所采用的（透明得可怜的）伪装不会被发现。然而，在凡尔登周边的圣梅内霍尔德，一位卑微的

---

\* 弗朗索瓦·克劳德·德·布耶（François Claude de Bouillé，1739—1800），曾任瓜德罗普岛和马提尼克岛总督，大革命时期持有坚定的保王派立场，1791年国王出逃的主要策划者，而后流亡英国。

路易十六一家在瓦雷纳被拦截

邮政局长让-巴蒂斯特·德鲁埃*发现了国王的行踪，他从口袋里一张50里弗的指券上辨认出国王的样貌。笨手笨脚的护卫队在没有抵达目的地之前，就在瓦雷纳被拦住了。

就在很可能导致共和制和内战的爆炸性局面一触即发之际，"三巨头"之一的巴纳夫成功阻止了危机爆发。巴纳夫被派往瓦雷纳召集王室的随行人员，并将他们带回巴黎。途中，他与国王（据说还有王后）达成了协议。巴纳夫向路易十六展示了他被废黜的前景以及随之而来的法国内战，以此来吓唬这位可悲的国王，使其对大革命抱有更加积极的立场。双方达成了一项路线图：国王允许外界知晓自己被反革命分子所"绑架"，在其穿行法国的旅途中，他意识到"公众舆论已经决定支持制宪"，现在他希望顺应"公意"。[70]

---

\* 让-巴蒂斯特·德鲁埃（Jean-Baptiste Drouet，1763—1824），在国王出逃事件后当选国民公会议员、五百人院议员。

九、政治文化的革命（1788—1791）　589

如果说巴纳夫暂时让国王站在一边的话，那么他还需要在议会中组建一个"秩序党"，并为显然是虚构的"绑架"说法争取到多数赞成票。在这方面，贵族派系的彻底混乱和流亡者的剑拔弩张都为"三巨头"提供了帮助。阿图瓦伯爵将其据点搬迁至科布伦茨，他的兄弟普罗旺斯伯爵于6月20日成功逃出巴黎后，转经布鲁塞尔，最终加入了前者的队伍。逃往瓦雷纳的行动在贵族主导的军事武装内部引发了深刻的幻灭感：接下来的几周，大约一半的军官（约5 000人）离开了军队，其中一些人加入了流亡者的行列。在莱茵河畔，孔代和"木桶米拉波"已经在沃姆斯组织了一支准备入侵法国的移民贵族武装，并向欧洲王室首脑施压，要求他们加入反革命的"十字军东征"。这些事态的发展使得法国国内的焦虑情绪急速上涨。国王出逃的消息在许多地区引发了一场规模稍小的"大恐慌"，人们希望先发制人地行动起来，以此抵抗可怕的军事入侵，并对当地的贵族和非"宣誓派"教士进行了报复性攻击。在巴黎，当雅各宾派还在苦苦挣扎的时候，科德利埃俱乐部和巴黎兄弟会已经开始为废黜王权而高声疾呼。

　　自相矛盾的是，民众间高涨的反王权情绪却很好地迎合了巴纳夫的意图。他利用普遍的无政府状态和国内外战争的幽灵来恐吓议会代表，迫使他们接受瓦雷纳的"虚构故事"。巴纳夫怒斥道，"向自由迈进一步，就必须摧毁君主制"；"向平等迈进一步，就是对私有财产的攻击"。[71]代表们接受了巴纳夫的方案，于7月16日正式发表了国王人身权利不可侵犯的声明，路易十六确实在6月20日被布耶"绑架"，他应该恢复国王的统治，但前提是他必须正式接受宪法。现在，国王在这场闹剧中扮演起自己的角色，他在夏天与议会共同努力起草《制宪法》。9月13日至14日，路易十六正式接受了《制宪法》，同时同意敦促他的兄弟们返回法国，并要求所有身处国外的流亡贵族缴纳三倍税款。

　　然而，"瓦雷纳事件"后的处置方案要想完全奏效，还需要阻碍共和情感在民众中的蔓延——7月中旬,这种情况终于发生了。在中产阶级的舆论中,巴纳夫的"秩序党"似乎赢得了对共和派的争论,他们更倾向于巴纳夫"结束"大革命的主张,而不是发起第二次更加激进的大革命。然而在7月中旬,科德利埃俱乐部和巴黎的其他民间团体仍在策划共和派的示威游行和请愿活动。当争论双方都担心彼此会做出最糟糕的事情时,误解就会由此发生。7月17日,共和派在战神广场举行了大规模示威游行,巴黎市长巴伊宣布戒严,拉法耶特的国民自卫军向民众开枪,造成了大量的人员伤亡。随之而来的是对政治激进分子的镇压,由此导致了对迄今为止被视作理所当然的个人自由形式的侵犯或限制。警察对受欢迎的好战者加以骚扰和监禁,压制报纸,追捕马拉、丹东、德穆兰和埃贝尔[*]等个别激进者,并颁布了关于煽动集会和政治团体的新法律。巴纳夫带领着大多数温和的雅各宾派成员退出了巴黎的俱乐部,组建了一个新的斐扬派俱乐部,试图在"三巨头"的支持下团结起全国范围内的雅各宾主义者。

至少在短期内,巴纳夫占据了上风。政治上的共和主义倾向受到了遏制;制宪议会中的多数人同意路易十六加入政治国家;国王本人也受到钳制,他接受了将于10月1日生效的新宪法。届时,制宪议会的代表们将退出战斗,取而代之的是新的立法机构——立法议会。现在,制宪议会可以庆祝,自己完成了一项令人印象深刻的政治架构工作。然而,当代表们准备离开时,一位名叫加缪的代表却怀旧般地表示:"伟大而杰出的多数派的日子已经一去不复返了。"[72]政治和谐的局面得到了充分维护,乔治·华盛顿在1789年预言的那种大规模流血事件也因此避免。但是,议会还远远没有消灭波旁王朝政体危险的残余部分,其中仍有威胁已经取得的一切成果的活跃力量。剑拔弩张的流亡贵族将成为贯穿18世纪90年代大革命进程中的"白噪音"。

---

[*] 雅克-勒内·埃贝尔(Jacques-René Hébert,1757—1794),法国政治家、活动家,创办极端激进的《迪歇纳老爹报》,1794年3月24日被送上断头台。

此外，新的议会还让新人走进政治的聚光灯下，以面对这些困难的挑战。在"瓦雷纳事件"发生之前的5月16日，"不可腐蚀的"罗伯斯庇尔成功地说服他的同事们，通过了一项关于自我否定的法令，即制宪议会的代表不可参加立法议会的选举。新人们试图在不发生大规模流血事件的前提下修补1791年已经破裂的团结，但结果证明他们的努力是无效的。与接下来几年发生的事情相比，战神广场的屠杀似乎只是一次名副其实的"野餐"。制宪议会的代表们自己也付出了代价：到18世纪90年代末，几乎十分之一的代表被处决或谋杀，五分之一的代表被关入监狱，还有约四分之一的代表踏上流亡之路。"大革命国家"的最初缔造者，将在他们一手创造的事物中蒙受巨大的痛苦。

## 注　释

1 Cited in J. Egret, *The French Pre-Revolution, 1787-1788* (Chicago, 1977), p. 202.

2 Ibid., p. 98.

3 N. Ruault, *Gazette d'un parisien sous la Révolution*, eds. A. Vassal and C. Rimbaud (Paris, 1976), p. 121.

4 Egret, *The French Pre-Revolution*, p. 189.

5 *Archives parlementaires*, vol. i, pp. 487-488.

6 Elections were, however, within provincial boundaries in Béarn, Navarre and Dauphiné.

7 Egret, *The French Pre-Revolution*, p. 188.

8 See above, p. 301.

9 Siéyès, *Qu'est-ce que le Tiers État?* (1788-and much reprinted thereafter). As the nobility had a minus value, their subtraction from the nation made two negatives — and consequently a positive value.

10 Cited in D. L. Wick, *A Conspiracy of Well-Intentioned Men. The Society of Thirty and the French Revolution* (New York, 1987), p. 267.

11 Egret, *The French Pre-Revolution*, p. 195.

12 'Considérations sur le Tiers État', cited in Wick, *A Conspiracy of Well-Intentioned Men*, p. 259.

13 Cited in S. Schama, *Citizens. A Chronicle of the French Revolution* (Cambridge, Mass., 1989), p. 300.

14 Antraigues, cited in Wick, *A Conspiracy of Well-intentioned Men*, p. 272; *Catéchisme du Tiers état*, cited in M. Cubells, *Les Horizons de la liberté. Naissance de la Révolution en Provence, 1787-1789* (Aix-en-Provence, 1987), p. 38.

15 Women might attend as representatives of nunneries in the First Order (though they usually sent male proxies), and as heads of household or workshops in parish and guild assemblies.

16 A. Brette, *Recueil de documents relatifs à la convocation des États Généraux de 1789* (4 vols.; 1894–1915), vol. i, p. 66.

17 See above, p. 361.

18 Cubells, *Les Horizons de la liberté*, p. 107.

19 T. Tackett, 'Nobles and Third Estate in the Revolutionary dynamic of the National Assembly, 1789–1790', *American Historical Review* (1989), p. 276.

20 J. C. Scott, *Weapons of the Weak: Everyday Forms of Peasant Resistance* (New Haven, Ct, 1985).

21 E. Mallet (ed.), *Les Elections du bailliage secondaire de Pontoise en 1789* (no place or date of publication), p. 329.

22 According to the extensive sampling done by John Markoff, pigeons were the fourteenth most frequently found complaint in peasant cahiers. The issue ranked higher than an Estates General veto on taxes (seventeenth), regular meetings of the Estates General (nineteenth) and voting by head in the Estates General (fortieth)! J. Markoff, *The Abolition of Feudalism: Peasants, Lords and Legislators in the French Revolution* (Philadelphia, 1996), pp. 30–32.

23 C. L. Chassin, *Les Elections et les cahiers de Paris en 1789* (2 vols.; Paris, 1888), vol. ii, pp. 589–590.

24 *Gouverneur Morris: A Diary of the French Revolution*, ed. B. C. Davenport (2 vols.; Boston, Mass., 1939 [1972 reprint] ), vol. i, pp. xlii–xliii.

25 A. Young, *Travels in France in the Years 1787, 1788 and 1789*, ed. C. Maxwell (Cambridge, 1929), p. 151.

26 T. Tackett, *Becoming a Revolutionary. The Deputies of the French National Assembly and the Emergence of a Revolutionary Culture, 1789–1791* (Princeton, NJ, 1996), pp. 109–110.

27 *The Papers of Thomas Jefferson*, eds. J. P. Boyd et al. (27 vols.; Princeton, NJ, 1950–1997), vol. xv, pp. 104–105.

28 Marquis de Ferrières, *Correspondance inédite (1789, 1790, 1791)*, ed. H. Carré (Paris, 1932), p. 47.

29 The Anjou deputies, cited in E. H. Lemay and A. Patrick, *Revolutionaries at Work. The Constituent Assembly. 1789–1791* (Oxford, 1996), p. 5.

30 Young, *Travels in France*, p. 134 (9 June).

31 J. Hardman, *Louis XVI* (London, 1993), p. 150.

32 *Réimpression de l'Ancien Moniteur*, vol. i, pp. 82–83.

33 J. A. Creuzé-Latouche, *Journal des Etats-Généraux du debut début de l'Assemblée nationale*, ed. J. Marchant, p. 139.

34 Young, *Travels in France*, p. 159.

35 *Papers of Thomas Jefferson*, vol. xv, p. 223

36 Ibid., pp. 267–268. Jefferson used the italianate form 'de Broglio'.

37 *Correspondance secrète du comte de Mercy-Argenteau avec l'empereur Joseph II et le prince de Kaunitz*, eds. A. d'Arneth and J. Flammermont (2 vols.; Paris 1889–1891), vol. ii, p.248.

38 P. M. Jones, *The Peasantry in the French Revolution* (Cambridge, 1988), p. 66.

39 Young, *Travels in France*, pp. 207–209, 215–216 (the latter case allegedly involving local nobleman, the comte d'Antraigues, now viewed as a counter-revolutionary).

40 J. M. Roberts, *French Revolution Documents*. Vol. 1 (Oxford, 1966), pp. 144–145.

41 G. Lefebvre, *The Coming of the French Revolution* (New York, 1947), p. 84.

42 *Archives parlementaires*, vol. viii, p. 397.

43 See below, pp. 423ff.

44 E. Lever, *Louis XVI* (Paris, 1985), p. 524.

45 *Despatches from Paris, 1788–1790*, p. 263.

46 F. Ménard de la Groye, *Correspondance* (1789–1791), ed. F. Mirouse (Le Mans, 1989), pp. 123–124.

47 Hardman, *Louis XVI*, p. 174.

48 Campmas cited in Tackett, *Becoming a Revolutionary*, p. 303; Ferrières, *Correspondance*, p. 137

49 Tackett, *Becoming a Revolutionary*, p. 48.

50 Voltaire, *Correspondance complete*, ed. T. Besterman, (101 vols.; Geneva, 1953–1977), vol. xxxvii, p. 439.

51 Cited by D. Van Kley in id., (ed.), *The French Idea of Freedom. The Old Régime and the Declaration of Rights of 1789* (Stanford, Ca., 1994), p. 93.

52 For Louis XIV's mythic present, see above, chapter 1, esp. section A. Cf. L. Hunt, *Politics, Culture and Class in the French Revolution* (Berkeley, Ca., 1994).

53 Cited in J. P. Jessenne, *Révolution et Empire, 1783–1815* (Paris, 1993), p. 80.

54 Ménard de la Groye, *Correspondance*, p. 256.

55 The regulations on the *marc d'argent* were lightened in the summer of 1791.

56 See below, pp. 438–439.

57 Guillotin, cited in D. Arasse, *The Guillotine and the Terror* (London, 1989), p. 17.

58 *The Diaries and Letters of Gouverneur Morris*, vol. i, pp. 373–374.

59 C. B. A. Behrens, *The Ancien Régime* (London, 1967), p. 179.

60 Ferrières, *Correspondance*, p. 327.

61 *Journal d'Adrien Duquesnoy sur l'Assemblée Constituante*, ed. R. de Crèvecoeur (2 vols.; Paris, 1894), pp. 286, 411.

62 See above, p. 402.

63 Schama, *Citizens*, p. 537.

64 See above, p. 427ff.

65 T. W. Margadant, *Urban Rivalries in the French Revolution* (Princeton, NJ, 1992), pp.123, 125.

66 Hardman, *The French Revolution Sourcebook*, p. 113.

67 W. Doyle, *The Oxford History of the French Revolution* (Oxford, 1989), p. 146.

68 Ménard de la Groye, *Correspondance*, p. 342.

69 *Archives parlementaires*, vol. xxvi, p. 149.

70 Ibid., vol. xxvii, p. 553.

71 Ibid., vol. xxviii, p. 330.

72 Le May, *Revolutionaries at Work*, p. 106.

# 十、战争与恐怖
## （1791—1795）

### "武装好，公民们！"

"这个议会……是一群恶棍、疯子和傻瓜的集合。"玛丽-安托瓦内特私下对她的情人费尔桑伯爵说道。[1] 1791年10月1日，立法议会首次召开，王后对它的尖锐意见，预示着自"瓦雷纳事件"以来，巴纳夫一直嘱咐国王夫妇要保持的和解精神，也将呈现出恶化的态势。在新宪法规定的财产选举制下进行的夏季选举，某种意义上是第三等级的第二次来临。但在王后眼中，新宪法不过是"荒谬的组织"。[2] 在新当选的745名议员中，只有大约20名贵族，其中没有一个人持有明显的反革命观点——事实上，他们中的大多数都被王后视作贵族阶层的叛徒，例如启蒙哲学家孔多塞侯爵。显贵出身的高级教士也寥寥无几——在当选的20余名教士中，只有像此前社会俱乐部活动家富歇这样的立宪派人士。总体而言，新组建的议员群体非常年轻，但行事稳健。内克充满醋意地评价道[3]："新的荣耀"大都属于律师和中间阶层的职业者，其当选则要归功于他们在新国家的法院和官僚机构中承担的服务职能。这些人都是大革命的孩子，他们不卑不亢，精通宪法，接受过大革命修辞的训练，致力于实现启蒙运动中形成的社会进步理

"瓦雷纳事件"后，路易十六一家被带回巴黎

想。他们在"瓦雷纳事件"的夏天当选，对国王几乎不抱有任何幻想——这一事实似乎重新燃起了奥尔良王朝的希望（尽管时间不长）。他们花了不少时间来适应巴黎的政治局势，其中有136人一到巴黎就加入了著名的雅各宾俱乐部，但更多人在获悉"瓦雷纳事件"之后的分裂局面时，都选择转投斐扬派，只有大约50人还坚定地留在雅各宾派的阵营中。

上任伊始，外交政策就成为新一届议员们关注的焦点，而其前辈几乎从未关注过这个问题。制宪议会曾经试图在国际交往的舞台上保持自己的清白，1791年5月22日，它决定法兰西国家放弃旧制度下的王朝征服战争模式。但是，由于阿维尼翁寻求并入法国，以及在法国领土内拥有封建和世袭权利的德意志王公们希望取消"8月4日之夜"后对其贵族权利的废除，这些情况都无法避免需要运用谨慎的、技术娴熟的外交手段。然而，立法议会的主导思想与其说是继承此前的问题，不如说是应对流亡贵族对国家安全造成的威胁，这些人已经开始从外国势力那里为自己的事业争取军事支持。在"瓦雷纳事件"之后，奥地利国王希望对他的妹妹和妹夫表示支持，并于8月27日同意了所谓的《皮尔尼茨宣言》，在这份宣言中，他和普鲁士国王腓特烈·威廉二世共同发出警告，如果法国王室受到伤害，他们将会进行干预。奥地利国王的附加条件——列强联合行动——事实上使他们的威胁变得空洞，因为英国显然不会冒险。此外，法国东部的各国（奥地利、普鲁士和俄国）更关心波兰问题，他们将于1793年和1795年瓜分波兰。尽管《皮尔尼茨宣言》不过是对玛丽-安托瓦内特和流亡贵族的一种安慰，却在法国国内引起了严重的恐慌和焦虑情绪。

就流亡贵族本身来说，现实与表象之间也存在着类似的差异。正如后来加入流亡贵族军队的那些人所证实的，尽管在夏天一度达到了约2万人，但这支军队实际上只是一个可怜的集合体。夏多布里昂后来带着怀旧的柔情回忆道，这支队伍是"封建征兵……一个垂死世界的最后形象"，"回到了他们的根源，即君主制的根源……就像一位老人回到了他的童年"。[4]许多流亡贵族都怀有复仇之心，计划全面恢复曾经带给他们诸多特权的旧制度，但也有很多人出于骑士的荣誉感参加军队，他们在祖国的身份被抹去，同时却承受着意想不到的征战艰辛。此外，位于科布伦茨的反革命总部也无法很好地保障军队的装备和供给。夏多布里昂声称，在1792年一整年的战役中，他始终带着一支无法使用的火枪。孔代亲王的随从也回忆，他的贵族战友们在服役期间保持着"耐心、勇敢和欢乐"，尽管他们没有床铺，只能一半穿着衬衫入眠，另一半躺在稻草上睡觉。[5]

这些鱼龙混杂的流亡贵族势力在法国国内引起的过度焦虑，既来自他们所谓的军事实力和外交关系，也来自他们与法国各地秘密反革命网络的联系。安特雷格伯爵在法国南方的秘密策划，以及拉鲁埃里侯爵\*于1791年至1792年间被发现的在法国西部建立起的保王派阵营的网络，都让革命者们神经紧绷。流亡贵族还被认为与叛变的教士勾结在一起——这种勾结实际没有任何好处。因"钻石项链事件"而闻名的枢机主教罗昂和其他一些教士参加了阿图瓦伯爵组织的议会；据说东部边境的"拒绝宣誓派"教士也在接受科布伦茨方面的招兵买马；而在西部的曼恩-罗瓦省、旺代省等地，针对立宪派教士的暴力活动愈演愈烈，内战和反革命的风险似乎确实存在。

面对如此危险，立法议会的反应是强化对顽固派教士的立场，并颁布了针对流亡贵族的惩罚性法律。1791年10月14日，国王正式邀请他的弟弟普罗旺斯伯爵返回法国，以此回应沸腾的民意；10月31日，议会又颁布法令，如果伯爵在年底前没有返回法国，就会剥夺他的继承权。11月9日的另一项法令规定，拒绝返回祖国的流亡贵族将以阴谋者的罪名判处死刑，并威胁要没收他们的财产。议会似乎毫不犹豫地将本应不可侵犯的个人权利用作政治筹码。在11月29日的相关行动中，议员们宣布，凡是在一周内没有前来进行公民宣誓的顽固派教士都将被视作政治犯罪嫌疑人，不仅会受到监视，而且将以同胞要求的名义将其流放他乡。同一天，议会敦促美因茨和特里尔的统治者将其管辖范围内的流亡贵族组织驱逐出境。

路易十六对上述事态发展的态度是典型的神秘莫测的。他不像他的妻子那样反对新宪法：国王告诉海军大臣贝特朗·德·默德维尔†，他认为新宪法存在缺陷，但会对其继续观察，希望新宪法的缺点日益突出，这样才便于推动宪法改革。然而，尽管他害怕为了摆脱自己"巴比伦之囚"的处境而对流亡贵族过于依赖，但他似乎仍然

---

\* 阿尔芒·塔芬·德·拉鲁埃里（Armand Tuffin de La Rouërie，1751—1793），法国贵族，曾参加美国独立战争，大革命爆发后成为保王派，是"朱安党"的早期领导人。

† 贝特朗·德·默德维尔（Bertrand de Molleville，1746—1818），1789年至1792年间出任海军大臣，多次密谋策划国王出逃，1792年8月10日之后流亡英国。

渴望建立一个贵族主导的宪法安排，让回国并重新融入社会的流亡贵族在其中发挥主导作用。他还认为，亲属关系和忠诚关系让自己无法同意议会针对流亡贵族和顽固派教士的惩罚性立法，因此他行使了否决权。

经济形势的恶化和国家所面临的相关财政问题，使政治局势迅速两极化，政治气候也随之升温。1791年歉收造成粮食价格在该年年末开始上涨。法国北方的许多地区都发生了生存危机导致的骚乱，尤其是在1792年3月，位于巴黎以南的埃唐普市长西蒙诺\*因为没有同意固定面包价格而被人谋杀，使骚乱达到高潮。1792年1月至2月，由于食糖（当时已成为大众饮食的主要成分）短缺，巴黎也发生了食品骚乱。加勒比殖民地局势的恶化是造成这种短缺的特殊局面的原因：继年初的零星骚乱之后，1791年8月在圣多明各爆发了全面的奴隶起义，导致种植园的生产和利润急剧下降。殖民地贸易曾是18世纪最赚钱的经济领域，但贵族富豪的移民造成了奢侈品行业的不景气，进而加剧了殖民地贸易危机的影响。由于上述变化，工人们陷入了失业的困境，而穷人救济金的减少更使他们的处境愈发艰难。包括医院、修道院和护理机构在内的许多慈善机构，都在"8月4日之夜"中蒙受了损失，特别是市政税的取消和对教会特权的相关攻击。教会始终鼓励教友的自愿捐献，但现在似乎接近枯竭，情况由此更为恶化。制宪议会下设的救济委员会曾经勾勒出一种福利国家的雏形，旨在将救济贫困的责任从教会身上转移出去，但这些计划未能付诸实施。短期的政府信贷和资金匮乏的慈善工坊，都不足以应对日益严重的问题。

经济领域中的农业部门也遭遇了困境。"废除"封建制度以确保对土地财产的尊重，这项政策的实施造成了农民的不满，1792年初，激烈的反封建骚乱在南方地区发生，并带有明显的政治色彩。一份农

---

\* 雅克·纪尧姆·西蒙诺（Jacques Guillaume Simonneau，1740—1792），法国实业家，1791年至1792年间出任埃唐普市长，任内遇刺身亡。

民提交给议会的陈情书尖锐地指出,"我们没有领主","他在科布伦茨"。[6] 1791年至1792年,大革命后完成统一的直接税——土地税开始征收,农民却拒绝缴纳,这清楚地表明了农民对大革命带来的好处持有怀疑态度。欺诈、欠税、逃税和管理混乱致使国家税收比预期少了近四分之一。人们对政府信用的信心下降,反过来又影响了国家推行货币的效果,指券的使用导致许多铸币退出了市场。1791年3月,指券的交易价格约为其面值的90%,但政治危机、国家持续的财政问题以及反革命的威胁使其价值进一步暴跌。到1791年秋天,指券的交易价格约为其面值的80%;再到1792年3月,这一比例仅为50%。在当月召开的议会上,雅各宾派成员图里奥[*]将民众骚乱的根源归咎于促成"瓦雷纳事件"的恶棍布耶等人收买的强盗。他提到了"一个巨大而坚定的阴谋",指责流亡贵族进行货币投机并向德意志出口铸币,从而导致国家无力承担维持社会和谐所必需的粮食进口费用。[7]

到1791年底和1792年初,18世纪90年代法国经济的发展轨迹已经清晰可见:1789年以前经济蓬勃发展的领域开始衰退;政府经常受到资金短缺的困扰,即使出售教会土地都无法弥补;指券屡屡失灵,无法得到公众的支持;随之而来的是商业信心的崩溃。同样非常明显的是另一个因素,它既是经济状况不佳的后果,也是造成这种局面的原因,即民众抗议呼声的日益高涨。在这方面,不仅外省勉强维持生计和反领主的骚乱,巴黎的民众抗议也是一个典型的例子。1791年11月,巴黎的激进派报刊、科德利埃俱乐部和民众团体取得了显著的成功,他们的佼佼者、此前制宪议会的激进派代表佩蒂翁,在接替巴伊(战神广场屠杀的另一个恶棍)出任巴黎市长的选举中击败了拉法耶特。对美国人来说,拉法耶特的失利敲响了他们对大革命政治影响的丧钟。现在更重要的是议会之外的激进主义者在巴黎发出的声音,他

---

[*] 雅克·亚历克西斯·图里奥(Jacques Alexis Thuriot,1753—1829),法国政治家,1792年当选国民公会议员,1793年出任救国委员会成员,曾与丹东关系密切。

们的组织显然越来越好，也越来越清晰。1789年10月以后，巴黎民众的压力让国王感到自己被囚禁在巴黎。到了1792年初，许多议员也出现了被囚禁的感觉，民众中的激进分子在议会讲台上有力地辩护，在从街头巷尾到每一个可以被想象到的公共场合都大声疾呼，而且还在报纸上展开辩论。

在议会之外的首都，一种独特的抗议文化正在形成。报纸和俱乐部把民众中的激进分子称作"无套裤汉"——他们穿着笔挺的工装长裤，而不是象征绅士风度的及膝马裤。这在政治上引发了一股"低调

理想化的"无套裤汉"形象

着装"的风潮,但这种风潮也形成了自己的穿戴规则。例如,老实本分的无套裤汉必须戴上"红帽",据说这能让人联想到古代被解放的奴隶们所戴的帽子。巴黎出版商鲁奥指出,佩戴三色帽徽的方式"非常粗俗","完全没有必要";但他也注意到,1792年3月下旬,"在街道上、广场上、花园里,甚至在剧院里",三色帽徽像野火一样蔓延,似乎注定要成为"所有法国爱国者的必备品"。[8]在与人民运动相关的新兴报刊中,爱国主义的语言现在也带上了粗暴和蛊惑人心的色彩。与雅克-勒内·埃贝尔的绰号相同的《杜歇老爹报》是最出名的例子,它粗暴直率的专栏(在某种程度上效仿了恶毒的反革命报刊)充斥着戏谑激进的谩骂和抨击。尽管读者可能觉得这些脏话更像是公共演讲中的音乐元素,但它本来应该是为了给无套裤汉的语言增添一种原始平民化的真实感。这种嬉笑色彩在这类出版物的简单排版和褪色纸张上也得以体现,它们都是为了取悦读者而特别"粗制滥造"的。

在国内问题的解决方案似乎都由境外因素决定的背景下,路易十六变得越来越两面三刀,并对欧洲战争的前景表示欢迎。1791年12月初,在给普鲁士国王的秘密通信中,他呼吁欧洲列强缔结联盟,以武装力量作为后盾,从而改变他的不利处境。然而,似乎是为了抵消他针对反流亡贵族立法而动用否决权的影响,路易十六还对庇护流亡贵族组织的美因茨和特里尔选帝侯发表了态度更加强硬的声明。他大张旗鼓地要求德意志亲王们驱散流亡贵族,同时暗中向神圣罗马帝国皇帝利奥波德二世表示,他希望事态朝相反的方向发展。当选帝侯们真正按照要求行动后,路易十六又变本加厉,公开要求皇帝放弃任何威胁法兰西主权的条约——他指的是1791年8月的《皮尔尼茨宣言》。美国特使古弗尼尔·莫里斯\*在1792年2月指出:"全体国民,尽管观点

---

\* 古弗尼尔·莫里斯(Gouverneur Morris,1752—1816),美国政治家、外交官,1792年至1794年间担任美国驻法大使。

不同，但都渴望战争。"⁹面对外部威胁和内部动荡的双重困扰，侵略性的外交政策成为国王和议会可以实现团结的契机，议员们对国王表面上转而捍卫革命利益的做法表示欣慰，却很少质疑他在玩弄两面手法。王后认为这种战争倾向充满了黑色幽默："那些白痴看不到这对我们的事业有什么帮助，"她告诉费尔桑，"因为……所有大国都将卷入其中。"¹⁰

在立法议会成立之初的日子里，以雅克-皮埃尔·布里索为核心的"好战派"议员团体从斐扬派手中夺取了政治主动权。布里索是一名记者、写作雇佣兵和政治运动家，曾创立废奴主义的"黑人之友协会"（18世纪80年代的艰难时期，他很可能受雇于巴黎警方从事间谍活动）。1790年，布里索在巴黎市政活动中建立起一个积极分子们参与的关系网，其中就包括了富歇的社会俱乐部，以及曾经是工厂质检员的让-马里·罗兰\*之妻的玛农·菲利普†为该团体创办的政治沙龙中的许多人。立法议会中，布里索派在吉伦特省的议员群体中找到了志同道合的伙伴，特别是韦尼奥‡、加代§、让索纳¶和格朗热纳夫\*\*。在议会中，布里索派（或称作吉伦特派）上演了一系列激动人心的演出，他们后来在雅各宾俱乐部中占据了主导地位，布里索派的战争号召极为有力，"武装好！"的口号声不绝于耳。他们声称，战争将为流亡贵族对大革命的武装威胁画上句号，并阻止欧洲列强采取不妥当的

---

\* 让-马里·罗兰（Jean-Marie Roland, 1738—1793），1792年曾任内政大臣，吉伦特派领导人，自杀。

† 玛农·菲利普（Manon Phlipon, 1754—1793），即"罗兰夫人"，吉伦特派领导人，1793年11月8日被送上断头台。

‡ 皮埃尔·维克蒂尼安·韦尼奥（Pierre Victurnien Vergniaud, 1753—1793），吉伦特派领导人，1793年10月31日被送上断头台。

§ 马格里特-埃利·加代（Marguerite-Élie Guadet, 1758—1794），吉伦特派领导人，1794年6月19日被送上断头台。

¶ 阿尔芒·让索纳（Armand Gensonné, 1758—1793），吉伦特派领导人，1793年10月31日被送上断头台。

\*\* 让-安托万·格朗热纳夫（Jean-Antoine Grangeneuve, 1751—1793），吉伦特派领导人，1793年12月21日被送上断头台。

冒险行动。在国内，战争将迫使摇摆不定的民众明确表示对大革命的支持或反对立场，将非法的反革命活动公之于众，迫使国王放弃无所作为转而加入革命者的行列，促使澄清并有希望安抚政治局面。布里索派时常言语失措，他们设想构筑一个由同情革命的缓冲国家组成的包围圈，将法国与旧制度的欧洲隔绝开来，他们还呼吁进行一场十字军东征，在世界范围内传播大革命的原则，将人类从封建枷锁中解放出来。对于后一种观点，罗伯斯庇尔提出了尖锐的批评，并努力证明1789年的逻辑并没有不可避免地导致暴力侵略。他提醒雅各宾俱乐部的成员们，没有人会喜欢"武装好的传教士"。[11]他怀疑布里索派的战争动员只是为了提高个人政治地位的平台。他认为，战争会增加（而不是减少）行政权对立法权的影响，因此，与其说战争是大革命走向成功的保证，不如说是对大革命的威胁。

但是，罗伯斯庇尔在辩论中败北而归，战争问题像过山车一样，发展成为一个不容置疑的问题。此前"三巨头"的领袖巴纳夫所坚持的斐扬派立场现在已经被彻底击溃。"瓦雷纳事件"以来，巴纳夫始终担任王室的秘密顾问，他对个人建议被忽视的情况感到愈发沮丧，终于在1792年初厌恶地退出了政治舞台，从而在意识形态层面消除了对不可避免的宣战态势的制约。不久之后，斐扬派也失去了在议会中的主动权：他们在巴黎的总部未能吸引外省的大多数雅各宾俱乐部的加入，许多新成员要么加入布里索的雅各宾俱乐部，要么转向由野心勃勃的拉法耶特领导的中间派，他们同样都是战争的支持者。1792年3月初，布里索派的事业得到了国王的支持，路易十六解除了斐扬派大臣的职务，取而代之的则是布里索朋友们组成的所谓"爱国者内阁"，主要成员包括：内政大臣罗兰、财政大臣克拉维埃（曾是反对卡洛纳的投机者）、陆军大臣迪穆里埃\*（一名久经沙场的老兵）。3月

---

\* 夏尔·弗朗索瓦·迪穆里埃（Charles François Dumouriez, 1739—1823），法国将军，1792年瓦尔米战役的指挥官，1793年转投奥地利，流亡多国，1804年在英国定居。

25日，路易十六亲临议会，向神圣罗马帝国皇帝利奥波德二世的继承者弗朗茨二世*发出最后通牒。4月20日，他又一次在议会宣布，由于无人回应他的最后通牒，他认为法国与"波希米亚和匈牙利国王"处于战争状态。[12]只有七位默默无闻的议员敢于投票反对战争，但这场战争似乎把公众舆论中的革命爱国主义情感与传统的奥地利恐惧症统一了起来。来自科布伦茨的普罗旺斯伯爵表示，自己对宣战决定感到非常"兴奋"：革命者似乎在为流亡贵族做事。[13]

　　立法议会将战争理由视为一种政治便利，视为议员们摆脱自己身处的错综复杂的国内局势的一条出路。大多数议员认为，他们是在进行一场目标相对有限的战争。但历史让他们大失所望。在接下来近四分之一个世纪的时间里，法国将与欧洲长期处于战争状态，国内的总伤亡人数将超过150万。尽管法国取得的诸多辉煌成就，夸大了法国作为一个"伟大的国家"的自我形象，而且战争在法国民族精神的形成过程中发挥了作用，但在这一阶段结束以前，法国除了1792年的疆界之外，没有取得其他任何财产。法国也将失去自己的殖民帝国，而殖民帝国曾是18世纪法国财富的发动机。正如我们将看到的那样，战争对大革命进程的破坏、国家分裂、政治反对派的非法化以及直至1795年的恐怖狂潮都负有重大责任。

　　当然，对于那些在1792年4月20日做出重要决定的议员来说，后见之明的智慧并不存在。在一片呜咽声中（而不是一声巨响），这场影响深远的战争拉开帷幕。拉法耶特、罗尚博和吕克纳——这三位某种意义上都是"美国人"的军队将领——很快就意识到，需要谨慎对待他们手下的士兵。将近一半的军官移居国外，10万多名热情志愿军的拥入，给军队凝聚力造成了严重问题。即使是那些留在部队中的军

---

\* 弗朗茨二世（Francis II，1768—1835），1792年至1806年间为神圣罗马帝国皇帝。1792年至1835年间为匈牙利国王、波希米亚国王和伦巴底-威尼托国王，1792年至1804年间为奥地利大公，1804年至1835年间为奥地利皇帝，1815年至1835年间为德意志邦联主席。

官也会被士兵们怀疑：例如，4月29日，在瓦朗谢讷附近的一次小规模战斗失败后，狄龙*将军就被自己的部下杀害了。军官管理的状况似乎令人震惊："我无法想象，"拉法耶特在战争部的信件中写道，"战争是如何在这样一种毫无准备的状态下宣布的。"[14]持续不断的战斗只会带来挫折，在巴黎造成了日益严重的恐慌。

4月20日，国王将自己置于全体国民的首脑地位，但事实证明他无法长期保持这种状态。在议会中，布里索和韦尼奥对玛丽-安托瓦内特在宫廷内领导的"奥地利委员会"发起了猛烈进攻（事实上，王后正在私下向她的奥地利家人传递机密军事情报）。6月8日，议会提出了一项关于在巴黎附近驻扎约20 000名来自外省的联盟军的法令，其目的是为了在敌人突破前线时对首都提供一定程度的保护。但在6月18日，国王否决了这项措施。形势变得愈发艰难之际，国王对"他的"贵族仆从和顽固派教士却变得愈发温柔，他进一步否决了5月27日通过的关于驱逐顽固派教士和5月29日通过的关于解散宫廷卫队的法令。6月，国王解散了"爱国者内阁"，取而代之的是一批没有获得议会信任、无足轻重的政客。拉法耶特在前线呼吁议会镇压政治俱乐部的举措，只会让国王的处境更加糟糕。6月20日，一场反对国王使用否决权的民众示威导致了对杜伊勒里宫的入侵。路易十六被迫戴上了红帽——就好像一位昔日的专制君主也需要从他自己的奴役中解放出来一样，并为国民的健康干杯，这种场景直到几个小时后才在国民自卫军的压力下被打破。

尽管如此，路易十六还是坚决使用他的否决权，这个非同寻常的时间在议会和整个国家都引起了支持君主制浪潮的反弹。然而，比表示同情更重要的是，国王越来越多地被排除在决策过程之外。例

---

\* 泰奥博尔德·狄龙（Théobald Dillon，1745—1792），出身于爱尔兰贵族家庭，曾参加美国独立战争。1792年4月29日，在与奥地利军队的小规模冲突中失败后，狄龙被自己的部下认为是"叛徒"，遭到谋杀。

如，7月2日，议会公然无视国王的否决权，颁布了组织联盟军的法令；几天后又通过了"祖国在危急中"的法令，规定在宣布这种情况时，立法和行政当局将行使紧急权力。7月11日，就在普鲁士军队准备入侵之际，路易十六正式宣布"祖国在危急中"，允许国王以国家安全的名义绕过否决权行事。值得注意的是，即使到了最后阶段，围绕王室威望的争夺仍在持续拉锯，以韦尼奥为首的部分吉伦特派议员与国王进行了秘密谈判，寻求能否重新恢复"爱国者内阁"的方案。巫师的学徒们似乎在重新考虑他们释放出来的神秘力量。然而，事实证明，这无法构成谈判的基础，而且随着军事形势的恶化，不仅是国王，整个立法议会仿佛都越来越置身事外。

头戴红帽、为国民健康干杯的路易十六

巴黎王室飞奔瓦雷纳的事件发生后涌现出的共和主义氛围，现在又一次在全国范围内重新出现，而且非常强烈。参加7月14日第三次联盟节庆典，继而被送上前线的国民自卫军战士以保卫巴黎为由，被号召加入了联盟军的队伍，他们在7月23日发起了一项要求废黜国王的请愿书。几天之内，一个由民众团体和活动家们组成的协调委员会在巴黎市政厅开会，计划推翻国王。8月3日，巴黎48个区中有47个区发起请愿，要求路易十六下台，但由于议会担心引发内战，暂时搁置了这一要求。战争的进展加剧了危机感。8月初，《不伦瑞克宣言》的消息传至巴黎，普奥联军总司令不伦瑞克公爵\*在其中威胁道：任何反对联军前进的公民只有死路一条，如果王室受到伤害，他将对巴黎施加毁灭性的打击。早在6月，路易十六就特别要求他的国王伙伴们，不要让冲突演变成国家间的战争："这种行为，"国王坚称，"会挑起内战，危及国王及其家人的生命，意味着推翻王位，造成对保王派的屠杀，并对雅各宾派予以支持。"[15]《不伦瑞克宣言》无视路易十六的警告，却证明了后者的正确性。

路易十六被推翻的8月10日是"革命的一天"，也是立法议会和国王的共同失败。在此关键时刻，立法议会除了犹豫不决之外，并没有采取更多行动，这也让它的威望大打折扣。8月8日，议会拒绝了布里索弹劾拉法耶特的要求。推翻行动必须经过巴黎人民的策划。8月9日，巴黎的激进分子成立了一个起义委员会，计划于次日采取武装行动。不过，推翻国王的行动虽然以巴黎人民的激进主义情绪为基础，但这并不仅仅是巴黎一座城市的成就，外省的联盟军也在其中扮演了至关重要的角色，尤其是令人生畏的马赛联盟军——他们于7月下旬抵达巴黎后推动了共和主义运动的发展，而且还带来了一首民族颂歌，鲁热·德·利勒创作的《莱茵军团战歌》很快就以《马赛曲》

---

\* 不伦瑞克公爵（Herzog zu Braunschweig-Lüneburg, 1735—1806），普鲁士陆军元帅，法国大革命前期曾领导普奥联军。

1792年8月10日，巴黎发生起义，法国君主制宣告终结

的名字迅速流传开来。8月10日当天发生的是一场人民起义，国王的瑞士籍卫兵向示威人群开火引发了激烈的战斗，最后反被国民自卫军歼灭，议会屈服于民众的压力，投票罢免了国王。议员们还颁布法令，成立了一个新的议会——国民公会，这个机构是由全民投票而非财产多少选举产生的。国民公会的任务就是制定一部崭新的共和主义宪法。

现在，权力已经无可挽回地变得支离破碎。立法议会与名誉扫地的国王之间的关系损害了议员们的权威，他们无法组织其他实权机构来广泛行使权力。由"爱国者"部长们组成的临时行政会议声称享有行政权，其中最具活力的是司法部长、激进派人物丹东；而起义者新成立的巴黎公社（现在又加入了罗伯斯庇尔和其他民众爱戴的人物），也因为在8月10日发挥的巨大作用而承担起道德权威的责任。这三个权力机构都对国民抵抗运动予以支持，它们向外省派出特派员，清除地方行政部门中的保王派，逮捕犯罪嫌疑人，并成立了推动战争的爱国者委员会。

虽然选举是在这种危机情况下举行的,但不断恶化的战争局势为政治生活设定了疯狂的节奏,进而引发了新的、可怕的集体压力症状。政府采取了大量行动,让大批联盟军士兵获得了选举权,激励他们冲向前线。巴黎各区都被允许参加常设会议,积极公民和消极公民的界限被打破,所有公民也都被允许加入国民自卫军。在紧急状态下,保王派报刊被查封,包括教士在内的所有国家公职人员都要宣誓效忠,还通过了限制公共崇拜范围和加强对顽固派教士制裁措施的法令。关于紧急状态的立法无偿终止了领主税,以国民的名义没收了流亡贵族的财产,并允许征收粮食。9月1日,作为普奥联军先头部队与巴黎之间最后堡垒的凡尔登沦陷,随着这一消息传至首都,政治再生的惩罚措施走向了令人作呕的终点。9月2日以后,有关贵族囚犯密谋越狱并在巴黎组织"第五纵队"的谣言纷至沓来,在这些毫无根据的谣言的刺激下,巴黎各区开始组织维持治安的力量,并开始在巴黎各个监狱之间轮流屠杀囚犯。在接下来的几天里,1 100到1 500名囚犯被杀害,有时是在审判的过程中,有时是在纯粹的屠杀氛围中。除此之外,还有更多人在外省城镇中卷入了类似的屠杀事件。绝大多数受害者都是普通罪犯,但也有少数政客和朝臣——例如,曾经出任外交大臣的勒萨特\*和蒙莫兰†、朗巴勒亲王夫人,以及许多顽固派教士。

8月10日国王手下的瑞士籍士兵惨遭杀害,以及9月2日至5日发生的监狱大屠杀等事件,都是对巴黎政治运动的一次血腥洗礼,并利用国王缺位留下的真空状态来制定自身的路线图。这不是巴黎民众的暴力行为第一次影响大革命的进程。然而,1789年7月14日和

---

\* 克劳德·安托万·德·勒萨特(Claude Antoine de Lessart,1741—1792),1791年至1792年间出任外交大臣。

† 阿尔芒·马克·德·蒙莫兰(Armand Marc de Montmorin,1745—1792),1787年至1791年间出任外交大臣,1790年至1791年间出任首席大臣。

10月5日至6日事件的暴力色彩却更加温和，实际上将国民议会拯救于水火之中。相反，1792年8月10日，武装好的人民攻击了立法议会和国王。迄今为止，还没有任何一次这样的事件能够对革命者的队伍造成如此巨大的分裂。在监狱大屠杀发生之际，一名巴黎的资产阶级人士带着他的妻子和两个孩子途经卡尔默监狱，当听到受害者的惨叫声时，他的反应颇为得意："真是难以形容的悲哀，"他对妻子说，"但他们是不共戴天的敌人，那些把他们赶出祖国的人，正在拯救你的生命，也在拯救我们可怜的孩子们的生命。"[16]然而，与之形成鲜明对比的是，9月5日，布里索派的沙龙女主人罗兰夫人表达了她对被罗伯斯庇尔（对暴力视而不见）、丹东（作为司法部长本应阻止暴力）和马拉（为暴力辩护）等人"置于刀下"的恐惧。"你知道我对大革命的热情，"她致信议员班卡尔·德·伊萨尔[*]，"不

1792年，巴黎"九月屠杀"事件

---

[*] 班卡尔·德·伊萨尔（Bancal des Issarts, 1750—1826），曾任巴黎高等法院律师，1792年至1795年出任国民公会议员。

过，我现在对它感到耻辱！它的声誉被这些恶棍玷污了，变得面目可憎……"[17]

　　法国大革命中最棘手的政治问题之一正在形成。8月到9月血腥的权力政治与崇高的道德原则并不矛盾。"恶棍们"相信自己的行为是无私的、爱国的。那些犯下流血恐怖行径的人们也承担起将国民从军事惨败中拯救出来的责任。在九月屠杀后的两周时间内，两万多名志愿军离开巴黎，奔赴前线。1792年9月20日，也就是立法议会最后一次开会的当天，法国志愿军与正规军联合起来，在所谓"瓦尔米的炮战"中阻止了普奥联军的推进。德意志作家歌德参与了普鲁士军队的战斗，他对他的伙伴们说："这是历史新纪元的开始，你们可以说自己是它的见证者。"[18]现在，革命者可以向更广阔的世界展示他们的锋芒，而不仅仅是在内部的自相残杀中露出他们的獠牙。"嗜血者"也是武装好的超级爱国公民。

## 路易·卡佩退场，恐怖时代来临

　　1792年8月底至9月初，基本包括了所有男性公民的普选在全国范围内进行；9月20日，新的国民公会召开了第一次会议，会议的主要任务是为一个没有国王的国家制定一部崭新的宪法。与他们的前辈相同，749名国民公会议员大都来自中间阶层，并构成了一个坚实的、同质化的群体：只有少数人是农民和工匠，近一半人是律师，还有三分之一是专业人士（例如，55名教士、51名国家官僚、46名医务人员、36名军官等等），另有10%的议员是商人。

　　共和政体在法国这样的大国是否可行？孟德斯鸠和卢梭对此都曾有过怀疑，这几乎成为一种无意识的思想致敬行为。8月10日之后，即使是热情的革命者也发现自己难以解开死结，说出"共和"这个词语。然而，9月20日到21日，在格雷古瓦神父的提议下，国民公会毅然废除君主制，为共和政体冠上了"统一和不可分割"的称谓，以表明他们对任何联盟分裂阴谋的敌意。新国家的宪法安排交由孔多塞主持的一个委员会处理。到12月时，主张恢复君主制的人甚至会被处以死刑。然而，国王现在已经沦为阶下囚，和他的直系亲属一道，平静地被关入巴黎市中心一座哥特式礼拜堂的监狱中，这与他走进议会时所设想的美好夜晚背道而驰。议会当前最紧迫的任务之一，就是如何处理前任国王——路易·卡佩。

要想解决这个根本性问题，还需要考虑到当时的政治背景发生了三个重要改变。首先，在前线，法国军队发现自己具备获得军事胜利的可能。普鲁士人在瓦尔米看到了法军的勇气，发现他们颇具战斗能力，于是他们减少了军事投入，让处于劣势的联军对抗战术指挥精明、爱国热情高涨的法国志愿军。11月6日，迪穆里埃率领的约4万名法军在热马普击败了13 000名奥地利士兵，他们大步前进，占领了

法军在瓦尔米战役中大获全胜

布鲁塞尔。与此同时,屈斯蒂纳*进占莱茵河左岸,攻克了美因茨和其他一些德意志城市;安塞尔姆†也占领了尼斯和萨瓦。流亡贵族的武装力量在最大程度上被打散了,其中有人在家信中写道:"我们正在开始厌倦这场战争。""我们必须与前线部队作战,他们既不是被放弃之人,也不是国民志愿军和武装好的农民,他们要么向我们开火,要么会杀害他们单独发现的任何人。"流亡贵族领袖曾经许下"黄油多于面包"的许诺,现在看来也不过是无稽之谈。[19]

其次,军事胜利既是民众爱国主义高涨的结果,也是其原因,这是1792年底法国政治生活复杂化的第二个新因素。政治的混乱、选举的复杂性、保王派的退场、收获庄稼的需要以及其他地方因素都意味着,全国范围内动员起来的选民不到五分之一,而且我们还将看到,民众反对大革命的呼声依然很强。然而,1792年的夏季危机也极大推动了大城市中日益高涨的人民运动,这场运动由巴黎的无套裤汉发起,表达了对大革命成果的普遍热情。成群结队的志愿军热切地奔赴前线,为捍卫革命成果而战,进一步彰显了民众热情的能量和规模。到了夏末,约有20万人拿起了武器,并且还计划再增加25万人参与战斗。

1792年秋季政治舞台的第三个特点表现为政治阶层的核心产生了新的政治分歧。在新的国民公会开会之初,"吉伦特派"(昔日的布里索派再加上一些新成员,例如比佐和卡拉)和"山岳派"(雅各宾派的左翼代表,坐在国民公会会场顶端的长椅上)之间就展开了斗争。奉行不结盟策略的"平原派"议员惊讶地注视着两派的分裂,但这种分裂局面与两派的社会出身毫无关系,他们各自在构成国民公会整体

---

* 亚当·菲利普·德·屈斯蒂纳(Adam Philippe de Custine,1742—1793),法国将军,1793年5月13日担任北方和阿登联合军团司令,同年8月28日被送上断头台。

† 雅克·贝尔纳·德·安塞尔姆(Jacques Bernard d'Anselme,1740—1814),法国将军,1792年出任意大利军团司令。

的主要社会专业团体中也是平分秋色的。尽管在国民公会时期，吉伦特派越来越多地被激进运动诋毁为"贵族"和"保王派"，但事实上，吉伦特派中许多成员的社会背景和政治生涯与他们的激进派对手并无明显区别。例如，他们中的一些人在1790年至1791年曾是社会俱乐部和科德利埃俱乐部的活跃分子，后来亦曾加入无套裤汉和山岳派的阵营。虽然吉伦特派吸纳了包括孔多塞侯爵在内的前贵族，但是山岳派中也有自称"菲利普-平等"的奥尔良公爵和来自圣法尔若的勒佩勒捷侯爵*等人。

吉伦特派和山岳派之间的争论，既不是社会出身，也不是政治理念的问题，更多的是历史和个性问题。其中尤为重要的是在九月屠杀中"嗜血者"犯下的血腥罪行。布里索、罗兰和其他的吉伦特派成员不愿原谅或忘记他们曾在那场悲惨事件中所遭受的生命威胁，他们带着个人怨恨参加了国民公会，因为他们认为那些人对他们的不幸都负有责任。他们几乎在第一时间就对"极端嗜血者"马拉、罗伯斯庇尔（他以起义公社领导者的名义独裁地向立法议会下达命令，引起了人们的不满）和丹东（当下还被指控在司法部长任内对账目做了手脚）发起了恶毒的攻击。他们还试图重新启动既有方案，在巴黎附近建立一支联盟军武装，从而保护公社免受巴黎民众中激进分子的暴力破坏——犯下九月暴行的民众一直逍遥法外，这种情况显然激怒了吉伦特派。

山岳派的反应则是将吉伦特派驱逐出巴黎的雅各宾俱乐部，并试图在全国范围内的俱乐部体系中将敌人的名字抹黑。不过，吉伦特派奋起反击。他们开始在国民公会上发表演说，平原派是他们最忠实的听众；他们的朋友也担任了部长职务，罗兰留任内政部长，吉伦特派

---

\* 路易-米歇尔·勒佩勒捷·德·圣法尔若（Louis-Michel Lepeletier de Saint-Fargeau，1760—1793），法国穿袍贵族，1789年至1791年间担任制宪议会代表，1792当选国民公会议员，处决路易十六后遇刺身亡，被称作"大革命的第一位烈士"。

的盟友勒布伦-通杜\*和帕什†则分别担任外交部长和陆军部长。8月，内政部长罗兰获得了10万里弗的拨款用于外省的宣传事业，他掌管的公共精神办公室利用吉伦特派的报纸来进行党派宣传，博纳维尔的《纪事报》、卢韦‡的《哨兵报》和《真理之友公报》都是其中的代表：这些报刊大肆诽谤与巴黎人民运动有关的议员领袖，描绘出一幅兼具爱国精神和政治责任感的吉伦特派领袖面临着被雅各宾派和无套裤汉摧毁的危险图景。

尽管吉伦特派与山岳派之间充满了仇恨和相互指责的氛围，但双方在当时两个主要问题上的态度却出奇地一致——战争的前途和国王的命运。从1791年底开始，布里索派长期就是战争政策最有力的支持者，而山岳派也在国民公会中紧随其后，积极拥护爱国事业。1792年11月19日法令承诺向所有为重获自由而斗争的人民提供兄弟般的援助，但这似乎只是布里索在1791年呼吁为普遍自由而战以来的一个迟到的法令。类似地，国民公会于12月15日又颁布了一项法令，规定在占领地区实施革命立法和改革——这一方案还被扩展至教会土地国有化、废除"什一税"和封建税收，以及实行新税制和指券等领域。尽管地方上也曾努力协调推行这些改革方案（虽然三心二意的情况越来越多），但与吉伦特派和山岳派一致同意的"兼并主义论"相比，这些努力就显得微不足道了。例如，1793年1月，吉伦特派的死敌丹东就提出了一项过激的建议，即法国的边界应当固定为由阿尔卑斯山、比利牛斯山和莱茵河共同组成的"自然疆界"。1792年11月，萨瓦并入法国；1793年1月，尼斯并入法国；随后，摩纳哥以及德意

---

\* 勒布伦-通杜（Lebrun-Tondu，1754—1793），1792年出任陆军部长，因与吉伦特派关系密切而备受谴责，1793年12月27日被送上断头台。

† 让-尼古拉·帕什（Jean-Nicolas Pache，1746—1823），1792年至1793年间出任陆军部长，1793年至1794年间出任巴黎市长。

‡ 让-巴蒂斯特·卢韦·德·库维雷（Jean-Baptiste Louvet de Couvray，1760—1797），法国作家、出版商、政治家，1792年当选国民公会议员，1795年入选五百人院。

志、比利时的一些领土也相继并入法国。从1792年11月起，斯海尔德河向法国船只开放，这打破了1713年《乌得勒支和约》所确认的国际惯例。

毫无疑问，与同事们相比，吉伦特派是国民公会中最反对君主制和最爱国的议员。事实上，他们在宣布成立共和国之际和所有人一样狂热，也有人在走上断头台时高唱《马赛曲》。然而，他们对审判国王的处理方式却变得越来越神秘，甚至会进行阻挠或持有机会主义立场；他们对山岳派政敌的无休止攻击，让国民公会中许多原本不感兴趣的旁观者产生怀疑——哪怕只是为了打击正在日益被扩张主义言论所煽动的山岳派，吉伦特派是否还会回到支持君主制的老路上来？"罗兰和布里索的阵营，"英国密使乔治·芒罗上校自信地断言，"肯定正在竭力拯救国王，以便压制罗伯斯庇尔一派。"[20]

11月初，决定路易·卡佩命运这一棘手的法律和宪法问题得到了解决，国民公会同意由自己来审判国王。几乎在同一时间，罢免国王与其说是国民团结的象征，不如说成了一场尴尬的政治比赛。内政部长罗兰尝试为吉伦特派争取主动权，他于11月20日匆匆赶到国民公会，宣布在杜伊勒里宫的"秘密铁柜"中发现了一些机密政治文件。政变的结果使罗兰颜面扫地：山岳派指责他销毁了不利于吉伦特派的文件，而吉伦特派在1792年7月与国王的谈判也由此曝光。辩论的基调由绝不妥协的罗伯斯庇尔及其年轻的拥护者圣茹斯特决定，圣茹斯特在他的第一次公开演讲中就指出了"没有任何国王是清白的"格言：8月10日的行动已经认定路易十六有罪，只需等待国民大会诛杀暴君卡佩。[21]

12月11日，审判程序拉开帷幕，被这种可怕政治格局吓倒的议员不只有吉伦特派。在他勇敢的前大臣马勒泽布的辩护下，路易十六勉强维持着可怜的尊严。但他注定毫无胜算。"铁柜"决定了他的命运——与其说是因为"铁柜"里面的文件（这些内容没有得到系统分

路易十六在国民公会接受审判

析），不如说是"铁柜"的象征意义在于它对政治透明度的双重违背。然而，就在一切似乎都要走向一个明朗的结局时，吉伦特派又玩起了花招。他们担心处决国王可能会引发内战，激起欧洲对法国的不满，故而开始主张国民公会的决定需要在基层议会中得到人民的批准。在大多数议员看来，以"诉诸人民意愿"作为理由是徒有其表的，而且在1792年9月参选投票率不高的情况下，很容易让人相信导致缓刑的结果，而缓刑本身又会引发大规模的内乱。

在这次事件中，甚至一些吉伦特派也转而反对"诉诸人民意愿"——这说明"诉诸人民意愿"在很大程度上只是一种反对山岳派的战术手段，而国民大会也最终承担起这项对许多人看来具有历史意义的使命。1月14日，议员们投票宣布国王有罪，并以三分之二的多数票否决了"诉诸人民意愿"的提议。1月16日至20日，议员们一个个地走上讲台，在他们的同僚面前，在挤满公众旁听席的无套裤汉的注视下，投票并为自己的选择辩护。在这个高度紧张的生死攸关之际，议员们不仅要直面自己的政治生涯，而且要承担因自己的决定而导致的死亡风险——无论哪一方胜出，他们的生命都会受到威胁。387名议员（包括菲利普-平等在内）最终赞同处决国王，而提出其他建议（包括监禁、流放等措施）的议员则有334人。稍后，要求暂缓执行死刑的提议又以380票对310票被明确否决。1793年1月21日，国王的死刑以一种隆重的方式被执行。大革命的中心出现了一条新的血路：一边是山岳派、弑君派议员和巴黎的人民运动；另一边不仅有君主反动势力，还有吉伦特派议员及其在国民公会和全国各地的支持者。

审判路易·卡佩展现了共和派伙伴出于相对政治优势的原因而闹翻的不光彩场面。事情并没有就此结束。1793年春天，战争、反革命内乱和经济困难——这三种截然不同而又暗中交织的因素对共和国的生存造成了新的威胁，政治分裂的情况也进一步加剧。

瓦尔米战役后的军事胜利只是一种具有欺骗性的假象。国民公会似乎相信自己的修辞，信心满满地扩大了在欧洲的冲突，于1793年2月1日向英国和荷兰宣战，于3月7日向西班牙宣战；到了秋天，欧洲的其他大部分国家都被卷入了冲突。然而，军队需要得到严肃关注，1792夏天的许多爱国志愿军士兵都选择回乡过冬。迪穆里埃向荷兰推进的计划遭到了奥地利的反击，他于3月18日在内尔温登的失败导致法军撤出荷兰和比利时。东线的情况也很糟糕，屈斯蒂纳丢掉了对莱茵地区的控制权，把法军围困在美因茨的不伦瑞克公爵夺走了莱茵地区。迪穆里埃试图以拉法耶特的方式发动政变，率领军队攻打巴黎，进而粉碎雅各宾派，恢复1791年宪法。但是他的部下却拒绝听从他的指挥，当迪穆里埃把国民公会派来逮捕他的四名特派员交给敌人之后，这位一错再错的将军骑着马、带着奥尔良公爵之子沙特尔公爵（即未来的国王路易-菲利普），在共和国军队发射出的枪林弹雨中，反而跑向了奥地利的阵营。

每个人都在谈论背叛。从1789年"大恐慌"的夏天开始就作为大革命历史进程主要特点的阴谋心态，此时也在国内找到了新的目标。对外战争的需求催化了全国范围内的抵抗运动，而这种浪潮在法国西部又发展成赤裸裸的反革命态势。为了弥补回乡志愿军造成的士兵缺口，国民公会于2月21日颁布了所谓的"30万人法令"，计划由地方当局自行招募大批志愿军。一项让人想起革命时代以前令人痛恨的民兵招募的措施必然不会受到欢迎，因而也引发了全国范围内的抗议。此外，在法国西部，从3月11日起，抗议演变成了暴风骤雨般的公民不服从浪潮：袭击国民自卫军士兵、共和派市长和立宪派教士，特别是断然拒绝加入武装部队。

叛乱的动员者不是国王，而是教会。普罗旺斯伯爵在其兄长被送上断头台一周后，于1月28日颁布了一项通告，但人们对此表现出沉默或冷淡的态度：普罗旺斯伯爵承认被囚禁的路易十六幼子是合法的国王，即路易十七，而他自己则作为摄政王掌权，承诺恢复到1789年以前的状态，并对此后犯下的罪行进行惩罚性措施。西部叛乱地区不希望全盘恢复旧制度：他们对领主制的远去感到欣喜而非哀叹，对处决国王也毫不在意。然而，真正触动他们的是宗教问题。在上述地区，反宗教改革的传教热情在农民思想中留下了深刻的烙印，他们对教士施加了巨大的压力，迫使后者在1791年拒绝接受《教士公民组织法》：诺曼底、布列塔尼、曼恩、昂热和下普瓦图，这些都曾是最坚定抵制宣誓的地区。从那时起，这些地区经历了大量的宗教骚乱，包括许多"引诱宣誓人"事件。1793年初，当地民众被要求去为大革命而战，但此时大革命的基本理念尚未被普遍接受，两者的冲突导致了反革命号角的吹响。这种情况造成了政府在一大片土地上的彻底垮台，即所谓的"旺代军事"地区：从卢瓦尔河以南到丰特奈-勒-孔泰一带，包括曼恩-卢瓦尔省、下卢瓦尔省、德塞夫勒省和旺代省。

这场自发的农民起义很快引发了令人发指的暴行，其程度堪比巴黎的九月屠杀。叛乱者在占领肖莱和马什库勒等城镇时，屠杀了共和派官员（仅在这两个城镇，就有大约500名共和国的支持者被残忍地杀害）。叛乱的人数与日俱增，军事力量也逐渐强大，但他们的领袖却出身卑微——例如，卡特利诺[*]曾是一名织布工，斯托弗莱特[†]曾是一名猎场看守人。尽管当地一些出色的贵族已经移居国外，但有证据表明，大量小贵族还是被吸引到旺代地区。其中最著名的是拉罗什雅克林伯爵[‡]，他曾是王室的护卫，后来被任命为"王室天主教军队"的总司令，而这支军队也有着自己的指挥结构、供应基础设施和徽章（其中最突出的是圣心），甚至还发行了印有年幼的路易十七肖像的指券。

因此，旺代叛乱中的保王派因素实则出现得很晚。此外，这也完全不是流亡贵族们的功劳，他们对旺代叛乱中显示出的反革命潜力反应迟缓，是因为他们和英国人同样坚信，战争最好以传统的军事方式进行，而不是由一群挥舞草叉、无纪律的农民发动。然而，农民却有效利用了前线军事危机造成共和国军队在国内兵力有限的机会，起初在与国民自卫军的战斗中取得了胜利。5月5日，叛军攻占图阿尔；当月晚些时候，又攻占了帕尔特奈和丰特奈。

面对前线的军事低迷情况和西部的顽固派叛乱，国民公会发现自己处于经济困难之中，这不仅影响了巴黎的积极性，而且也在全国范围内引发了广泛的不满。《教士公民组织法》和征兵问题加剧了人们对大革命经济冲击的普遍不悦。尽管1789年以来的改革规模很大，但许多法国人对大革命改善个人生活的成效却明显感到失望。税收减免的幅度很小；历届国民议会必须采取直接行动才能废除领主制；在西

---

[*] 雅克·卡特利诺（Jacques Cathelineau, 1759—1793），法国大革命期间旺代叛乱的领导者。
[†] 让-尼古拉·斯托弗莱特（Jean-Nicolas Stofflet, 1753—1796），法国大革命期间旺代叛乱的领导者。
[‡] 亨利·德·拉罗什雅克林（Henri de la Rochejaquelein, 1772—1794），旺代叛乱中最年轻的将军。

在旺代叛乱期间，保王派屠杀共和派

部等普遍存在佃农的地区，1793年的人口数量可能比1789年低30%。此外，由城镇居民组成的新兴政治阶层扩大了对农业地区的影响和控制，特别是通过购买教会土地和以城镇居民为基础的国民自卫军等方式，进一步强化了他们的统治。事实证明，革命议会也无法解决日益严重的经济问题。即使在英国海军的封锁有效摧毁了宝贵的殖民地贸易之前，与欧洲各国的战争也削弱了法国的外汇收入。由于财政和行政重组后的税收情况仍然低迷，政府支付战争费用的唯一方式就是发行更多纸币，此举加剧了通货膨胀，进而破坏了国家信用。到1793年2月，指券的成交价格约为其面值的一半。2月12日，激进的前教士雅克·鲁\*带领一个来自巴黎郊区的代表团进入议会，要求采取解决人

---

\* 雅克·鲁（Jacques Roux，1752—1794），忿激派成员，具有早期的共产主义思想，被称作"红色神父"，被捕后自杀身亡。

民困难的行动；两星期后，首都发生了消费者的骚乱，对殖民地商品（糖、咖啡、肥皂）进行大肆掠夺和打折销售。

国民公会内部的反对声音此起彼伏。即使是左翼议员都情愿把造成经济困难的原因归咎于政治问题而非生计问题。例如，马拉认为"奢侈品"骚乱背后一定有贵族的阴谋，而罗伯斯庇尔则斥责民众"不值得"关注那些"微不足道的商品"："人民，"他大声疾呼，"不应该为收糖而起身，面对暴君却躺倒。"[22]然而，雅克·鲁不过是此时名声日益败坏的"忿激派"的成员，这一群体在派系政治和激进新闻报道中刚刚崭露头角。忿激派的成员还有让·瓦尔莱\*、泰尔菲奥·勒克莱克[†]以及两位激进女性主义者克莱尔·拉孔布[‡]和波利娜·雷昂（勒克莱克的伴侣）[§]。尽管个人恩怨让事情变得复杂，但他们的激进主张和巴黎公社的宣传要点非常接近，公社检察官"阿那克萨戈拉斯"肖梅特[¶]及其因《杜歇老爹报》而闻名的助手雅克·埃贝尔都持有类似观点。迪穆里埃叛国的消息传出后，瓦尔莱在巴黎主教府成立了一个中央协调委员会，追踪事态的发展，并且制定了一个独属于无套裤汉的纲领，该纲领的信念根基在于，与选举产生的国民公会议员相比，地区议会才能更真实民主地呈现出人民主权的含义。忿激派运动在经济层面的主张包括呼吁消除囤积和投机（主要是通过处决囤积者和投机者的方式），以及要求国家制定物价并保证指券的"强制流通"。

在严重的外部威胁下，同时被国内反革命力量所牵制，以及受到巴黎无套裤汉运动的影响（这场运动似乎正在从左翼逐步渗透到国民

---

\* 让·瓦尔莱（Jean Varlet，1764—1837），忿激派成员，在推翻君主制和吉伦特派统治期间发挥了重要作用。

† 泰尔菲奥·勒克莱克（Théophile Leclerc，1771—1820），忿激派成员，1794年4月被捕，此后低调活动。

‡ 克莱尔·拉孔布（Claire Lacombe，1765—1826），忿激派成员，女性革命家。

§ 波利娜·雷昂（Pauline Léon，1768—1838），忿激派成员，女性革命家。

¶ 皮埃尔·加斯帕尔·肖梅特（Pierre Gaspard Chaumette，1763—1794），忿激派成员，曾任巴黎公社主席，1794年4月13日被送上断头台。

公会之中），议员们最终做出了强烈反应。3月18日，他们通过了一项法令，威胁对任何鼓吹《农业法》（即征用富人的土地并将其重新分配给穷人）之人都将处以死刑。然而，为了预先遏制人民的激进行动，议员们开始全面暂停个人自由与自然权力，设置了国家政治恐怖的黑暗机器："让我们变得可怕起来吧，"丹东向他的伙伴们发出呼吁，并对九月屠杀事件冷酷地表示同意，"以便让人民变得可怕。"[23]3月10日，革命法庭成立，其主要职能是审判反革命罪行；19日，任何背叛国民之人都将被立刻执行死刑；21日，进一步收紧了针对反抗派教士的严酷立法；而在28日，反流亡贵族的立法获得通过，惩处力度进一步加强。特别值得关注的是这些革命措施在实践中的执行。3月9日，近100名议员以"特派员"的身份被派出，要求各省当局负责监督逮捕犯罪嫌疑人、确保粮食贸易的有效展开，并监督征兵工作。3月21日，各市镇奉命成立监视委员会，负责审查陌生人身份，并向获得认可的爱国者颁发"公民证书"。4月6日，救国委员会成立，该机构由丹东领导的九名国民公会议员共同组成，负责协调法国国内和前线的战争工作。

山岳派是上述立法最热情的支持者之一，他们逐步成为全国范围内革命舆论的代表。在巴黎以外，雅各宾派团体正在扩大和巩固它们对各省俱乐部的控制。1793年5月，大约126个外省俱乐部（主要在法国西部和西南部）表示支持吉伦特派，而忠实支持巴黎雅各宾派的俱乐部则有195个。1793年1月，罗兰创办的公共精神办公室关闭，政治宣传的主动权也转移到山岳派-雅各宾派阵营。3月下旬，新闻自由受到限制，许多山岳派议员以此为借口，使用"令人反感的偏袒和对舆论的腐蚀"的理由，没收了各省支持吉伦特派的报纸。[24]

事态发展让吉伦特派议员深感不安，他们越来越多地反思大革命的前进方向，以及革命成果最终落入谁手等问题。虽然他们有时对国民公会忙于设计恐怖措施的后果感到不寒而栗，但他们毕竟不是反革命分子，他们也希望赢得战争的胜利。但他们发现，自己憎恨的山岳派敌人却能更好地展现出一种充满活力的爱国主义者姿态，从而反对国家安全的威胁：例如，山岳派议员在特派员总体中的所占比例过高，事实也证明，山岳派是爱国抵抗运动的中坚力量。吉伦特派的挫败感还在继续增加：国民公会拒绝接受吉伦特派议员孔多塞在2月提出的新宪法草案，但关于新宪法的讨论又在4月被再一次提出。吉伦特派对国民公会内山岳派的"超爱国主义化"倾向感到不满，并将猖獗的反巴黎情绪作为一种核心观念。这种现象可以理解，因为他们的厌恶也得到了巴黎无套裤汉的充分回应。在对国王的审判中，吉伦特派曾因"诉诸人民意愿"而不受欢迎；现在，他们又因对巴黎激进组织的再三谴责而加重了这种情况。对于激进的无套裤汉来说，吉伦特派是管制经济政策最激烈的反对者。从本质上讲，吉伦特派和山岳派在政治经济学方面的教条主义思想不分伯仲，只不过吉伦特派更坚定地支持自己的自由放任政策，而到了4月至5月，山岳派开始表现出务实主义的倾向，接受了忿激派所要求的实行某些经济管制的主张。至于忿激派，他们对吉伦特派的批评已经具体到个人，抨击有些人是"奸商"和"其貌不扬者"，只会通过与腐败的商业利益集团密谋才能获利。在3月9日至10日的人民行动中，激进的民众袭击了负责出版吉伦特派主要报刊的印刷厂，尤其是戈尔萨斯的《八十三省通信报》和孔多塞的《巴黎纪事报》。虽然行动得到了控制，但此事未能阻止无套裤汉要求将吉伦特派的22名主要领袖驱逐出国民公会。

几天后，吉伦特派成员韦尼奥在国民公会上对3月9日至10日事件进行了猛烈的谴责，由此开启了一段恶性的政治斗争时期，直至1793年6月2日诸多吉伦特派议员被驱逐才告一段落。韦尼奥在攻击巴黎激进派的同时，还指责山岳派在民众需要平静的时候反而鼓动人民保持热情，并使专制主义的回归成为可能，因为大革命"就像土星一样，吞噬了自己的孩子"。[25]由于山岳派开始接受忿激派的政治和经济方案，吉伦特派与山岳派的关系已经彻底恶化。4月11日，在山岳派的压力下，国民公会通过了关于指券"强制流通"的法令，随后又在5月4日通过了"第一"最大限度，即从消费者的利益出发，对谷物和面包的最高价格予以明确规定。到5月下旬，强制向富人贷款和公共工程计划也已经开始实施。

随着山岳派开始支持无套裤汉驱逐吉伦特派的主张，吉伦特派意识到自己的脖子已经被套上了枷锁，于是在雅各宾派日益占据主导地位的公共领域，也向他们的死敌发起了进攻。吉伦特派在巴黎各区的支持者们竭力抵制忿激派的影响；吉伦特派的议员也敦促各省抗议人民运动对国民公会的控制；在里昂、马赛和波尔多等外省城市，雅各宾派内部的温和主义反对派得到了吉伦特派的支持；吉伦特派还尝试重振新闻事业。吉伦特派也没有停止试图利用新的恐怖机器来清除他们的对手——这一举措对他们产生了严重的反作用。4月14日，由于许多山岳派反对者的缺席，吉伦特派让国民公会以煽动叛乱为由对马拉提出弹劾。马拉选择放弃抵抗，但随后在新的革命法庭上进行的审判却让吉伦特派惨败而归："人民之友"被无罪释放，马拉高举双臂，以胜利者的姿态穿过巴黎的大街小巷。

丹东日后在回忆吉伦特派时谈道："正是他们，迫使我们投身于吞噬他们的无套裤汉运动。"[26]这是一个长期与人民运动为伍的山岳派人士特殊的回忆性抗辩，但他说的确实有理。从1792年秋天开始，吉伦特派对雅各宾派发起了无情的攻击，这使他们的敌人在无套裤汉问题上的回旋余地远远达不到山岳派的预期。吉伦特派还在抓捕马拉的运动中破坏了议员豁免权的观念，从而将自己置于被起诉的位置上。吉伦特派的反雅各宾主义的尖锐特点和党派属性最终让许多平原派的中间派议员大失所望。随着来自前线和法国西部的坏消息越来越多，但吉伦特派却宁愿在巴黎集结力量而对山岳派大加抱怨——尽管山岳派议员承担起特派员的责任，并以魔鬼般的姿态投入战争之中。在战争背景下，吉伦特派明显缺乏爱国主义情感，但战争的发起者恰恰也是他们自己——所有人都明白其中的讽刺意味，而且看似呈现出惊人的恶意。吉伦特派迫使许多著名的温和派人士转投山岳派阵营，例如库东\*、兰代†、卡诺‡和巴雷尔§。正如医生出身的议员博多¶后来所说的那样：

> 吉伦特派希望在资产阶级掌权的情况下停止革命，但这样的做法在当时既不可能，也不符合政治原则：边境上有公开的战争，国内有内战爆发的风险；外国势力只能被群众击退；我们必须动员群众，让他们与我们的命运密切相关。[27]

当然，作为这些"群众"代言人的无套裤汉，也受到了吉伦特派议员发起的最尖锐的攻击。

上述情况使吉伦特派在5月下旬的紧要关头变得孤立无援。他们呼吁维护法治、各省的权利以及国民公会所体现的国家主权观念，这些呼吁原本用意极好。但坦率地说，吉伦特派似乎起到了阻碍、脱离实际和虚伪的作用。身处巴黎的吉伦特派试图向外省——也就是所谓的温和派——发出呼吁，敦促将国民公会迁至平凡的小城布尔日，但同时又对激进的无套裤汉发起了新一轮的进攻。5月18日，根据吉伦特派的要求，国民公会成立了一个"十二人委员会"，负责调查有关

---

\* 乔治·库东（Georges Couthon，1755—1794），1792年当选国民公会议员，1793年担任救国委员会成员，罗伯斯庇尔和圣茹斯特的盟友，1794年7月28日被送上断头台。

† 让-巴蒂斯特·罗贝尔·兰代（Jean-Baptiste Robert Lindet，1746—1825），1793年至1794年间出任救国委员会成员，与罗伯斯庇尔关系密切，热月之后摆脱镇压，曾任督政府的财政部长。

‡ 拉扎尔·卡诺（Lazare Carnot，1753—1823），1793年至1794年间出任救国委员会成员，1795年至1797年间出任督政官，1800年出任陆军部长，1815年出任内政部长。

§ 贝特朗·巴雷尔（Bertrand Barère，1755—1841），平原派成员，1793年至1794年间出任救国委员会成员。

¶ 马克·安托瓦·博多（Marc Antoine Baudot，1765—1837），1792年至1795年间出任国民公会议员。

人民叛乱阴谋的指控；5月25日，该委员会提交的报告导致埃贝尔、瓦尔莱和其他一些无套裤汉领导人被捕，几天后他们未经审判就被释放了。吉伦特派成员伊斯纳尔*利用自己作为国民公会主席的地位，对那些敢于威胁国民公会的无套裤汉发起了猛烈的进攻，他大言不惭地说道：如果议员们受到威胁，"巴黎将被完全摧毁，人们将在塞纳河畔寻找这座城市的踪迹"——这种表述与1792年的《不伦瑞克宣言》类似，引发了极大的反感。[28]

在国民公会中的山岳派退避三舍的情况下，巴黎的激进分子开始组织一场新的运动，旨在将吉伦特派驱逐出国民公会，继而推行全面的无套裤汉改革方案。5月31日，两天前瓦尔莱在主教府组织的起义委员会接管了巴黎公社，起义公社任命激进派的前税务官昂里奥†担任国民自卫军指挥官。国民公会内发生了大规模的民众示威，要求驱逐吉伦特派议员、镇压十二人委员会、全面逮捕囤积居奇者和政治犯罪嫌疑犯人，并采取其他激进的社会福利措施。国民公会同意罢免十二人委员会，但拒绝采取进一步行动。然而，6月2日发生的起义运动，迫使国民公会走得更远。尽管议员们起初不愿意抛弃他们的同僚，但他们试图走出议会大厅的行动，却遭到了一群无套裤汉的包围，无套裤汉拒绝让议员们离开。当昂里奥威胁要命令他的国民自卫军炮兵向议员们开火时，议员们只能顺从地向命运低头：他们退回了议会大厅，投票通过了将29名吉伦特派议员驱逐出国民公会的决定（其中许多人此时已经离开了巴黎）。无套裤汉赢得了一场著名的胜利；但他们（或者山岳派）能否获得更充分的回报？这个问题还有待进一步观察。

---

\* 马克西曼·伊斯纳尔（Maximin Isnard，1758—1825），1791年至1797年间先后出任立法议会、国民公会和五百人院议员。

† 弗朗索瓦·昂里奥（François Hanriot，1759—1794），法国大革命期间的无套裤汉领袖，因试图释放被捕的罗伯斯庇尔，于1794年7月28日被送上断头台。

## 共和国统一的冰山逻辑

> 必须有统一的意志。要么是共和派,要么是保王派……内部的危险源于资产阶级;为了战胜资产阶级,我们必须团结人民……人民必须与国民公会组成联盟,国民公会必须利用人民……我们必须运用一切可能的手段,鼓励人民对共和国的热情。[29]

以上这些沉思来自马克西米连·罗伯斯庇尔在1793年6月初的日记,当时大革命正面临着各方面的武装冲突和激烈的内战。在国民公会的"后吉伦特派"时代,这位"不可腐蚀者"成为恐怖时期的主要思想家,并从1793年7月起担任复兴后的救国委员会的主要发言人。他的思想中包含着行动的处方。鉴于政治版图内部"共和派革命者"和"保王派反革命者"的二分法,考虑到甚至资产阶级中的大多数(以吉伦特派为代表)都已经投靠敌人的事实,在罗伯斯庇尔看来,一个统一的国家和大革命的意志是必不可少的。他认为,构成这种意识的基础是像他这样的山岳派国民公会议员与无套裤汉之间的共生关系的互动联盟,后者刚刚在5月31日至6月2日期间将自己的意愿强加于议会之上。

恐怖将大革命的能量和热情凝聚在单一的政治目标之中,在接下来的一年里,它还将决定法国人民的命运——无论好坏,无论贫富。正如查尔斯·狄更斯后来所反思的那样,这是"最好的时代,也是最坏的时代"。[30]山岳派的策略包括争取更广泛的民众支持,进而实施一项激进的社会、经济和政治改革方案,这个方案与启蒙运动的社会改良计划直接相关,而且同样源自崇高的道德动机。然而,与此同时,任何个人或团体(事实证明,这样的个人或团体越来越多)如果不幸

罗伯斯庇尔

被判定为政治犯，那么国家暴力的威胁就会毫不留情地笼罩在他们头上。所有接受过古典教育的议员都知道，"恐怖"是古罗马共和国的理念：如果罗马军团不履行其职责，就会不分青红皂白地受到惩罚。1793年至1794年的恐怖既令人恐惧，又使人警醒的一面在于，它所施加的暴力带有一种随意性的光环——即使（或者说正是因为）暴力的实施者受过无懈可击的拉丁教育，而且具有崇高的道德准则。

罗伯斯庇尔和山岳派寻求结盟的人民运动是社会和政治的混合体。巴黎的无套裤汉在布舒特\*的陆军部和公社中都有堡垒，但他们的独特环境是巴黎48个区的社区会议，以及遍布于首都和外省的俱乐部——现在被称作"人民团体"（巴黎最著名的团体就是科德利埃

---

\* 让-巴蒂斯特·布舒特（Jean-Baptiste Bouchotte，1754—1840），1792年至1793年间出任陆军部长。

俱乐部）。1793年3月成立的监察委员会利用了这些爱国主义的宝库，并在地方一级实施恐怖行动的过程中打上了浓厚的平民色彩。整个运动的参与者容纳了工人阶级和小资产阶级（工匠、店主、小店员等），以及许多在社会通货紧缩不那么严重的时代以绅士自居的中产阶级。这场运动也吸纳了相当多的主流社会以外的知识分子和记者，还有一些性格古怪的贵族，例如萨德侯爵\*就是其中之一。事实上，"无套裤汉"一词源于某种流行的姿态：18世纪的大多数工匠和店主都穿着过膝长裤，后来它才与象征自由的红色弗吉尼亚帽一同成为政治正确的标志。

这些巴黎的激进者究竟在多大程度上"代表了"法国人民？这个问题尚无定论。尽管他们在巴黎保留了更多的独立身份，但在外省，他们与雅各宾派势力之间的界限却非常松散。确实，在某种程度上，无套裤汉是山岳派的产物（虽然他们的确发展出一定程度的自治）。无套裤汉自豪地站在忠于国民公会的法国人民之前。他们的人数——尤其是加上在1793年至1794年间被吸引到军队中为新生的共和国而战的约100万人——构成了一支非常强大的力量。此外，全国可能有多达2万个监察委员会，其成员可能有50万人。大革命期间，政治俱乐部吸引了多达100万人的加入。1793年至1794年间的政治参与度非常高：3 000个俱乐部中吸纳了全国十分之一的成年男性。这种程度的民众参与率，让19世纪欧洲每一场激进社会运动都羡慕不已。

尽管上述情况无疑令人印象深刻，但在整个法国，人民运动仍然是一场少数人的运动。绝大多数人对无套裤汉和大革命政府没有多少同情。90%的市镇中没有成立俱乐部，社交网络的中心是城市而非乡村。即使在巴黎，参加区级会议的成年男性比例也很少超过10%——而在其他地方，这一比例可能要低得多。另一个极端是在保王派发动

---

\* 唐纳蒂安·阿尔丰斯·弗朗索瓦·德·萨德（Donatien Alphonse François de Sade，1740—1814），法国哲学家、作家、政治家，作品以色情描写和社会丑闻而闻名。

叛乱的旺代等地，爱国者被公开的反革命分子所击溃，而反革命分子则比爱国者更具乡土气息：旺代军队是由"像我这样的农民组成的，他们穿着罩衫或粗布大衣，武器是猎枪、手枪和火枪，通常还配有镰刀、棍棒、斧头、刀具和烤肉叉"。[31] 正是这些人成为旺代叛乱中军事镇压的首要对象，而巴黎革命法庭将两倍于贵族和上层资产阶级的农民和工人送上了断头台。1793年至1794年间，大约有100万人因为他们的政治观点被监禁或受到监视，这个数字与参加军队的人数大致相同。恐怖将这个国家从中间一分为二，斗争双方的活跃分子遍及社会上层和底层。

1793年夏天见证了一场复杂的政治舞台剧，大革命政府既要利用人民运动来震慑反对势力，又要操控无套裤汉服从于山岳派的改革方案。在很多方面，巴黎激进者的重要性，与其说是源于他们所代表的原始社会力量，不如说是源于他们处于政府所在地具备的战略优势——正如6月2日事件所生动说明的那样，他们能够直接针对立法机构行使权力。在一个饱受政治危机折磨的国度，他们所体现出的根本政治威胁成为震慑反对派的有效手段。法国大多数地区都认为5月31日和6月2日事件不具有合法性。超过40个省级行政机构提出正式抗议，其中约三分之一的抗议演变成了所谓"联盟派起义"，即持续到秋季的共和派积极抵抗。国民公会内部本身也存在着令人不快的阻碍：近100名议员对吉伦特派同僚的被迫驱逐提出正式抗议，并在整个夏天对救国委员会的政策持续展开攻击，"战争内阁"正在被山岳派变成推行恐怖的主要工具（罗伯斯庇尔在7月被选入其中）。

尽管国民公会在1793年6月2日屈服于无套裤汉的压力，但是山岳派也需要时间来接受人民运动所带来的全部经济、政治和社会信息。雅克·鲁现在已经加入了巴黎公社，而且继续提出了更多主张，甚至还被认为是6月底巴黎肥皂骚乱的幕后黑手。6月25日，他在巴黎公社的会议上指责道："当一个阶级可以让另一个阶级忍饥挨饿时，自由不过是虚幻的假象；当富人通过垄断掌握了他们同胞的生杀大权时，平等也不过是虚幻的假象。"[32]7月13日，年轻的吉伦特派支持者夏洛特·科黛\*将疾病缠身的马拉在浴室中刺杀，为这位新的"人民之友"在大革命的先贤祠中留下一席之地，他曾将当权者的腐败行为公之于众。"人民之友"头衔的争夺者很快排起了长队，其中包括雅克·鲁的忿激派同僚瓦尔莱和巴黎公社副检察官、有"杜歇老爹"之称的埃贝尔。埃贝尔和他的盟友肖梅特一样，都是激进的平等主义者。

9月5日，土伦海军基地向英国海军投降的消息，在巴黎引发了激烈的民众示威运动，事件促使国民公会正式宣布将"恐怖"作为"日常的秩序"，并且通过了忿激派的大部分提案：对所有食品实行全面最高限价（9月11日和29日颁布）；扩大革命法庭；建立"革命军队"，将大革命引向农村，从事政治和经济恐怖活动；承诺加强对犯罪嫌疑人的逮捕力度（即将体现在9月17日颁布的《惩治嫌疑人法》中，这项法令大幅扩大了政治局外人的维度）；以及同意向参加区级会议的无套裤汉拨付40苏的津贴。9月5日至6日，两名同情无套裤汉的著名激进派成员比约-瓦雷纳[†]和科洛·代布瓦[‡]被任命进入救国委员会。

然而，尽管救国委员会现在穿上了忿激派的外衣，它也随即开始按照自己的形象重新塑造人民运动。在埃贝尔的《杜歇老爹报》中，典型的"无套裤汉"被描绘成一个猥琐庸俗但又心地善良、热爱祖国的可爱灵魂，他们对贵族和反抗派教士发表尖锐的批评，在工匠、店主和小店员面前感到怡然自得（但不包括他们的妻子，女性的职责是在家中抚养年幼的无套裤汉）。相比之下，山岳派话语中对"人民"

---

\* 夏洛特·科黛（Charlotte Corday，1768—1793），温和共和派，因刺杀激进派领导人马拉而被处决。

[†] 比约-瓦雷纳（Billaud-Varenne，1756—1819），1793年至1794年间担任救国委员会成员。

[‡] 科洛·代布瓦（Collot d'Herbois，1749—1796），1793年至1794年间担任救国委员会成员。

的高调赞美则显得更加抽象和理想化，甚至有感情用事的成分。罗伯斯庇尔及其同僚需要人民运动表达坚定的美德，尤其体现在政治和经济独立、具有公共精神的公民身上。但是，他们却与过于刻薄的忿激派和马拉之后的"人民之友"划清界限，他们这些人早先对人民起到了误导作用。

因此，对人民的理想化为山岳派控制人民运动的行动提供了意识形态上的掩护。山岳派的计划要求终止人民运动在国民公会之外的巴黎街头上的战略优势地位。就在9月5日山岳派采纳了忿激派意识形态的同一天，政府逮捕了雅克·鲁和瓦尔莱，并将他们关进监狱（前者随后死在狱中）。其他一些激进派成员也感受到了恐怖的力量，其中就包括参与政治的女性。10月中旬，玛丽-安托瓦内特在一场虚假的审判后被送上断头台，随后对女性激进分子的攻击也由此展开。10月30日，革命共和女性公民协会被宣布为非法组织，该协会由忿激派的女性成员克莱尔·拉孔布和波利娜·雷昂创立，旨在扩大运动的政治基础。这一举措是更广泛的政治策略的一部分，目的是将女性限制在卢梭式的家庭生活中，使其远离公共生活，因为女性被认为必然会对公共生活造成污染。[33]

对女性参与政治生活观念的攻击，预示着一场更普遍的运动即将开始，这场运动的目的是建议一个统一（而且高度男性化）的集体政治身份观念，也是大革命当前所处阶段的标志。恐怖为要求革命进程产生的"新国民"和"新人"的呼声注入了新的紧迫感和说服力。公民权利的拥有者现在成为头戴红帽的无套裤汉，他们手持的长枪也成为国民武装的有力象征。法国的历史不再是合法政治参照物的来源，雅各宾派通过无休止地援引古希腊和古罗马的美德，使其成为政治再生计划的一部分。教会在公共生活中日渐式微，战争的紧急状态和国王垮台都给国民公会留下了空白，而国民公会则试图用自己独特的文化产品来填补这些空白。政治审查可能削减了出版物的领域，但政府对报纸和服从的小册子作者的支持，也意味着印刷品极大地拓宽了大革命政府信息的受众范围。从大革命初期开始，公共节日就为政府提供了一种灌输再生信息的辅助手段。[34]1793年8月10日，在推翻王权的一周年纪念日，法国首次举行了彻底世俗化的节日，即"统一和不可分割节"。新的共和国节日有时还保留了很多宗教活动的色彩：1793年夏天围绕马拉逝世的纪念仪式，以及对保卫祖国而牺牲的大革命烈士的崇拜活动，都带有浓厚的精神色彩。公开处决提供了一种更加阴郁的政治教育手段，它在1793年秋天呈现出经典的政治教育戏剧的特征：10月13日是玛丽-安托瓦内特身边冷静的随从；10月31日是吉伦特派成员（布里索和韦尼奥在走上断头台时挑衅般地高唱《马赛曲》）；11月6日是"菲利普-平等"；11月12日是前巴黎市长巴伊——断头台被戏剧性地移至战神广场，这是1791年臭名昭著的"大屠杀"的发生地。

1792年10月，政府决定采用革命历法，为政权的再生目标提供更大空间。据称，1792年9月22日共和国的成立开启了人类历史上一个崭新的、后宗教的时代，故而1793年10月已经变成了共和二年。因此，议员们放弃了对历史往昔的追溯，转而关注周期性的自然时间——后者沉浸在革命政治文化氛围中神话般的现在。[35]一年被分成十二个月，按照季节重新命名（为了祈求好运，还增加了五个"无套裤汉日"）；每月有三旬，每旬有十天——其中第十天"旬日"取代曾经的星期天，作为休息日；每一天都被重新赋予了某种自然产品、农业工具或是技艺的名称。

恐怖时期的惩罚性举措被天鹅绒手套所包裹。后吉伦特派的国民公会引入了大量平民主义措施，以满足其维持人民生活水平和激进福利改革的承诺。指券的强制流通刺激了纸币的复苏：在1793年夏季危机期间，纸币跌至面值的五分之一，但圣诞节时又回升至48%（仍不尽如人意）。农民生产者是某些措施的目标受益人。1793年夏天，国

法国大革命期间推行的共和历法

民公会颁布法令,按照有利于贫农的程序,允许小块出售流亡贵族被收归国有的土地;6月10日,颁布了公平分配国有土地的立法。7月17日,国民公会投票决定,彻底废除毫无补偿的封建税制——公开焚烧封建头衔也为平民主义提供了一抹亮色。国民公会还开始着手修缮全国范围内早已破败不堪的医院和济贫院。1794年3月,所谓的"风月法令"出台,旨在将嫌疑人的财产分配给穷人。此外,国民公会制订了野心勃勃的养老金计划,包括5月11日(共和二年花月22日)建立的"国家慈善大登记"制度。与此相关,1793年12月19日(共和二年霜月29日)颁布的"布基埃法",明确了初等教育的义务免费原则。对建立一个雏形中的福利国家的承诺，是山岳派团结人民的意识形态纲领中的重要内容——尽管他们在教育和贫困救济事业方面几乎没有取得什么成效。

通过政治让步、激进福利改革、全面镇压和意识形态的爆炸宣传等多种手段，巴黎此前肆无忌惮的民众激进主义浪潮终于被驯服，政府得以集中精力于赢得国内外战争的使命。春季建立的恐怖制度在战时政府的领导下开始运转，它的执行机构现在是一个高度年轻化和罗伯斯庇尔化的救国委员会。7月，这位"不可腐蚀者"进入救国委员会，圣茹斯特紧随其后。他们吸引了库东、巴雷尔这样的老牌成员加入其中，"大委员会"逐渐形成——在接下来的一年中，这十二个人实质上成为法国的统治者，使其渡过了军事灾难，并将之置于政治恐怖之下。9月起，又增加了比约-瓦雷纳和科洛·代布瓦，他们代表了无套裤汉的影响力；另一个极端是恐怖时期的技术官僚，但大多是政治温和派，例如：罗贝尔·兰代——罗伯斯庇尔称其为"大革命的费奈隆"——10月起开始负责国家粮食委员会，最大限度地保障粮食供应；科尔多省的普里厄\*，负责军备和战争补给；普里厄在军事工程学校的同窗卡诺，这位军事领袖后来被称作"胜利的组织者"；以及新教教士让·邦·圣安德烈†，他是恐怖时期实际的海军部长。

尽管救国委员会时常受到左右两翼的攻击，但它仍然坚持不懈地扩大自己的使命。6月11日至24日，国民公会仓促间通过了一部新的民主制宪法，部分原因在于要向亲近吉伦特派的省份表明自己对1789年原则的承诺。1793年宪法在瓦解联邦主义的过程中发挥了重要的象征意义：它旨在表明山岳派更倾向于民主而非绝对主义，并为1789

---

\* 克劳德-安托瓦·普里厄-迪韦努瓦（Claude-Antoine Prieur-Duvernois，1763—1832），曾先后当选立法议会、国民公会、五百人院议员，1793年至1794年间出任救国委员会成员。

† 让·邦·圣安德烈（Jean Bon Saint-André），法国新教教士，1793年至1794年间出任救国委员会成员。

年的先辈赋予了更多的平等和社会福利色彩。但是，由于战争期间的紧急状态，这项宪法没有得到执行。罗伯斯庇尔抵制了进行选举的行动，圣茹斯特于10月10日推动国民公会颁布法令，宣布在实现和平之前，政府应该是"革命的"（而不是"宪法的"）。恐怖政策将在宪法例外论的条件下开展，救国委员会是操盘手。

武装力量得到了最密切的关注。1793年8月23日开始的"全民动员"延长至次年2月，共吸纳了30万新鲜兵源，要求所有成年男性都为战争做出贡献：18到25岁的单身男性都可以被应召入伍，其他所有男性公民也应该通过自己的劳动和资源对战争做出某种贡献。军队规模扩大至80万人，超过100万人正式接受了军事命令。从收集洞穴的硝石用以制造火药，到生产武器和制服，再到以军事目的征用粮食和牲畜，这次民间劳动的规模达到了20世纪以前从未出现的程度。科学也是共和国的征用对象：化学家哈森弗拉茨\*和沙普塔尔†，以及数学家蒙日‡等学者，都将他们的专业知识提供给政府使用。有时，政府的征用逐渐演变为赤裸裸的军事掠夺——尤其是在占领区，根据1792年12月15日的法令，军事管理机构有权从当地居民手中榨取军队的生活物资。

1793年夏秋两季，救国委员会集结的武装力量展现出惊人的毁灭性威力。1793年初开始实行的"合并"政策，要求将志愿军、征召部队与正规军合并。与王室军队相比，新的军队仍然缺乏训练和专业知识，但对国防事业的热情弥补了这个不足。奥什将军§所说的"火

---

\* 让·亨利·哈森弗拉茨（Jean Henri Hassenfratz，1755—1827），法国化学家，1794年参与了综合理工学院的创建。

† 让-安托万·沙普塔尔（Jean-Antoine Chaptal，1756—1832），法国化学家，1800年至1804年间曾出任内政部长。

‡ 加斯帕尔·蒙日（Gaspard Monge，1746—1818），法国数学家，1792年至1793年间曾任海军部长。

§ 拉扎尔·奥什（Lazare Hoche，1768—1797），法国元帅，平定旺代叛乱，1797年曾任陆军部长。

焰、钢铁和爱国主义"发挥了作用。法国军队将传统的线性队形与他们赖以成名的纵队阵型结合在一起,以令人震惊的速度与敌军展开肉搏战。当然,他们的战略并不总能获得成功,其过程也绝非一帆风顺。不过,革命军确实经常因机动优势而战胜敌人,他们的作用至关重要,使新生的共和国度过了1793年的夏季危机。

最关键的战线位于北方,那里的局势摇摆不定:1793年年中,英国和荷兰军队进占比利时边境的法国领土,虽然秋天法军在洪舒特和瓦蒂尼取得的胜利稍稍缓解了困境,但是双方仍然处于势均力敌的状态。东方战线上,法军于7月在美因茨投降,导致军队撤回到法国境内。不过,从11月起,奥什将军策划的连续攻势扫平了阿尔萨斯,并在1794年春天取得了一定的进展。到那时,法国本土的外国侵略者已经被清除干净。法军击退了西班牙军队,越过了比利牛斯山,而且准备入侵萨瓦和意大利。

唯一彻底失败的情况出现在法国本土之外。在海上,英国舰队封锁了法国的港口(8月,法国的地中海舰队在土伦向英军投降)。过去十年间,英国王室海军的海上优势虽然屡次受到考验,但实力并没有被削弱。这意味着,无论从哪个角度来看,法国与为它创造财富的加勒比殖民地之间的联系都被切断了。从1791年起,法属岛屿就饱受奴隶起义的蹂躏。1793年,英国占领了这些岛屿,尽管奴隶领袖杜桑·卢维杜尔[*]和维克多-于格[†]分别将英军逐出圣多明各岛和瓜德罗普岛,但这对法国人来说并没有造成什么影响:他们与这两个岛屿之间几乎不存在任何联系(甚至在1801年,杜桑宣布圣多明各独立,成为海地共和国)。法国逐渐失去了全球商业强国的地位——但与它在欧

---

[*] 杜桑·卢维杜尔(Toussaint L'Ouverture,1743—1803),海地革命的领导者之一,被誉为"海地国父"。

[†] 维克多-于格(Victor-Hugues,1762—1826),1794年至1798年间担任瓜德罗普岛总督,解放了当地奴隶。

洲大陆取得的重大成功相比，这就显得微不足道了。

1793年夏天，法国国内发生的令人恐惧的内部纷争暂时告一段落。旺代的叛乱者在对抗新兵的战斗中取得了一系列胜利，抵抗行动延伸至诺曼底，当地的农民保王党（被称为"朱安党人"）也拿起了武器。然而，这两场运动很快就达到了其军事野心的极限。10月17日至18日，共和国的增援部队在绍莱取得了一场至关重要的胜利，提供了急需的缓解，迫使旺代党人和朱安党人向诺曼底的格兰维尔撤退，以便与英国舰队会合——但这一切并没有发生。旺代党人在勒芒和萨沃奈（12月23日）接连战败。1794年初，共和国军队对该地区进行了"平定"——事实上，对于残酷的镇压来说，这个词未免太过温和。1793年8月1日，国民公会允许法国指挥官在动乱地区设置"自由交火区"。1794年1月，反旺代主义者图尔若*在写给陆军部长的信件中表示："我的目标是烧毁一切。"[36]

到1793年圣诞节，清洗吉伦特派引发的联盟派起义也被彻底粉碎。在这个夏天，山岳派为吉伦特派塑造了一个教条主义、去中央集权的联邦主义者形象，但这与事实相去甚远。大多数吉伦特派和山岳派一样，始终赞成共和国的统一和不可分割。实际上，巴黎人民运动的威胁迫使他们向外省提供援助。这使得吉伦特派被贴上了联邦主义者的标签。例如，早在5月31日之前，吉伦特派对里昂反雅各宾派势力的支持，就导致当地发生了一场反对巴黎人的市政政变，这种城市内部的纷争在马赛、波尔多和其他地方也有发生。6月2日以后，在那些逃脱逮捕的议员中，反对巴黎的声浪变得更加强烈。在诺曼底，被判有罪的吉伦特派成员比佐、巴尔巴鲁†和佩蒂翁尝试组织一支反对国

---

\* 路易·马里·图尔若（Louis Marie Turreau，1756—1816），法国将军，旺代战争中的重要人物。

† 夏尔·让·马里·巴尔巴鲁（Charles Jean Marie Barbaroux，1767—1794），1792年当选国民公会议员，吉伦特派成员，1794年6月25日被送上断头台。

民公会的武装，但在7月厄尔河畔帕西的"战役"中，这支军队在惊慌失措、一枪未发的情况下便一哄而散。这些政治犯逃往波尔多，在那里形成了更强大的反抗力量。

由于政府对1793年宪法的大力宣传，曾经抗议5月31日至6月2日事件的大多数地区都服从了政府的命令。仍在负隅顽抗的地区主要集中在南方的部分大城市。幸运的是，对山岳派来说，这些城市非常分散，从未出现过各地武装会合在一起的情况。7月底至8月，阿维尼翁和马赛相继落入共和国军队之手，波尔多也在9月投降（导致了吉伦特派流亡者的集体自杀）。10月初，共和国军队收复里昂，土伦成为唯一一座仍在抵抗的联盟派城市。12月19日，共和国军队最终攻克土伦，雅各宾派中尉、科西嘉人拿破仑·波拿巴在炮战中发挥了关键作用。

可以说，在带领法国渡过1793年夏季和秋季危机的过程中，与共和派将军一样发挥重要作用的是同时被国民公会派出执行任务的议员，后者的使命在于确保关键的革命战争立法得以顺利实施。在清除敌对的或态度暧昧的地方行政机构、动员武装防卫力量、招募军队、保障粮食供应、将政治犯罪嫌疑人送上革命法庭以及充当政府的宣传员方面，这些特派员都是革命政府的关键联络人，他们将救国委员会的目标与各省的人民力量联系在一起。这些人虽然是国民公会的普通议员，但其中既有很多最热心的爱国者，也有不少激进分子。7月，国民公会颁布法令，将特派员的命令视作临时法律，并赋予其革命立法的一切神圣性，但由于地方行政管理体系的混乱，议员们实质上获得了针对一切顽抗或顺从的外省人民实施恐怖统治的权力。他们利用地方的监察委员会和俱乐部来强化自己的努力，任命具有全权的地方特派员，并组建像9月5日巴黎忿激派所提出的那种"人民军队"。这些革命武装力量在农村巡视，推行最高限价令，征用物资，执行革命法律，还攻击教士和其他政治犯罪嫌疑人。

特派员们往往采取令人不寒而栗的镇压手段，尤其是在发生内战的地区。例如，在南特，除了图尔若将军率领的"地狱纵队"在旺代肆无忌惮地进行屠杀外，卡里耶*还成立了一个非常活跃的革命法庭。与此同时，还发生了臭名昭著的"溺刑"事件：大约2 000名被指控为反革命分子的人，被绑在驳船上拖入卢瓦尔河，造成了船沉人亡的惨剧。作为救国委员会的中坚力量，库东在10月对里昂（现在更名为"自由之城"）的惩罚措施相对温和，但当他的位置被科洛·代布瓦和富歇†取代后，发生了名副其实的疯狂镇压，反对派们在露天墓地被疯狂扫射。在马赛（现在更名为"无名之城"），巴拉斯和费雷龙也因其严厉措施而名声大噪。总之，在恐怖统治时期的革命司法的全体直接受害者中，来自南方联邦主义者武装势力范围和西部旺代地区的遇难者比例高达四分之三。[37]

在所有内战地区，反教会政策都是特派员任务事项中的重点。他们的某些使命——如把教堂的钟熔化后用作大炮、将教士的金银饰品

1793年，发生在南特的大规模枪决

---

\* 让-巴蒂斯特·卡里耶（Jean-Baptiste Carrier，1756—1794），1792年当选国民公会议员，山岳派和埃贝尔派成员，1794年12月16日被送上断头台。

† 约瑟夫·富歇（Joseph Fouché，1759—1820），1792年当选国民公会议员，在督政府、执政府和第一帝国时期长期担任警察部长、内政部长等职，在政坛上以善于见风使舵闻名。

用于战争，以及执行国民公会关于驱逐顽固派教士的法令——不可避免地会与教会人士发生冲突。然而，对传统宗教的教条主义攻击仍然存在，即使是立宪派教士也不能幸免。1789年以前，富歇是一名隶属于奥拉托利会的教士，但在9月，他在涅夫勒省任职期间，开展了一场非比寻常的"非基督教化"运动：他禁止公共礼拜，关闭所有教堂，清除所有宗教圣像的参与，甚至将墓地世俗化——所有宗教标志都被抹去，墓地大门印上了"死亡是永恒的沉睡"的标语。富歇还鼓励教士放弃神职——要么结婚，要么领养孩子或赡养老者，以此作为社会效用的衡量标准。此后，这些措施广为流传：在恐怖时期，大约2万名教士（约占所有教士的三分之一）放弃神职，其中约6 000人选择结婚。出离愤怒的人们将神权君主制的实物和仪式作为攻击目标：在兰斯，吕尔\*煞费苦心地打碎了装有克洛维圣油的小瓶，这是法国国王的指定用品；巴黎圣母院前的犹太国王雕像被移走，人们小心翼翼地将其斩首和毁坏；圣德尼的历代法国国王陵墓也惨遭亵渎。当然，并非整个法国都受到了这种"自大"的非基督教化运动的影响，只是巴黎盆地、法兰西岛和罗讷河谷是高发区。但是，很少有地区能摆脱这种影响——或者摆脱它所激发的反感和热情的不同浪潮。

正如恐怖统治和非基督教化运动的地域分布非常分散一样，特派员的角色和职能也呈现相同情况。与卡里耶的同道相比，科洛·代布瓦和富歇的同道更为典型，在人数上也更有特点，他们是相对不为人知的"国民公会派"，利用自己的使命传递人道主义思想和有关恐怖的可怕信息。例如，对囤积居奇者和大生产商的攻击，被纳入了为所有战争贡献者寻求公平分配的努力之中。强制贷款、社会累进税制的引入、可管理的教会和流亡贵族土地的再分配，以及一系列教育和福利方面的就地实践都结合在一起，包括慈善讲习班、爱国者学校、养

---

\* 菲利普·吕尔（Philippe Rühl，1737—1795），1791年至1795年间担任立法议会、国民议会议员，以1793年在兰斯打破圣安瓿而闻名。

老金计划、饥荒救济措施等等。对于这些议员来说——例如，鲁埃格地区默默无闻的医生柏、新教律师安格朗、骑兵军官鲁-法兹拉克和其他人——团结人民显然不仅仅是一种狭隘的政治手段：它预示着一个更加公平的新社会的诞生。这种再生的冲动往往体现在对革命重新命名的崇拜。拥有封建、贵族、王室或宗教名称的地点被"革命化"，而热心的个人也加入其中，根据革命历法更改自己或子女的名字。例如，丰特奈-勒-孔特*变成了丰特奈-勒-"人民"，罗伊维尔†变成了"人民之城"，圣弗洛尔变成了蒙弗洛尔。将军弗朗索瓦-阿梅代·多佩特‡改名为"长春花"·多佩特，而肖梅特和巴贝夫都分别使用了古典时代激进主义者阿那克萨哥拉§和格拉古¶的名字。

无论他们的行动方式和力度如何，特派员们都很好地服务于国民公会，帮助国家度过了1793年的夏季危机。然而，到了秋天，罗伯斯庇尔和其他人开始担心，他们对再生的积极承诺所带来的问题，远比需要解决的问题更多。罗伯斯庇尔的焦虑主要集中在宗教领域。他是一个典型的启蒙运动自然神论者：伏尔泰相信社会需要来世的信仰来鼓励美德和阻止罪恶，而卢梭对创造性的本质保持开放态度，并承认它是"最高主宰"。正如我们所看到的，启蒙运动尝试为政治行动构建一种道德的社会目的，在启示宗教与怀疑化、个人化的无神论之间建立联系，罗伯斯庇尔恰恰始是这种思维的忠实拥护者。[38]他毫不犹豫地认为，最高主宰的存在需要服从于最高共和国。他似乎并不怀疑革命本身会成为一种崇拜，这种崇拜比既有的基督教更具吸引力，也更将革命计划的核心道义美德作为基础。在此期间，他主张采取一种

---

\* "孔特"即法语"伯爵"的音译。

† 即法语"王室之城"的音译。

‡ 弗朗索瓦-阿梅代·多佩特（François-Amédée Doppet，1753—1799），萨瓦人，支持大革命，雅各宾派。

§ 阿那克萨哥拉（Anaxagoras，公元前500—前428），古希腊哲学家，对苏格拉底有深刻影响。

¶ 格拉古（Gracchus）兄弟，公元前2世纪左右的古罗马改革家。

工具主义的宗教政策，只有在天主教似乎对革命美德的发展造成阻碍之时，他才会严厉打击天主教。因此，1793年夏秋两季，救国委员会加强了对顽固派教士和流亡贵族这两类政治犯罪嫌疑人的监视：例如，从8月26日开始，任何没有完成公民宣誓的教士都将被驱逐出境。

然而，罗伯斯庇尔对特派员们过于狂热的非基督教化运动划清了界限，因为他觉得这有无神论之嫌。秋季反馈给救国委员会的报告表明，一些地区采取的极端措施正在使农民脱离革命。事实上，罗伯斯庇尔可能低估了这一情况：很多地区在经历一代人或是数代人对宗教的冷漠态度后，非基督教化运动的土壤已经相当成熟。和他在救国委员会的大多数同事一样，罗伯斯庇尔也来自法国北方，因此很难理解南方和西部的许多地区对宗教问题的苦涩情绪，其中一些地区甚至自发地积极开展非基督教化运动。支持非基督教化的特派员往往是对当地的实际情况做出反应，而不是罗伯斯庇尔口中所说的那样具有煽动反宗教狂热的心态。不过，罗伯斯庇尔对非基督教化运动的怀疑态度却逐渐加剧：在他看来，这场运动是巴黎激进分子的肆无忌惮之举，他们的领袖肖梅特虽然曾与富歇一起在涅夫勒省工作，但罗伯斯庇尔对他的革命资历深表怀疑。从10月下旬开始，肖梅特领导的巴黎公社和科德利埃俱乐部发起了一场运动，他们试图在整个巴黎清除宗教的外在标志、关闭教堂和禁止公共礼拜。11月7日，他们的运动出现了一个宣传噱头，立宪派的巴黎总教区总主教戈贝尔\*宣布辞去神职，选择结婚。随后，11月10日，肖梅特在新的、共和化的巴黎圣母院举办了世俗化的理性节。这些喧闹的行为和左翼对救国委员会的攻击相结合，其中就包括呼吁民众社团联合会表达"大众意志"，以及按照1793年6月2日的路线对国民公会进行重新洗牌。

在全体议员中，罗伯斯庇尔一以贯之地表达了自己的担忧，即战

---

\* 让-巴蒂斯特·戈贝尔（Jean Baptiste Gobel，1727—1794），第一位接受《教士公民组织法》的主教，激进革命者，1794年4月13日与肖梅特一同被送上断头台。

争局势可能导致一位野心勃勃的将领成为军事政变的发动者。在1793年多变的环境下，军事威胁似乎来自他所认为的损人利己或信奉无神论的激进分子，他们带领着一支武装革命力量，其兵源来自巴黎各区和外省革命军队（很可能受到了威廉·皮特的秘密资助）。因此，他迅速设法遏制与非基督教化有关的政治极端主义。11月21日，他在雅各宾俱乐部发表演讲，抨击无神论的贵族化和非道德特征。12月6日，罗伯斯庇尔、丹东、国民公会财政委员会负责人约瑟夫·康邦\*以及许多温和派人士一道，正式重申了信仰自由的原则。在共和二年霜月14日（1793年12月4日）法令中，救国委员会还试图加强对恐怖统治的无政府主义面向的控制。这项法令为恐怖统治提供了一个官僚主义框架。在国民公会的指导下，救国委员会被视作政府的执行机构，其下属的治安委员会负责处理所有的警方事务。一种新的报告程序规则也被引入：堆积成山的文件以十天为周期，发送给公安委员会和治安委员会，以使"政府的各个委员会"充分了解外省各地的进展情况。政府会任命大量隶属于区、公社的"国家代理人"（省级行政机构不在其列），而将国民公会的特派员排除在外。尽管监察委员会得以保留，但省级革命军队不复存在（只有巴黎的武装力量得以继续），既不再有全权代表下属的流动私人军队，也不再有人民团体的联盟行动。强制贷款和其他极端社会措施都被禁止，革命政府的所有代理人从此都必须严格遵守指示。

出于对右翼和激进左翼势力卷土重来的担忧，公安委员会对革命政府的代理人采取了更为严格的管控措施。埃贝尔和马拉、雅克·鲁的其他继承者呼吁加倍推行恐怖政策，而一些政治立场相对温和的议员则主张宽大政策。虽然丹东过去比大多数人都具有恐怖色彩，但他似乎对公安委员会致力于日益强化的中央集权和官僚化程度感到担

---

\* 约瑟夫·康邦（Joseph Cambon，1756—1820），1793年至1794年间出任救国委员会成员。

忧，他将自己归入了温和派领导人的行列。根据后来的一些记载，丹东这样做的目的是让被恐怖统治摧毁的独立公众舆论重新活跃起来。他和记者卡米耶·德穆兰展开合作，将后者最新创办的《老科德利埃报》作为政治温和派的平台。"老科德利埃"利用了人们对1790年至1791年间科德利埃俱乐部（丹东和德穆兰曾是该俱乐部的重要成员）的回忆，反对埃贝尔及其追随者所代表的所谓极端主义者的"新科德利埃"，呼吁政府实行更加宽大的政策。

1793年冬天至1794年春天，救国委员会致力于在法国全国范围内执行"霜月14日法令"，罗伯斯庇尔和他的亲信们越来越感到焦虑，他们担心国民公会的核心圈正在策划一场阴谋，而这场阴谋甚至会导致共和国的垮台。但加强控制并非易事，因为1793年夏季危机造成的权力分散，在某种程度上被议员们的工作放大了，而非反之。此外，很多国民公会议员都坚定反对"霜月14日法令"的精神。罗伯斯庇尔关于极端革命活动会引起反弹的判断在许多地区可能都是正确的，但在内战地区却显得非常不合时宜。例如，在后联邦主义时代的里昂，科洛·代布瓦得出的结论是，他和救国委员会的同事们之间显然已经失去了联系，否则就是有人参与了保王派的阴谋；而南特的卡里耶和波多尔的塔利安\*也同样认为，他们被召回的原因是巴黎革命能量陷入了危险的放松境地。上卢瓦尔省的特派员雅沃格†对救国委员会敦促的宗教自由大加批判："对那些自称是各教派使徒的变色龙来说，你们所采取的一切强制手段都将会被忽视，"他嘲笑道，"枪毙他们要简单得多。"[39]他坚决抵制被召回巴黎，并继续推行其激进政策，直至1794年3月，这正是全国范围内的非基督教化运动浪潮的最高峰。

试图控制巴黎的无套裤汉激进分子、外省的极端主义特派员以及

---

\* 让-朗贝尔·塔利安（Jean Lambert Tallien，1767—1820），1794年出任救国委员成员，但与罗伯斯庇尔存在冲突。

† 克劳德·雅沃格（Claude Javogues，1759—1796），1792年当选国民公会议员，山岳派成员。

接近政府核心的更倾向"宽容主义"的支持者,他们中间新的分歧、令人眼花缭乱的复杂恩怨和猜忌也在不断出现。作为救国委员会的主要理论家,罗伯斯庇尔为控制局势所做的努力招致了对自己的敌视,这反过来又加重了他性格中众所周知的"被迫害妄想症"倾向。从1793年深秋开始,罗伯斯庇尔对流言蜚语的反应越来越强烈,有人声称,派系政治的苦难根源在于英国首相威廉·皮特策划的一个广为流传的外国阴谋,这个阴谋旨在让共和派之间自相残杀,从而推翻共和国。告密者向他提供了关于肖梅特、埃贝尔以及与他们有联系的"世界主义集团"的所谓"叛国罪行"——后一个集团的代表有:普鲁士的"男爵"德·克罗兹、奥地利的普罗利和费雷兄弟,以及葡萄牙的犹太人佩雷拉。一些隐藏在战争部的无套裤汉,如文森和巴黎革命军指挥官陇辛[*],都被传言说参与了外国阴谋,并收受了"皮特的黄金"。这个集团投机取巧地采用了教条的反教权主义思想,并从1794年初开始呼吁对国民公会进行新一轮清洗,这加深了罗伯斯庇尔的忧虑——他的担心是,即使恐怖统治在政治上产生了外在的一致性,它也会在革命美德的萌芽中滋生旧时腐败的蠕虫。"大革命被冻结了,"罗伯斯庇尔的盟友圣茹斯特私下评论道,"所有原则都被削弱了;除了阴谋家们头上戴着的红帽,什么都没有了。采取恐怖手段会让犯罪变得麻木,就像烈酒会让味蕾变得麻木一样。"[40]

为了确保山岳派的统一意志计划能够战胜派系和腐败的旋涡,一场黑暗的斗争在1793年和1794年之交的冬天开始形成。罗伯斯庇尔最初对丹东和德穆兰提出的"宽容"思想表示支持,反对非基督教化运动的派系。但科洛·代布瓦12月下旬从里昂返回之后,积极捍卫激进主义者的阵营,也阻止了罗伯斯庇尔的行动。此外,罗伯斯庇尔对丹东的动机越来越充满怀疑,因为丹东的个人腐败程度和他勇敢的爱

---

[*] 夏尔-菲利普·陇辛(Charles-Philippe Ronsin,1751—1794),1793年担任巴黎革命军总司令,1794年3月24日被送上断头台。

国表现一样出名。丹东和法布尔·德·埃格兰坦\*的关系尤其对他不利,冬季爆出的一桩金融丑闻,揭露出法布尔和其他一些议员在清算过去印度公司的腐败交易中牟取了私利。

1794年3月至4月,救国委员会采取行动,刺破了派系腐败的脓肿,粉碎了左右两翼的批评者,罗伯斯庇尔认为,这些批评者在表象之下,"就像树林里的强盗一样狼狈为奸"。[41]接连发生的三场公审令人深感困惑,它们见证了被圣茹斯特批判的"头戴红帽的阴谋家"在政治舞台上的消失,每一次审判都是复杂政治手段的结果,甚至到了今天也无法全部理解。共和二年风月23日(3月13日),圣茹斯特在国民公会全体议员面前谴责了一项阴谋,据其所述,这项阴谋受到了外国敌人的赞助,"企图通过腐败来摧毁代议制政府"。[42]包括埃贝尔、文森和陇辛在内的大约数十名激进分子,再加上克罗兹这类的外国人,都被送上了革命法庭,并被正式定罪。他们留在断头台上的鲜血尚未冷却,芽月16日(4月5日)的一场审判又将新一批人送上了断头台,其中就包括"宽容派"的丹东和德穆兰,以及一批革命政府的批评者和骗子,法布尔就是其中之一。最后,芽月24日(4月13日),在一场近乎荒诞的莫须有式的审判中,两大集团的追随者也都被处决,分别是:埃贝尔和德穆兰的遗孀,再加上肖梅特;非基督教化运动的支持者(现在婚姻美满)的前大主教戈贝尔等人。在审判的同时,还采取了加强治安、减少言论自由等政策,并粉碎了运动的堡垒——巴黎公社和科德利埃俱乐部——的独立性。巴黎革命武装被迫解散,各区社团惨遭清算,著名的埃贝尔主义同情者帕什被撤去巴黎市长之职,他的接任者是罗伯斯庇尔主义的"应声虫"弗勒里昂-莱斯科[†]。

---

\* 法布尔·德·埃格兰坦(Fabre d'Eglantine。1750—1794),法国剧作家、诗人,丹东的主要盟友,1794年4月5日被送上断头台。
† 弗勒里昂-莱斯科(Fleuriot-Lescot,1761—1794),比利时建筑师,1794年间短暂出任巴黎市长,1794年7月28日被送上断头台。

丹东、德穆兰等人在革命法庭受审

　　救国委员会通过有计划的破坏行动消除派系之别，此举旨在把罗伯斯庇尔和圣茹斯特关于统一的冰山逻辑强加给大革命。但是，恐怖统治有可能使巴黎的人民运动在政治上走向中立化，而人民运动则在罗伯斯庇尔团结人民的计划中扮演着关键角色。正如圣茹斯特所指出的那样，由于有关政治一致性的抗议活动越来越多，恐怖统治增加了反对派转入地下活动的可能。4月5日，丹东在被送上断头台的途中表示："最令我恼火的是，我比罗伯斯庇尔早死了六个星期。"[43] 截至1794年春天，统一的冰山逻辑面临着融化的危险——也给提出这种逻辑的山岳派带来了极大风险。

## 斩杀罗伯斯庇尔，终结恐怖统治

　　1794年3月，就在救国委员会通过清算埃贝尔主义者和丹东主义者来加强自身权威的同时,巴黎的军备负责人发现,他们的火枪制造者们污损了一张记录救国委员会官方命令的海报。在救国委员会成员名单的落款处,一名平民潦草地写着:"人民的骗子,永远愚蠢的畜生、小偷和刺客。"特别是在罗伯斯庇尔的名字下面,留下了"食人者"的标记。[44]

看来,革命政府这个被认为无所不能的中流砥柱,既不能让自己后院的工人们保持沉默,也无法让罗伯斯庇尔免受针对性的嘲笑。即使救国委员会在公共领域确立了一种凌驾于公开批判之上的立场,它也发现自己的威望在更大程度上受到了质疑。随着1794年春天的流逝,越来越多的政界人士将压抑已久的不满转化为集体合唱,罗伯斯庇尔也被更多人视作造成问题长期存在甚至恶化的人物,而非解决问题的人物。到7月底,来自各个领域的人们达成共识,大革命取得进展的唯一出路,就是肃清这位"不可腐蚀者"。

作为罗伯斯庇尔在美德共和国框架内"团结人民"策略中不可或缺的一部分,救国委员会愈发雄心勃勃的养老金计划和社会福利计划却明显呈现出走向失败的颓势。除了"慈善"这种浮夸的说辞之外,战争的财政需求始终压倒了救济计划的需求,这让民众的愤怒程度进一步加剧。警方报告和匿名涂鸦突显出新的风向。"我们快要饿死了,"警方间谍的报告记录了一名巴黎军火工人的言论,"他们却用漂亮的言辞嘲笑我们。"[45]尽管救国委员会竭尽全力,但指券的使用价值仍然只有其面值的三分之一左右,这种情况助长了通货膨胀和市场混乱,生活必需品要么价格高昂,要么根本不在市场流通。4月,负责监管最高限价的囤积专员被解除职务,曾经大力推行经济恐怖统治的特派员也被相继召回,这些措施让一些人认为,救国委员会正在考虑转向更加自由放任的原则。此外,7月22日第一次在巴黎执行的工资最高限价的决定(迄今为止最高限价都只用于物价)意味着巴黎几乎所有行业的生活水平都在下降。与重获利润的希望相比,社会正义和共和美德似乎正在败下阵来。

由于大多数独立表达意见的渠道已经被摧毁，革命政府很难估计民众不满的程度。波旁王朝的君主们至少还有高等法院作为公众舆论的喉舌，但革命政府没有类似的机构。"霜月14日法令"将权力集中到救国委员会，率先采取了取缔异见的行动，甚至在此之前，言论自由的权利就已经明显缩水了。早在1792年夏天以后，保王派的报刊就已经被查封了，支持君主制的斐扬派和之后吉伦特派的俱乐部、沙龙也都相继被禁止活动或是转入地下。坦率表达个人的不同意见有可能触犯不断升级的监督法律。法庭失去了曾经作为民众申诉渠道的作用，转而服从于革命法庭的利益。罗伯斯庇尔宣扬的统一革命意志是摆脱战争紧急状态的一种方式，其目的是为了体现民意，而不仅仅是回应民意。这些发展构成了公共领域的范围和独立性全面萎缩的一部分内容。政治参与的顶峰是1789年的夏季危机，此后历次选举的参与程度并不突出：1791年立法议会选举的参与率只有20%到30%，而国民公会选举的参与率仅有可怜的20%。在1793年夏天关于1793年宪法的全民公决中，这一比例恢复到25%到30%[46]，但即便如此，这仍然意味着在人民激进参与程度最相关的革命年代，投票箱的使用率还是减少了。在革命政府统治期间，没有进行任何选举活动。

战争和恐怖吞噬了公共辩论的活力。现在，到了1794年的春天，人民激进组织逐渐被封杀，各区团体被迫关闭，巴黎革命武装被迫解散，极少露面的救国委员会傀儡弗勒里昂-莱斯科被任命为巴黎市长。4月16日，罗伯斯庇尔的盟友圣茹斯特迫使国民公会通过了一项治安法令，将权力赋予救国委员会直属的治安机构，此举削弱了治安委员会对警察权利的垄断，为政府致力于的中央集权主义开启了新篇章。此外，5月8日，各省法庭和特别委员会审判反革命罪行的权力移交给巴黎革命法庭。这意味着恐怖统治司法机器的强化和集中。按照巴雷尔之后的回忆,圣茹斯特在国民公会中提出、得到罗伯斯庇尔支持并通过的"牧月22日法令"(6月10日),在"立法者沉默而无须经过他们同意"的情境下,削弱了被告的权利,加快了审判的进程。[47] "牧月22日法令"的效果立竿见影。1794年1月至2月死刑的执行次数共计188次;6月至7月的数字上升到1584次。在革命法庭上被判处死刑的总人数中,有一半以上是在这两个月内被处决的。

罗伯斯庇尔既是恐怖统治的理论家,又是救国委员会在国民公会中的主要发言人,双重身份让他成为抨击政府政策的明显目标。此外,随着政府在"乌托邦式的博爱"与"强制性的独裁主义"两种模式之间摇摆不定,罗伯斯庇尔本人越来越担心外国阴谋会削弱革命决心并损害共和美德,这也导致他那种"漂亮的演说"变得越来越隐晦。他将大量精力用于"再生国民"的设计上,创造了一个真实的大

1794年的最高主宰崇拜节仪式

革命新人。他试图通过一种更容易被接受的革命崇拜来实现这一目标，这种崇拜不是埃贝尔主义者曾经推崇的非基督教化的无神论，也不是仍然被反革命情绪玷污的天主教。花月18日（5月7日），罗伯斯庇尔出台了一项建立最高主宰崇拜的法令，并附上了一篇关于政治道德原则的长篇演说——他在其中概括了作为共和国基础的公民美德。牧月20日（6月8日），罗伯斯庇尔以国民公会主席的身份，主持了这种新崇拜在巴黎的首次庆典，他身着时髦的天蓝色长礼服，手持一束矢车菊，带领着官方游行队伍行进。

"看看那个家伙！"有人听到一个无套裤汉低声议论罗伯斯庇尔在典礼中的主演角色，"光当主宰还不够，他甚至想当上帝。"[48]对"吃人的不可腐蚀者"的不敬情绪似乎具有传染性。5月初，企图杀害科洛·代布瓦的凶手承认，他也盯上了罗伯斯庇尔；还有一个名叫塞西尔·雷诺[*]的可怜疯女人，也被发现对罗伯斯庇尔怀有杀意。大约在同一时间，警方间谍盯上了诺曼底的幻想者卡特琳娜·泰奥[†]，据说她声称罗伯斯庇尔是新的救世主。（想到这里，许多国民公会议员一定会在私下苦笑不已。）对于司法恐怖和再生的前景，罗伯斯庇尔的同事们越发感到不安，在逐渐走向偏狭的"不可腐蚀者"的掌控下，满口美德的修辞却变得不受控制。罗伯斯庇尔长期在国民公会中培育平原派的温和势力，并鼓励他们把自己看作最能避免走向极端的人：例如，罗伯斯庇尔支持宗教信仰自由，反对非基督教化运动，还声称自己曾将吉伦特派的许多支持者从断头台上拯救下来。3月，朗德省议员迪泽[‡]在谈到罗伯斯庇尔时写道："秩序和安宁掌握在他的手中……

---

[*] 塞西尔·雷诺（Cécile Renault，1774—1794），法国女性保王派，因试图暗杀罗伯斯庇尔，1794年6月17日被送上断头台。

[†] 卡特琳娜·泰奥（Catherine Théot，1716—1794），法国艺术家，被指控阴谋颠覆共和国，1794年9月1日被送上断头台。

[‡] 让·迪泽（Jean Dyzez，1742—1830），先后当选立法议会、国民公会和拿破仑时期的参议院议员。

公众舆论的投资对象是他，而且只有他。"⁴⁹然而到了6月到7月，人们对于罗伯斯庇尔与民意相通的信心迅速消退，而罗伯斯庇尔在加强救国委员会的治安权力、发展个人崇拜和推动革命法庭执行"牧月22日法令"等方面所扮演的角色，则让国民公会的温和派议员觉得个人受到了威胁。

由于军事局势的改善，国民公会温和派议员的保留意见得到强化——正是军事灾难和无套裤汉的双重压力，为恐怖统治提供了最初的理由。5月在图尔昆和图尔奈的胜利，以及特别是之后获月8日（6月22日）在弗勒吕的胜利，舒缓了北方战线的压力，皮什格鲁*率领的法军得以进占比利时，并强行进入荷兰。随着共和国军队挺进加泰罗尼亚，南方局势获得了明显好转。英国舰队在威桑岛附近击溃了法军舰队，但即使在这里也留有希望：一支运送美国粮食的庞大舰队穿越英军的封锁抵达法国，一定程度上舒缓了城市市场的压力。

此外，对于恐怖统治未来走向的担忧蔓延到了革命政府的核心。截至1794年夏天，救国委员会和治安委员会的成员们神经紧绷地度过了一年，并在难以置信的压力下支撑着共和国的事业。罗伯斯庇尔似乎也感受到了这种压力，他的个人行为变得越来越古怪。当救国委员会发展了自己的治安机构和间谍机构，随后又发起了公民崇拜的活动时，它与治安委员会之间的界限争端也随之扩大，特别是治安委员会的一些成员——例如狂热的无神论者瓦迪埃†——还认为这种崇拜具有攻击性和政治嫌疑。在救国委员会中保留了很大自主权的财政委员会主席约瑟夫·康邦认为，罗伯斯庇尔的政策对经济造成了破坏，而他的不满也得到了充分的回应。救国委员会内部的政治保守派成员（例

---

\* 让-夏尔·皮什格鲁（Jean-Charles Pichegru，1761—1804），法国将领，曾率领法军占领比利时与荷兰。

† 马克-纪尧姆·瓦迪埃（Marc-Guillaume Vadier，1736—1828），山岳派政治家，恐怖统治期间的重要人物。

如卡诺、科尔多省的普里厄、兰代）也越来越担心，罗伯斯庇尔在革命法庭和国家官僚机构中的忠实者的支持下，任由对自己的个人崇拜肆意发展。6月初，在一次几乎没有共同语言的交流中，卡诺当面将罗伯斯庇尔称作"愚蠢的独裁者"。[50]

到了7月底，关于革命政府的未来趋势，已经形成了一系列截然不同的计划：左翼呼吁国家兑现其"公平享有"福利的承诺；温和派希望在安全状况得到改善的情况下，减轻恐怖统治的程度；此外还有一股朝着再生美德奋力前进的潮流。罗伯斯庇尔黑暗企图的阴影始终笼罩着革命的前景，更何况据说他正在编写一份爱国者的晋升名单——以及一份可以取而代之的候选者名单。在政权强制推行意识形态统一的情况下，派系力量正在疯狂膨胀。无论他们的政治信仰如何，国民公会中没有任何人具有安全感："这不是一个原则问题，"国民公会议员博多后来谈及他的同事们当下的情绪时说道，"而是关于杀戮的问题。"[51]

1794年7月27日，也就是新历法的共和二年热月9日，杀戮事件发生了。事实上，这是罗伯斯庇尔的咎由自取。前一天，随着紧张局势的加剧，他在国民公会上发表了一篇关于政策的演说，呼吁加倍努力进行革命，并神秘地提到了一份将要被指控者的名单。但是，他拒绝向神经紧绷、焦虑不安的国民公会议员宣布他心中的人选。这个明显的疏漏使指控名单沦为一纸遗书。热月8日晚，在支持非基督教化运动的前特派员富歇的指导下，来自各个政治派别的人士聚集在一起，密谋刺杀罗伯斯庇尔。密谋者之一约瑟夫·康邦在午夜写给蒙彼利埃的友人的信中预言："罗伯斯庇尔或是我，明天有一个人会死。"[52]事情就这样发生了。国民公会在罗伯斯庇尔登台演讲的时候默不作声，但在密谋者发起了令人印象深刻的政变和进攻时，国民公会却拒绝向罗伯斯庇尔伸出援手。圣茹斯特讲到一半时便被迫停止，罗伯斯庇尔及其同僚——特别是来自救国委员会的圣茹斯特和库东，以及来自治安委员会的罗伯斯庇尔之弟奥古斯丁\*及其盟友勒巴†——以"国家之敌"的罪名被命令关进监狱。

然而,好戏还没有结束。罗伯斯庇尔和他的亲信们设法逃脱了监狱的枷锁。在逃亡和绝望中,他们通过公社呼吁巴黎的无套裤汉向自己提供帮助,重新展示人民主权的力量。革命政府花了几个月时间来削弱无套裤汉的活力,现在却无法拯救罗伯斯庇尔等人。绝望笼罩了这些亡命者。当晚,有人发现他们躲藏在市政厅的一个房间内,众叛亲离,郁郁寡欢。跛脚的库东试图从楼梯上跳下来自杀。圣茹斯特张大嘴巴,呆呆地站在原地,凝视着《人权宣言》的海报。罗伯斯庇尔曾经尝试一枪打爆自己的脑袋,但只是成功地做到了让自己的下巴

罗伯斯庇尔被送上断头台

---

\* 奥古斯丁·罗伯斯庇尔(Augustin Robespierre,1763—1794),山岳派成员,1794年7月28日被送上断头台。

† 菲利普-弗朗索瓦-约瑟夫·勒巴(Philippe-François-Joseph Le Bas,1764—1794),山岳派成员,罗伯斯庇尔的盟友,1794年7月28日自杀。

几乎完全脱离了脸部——对于一个以修辞技巧为职业基础的政治家来说，这种自残未免过于可怕。他像一只受到致命伤害的野兽痛苦地嘶吼；第二天，他和他的盟友们就会被一起送上断头台。在接下来的一周里，刽子手们都在加班加点地工作，处决了大约100名从巴黎公社和各部门揪出的所谓"罗伯斯庇尔主义者"。

杀死罗伯斯庇尔是否意味着恐怖统治的终结？虽然很多在热月9日反对罗伯斯庇尔的人，如富歇和科洛·代布瓦，都认为罗伯斯庇尔阻碍了革命政府试图发展的福利和平等理想；但许多对罗伯斯庇尔倒台喜闻乐见之人，却急于将恐怖统治的"洗澡水"连同罗伯斯庇尔主义的"婴儿"一同倾倒干净。热月之后的几个月内，随着共和二年来到共和三年[53]，一场复杂多变的权力斗争正在上演，对立集团之间关于不久之前发生的事件之意义也展开了争论。当前，罗伯斯庇尔的名字已经具有强烈的负面效应。不管未来会发生什么，所有人似乎都达成了共识，未来不应该包括那位已故的"不可腐蚀者"曾经设想过的任何事情，甚至是他以前最亲密的同事，现在也乐见罗伯斯庇尔为共和二年的错误负责。作为革命政府的主要力量，救国委员会目前处于半瘫痪状态。国民公会决定，各个委员会的成员每季度需要更新一次，并很快通过投票的方式淘汰了那些与罗伯斯庇尔主义或无套裤汉有联系的人。治安委员会同样经历了去罗伯斯庇尔化的过程。新的领导人包括前丹东主义者图里奥和布雷亚德\*、改过自新的恐怖统治的支持者塔利安，以及此前位于后排的温和派成员。8月24日，一项修订革命政府颁布的"霜月14日法令"的新法律出台，将救国委员会的角色限制在战争和外交领域，而迄今为止尚不为人所知的立法委员会将在政策制定和行政职务任命方面发挥更重要的作用。恐怖统治的机构和人员也进行了彻底的改革。革命司法特别受到了限制。"牧月22日

---

\* 让-雅克·布雷亚德（Jean-Jacques Bréard，1751—1840），先后当选立法议会、国民公会和元老院议员。

法令"几乎被立刻废除,革命法庭也被迅速改组,负责共和二年所有政治审判的公诉人富凯尔-坦维尔\*被捕后,于1795年5月被处决。对政治犯罪嫌疑人更严格、更不具有包容性的界定,使公平审判的观念重新流行起来。监狱大门敞开,许多曾经以最模糊的借口被逮捕或拘留之人都获得释放——1793年6月清洗吉伦特派时被排斥在外的近80名议员,现在也被允许重回国民公会的队伍,恢复原状的氛围得到了进一步强化。1795年3月,曾经被判处有罪的吉伦特派成员,获准再次担任议员。

随着恐怖统治的势力越来越大,温和派共和主义者和共和二年的政治受迫害者又重新出现在人们的视野中,他们可以自由地表达个人观点,政治气氛也随之发生了变化。热月政变戳破了罗伯斯庇尔主义者所说的谎言,革命政府不再代表公众舆论——事实上,这场政变在某种程度上是公众舆论对日益脱离群众的政府的报复。现在,保王派的观点仍然需要大量整合,但左翼的新埃贝尔主义者却在选举俱乐部中实现了团结,他们在出版物中——如巴贝夫的《人民论坛报》——敦促立刻实施激进的1793年宪法。

然而,热月政变可能导致出台更符合无套裤汉观点的政策,这种希望没过多久就破灭了,激进派很快发现自己在与右翼的竞争中败下阵来。巴贝夫承认自己是最想除掉罗伯斯庇尔的人之一,但他悲伤地补充道:"我完全没有想到,我正在帮助建造一座……对人民的危害不亚于罗伯斯庇尔的大厦。"[54] 在巴黎的许多地区,激进分子都被温和派赶下舞台,街头节奏的掌控者不再是无套裤汉,而是由右翼青年组成的暴乱团伙。他们很快被称作"金色青年",接受国民公会议员费雷龙的组织协调——在反恐怖统治方面,费雷龙正变得和几个月前的恐怖统治一样极端。这些团伙攻击一切带有共和二年激进色彩的事物:

---

\* 富凯尔-坦维尔(Fouquier-Tinville,1746—1795),恐怖统治期间的律师、检察官,有数千人被其指控处决,1795年5月7日被送上断头台。

各区人员、民众激进主义的象征以及恐怖统治的机构。在巴黎街头，任何头戴红帽者都不会有安全感，因为他们很有可能被人殴打。剧院变成了斗殴的场所，金色青年们唱着《人民的觉醒》，试图淹没《马赛曲》的歌声。公开展示的"殉道者"马拉的半身雕像不得不被撤下。11月12日（共和三年雾月22日），金色青年们取得了最显著的成功，他们最终迫使巴黎的雅各宾俱乐部关闭，因为这个俱乐部与新的政治环境完全不相匹配。

国民公会以一种强烈的复仇意识记录了巴黎人民政治活动所经历的这些剧变。巴黎公社的权力被削弱了。国民自卫军进行了重组，以便于更好地忠于政府的命令和减少对街头压力的反应。先前的积极分子被逐出了巴黎各区和各部。热月党人的复仇精神集中体现在国民公会内部最极端、最不知悔改的原恐怖主义者身上。第一个替罪羊是臭名昭著的"溺刑"事件制造者卡里耶。11月，他因犯下恐怖主义的罪行而受到审判；12月，他被处决。此后，热月党人的视线已经瞄准了另一个目标，即后来被称作"四人团"的代表人物：昔日的救国委员会成员比约-瓦雷纳、科洛·代布瓦和巴雷尔，以及来自治安委员会的瓦迪埃。1794年12月，国民公会围绕这些原恐怖主义者的命运进行了辩论，他们将在1795年3月被正式起诉。

在不需要中央政府催促的情况下，各省就已经开始了清算。起初，人们并不清楚热月政变究竟意味着什么，在某些地区，恐怖统治的政策事实上还得到了强化。但没过太久，热月政变的真相就大白于天下了。地方政府发现，最能体现国家权力中央化的人物被陆续撤职，这表明无止境的服从于命令的制度已经成为过去时。民众激进主义是第一个牺牲品。监视委员会的权力和人数都遭到了削减，其成员通过信件进行协调的行为也被明令禁止。费雷龙率领的"金色青年"在各省的前哨，帮助当地的武装分子摆脱了困境；而许多拒绝宣誓的神父和流亡贵族秘密返回法国，也助长了各地的复仇氛围。在法国东南部，公开反对共和派和亲近保王派的团体加入了这一潮流。从上卢瓦尔省到罗讷河口省，被冠以"耶户""太阳王""耶稣"之名的军队，针对共和二年的激进分子和国有土地购买者也发起了攻击。1795年2月23日法令（共和三年风月7日）为他们的行动提供了便利，其中明确规定在热月9日之后被解职的全体官员可以返回家乡，并继续接受市政当局的监视。此举无异于让激进派的活跃分子回去面对当地复仇的怒火。1795年春天，里昂、尼姆、马赛、土伦、艾克斯、塔拉斯孔等地区发生了一系列屠杀政治犯的惨案。但中央政府似乎对此并不担心。事实上，在上述地区执行这项任务的某些议员——特别是前吉伦特派成员伊斯纳尔和布瓦塞[*]——都对清算行为视而不见，甚至在暗中加以鼓励。

在1794年至1795年之交的冬天，可怕的社会和经济状况进一步打击了民众激进主义势力的士气。深秋的暴雨影响了粮食收成，冬季的酷寒甚至可以被拿来与1709年至1710年之交的可怕情景相提并论。悲惨既是人为的，也是自然的。普遍最高限价政策导致的粮食征收使得许多农民减少了生产：如果农民的余粮只能被征用，那么努力创造生产盈余也就没有什么意义了。随着最高限价政策逐渐被放宽，恶意生产不足的影响也随之放大，最终在1794年12月底彻底废除了这项政策。经济管制的放松助长了18世纪经济生活中的常见弊病：囤积居奇、投机倒把和黑市交易。此外，当粮食和其他主要商品（如木柴和食盐）设法进入市场时，消费者不得不使用实物或大幅贬值的纸币来支付高昂的价格。在这个冬天，指券的贬值速度快得惊人。在罗伯斯庇尔垮台时，它的交易价格约为其面值的三分之一；这个比例在1794年12月跌至20%，在1795年4月跌至10%；随后更是无情地一路下跌，直至1795年底不足1%。地方政府担心这种困境会引发民众的不满情绪，但由于中央政府更热衷于放松经济管制，而非制订福利计

---

[*] 约瑟夫·安托万·布瓦塞（Joseph Antoine Boisset, 1748—1813），1792年至1795年间出任国民公会议员，山岳派成员。

划,最终只能重新开始实施各类面包救济和配给方案。

在死亡率、营养不良和流行病居高不下的严峻社会条件下,政治激进主义成了一种奢侈品,大多数人既没有时间,也没有精力参与到政治生活之中。然而,国民公会仍然对无套裤汉卷土重来的可能性感到忧虑。1795年2月,巴贝夫被捕入狱,他的罪名是呼吁为人民提供食物的"和平起义",以及要求执行1793年宪法。事实上,1793年宪法在左翼群体中正在获得标志性的地位,他们担心这份未能实施的文件所体现的民主价值观已经渐行渐远。4月1日(共和三年芽月12日),一场漫无目的的要求"面包和1793年宪法"的民众示威游行甚至涌入了国民公会的大厅。直到游行结束,议员们始终坐立不安。随后,他们同意成立一个修订宪法的委员会,同时也宣布了戒严状态,任命皮什格鲁将军担任军队总司令。第二天,国民公会鼓足勇气,将被提起诉讼的"四人团"成员驱逐至圭亚那,并下令逮捕包括阿马尔[*]、图里奥和康邦在内的其他原恐怖主义者。

"芽月事件"通过很可能会激怒曾经力量强大的无套裤汉的方式,强化了大多数国民公会议员的反对恐怖统治的决心。4月18日,为修订1793年宪法而成立的"十一人委员会"中吸纳了新的温和派共和主义者,甚至还有少数知名的立宪派君主主义者,这个决定以及4月底减少面包补贴的政策,造成了冲突的进一步加剧。在5月20日至21日的"牧月事件"(共和三年牧月1日至2日)期间,民众又以拙劣的合作方式入侵了国民公会大厅。他们砍下了一位名叫费罗[†]的议员的头颅,将之绑在长矛上,在国民公会主席布瓦西·德·昂戈拉斯[‡]面

---

[*] 让·皮埃尔·安德雷·阿马尔(Jean Pierre André Amar,1755—1816),1792年至1795年间出任国民公会议员,山岳派成员。

[†] 让·贝特朗·费罗(Jean-Bertrand Féraud,1759—1795),1792年当选国民公会议员,吉伦特派成员,1795年5月20日被杀。

[‡] 布瓦西·德·昂戈拉斯(Boissy d'Anglas,1756—1826),1789年当选三级会议代表,之后曾担任国民公会、五百人院和参议院议员。

前晃来晃去。在群众的压力下，国民公会中剩余的雅各宾派议员挺身而出，提出了符合民众要求的举措。他们这样做无异于自取灭亡。随后，国民公会的绝大多数议员起身离开会场，赢得了主动权，并在三天后发动了一场野蛮的镇压行动。军队占领了所有叛乱地区，解除了全体积极分子的武装，同时还下令逮捕了那些支持"牧月事件"的原雅各宾派国民公会议员。一些人逃脱了逮捕，还有六人接受了审判并被处决。在6月17日被送往断头台的途中，他们试图集体自杀。

左翼势力在热月9日之后一年内的无助与绝望，通过这些"牧月烈士"的坚毅姿态得以凸显。右翼目前已经牢牢掌握了政权，在1795年的春夏两季，右翼继续执行他们瓦解恐怖统治的政策。例如，取消了特派员的职位，解散了革命法庭，关闭了所有的政治俱乐部。1795年6月12日（共和三年牧月24日）以后，"革命"一词被禁止出现在一切政府机构之中。因为害怕激怒所谓的"极端分子"，共和国似乎在提及自己的起源时，也变得谨慎起来。

右翼势力也从大为改善的国内和国际形势中受益匪浅。1795年6月8日，路易十六年幼的王储"路易十七"死于巴黎圣殿监狱，这完全符合共和国的利益。王位继承权被流亡贵族普罗旺斯伯爵所承袭，他的头衔则是"路易十八"。新任国王在6月发表的"维罗纳宣言"被严重误判：他承诺——也许用"威胁"这个词更为合适——全面恢复旧制度，但只是模糊地指出了"弊端"应当被纠正，"弑君者"（那些投票赞成杀死他兄长的人）应当被处决。由于明显缺少和平的橄榄枝，妥协或谈判也都无法提及。法国西部的情况也产生了同样的效果。在寻求平定当地动荡局势的过程中，奥什将军把坚定与和解结合在一起，他的努力也取得了一定的成功。他和旺代势力的残余武装、布列塔尼的朱安党人势力签订了停战协定，签署了允许当地宗教信仰自由的大赦令，甚至将这项权利给予了拒绝宣誓的教士——直到1795

年晚些时候，这种让步政策才在法国其他地区得以实现。但是，对于普罗旺斯伯爵这个流亡中的伪装者来说，这似乎是一个在法国西部地区进行军事冒险的糟糕时机。他的计划包括协调流亡贵族登陆并在当地发动进一步的叛乱等内容，但他的方案构思拙劣，实施不当，最终导致了惨败：1795年6月下旬，入侵的保王派军队及其叛军盟友，最终在基伯隆湾被奥什将军所部击溃。

共和国在边境也不再面临军事压力。事实上，1792年至1794年的国民防御战争正在演变成一场冲突，在其中，人们不仅可以设想和平，甚至可以设想荣誉和征服的和平。1794年6月8日的弗勒吕斯战役已经打开了通往低地国家的大门，到1795年1月，皮什格鲁所部开始占领荷兰的部分地区，并在冰封的泰瑟尔河上用骑兵冲锋俘获了荷兰舰队。1795年的东部战场也取得了顺利的开局，茹尔当\*率军深入德意志内部。奥地利和英国的军队仍然坚守阵地，但是他们的盟友在法军的成功面前逐渐崩溃。普鲁士的全部精力聚焦于东欧地区的事态发展，它正在与奥地利和俄国就第三次瓜分波兰的问题展开谈判，并在4月与法国达成了停战协定。随后，法国在5月和7月与荷兰和西班牙分别签订了条约，法国同意了普鲁士提出的法军撤离莱茵河右岸的要求，但秘密条款同意共和国在实现和平后保留莱茵河左岸地区。这个最近一直将"透明"作为口号的新政权，似乎已经习惯了旧制度的秘密外交模式：在与荷兰签署的条约中，荷兰同意为法国的事业提供25 000名士兵的援助；10月，比利时被秘密划归法国所有。

边境安全让热月党人战胜了民众激进主义和专制中央集权的势力，加之其在波旁王朝政策惨败中收获的教训，他们利用这一脆弱的稳定时期制定了一部新宪法。热月党人旨在与1791年的自由主义精神

---

\* 让-巴蒂斯特·茹尔当（Jean-Baptiste Jourdan，1762—1833），法国将军，拿破仑的帝国元帅之一。

在"葡月事件"中,拿破仑开炮击溃叛乱者

相结合——事实上也在一定程度上与1789年的王政派方案联系起来。新政权应当体现宪法的合法性,而非大革命的特殊性。新宪法应该像躲避瘟疫一样,避免任何建立统一政府的迹象,避免让人联想到共和二年的所谓民主独裁主义和波旁王朝的绝对主义政体。十一人委员会提出了一个复杂的制衡体系,以避免最近和不久前的弊端。"共和三年宪法"(亦可称作"1795年宪法")建立了带有王政派风格的两院制立法机构,其根基是财产选举权而非普遍的男子选举权。行政权由五名成员组成的督政府所分享,其每位成员通过抽签的方式,每年改选其中的一人。热月党人也希望自己能够提供新政权所需要的谨慎处理方式:根据8月颁布的"三分之二名额法"和新宪法的规定,在新的立法机构中,三分之二的成员将从国民公会的队伍中产生。

新宪法和"三分之二名额法"通过公民投票的方式获得批准。尽管两项法令都顺利通过,但投票率极低。新宪法的赞成者超过了100万人,反对者只有49 000余人。"三分之二名额法"的赞成者约有20万人,但反对者高达10万余人。而且,最后一个数字是在经过一些可疑的计票程序后得出的：巴黎48个区至少有47个区投出了反对票。就在国民公会同意批准"三分之二名额法"几天后，即10月5日（共和四年葡月13日），巴黎各区发起了名义上反对这项法令的保王派叛乱。然而，在这种情况下，国民公会却表现出了坚忍不拔的精神：它任命督政官巴拉斯监督防卫工作，巴拉斯利用拿破仑·波拿巴的军事才能——按照波拿巴自己的名言："一股葡萄弹的味道"——驱散了骚乱中的人群。在法国议会史上，"葡月事件"标志着最具戏剧性的统治时期之一的最终落幕。在10月26日（共和四年雾月4日）举行的最后一次会议上，国民公会议员们向督政府献上了一份合适的礼物：政治大赦。但是，那些被排除在大赦名单以外的人——指券的伪造者、葡月的保王派叛乱者、所有流亡贵族以及被驱逐的原国民公会议员比约-瓦雷纳和科洛·代布瓦——与那些被纳入大赦名单之内的人，同样反映了事情的本质。他们凸显出共和国在"后恐怖统治"时代长期存在的问题：经济因严重的通货膨胀和货币贬值而濒临崩溃，暴力分子也共同出现在左右两翼。

## 注　释

1　R. M. Klincköwstrom (ed.), *Le comte de Fersen et la cour de France* (2 vols.; Paris, 1877), vol. I, p. 208.

2　*Marie-Antoinette et Barnave. Correspondance secrète (juillet 1791-janvier 1792)*, ed. A. Söderhjelm (Paris, 1934), p. 71n.

3　C. J. Mitchell, *The French Legislative Assembly of 1791* (Leiden, 1988), p. 43.

4　Chateaubriand, *Mémoires d'outre-tombe*, ed. J. C. Berchet (4 vols.; Paris, 1989), vol. i, p.508.

5　Ibid., vol. i, p. 509; P. Vaissière, *Lettres d' 'aristocrates': La Révolution racontée par des correspondances privées (1789-1794)* (Paris, 1907), p. 354.

6　Mitchell, *The French Legislative Assembly*, p. 63.

7　J. M. Roberts, *French Revolution Documents, Vol. 1* (Oxford, 1966), p. 423.

8　N. Ruault, *Gazette d'un parisien sous la Révolution*, eds. A. Vassal and C. Rimbaud (Paris, 1976), pp. 279-280.

9　Gouverneur Morris, *A Diary of the French Revolution* (2 vols.; Westport, Ct, 1972), pp.355-356.

10　F. S. Feuillet de Conches (ed.), *Marie-Antoinette et Madame Elisabeth. Lettres et documents inédits* (6 vols.; 1864-1873), p. 344.

11  Robespierre, *Oeuvres*, eds. M. Bouloiseau, G. Lefebvre and A. Soboul (5 vols.; Paris, 1950-1967), vol. ii, p. 81.

12  It was phrased in this way because the Habsburg Francis II had not yet been elected Holy Roman Emperor.

13  P. Mansell, *Louis XVIII* (London, 1981), p. 67.

14  H. G. Brown, *War, Revolution and the Bureaucratic State. Politics and Army Administration in France, 1791-1799* (Oxford, 1995), p. 30.

15  Cited in Buchez and Roux, *Histoire parlementaire*, vol. xiv, p. 423.

16  P. Caron, *Les Massacres de septembre* (Paris, 1935), p. 146, n. 1.

17  Manon Roland, *Correspondance politique (1790-1793)* (Paris, 1995), p. 127.

18  'Campagne in Frankreich 1792.', in *Goethes Werke*, eds. L. Blumenthal and W. Loos (Hamburg, 1981), pp. 234-235.

19  J. P. Bertaud, *Valmy. La démocratie en armes* (Paris, 1970), p. 114.

20  *The Despatches of Earl Gower*, ed. O. Browning (Cambridge, 1888), p. 258.

21  M. Walzer, *Regicide and Revolution* (Cambridge, 1974), p. 124.

22  J. Hardman, *The French Revolution Sourcebook* (London, 1999), p. 161; P. Higonnet, *Goodness beyond Virtue. Jacobins during the French Revolution* (Cambridge, Mass., 1998), p. 53.

23  *Archives parlementaires*, vol. lx, p. 63.

24  H. Gough, *The Newspaper Press in the French Revolution* (London, 1988), p. 95.

25  S. Schama, *Citizens. A Chronicle of the French Revolution* (Cambridge, Mass., 1989), p. 714.

26  N. Hampson, *Danton* (London, 1978), p. 137.

27  M. A. Baudot, *Notes historiques sur la Convention nationale, le Directoire, l'Empire et l'exil des votants* (Paris, 1893), p. 158.

28  *Archives parlementaires*, vol. lxv, p. 320.

29  *Rapiers inédits trouvés chez Robespierre, Saint-Just, Payan, etc supprimés ou omis par Courtois* (3 vols.; Paris, 1828), vol. i, pp. 15-16.

30  Charles Dickens, *A Tale of Two Cities*, opening pages.

31  R. Secher, *Le Génocide franco-français: La Vendée-Vengé* (Paris, 1986), p. 129

32  'Manifeste des enragés': Jacques Roux, *Scripta et acta*, ed. W. Markov (Berlin, 1969), p. 141.

33  See below, pp. 564ff.

34  See below, pp. 579ff.

35  For the mythic present, see below, pp. 521ff.

36  H. Wallon, *Les Représentants en mission et la justice révolutionnaire dans les départements en l'an II (1793-1794)* (5 vols.; Paris, 1889-1890), vol. i, p. 220.

37  See below, pp. 564-565.

38  See above, p. 425.

39  Hardman, *French Revolution Sourcebook*, p. 189.

40  Buchez and Roux, *Histoire parlementaire*, vol. xxxv, p. 290.

41  F. Brunel, *Thermidor. La chute de Robespierre* (Brussels, 1989), p. 20.

42  *Archives parlementaires*, vol. lxxxviii, p. 434.

43  Ruault, *Gazette d'un parisien*, p. 350.

44  K. Alder, *Engineering the Revolution. Arms and Enlightenment in France, 1763-1815* (Princeton, NJ, 1997), p. 253. See also the picture on p. 254. (I differ from Alder in the attribution of epithets.)

45 Ibid, p. 272.
46 See below, p. 535.
47 B. Barère, *Mémoires*, ed. H. Carnot and P. J. David (4 vols.; 1842–1844), vol. ii, pp. 202–203.
48 Vilate, cited in Buchez and Roux, *Histoire parlementaire*, vol. xxxiii, p. 177.
49 P. Gueniffey, *La Politique de la Terreur. Essai sur la violence révolutionnaire, 1789–1794* (Paris, 2000), p. 273.
50 Brunel, *Thermidor*, p. 27.
51 Baudot, *Notes*, p. 125.
52 J. Duval-Jouve, *Montpellier pendant la Révolution* (Montpellier, 1879), p. 188n.
53 1 Vendémiaire III, the first day of Year III in the Revolutionary calendar, was 22 September 1794.
54 Cited in D. Woronoff, *The Thermidorean Régime and the Directory, 1794–1799* (Cambridge, 1972), p. 7.

# 十一、不稳定的共和国
（1795—1799）

### 摇摇欲坠的根基

1795年10月，国民公会在一片混乱中宣告闭幕，也为新的共和政体开启了一个不祥的开端。在9月举行的公民投票中，国民公会提出的政治方案让选民失望透顶；而在随后一个月的选举中，这个方案的吸引力持续下降：只有大约100万公民参与了初级议会的投票，限制性更强的二级选举议会则对新宪法大加挞伐。为了确保在394名当选议员的基础上再增加约100名原国民公会议员，"三分之二名额法"是必须被征引的对象。在新当选的250名议员中，左翼势力损失惨重，右翼色彩更加浓厚：88人是彻头彻尾的反革命分子，另有73人可以被视作温和保王派。原国民公会议员继续占据主导地位，这也意味着新当选的督政官都是弑君者。政坛上灵活多变的前贵族成员、促成"葡月事件"失败的英雄巴拉斯，以及在共和二年被誉为"胜利的组织者"（但现在正朝着温和保王派的方向发展）、代替拒绝服从兵役的西耶斯的卡诺，都是颇受欢迎的人选。他们的同事缺少政治和个人魅力：拉勒韦利耶尔[*]

---

[*] 拉勒韦利耶尔（La Révellière-Lépeaux，1753—1824），1795年至1799年间出任督政官。

除了他的单调乏味之外，并没有什么值得称道的地方；勒图尔纳[*]和卡诺一样都是军队工程师出身；勒贝尔[†]则是一位勤奋的阿尔萨斯律师，并带有些许的左翼色彩。

督政府成员面临的第一个挑战是共和国长期存在的经济和社会问题，以及由此引发的政治骚乱。这两个因素都给新政权所吹嘘尊崇的合法性与合宪性带来了巨大压力，而在此之前，国民公会则坚持革命例外论的观点。1794年和1795年之交的令人震惊的冬季似乎也在预示，督政府掌权的第一年就已经病入膏肓了。指券的持续贬值使问题进一步恶化：11月和12月，指券的成交价格跌破了其面值的1%，这给许多交易带来了滑稽的一面，甚至街头乞丐也会拒绝接受递来指券的施舍。政府通过偿还债务的方式试图从货币贬值中获益，但反过来却发现税收的实际价值几乎缩水为零。1796年2月16日，督政府成员大张旗鼓地废除了指券的流通货币地位，也正式关闭了制造指券的印刷机。但问题仍然存在。督政府成员拒绝了财政部长拉梅尔[‡]关于建立国家银行的提议——对约翰·劳的记忆挥之不去并仍在产生影响，而这些记忆又与对依赖公共信贷和海外帝国的英国模式的持续性怀疑交织在一起。1796年3月，督政府简单地出台了一种新的流通纸币——"土地票"，它与指券的兑换比例固定为1∶30。然而，令人痛心的是，土地票以快进的方式重演了指券的命运：不到四个月，土地票就彻底崩溃了。

事情不仅仅是指券在1795年和1796年冬春之交的崩溃那么简单，许多人的生活状态都在进一步恶化。更糟糕的是，政府对民众的苦难

---

[*] 艾蒂安–弗朗索瓦·勒图尔纳（Étienne-François Letourneur，1751—1817），1795年至1798年间出任督政官。

[†] 让–弗朗索瓦·勒贝尔（Jean-François Rewbell，1747—1807），1795年至1799年间出任督政官。

[‡] 多米尼克–樊尚·拉梅尔–诺加雷（Dominique-Vincent Ramel-Nogaret，1760—1829），1796年至1799年间出任财政部长。

漠不关心。1795年12月，政府试图强行征收贷款，以弥补税收的缩水，这项措施触发了众怒，却没有带来多少实质成效。虽然国家使用贬值的纸币来偿还自己的债务，但它也尽力确保自己的债权人以现金或实物的方式进行支付：例如，土地所有者必须以粮食或等值现金来支付税款。在放松经济管制的同时，政府还促进了私营企业的发展，这让在共和二年期间管制经济的拥护者们感到非常愤慨。出售国有土地并换取贬值的指券，此举为房地产投机者们带来了新的契机，他们继续以售卖或出租土地的方式换取现金。经济腐败成为政府越来越多地利用私营企业的一个典型特征：为清算转卖国有土地而成立的私营企业赚取了巨额利润，为军队服务的私营企业也是如此。督政府的卑鄙无耻与新近发现的厚颜无耻的享乐主义相互适应，督政官巴拉斯在这样的氛围中忙得不可开交。昔日的美德共和国似乎已经被罪恶共和国所取代。

尽管督政府领导人贪图财富的名声在外，尽管当时面临着异常严峻的经济形势，但督政府还是竭力促使保持国家财政的稳定，通货膨胀之后又出现了急剧的通货紧缩。1796年2月至1799年7月，财政部长拉梅尔始终在任，他负责了1797年9月（共和六年葡月）土地票失败后国家部分破产的相关事宜。虽然拉梅尔竭力掩盖这一事实，但他实质上放弃了大约三分之二的国债，并在12月对国家其他的财政承诺采取了相同的措施。这些举措注定不会提高督政府在资产阶级中的声望，而资产阶级也因此被更加坚定地推向了右翼。但是，这些措施的确帮助经济从近来的衰退中恢复过来。针对国家财政体制，拉梅尔还进行了彻底的改革。首先，他改进了征税制度，从1797年11月起设立了"直接税办事处"，隶属于财政部长管辖。其次，他发布了主要直接税（土地税、动产税和工业税）的修订税表，并开始征收新的门窗税。再次，他恢复了间接税，自1789年对农民、地主和入市税等项目进行征税以来，国家就没有从间接税中获得利益。拉梅尔决定在对纸张和官方文件征收印花税之后，又在巴黎和其他大城市征收入市税、烟草税等项目。

这种耐心的国家重建工作未能浇灭政治极端主义的倾向。1795年11月，作为已经关闭的雅各宾俱乐部的后继者，"先贤祠俱乐部"的成立标志着议会以外的左翼势力开始复苏，而现在被赦免的激进分子又加强了这一势力。"先贤祠俱乐部"聚集了阿马尔、帕什、达尔泰\*和博纳罗蒂†等"原恐怖主义者"，呼吁采取更加激进的政策——他们的观点被巴贝夫的《人民的保民官报》所采纳，并被传播到在外省出现的一个新雅各宾派团体的网络中。长期以来，督政官巴拉斯都在为反对保王派的报刊提供补贴，但到现在，随着左翼开始巩固自己的地位，政府撤回了自己的援助，并于1796年2月关闭了"先贤祠俱乐部"及其效仿者。但此时，左翼已经开始争取得到督政府成员的内部支持。

为了纪念罗马共和国的激进土地改革者，巴贝夫将自己的名字象征性地改为"格拉古"，而他关于土地改革的思想包括了所有财产归国家所有、共产主义的分配方式和小范围的直接民主等内容。然而，当他努力为重新崛起的左翼势力指明方向时，他便把这些工作搁置在一旁。芽月和牧月发生的一系列事件似乎已经证明，旧式的革命示威和起义不再是一个有效的选择：恶劣的生活条件使人民士气低落，而不是让人民走向激进化；昔日的巴黎各区的消失，随着市政府的重组，也使组织工作变得更加困难。此外，右翼获得了1791年以来最有力的支持，而"葡月事件"则表明，政府目前已经做好了必要时在巴黎街头以武力对抗武力的准备。因此，巴贝夫选择在关键的战略

---

\* 奥古斯丁·达尔泰（Augustin Darthé，1769—1797），罗伯斯庇尔的崇拜者，此后参与巴贝夫的"平等派密谋"，1797年5月27日被送上断头台。

† 菲利波·博纳罗蒂（Filippo Buonarroti，1761—1837），意大利空想主义者，共济会成员，代表作《巴贝夫平等派密谋史》，对马克思产生了影响。

要地进行激进主义宣传——比如为取代旧的国民自卫军而设立警察部队。他成立了一个秘密起义委员会，试图组织政变和夺取政权，主张用1793年宪法代替共和三年宪法，并回到类似于共和二年的封闭经济模式。

巴贝夫的"平等派密谋"形成于1796年3月下旬。至少有一部分参与其中的人是巴黎无套裤汉（包括警察部队的成员）的思想继承者、外省大城市的中产阶级激进分子和督政府内部的少数左翼激进分子。自热月以来，督政府一直在放松对经济的管控；但它没有取消恐怖活动所依赖的警察间谍，正是后者让政府能够随时了解到威胁所

巴贝夫

在。1796年1月,在梅林·德·杜埃\*的领导下,一个特殊的警察部成立,他作为热月党统治时期的救国委员会成员,在1794年11月监督雅各宾派关闭时赢得了反动者的鞭策。由此,新闻自由受到了限制;4月16日,他提出建议,任何人尝试恢复1793年宪法、恢复君主制或执行激进土地改革的举措,都将被处以死刑。4月底,梅林下令解散已经被巴贝夫主义者渗透的警察部队。在5月10日(共和五年花月21日)的一次突袭中,巴贝夫和他的很多"平等派"伙伴被捕,并以叛国罪为由被送往旺多姆广场附近的最高法院接受审判,这是一个令人放心的地方。

在接下来的几个月里,左翼对政权政治稳定的威胁逐渐消失。当将近50个所谓的"平等派"等待审判的时候,巴黎的新雅各宾派残余势力试图争取驻扎在格雷内尔附近的不满的士兵,但他们的努力没有取得成功。这次适得其反的尝试促成了特别军事委员会的成立,对可能的叛乱分子进行了即决审判。三十多人被判处死刑,其中就包括非常嚣张的原国民公会议员雅沃格。对巴贝夫及其同事的审判直到1797年2月方才开始。由于密谋的隐蔽性,检方很难确定除了巴贝夫之外的其他所有人的罪行。大部分被告得以释放,少数人被驱逐出境,只有巴贝夫和达尔泰被判处死刑:1797年5月27日(共和五年牧月8日),他们怀着罗马人应有的坚忍不拔的精神,在被送往绞刑架的途中试图自杀。他们的死亡在巴黎没有引起任何的关注,这种情况突显出共和二年激进主义的继承者们与他们想象自己所代表的大众阶层之间的巨大鸿沟。

左翼势力似乎得到了控制,督政府现在可以努力应对卷土重来的右翼势力对政治稳定可能造成的威胁。幸运的是,对他们而言,保王派已经分裂为温和派和极端派两股力量,而且他们的领袖路易十八

---

\* 梅林·德·杜埃(Merlin de Douai,1754—1838),督政府时期先后担任警察部长、司法部长和督政官。

毫不动摇地拒绝妥协，他对恢复旧制度的执着态度，也对保王派的事业产生了不利影响。在相当大的程度上，共和三年建立的混合制政体已经发展成为一种比波旁王朝所代表的统一政府形式更具吸引力的选择。波旁王朝落入了这个陷阱，这是令人欣慰的。僭号者路易十八深信，他的出生之地已经"回到了16世纪末期"，如果想要从宗教冲突和内战纷争中恢复过来，所需要的绝对主义应该更多，而不是更少。[1] 尽管对基伯隆湾的惨败仍然耿耿于怀，但流亡贵族们又尝试在布列塔尼附近的幽岛登陆。这次行动以失败而告终，未能重新点燃法国西部民众的保王热情。共和国军队指挥官奥什将军战法精良，在当地的反叛乱任务取得了成功。旺代叛乱的领袖斯托弗莱特和沙雷特*于1796年初被捕并处决，几个月后，旺代叛军和布列塔尼的朱安党人就被消灭了。

欧洲战争的进展也严重影响了流亡贵族的地位，因为他们的大多数欧洲盟友都开始置身于冲突之外，其缘由则在于自愿选择或是迫于军事压力。1797年2月，英国王家海军在圣文森特角附近战胜法国海军，巩固了前者的优势地位。在欧洲大陆，1795年普鲁士和西班牙先后退出战争，也标志着一种新趋势的开端。尽管到了1796年，法国在德意志战场上的成果喜忧参半，但德意志许多小邦国还是在寻求停战。

然而，最令人瞩目的成就还是波拿巴将军在意大利前线的表现。这位年轻的科西嘉人在1789年以前曾是一位职业炮兵军官，在1793年12月从英国人手中夺取土伦的战役中一举成名。1794年8月，作为雅各宾派成员的名声及其与奥古斯丁·罗伯斯庇尔的友谊让他被关进了热月党人的监狱。但是他在巴拉斯的关照下重新崛起，并在镇压葡月起义的事件中为巴拉斯效力。在与巴拉斯的门生之一、博阿尔内

---

* 弗朗索瓦·德·沙雷特（François de Charette，1763—1796），法国将军，保王派，1796年3月29日被处决。

子爵的遗孀约瑟芬·德·博阿尔内*缔结婚约之后，波拿巴几乎立刻被任命为意大利方面军的总司令。他敏锐地把握住了这个机会，在短短几个月的时间里，就将一场军事上的小插曲变成了法国战略努力的重点。在一场旋风式的战役中，波拿巴取得了辉煌的胜利，将萨伏伊王朝赶出到战争以外：1796年4月，签署了《谢拉斯科停战协定》；5月，又签署了《巴黎条约》，撒丁国王将尼斯和萨伏伊割让给了法国。波拿巴的成功刺激了意大利城市里的雅各宾派激进分子，他们纷纷举行了有利于法国的示威游行，将现有政权的混乱局势转变为有利于法国的优势状态。1796年12月，摩德纳公国（包括雷焦）与教宗领地博洛尼亚和菲拉拉实现合并，成立了新的"波南共和国"（意为"波河的一侧"），并制定了一部督政府式的宪法。在1796年至1797年秋冬两季的大部分时间里，波拿巴都在与奥地利人争夺战略要塞曼图亚的控制权。随着意大利半岛的大部分城市落入这个年轻的法国人之手，奥地利决定接受条件。1797年4月18日，奥地利和法国在莱奥本签订了停战协定和和平条约的预备性条文，随后又于10月18日签订了《康波福米奥和约》，此时已是共和六年葡月27日。

《康波福米奥和约》突显了法国的外交策略及其在欧洲地位的重大变化。通过迫使法国在陆地上最强大的敌人坐到谈判桌面前，波拿巴确保了共和国在北部（比利时、莱茵河左岸）和东南部（尼斯、萨伏伊）的兼并得到承认。然而，他的个人外交成就虽然将法国在意大利的影响力扩大到过去三百年之最的程度，却违背了督政府成员的意愿，后者希望将征服意大利作为与奥地利和神圣罗马帝国进行全面和平谈判的筹码。1792年至1794年的国防战争正在演变成为一场扩张和征服的冲突，不免让人想起了波旁政体的王朝式伎俩。此外，波拿巴利用当地雅各宾派的亲法鼓动作为外交手段，也表现出了马基雅维

---

\* 约瑟芬·德·博阿尔内（Josephine de Beauharnais, 1763—1814），1796年与拿破仑结婚，1804年加冕为皇后。

利式的狡猾。布雷西亚和贝加莫两座威尼斯城市中发生的雅各宾派起义，为波拿巴和奥地利人密谋合作瓜分威尼斯共和国提供了借口，而波拿巴的战利品中则加入了被征服的伦巴第和波南共和国，从而形成了"山内共和国"（山内意为"阿尔卑斯山的一侧"）。

波拿巴成功消除了流亡贵族与欧洲相关的威胁，使督政府可以集中精力制定方案，以应对法国国内日益增长的保王派情绪。巴贝夫的密谋引发了一场红色恐慌，而督政府成员也助长了这种氛围，巩固了右翼势力的声望。同时，督政府所允许的温和主义宗教信仰也让右翼势力受益良多：重返法国的反抗派教士竭力鼓动他们的信徒反对当前的政权。巴黎的克里希俱乐部成为保王派宣传的大本营，例如布瓦西·德·昂戈拉斯、亨利·拉里维埃[*]等温和派原国民公会议员，以及例如马蒂厄·杜马[†]等其他回到法国的流亡贵族都在这里集结。许多克里希俱乐部的成员拥护立宪主义道路，认为"三分之二名额法"的实施将使法国的保王派多数派能够以民主的方式重新确立自己的地位。然而，右翼势力的其他人却拒绝这种温和态度。例如，作为由分布在大多数省份的志愿协会组成的集合体，慈善协会的宗旨表面上是为了振兴慈善事业，却发展成为掩护叛乱者的机构。布罗蒂埃神父及其"巴黎办事处"也是如此，反动的记者演变成反革命的代言人。布罗蒂埃在全国范围内建立了保王派的代理人网络，最初试图说服路易十八制定宪法和实施政治大赦，但由于路易十八的冥顽不化，布罗蒂埃转而采用了起义的手段。尽管布罗蒂埃于1797年1月被捕，他的"巴黎办事处"的影响力也被不断削弱，但与此同时，1796年因政见问题而被解职的著名将军皮什格鲁却开始与流亡的路易十八建立起秘

---

[*] 亨利·拉里维埃（Henry La Rivière，1761—1838），法国政治家，先后当选立法议会、国民公会和五百人院议员。

[†] 马蒂厄·杜马（Mathieu Dumas，1753—1837），法国将军，曾担任拉法耶特的副官，将路易十六从瓦雷纳带回巴黎，恐怖统治期间流亡瑞士。

密联系。保王派似乎真正在面临危险，他们的强势地位有可能会在派系之间的相互竞争与勾结中消磨殆尽。派系是波旁王朝政体的致命弱点，也是流亡贵族无法克服的顽疾。

督政府成员竭尽所能将保王派局限在合法的范围内，减少他们的政治活动。收紧新闻审查制度和重组政治警察的措施，既针对左翼势力，也针对保王派。1796年3月，所有公职人员都被要求宣誓，表明自己拒斥王权的倾向，以此将保王派赶出国家服务和行政部门；几周后，又重新出台了恢复君主制的提议者将被判处死刑的规定。在督政府成员中，卡诺尤其希望争取立宪主义保王派加入温和共和主义的事业中，但他费尽心机也没能想出一个足够有吸引力的方案。共和四年雾月4日（1795年10月26日）颁布的"热月法令"禁止流亡贵族及其亲属担任任何公职[2]，如果督政府成员废除了这项法令，他们就会与中间派和左翼的支持者渐行渐远。白色恐怖在许多地区的肆虐已经削弱了后者的力量。在这种情况下，督政府成员通过清洗司法、市政和行政职务的方式来打击左翼和安抚右翼，如此做法无疑会危险地加强整个国家的右翼势力，从而增加保王派在1797年春季选举中取得进一步胜利的可能。

督政府针对左右两翼极端主义的直接对抗在两条战线上产生了无休止的斗争，这可能会削弱对政治中心和作为政权试金石的立宪原则的双重支持。1797年4月和5月，支点崩溃了，不可避免的事情也发生了。在共和五年撤换两院三分之一议员的选举中，保王派大获全胜：在参选的216名原国民公会议员中，只有13人顺利当选，甚至"三分之二名额法"的运作也未能阻止议会发生的大规模右转。当选的保王派包括像皮什格鲁和作为路易十八政治代理人的安贝尔-科洛梅斯\*等知名人士，他们距离成为多数派已经不远了。在第一次展示拳

---

\* 安贝尔-科洛梅斯（Imbert-Colomès，1729—1808），法国商人，保王派活动家。

脚的测试中，他们让职业外交家、公认的右翼分子巴泰勒米\*取代了即将离任的督政官勒图尔纳；皮什格鲁则当选为五百人院主席。

然而，温和共和派没有因为保王派的成功而选择放弃。巴黎出现的塞勒马俱乐部策划了反对保王派的行动。西耶斯作为俱乐部的成员之一，在被问及他在恐怖统治期间做了什么事情的时候，给出了一句经典的回答："我活了下来。"这个口号可以看作整个俱乐部的集体标语：俱乐部成员还包括"原恐怖分子"塔利安、吉伦特派的热情追随者多努†和加拉‡、像塔列朗§这样的"职业生存艺术家"，以及像年轻的邦雅曼·贡斯当¶和后来的沙龙女主人斯塔尔夫人（内克之女）。塞勒马俱乐部竭尽全力反击保王派的宣传，特别是通过他们的报纸《闪电报》与正在发展的立宪派圈子建立了联系——这个网络在大城市里汇集了雅各宾派在外省的残余势力。

共和五年选举后的政治局势演变为敌对派系之间的立场之争，好战的新雅各宾派和剑拔弩张的保王派都发出了低沉的叛乱之声。右翼势力似乎势不可挡的进步以及督政官卡诺和巴泰勒米的迁就态度，让其他三名督政官（巴拉斯、勒贝尔和拉勒韦利耶尔）不得不协调他们对于保卫共和国的看法。一个重要的——实际上也是不祥的——发展势态是，他们希望探索如何从共和国现在享有的耀眼声望获得利益。7月，督政府进行改组，结束各个部门的陈旧风格，塔列朗被任命为外交部长，奥什将军被任命为陆军部长。让一位军事统帅进入政府已

---

\* 弗朗索瓦·巴泰勒米（François Barthelémy，1747—1830），1797年短暂出任督政官。

† 皮埃尔·多努（Pierre Daunou，1761—1840），法国大革命时期的吉伦特派成员，1795年加入热月党时期的救国委员会，1796年当选五百人院议员。

‡ 多米尼克·约瑟夫·加拉（Dominique Joseph Garat，1749—1833），1792年至1793年间曾任司法部长和内政部长，吉伦特派成员，后当选五百人院议员。

§ 夏尔·莫里斯·德·塔列朗-佩里戈尔（Charles Maurice de Talleyrand-Périgord，1754—1838），1791年9月屠杀后辗转英美，1796年返回法国后多次出任外交部长。

¶ 邦雅曼·贡斯当（Benjamin Constant，1767—1830），法国政治家，思想家，与斯塔尔夫人多年保持密切关系。

经足够令人吃惊了，但更令人吃惊的是，奥什将军已经得到了情报，让他的军队驻在巴黎的攻击范围之内，防止右翼分子走上街头进行示威游行。

在这种情况下，奥什将军的部长生涯受到了阻碍，因为他不满足对部长应超过40岁的年龄要求。然而，右翼分子对事态的发展深感震惊。现在回过头来看，放弃谨慎政策可能更符合他们的利益。但是，右翼势力的内部分歧继续阻碍着他们采取果断行动的能力。许多温和的君主立宪派仍在等待时机，因为选举的发展趋势对他们来说非常有利。类似的例子后来还有很多：1797年6月27日（共和五年获月9日），两院废除了"共和四年雾月4日法令"，向流亡贵族及其家属开放公职，并结束了1792年和1793年法律对顽固派教士的破坏。然而，共和五年选举也成功激发了强硬派的热情。他们意识到了趁热打铁的必要性——但在具体时间和方式上却意见不一。这种犹豫不决让对手掌握了主动权。督政府的"三巨头"（巴拉斯、勒贝尔和拉勒韦利耶尔）同意了两院解散所有政治俱乐部的愿望，此举的针对目标是立宪派的活动。但他们也向军队发出了邀请，希望能够得到一位有同情心的将军的帮助。巴拉斯赢得了他昔日属下波拿巴的支持，后者将深得自己信赖的奥热罗将军\*派往巴黎，听从"三巨头"的调遣。奥热罗将军对巴黎市内的右翼保王派青年团伙进行骚扰，而奥什将军则率领更多的军队气势汹汹地包围了巴黎。在紧张的政治氛围中，"三巨头"发起了进攻。1797年9月4日（共和五年果月18日），他们下令对巴黎实施军事占领，然后宣布右翼势力在共和五年选举中获得胜利的49个省的选举结果无效；将近200名议员被逐出议会；还驱逐了60多名保王派的主要成员，其中就包括卡诺、皮什格鲁和巴泰勒米等人。

---

\* 皮埃尔·奥热罗（Pierre Augereau，1757—1816），法国元帅，跟随拿破仑远征意大利。

巴拉斯，督政府"三巨头"之首

几个月以来，右翼势力占据了所有的优势地位，而果月政变则使右翼势力急速向政治中心靠拢。巴拉斯、勒贝尔和拉勒韦利耶尔采取行动，对政治格局进行了反对保王派的转变。此前担任警察部长的梅林·德·杜埃和技术官僚、7月改组时被任命为内政部长的弗朗索瓦·德·纳沙托\*填补了督政官的两个空缺职位。督政府成员行使了紧急权力，以便在接下来几周的时间里对公共生活的各个层面进行清洗，将行政、司法和市政岗位上的保王派逼迫下台。1797年11月29

---

\* 弗朗索瓦·德·纳沙托（François de Neufchâteau，1750—1828），法国政治家、农学家，1797年至1798年间出任督政官。

日,此前的贵族们被禁止参与公共生活。任何未经政府同意而返回法国的流亡贵族都被要求立刻离开法国,1792年至1793年针对顽固派教士的惩罚性法律被再次实施,导致在果月之前形成的宗教自由的相对氛围又一次被迫放弃。此后,所有公职人员、选举议会成员以及陪审团成员,都被要求宣誓表明自己的憎恨王室和无政府主义的立场(后者是雅各宾主义的代名词)。一项新的新闻法迫使大部分保王派和右翼报刊停办,同时成立的军事委员会也享有管理归国流亡贵族、阴谋家、土匪、叛乱分子和拦路强盗的权力。

对于此次镇压浪潮,右翼势力迅速予以谴责。然而,与共和二年的恐怖统治(或是共和三年的白色恐怖)相比,"果月恐怖"不过是小巫见大巫而已。它主要是通过驱逐出境这种"不流血的断头台"而非斩杀肉身的方式来处置政治反对派。例如,约有1 600名教士被驱逐出境,而直到1799年,被军事委员会判处死刑的仅有150人左右。这种局面太过温和,不足以在整个国家的政治格局中产生持久的剧变。政治俱乐部重新开放,但人们对政权的热情并不高涨。"三巨头"发动政变的方式引起了广泛的恐慌和不满。无论是波旁王朝超越法律的个人绝对主义,还是共和二年的革命暴力,都与督政府曾经引以为豪的精神形成了鲜明对比——它是一个行政权力受到制约的合法政权。然而,它在果月利用主要的武装力量推翻了通过宪法手段做出的选举决定,并迫使司法机构进行政治审判。

此外,果月党人一旦完全走出了合宪性的规定,就发现自己很难重新回到这个圈子中来,尤其是他们很快意识到,他们远远没有削弱整个国家范围内的保王派舆论的力量。此外,对右翼的攻击还引发了左翼的补偿性反弹。在1798年初的几个月时间里,人们越来越为共和六年的选举结果感到担心,因为左右两翼都有希望在选举中取得重大胜利。为了不让对手们占到太多便宜,督政府成员在制定选举细则的过程中煞费苦心。因此,在1798年2月,政府决定由离任(而不是上任）的委员会来选择每年的新任督政官；同时，任何曾与叛军一道履行民事或军事责任的个人都将被剥夺包括参与选举在内的诸多政治权利。3月，督政府成员开始鼓励在各地举行"分裂主义"的选举议会，对政权怀有敌意的左右两翼候选人可能在那里获得当选。这也为他们在5月11日（共和六年花月22日）选举结果出台时选择自己心仪的候选人预留了空间。他们尤其利用这个权力来打击左翼势力，在大约130名激进分子或雅各宾派成员中，有84人被"花月化"——由来自分裂议会的亲督政府候选人取而代之。此外，这一过程还扩展到当时举行的其他形式的选举中：总共约有四分之一的立法选举和三分之一的司法或行政职位任免受到了督政府成员命令的影响。

督政府成员过分专注于保持自己的头脑不受国内政治幻灭的影响，而无暇顾及外交政策。由于卡诺和巴泰勒米的离开，他们缺少了一个具有外交常识和经验的成员，来抵制他们的将军在制定国内外政策过程中越来越多的干预。因此，他们怀着复杂的情感来审视波拿巴在意大利发展自己的个人外交。如果说这一方面威胁到了督政府的权威，那么它也为雄心勃勃的能量装上了一个安全阀；如果这些能量被带回法国国内的微妙氛围之中，那么就会发现它的爆炸性所在。科西嘉人还在为自己在《康波福米奥和约》签订过程中所扮演的角色感到沾沾自喜，因此，从1797年底开始，督政府成员就认真听取了他的建议，让他率领一支远征军奔赴埃及——那里是英国涉足印度的垫脚石。人们普遍认为，大英帝国的权力根基建立在一个摇摇欲坠的公共信用体系之上，这个体系很可能会被推向崩溃的边缘，这种情况似乎支持了波拿巴的这次冒险，尤其是英国的海军力量正在将法国人拒之于新大陆的帝国战场之外的前提下。督政府成员很喜欢这个提议，因为它可以遏制拿破仑在中东地区的凶猛势头——甚至可能把他置于危险的境地。

根据《康波福米奥和约》的规定，法国、奥地利和神圣罗马帝国将展开进一步的谈判,争取实现欧洲的持久和平。随后召开的拉施塔特会议因为法国的持续扩张而受到严重干扰,进一步威胁到了力量的平衡。1798年1月和6月,荷兰本土的雅各宾派先后发动政变,强化了法国在"巴达维亚共和国"的影响力,该共和国使用的也是督政府式的宪法。法国在瑞士边境的军事介入导致米卢斯和日内瓦先后于1798年1月和4月被吞并。1797年,瑞士的一部分领土被并入"山内共和国";1798年春天,瑞士的剩余土地被并入了另一个"姊妹共和国"——凯尔特共和国。《康波福米奥和约》签订后不稳定的政治局势,也使法国人进一步深入意大利半岛。1798年2月,罗马发生暴乱,法军将领迪福\*被杀,由此成为法国入侵罗马并在随后筹组罗马共和国的借口。11月,那不勒斯王国的军队袭击了法国的傀儡政权——罗马共和国。法军的反击非常粗暴有效,以至于在几周时间内,法军指挥官尚皮奥内†就占领了那不勒斯,并在意大利半岛南部成立了那不勒斯共和国,而此举恰恰直接违背了督政府成员的意愿。

  督政府成员意识到,波拿巴和其他将军的个人外交和好战行为正在威胁欧洲和平的希望。然而,他们却对自己被迫卷入扩张主义的趋势视而不见。究其缘由,主要原因在于法国从战争中获得了经济利益。当然,战争并非没有付出政治代价。随着军队人数的减少,逃兵现象就流行病一样蔓延开来。1798年9月通过的《茹尔当法》规定,20岁以上的男性普遍需要履行应征入伍的义务。不出所料,这项法令没有受到欢迎。然而,一想到结束战争、让军队重返法国、转向完全和平时期的经济,就会带来更大的问题。因为战争已经开始以一种减轻国内纳税人负担的方式来为自己埋单。

---

 \* 马蒂兰-莱昂纳尔·迪福(Mathurin-Léonard Duphot,1769—1797),法国将军,在意大利战役期间表现出色。

 † 让-艾蒂安·尚皮奥内(Jean-Étienne Championnet,1762—1800),法国将军,1798年10月被任命为罗马方面军总司令。

在恐怖统治时期，由于缺乏官僚的支持和维护，新的大规模军队采取了一种原始的掠夺政策，而共和二年的财政部长康邦对此喜闻乐见，甚至将之系统化。战场上的指挥官们受到鼓励，想方设法地让被征服的领土付出代价。因此，被吹嘘为"革命"的改革——诸如教会财产国有化或废除封建制度——实际上都变成了赤裸裸地榨取收益的手段。"胜利的组织者"卡诺的命令，明确指出了这一政策的动机和实质："剥夺我们敌人的一切资源和生存手段。我们不得不进行掠夺，这是巨大的不幸，但与其在自己的领土上遭受破坏，不如让其他地方蒙受损失。"[3] 从1795年起，所谓的"姊妹共和国"也被迫开始执行同样的政策。它们在收到新宪法后，签署了一项商业条约，承诺为维持军队提供大量的捐助。督政府成员还采取了一种做法，即允许作为军队承包商的商人从被征服的土地上征收一定比例的税款。将军们也在玩着同样的游戏。事实证明，波拿巴尤其擅长于此，他把筹集到的大部分资金留给自己和军队使用。他还参与了赤裸裸的征收行动，尤其是收缴了大量艺术品。这些战利品中有相当一部分被运回了巴黎。在1796年至1799年间，大约四分之一的国家需求都来自对被征服地区的榨取。战争已经深深植根于督政府的财政和政治架构之中。因此，当1798年至1799年军事战略出现松动，法国再次面临战争失败的阴影时，整个政权的生存都将受到威胁。

## 大革命：一份使用指南

对于经历过恐怖统治这场大戏的政治阶层来说，热月为大革命赋予了历史的第二次契机。热月党人和督政府成员的目标是让大革命重新回到它在1789年满怀希望地踏上的道路上，并与立法议会时期1791年宪法所体现的普遍主义假说，以及作为大革命文化核心的"再生"动力联系在一起，从而塑造一个"新人"。热月党人的统治结束后，政治家们仍然要在欧洲战争的背景下展开工作，这场战争推翻了1791年宪法，并为1792年以来显而易见的爱国主义观点和实践提供了理由。他们必须将这一点与他们曾经彻底摒弃的国民公会的过激行为、旧制度下令人憎恶的精神结合起来。

督政府为实现这个雄心勃勃的计划进行了诸多努力，但也受到了整个十年间令革命者备受困扰的更大问题的阻碍，即如何让个人权利与共同体利益实现统一。人权和祖国是大革命词汇中的两个护身符，但事实证明将二者结合在一起的方法非常困难——恐怖统治期间更是如此，当时维持国民认同似乎受到了来自内外敌人的双重威胁，因此个人自由受到了令人眼花缭乱的迅速侵蚀——与此同时，祖国也正在被迅速神圣化。恐怖统治期间镇压性的公有社会政治震惊了强调个人自由不可侵犯的自由派政治家，而热月党人则试图让个人权利得到应有的尊重。然而，对于大多数革命者来说，他们的感受远远不止于此。许多人默许了1789年7月14日的民众暴力和私下处刑、大恐慌和推翻君主制。出于同样的原因，直到战争爆发前夕，恐怖统治的主要理论家罗伯斯庇尔，始终是自由主义的自由观念最坚定的捍卫者，也是人道主义的死刑反对者。自由主义与国家公有主义之间的冲突使得爱国者群体产生了分裂；但这也是每一位督政府成员内心深处的分歧，是一个令人恼火的、没有人能够回避的难题。

由于它与大革命文化核心的道德主义相关，这个难题就显得更加棘手。督政府成员继承了对政治观念的彻底否定。对于革命的立法者来说，政治可能是他们的正午、他们的午夜、他们的谈话、他们的歌声——引用奥登\*的表述；然而，政治也是一种他们认为错误的东西，是一个在道德上站不住脚，也不敢说出自己名字的概念。在大革命的政治生活中，没有比"党派精神"更残酷的词汇了，它指的是一种对

---

\* 威斯坦·休·奥登（Wystan Hugh Auden，1907—1973），英-美诗人、文学家，代表作《焦虑的年代》。

局部利益和个人激情的非革命性拥护。"我不属于任何党派,"吉伦特派议员布瓦耶-丰弗雷德*在一个高度紧张的场合摆出了这样的姿态,"我不属于任何人,我只属于我的国家和我的良知。"[4]整个十年间,革命者确信他们所做的事情超越了政治,他们努力攀登崇高的道德顶峰,在他们的知识背包里装有"公共利益"和"国家利益"的坚定意识。他们的愿望是一种政府伦理,在这种伦理中,个人超越了基于地方偏见、恶意和特权利益的不和谐情况。1789年6月的制宪议会将三级会议的代表从选举人委托的束缚中解放出来,其原因在于他们认为自己是全体国民的代表,而不仅仅是国民内部的一个地理或社会上的分支。同样,国民公会宣布"共和国统一和不可分割",1795年宪法规定"任何公民的个人或部分团体不得将主权归于自己",这些行动无一不彰显了防止政治统一被破坏的决心。[5]

人们认为,以政治手段裁决竞争对手之于权威的诉求是冗余的,这种观点与一种更广泛的信念有关,即1789年开启了人类历史的新阶段,而这个阶段应用了全新的社会互动原则。立法者的指南将成为自然要素,以此测试启蒙运动晚期的感性和理性认识。与此同时,作为政治合法性的来源之一,摒弃历史先例也可以说是1789年革命转折中最为激进的一环。[6]启蒙运动中围绕"亲法兰克派"和"亲高卢派"之间的争论,如今在政治上已经成为奇谈,只有古希腊和古罗马提供了某种积极的历史参照作用——与当下的法国相比,古希腊和古罗马在时间和空间上都相距遥远,而且看起来既是乌托邦的又是过时的。在议会辩论中,西塞罗和普鲁塔克是最常被引用的前革命时代的作家:他们的作品被引用的次数之和比孟德斯鸠的《论法的精神》多十倍,比卢梭的《社会契约论》多二十倍。[7]1791年至1792年间,大革命的反教会倾向愈发明显,这也使得另一个以历史为导向的权威来

---

\* 布瓦耶-丰弗雷德(Boyer-Fonfrède,1760—1793),1792年当选国民公会议员,吉伦特派政治家,1793年10月31日被送上断头台。

源——教会——在大革命的话语范畴隐而不见。1793年推行的革命历法在计时系统中删去了有关《圣经》的内容，并光荣地宣称，法国变幻莫测的政治生活在人类历史上具有重要意义。大革命之前发生的一切，现在都可以归属于无差别的"前国家事物"或"旧制度"。任何让人回想起那段可耻岁月的事情，都是无可挽回的"往昔"——大革命时期，再也没有一个形容词比它更具轻蔑色彩（有时甚至更具煽动性）。

大革命的反教权主义和反王政主义倾向相互交织，拒斥任何形式的政治父权主义。波旁王朝政体的主要话语具有高度的家长制色彩：国王被处决之后，这种话语要么被排除在宫廷之外，要么就转移到对"祖国"的尊崇之上。革命者强调国民大家庭内部兄弟般的横向互助关系，而不是纵向依赖关系。（用"你"取代"您"作为更亲密的个人称呼，用"公民"取代"先生"和"夫人"也是出于同样的目的。）革命兄弟雄心勃勃，试图在自然形式的基础之上重建法国社会。革命者开辟了一种神话般的当下，在这个神话中，他们摒弃了一切对过去历史的参照，将自己投射到正在展开的、乌托邦式的、所谓更加自然的未来之中。"让我们重建自然，"格雷古瓦神父在1795年向国民公会议员发出呼吁，"为它赋予新的印记。"[8] 通过运用人类理性创造新事物的愿望，将新事物根植于其自然世界的愿望，二者之间没有什么区别。

在18世纪90年代早期，这种重新发现自然的意识解释了一种普遍的感觉，即公共精神与个人自身政治良知的取舍之间相去甚远。人们对选举原则寄予厚望，希望它能使这两种力量相互协调。在1789年之前，城市、乡村、行会和团体内部并非没有选举；事实上，波旁王朝从17世纪60年代开始就存在代议制的尝试。然而，1789年选举过程所激发的国民情感是一种崭新的事物——也是大革命政治文化所珍视的事物，甚至被奉为民主包容性、透明度和问责制的象征。国民公会选举在1791年夏天举行，但在此之前，已经举行了各省、市、区的行政官员选举以及各类法官和司法官、教士和主教的选举。1790年2月至1792年12月期间，在上维埃纳省的朗孔，选举人至少被12次要求履行选举职责。投票程序漫长而复杂，可能会变得非常乏味。投票需要在公开场合进行唱票：人们担心秘密投票会导致私下游说和"阴谋诡计的暗中操作"。[9]

对选举进程的信心使立法者得到了全国社会的衷心支持，他们觉得自己隐隐代表了整个法国的普遍意愿。的确，历届议会都认为，他们有义务教育人民，也有责任向人民学习。"人民是好的，"普罗旺斯的一位雅各宾派成员表示，"但是需要教育。"[10] 夏尔·德·拉梅特\*同意这种观点，"我们必须启迪舆论"，"我们必须控制舆论，使它为我们带来好处"。[11] 然而，人们认为这将是一项轻而易举的任务，国民公会所要做的并不是将外来标准强加给冥顽不化的人民，而是"让人们回归自然和真理"——这是罗伯斯庇尔的表述。[12] "革命新人"在拥有信仰的良善之人中耐心等待，随时准备在个人良知的驱使下，在真正爱国者的人道主义勇气的推动下，在大革命中获得再生。正如圣茹斯特所言，幸福可能就成了"欧洲的一种新理念"；[13] 但正因为它具有自然的倾向，所以全体人类都会理解它。

尽管大革命十年的政治凸显了公共生活参与者之间无休止的，有时甚至是致命的分歧或争端，但这种将大革命视作再生过程的认识在此期间也得到了广泛认同，因为它的确代表了启蒙运动晚期继承下来的智慧，即创造一个更美好世界的可能性。人类的创造力可以制造更美好的世界，而公众舆论则是理性的最高、最公正的法庭，人们可以用它来评判和衡量行为与思想。大革命见证了国民从国王手中夺回了主权，让公众舆论（或者是一些革命者所喜欢称呼的"公共精神"）

---

\* 夏尔·德·拉梅特（Charles de Lameth，1757—1832），法国贵族，1792年8月移居汉堡，1797年返回法国，1799年再度流亡，1801年回国，1809年被任命为法军中将。

战胜了党派观点与利益。1789年之前，公众舆论不得不在旧制度的审查制度、特权演说和团体限制的丛林间穿行；而现在，公众舆论成为自由的代言人，并致力于改善社会的事业。

1789年以前，国王控制着文字；1789年以后，文字就是国王。自由和多边交流被视作建设开明和充满活力的国民文化的关键。按照启蒙运动的观点，印刷技术也被适当地神圣化了。这就是孔多塞曾经说过的，"只有通过印刷流程，一个伟大的人民之间的讨论才能真正融为一体"；作为1791年宪法序言的人权宣言也向公民保证："思想和观点的自由沟通是最珍贵的人权之一。"[14]由于印刷商和出版商不再享受此前获得国王补贴的特权，从1789年起，出版活动如雨后春笋般涌现。在大革命期间，巴黎印刷商的数量翻了两番，书商和/或出版商的数量增加了两倍。生产和发行的自由极大提高了政权在出版品中的地位。虽然小说并不是特别时髦——新闻才是更加有趣的——但事实证明，其他体裁更能适应人们对政治的偏好。例如，现在的许多科学都是以爱国主义科普作品的形式呈现的。革命热情也使年鉴和歌曲等既有形式更加政治化。例如，政治歌曲的数量急剧增加，1793年比1789年增加了五倍，1794年增加了六倍，直到大革命末期才有所减少。印刷品和版画的数量也出现了爆炸式的增长，用莱基尼奥[*]的话说，漫画和讽刺画就像是"衡量公众舆论激烈程度的温度计"。[15]

这些不甚规范的形式的流行，突出了布里索在其回忆录中提出的观点，即大革命的启蒙"不是通过大部头的、有条理的作品展开的，而是通过小作品……通过报刊的传播点亮了每一个角落"。[16]另一位吉伦特派成员卢韦也指出，邮寄给预订者的报纸是"最简单、最迅速、成本最低的传播真相的方式"。[17]1789年几个月内创办的报纸，远比整个18世纪70年代都要多。这一现象在巴黎最为显著：到1789年，巴

---

[*] 约瑟夫·莱基尼奥（Joseph Lequinio，1755—1812），曾任立法议会、国民公会和五百人院议员，山岳派政治家。

黎只有一份日报，即1777年创办的《巴黎日报》；到1790年，巴黎有23份日报，还有同样多的周报或者其他报刊以更缓慢的出版节奏出现。外省也受到了影响：仅在1791年，省级报刊的数量就翻了两番，报纸不仅在大城市蓬勃发展，而且在相对偏僻的地方也很有市场。大革命十年间，新出版的报纸超过了1 000种。读者的数量也在大幅增加：到1794年，巴黎报刊业的每周发行量从大革命之前的约10万份（其中60%发往外省）急剧增长到约80万份。考虑到集体阅读的习惯，可能多达40%的成年男性都能接触到革命刊物（当然也有反革命刊物）。

对于大革命十年间的政治家们来说，如果没有启蒙运动的影响，那么18世纪90年代印刷业的爆炸式发展是不可想象的，这为他们所创造的政治文化带来了一个最显著的特征：喧嚣好辩。起初，这并不被视为一个问题，因为人们认为革命语言将具有中立、透明的价值。1789年的革命者认为，自己揭露了旧制度权力的狡猾伎俩，继而建立起一个新的体系——在这个体系中，非修辞性的革命语言将允许个人之间建立没有中介的真诚关系，并且不会受到制度和人际关系的阻碍。革命者引以为豪的是他们的论述风格，这种风格摒弃了旧制度下的华丽辞藻（因此它也被认为是不真诚的）。在恐怖统治时期，这种纯粹而透明的风格尤其受到推崇："雅各宾派说话简洁。"一位来自马赛的爱国者如是说（也是很简洁的）。[18]

然而，这个问题在热月之后看起来完全不同了。因为恐怖统治似乎无可辩驳地证明了过度演说和过度写作的危险性。例如，在路易-塞巴斯蒂安·梅西耶于1798年出版的《新巴黎》中——这是他在大革命之前完成的生动的《巴黎图景》的晦涩续篇——描绘了一幅"作家们在大革命期间形成的可怕而混乱的局面，大量的期刊、小册子和书籍，充满了难以理解而又卷帙浩繁的相互冲突的论述、谩骂和讽刺的洪流以及杂乱无章的诽谤，似乎都要淹没了它们自己"，他甚至将这种情况比作来自埃及的瘟疫，使整个国家都陷入瘫痪。[19]这不仅仅是一个关于作品数量和种类的问题：印刷业还将政治的本质转变为一场"语言战争"。恐怖统治是言语上的狂热，文字脱离了它的所指，成为冲突的实质而非表达。"斐扬派""嫌疑犯""贵族""布里索派""温和派""雅各宾派"是谁？在18世纪90年代的不同时期，这些词语都是可以杀人的武器——这是字面意义上的表述，也是米什莱的观点。

作为控制和操纵公众舆论的更广泛愿望的一部分，对语言的控制在恐怖统治时期得到了不断强化。"要把握公共精神的脉搏，"梅西耶后知后觉地讽刺道，"需要非常精妙的手法。"历届国民公会议员"在检查温度计的时候，不知道怎么把手指放在温度计上，于是就把自己双手的温度误认为周围空气的温度"。[20]内外战争对公众士气的要求无疑加快了新闻管理事业的进程。1792年底，在吉伦特派成员、内政部长罗兰的领导下，公共精神局成立，并为政府支持宣传和新闻管理树立了新的标准，而吉伦特派在政府中的继任者们也都热情地接受了这一标准。罗兰已经意识到，为了有效地向国民提供新闻和信息，必须辅以一些宣传手段。他和他的继任者们甚至自己都否认，他们所做的工作不过是在"启发"公众。革命政府在1793年10月颁布的宣言中，特别将选举进程搁置到和平协议签署之后，此举也消除了舆论对自称代表舆论的立法者们的现实制约。

面对国内外的战争，"启发"公众舆论的必要性日益增强，这使得国民公会议员们对此前充当公众舆论中转站和支持者的志愿社交机构的怀疑也与日俱增。在波旁王朝的政体中，这些机构的保密性和组织性曾使其免受国家干预的侵扰，但在1789年之后，这些特征就显得不合时宜了。因此，大革命确认了作为舆论阵地的沙龙的消亡，而这种情况早在18世纪80年代就已经有所预示。事实上，内克之女斯塔尔夫人和吉伦特派成员罗兰夫人组织沙龙，时常被视作令人反感的党派活动，甚至被视作叛国行为。她们同时是社会精英，这也是对学院的一种指责。1793年，作为"科学贵族"特权巢穴的学院制度也被正式废除。自由共济会在18世纪80年代曾是启蒙运动最活跃的社交场所之一，但如今也变得黯然失色：大东方会于1793年关闭。大量的个人分会，由于他们的诸多秘密活动被认为有悖于透明的价值观，最终也蜕变成了政治俱乐部。

1792年以后，只有一个政治社交场所战胜了其他所有的类似组织，那就是隶属于雅各宾派的政治俱乐部。大革命初期涌现出了很多政治倾向各异的俱乐部，但它们都没能逃过君主制的衰落和战争的浪潮。甚至在国民公会终止选举进程之前，就经常有人指责雅各宾派造成了公众舆论的分裂和国民精神的颠覆——特别是在路易十六于1791年6月逃出巴黎时的信件中，拉法耶特和迪穆里埃试图率兵攻打巴黎之时，以及在1792年至1793年间与之敌对的吉伦特派内部。从督政府的视角来看，雅各宾俱乐部似乎成了压制个人自由的机构，而不是表达意见的机构。巴黎的雅各宾俱乐部是在制宪议会早期的政治核心小组——布列塔尼俱乐部——的基础上发展起来的，在1791年7月发生的斐扬派分裂之后，它逐渐发展成为一个反议会的组织，先是布里索派和吉伦特派，而后是罗伯斯庇尔及其同僚，它们都对立法议会的温和多数派进行了批判。然而，一旦共和国宣告成立，雅各宾派就吸纳了国民公会中的极端爱国者组织——山岳派，进而为自己争取越来越多的代表权。罗伯斯庇尔之弟奥古斯丁在1793年4月宣称，俱乐部"本质上是廉洁的。它在4 000名听众面前进行讨论，因此它的全部力量都在于公众舆论，它也不可能背叛人民的利益"。[21]同样，激进主义者迪富尔尼\*认为："不能让国民公会引导公众舆论，因为国民公会必须接受公众舆论的引导。他们的任务是通过法令，而不是创造公共精神。"[22]创造公共精神显然是雅各宾派的任务。他们——以及接受他们

---

\* 莱昂·迪富尔尼（Léon Dufourny，1754—1818），法国建筑师，1796年当选法兰西美术院院士。

指导的各省俱乐部——充当了许多法国人学习爱国主义的俱乐部,传播了关于大革命的好消息,同时也对大革命加以解释,使其成为与普通公民息息相关的现实。

雅各宾俱乐部的网络构成了恐怖统治期间公共领域的重要组成部分,它是在1789年取得胜利的资产阶级公共领域的废墟上发展起来的。雅各宾派的目的在于灌输一种令人恐怖的教育法则,其中最具象征意义的是断头台的使用。公开处决是"一场悲剧……旨在让观众充满敬畏"[23],这也是它能够高度戏剧化的原因之一——例如,巴黎的街道上驶过了载满囚犯的车辆,断头台的刀片高高举起,向人群展示着被砍下的头颅……然而,恐怖统治并不只是通过杀人机器的公开场景来使法国人受到震撼,而是要让他们在政治上服从命令;毕竟,在1789年之前,许多人目睹过更糟糕的情况——对达米安的处决,以及无数车裂和司法折磨的酷刑。事实上,断头台只是更广泛的恐怖主义公共领域中的组成部分之一,这个公共领域还包括了革命政府的各个委员会、俱乐部、法庭、受其赞助的新闻报纸和精心策划的革命节日。政治犯罪嫌疑人的类别越来越多地以最私密、最真实的想法为依据——监禁、传讯以及在大恐怖时期最可能出现的处决都是根据这种分类做出的决定。言论自由成为往事——每十个革命法庭的受害者中,就有一人是因为说话被认定为反革命分子而被处决的。新闻报刊受到严格审查,甚至被吓得唯唯诺诺。对告密者和间谍的监视确保了社交活动只能在雅各宾俱乐部和革命节日等正式批准的集会上才能进行。

1794年5月,雅各宾派成员在梅斯指出:"如果恐怖主义是爱国者时代的主旋律,那它也会成为自由的终结。"[24]然而,具有讽刺意味的是,丹东主义者、埃贝尔主义者和无套裤汉激进分子遭到镇压,以及随后公布的臭名昭著的"牧月22日法令",无一不是这个时期正在上演的事情。此外,在这个时期,革命政府也在日益吸纳雅各宾俱乐部网络的活力，将俱乐部的角色从志愿者协会转变为政府机构。俱乐部因此失去了表达公众舆论的潜力，但罗伯斯庇尔在雅各宾俱乐部和国民公会上却公开声称，这种力量体现在革命政府内部（事实上越来越多地体现在他自己身上）。

革命节日也呈现出类似的发展轨迹，就像雅各宾俱乐部的传播趋势一样，这些节日最初似乎是公众舆论与革命计划达成一致的令人欣慰的标志，但到了1794年，这些节日越来越多地被恐怖统治机器所禁锢。制宪议会和立法议会都非常重视发展各种各样的形式和典礼，进而使大革命与波旁王朝的立宪形式主义保持距离。国王从位于凡尔赛的波旁王朝太阳王圣殿迁往资产阶级公共领域的首都巴黎，这只是对既有形式的国王仪式的更大否定的一部分内容。国家仪式的神圣中心不再是统治者不朽的仪式性身体。这就给大革命时期以"自然"而非历史为基础的发明创造留下了广阔的空间。新的仪式形式试图再现——并重生于——那个将社会和政府紧密联系在一起的神话般的契约时刻。国家仪式旨在通过日益得到精心策划和戏剧化的典礼，让其参与者产生敬畏感和情感上的屈服感。

米拉波曾经说过，"人只会对印象而非推理做出反应"，"（人）必须被打动，而不是被说服"。[25] 这句话显然带有玩世不恭，甚至是路易十四风格的意味，但也包含着一种直接来自洛克和启蒙运动经验主义预设的信念。新人是革命时期"爱弥儿"的一种类型，他的个性将由国民感官所感知到的"自然"和爱国情感所塑造。这方面的典范是1790年7月14日为纪念巴士底狱陷落一周年而举行的联盟节庆典。巴黎的战神广场上搭建起了一个巨大的露天剧场，25万巴黎市民在此见证了一场象征国民团结的庆典，活动的领导者是国王本人，教会在过于明显的祖国祭坛上举行正式弥撒，以此为庆典祝祷；而国民自卫军的各省代表也在游行队伍中昂首前进。1789年以前没有值得纪念的历史——在此之前的公共历史现在被认为仅仅是记载国王和教士罪行的编年史，而大革命本身的历史却得到了适当的纪念。除了纪念重要的革命日之外，巴黎的先贤祠也被用作伟人灵柩的存放地。庄严的仪式伴随着一系列的"先贤祠化"举措，从1791年7月的伏尔泰开始，包括启蒙哲学家笛卡尔和卢梭、米拉波（后来被可耻地驱逐出宫）、马拉和来自圣法尔若的勒佩勒捷（两人都是暗杀的受害者），以及各种各样的爱国英雄（例如在一场旺代伏击战中英勇牺牲的少年巴拉*）。

作为一种宣传形式，节日文化与大革命本身的自我意识相互联系，在大革命事业的普及化方面发挥了重要作用。它还见证了真正的爱国情感在基层的萌发，而这又与1789年以前公开场合的大众娱乐活动息息相关。[26] 与革命节日一样，大众娱乐活动也具有很强的包容性：节日的民众参与范围从男性扩展到妇女和儿童，组织原则也是基于自然区分（老人、儿童、寡妇等）而非社会等级。从1790年起，纪念7月14日的联盟节开始流行和普及，特别是那些在祖国祭坛上举行的有关宣誓的仪式。类似的将自发性和组织性结合在一起的活动围绕种植自由树的行为展开。它最初起源于1790年佩里戈尔地区的农民开始种植自由树的活动，继而自由树被广泛地采用，同时高唱着《卡马尼奥拉》的歌声。全国范围内种植的自由树约有6万棵。

由于教会名声的日益受损，革命历法中的"旬日"取代了基督教的"礼拜日"，用以庆祝对祖国的崇拜。然而，在此基础上建立一个真正的革命宗教的努力却未能成功，反而使其越来越脱离实际、越来越险恶。1793年11月，巴黎公社的非基督教主义者在巴黎圣母院大教堂组织了一场臭名昭著的理性节，但它遭到了罗伯斯庇尔和丹东的阻止，未能使其发展成为更具实质性的崇拜活动。对于马拉和其他革命烈士的崇拜，除了在雅各宾派的各个俱乐部中摆放"人民之友"的半身石膏像之外，从未有过更进一步的发展。1794年春天，罗伯斯庇尔

---

\* 约瑟夫·巴拉（Joseph Bara，1779—1793），死于反对旺代叛乱的战斗中，年仅14岁。

发起并竭力推广对最高主宰的崇拜。但这种明显想支配良知的愿望也根本没有赢得过拥护者，最高主宰的崇拜与罗伯斯庇尔一同消亡。

1792年以后恐怖主义在公共领域的发展，其影响主要源于它对私人生活和信仰施加的分散而微妙的威胁，消解了公众与个人之间的界限。这在雅各宾派（当时的革命政府）中是显而易见的，他们希望个人在使用革命符号的过程中能够更加统一。1789年文化的显著特征之一就是将大革命的形象和符号扩展到了私人生活之中。例如，作为专制主义象征的巴士底狱，现在被改造成推翻压迫的符号，不仅出现在无数绘画、版画、雕塑和歌曲中，而且出现在纽扣、盘子、咖啡壶、剃须刀、儿童游戏、女性使用的扇子和壁纸上，证实了消费者对于革命符号的强烈需求。革命符号越来越多地将革命元素（三色旗、红帽、刻有"人权"的牌匾）与其他流行元素（高卢雄鸡）、共济会元素（象征平等的三角尺、警惕的眼睛）、古典元素（象征联盟和权威的长矛）等混合在一起。时人评论道，一些人通过重塑自己的外表来宣布他们对大革命价值观的认同，例如头戴红帽、戴三色徽、穿无套裤、不撒粉（也就是去贵族化）的发型等等。

然而，对符号的政治信任在恐怖统治期间受到了严重动摇。1792年7月，成年男性被要求必须佩戴三色徽；1793年4月3日，这项规定再一次得到重申；9月，这项规定进一步扩大到女性。但是，这种程度的一致性可能会产生反弹。正如圣茹斯特所指出的，红帽或许会掩盖阴谋家而不是爱国者的身份，革命符号也可能会失去其作为政治认同象征的地位。[27]因此，恐怖统治的机器试图努力揭露表面现象，并尝试获得个人的良知，以此判断善意与恶意。例如，由于私人信件仍然保留着启蒙运动时期作为进入心灵的纯净之窗的功能，革命法庭的检察官会特别仔细地检视嫌疑人的私人信件，即使对大革命表现出的冷淡情绪也会为其招致罪责。在恐怖统治期间的档案中，个人无处不在——法庭上、俱乐部里、人群中、报刊上以及慈善委员会之前——他们用超长的篇幅为自己辩护，叙述个人参与大革命的方式，有时还会公开使用最狡猾的花招来表明对大革命的坚定信念。

通过采取这种将公众和私人混为一谈的政策和程序，恐怖统治者们正在进入一个政治和生存的黑洞。为了确保个人内心的忠诚和善意，人们对阴谋和密谋的焦虑与日俱增，夸张和欺骗由此也随之而来。因为革命政府把大革命的门槛设定在非常透明和纯洁的程度，所以即使是最富热情的爱国者也无法感到安全，那么更不用说政治上站在对立面或对政治毫无感觉的人了。即使是最具创造力的革命者，也无法"保证自己在政治上的纯洁性"。[28]在一个人人都能迅速成为嫌疑人的世界里，罗伯斯庇尔的偏执也变得完全可以理解。

在政治国家中，热月的到来几乎让所有人都松了一口气，这也标志着人们能够重新发现，争论和信息（而不是武力和威慑）可以成为取得共识的手段。罗伯斯庇尔倒台后，对他最有力的指控之一就是他曾经试图"操控公众舆论"。巴雷尔也在热月之后指出，只有公众舆论"有权统治国家"。[29]热月也是对公众舆论的复仇，因为公众舆论已经厌倦了在"不可腐蚀者"的框架中被迫伪装，而雅各宾俱乐部和救国委员会的阴谋家议员们则坚决捍卫国民公会对公共精神的垄断权。鉴于雅各宾俱乐部在恐怖主义公共领域中所扮演的角色，1794年12月关闭该俱乐部可以说是为了争取更多（而非更少）的言论自由。

通过拒绝将使用武力和暴力威胁作为革命再生的主要手段，热月党人和督政府成员与大革命早期的精神不谋而合，并试图用更接近启蒙运动的资产阶级公共领域取代恐怖主义的公共领域。恐怖统治期间显而易见的穿透良知的欲望已经消失不见了，私人和公众之间再次拉开了距离，资产阶级公共领域的沟通和社交机构得以重新出现。热月带来了新的沟通方式：尽管政府的政策反复无常，但仅在共和五年就有190种新期刊问世，而1799年的报刊读者人数保持在70万人左右的较高水平。新的政治俱乐部也随之出现，它们不再处于雅各宾派的阴影之下，并同时拥有左右两翼的血统（不过，如果它们与昔日雅各宾派的过激主义相呼应的话，那么它们也可能会受到压制）。立宪派教会重新崛起，同时出现的还有（至少是零星出现的）顽固派天主教及其兄弟协会。咖啡馆再次繁荣起来，人们在咖啡馆中的谈话也不再是警方监视的对象。共济会和大东方会在1796年得以恢复活动。自立法议会以来就不再流行的沙龙也重新兴起。沙龙中既有严谨的学院派——比如爱尔维修夫人、孔多塞夫人和斯塔尔夫人，也有卖官鬻爵者和享乐主义者——比如雷卡米耶夫人\*。革命政府计划建立一个以养老金为基础的福利国家，但在其方案失败后，私人慈善组织重新崛起，施舍也再次成为受人尊敬的行为。

随着恐怖统治被排除在影响舆论的手段之外，教育原则的重要性由此得到了更多的关注。甚至革命政府也认为，教育在形塑新人方面承担着关键作用。1793年1月，山岳派的前侯爵勒佩勒捷·德·圣法尔若遇刺身亡，在此之前，他提出了雄心勃勃的方案，试图重塑整个教育体系。然而，由于战争尚未结束，用于中小学教育改革的资金非常有限，他的计划收效甚微。

斯塔尔夫人的观点很好地代表了后热月党人时期的典型思潮，她认为："共和国阻碍了启蒙运动的发展；我们必须通过一切真正的公共教育手段来加快时代的步伐。"[30]然而，督政府成员发现，他们恢复启蒙运动的努力受到了各地私立中小学教职由原宗教人士担任这个问题的限制，那么结果也是令人沮丧的。督政府政策向左翼倾斜的同时，也造成了对亲天主教的学校教师的不时骚扰。热月党人和督政府成员更加重视的教育领域是高等教育和研究机构，并为其提供了更多的资金支持。尽管他们仍然在政治中寻找道德基础，但督政府淡化了曾经为罗伯斯庇尔的再生尝试而推波助澜的狂热情感。他们仍然坚信自己

---

\* 朱丽叶·雷卡米耶（Juliette Récamier，1777—1849），法国沙龙女主人，托克维尔是她沙龙里的常客。

的同胞会听从理性的意见,并将对科学和理性的探索作为形塑新人的基础。在恐怖统治时期,无数学者的科学知识被充分调动,但政权对"科学贵族"却不抱信任,波旁王朝政体中诸多旧式精英科学机构已经被废除或者销声匿迹。直到后热月党人的时代,政府才恢复了科学机构。[31]

与1789年的前辈一样,督政府成员的启蒙使命是用自由和平等的精神"点亮"法兰西民族——"点亮"是一个时髦而且经常被使用的动词,它具有能量、活力和科学指导的理想内涵。因此,督政府成员延续了启蒙运动晚期的希望,即利用人类理性而使生活变得富足、舒适,并使其成为一种美德。与恐怖统治者相比,他们对"奢侈"概念的理解要宽松得多,但他们觉得必须采取措施,限制商业社会带来的急剧膨胀需求。他们拒绝物质贫困,认为乞讨和流浪都是不符合贵族价值观的表现。与重农学派一样,他们热衷于将农业视为国家财富的源泉,对有道德的小农赞不绝口,并逐渐形成了一种观念,认为以土地为基础的社会结构可以在道德上遏制欲望的膨胀。与此同时,他们也重视各种形式的制造和交换,强调需要为这些事业的繁荣发展提供基础设施,例如修建运河、建设道路以及提供更好的邮政服务。

如果这些教育和基础设施改革要真正起到再生作用,就必须从长远而非短期的视角加以考虑,但时间恰恰是热月党人和督政府成员最缺少的东西。因此,他们在采取教育措施的同时,重新致力于设计能够对所有法国男女产生教育效果的典礼形式和仪式。从1796年起,督政官拉勒韦利耶尔开始大力支持对"神爱人道"的崇拜,这是一种有些异想天开的哲学自然神论思想,但它既没有找到忠实的追随者,也没有阻止天主教的复兴。1797年果月政变后,督政府开始重新灌输旬日崇拜:人们在旬日里穿上官方制服,种下自由树,高唱爱国颂歌,宣读新颁布的法律,或举办婚礼。

然而，人们很快就发现，革命节日对国民的团结和分裂会起到相同的效果。对于每一个热衷于旬日的地区来说，至少都有一个沉默的、程式化的，或者彻底的循规蹈矩者。反革命分子非常热衷于攻击革命节日和所谓统一象征的形式。例如，在白色恐怖中，金色青年和民团成员不仅对共和二年的恐怖分子发起了人身攻击，而且在自己的地盘上抵制革命节日文化的影响，面对《马赛曲》的旋律，他们高唱着属于自己的《人民的觉醒》；他们大张旗鼓地将礼拜日而非旬日作为休息日；拆除了马拉的半身雕像；砍倒了自由树，或在树干上刻下标语，甚至朝其撒尿。在一个更加纯洁的过去，仪式和符号曾经试图将共同体团结起来，但如今却遭到了疏远和分裂。

热月之后，右翼势力颠覆了大革命对政治文化最具创新性的贡献——选举制度，这种情况或许表明，最能统一国民文化的尝试终以失败收场。在大革命初期，选举制度肯定了统一共同体意识的重要性，这种意识既是新政治文化的核心，也在公民教育中起到了关键作用。然而，随着分歧问题日益严重，选举程序似乎刺激（而非缓解）了地方的对立情绪，并使政治透明的纯净水域变得浑浊不堪。这可能是造成选民愈发冷漠的一个因素，而投票率的下降更使这种情况尤为突出。1790年的平均投票率接近50%，但1791年立法议会选举只吸引了大约四分之一的选民，在许多地方，参加国民公会的投票率还不足10%。革命政府时期背离选举原则的做法，遭到了热月党人和督政府成员的强烈反对。1795年宪法实质上规定了每年必须举行一次选举。然而，选民给出的反应却十分冷淡。1795年关于宪法和"三分之二名额法"举行的全民公决没有激发任何热情。事实证明，此后每年的投票率都很不乐观，尤其是在选举程序使选举仪式变得更加费力的情况下。此外，无论是立宪主义保王派还是另一个极端——急于保护自己在地方优势地位的原恐怖主义者——都很快意识到，投票率的下降为坚定的少数派强加派系意志打开了方便之门。在共和五年的选举中，立宪主义保王派取得了惊人的成功。

在革命者神圣的选举舞台上,反革命分子的胜利给革命者造成了巨大的冲击。正如我们所看到的,督政府成员的应对措施是发动了果月政变,肃清了那些被认为属于右翼的议员、行政官员和法官。[32]新雅各宾主义的势力可能会受到鼓舞,但在一个强调以宪法正确性而不是以革命政府力量作为基础的政权中,这种非法行为极大地损害了政权的整体信誉。在这种选举游戏中,不同督政官都会在自己认为合适的时候打出强制性的王牌,但其结果只能造成选举热情和投票率的进一步下降。曾经的法治政权现在已经变得无法无天,而且似乎还在鼓励一种地方主义倾向——这正是大革命统一的政治文化始终反对的内容。

## 经济的幸运与不幸

督政府时期,一系列出人意料的逆转、策略变化和不断演变的政治选择相互交织;与此同时,经济动荡的规模也同样令人困惑。这些情况与正在进行的社会和政治变革产生关联,也受到变幻莫测的内外战争的双重影响,而这些战争对个人和社会的影响往往是不可预见的,有时甚至是灾难性的。

从一开始,大多数革命者就对自己进行解放和改革的能力充满信心,相信改革能够将国家从被视为具有抑制性和寄生性的"特权阶层"中解放出来,从而开创一个繁荣的时代。从制宪议会的改革开始,与成功的资本主义经济相适应的社会和经济自由的框架已经建立起来。8月4日之夜废除领主和教会税制的举措,提高了生产的潜力,而教会土地国有化和售卖政策,则让6%到10%的可耕种土地摆脱了教会的冷库。此外,废除卖官鬻爵制度消除了非生产性投资的另一个主要来源。入城税的取消和自由贸易的普及促进了流通和分配。经济特权的取消解放了生产过程，而行会、团体和工人组织的废除（通过1791年3月2日的"阿拉德法"和6月17日的"勒夏佩利埃法"）则消除了深受制造商怨恨的劳工限制。雇主和工人进入了自由合同的时代。统一度量衡的进程在制宪议会时期开启，在热月党国民公会时期取得成果，这一措施降低了交易成本，为国家市场的统一提供了准则。

尽管立法工作取得了杰出成就，但早期的希望还是落空了。经过十年的大革命，1799年的经济状况似乎比1789年（经济并不繁荣）的情况要糟糕得多。当然，从某些方面来说，根据1799年的经济情况衡量大革命对于经济的影响，并不是一个明智之举。在十年间有时甚至特别疯狂的国家政策变革之后，尘埃尚未落定：1789年开始实施的自由放任政策；1792年至1794年、1795年之交，由于革命政府接受了权威主义计划经济的必要性，政策发生彻底的转变；而在督政府期间，经济自由得以重新恢复。十年间发生的很多变化可能会产生长期（而非短期）的影响，从真正意义上讲，现在就判断大革命的影响也还为时尚早。更何况，截至1799年，经济领域发生的一些变化很可能在没有大革命发生的前提下就已经出现了。从1792年开始，法国就处于战争状态，这是一个更加复杂的因素，因为很难将战争的影响和大革命的影响区分开来。

根据我们的判断，法国在1799年的国民生产总值似乎只有1789年的60%左右。也许最明显的衰退迹象出现在18世纪最具活力的经济部门——殖民贸易——的崩溃。1791年，圣多明各的奴隶叛乱严重地动摇了法国殖民地王冠上的明珠。但破坏最大的还是战争，尤其是1793年以后英国海军对法国的经济封锁。1789年至1797年间，停泊在法国港口的船只数量从大约2 000艘减少至仅剩200艘；同一时期，对外贸易占国家财富的比重也从25%下降至仅占9%。法国进行了一定程度的调整和适应，尤其是在督政府时期：美国、丹麦、西班牙和其他中立国的船只保障了法国通往加勒比海和印度洋的贸易生命线。海盗和违禁品的重新出现促进了经济的发展，向低地国家、德意志和意大利的军事扩张也释放了陆路出口的活力。然而，到1799年，法国的出口额仍然只有1789年的一半左右。

对于那些依赖原材料进口或专门从事出口的制造业来说，外国市场的中断和丢失造成了极大的破坏性影响。在大西洋港口和周边地区发展起来的各种精炼、精加工和辅助工业受到的影响尤其严重：波尔多的制糖厂纷纷倒闭；加仑河上游托南地区的缫丝厂数量从700家减少至200家；许多烟草厂和使用进口皮料的制革厂也难以为继。很多商业城市经历了有效的"去城市化"——例如，波多尔和马赛的城市规模缩小了10%（巴黎也是如此）——这也影响到了城市周边此前从事原始工业化的农村地区。传统纺织业受到的影响尤为严重。布列塔尼和曼恩地区的亚麻布产量下降了三分之一，羊毛工业也经历了大致相同的情况：朗格多克的卡尔卡松在1789年的布生产量是6万筒，十年后的产量只有2万筒。多菲内和比利时边境的情况也是如此。丝绸业同样受到了影响：尼姆的丝绸工人数量减少了一半，而里昂的织布机数量则从16 000台减少至5 000台。铁矿和煤矿的开采也遇到了困难：贵族矿主的流亡和教士所持矿山的国有化使问题变得更加复杂。1800年，泛昂赞地区的矿产量比1789年减少了三分之一。贵族所有者的变迁也有助于解释许多钢铁厂入不敷出的原因，因为木柴短缺的问题也在日益严重。勒克鲁索是大革命前重工业现代化的典范，但此后也一蹶不振。

对于商业来说，大革命的十年是一个相当具有挑战性的时期。工业家们的抱怨连绵不绝，发自肺腑。除了扰乱国外市场，战争还导致英国的技术转让逐渐减少，而英国从此时起就是世界上工业化程度最高的国家。由于富裕的贵族消费者移居国外，奢侈品行业遭受了严重打击。18世纪90年代的金融困境对商业的所有领域都产生了可怕的影响。纸币生产过剩导致通货膨胀呈螺旋式上升，一直持续到1797年。政府随后采取行动试图扭转局面，却引发了严重的破坏性通货紧缩和金融业的不稳定，再加上移民和囤积居奇的行为，纸币供不应求，但信贷仍然短缺。一个世纪内发生的两次纸币危机——约翰·劳的纸币制度和指券——让法国人对纸币充满了不信任。此外，如果说战争到18世纪90年代末已经为自己付出了代价的话，但这并没有改变工业家们认为税收依然过高的观点。更令他们恼火的是，工人的工资似乎在18世纪90年代有所上涨：工业家们将之归咎于战争，因为战争将潜在的工人从劳动力市场吸引到军队之中，而留在家中的工人则变得贪婪和不服从命令。商业界对政府给予他们的自由并不心存感激，他们渴望得到的是波旁王朝曾经给他们的某种程度上的保护。

即使没有战争和大革命的双重影响，18世纪90年代也会出现一些问题。例如，勒克鲁索就是一个非常脆弱的产物。此外，到1789年，尤其是在与英国的竞争中，法国在很多海外市场上已经失去了优势地位。[33] 同样，亚麻、毛织品和丝绸业的一些问题也出现在大革命之前，它们在很大程度上反映的是消费者品位的变化，消费者对棉花喜爱有加。棉纺织业在18世纪90年代表现突出。尽管存在原棉供应的问题，但巴黎、鲁昂、阿尔萨斯和里尔的棉纺织厂却在蓬勃发展。1800年，鲁昂的棉纺织厂生产了32 000公斤的棉花，而其在1789年的产量只有19 000公斤。这种情况在一定程度上是机械化水平提高的结果，特别是与珍妮纺织机的普及密切相关。化工厂也欣欣向荣——染料的运用使得原材料变得更加鲜艳动人。即使是在整体衰退的行业中，情况也不能说非常暗淡：截至1799年，昂赞省的煤产量几乎比1794年翻了两番，而加尔省的煤矿也呈现出强劲的复苏态势。

上述发展表明，除了一些令人头疼的问题之外，大革命的十年还创造了新的致富机会。大革命时期的立法者为商人们提供了一个非常有利于经济发展的制度平台。此外，国家对战争的承诺也为商业提供了广阔的前景：战争可能会损害许多商人和工业家的利益，但对于那些将自己的财富寄托于军事行动之上的人来说，战争却是他们的幸运所在。例如，在1792年之前，蒙托邦和卡斯特尔的纺织厂完全依赖于黎凡特和加勒比的市场。当这些市场消失后，它们转而生产军装和军用毛毯，并再次繁荣起来。在革命政府全面动员武装的刺激下，生产大炮或是小型武器的钢铁厂也得到了发展。"让锁匠们停止造锁吧，"科洛代布瓦和比约-瓦雷纳在一项救国委员会的法令中激动地表示，"自由之锁就是刺刀和火枪。"[34]革命政府不仅提供资本和基础设施，而且提供人力支持：在共和二年封闭的经济条件下，它为战时工厂征召临时劳动力。此外，军队供应合同成了臭名昭著的致富来源，特别是由于政府官僚机构可以避开（在督政府时期或者可以说是"贿赂"）时，这就为贪污和敲诈勒索提供了很大的空间。督政府时期的新贵们更有可能染指军队合同。百万富翁乌夫拉尔\*在大革命之初只是南特的一名杂货店店员，18世纪90年代开始从事造纸业，后来获得了为整个法国海军（随后是西班牙海军）提供所需物资的合同。

进入市场的国家土地对商人来说也是一笔真正的财富，他们购买了大量的土地。在某些情况下，购买土地以确保绅士的地位而将贸易抛在身后，这仅仅代表了旧的资产阶级道德观念。但总的来说，商人们的动机是复杂的。在经济困难时期，收入来源的多样化更有意义，而且土地的保值能力历来优于其他投资形式——尤其是在高度贬值的指券购买的情况下。此外，由于现有信贷机制的匮乏，购买土地也可以被视作获得商业发展抵押品的一种手段。工业家和商人们为他们购买的庄园带来了良好的经营方式：波尔多的优质葡萄酒在北欧市场的成功很大程度上归功于外来的商业头脑。以城镇为基础的修道院和大教堂也为工业生产提供了非常方便的现成空间，棉纺织业很快就

---

\* 加布里埃尔·朱利安·乌夫拉尔（Gabriel-Julien Ouvrard，1770—1846），法国商人，1787年受雇于南特的一家造纸厂，大革命时期发展贸易、为军队提供补给，成为影响国家财政的巨富。

证实了这一点。来自图卢兹的国民公会议员布瓦耶-丰弗雷德兄弟在家乡购买了一座曾经的修道院，并将之改建为棉纺织厂，雇佣了当地济贫院的孤儿为其做工。（图卢兹另外两座曾经的修道院也在同一时期生产大炮和刺刀。）布瓦耶-丰弗雷德的案例凸显了大革命给工业家带来的另一个好处：通过取消行会控制和放松对劳动力的管制，大革命使工厂雇佣童工（以及妇女）变得更加普遍和易于接受。此外，布瓦耶-丰弗雷德还听取了一个英国约克郡人的意见，后者甚至在宣战后仍然选择留在法国，这表明了技术转让跨海峡进行的可能。还有一些企业开始利用英国战俘，将之作为从英国工厂获得学徒技能的手段。

尽管战争摧毁了既有的国外市场，但国内需求并没有像人们所担心的那样出现灾难性的崩溃。由于流放、监禁、处决或是威胁等多重原因，奢侈品行业所依赖的18世纪经济大客户的流失不啻是一个沉重的打击。在恐怖统治期间，奢侈可能会受到人们的唾弃；但热月之后，无论是在巴黎还是在其他大城市，炫耀性消费又轰轰烈烈地回来了，这就让剩余的无套裤汉大失所望。热月党人治下的巴黎成为——而且之后也始终是——"展示"的代名词。衣冠楚楚的"着装奇特的年轻人"和"时髦女郎"疯狂地追逐时尚，他们大口喝着香槟，在晚近才被发明的高级餐厅里大快朵颐。虽然1789年以前在贵族群体间流行的那种炫耀性的男装风格已经成为过去式——深色商务套装和不擦粉的头发是男性的永恒时尚——但女性的风格却变得更加奔放。1796年，流亡归来的拉图尔·杜潘夫人\*抵达蒙德马桑之后遇到的第一件事就是当地的理发师以200法郎的价格购买她的头发，然后卖给巴黎的假发制造商，以此获得中间差价，因为人们迫切需要用漂亮的头发

---

\* 拉图尔·杜潘夫人（Madame de La Tour du Pin，1770—1853），法国贵族，曾任玛丽-安托瓦内特侍女，恐怖统治期间流亡美国，与塔列朗关系密切，1796年返回法国。著有《五旬妇人回忆录》。

做成的"金色假发"。高级时装正在重新兴起。[35]督政府期间,除了致力于追求懒散的生活方式之外,在战争中大获全胜的商人暴发户也对赞助艺术事业表现出浓厚的兴趣,例如,乌夫拉尔对巴黎附近的兰希城堡青睐有加,这座城堡的前厅有32根多利斯柱,城堡的装饰富丽堂皇,极尽奢华。

国内市场的潜在规模并未缩小。许多城镇的人口数量持续下降;近50万人在革命战争中殒命;约20万人移居国外(尽管其中很多人到1800年时已经开始回国)。然而,法国人口总数有所增加——从1790年的2 860万人增长到1800年的2 910万人;被征服的土地也带来了大量的附属需求。此外,英国封锁的一个重要影响是减少英国制成品的竞争,后者在18世纪80年代末曾给法国造成了巨大损失:法国市场实际上是留给法国制造商们随意剥削的。

弗朗西斯·德·伊韦尔努瓦[*]作为18、19世纪之交一位敏锐的观察家,认为大革命造成的收入转移"从消费的地主阶层过渡到非消费(但持有土地)的农民阶层",这给法国制造业领域造成了很多真实存在的问题。[36]教会和个人财产的征用和出售减少了对高端市场的需求,也导致了18世纪50年代以来农业改革过程中经常出现的大地产分割现象。然而,尽管农村经济结构确实发生了重大变化,但其对需求模式的影响可能并没有德·伊韦尔努瓦所预想的那么大。许多大庄园仍然存在。而从对制成品的需求来说,农民阶层也不是一盘散沙。[37]

尽管热月之后高端精英在消费层面的回归是需求重新活跃起来的最有力证明,但也有大量证据表明,中产阶级,甚至相当卑微的人,对于时尚物品的品位也在回升。为了迎合这种需求,制造商们采取了"品位低级"的削减成本和进口替代技术,而在1789年之前,大

---

[*] 弗朗西斯·德·伊韦尔努瓦(Francis d'Ivernois,1757—1842),瑞士律师、政治家,持坚定的反革命立场。

量的法国工业都是围绕这些技术发展起来的。[38]"我们需要钢铁，不需要棉花。"圣茹斯特在恐怖统治的高潮中如此宣称。[39]这种号召只有在救国委员会难以对习惯了时尚和消费主义的民众执行其爱国标准的情况下才有意义——18世纪90年代早期，消费主义曾在巴黎煽动过食糖骚乱。尽管革命政府信奉禁欲主义的斯巴达式美德，但它还是对消费者的变化做出了让步：全面最高限价令规定了"首要必需品"的价格，并将"必需品"的范围扩大到黄油、奶酪、蜂蜜、葡萄酒、果酒、凤尾鱼、杏仁和无花果，以及近二十种不同咖啡、六种糖果和许多品种的烟草，还有龟壳、骆驼毛和其他诸多物品。此外，1795年以后，不仅棉花成为时尚，时装也重新流行起来。例如，羊毛和亚麻纺织业在当时的很多问题，很大程度上就是因为挑剔的消费者更愿意购买棉制品——正如我们所看到的，这对棉花工业大有裨益。在督政府治下的巴黎，奢侈品和半奢侈品的复苏尤为明显，它们被称作"巴黎之物"——手表、丝带、眼镜、珠宝、陶器和各种小摆设。巴黎的商业和咖啡馆很快就变得"人山人海"。[40]同时代的观察家雅克·皮肖也注意到，在农村，很多农民第一次养成了穿戴帽子、靴子和鞋子的新消费习惯。正如德·伊韦尔努瓦在反思18世纪90年代末收入全面上涨的情况时所评论的那样，他们"穿得更好，因为他们的收入更高"。[41]农业收入水平可能比1789年提高了80%，但农民仍然处于18世纪开放的消费市场的外围。在1803年至1804年间短暂的和平时期，很多来访法国的英国游客都对法国下层民众的富裕程度感到惊讶，这与他们所接受的法国百姓是瘦弱、茹毛饮血的幽灵的宣传完全不符。正如我们即将看到的，农民确实成为新政权的主要受益者之一。

### 资产阶级革命者……

从1799年的视角审视大革命十年的政治轨迹和经济成就，会发现它与大革命以前的时代存在某些连续性。然而在1789年，这些相互联系的要素是什么，以及它们是如何混合在一起的，几乎还是完全无法预测和估计的问题。究其缘由，部分是革命者不得不在当时的环境下行动，新的集体政治行动者（农民、城市无套裤汉）、国际战争框架以及不规则和不稳定的经济变迁模式也在悄然出现。另一部分也在某种程度上反映了整个18世纪90年代革命政治的本质特征，即它总是一种灵感的"拼凑"，将先前就已存在的各种元素缝合在一起，形成了一种意想不到且不断变化的政治形式。其中一些元素来自波旁王朝的政治制度（例如主权不可分割的观念），而另一些元素则来自在波旁王朝绝对主义夹缝中诞生的资产阶级公共领域（例如启蒙运动的理性改革方案、自然神论和公众舆论的概念）。

个人命运也是难以预料的。1789年，没有人可以预见路易十六的可怕命运，在被公认为神圣的绝对君主和潜在的爱国国王不过几年后，他就被可耻地处决了。还有，在另一个极端，1789年又有谁可以预料到穷困潦倒、欠缺思考的科西嘉乡巴佬和炮兵军官拿破仑·波拿巴的耀眼成功故事？谁又能想到他十年后通过政变终结了大革命，将自己推上了统治者的宝座，并从1804年起成为法兰西的皇帝？自命不凡的保王派不紧不慢地（抱怨地）指出了《圣经》的道德："是首先的，也是末后的；是开始，也是终结。"

在这个时期，选择正确的一边似乎是非常重要，但究竟哪一边正确却不甚明了。要想在波涛汹涌、风云变幻的政治水域中扬帆起航并保持正确的立场，需要敏锐的洞察力和足够的运气。大革命的洪流（当时人们就已经采用了这个称呼）如此湍急，以至于拥有某种灵活的智慧就显得非常重要。大革命的政治文化既无孔不入，又极具侵略性。部分宁静的地区很少发生对反革命分子的处决事件，但即使在那里，也必须招募新兵、缴纳赋税、选举官员。退出大革命是一个完全不存在的选择。

在这个充满纷争、多样性和高压的世界中，获得赖以生存与发展所需的技能（和运气）并不是在任何社会群体中平均分配的。尽管人们对"天翻地覆的世界"充满了反革命的恐惧，或是对这个兼具明显随意性和残酷性的个人主义风险和危机的世界感到恐惧，但总体来说，在大革命十年中，表现最好的是中产阶级——一个可以被合理地称为"资产阶级"的五花八门的群体。在大革命的旋涡中，身无分文的人通常收获甚微，而那些身负财产、名声和好运的人却面临着最大的风险。虽然在所有的社会群体中，资产阶级的表现最为突出，但这并不是说很多资产阶级在大革命十年中没有损失，事实上，有人损失惨重。这个群体包括了很多深深扎根于波旁王朝政治制度的团体结构中的人，还有很多人运气不佳。但总体而言，在1789年之后，那些松散的中等阶层才是最有前途的群体，因为他们拥有足够的资本来抵御不幸（但还不至于危及生命），之前的市场经验，再加上必要的行政和政治技能，使他们习惯了谈判的风险。善用修辞是非常有帮助的：处理不断变换的掌权者语言的能力有助于个人适应政治领域万花筒般的变化。

资产阶级工商业领域的命运尤其复杂。虽然很多从国家特权中获益颇多的人不愿看到波旁王朝的垮台，但也有很多商人和制造商对1789年的到来和国家特权的终结表示欢迎——其中包括取消国内的入城税、解散特许贸易公司和国家工厂，他们对大革命给生产、零售和分销领域带来的强劲自由之风表示赞赏。然而，希望被残酷地蒙蔽了。正如我们所指出的那样，殖民地商业的丧失、欧洲内部贸易的混乱和依赖出口市场的工业因此陷入了困境，这些都带来了巨大的灾难。[42]更广泛的背景——国内高端奢侈品需求者的大量移民、货币混乱、共和二年的统制经济以及革命政府时期对商业精神系统性的不信任——也造成了很大损失。亦如我们所见，战争的制度化提供了致富的空间，而棉花生产的繁荣则凸显了国内对时尚商品需求的持续旺

十一、不稳定的共和国（1795—1799） 711

盛。但在18世纪90年代，谋生需要全职工作，因此参与国家政治的商人和实业家在这十年间的急剧下降也就不足为奇了：1789年，这些群体在第三等级成员中约占14%，但在督政府的委员会中仅占3%到4%。他们在地方政治中更为强势，甚至在督政府时期还渗透到权力机构之中。他们在幕后的影响力和内部交易的偏好使整个政权在与金融、军队承包和投机购买国家土地相关的一切事务中，都以令人震惊的贪污腐败而闻名。在这方面，督政府时期的资产阶级与1789年以前的先辈们并无二致，他们对经济自由和国家支持都有着类似口是心非的执着。

在各个层次的政治实践中，资产阶级是最具代表性的专业团体。其中最为突出的是律师，他们在1789年第三等级代表中占三分之二以上，在国民公会议员中约占二分之一。国民公会中还有四分之一的议员是其他类型的专业人士，例如医生、教师和学者、小职员和士兵。政治家往往都是新人。那些曾在旧制度下担任公职的人，从1789年第三等级代表中的四分之一，下降到国民公会议员中的四分之一，最后在督政府委员会中仅占八分之一。他们的另一个显著特点是拥有在较低级行政部门的工作经验：86%的国民公会议员曾在地方就职，特别是在省一级的机构之中；而其在督政府委员会中的比例只稍微少了一些。因此，职业人士可以从政治参与的益处——当然也有风险——中获益良多。

1789年之前，经济商业化已经使大多数专业团体与市场运作紧密联系在一起。国家公职和特权使一些人能够免受商业压力的影响，但为了体面的生活，大多数医生和律师都需要从事商业——事实上，他们经常表现出真正的商业热情。在更广泛的公共领域内，这种情况引发了一场关于专业性质的广泛辩论，而这场辩论渗透到了经济领域的所有部门。[43]团体专业主义的论述随之出现，这种观点强调："等级社会"中有组织的等级制度为发展不同形式的专业知识提供了适当的场所，而这些专业知识亦可以为公众所用。但是，这种观点也受到了公民专业主义的"反论述"的挑战，而后者往往与启蒙运动的体系相关。它试图超越国家的团体框架，并强调在一个更加平等和没有等级制度的政体中，专业人士与他们的同胞公民们建立有机联系，进而更好地实现其社会效用。对于公民的专业人士来说，他们首先是爱国公民，其次才是律师（比如说）——但对于团体的专业人士来说，这个顺序恰恰相反。

1789年标志着公民专业主义话语的胜利。在制宪议会中占据主导地位的专业人士打破了任何形式的团体主义（以及经常支持它们的卖官鬻爵），并在社会和经济的各个领域引入了爱国-自由的维度。《人权宣言》第六条认可了"专业向所有人才开放"的概念——这种特权在过去是被严格限制进入的，事实证明，它也成为反对一切团体职业集团的有力武器。正如重商主义对贸易和工业的监管被取消一样，从前监管专业市场的机构也都被认为非常可恶。例如，根据1789年8月4日之夜的规定，外科医生和内科医生的学院被视作团体组织而被取缔，几乎与它们齐名的大学则作为"哥特式"的精英机构而受到攻击。一些大学就此消亡，但仍有一些大学苟延残喘，直到1795年才被最终取缔。甚至在此之前，学院和其他学术社团也处于劣势地位。一名演讲者宣称，"自由的国民不需要投机知识分子的服务"，1793年8月，所有学院都被关闭了。[44]在司法系统内部引入选举制度改变了高等法院法官的本质，而扩大"业余"高等法院法官的范围则打击了团体合法的专业性。由于特权地位的丧失，巴黎大律师公会也随之解散；而1793年10月颁布的一项改革措施之后，律师的地位也被彻底压制。

到1793年，宣战和对爱国主义的歌颂对公民专业主义的话语增添了新的活力。公民专业精神在军队中的地位显著上升。在法国走向战争之前，士兵首先作为公民，而后才成为纪律严明的军事自动装置的观念已经具有了一定的影响：1791年的南锡叛乱恰恰涉及正规军是否有权参加政治俱乐部的问题。战争改变了力量的对比。旧制度下的大部分军官先后流亡,为更大程度的平等主义扫清了道路。尽管选举军官的措施从未真正普及,但共和二年的士兵无疑是"超级爱国者",他们在战场上取得的成就更多归功于爱国精神,而不是纪律或是技术能力。

类似的发展在其他行业也很明显。官僚机构的观念——以及这个词语本身——出现在旧制度的最后几十年,用以指示幕后行政人员机械般的运作。1789年对卖官鬻爵的镇压给这一群体带来了沉重打击。领导波旁王朝各个行政部门的高级贵族大多因政治原因主动辞职或被迫解职。他们的许多职能(以及督办及其副手的职能)都移交给了国民议会和市镇以上的国民生活每个层级的民选官员。然而,战争的爆发以及组建一支能够抵御欧洲列强的军队的必要性,凸显了建立强大官僚机构的意义所在。1789年,各部秘书和文员不足670人,这个数字在制宪议会时期保持不变。但在1794年年中,仅救国委员会就有500多名职员,治安委员会也超过了150名职员。到国民公会结束时,各委员会的工作人员达到了4 000到5 000人。财政管理部门的工作人员在1789年时有264人,1795年增加到1 026人,1796年甚至增加到1 246人。

事实证明,在恐怖统治的紧张局势下,寻找可靠的人员是一项非常困难的工作。依靠过去的管理技巧意味着向此前的贵族和军官提供机会,这是令人难以接受的情况。马拉敦促陆军部长"清洗所有那些被最令人厌恶的贵族们染指的机构,并用久经考验的爱国者取而代之"。[45]因此,人们倾向于选择"爱国"的官员任命,他们认为,一个人只要对革命事业满怀热情,就能成为优秀的管理者。出生于蒙彼利埃的财政委员会负责人康邦任命了一批"政治正统派"作为自己的下属。在战争部,首先是帕什,继而是布舒特,他们将血统最纯洁的无套裤汉吸纳进入政府,并将此前的贵族开除出去。一位局长在自己办公室的门上贴起了"请叫我公民"的字样,并坚持要求用"你"的称呼,其目的也是为了让人们明白这一点。[46]

法律和医学也受到了这股爱国潮流的影响。大律师和代理人制度的废除为爱国的"非官方辩护人"开辟了道路,他们可以在刑事案件中承担律师的职责。个人无须接受任何培训,也无须拥有法律经验,就可以担任这个角色,正如一位法官所说:"与其说这是一个职位,不如说这是一种短暂的服务,一种由朋友提供的完全免费的服务。"[47]与此同时,由于此前的监管机构要么解散了,要么被笼罩在阴影之下,外科医生和内科医生发现自己现在与自封的"卫生官员"一起工作,而这些官员的最高评价尺度就是他们对自己爱国态度的估量。无论是"卫生官员"还是"非官方辩护人",他们唯一所需要的证件就是公民身份证。

到了1793、1794年,国民公会的专业人士主导着职业实践的自由发展——也正是他们将经济置于有史以来最严格的管控之下。在恐怖统治的公共领域,经济管制的不断加强伴随着职业管制的放松。然而,奇怪的是,18世纪90年代末,这一趋势发生了彻底的逆转:经济上的自由放任与职业领域的重新管控结合在一起,立法机构的专业人士既要应对自由放任的危险,也要享受它带来的乐趣。1794年12月4日,国民公会首次提出了职业实践中的自由领域问题。医生福尔克罗[\*]嘴上说着"自由放任是伟大的秘密和通向成功的唯一途径"(他的发言距离最高限价令被取消只有几周时间),但他对那些危害前线士兵健康的不合格江湖术士发起了攻击。他戏剧性地描述了"凶残的经验主义和无知的野心(现在)到处都在为信任的痛苦设置陷阱",[48]继而推动国民公会同意在巴黎、蒙彼利埃和斯特拉斯堡新建三所"卫生学校"。这些发展中的医学院很快就对"卫生官员"的才能进行了

---

[\*] 安托万·弗朗索瓦·福尔克罗(Antoine François Fourcroy,1755—1809),法国医生、化学家,曾任法国国立自然历史博物馆馆长。

十一、不稳定的共和国(1795—1799) 715

认证。在法律界，反对"非官方辩护人"的潮流也开始出现转向。原国民公会议员蒂博多\*抨击了那些试图涉足这一领域的骗子，斥责他们把"法律程序当作商业的一个分支"来加以利用。[49]官僚机构中的无套裤汉也遭到了大规模清洗，新招募者的教育水平和社会地位都有所提高，后者被期待拥有行政管理经验而不仅仅是爱国立场。1794年12月，救国委员会成员冈巴塞雷斯†捍卫了唯才是举而非依靠血统任免官员的正义性："人并不重要；共和国需要的是他的才能。"[50]此后，大约三分之一的行政官员拥有在1789年以前的政府中任职的经历。

因此，热月党人和督政府的统治时期重新审视了在一个成熟的资本主义经济和国家中如何确保优质服务的问题，这些服务既需要专业严谨，也需要充满爱国主义公共精神。人们普遍认为，爱国主义本身不足以保证提供有效的服务，同样，人们也意识到有必要对整个服务领域进行质量控制。在这个动荡的时期，与大多数政治领域一样，服务领域也出现了很多犹豫、拖延和变故，只有到了波拿巴统治期间，它的总体轨迹方才划定。新的卫生学校提供医学培训，并从1803年开始引入了国家对所有医疗从业者的全面审批制度。在18世纪90年代末的医院中，曾经在非基督教化浪潮中被驱逐的宗教救护修女重新融入社会，她们长期磨砺出的护理技能被认为比私人信仰更加重要。法律界也开始重回正轨。从1797年起，法律的自由领域就受到了人们直言不讳的抨击。1800年，律师制度被重新引入；1803年，国家公证制度也被引入。在这一时期，爱国主义在军队中的影响力有所减弱。军事专业化的标志是更加严格的纪律和更少表达的政治观点，士兵们对将军的忠诚度逐渐提高（将军们往往通过与部下分享掠夺而来的战利

---

\* 安托万·克莱尔·蒂博多（Antoine Claire Thibaudeau，1765—1854），法国贵族，曾任国民公会、五百人院议员。

† 让-雅克·雷吉斯·德·冈巴塞雷斯（Jean-Jacques-Régis de Cambacérès，1753—1824），曾担任国民公会与五百人院议员、督政府司法部长、执政府第二执政官等职，《拿破仑法典》的重要编纂者。

品鼓励依赖关系的建立),而对共和国的抽象观念不甚了了。

虽然团体主义从一开始就是大革命的主要目标之一,但督政府和执政府却引入了一种新的团体主义(甚至还对拍卖商和律师的买官行为加入了些许不正当手段,即他们在获得职位之前必须缴纳"保证金")。在国家的严密控制下,专业培训机构似乎成为督政府将爱国主义要求与专业知识的需要结合在一起的手段。从18世纪90年代中期开始,一系列新的教育机构相继成立,其中有一些还保留了波旁王朝专业培训机构的精神。1795年10月,国立科学与艺术院成立,直接继承了原有的国立学院,并作为政府资助的研究机构运转。甚至在此之前,也有一系列类似的革新。1793年6月,王家植物园被改建为"自然历史博物馆",并开设了相关课程。1794年3月,"公共工程中央学校"成立;1795年10月22日,它被改建为巴黎综合理工学院,并与土木工程(如曾经的路桥工程)、采矿和军事工程等方面的进修培训相关。1794年9月,国立工艺博物学校成立;10月,提供教师培训的巴黎高等师范学院成立。

18世纪90年代末,专业人士的社会地位和财富水平也在不断提高。专业人士(其中还有律师和官员)成为国有土地的大规模购买者,从而证实了他们对大革命的忠诚。"雅各宾派成为购买者,"正如米什莱所说,"而购买者变成了雅各宾派。"[51]与此同时,面对服务领域需求的重新兴起,他们也能够创造性地加以应对。还有,学术等级制度的重新确立不仅为精心挑选的知识分子提供了工作和薪水,而且更新了他们的文化资本。例如,重要的是,波拿巴决定带领一个由学者们构成的委员会前往埃及,这不免让人想起波旁王朝时期伟大的科学考察。一个与新的巴黎学院类似的埃及学院由此成立,随即开始了一系列的考古、工程、自然历史和语言学研究。显然,波拿巴将专业知识分子视作一股正在崛起的力量,并希望将其牢牢绑在自己的马车之上。

## ……及他者

大革命文化中的国民团结观念涵盖从教育、节日和宣传到暴力、恐怖的各个领域，要求对个人和团体实施几近无情的统一化程序。然而，这种压力最终导致了竞争和分裂的局面。于是出现了一种新的悖论：政治文化以其包容性为荣，却制造了外来者和反革命"他者"的两极对立。

当共和国发现自己面对着欧洲列强的军事力量时，两极分化——"他者化"——的情况就变得更加强烈。它关注的焦点是英国人，过去一个世纪"恐英症"长期存在（但也可能是更多的"亲英症"）。现在，"背信弃义的阿尔比恩"则被认为是资助欧洲列强发动战争，以及通过贿赂、腐败和英国首相威廉·皮特书中所描绘各种邪恶伎俩干涉法国政治的罪魁祸首。英国国民发现自己受到了比以往任何一场战争期间都要严重得多的待遇。旨在横扫一切的法律（令人欣慰的是，这些法律并没有得到很好的执行）获得通过，英国士兵和水手一旦被俘就会受到立即处决的威胁。英国成为"新迦太基"，革命演说家则轮番扮演加图的角色。然而，法国人在对英国人进行妖魔化的同时，却对其他欧洲人表现出了兄弟般的包容。对于形塑尚在发展中的法兰西民族主义来说，针对战争敌人使用的修辞策略和宣传热度也许不如针对国内新政权的潜在对手那么重要。大革命政治文化注重统一和阴谋，也不需要将战争作为导火索：这种特点可以追溯至1788、1789年，甚至很久以前就有了预兆。因此，大革命的"他者"往往是法国人，而不是外国人。法国人恢复了他们对于世界其他地区的文化优越感，而这种优越感已经在大革命政治文化中得到了进一步磨炼。与慈善事业类似，"伟大的国家"的文明使命肇始于法国本土。

政治"他者化"的进程不仅仅是大革命自身统一政治文化的修辞

结果。"他者化"也反映了政治日常生活的摇摆和逆转,其中就包括一些团体和个人,他们对大革命事业的反对并非来自凭空想象,但他们的行为反而又帮助了革命者性格和意志的形塑。到了1799年,这些特点也没有被压制或消除。大革命政治文化的替罪羊和失败者,作为多样性和抵抗传统意识形态的传承者,一直延续至19世纪。他们的经历及其与大革命之间的关系,对于了解大革命的方案和大革命之后的法国同样重要。

大革命开始时,第三等级就将自己与贵族和教士这两个"特权等级"对立起来。在18世纪90年代,贵族和教士的发展轨迹各不相同,但到1799年,二者都成为革命者所厌弃的对象。虽然"贵族"在大革命之前只是一个学术术语,但在革命者的词典中却成为一个仇恨的关键词。对于在政治观点和社会行为上存在极大差异的贵族群体来说,这个词为其披上了同质化的外衣——事实上,贵族群体中的很多个人都是在1789年危机中诞生的"大革命国家"的"政治助产士"。从那时起,"贵族阶层"就取代了原有的"贵族"一词,并被赋予了大革命反对者的永恒含义。尤其是它与另一个令人憎恨的词汇——流亡者——结合在一起的时候,情况就更加明显了。虽然在推翻国王之前,这些流亡者中的绝大多数都是贵族和顽固派教士,但在战争爆发之后,情况发生了很大变化。纵观1789年至1799年,大约83%的流亡者不是贵族,而是农民和工人。此外,从1793年起,出身高贵的贵族也加入了富裕新贵的行列,他们让雅克·鲁和埃贝尔主义者心生怨恨。到1794年,"贵族阶层"一词开始被用于指代与革命政府作对的纯正共和派——丹东主义者、埃贝尔主义者,甚至是罗伯斯庇尔主义者。

在这种话语妖魔化的状态下,贵族虽然不是不可能,但也很难适应1789年所开创的截然不同的政治文化和社会世界。最富有和最高级的贵族表现相当糟糕。在大革命的十年中,唯一幸存下来的王室成员只有那些流亡海外之人——例如阿图瓦伯爵和普罗旺斯伯爵——以及那些毫无政治价值之人——例如路易十六的幼女玛丽-克洛蒂尔德,她在1795年被用于与奥地利人交换法军战俘。即使他把自己所使用的波旁王室的尊称改换成"平等"的称号,也不足以挽救奥尔良公爵菲利普的命运。在大革命以前的政体中,一个人的政治地位越高,他所面临的风险和危机也就越大,那么也就越需要知道什么时候把自己的头颅掩藏在护栏之下。因此,旧制度下最富有的个体、那些令人憎恨的受封为贵族的收税官(包括化学家拉瓦锡在内),成为断头台上死亡率最高的群体。

然而,对于贵族群体的冰山一角,在接近海平面之处,他们的生存并不是什么大问题。在1789年以前的贵族阶层中,绝大多数人都在大革命中得以幸存,并留在法国生活。在大约12万名男性贵族中,只有不到1%——1 156人(其中一半在巴黎)——惨遭处决。更多贵族踏上了流亡之路——总共16 431人中约三分之一是军官。大革命的政治民主化既没有清除贵族,也没有将他们从公共生活中彻底铲除。尽管许多乡绅和赤贫贵族一旦失去了地位和特权的氧气,就会悄无声息地沦入平民世界,但也有一些贵族证明了自己的顽强生命力。1792年至1793年后,像巴拉斯或塔列朗这样参与国家政治生活的原贵族成员并不多见,但在低层贵族中,低调地居住在自己的乡间庄园对于许多人来说也是一个安全的冬眠场所,即使那些怀有反革命情绪的"心灵流亡者"也毫不例外。[52]此外,许多流亡海外的贵族在18世纪90年代末回到了法国,拿破仑对此尤为欢迎。大革命以前,贵族掌握了五分之一到四分之一的土地,但他们在此期间经历的苦难,包括征收和出售流亡者的土地,致使这一比例迅速下降。某些措施抵消了出售土地的全部影响,比如通过"冒名者"购买自己的房产就是其中的手段之一。在默尔特省,流亡者的土地中大约15%被其亲属获得。虽然全国各地的情况千差万别,但总体来看,贵族们在大革命期间失去了大约一半的财产。1799年以后（尤其是在1815年以后，复辟的波旁王朝尝试对重新融入社会的流亡者采取了特别包容的态度），贵族在国家政治实践中重新崛起。但他们只在西部等保守地区保留了很大的地方影响力。封建制度的废除结束了他们在地方政治中毋庸置疑的统治地位，而从1790年开始建立的通过新选举方式产生的市政和村镇当局也被证明有能力抵制他们的影响。

如果说"贵族"是革命者修辞中表达仇恨的关键词之一，那么紧随其后的另一个术语就是"狂热者"——这个词语通常指没有支持大革命的天主教徒（在某些情况下也指所有天主教徒）。鉴于职业资产阶级控制了大革命的制度和语言，天主教教士在18世纪90年代末成为大革命诋毁的主要目标，这也许是令人惊讶的，当然也是始料未及的。贵族中的高级教士是教会纪律和团体等级制度的严格维护者，除了他们之外，大多数参加三级会议的教士在1789年都是第三等级的坚定支持者，他们在很多领域也是准专业人士。革命者非常乐于将他们接纳到大革命的方案之中。至少在1792年之前，纪念重大革命事件时都要演唱《感恩赞》而非庆祝公民节日。此外，乍一看，《教士公民组织法》中许多改革教会的措施——例如民主程序、合理的等级制度、更高的薪酬、明确的职业结构、选举原则——都符合1789年之前由"公民-教士"推广的公民职业理念。然而，关于《教士公民组织法》的宣誓造成了教会从上到下的分裂。顽固派教士对宣誓予以狂热的抵制，从好的一面说这是对团体主义的冥顽不化态度，从坏的一面说这是对祖国的背叛。

战争的来临使更悲观的估计占据了上风。由于教士逐渐与流亡者、内部叛乱以及从1793年初开始的法国西部反革命活动联系在一起，大多数革命政治家越来越难以将爱国主义与基督教结合起来。尽管日渐式微、士气低落的立宪派教士努力维护公民职业精神，但共和派成员对教会作为革命再生使命中介的能力失去了信心，他们越来越多地发展自己的崇拜，而从教士手中收回了许多传统职能。例如，从1792年9月起，出生、结婚和死亡登记成为一项纯粹的民事职能，同时出台的离婚法也完全是非宗教性质的。1793年至1794年恐怖统治时期的非基督教化政策，彻底完成了对立宪派教士的击溃和对顽固派教士的妖魔化。

此外，1795年2月解散天主教会的决定，从根本上确立了宗教信仰自由的空间。这就使教士——无论是立宪派还是顽固派——失去了要求特殊地位的任何蛛丝马迹，同时也凸显了其他宗教组织从大革命中获得的好处。1787年，王室曾对新教徒给予一定程度的宽容，《人权宣言》明确为新教徒赋予了彻底的公民权，一些新教徒在国家政治生活中扮演着非常重要的角色，例如拉博·德·圣艾蒂安就是其中的典型代表。根据《教士公民组织法》的规定，新教徒甚至参加地方神父的投票选举。

早期的议会不知道应该如何对待法国4万余名犹太人，他们是一个分裂的群体。波尔多的塞法迪犹太人社群更有发言权、更富裕、融入程度更高，但他们蔑视阿尔萨斯和法国东部地区的更贫穷、融入程度较低，甚至被称作"杂种"的德系犹太人社群。1790年1月28日，制宪议会为经济状况良好的塞法迪犹太人授予了积极公民的地位，但直到1791年9月，公民身份才正式拓展到所有犹太人——立法议会随后批准了这一决定。议会中存在一些恶毒的反犹主义者，如阿尔萨斯律师（以及未来的督政官）勒贝尔。呼吁为犹太人争取权利的组织是由格雷古瓦神父所领导的，他在1785年获得了梅斯学院举办的关于犹太人再生最佳方案的论文竞赛奖。对于亲犹太人的团体来说，再生观念既是它们的优势，也是它们的弱点。它与革命者实现普遍再生的目标紧密结合，因此似乎应该对犹太人也具有包容性。另一方面，即使在格雷古瓦神父及其盟友中，也有一种强烈的感觉，即犹太人现有的组织形式和风俗习惯是野蛮、迷信和团体主义过去的一部分，现在应该将之统统抛弃。事实上,似乎很少有犹太人愿意放弃自己的信仰和传统组织,他们不愿意作为再生的个人加入大革命的国家,这只会让事情变得更加棘手。

随着政治生活先后在立法议会和国民公会的领导下出现两极分化,加之有组织的宗教更直接地暴露在大革命怀疑视角的聚光灯下,新教教会和犹太人社群承受的压力也越来越大。两者双双遭受了"非基督教化"方式的偶像破坏攻击。[53]新教教堂被洗劫一空,教会遇到了真正的衰落,公开的崇拜活动直到18世纪90年代末方才缓慢重启。地方和国家当局阻止了东部地区农民的反犹大屠杀,但它们自己也认同仇恨的语言。国民公会派往东部地区的特派员博多威胁道,任何犹太人"如果用贪婪替代对祖国的热爱,用荒谬的迷信替代理性",那么他就会"在断头台上获得再生"。[54]阿尔萨斯的犹太教堂也被摧毁,其中的珍宝被移交给战争,拉比们像天主教的神父们一样放弃了自己的信仰,遵守安息日(而不是旬日)、留着犹太人的侧发和胡须都被视作"非公民"的罪行。

革命者对犹太人表现出的再生同化主义模式,在对待其他群体时也表现得非常明显,而这些群体对爱国事业的承诺无论出于何种原因也是值得怀疑的。在强制性的恐怖统治结束后,这种规范性的方法通常采取了一种更为平和的形式。反常的行为往往可以归咎于无知,而不是视作犯错。例如,格雷古瓦神父批评德系犹太人使用意第绪语,但他认为改变犹太人的"落后"需要公民教育,而不是"在断头台上获得再生"。还有人从效用性的角度提出了自己的论点,认为统一语言将提高观念交换的效率,就像统一度量衡有助于商品贸易一样。此外,在革命者看来,作为自由主义的典型语言,法语在1789年以前就是文明和启蒙运动的先导,因此它不仅优于意第绪语,也优于法国境内使用的其他任何语言。大革命初期,除了用法语传播人权的真理之外,革命者也致力于用其他语言传播精神(例如,1790年1月,制宪议会同意将所有法令翻译为德语和佛兰芒语)。随着时间的推移,这种劝诫性的语气变得更加恃强凌弱,进而无法容忍多样性。一位雅各宾派的小册子作者发出呼吁,将"语言的再生"作为当务之急。[55] 联邦主义和反革命领域受到了特别关注,人们认为地方农民由于没有掌握法语而处于无知状态。巴雷尔在1794年1月怒斥道:"联邦主义和迷信者说布列塔尼语,仇视共和国的流亡者说德语,反革命者说意大利语,狂热主义者说巴斯克语。"[56] 修辞上的电闪雷鸣却没有产生很大影响——恐怖统治期间没有制订特别的语言方案,革命者在热月之后又重新回到了一种模糊的信念,即正规教育是培养单一法语的最佳手段。法语真正成为法国人民所使用的语言,还必须要等到第三共和国时期推行的小学义务教育。

巴雷尔将语言多样性与法国的边缘地区联系起来是一种很有特色的尝试。他认为,在600万不会说法语的人和其他600万无法用法语持续交谈的人中,绝大多都很可能是被城市启蒙运动的文明化浪潮拒之门外的农民。除了恐怖统治期间,所有成年男性都被赋予了选举权(尽管在革命政府的限制下,他们无法使用选举权),农民群体中只有达到一定土地占有量的人才可以享受充分的政治权利。然而,并非所有农民都能够不可避免地受到公民权利的挑战。1789年的农民革命标志着他们成为"新国家"的参与者;在大革命的话语中,农民被不断泛化,进而强调农民参与了国家统一的形成。也存在特别针对农民的报纸,例如切鲁蒂创办的广泛流行的《乡村之声报》,到督政府时期则被进步的内政部长弗朗索瓦·德·纳沙托用半官方性质的《农民之声报》所取代。俱乐部和社团不仅渗透到了城市,也渗透到了农村。在法国东南部的某些地区,几乎每个村庄都有雅各宾俱乐部。恐怖主义者和非基督教化者也在城市和乡村随处可见。弗朗索瓦·德·纳沙托重新发起了农业协会(每个市镇居民都认为土豆是农民食用的作物,这些协会的出现对此项事业的投入丝毫未减)。此外,法国4万个市镇都配备了经选举产生的地方政府,可能有100万农民从扩大的民主空间中受益。还有,与1789年之前的大多数农村共同体相比,新的法庭系统也提供了更公平、更廉价、更方便的司法服务。

当农民提出抗议、进行反抗或表现出自己的想法时,大革命的话语就会变得令人生厌了。为了从历届国民议会中争取他们认为在1789年起义中为自己赢得的利益,农民们不得不进行艰苦的斗争。制宪议会为强制赎回诸多世袭权利所做的努力,引起了农民的普遍抵制。这种来自底层的压力使立法议会和国民公会相继屈服:1793年7月17日法令明确地无偿废除了所有领主的特权。农民的反抗也削弱了革命议会推行的重农主义式土地改革的愿望,而这些改革旨在刺激农业的个人主义趋势。处境艰难的立法者担心在农村引发更多的反革命运动,从而将农民推向保王派和反革命分子的怀抱。1791年10月6日的《农村法》是一份胆怯的文件,它将圈地、取消使用、占有公共土地等事项的主动权都让渡给农村共同体。在大革命十年的剩余时间里,它基本保持原样。

国民议会中还存在另一种强烈的倾向,即将农民的不满情绪归咎于贵族尤其是教士的操控。农民的愚昧无知是天主教"狂热"的结果——这是对教会的又一项指控。在已知的流亡者中,大约五分之一是农民;而在恐怖统治期间革命司法的已知受害者中,大约四分之一是农民。在后一个数字中,还应该加上在旺代内战期间殒命的20万个体中的大多数,1793年8月以后,革命军队的将领奉命在旺代地区设立自由射击区,以此在叛乱的农民中建立共和秩序。这场内战凸显了大革命对社会群体造成的严重分裂。

然而,如果说农民是大革命政治文化最顽固的反对者,那么他们也是1789年的主要受益者。大革命的益处在农村共同体的地域分布和社会分布上极为分散和不均衡。当然,并不是农村共同体的所有成员都能从1789年的成果中获益。封建制的废除和对"什一税"、狩猎权、领主司法、劳役和其他权利的压制，使农民对剩余生产的主要需求大大减退。但是，制宪会议允许地主在租金中加入"什一税"的决定，招致了包括佃农在内的所有佃户的强烈不满。新的国家税收加重了很多农民的财政负担。工业危机使许多在家中从事原工业化活动的农民不得不经历更严酷的命运。例如，鲁埃格地区的珠宝和金属业几乎被彻底摧毁，而在大西洋港口后方腹地从事亚麻和羊毛贸易的许多家庭工人也蒙受重创。国家的其他强制措施使许多地区陷入了公开反抗，特别是在1791年以后拒绝接受《教士公民组织法》的地区更加明显；1793年以后强制参军的政策也产生了同样的效果。

此外，1793年至1797年间在农村发生的可怕经历使许多地区都疏远了革命事业。[57]共和二年执行统制经济政策以后，1795年至1798年的收成相对可观，但1794年至1795年骇人听闻的收成和1799年的歉收却使总体情况大打折扣。在1793年至1794年恐怖统治期间，征用和非基督教化的政策导致很多农民故意减少产量，以此避免生产盈余被城市当局和急切的无套裤汉抢走。后热月党人统治时代，对粮食贸易管制的放松导致面包价格进一步飙升，而货币的急剧贬值使大多数购买者的处境更加艰难。由于农村条件的恶劣，乞丐和流浪者的队伍不断扩大，随即加重了许多农民的困境。纵观整个18世纪90年代末，农村地区都很不安全，乡间抢劫和公路抢劫的情况不断增加。

18世纪90年代，农村世界经历了地狱和高潮。但值得注意的是，即使在反革命情绪强烈的旺代地区，也很少有人要求恢复旧制度。对"领主时代"的怀旧情绪被大革命给农村社会带来的好处所抑制。到了1799年，农村之所以还能感受到满足的氛围，主要原因可能还在于十年间在满足1789年农民最迫切的土地需求方面做了大量工作。除了废除领主对农民土地所有权的控制之外，教会和封建势力的解体也刺激了许多地区的农民对公共土地和森林的掠夺。奥德省的一位权威人士抱怨道，农民对待这些土地"就像对待自家菜园里的白菜一样"[58]，因为他们持续不断地扩大可耕种土地的面积，而这正是18世纪的特点之一。此外，教会财产以及从1793年开始的流亡者财产的国有化和出售政策，给农民提供了进入和扩大财产市场的机会。从1790年起，教会的大部分财产被城市资产阶级抢购一空，这在农村地区引发了强烈不满。不过，其中一些财产是投机性质的购买，随后又重新回到了农民手中。1793年以后，流亡者土地的出售程序更有意识地倾向于农民。例如，曾经设想的小批量出售虽然在1796年以后被取消了，但这种以贬值后的指券进行买卖的方式意味着，任何有能力凑足购买价格的人都能够大赚一笔。与约翰·劳体制一样，指券取消了很多农民的债务，尤其是为大农户的经济复苏做好了准备。

世纪之交的农业生产水平仍然远低于1789年的水平。然而，1796年之后，复苏的迹象已经开始出现。自那时起，贫苦农民在获得土地财产的方面可能有所损失，但农业收入的增加弥补了他们的差额，而在大革命的十年间，农村自耕农的数量可能增加了约三分之一，农民拥有的土地数量也从30%左右增加到40%左右。如果说农村的市场参与还存在一些问题的话，那么这与其说是由于大多数农民经历了物质损失需要重新进货和偿还债务，不如说是由于他们寻求回到低水平消费模式的条件反射。市场基础设施的糟糕状况也是造成这种局面的一个因素：运河遭到废弃，道路维修形同虚设，主要干道的安全条件也不尽如人意，强盗和土匪在公路上四处出没，这些都留下了很多需要改进的空间。此外，农民无疑在另一个领域证明了自己的适应能力。在1793年实行分割财产继承制后，农民的反应是第一次有计划地控制生育，以此限制财产分配继承人的数量，这导致法国的出生率急剧下降，而且是持续下降。农民的适应能力似乎一如既往，毫无退缩。他们的收益并不一定是以牺牲整体经济为代价的。

到了1799年，后热月党人时期对经济管控的放松使大部分城市工人阶级不再支持大革命。与农民一样，这个群体也引起了革命资产阶级的暧昧态度。城市工人既可以被理想化为人民主权的象征，也可以被立刻谴责为贪婪的"嗜血者"。巴黎人民运动在1793年制订的经济计划被山岳派采纳，作为其"动员人民"策略的基础，从而赢得了战争。但是，正如我们所看到的那样，革命政府还没来得及这样做，就试图监禁人民运动的领袖、拔除自己的爪牙，进而颠覆直接民主的理念和实践。热月之后，除了爱国士兵的形象之外，共和二年的无套裤汉蒙受了各政治派别的恶意中伤。革命政府承诺为穷人和有需要者提供福利支持，但督政府却与之背道而驰。私人慈善事业的复兴不足以弥补穷人在大革命十年间遭受的损失。

在关于选举权的争议中，督政府对资产阶级以下的城市人口的模糊态度尤为明显，选举权由此成为紧张局势的爆发点之一，它既有普遍权利的言辞，也有一系列的排斥性做法。积极公民的概念将政治权利限制在拥有大量财产的范围之内，而将任何未达到必要财产准入门槛的男性归为消极公民，这种争议随着推翻国王和等级制的瓦解方才终结。男性普选权是民众共和主义的标志——但不是一个有效的标志，因为革命政府时期搁置了1793年宪法规定的民主权利。革命政府的结束也没有实现宪法保障的民主权利，而是又回到了财产选举制，其目的是控制穷人，避免共和二年的重演。

也许，与革命者废除奴隶制类似，他们将无产者的权利写入法典，但没有将其付诸实践。事实证明，制宪议会和立法议会不愿意结束法国繁荣主要所依赖的种植园奴隶制。1791年9月28日，法国做出了废除奴隶制的象征性姿态。当丹东终于在1794年2月说服他在国民公会的同僚们允许在殖民地废除奴隶制时，法国与加勒比殖民地的一切联系早已被英国的海上封锁切断。这是一个与1793年宪法一脉相承的修辞性姿态。拿破仑亦将重新恢复奴隶制。

希望享有充分政治权利但未能实现的另一个群体是女性。在18世纪90年代，特别是在1795年之前，女性利用革命者描绘的自由和平等概念,在大革命进程中发挥了重要作用,而且在全球范围内也发挥了重要的先导作用。她们的活动范围非常广泛,甚至发明并普及了"女公民"一词,希望表达对政治权利的诉求,阐明《人权宣言》中著名的普遍主义思想应该是不分性别的。女性出席并积极参与了所有的革命事件——事实上,她们还领导了1789年10月5日至6日事件。受益于新闻自由,她们可以撰写书籍、剧本和(尤其是)小册子,还可以为报纸投稿。传统的"沙龙女作者"可能是一个会被误解的概念,但在1750年至1789年间,为公共领域提供印刷品的女性作者如雨后春笋般涌现,从78人增长到大革命十年间的330人。她们还利用新近获得的结社自由,参与代议制机构(包括国民议会)以及巴黎雅各宾俱乐部在内的各种俱乐部和社团,并在会议上发表请愿书。她们参与了一些男女混合俱乐部的活动,例如富歇的社交俱乐部;她们成立了属于自己的协会,其中最重要的就是1793年5月由忿激派成员克莱尔·拉孔布和波利娜·雷昂创办的革命共和女性公民协会。战争的爆发使很多女性积极分子更加自觉地坚持革命原则:她们不仅在丈夫参加志愿军期间照顾家庭,而且通过谴责侵权行为和黑市交易的方式,在最高限价令的执行过程中发挥了关键作用,她们还承担了为战争编织袜子、收集衣物和采集硝石等角色。波利娜·雷昂有力地主张,女性应该被正式允许携带武器(少数女性确实在前线作战)。奥兰普·德·古热是《妇女和女性公民权利宣言》的作者,她雄辩地指出,如果女性有权走上断头台,那么就不应该阻止她们享有其他权利(鉴于她自己在1793年11月被处决,她的评论无疑具有讽刺意味)。

一位匿名演说家在革命共和女性公民协会的某次会议上问道:"女性具备感受和表达意见的能力,为什么要将她们排除在公共事务之外呢?"[59]确实,为什么呢?革命者采用的自然法传统、与民族历史的彻底决裂、18世纪90年代教士对公共事务影响力的减弱,以及"父亲-国王"对父权制的挑战,所有这些现象都表明,女性很可能会从大革命包容般的普遍主义中获益。当然，大革命政治实践中也有支持女性政治权利的男性参与者，其中最著名的当数孔多塞，他于1790年发表了关于允许女性享有政治权利的论文。[60]18世纪90年代早期的许多立法都考虑到了女性的地位：例如，平等主义的继承法和1792年施行的民事离婚制度（与人们的预期不同，这一措施非但没有成为唐璜般风流的宪章，反而被处于暴力和不幸婚姻中的女性所利用，开启人生的新阶段）。然而，当涉及政治参与时，女性们发现自己面对的是一代又一代受卢梭影响的文本，这些文本认为女性是可爱的（当然如此），但本质上又是感情和感性的动物，是身体上的弱者，也在生理上无法进行理性思考。随着一种医学论述的发展，卢梭观点的影响力逐渐扩大，声称女性在生理上的劣势已经得到证实。皮埃尔·鲁塞尔在1755年出版的《女性作为身体和道德存在的系统性概述》广受欢迎，他为女性赋予了生产和照顾孩子的职责，而鲁塞尔在1795年以后法兰西学院的道德和政治科学课程的影响是显而易见的。玛丽安娜的象征形象在共和国的印章和信笺上被用作共和国的标志，但没有人认为一个真正的女性除了代表自己的感情之外还可以代表什么。

　　18世纪90年代，女性在公共生活中的地位非常脆弱，女性气质在很大程度上被用作政治侮辱的筹码。甚至在大革命之前，厌恶奥地利的宫廷派系就抨击"奥地利婊子"玛丽-安托瓦内特不体面地干预政治，据说她可怜的丈夫也软弱无能。"钻石项链事件"似乎是卢梭主义的一则寓言，强调了将女性牢牢置于男性控制下的重要性。这种批判不仅局限于革命者：反革命宣传经常抨击大革命为那些理应被限制在更舒适的家庭和女性世界中的人提供了政治空间。但是，革命者的自我呈现方式突出了刚毅坚忍的行动——例如，大卫对网球场宣誓的戏剧化描述就使论争变得更为重要。他们将王室政治的性别观点扩大化，认为他们的所有敌人在某种程度上都是女性化的，缺乏大革命的男子气概。他们抨击那些涂脂抹粉、装饰缎带的贵族，就像抨击那些不务正业、长期与女性厮混的教士一样。战争一旦爆发，这种公共领域的性别化就变得更加明显，阳刚的共和主义者成为手持长矛的无套裤汉或爱国火枪手。因此，政治美德和道德价值被性别化为军事主义的男性特质——波拿巴政权将进一步强化这种倾向。

不同的政治派别一致认为，女性参与政治生活是不恰当的，因此革命者也迟早会弄清楚这一点。最终在1793年秋天，革命共和女性公民协会的成员与巴黎市场的妇女就强制佩戴红帽的问题发生冲突后，这个问题终于得到了解决。1793年10月30日（玛丽-安托瓦内特被处决两周之后，当时正在进行一场表演式的审判，将让女性参与国家政治实践的危险戏剧般地呈现出来），治安委员会的发言人阿马尔在演讲中使用了卢梭主义式的陈词滥调，下令解散革命共和女性公民协会，并禁止今后成立类似的女性俱乐部。他表示，爱国女性似乎表现出了"在公共事务中致命的过度兴奋"；她们更应该待在家里，培养年轻的共和派。[61]

在某种程度上，阿马尔的命令只是革命政府控制巴黎忿激派运动的附带产物——雷昂和拉孔布是这场运动的支持者——但它本身没有引发什么评论或争议。然而，这也是一个非常重要的时刻，因为它标志着女性政治激进主义在大革命十年间达到极限。从那以后，女性积极分子被边缘化的趋势已经显而易见。1795年3月20日，女性甚至被禁止参加国民公会的会议，也被禁止在街道、广场和集市上举行集会。

总而言之，绝大多数男性革命者发现，他们既无法摆脱当时关于性别的陈规旧俗，也无法为女性在大革命方案中赋予特定角色——女性只能扮演装饰、辅助或生育等性质的角色。18世纪90年代后期，这种排斥情绪更加强硬。在这方面尤其重要的是，女性积极分子重新成为政治焦点，此举势必会引发共和派的反对。从18世纪90年代中期起，女性就开始在天主教会的地下活动中发挥主导作用。她们充当信仰的捍卫者，阻扰共和派官员的世俗崇拜，为开放教堂而请愿，藏匿流动的地下教士，并组织慈善活动。启蒙运动中宗教冷漠情绪的增长在男性中比女性中更为明显，而打破传统的非基督教化运动似乎也总是比女性活动更具有男性气质。女性与顽固派教士携手合作，好像只是证实了她们大脑的弱点，让自己被"狂热"的教士所迷惑。虽然法国政府将天主教重新合法化（1801年拿破仑与教宗签订了协约）并使其成为国家认可的宗教，但大革命中最令人憎恶的两个"他者"——狂热的天主教徒和"公共生活"中的女性——的结合也将在19世纪成为大革命的重要遗产。教权主义与反教权主义之间的斗争，既涉及性别，也涉及政治。

## 注　释

1 Louis to the duc d'Harcourt, cited in E. Sparrow, *British Agents in France*, 1792-1815 (Woodbridge, 1999), p. 60.

2 See above, p. 506.

3 F. Aftalion, *The French Revolution. An Economic Interpretation* (Cambridge, 1990), p.158.

4 D. Outram, *The Body in the French Revolution: Sex, Class and Political Culture* (London, 1989), p. 83.

5 Article 18 of the Declaration of Rights and Duties (sic) of Man and the Citizen in the 1795 Constitution.

6 See above, pp. 401, 424-425.

7 H. T. Parker, *The Cult of Antiquity in the French Revolution* (Chicago, 1937), pp. 18-19.

8 L. Hunt, *Politics, Culture and Class in the French Revolution* (Berkeley, Ca., 1984), p. 2.

9 To cite from the 1795 balloting procedures: as noted by I. Woloch, *The New Régime. Transformations of the French Civic Order, 1789-1820s* (London, 1994), p. 99.

10 P. Higonnet, *Goodness beyond Virtue. Jacobins during the French Revolution* (Cambridge, Mass., 1998), p. 207.

11 N. Hampson, 'The Heavenly City of the French Revolutionaries', in C. Lucas (ed.), *Rewriting the French Revolution* (Oxford, 1991), p. 55.

12 Speech on 18 Floréal II, cited by M. H. Huet, *Mourning Glory. The Will of the French Revolution* (Philadelphia, 1997), p. 27.

13 See above, p. 212.

14 G. Kates, *The Cercle Social, the Girondins and the French Revolution* (Princeton, NJ, 1985), p. 180; and article xi of the Declaration of the Rights of Man and the Citizen prefixed to the 1791 Constitution.

15 Lequinio, cited by R. Reichardt, 'Prints: Images of the Bastille', in R. Darnton and D. Roche

(eds.), *Revolution in Print. The Press in France, 1775-1800* (Berkeley, Ca., 1989), p. 225.

16  Cited in C. Hesse, 'Economic upheavals in publishing', in Darnton and Roche, *Revolution in Print*, p. 97.

17  Kates, *The Cercle Social*, p. 228.

18  Isoard, cited in J. Guilhaumou, 'Rhétorique et antirhétorique à l'époque de la Révolution française', in *La Légende de la Révolution* (Clermont-Ferrand, 1988), p. 151.

19  Louis-Sébastien Mercier, *Le Nouveau Paris* (Paris, n.d. [=1797-1798] ), vol. iii, pp. 39-40 and ii, 112; for 'logomachie', see p. ii, 111.

20  Mercier, *Le Nouveau Paris*, vol. iv, p. 52.

21  M. J. Sydenham, *The French Revolution* (London, 1965), p. 130.

22  Higonnet, *Goodness beyond Virtue*, p. 158

23  Huet, *Mourning Glory*, p. 33.

24  Higonnet, *Goodness beyond Virtue*, p. 181.

25  'Sur les fêtes politiques', as cited in J. de Viguerie, *Les Deux patries: Essai historique sur l'idée de la patrie en France* (Paris, 1998), p. 106.

26  See above, p. 183.

27  See above, p. 492.

28  A favourite saying of Richard Cobb: see his *Paris and its Provinces* (Oxford, 1975), pp.97-98.

29  Higonnet, *Goodness beyond Virtue*, pp. 209, 126.

30  Staël's *Des Circonstances actuelles qui peuvent terminer la Révolution*, cited in F. Furet, *The French Revolution, 1770-1814* (Oxford, 1992), p. 204.

31  See above, p. 53.

32  See above, p. 516.

33  See above, pp. 361-362.

34  K. Alder, Engineering the Revolution. Arms and Enlightenment in France, 1763-1815 (Princeton, NJ, 1997), p. 262.

35  Madame de La Tour du Pin, *Memoirs* (London, 1999), p. 299.

36  F. Crouzet, *De la Supériorité de l'Angleterre sur la France. L'économiaue et l'imaginaire, XVIIe-XXe siècle* (Paris, 1985), p. 254.

37  See below.

38  See above, pp. 356ff.

39  L. Bergeron, 'L'économie française et la Révolution', in H. Berding et al. (eds.), *La Révolution, la France et l'Allemagne: deux modèles opposés de changement social?* (Paris, 1989), p. 89.

40  According to a visit in 1801 recorded in H. Meister, *Souvenirs de mon dernier voyage à Paris (1795)* (Paris, 1910), p. 234.

41  Crouzet, *De la Supériorité de l'Angleterre sur la France*, p. 276.

42  See previous section.

43  See above, p. 372ff.

44  F. Pontheil, *Histoire de l'enseignement, 1789-1965* (Paris, 1966), pp. 70-71.

45  H. G. Brown, *War, Revolution and the Bureaucratic State: Politics and Army Administration in France, 1791-1799* (Oxford, 1995), p. 31.

46  Ibid., p. 45. ( 'Call me citizen' is my translation of *'Ici on se tutoie.'*)

47  Woloch, *The New Regime*, p. 495, n. 5.

48  L. Brockliss and C. Jones, *The Medical World of Early Modern France* (Oxford, 1997), p. 819.

49  Woloch, *The New Regime*, p. 328.

50 Brown, *War, Revolution and the Bureaucratic State*, p. 170.

51 Michelet, *Histoire de la Révolution française*, ed. G. Walter (2 vols.; Paris, 1952), vol. i, p. 752.

52 The phrase comes from Archives Nationales, W 342 (no. 648). Thanks to Tom Kaiser for letting me have this reference.

53 The term seems hardly apposite for Jews, of course.

54 P. Girard, *La Révolution et les juifs* (Paris, 1989), p. 224.

55 Higonnet, *Goodness beyond Virtue*, p. 221.

56 *Archives parlementaires*, vol. lxxxiii, p. 715.

57 See above, esp. pp. 502ff.

58 Bergeron, 'L'économie française et la Révolution', p. 81.

59 W. H. Sewell, 'Le citoyen/la citoyenne: activity, passivity and the Revolutionary concept of citizenship', in C. Lucas, *The Political Culture of the French Revolution* (vol.2 of *The French Revolution and the Creation of Modern Political Culture*) (Oxford, 1988), p.115.

60 'Essai sur l'admission des femmes au droit de cité' (1790) in *Oeuvres de Condorcet*, eds. A. Condorcet O'Connor and M. F. Arago (12 vols.; Paris, 1847), vol. x.

61 Amar, cited in D. G. Levy, H. B. Applewhite and M. D. Johnson (eds.), *Women in Revolutionary Paris, 1789–1795* (Urbana, Ill., 1979), p. 216.

# 结　语
# 雾月的利维坦与伟大的国家

1798年，路易-塞巴斯蒂安·梅西耶若有所思地说："舆论已经不复存在，因为社会正在四分五裂。"[1]当然，在政治动荡的督政府统治期间，舆论具有统一和协调作用的观念也显得滑稽而不合时宜。作为启蒙运动的遗产，它在《百科全书》问世之际形成结晶，它是18世纪资产阶级公共领域发展过程中的产物，但现在已经失去了实际效用。

如果说舆论不再是革命掌舵者手中的操盘，那么正如我们在前一章中指出的，其主要原因在于大革命政治文化中最重要的统一与大众化象征产生了分裂与不和。督政府体制以引人瞩目的形式记录了统一与分裂之间不断发展的矛盾。正如我们所注意到的，由于政治精英内部和更广大的国家内部处于摇摆不定的状态，督政府体制的合法性诉求总是被无休止地、几乎是病态性地分裂开来。有些督政官认为，这种不稳定的状态在宪法框架下是可以被接受的：例如，温和派议员贝利埃\*就指出，选举"不过是不同程度的爱国者之间差别细微的战争"。[2]但也有一些人对此感到厌倦，并担心这种争吵会影响到民众对政权的支持：初级选举的参与率有时会下降到令人震惊的微弱水平。因

---
\* 泰尔菲奥·贝利埃（Théophile Berlier，1761—1844），法国法学家，曾当选国民公会、五百人院议员，参与了《拿破仑法典》的起草工作。

此，到了1798年和1799年，西耶斯等制定宪法的专家和斯塔尔夫人、邦雅曼·贡斯当等理想主义的阴谋家就开始思考如何从外部改变政权的问题，进而在大革命进程中重新注入似乎已经被督政府所抛弃的统一和人民问题。

即使是像这些人一样的法治热衷者，也愿意为了他们所认为的更大利益而违背宪法的合法性，由此凸显了督政府体制处于"熵增"的状态。右翼和左翼似乎在僵局中可以互相抵消。保王派复辟的威胁在1798、1799年间已经大大减弱，但这对当时的人来说却并不明显，因为他们对阴谋的恐惧依然存在，而这恰恰构成了大革命政治文化的核心特征。路易十八曾经尝试过立宪选举、农民起义、秘密阴谋和国际游说等多种形式，但他仍然无法在1789年以后的公众舆论中取得突破。这并不奇怪。因为路易十八依旧拒绝包括制宪议会在内的一切成果，正如这位僭号者所说：他能够做出的最大政治妥协就是路易十六在1789年6月13日王室会议上提出的方案——"革除旧制度的弊端"。[3]

保王派中的"鹰派"（或称为"虔信者"）的不妥协态度，得到了持有类似立场的反革命辩护者和思想家的支持。巴吕埃尔神父[*]在1797年出版的《雅各宾主义的历史回忆录》是一部民粹主义的普及读物，他将整个大革命归咎于源于启蒙运动的共济会阴谋。对于启蒙运动的全盘否定，也是反动理论家博纳尔德[†]和约瑟夫·德·迈斯特[‡]的论点，他们无条件地拒绝接受大革命对自然权利的承诺，并沿着埃德蒙·伯克的道路前进，在遥远而高度理想化的过去寻找法国当下问题的答案。

---

[*] 奥古斯丁·巴吕埃尔（Augustin Barruel, 1741—1820），法国教士、记者，法国大革命的阴谋论者。

[†] 路易·德·博纳尔德（Louis de Bonald, 1754—1840），法国反革命哲学家、政治家，传统主义者。

[‡] 约瑟夫·德·迈斯特（Joseph de Maistre, 1753—1821），萨伏伊的哲学家、外交官，阶级社会和君主制的辩护者。

如果说保王派复辟尚且不在计划之中，那么在这个政治国家内部，仍然存在着一个不可或缺的核心，那就是波旁王朝旧政体的支持者——他们不会受到督政府宣传、教育和劝说的影响。对于脆弱的督政府来说，这些反革命势力具有巨大的负面影响。左翼也是如此。虽然巴黎的民众运动已经遭到封杀，但民众对督政府体制仍然充满敌意，这加剧了救国专政的危险，正是后者将独裁和民粹主义强加于政治生活的方方面面。即使不用成为新雅各宾派，也能体会到山岳派在1793年至1794年的动员策略在捍卫大革命成果方面的关键意义，当时这些成果正受到来自内外两方面的巨大压力。然而，总体来说，温和派更愿意将这些经历归为记忆，而不是现实。新雅各宾派的故作姿态和保王派的狂热立场一样让他们感到害怕。

　　对于西耶斯及其圈子里面的其他人而言，未来的道路似乎是加强行政机构对立法机构的控制，避免波旁王朝绝对主义统治和救国委员会的极端恐怖统治。他们潜在的支持者是梅西耶所说的"由认识到需要强大政府的明智人士组成的少数派舆论"。[4]然而，谁也不能指望两院会同意削弱自己的权力。1795年宪法的制定者也没有让修改宪法的任务变得更加简单：宪法修改涉及曲折而漫长的程序，无论立法机构的政治倾向如何，这些程序都几乎不可能获得通过。西耶斯认为，要想实现任何目标，一把"利剑"是必不可少的，也就是说，一位在政变中发挥重要作用的将军，可以让变革得以强行实施。对于西耶斯正在制订的方案来说，最重要的是这样一位将军应该是政治上的一个小人物，在政变后他将退居一旁，让宪法可以在西耶斯的理想框架下得到重新制定。到头来，西耶斯找到了这把"利剑"，但他却是政治上的"利维坦"。茹贝尔\*礼貌地提出了自己的建议，向西耶斯推荐了波拿巴："这就是你要找的人！"1799年11月9日至10日，波拿巴在西

---

\* 巴泰勒米·茹贝尔（Barthélemy Joubert，1769—1799），法国将军，大革命期间贡献卓著，1799年在诺维战役中阵亡。

耶斯的协助下发动政变，建立了新的执政府，不仅结束了督政府的统治，而且结束了大革命前十年政治文化的独特性。

督政府时期最后一场政治危机的曲折历程，与不断变化的军事和外交立场错综复杂地交织在一起。从1792年起，战争和革命始终如影随形。《康波福米奥和约》签订后，欧洲和平的希望很快破灭，法国将领们发现无法抵抗扩张主义的蔓延，尤其是在意大利。1799年4月，在拉施塔特举行的全面和平谈判期间，发生了一起不幸的意外事件，法国使团遭到了德意志敌对势力的袭击，其中几人甚至被杀害。这为法国人提供了一个方便的开战理由，证明已经发生的军事冲突实则具有正当性。

随着奥地利与英国一道重返战场，法国发现自己面对的是两个最难应对的敌人——再加上相对未经考验的俄国。由于担心波拿巴对埃及的野心可能会打破欧洲东南部的均势，俄国对法国的敌意因此出现。1799年的战争几乎立刻对法国人产生了不利影响。茹尔当率领法军渡过莱茵河，但很快就被重新振作起来的奥地利人击退。与此同时，英国王室海军向荷兰派遣了一支远征军，以便与俄国军队会合，这支联军成功俘获了荷兰舰队。自1796年以来，法军在意大利始终战无不胜，但此时也出现了戏剧性的逆转。4月，在法军试图夺取托斯卡纳后不久，奥地利和俄国的联军在卡萨诺击败了谢雷\*所部。尚皮奥内将军撤出了那不勒斯共和国，以便向北方的同胞提供援助。但是，他在特雷比亚被俄军击溃。由此，法军不得不完全撤离意大利半岛，并与从德意志撤离的部队会合，于6月在苏黎世进行了一场守城战。然而，自那时起，1796年以后建立起来的整个亲法政权网络就像纸牌屋似的彻底坍塌了。

此外，法国人现在既有新敌人，也有老对手。到了18世纪90年

---

\* 巴泰勒米·谢雷（Barthélemy Schérer，1747—1804），法国将军，1797年至1799年间出任陆军部长。

代末期,"伟大的国家"的武装士兵,已经不再是雅各宾派想象中兄弟般的解放者,而是强取豪夺的象征,许多法国自以为傲的人道主义和解放信息现在具有了明显的敌意。还有,地方的雅各宾派(尤其是在意大利的城市中)甚至比督政府治下的法国更加激进,这种情况显然加剧了社会和政治的对立。相对来说,一些被直接置于法国统治之下的地区受到了保护,例如比利时和莱茵河左岸、米卢斯和皮德蒙特。但是,交战区和法国占领区却遭到了野蛮的抢劫和掠夺,姊妹共和国的命运往往也好不到哪里去。例如,在巴达维亚共和国成立的同时,荷兰人被禁止与其传统的贸易伙伴英国人建立联系;同一时期,高额的关税也将他们拒于法国市场之外。在其他地区,教会土地国有化和针对顽固派教士的反教权主义政策引发了民众的强烈不满,尤其是在比利时和意大利。根据1798年《茹尔当法》征兵的企图在比利时造成了骚乱,进而演变成了彻底的农民起义,这与1793年在旺代地区发生的叛乱如出一辙。意大利南部地区也出现了农民的反法动员。枢机主教鲁福\*组织的农民武装"圣洁信仰基督教军队"壮大成为"十字军",对任何与法国反基督教革命有联系的人实施报复。另外,在天主教徒眼中,共和国的缺点越来越多:在意大利发生小规模冲突之后,教宗庇护六世被法军俘虏,并于1799年春天被带至法国,囚禁在瓦朗斯。8月,教宗在监狱中去世。这一事实引发了法国天主教徒的不满,法国社会宗教和政治反对派的势力正在重新抬头。路易十八长期利用他的代理人网络试图重新点燃叛乱的火焰,1798年《茹尔当法》再次造成的征兵问题使不满情绪更加具体化。1799年8月,上加龙省的蒙雷若发生了农民保王派叛乱,安茹、诺曼底和布列塔尼等地也发生了一系列叛乱。

面对国家内部的分裂和邻国民众的敌意,督政官们继续着他们

---

\* 法布里齐奥·鲁福(Fabrizio Ruffo,1744—1827),意大利枢机主教,领导了反雅各宾圣信运动。

习惯的平衡手段。由于抽签换人制度的偶然性,果月党人督政府的左翼色彩因此减弱。1797年选举后,纳沙托被顽固的特雷亚尔*取代;1798年,左翼温和派勒贝尔的退出则导致了西耶斯的就任,后者对共和三年宪法的批判立场无人不知。此外,1799年春季举行共和七年选举之际的紧张军事环境,进一步加剧了这种不安定的气氛:督政官们动用行政权力,尽可能多地将政治极端主义者排除在候选人名单之外。即便如此,突然又演变成一场国防战争的爱国主义情绪,增加了左翼候选人的当选比例——尽管督政官们自己逐渐滑向右翼。

立法机构和督政官之间的斗争几乎一触即发。6月16日,两院违背督政官们的意愿,决定实行永久任期,此举进一步唤起了人们对于1793年至1794年战争危机的回忆。随后在6月18日(共和七年牧月30日),两院通过"议会日"打破了僵局。就在几天前,他们以去年存在选举程序的问题,解除了特雷亚尔的督政官职务。亲雅各宾派的戈耶†接替了特雷亚尔的位置;而在"牧月30日事件"中,两院分别用将军穆兰‡和巴拉斯的门生罗歇·迪科§取代了梅林·德·杜埃和拉勒韦利耶尔。随后进行的是部长改组,亲督政府的行政人员也遭到了清洗:来自共和二年救国委员会的罗贝尔·兰代、前恐怖主义者富歇和将军贝纳多特¶分别当选财政部长、警察部长和陆军部长。

左翼的重组再次将革命政府的某些能量注入公共事务之中。果月政变后,督政府解除了对言论自由的控制,政治刊物得以重新发

---

\* 让-巴蒂斯特·特雷亚尔(Jean-Baptiste Treilhard,1742—1810),1798年至1799年间出任督政官。

† 路易-热罗姆·戈耶(Louis-Jérôme Gohier,1746—1830),1793年至1794年间出任司法部长,1799年出任督政官,1799年至1810年间担任法国驻阿姆斯特丹领事。

‡ 让·弗朗索瓦·奥古斯特·穆兰(Jean François Auguste Moulin,1752—1810),法国将军,1799年出任督政官。

§ 罗歇·迪科(Roger Ducos,1747—1816),1799年曾短暂出任督政官、执政官。

¶ 让-巴蒂斯特·朱尔·贝纳多特(Jean-Baptiste Jules Bernadotte,1753—1844),法国元帅,1799年出任陆军部长,1810年成为瑞典国王卡尔十三世养子,1818年继位为瑞典国王和挪威国王。

行。7月，马内日俱乐部在巴黎成立。该俱乐部在雅各宾派的"记忆之场"——国民公会的马内日厅举行会议，很快就吸纳了3 000多名成员，其中包括约250名两院议员和雅各宾派的诸多前辈，例如救国委员会的忠诚拥护者马恩省的普里厄[*]、前陆军部长布舒特、邮政局长兼国王的逮捕者德鲁埃，以及大革命的殉道者勒佩勒捷·德·圣法尔若之弟费利克斯·勒佩勒捷。他们呼吁宣布"祖国在危急中"，这比1794年以来的任何时候都能更有说服力地团结左翼力量。他们还对国家政策产生了影响。所有公职人员都宣誓憎恨王室，但重要的是，他们不是憎恨"无政府状态"（这是雅各宾派的暗语）。《茹尔当法》得到了最充分的执行，所有20到25岁的年轻人都被征召，这一举措显然让人想起了1793年的全民动员。7月12日的《人质法》允许被认定处于叛乱状态的各省当局将流亡者家庭成员作为"人质"关押起来。这些人质可能要为保王派叛乱造成的任何损失承担个人经济责任。经过一定程度的反复折腾后，政府下令强制向富人贷款，以补偿在被征服土地上损失的收入。当保王派在蒙雷若的叛乱和英俄远征军在荷兰登陆的消息传来之际，两院颁布法令，当局可以到嫌疑人家中进行搜查，寻找从事反革命活动或带有反革命情绪的罪证。

许多人对恐怖主义者的这次怀旧之旅感到兴奋，但也有更多人对此不以为然。爱国主义的姿态并没有让大多数人觉得热血沸腾，而是让人毛骨悚然。对于那些不喜欢回顾1793年至1794年的人来说，新任督政官西耶斯无疑成为他们的代言人。新雅各宾派和右翼青年在马内日俱乐部附近发生斗殴，警察部长富歇以此为由关闭了该俱乐部。随后，西耶斯提议让更加灵活的迪布瓦-克朗塞[†]接替贝纳多特的陆军部长

---

[*] 皮埃尔·路易·普里厄（Pierre Louis Prieur，1756—1827），在恐怖统治和热月党人时期，两度担任救国委员会成员。

[†] 迪布瓦-克朗塞（Dubois-Crancé，1747—1814），法国将军，山岳派政治家，1799年出任陆军部长。

一职，并在议会中协调反对左派提出的宣布"祖国在危急中"的呼声。

就在这个微妙的时刻，波拿巴从埃及重返法国。自1798年5月19日启程以后，他策划和指挥的埃及战役遭遇了灾难性的失败。他首先在7月21日的金字塔战役中击溃了当地马穆鲁克的军队，并在率军远征叙利亚打击土耳其军队之前，确保了下埃及地区的安全。然而，整个冒险行动的军事价值似乎从一开始就备受质疑。为了抵达埃及，波拿巴设法躲过了霍拉肖·纳尔逊\*的英国舰队。然而，纳尔逊却坚持不懈地追踪着他的猎物，并于1798年8月1日大败法军，将其多数船只击沉在开罗郊外的阿布基尔湾。随后，英国人开始支持土耳其抵抗法国的入侵。虽然波拿巴在1799年7月25日的阿布基尔战役中再次击败了土耳其人，但他试图将埃及变成"伊斯兰化的米兰"的计划开始变得暗淡无光。[5]夏末，波拿巴听到了法国失去对意大利控制权的消息，他曾经为此付出过巨大努力。最终，他决定放弃法国在近东地区的残余部队，重新回到法国本土。

1799年10月9日，波拿巴抵达弗雷瑞斯，一周内就回到了巴黎。他的处境可能非常微妙——毕竟他刚刚在一场可怕的战役中放弃了指挥权而回到法国，但这一点却没有得到重视。波拿巴从弗雷瑞斯到巴黎的旅程变成了一次凯旋游行，所有城市和乡村都为他举行了隆重的入城仪式，为他的到来而欢呼雀跃。一位来自蒙彼利埃的教师谈道，波拿巴已经成为"他的名字可以与一整支军队匹敌"的英雄，"他是一个伟大的人物，法国把目光投向了他，并将之作为法国最温柔的情感和最真挚的期望"。[6]

这种程度的泛英雄化根源于督政府的节日文化，同时也证明了公众舆论正在发生的微妙变化。1795年以前，大革命纪念的英雄和伟人都是平民或悲剧性的年轻士兵，例如少年英雄巴拉就在1794年被授予

---

\* 霍拉肖·纳尔逊（Horatio Nelson，1758—1805），英国海军将领，在1798年尼罗河战役中战胜法军。

了进入先贤祠的荣耀。然而，督政府的节日文化已经不再是大革命文化，而是军事文化和民族主义文化。除了纪念重要的革命节日（7月14日、8月10日、热月9日等）或其他"自然"节日（配偶节、老年节等），现在又出现了新的军事和外交节日。例如，法国南部城市罗德兹为1796年至1797年在意大利洛迪、里沃利和曼图亚取得的胜利举行了庆典。图卢兹为1795年战胜西班牙、1797年战胜奥地利（以及之后的康波福米奥）和1798年攻取马耳他的胜利举行了庆典，还为1797年去世的奥什将军和1799年去世的茹贝尔将军举行了葬礼。曾有地方官员指出，这些盲目爱国的活动受到了各地民众的热烈欢迎：尤其是在诺曼底，浓厚的仇英情绪总是让活动进行得如火如荼。即使在民间节日中，军事吸引力与民族自豪感也胜过了对公民与共和美德的缅怀。吹奏横笛和敲响军鼓的士兵游行构成了庆典中不可或缺的一部分。此外，1797年在巴黎举行的热月9日庆典也有大量内容涉及游行和炫耀在意大利战役中掠夺而来的战利品。督政府的节日文化的军事色彩日益浓厚。还有，由于这些辅助性质的节日大多数与波拿巴打赢的战役和他帮助实现的和平有关，这也有助于提升这位年轻将军的声望。

因此，波拿巴的回归在这个政治国家引起了相当大的恐慌和兴奋，这个国家似乎对大革命原则并不热衷，而是对被称作"伟大的国家"的扩张主义式荣耀更感兴趣。波拿巴返回的时刻非常合适，尽管空气中仍然弥漫着焦虑的氛围，但人们长期关注的军事局势已经逐渐稳定，甚至有所改善。英国人不仅已经被击退，而且根据10月签署的《阿尔克马尔和约》被迫撤离荷兰。在东方战线，经历几次惨败后的法军也恢复了元气，他们在9月下旬的第二次苏黎世战役中击败了奥地利和俄国的联军。海尔维第共和国得到了清理，法军重新取得了莱茵河左岸的占领权，而沙皇保罗一世[*]则从西欧召回了俄国军队。在法

---

[*] 保罗一世（Paul I，1754—1801），1796年即位为俄国沙皇。

国国内，保王派对征兵的抵制和大革命的向左转变也未能引发更广泛的叛乱。

然而，如果说军事局势的恶化趋势正在得到纠正，那么政治局势则已经发展到了政权解体迫在眉睫的地步。在抵达巴黎后的几周内，波拿巴收获了来自不同政治团体和代表团对其大献殷勤的谄媚。而在每一个渴望成功的政治派系中，总能找到西耶斯的身影。这位老谋深算的督政官现在开始组建一个阴谋团体，试图修改这部不容易进行法律修订的宪法。他的同谋者来自不同领域：包括行政机构的警察部长富歇、司法部长冈巴塞雷斯和他本人，立法机构的波拿巴之弟吕西安·波拿巴\*（他是五百人院的主席，在立法机构中扮演着关键的协调作用），以及政界、高级金融界和国家服务部门的塔列朗、勒德雷尔、谢尼埃†、多努和卡巴尼斯‡等人。

到了共和七年雾月18日（1799年11月9日），一切都已经准备就绪。当天，根据事先安排好的信号，三位督政官——巴拉斯、罗歇·迪科和西耶斯——宣布辞职，这就迫使更不情愿的戈耶和穆兰也宣布辞职。议会被重新召集，并被告知存在一个可怕的雅各宾派阴谋，这也成为将议会迁往偏僻的圣克鲁的理由——此外，波拿巴被任命为圣克鲁当地的总司令。然而，密谋者们表现得有些过于自满，巴黎四处都张贴着宣称必须拯救共和国的海报，这也让许多政界老手深感不妙。次日，波拿巴受到了议会的粗暴对待，人们大声呼喊着"歹徒"和"独裁者"。波拿巴不免有些紧张，但他的弟弟吕西安为其挽回了局面。波拿巴召集军队，用刺刀对准那些不守规矩的新雅各宾

---

\* 吕西安·波拿巴（Lucien Bonaparte，1775—1840），拿破仑之弟，雾月政变后出任执政府内政部长。

† 马里-约瑟夫·谢尼埃（Marie-Joseph Chénier，1764—1811），法国诗人、政治家，1795年当选法兰西学术院院士，曾任国民公会、五百人院议员。

‡ 皮埃尔·让·乔治·卡巴尼斯（Pierre Jean Georges Cabanis，1757—1808），法国哲学家、生理学家，曾任五百人院、参议院议员，1803年当选法兰西学术院院士。

"雾月政变"中的拿破仑

派,迫使其离开议会,并诱使两院中残余的温和派议员在当晚同意建立一个新政权——执政府。在短短几个月内,西耶斯的"利剑"就将修改宪法的西耶斯本人边缘化,并巧妙地制定了一部非常符合波拿巴本人利益的新宪法。在1799年12月13日(共和八年霜月22日)颁布的宪法中,一个崭新的政权由此成立,行政机构由三位执政官组成,而权力更加牢固地集中在第一执政官之手。拿破仑的冒险由此起步。

尽管年轻的瑞士人邦雅曼·贡斯当把改良主义狂热分子的角色扮

演得惟妙惟肖，但他对雾月18日发生的一切，以及政变对他所眷恋的大革命政治文化可能意味着什么，都有着非常清醒的反思。"我相信这是争取自由的决定性时刻，"他在雾月19日上午写给西耶斯的信中如是说，

> 讨论议会休会……于我而言在此时此刻是灾难性的，因为它将摧毁可以依赖的唯一屏障，它本可以用来限制一个你把他与昨天发生的事件联系在一起的人，而这个人却因此对共和国构成了更大的威胁。在他的公告中，他只提到了自己，说他的回归带来了希望；而在他所做的一切中，他只看到了自我的提升……与他站在一起的有将军、士兵、贵族流氓和每一个热情拥抱虚假的表面力量的投降派……[7]

对于正在酝酿中的新政权的三股最大势力——军队、右翼（在他轻蔑的笔下是"贵族流氓"）和强力执政者的拥护者（那些"拥抱虚假的表面力量"之人），贡斯当的描述是公正的。波拿巴需要利用军事力量来扫除异己；右翼不可避免地更喜欢一个发号施令的军人，而不是像罗伯斯庇尔这样的共和派思想家；而且大部分政治国民都已经被加强行政权力的想法所征服。但是，贡斯当可能低估了波拿巴手中最强有力的一张王牌，那就是他的声望。在督政府时期所有重大问题上都四分五裂的公众舆论，似乎现在都站到了波拿巴的一边。

"我们看到了可怕的恐怖统治正在卷土重来；然后突然间，雾月18日给我们展示了一个没有那么阴暗的前景。"[8] 一位来自法国中央高原腹地南部城市芒德的资产阶级在其评论中相当准确地捕捉到了法国中产阶层对波拿巴政变的看法。无论波拿巴和他的政权变成了什么样子，对于那些大革命的既得利益者（或者是那些不希望因政局持续动荡而失去更多的人）来说，波拿巴在一开始就有很多值得推崇之

处。他是一个军事家的事实并不令人过于担忧,但这似乎注定了法国不可避免地将要走向军国主义未来。毕竟,乔治·华盛顿曾是北美殖民者的总司令,但美利坚合众国并没有成为一个军事独裁制的国家。此外,作为《康波福米奥和约》的缔造者,波拿巴与荣耀式的和平存在着特殊的联系。他是一个不同寻常的人物,例如,他在回到巴黎之后,曾大张旗鼓地参加法兰西学院的会议,此举好像是要表明他在思想上的严肃性和他对启蒙科学的义务。

此外,波拿巴是"事业面向人才开放"的生动典范,这也是资产阶级大革命的护身符。按照波拿巴的出身,他在1789年之前不可能获得军事指挥权,更不用说他能够取得如此辉煌的事业了。他的军旅生涯使其成为一个与大革命事业密切相关的专业团体的一员。如果没有超级爱国的士兵,大革命就无法持续下去。即使波拿巴在恐怖统治期间的雅各宾派过往(当时大革命似乎受到了最严重的威胁),在这方面也没有对其造成不利影响,因为军队在大革命狂热的风暴中心依然保持着声誉。由于城市中的无套裤汉已经溃散,大多数新雅各宾派更希望军队能比街头民众更加激进。事实上,在1799年,很多人都认为职业军人比立法机构的民选议员更能"代表"大革命的精神——当然西耶斯和邦雅曼·贡斯当都不在其列。

研究拿破仑政权的历史学家们倾向于扩大拿破仑与大革命时期的彻底决裂,从而对拿破仑进行过度颂扬或诋毁。波拿巴宣称"大革命已经结束"[9],无疑是为了表明他决心牢牢掌控在18世纪90年代造成诸多分裂而非和谐的领域——代议制政府、强有力的立法机构、选举原则、出版自由和个人自由。然而,重新绘制的政治版图也标志着波拿巴决心与其革命经历划清界限,而让那些大革命的既得利益者能够享受他们的战利品。正如我们所看到的那样,这些人(大部分是财产所有者和专业人员)正在寻求和平与安全,以便巩固他们获得的成果——而波拿巴似乎决心满足他们的要求。大革命政治文化的延续好像只能带来不稳定和冷漠，1789年开创的大革命神话作为政治文化的主要特征，也已经令人厌倦并失去了吸引力。资产阶级是大革命政治阶级的基础，他们越来越愿意将1795年政体中规定的权力拱手相让，交给一个更加专制的机构，以便保证他们可以获得更多的物质利益。

此外，波拿巴在某些方面也没有做出太多退让，因为他的诉求似乎在于延续督政府内部现已存在但尚未实现的趋势，即加强行政权力。他很快就在出版自由和结社自由问题上表现出了严厉的态度，而这种情况早在督政府对左右两翼边缘刊物和政治团体的镇压态度中已经有所暗示。他对选举原则的削减并没有像看上去那样令人反感：18世纪90年代选举的低参与率表明，国家要么选择接受选举民主，要么选择放弃选举民主。在督政府政治的浮躁摇摆态势之下，通过督政府官僚机构的日益中央集权化举措，远比波旁王朝或早期革命者所能组建的任何机构要更为有效，这也为拿破仑政权的建立铺平了道路。例如，督政府统治时期广泛使用军事司法来控制强盗和公路抢劫，这预示着拿破仑将采取强硬政策来平定法国，建立一种"安全国家"。[10]

西耶斯曾经指出："信心来自底层，权力来自上层。"[11]这句明显带有费奈隆色彩的表述势必会为波拿巴所喜爱。具备美德的权威和忠诚且乐于接受的民众之间的联系构成了道德政体的基础，而这种联系也在第一执政官身上得到了完美的体现。他的权威不是来自神灵，而是来自民众。他自己说道："我本人就是民众的代表。"对此，理论家卡巴尼斯非常满意地指出，新制度"消除了民主的一切不便之处"。[12]此外，执政府是按照拿破仑的设想建立起来的。当共和八年宪法取代共和三年宪法时，人们问道："新宪法中有什么内容？"有人给出了简单的回答："波拿巴。"自由派批评家指责波拿巴劫持了作为启蒙运动核心神话的公众舆论。然而，波拿巴的主张是统一和代表公众舆论，这一点早在他从弗雷瑞斯向巴黎进军时受到的个人崇拜和民众赞誉中就已经有所体现，且与督政府分化公众舆论的倾向形成了鲜明对比。

关于波拿巴政权的走向，还有很多不确定的因素。就连自己更加平衡的宪法方案被拿破仑搁置一旁的西耶斯也无法确定，波拿巴是否只是一个古罗马共和制意义上的独裁者，或是一个更具代议制色彩的先锋，还是一个混合政府体制的延续者。波拿巴的上台之于国际势力的影响也无法确定。他是否能不辜负作为《康波福米奥和约》和平卫士的盛名？他是否会寻求收复被英国夺走的法国殖民地，并将法国重新定位为全球的殖民和商业大国？抑或他是否会放弃路易十五关于法国是欧洲"确定无疑的强国"的信念，并像18世纪的旧式王朝那样谋求领土利益？

1799年似乎有很多无法确定的事情，也还有许多值得期待的事情。从很多方面来说，1715年似乎都很遥远。尽管波拿巴扭曲或切断了大革命中的很多珍贵价值观，但事实证明，他很难清除从大革命十年间继承下来的政治文化中的所有要素。实际上，他并没有这样做，而是尝试将这种文化转变为他个人统治的基础之一。尽管存在诸多的不确定性，但同时代的许多人都抓住了这一点——新颁布的宪法也强调了这一点，那就是波拿巴正在改写政治剧本，他强有力地推行了权力个人化的措施，其力度远甚于大革命前的路易十六统治以来的任何人——他很快就会将自己与路易十六相提并论，而这对他个人来说也是非常有利的。1802年，格罗斯绘制的一幅波拿巴的早期肖像画中，后者甚至露出了一双太阳王般的美腿。鉴于第一执政官热衷于宣传和自我塑造，这种潜意识的联想无疑是有意为之。权力再次在王朝的躯体上得以体现，而其他代议制诉求则被系统化地降低了。因此，崭新的波拿巴主义政治传统的建立，宣告了18世纪的结束——它汲取了波旁王朝、启蒙运动和大革命的思想，在波旁王朝绝对主义、君主立宪制、自由共和主义和雅各宾专政的表层废墟上，构筑了自己的政权基础。但是，波拿巴政权及其宣称的伟大之处，终因它的军事主义取向而变得脆弱不堪。

# 注　释

1　L. S. Mercier, *Le Nouveau Paris* (Paris, n.d.［=1797-1798］),'Avant-Propos', vol. i, p. xvi.
2　I. Woloch, *Napoleon and his Collaborators: The Making of a Dictatorship* (London, 2001), p. 8.
3　Cf. above, p. 511.
4　Mercier, *Le Nouveau Paris*, vol. i, p. xvii.
5　F. Furet, *The French Revolution, 1770-1814* (Oxford, 1992), p. 199.
6　R. Laurent and G. Gavignaud, *La Révolution française dans le Languedoc méditerranéen, 1789-1799* (Toulouse, 1987), p. 313.
7　N. King and E. Hofman, 'Les Lettres de Benjamin Constant à Siévès', *Annales Benjamin Constant*, 3 (1983), pp. 96-97.
8　Laurent and Gavignaud, *La Révolution française dans le Languedoc méditerranéen*, p.316.
9　B. J. Buchez and P. C. Roux, *Histoire parlementaire de la Révolution française, ou Journal des Assemblées nationales depuis 1789 jusqu'en 1815* (40 vols.; Paris, 1834-1838), vol. xxxviii, p. 301.
10　H. G. Brown, 'From organic society to security state: the war on brigandage in France, 1797-1802', *Journal of Modern History*, 69 (1997).
11　J. Tulard, *Le 18 Brumaire: comment terminer une révolution* (Mesnil-sur-l'Estrée, 1999).
12　F. Bluche, *Le Bonapartisme: aux origines de la droite autoritaire (1800-1850)* (Paris, 1980), pp. 29, 28n.

# 进一步阅读

完整的参考书目（其中强调了用英文出版的作品），可以参见：http:/huww.warwick.ac.uk/staff/Colin.Jones.

这些主要用英语写作的成果，对理解这段时期提供了有益的介绍和概括，它们是：

M. Antoine, *Louis XV* (Paris, 1989)

K. M. Baker, *Inventing the French Revolution: Essays on French Political Culture in the Eighteenth Century* (Cambridge, 1990)

K. M. Baker et al. (eds.), *The French Revolution and the Creation of Modern Political Culture* (4 vols.; Oxford, 1987-1894)

D. Bell, *The National and the Sacred: Religion and the Origins of Nationalism in Eighteenth-Century France* (Cambridge, Mass., 2002)

J. Black, *From Louis XIV to Napoleon. The Fate of a Great Power* (London, 1999)

T. C. W. Blanning, *The French Revolutionary Wars, 1787-1802* (London, 1996)

P. M. Campbell, *Power and Politics in Old Régime France, 1720–1743* (London, 1996)

R. Chartier, *The Cultural Origins of the French Revolution* (Durham, N.C., 1991)

A. Cobban, *A History of Modern France. vol. 1. Old Regime and Revolution, 1715–1799* (Harmondsworth, 1957)

J. B. Collins, *The State in Early Modern France* (Cambridge, 1995)

W. Doyle, *The Oxford History of the French Revolution* (Oxford, 1989)

W. Doyle, *The Origins of the French Revolution* (3rd edn; Oxford, 1999)

W. Doyle (ed.), *Old Régime France* (Oxford, 2001)

J. Egret, *The French Pre-Revolution, 1787–1788* (Chicago, 1977)

F. Furet and M. Ozouf, *A Critical Dictionary of the French Revolution* (London, 1989)

P. Goubert, *The Ancien Régime* (New York, 1970)

P. Higonnet, *Goodness beyond Virtue: Jacobins during the French Revolution* (Cambridge, Mass., 1998)

L. Hunt, Politics, *Culture and Class in the French Revolution* (Berkeley, Ca., 1984)

C. Jones, *The Longman Companion to the French Revolution* (London, 1989)

C. Jones, *Madame de Pompadour: Images of a Mistress* (London, 2002)

E. Le Roy Ladurie, The Ancien Régime. A History of France, 1610–1774 (Oxford, 1996)

M. Lyons, *Napoleon Bonaparte and the Legacy of the French*

*Revolution* (London, 1994)

S. Maza, *Private Lives and Public Affairs. The Causes Célébres of Pre-Revolutionary France* (Berkeley, Ca., 1993)

J. McManners, *Church and Society in Eighteenth-Century France* (2 vols.; Oxford, 1998)

R. Porter, *The Englightenment* (2nd edn; London, 1999)

D. Roche, *France in the Enlightenment* (Cambridge, Mass., 1996)

R. Schechter (ed.), *The French Revolution: Essential Readings* (Oxford, 2001)

D. Sutherland, *France, 1789-1815: Revolution and Counter-Revolution* (London, 1985)

J. Swann, *Politics and the Parlement of Paris under Louis XV, 1754-1774* (Cambridge, 1995)

T. Tackett, *Religion, Revolution and Regional Culture in Eighteenth-Century France. The Ecclesiastical oath of 1790-1791* (Princeton, N.J. 1986)

D. Van Kley, *The Religious Origins of the French Revolution* (New Haven, Conn., 1996)

J. de Viguerie, *Histoire et dictionnaire du temps des Lumières, 1715-1789* (Paris, 1995)

# 参考文献

## A. PRIMARY SOURCES

The range of primary sources available is immense, particularly on the period after 1750. I can only indicate here those sources on which I have drawn most heavily in constructing the political narrative.

Saint-Simon's memoirs, available in numerous editions, is a brilliant source for bridging the end of the reign of Louis XIV with the Regency. For the latter, see the wonderful correspondence of the Princesse Palatine, the Regent's mother, sampled in *Lettres de Madame, duchesse d'Orléans, née princesse Palatine*, ed. O. Amiel (Paris, 1981). Useful too are *Mémoires de la régence de SAR Monseigneur le duc d'Orléans durant la minorité de Louis XV, roi de France* (3 vols., La Haye, 1742–1743); Mehmed efendi, *Le Paradis des infidèles. Un ambassadeur ottoman en France sous la Régence* (Paris, 1981); and Madame de Staal-Delaunay, *Mémoires*, ed. G. Doscot (Paris, 1970). Unpublished primary sources of particular value for this and the subsequent period are the memoirs of the duke d'Antin (*Bibliothèque Nationale, Manuscrits français. Nouvelles acquisitions français* 23729–23737) and those of Richer d'Aubé, 'Réflexions sur le Gouvernement de France' (ibid., *Nouvelles acquisitions françaises* 9511–9516).

On the period from the death of Louis XIV to the Seven Years War, see esp. R.L. de Voyer de Paulmy, marquis d'Argenson, *Journal et mémoires*, ed. E.J.B. Rathery (9 vols., Paris 1859–1867); J. Buvat, *Journal de la Régence, 1715–1723*, ed. E. Campardon (2 vols., Paris, 1865); C.P. d'Albert, duc de Luynes, *Mémoires sur la cour de Louis XV (1735–1758)*, ed. L. Dussieux & E. Soulié (17 vols., Paris, 1860–1865); E.J.F. Barbier, *Histoire chronologique et anecdotique du règne de Louis XV*, ed. A. de La Villegille (4 vols., Paris, 1847–1856); Mathieu Marais, *Journal et mémoires de Mathieu Marais sur la régence et le règne de Louis XV*, ed. M. de Lescure (4 vols., Paris, 1863–1868); P. Narbonne, *Journal des règnes de Louis XIV et XV de l'année 1701 à l'année 1744* (Paris, 1866); and F.J. de Pierre, cardinal de Bernis, *Mémoires et lettres, 1715–1758*, ed. F. Masson (2 vols., Paris, 1858).

For later in the eighteenth century, down to 1789, see also *Mémoires du duc de Choiseul*, ed. J.P. Guicciardi (Paris, 1982); marquis de Bombelles, *Journal*, ed. J. Grassion & F. Durif (2 vols., Geneva, 1978–1982); duc de Croy, *Journal inédit du duc de Croy, 1718–1784*, ed. vicomte de

Grouchy & P. Cottin (4 vols., Paris, 1906-1907); F.V. Toussaint, *Anecdotes curieuses de la cour de France sous le règne de Louis XV* (Paris, 1908); Félix, comte de France d'Hézèques, *Souvenirs d'un page de la cour de Louis XVI* (Paris, 1904). More street-level views are aired in S.P. Hardy, *Mes loisirs: journal d'événements tels qu'ils parviennent à ma connaissance*, M. Tourneux & M. Vitrac (eds) (Paris, 1912); J.L. Ménétra, *Journal of My Life*, ed. D. Roche (New York, 1986); and F.Y. Besnard, *Souvenirs d'un nonagénaire* (2 vols., Paris, 1880). A superb, panoramic source too is L.S. Mercier, *Tableau de Paris* (12 vols., Amsterdam, 1782-1789), extracts of which are available as *Panorama of Paris*, ed. J.D. Popkin (Philadelphia, 1999).

After 1789, the *embarras de richesses* becomes even more overwhelming. B.J. Buchez & P.C. Roux (eds), *Histoire parlementaire de la Révolution française, ou Journal des assemblées nationales depuis 1789 jusqu'en 1815* (40 vols., Paris, 1834-1838) is an improbable salmagundy of Revolutionary goodies, less consistent however than the utterly overwhelming *Archives parlementaires de 1787 à 1860* (96 volumes to date, Paris, 1867-1990). One of my favourite texts is Nicolas Ruault, *Gazette d'un parisien sous la Révolution: lettres à son frère, 1783-1796* (Paris, 1976). Others include A. Young, *Travels in France in the Years 1787, 1788 and 1789*, ed. C. Maxwell (Cambridge, 1929) (superb on rural France and the atmosphere of Revolution); marquis de Ferrières, *Correspondance inédite, 1789, 1790, 1791*, H. Carré, ed. (Paris, 1932) (excellent on the Constituent Assembly); Gouverneur Morris, *A Diary of the French Revolution* (2 vols., Westport, Ct, 1972) (the US envoy, down to 1792); M.A. Baudot, *Notes historiques sur la Convention nationale, le Directoire. l'Empire et l'exil des votants* (Paris, 1893) (extraordinary lapidary statements and anecdotes); P. de Vaissière, *Lettres d'aristocrates. La Révolution racontée par des correspondances privées, 1789-1794* (Paris, 1907) (stunningly graphic and moving accounts, from prison or emigration); L.S. Mercier, *Le Nouveau Paris* (1797); and Chateaubriand's posthumous *Mémoires d'outre-tombe* (a fantasist, but a brilliant one).

## B. SECONDARY SOURCES

I have chosen to highlight works in English wherever possible.
Abbreviations:

| | |
|---|---|
| AESC | *Annales. Économies. Sociétés. Civilisations* |
| AHR | *American Historical Review* |
| AHRF | *Annales historioriques de la Révolution française* |
| AMWS | *Annual Meeting of ther Western Society for French History* |
| BJRL | *Bulletin of John Rylands Library* |
| EHR | *English Historical Review* |
| FH | *French History* |
| FHS | *French Historical Studies* |
| HJ | *Historical Journal* |
| JEcH | *Journal of Economic History* |
| JMH | *Journal of Modern History* |
| P&P | *Past and Present* |
| RH | *Revue historique* |
| RHMC | *Revue d'histoire moderne et contemporaine* |
| TAPS | *Transactions of the American Philosophical Society* |
| TRHS | *Transactions of the Royal Historical Society* |

## 0. GENERAL

**0.1 Overviews:** A. Cobban, *A History of Modern France, vol. 1: Old Régime and Revolution, 1715–1799* (Harmondsworth, 1957) is the only work to have the chronology of the present volume. For the Revolution, see below, but general treatments of the Bourbon polity over the eighteenth century include W. Doyle (ed.), *Old Régime France, 1648–1788* (Oxford, 2001); E. Le Roy Ladurie, *The Ancien Régime. A History of France, 1610–1774* (Oxford, 1996); D. Roche, *France in the Enlightenment* (Cambridge, Mass., 1998); C.B.A. Behrens, *The Ancien Régime* (London, 1967); and J.B. Collins, *The State in Early Modern France* (Cambridge, 1995). J. de Viguerie, *Histoire et dictionnaire du temps des Lumières, 1715–1789* (Paris, 1995) is a superb general work of reference. See also D. Richet, *La France moderne. L'Esprit des institutions* (Paris, 1973); R.Descimon and A. Guéry, 'Un État des temps modernes', in A. Burguière and J. Revel (eds), *Histoire de la France. L'État et les pouvoirs* (Paris, 1989); M. Fogel, *L'État dans la France moderne (de la fin du Xve au milieu du XVIIIe siècle)* (Paris, 1992); J. Meyer, *Le Poids de l'État* (Paris, 1983); and J. Cornette, *Absolutisme et lumières, 1652–1783* (Paris, 1993). The pathbreaking collection, P. Nora (ed.), *Les Lieux de mémoire* (3 vols., new edn, Paris, 1997), provides fresh angles of vision on numerous features of the Bourbon polity. See esp. from Vol. 1, 'Les sanctuaires royaux' (C. Beaune), 'Reims, ville du sacre' (J. Le Goff), 'Des limites d'État aux frontières nationales' (D. Nordman), 'Versailles, fonctions et légendes' (H. Himmelfarb); from Vol. 2, 'La chaire, la tribune, le barreau' (J. Starobinski), 'Francs et Gaulois' (K. Pomian), 'Port-Royal' (C. Maire); and from Vol. 3, 'Le roi' (A. Boureau), and 'L'État' (A. Guéry).

**0.2 Politics and the State:** A superb conspectus over government from the royal point of view is provided in M. Antoine, *Louis XV* (Paris, 1989: infuriatingly it has no footnotes. Readers will forgive Antoine's vehement anti-parlementary bias). See too his *Le dur métier du roi: études sur la civilisation politique de la France d'Ancien Régime* (Paris, 1986). Helpful too are J. Barbey, *Être Roi. Le roi et son gouvernement en France de Clovis à Louis XVI* (Paris, 1992), B. Basse, *La Constitution de l'ancienne France* (Paris, 1986) and, from an older tradition, F. Olivier-Martin, *L'Organisation corporative de la France d'Ancien Régime* (Paris, 1938). R. Bonney, *L'Absolutisme* (Paris, 1989) is a useful introduction. The works of Roland Mousnier exaggerate the absolutism of absolute monarchy, but still are eminently consultable: The *Institutions of France under the Absolute Monarchy, 1589–1789* (2 vols., Chicago, 1979, 1984). M. Antoine, *Le Gouvernement et l'administration sous Louis XV. Dictionnaire biographique* (Paris, 1978) is a fine work of reference. For government functions, see also M. Antoine, *Le Conseil du Roi sous le règne de Louis XV* (Geneva, 1970); F. Mosser, Les Intendants de finance au XVIIIe siècle: Les Lefèvre *d'Ormesson et le 'départment des impositions'* (1715–1777) (Geneva, 1978); Y. Durand, *Les Fermiers généraux au XVIIIe siècle* (Paris, 1971); and G.T. Mathews, *The Royal General Farms in Eighteenth-Century France* (New York, 1958). On a crucial aspect of state and society, W. Doyle, Venality: *The Sale of Offices in Eighteenth-Century France* (Oxford, 1996). See too id., *Officers, Nobles and Revolutionaries: Essays on Eighteenth-Century France* (London, 1995). H. Root, *The Fountain of Privilege: Political Foundations of Markets in Old Regime France and England* (Berkeley, Ca, 1994) is an excellent revisionist work. [For finance, see also 2.3, 2.5, 6.3, 7.3, 8.3]

For the outreach of government, see V.R Gruder, *The Royal Provincial Intendants: A Governing Elite in Eighteenth-Century France* (Ithaca, NY, 1968) and, among case studies, F.X. Emmanuelli, *Un Mythe de l'abolutisme bourbonien: l'intendance du milieu du XVIIe siècle à la fin du XVIIie siècle* (Aix-en-Provence, 1981); H. Monin, *Essai sur l'histoire administrative du Languedoc pendant l'intendance de Basville* (Paris, 1884); and H. Fréville, *L'Intendance de Bretagne, 1689–1790: essai sur l'histoire d'une intendance de pays d'état au XVIIIe siècle* (3 vols., Rennes, 1953). On representative estates, see J.R. Major, *Representative Government in Early Modern France* (New Haven, Ct, 1980). An excellent case study is provided by G. Bossenga, *The Politics of Privilege: Old Régime and Revolution in Lille* (Cambridge, 1991). See too M. Bordes, *L'Administration provinciale et municipale en France au XVIIIe siècle* (Paris, 1972). Essential on the Parlement of Paris is J. de Flammermont, *Les Remontrances du parlement de Paris au XVIIIe siècle* (3 vols., Paris, 1888–1898). See too J. Shennan, *The Parlement of Paris* (London, 1968); F. Bluche, *Les Magistrats du parlement de Paris au XVIIIe siècle* (2nd edn, Paris, 1986); and D. Bell, *Lawyers and Citizens: The Making of a Political Elite in Old Régime France* (Oxford, 1994).

**0.3 Kingship and Ceremony:** Crucial here in recent years has been the work of the 'neoceremonialists', who, following the pioneering work of E. Kantorowicz, *The King's Two Bodies: A Study in Medieval Political Theology* (Princeton, NJ, 1957) have stressed the political and constitutional role of public ceremony. Among Anglo-Americans, important in this respect are R. Giesey, *The Royal Funeral Ceremony in Renaissance France* (Geneva, 1960) S. Hanley, *The Lit de Justice of the Kings of France: Constitutional Ideology, Legend, Ritual and Discourse* (Princeton, NJ, 1983), and R.A. Jackson, *Vive le Roi! A History of the French Coronation from Charles V to Charles X* (Chapel Hill, NC, 1984), and these may be supplemented by A. Boureau, *Le Simple Corps du roi. L'impossible sacralité des souverains français* (XVe–XVIIIe siècles) (Paris, 1988). Indispensable too is M. Bloch, *The Royal Touch. Sacred Monarchy and Scrofula in England and France*, (London, 1973). See too H.H. Rowen, *The King's State: Proprietary Dynasticism in Early Modern France* (New Brunswick, 1980); A. Boureau & C.S. Ingerflom (eds), *La Royauté sacrée dans le monde chrétien* (Paris, 1989); M. Valensise, 'Le sacre du roi: stratégie symbolique et doctrine politique de la monarchie française', *AESC*, 41 (1986); and *Le Sacre des rois (Actes du colloque international d'histoire sur les sacres et couronnements royaux*, (Reims, 1975). On the political culture of the king's body more generally, see too the excellent essays in S.E. Melzer & K. Norberg (eds), *From the Royal to the Republican Body. Incorporating the Political in Seventeenth- and Eighteenth-Century France* (Berkeley, 1998). Also influenced by this approach is M. Fogel, *Les Cérémonies de l'information dans la France du XVIe au milieu du XVIIIe siècle* (Paris, 1989).

**0.4 Religion:** J. Delumeau, *Catholicism between Luther and Voltaire* (London, 1977) is a pioneering study of religious mentalités. R. Taveneaux, *Le Catholicisme dans la France classique, 1610–1715* (2 vols., Paris, 1980), F. Lebrun, *Être chrétien en France sous l'Ancien Régime* (Paris, 1996) and P. Loupès, *La Vie religieuse en France au XVIIIe siècle* (Paris, 1993) are handy overviews, all influenced by Delumeau's approach. More oriented on the clergy is B. Plongeron, *La Vie quotidienne du clergé français au XVIIIe siècle* (Paris, 1974). See too the superb overview of J. McManners, *Church and Society in Eighteenth-Century France* (2 vols., Oxford, 1998). On Jansenism, though focussed on 1789, D. Van Kley, *The Religious Origins of the French Revolution from Calvin to the Civil Constitution, 1560–1791* (New Haven, 1996) reels back into the sixteenth century. [For other works on Jansenism, see 2.3, 6.1]. R. Briggs, *Communities of Belief: Cultural and Social Tensions in Early Modern France* (Oxford, 1989) is a highly useful collection of essays on different aspects of religious history, while G. Bouchard, *Le Village immobile. Senneley-en-Sologne au XVIIIe siècle* (Paris, 1972) is an exemplary local study. On post-Tridentine 'baroque piety', see esp. M. Vovelle, *Piété baroque et déchristianisation en Provence au XVIIIe siècle*

(Paris, 1973), which also highlights the growth of religious unbelief. On political aspects of the latter phenomenon, J. Merrick, *The Desacralization of the French Monarchy in the Eighteenth Century* (Baton Rouge, La, 1990). On Protestantism, the venerable E.G. Léonard, *Histoire générale du protestantisme* (3 vols., Paris, 1961‒1964) is still usable, though see too D. Ligou, *Le Protestantisme en France de 1598 à 1715* (Paris, 1968).

**0.5 Social and Economic:** Although becoming dated, excellent syntheses on French social and economic history are provided by F. Braudel & E. Labrousse (eds), *Histoire sociale et économique de la France. ii. 1660‒1789* (Paris, 1970); P. Goubert, *The Ancien Régime* (New York, 1970); and P. Goubert and D. Roche, *Les Français et l'Ancien Régime* (2 vols., Paris, 1984). These update (but largely stay within the paradigm mapped out in) the classic E. Labrousse, *Esquisse du mouvement des prix et des revenus en France au XVIIIe siècle* (Paris, 1933) and id., *La Crise de l'économie française à la fin de l'Ancien Régime et au début de la Révolution* (Paris, 1944). For demographic issues, these works may be supplemented by J. Dupâcquier (ed.), *Histoire de la population française. ii. De la Renaissance à la Révolution* (Paris, 1988) and iii. *De 1789 à 1914* (Paris, 1988). More recent short overviews are P. Butel, *L'Économie française au XVIIIe siècle* (Paris, 1993) and F. Bayard & P. Guignet, *L'Économie française au XVIe‒XVIIe‒XVIIIe siècles* (Paris, 1991). [See also 4.4., 8.1, 11.2]

**0.6 International Affairs and the Armed Forces:** There is solid coverage from J. Black, *From Louis XIV to Napoleon: The Fate of a Great Power* (London, 1999); id., *Natural and Necessary Enemies: Anglo -French Relations in the Eighteenth Century* (London, 1986); L. Bély, *Les Relations internationales en Europe* (XVIIe et XVIIIe siècles) (Paris, 1992); and J. Black (ed.), *The Origin of Wars in Early Modern Europe* (Edinburgh, 1987). See too J. Bérenger & J. Meyer, *La France dans le monde au XVIIIe siècle* (Paris, 1993) and F. Cardini, *La Culture de la guerre (Xe‒XVIIIe siècles)* (Paris, 1992). P. Kennedy, *The Rise and Fall of the Great Powers: Economic Change and Military Conflict from 1500 to 2000* (New York, 1987) is an interesting speculative study. Essential for the army is A. Corvisier, *L'Armée française de la fin du XVIIe siècle au ministère de Choiseul. le soldat* (2 vols.; Paris, 1964), and see too E.G. Léonard, *L'Armée et ses problèmes au XVIIIe siècle* (Paris, 1958) and M.S. Anderson, *War and Society in the Old Régime, 1618‒1789* (Stroud, 1998). On the navy, P. Bamford, *Forests and French Sea-Power, 1660‒1789* (Toronto, 1956). [See also 1.4, 6.2, 7.3, 10.3]

## CHAPTER ONE: FRANCE IN 1715

**1.1 Louis XIV:** D.J. Sturdy, *Louis XIV* (Basingstoke, 1998) is a useful up-to-date survey. The thematic approaches of P. Sonnino (ed.) *The Reign of Louis XIV* (London, 1990), J. Rule (ed.), *Louis XIV and the Craft of Kingship* (Ohio, 1969) and R. Hatton (ed.), *Louis XIV and Absolutism* (London 1976) make them particularly useful. Full-dress biographies include J.F. Bluche, *Louis XIV* (Oxford, 1990); P. Goubert, *Louis XIV and Twenty Million Frenchmen* (London, 1970); J.C. Petitfils, *Louis XIV* (Paris, 1995); and J.B. Wolf, *Louis XIV* (London, 1970). The drama of the king's death may be followed in countless memoirs: besides Saint-Simon see esp. Baron de Breteuil, *Mémoires*, ed. E. Lever (Paris, 1992) and *La Mort de Louis XIV. Journal des Anthoine*, ed. E. Drumont (Paris, 1880), and for the context of the king's health, M. Caroly, *Le Corps du Roi Soleil. Grandeur et misères de Sa Majesté Louis XIV* (Paris, 1990). See also the king's own thoughts on kingship, available in P. Sonino (ed.), *Mémoires for the Instruction of the Dauphin by Louis XIV* (New York, 1970).

**1.2 Versailles and Court Culture under Louis XIV:** P. Burke, *The Fabrication of*

*LouisXIV* (London, 1992) is a stimulating introduction, which draws on the pioneering but still useful N. Elias, *The Court Society* (Oxford, 1983) plus a good deal of excellent recent scholarship. This includes J.M. Apostolides, *Le Roi-machine. Spectacle et politique au temps de Louis XIV* (Paris, 1981); L. Marin, *Portrait of the King* (Minneapolis, 1988); J.P. Neraudau, *L'Olympe du Roi-Soleil: mythologie et idéologie royale au Grand Siècle* (Paris, 1986); and D.L. Rubin (ed.), *Sun King: The Ascendancy of French Culture during the Reign of Louis XIV* (London, 1992). Also worthy of note is N. Ferrier-Caverivière, *L'Image de Louis XIV dans la littérature française de 1660 à 1715* (Paris, 1981) and id., *Le Grand roi à l'aube des Lumières, 1715-1751* (Paris, 1985).

**1.3 The Making of Absolute Monarchy and the Nobility:** An astringently critical approach is provided by D. Parker, *The Making of French Absolutism* (London, 1983), and id., *Class and State in Ancien Régime France: The Road to Modernity?* (London, 1996). Traditions of aristocratic opposition may be followed in the excellent A. Jouanna, *Le Devoir de la révolte. La noblesse française et la gestation de l'état moderne, 1559-1661* (Paris, 1989), which may be complemented by O. Ranum's *The Fronde: A French Revolution, 1648-1652* (New York, 1993). R.C. Mettam, *Power and Faction in Louis XIV's France* (Oxford, 1988) highlights the interpenetration of court and administration under Louis XIV, while S. Kettering, *Patrons, Brokers and Clients in Seventeenth-Century France* (Oxford, 1986) is useful on the provinces. Vital too in this respect is W.J. Beik, *Absolutism and Society in Seventeenth-Century France: State Power and Provincial Aristocracy in Languedoc* (Cambridge, 1985: a path-breaking study). On the Intendants, see esp. R. Bonney, *Political Change in France under Richelieu and Mazarin, 1624-1661* (Oxford, 1978). For the Parlement, see A. Hamscher, 'The Conseil privé and the Parlements in the Age of Louis XIV: A Study in French Absolutism', *TAPS*, 77 (1987).

**1.4 War, Diplomacy and Foreign Policy before 1715:** Besides general works [at 0.6], see J. Cornette, *Le Roi de guerre. Essai sur la souveraineté dans la France du Grand Siècle* (Paris 1993); and R. Hatton (ed.), *Louis XIV and Europe* (London, 1976). Useful too are L. Bély, *Espions et ambassadeurs au temps de Louis XIV* (Paris, 1980); and for the navy, G. Symcox, *The Crisis of French Sea Power, 1688-1697: From the Guerre d'Escadre to the Guerre de Course* (The Hague, 1974).

**1.5 Opposition to Louis XIV:** Important overviews are provided by L. Rothkrug, *Opposition to Louis XIV. The Political and Social Origins of the French Enlightenment* (Princeton, NJ, 1965); J. Klaits, *Printed Propaganda under Louis XIV: Absolute Monarchy and Public Opinion* (Princeton, NJ, 1977); and I.O. Wade, *The Intellectual Origins of the French Enlightenment* (Princeton, NJ, 1971). On the circle of the duke of Burgundy, see generally G. Tréca, *Les Doctrines et les réformes de droit public en réaction contre l'absolutisme de Louis XIV dans l'entourage du duc de Bourgogne* (Paris, 1909). See too *La Découverte de la France au XVIIe siècle* (IXe Colloque de Marseille: Marseille 1980). Other important studies include H.A. Ellis, *Boulainvilliers and the French Monarchy. Aristocratic Politics in Early Eighteenth-Century France* (Ithaca, NY, 1988); D. Venturino, 'L'ideologia nobiliare nella Francia del antico regime', *Studi storici*, 29 (1988); and T.E. Kaiser, 'The abbé de Saint-Pierre, public opinion and the reconstitution of the French monarchy', *JMH*, 55 (1983). On Fénelon, besides Francois de Fénelon, *Telemachus, Son of Ulysses*, ed. P. Riley (Cambridge, 1994), see V. Kapp, *'Télémaque' de Fénelon. La signification d'une oeuvre littéraire à la fin du siècle classique* (Paris, 1982) and A.Chérel, *Fénelon au XVIIIe siècle en France* (Paris, 1917).

**1.6 Protestantism before 1715:** D. Parker, 'The Huguenots in seventeenth-century france', in A.C. Hepburn (ed.), *Minorities in History* (London, 1978) and M. Prestwich (ed.), *International*

*Calvinism, 1534–1715* (Oxford, 1985). See too J. Garrisson, *L'Édit de Nantes et sa révocation* (Paris, 1985); E. Labrousse, *La Révocation de l'Édit de Nantes* (Paris, 1985); and M. Yardeni, *Le Refuge protestant* (Paris, 1985). [See too 0.4]

## CHAPTER TWO: THE REGENCY AND THE ADVENT OF FLEURY (1715–1726)

**2.1 The Regent and high politics:** There are three good biographical treatments of Orleans: J.C. Petitfils, *Le Régent* (Paris, 1986); J. Shennan, *Philippe, Duke of Orléans. Regent of France, 1715–1723* (London, 1979); and J. Meyer, *Le Régent, 1674–1723* (Paris, 1985), to which may be added J. Meyer, *La Vie quotidienne en France au temps de la Régence* (Paris, 1979) and the collection of essays, *La Régence* (Paris, 1970). Of older works, H. Leclercq, *Histoire de la Régence pendant la minorité de Louis XV* (3 vols.; Paris, 1921–1922) retains much of its utility.

**2.2 Nobility and the Parlements:** F.L. Ford, *Robe and Sword: The Regrouping of the French Aristocracy after Louis XIV* (Cambridge, Mass., 1953) needs some revision, but is still a useful introduction. In the absence of a decent full-length treatment of the Maine conspiracy, see R.E.A. Waller, 'Men of letters and the Affaire des princes under the Regency of the duc d'Orléans', *European Studies Review*, 8 (1978). For the Parlement of Paris, see J. H. Shennan, 'The Political Role of the Parlement of Paris, 1715–1723', *HJ*, 8 (1965) and J.D. Hardy, *Judicial Politics in the Old Régime. the Parlement of Paris during the Regency* (Baton Rouge, La. 1967).

**2.3 Jansenism to c. 1750:** Superb recent works on eighteenth-century Jansenism include Van Kley [see 0.4], and C. Maire, *De la Cause de Dieu à la cause de la Nation. Le jansénisme au XVIIIe siècle* (Paris, 1998). Overviews are supplied by F. Hildesheimer, *Le Jansénisme en France aux XVIIe et XVIIIe siècles* (Paris, 1991) and W. Doyle, *Jansenism* (Basingstoke, 2000). See too V. Durand, *Le Jansénisme au XVIIIe siècle et Joachim Colbert, Évêque de Montpellier (1696–1738)* (Toulouse, 1907); E. Appolis, *Le Jansénisme dans le diocèse de Lodève au XVIIIe siècle* (Albi, 1952); and also J. Carreyre, *Le Jansénisme durant la Régence. I. La politique janséniste du Régent, 1715–1717* (Louvain, 1929). For the 1730–1732 crisis, see J. Merrick, '"Disputes over words" and constitutional conflict in France, 1730–1732', *FHS*, 14 (1986). On Pâris and the convulsionary movement, see esp. B.R. Kreiser, *Miracles, Convulsions and Ecclesiastical Politics in Early Eighteenth-Century Paris* (Princeton, NJ, 1978); D. Vidal, *Miracles et convulsions jansénistes au XVIIIe siècle: le mal et sa connaissance* (Paris, 1987); and C.L. Maire, *Les Convulsionnaires de Saint-Médard. Miracles, convulsions et prophéties à Paris au XVIIIe siècle* (Paris, 1985).

**2.4 Population, Economy and Finance on the Eve of the Regency:** M. Lachiver, *Les Années de misère: la famine au temps de Louis XIV, 1680–1720* (Paris, 1991) makes for grim reading. G.W. Monahan, *Year of Sorrows. The Great Famine of 1709 in Lyon* (Columbus, Ohio, 1993) offers a local perspective. These should be contextualised by the general works cited above and, for the economic consequences of the Revocation of the Edict of Nantes, W.C. Scoville, *The Persecution of the Huguenots and French Economic Development, 1680–1720* (Berkeley & LA, 1960). Also on the economy, see J. Meuvret, *Études d'histoire économique* (Paris, 1971); C.F. Lévy, *Capitalistes et pouvoir au siècle des lumières. Les fondateurs des origines à 1715* (Paris, 1969); and T.J. Schaeper, *The Economy of France in the Second Half of the Reign of Louis XIV* (Montreal, 1980). C.W. Cole, *Colbert and a Century of French Mercantilism* (2 vols.; New York, 1939) and id., *French Mercantilism, 1683–1700* (New York, 1943) remain classics on mercantilism, though the work of D. Dessert casts a rather sinister shadow over Colbert: see his *Argent, pouvoir et société au Grand Siècle* (Paris. 1984), and id. & J.L. Journet, 'Le Lobby Colbert: un royaume ou une affaire de famille?', *AESC*, 30 (1974), to which may be added F. Bayard, *Le Monde des financiers au XVIIe siècle* (Paris, 1988).

For financial policy, see M. & R. Bonney, *Jean-Roland Malet, premier historien des finances de la monarchie française* (Paris, 1993); F. Bluche, J.F. Solnon, *La Véritable Hiérarchie sociale de l'ancienne France. Le tarif de la première capitation (1695)* (Geneva, 1983); P. Harsin, *Les Doctrines monétaires et financières du XVIe au XVIIIe sicle* (Paris, 1928); and id., *Crédit public et banque d'état en France du XVIe au XVIIIe siècle* (Paris, 1933). On financial milieux see the classic H. Lüthy, *La Banque protestante en France de la Révocation de l'Edit de Nantes à la Révolution* (2 vols., Paris, 1961), and G. Chaussinand-Nogaret, *Les Financiers de Languedoc au XVIIIe siècle* (Paris, 1970).

**2.5 John Law and the System:** T.E. Kaiser, 'Money, despotism and public opinion in early eighteenth-century France: John Law and the debate on royal credit', *JMH*, 63 (1991) is a stimulating account, especially on political issues, while A. Murphy, *John Law, Economic Theorist and Policy Maker* (Oxford, 1997) is strong on the economics. E. Faure, *La Banqueroute de Law (17 juillet 1720)* (Paris, 1977) tries to be comprehensive but is uneven. The work of Pierre Harsin is particularly useful on Law and his context: to the works cited above [2.4], add his 'La Finance et l'état jusqu'au Système de Law', in Braudel & Labrousse, *Histoire économique et sociale*. Harsin has also edited John Law, *Oeuvres complètes* (3 vols., Paris, 1934). On the American side of Law's operations, see esp. M. Giraud, *Histoire de la Louisiane française* (3 vols., Paris, 1955–1974).

**2.6 Louis XV and the Advent of Fleury:** Antoine's *Louis XV* outclasses other works on this theme. J. Dureng, *Le Duc de Bourbon et l'Angleterre (1723–1726)* (Paris, 1912) is a limited but useful account. Best are the opening chapters of P.M. Campbell, *Power and Politics in Old Régime France, 1720–1745* (London, 1996); and G. Hardy, *Le Cardinal Fleury et le mouvement janséniste* (Paris, 1925).

## CHAPTER 3: FLEURY'S FRANCE

**3.1 Fleury and his ministry:** No serviceable biography of Fleury exists. V. Verlaque, *Histoire du Cardinal de Fleury et de son administration* (Paris, 1878) is weak. The history of his ministry (in everything except foreign policy) has been completely overhauled by Campbell, *Power and Politics in Old Régime France* [see 2.6] which has an excellent bibliography. On religious policy, see also G. Hardy, *Le Cardinal Fleury et le mouvement janséniste* (Paris, 1925). On foreign policy, there is A.M. Wilson, *French Foreign Policy during the Administration of Cardinal Fleury, 1726-1743. A Study in Diplomacy and Commercial Development* (Cambridge, Mass., 1936), and the reevaluation by J. Black, 'French foreign policy in the age of Fleury reassessed', *EHR*, 103 (1988). For the Parlement, see J.H. Shennan, 'The political role of the Parlement of Paris under Cardinal de Fleury', *EHR*, 81 (1966), while on faction and its intersection with public opinion, see J.M.J. Rogister, 'A minister's fall and its implications: the case of Chauvelin (1737–1746)', in D.J. Mossop et al. (eds), *Studies in the French Eighteenth Century Presented to John Lough* (Durham 1978). On police, E.G. Cruickshanks, 'Public opinion in the 1740s: the reports of the chevalier de Mouchy', *Bulletin of the Institute for Historical Research*, 27 (1954). [On religion, see 0.4, 2.3]

**3.2 Administration:** On academies, see R. Hahn, *The Anatomy of a Scientific Institution: The Paris Academy of Sciences, 1666–1803* (Berkeley, Calif., 1971); D. Sturdy, *Science and*

*Social Status: The Members of the Académie des Sciences, 1666–1750* (Woodbridge, 1995) and the masterly D. Roche, *Le Siècle des Lumières en province: Académies et académiciens provinciaux, 1680–1789* (2 vols., Paris, 1978). On measurement & cartography, see N. Broc, *La Géographie des philosophes: géographes et voyageurs français au XVIIIe siècle* (Paris, 1984); F. de Dainville, *La Cartographie reflet de l'histoire* (Geneva, 1975); J.W. Konwitz, *Cartography in France, 1660–1848, Science, Engineering and Statecraft* (London, 1987); and *Espace français. Vision et aménagement, XVIe–XIXe siècles* (Paris, 1987). On new notions of state power, see M. Raeff, 'The Role of the wellordered police state in the development of modernity in seventeenth- and eighteenth-century Europe', *AHR*, 80 (1975).

## CHAPTER 4: UNSUSPECTED GOLDEN YEARS (1743–1756)

**4.1 Louis XV and Government before the Seven Years War:** Besides Antoine's biography [0.2], see C. Jones, *Madame de Pompadour: Images of a Mistress* (2002); N. Mitford, *Madame de Pompadour* (London, 1954); D. Gallet, *Madame de Pompadour et le pouvoir féminin* (Paris, 1985); and E. Lever, *Madame de Pompadour* (Paris, 2000). For the Metz incident, see T. Kaiser, 'Louis le Bien-Aimé and the rhetoric of the royal body', in Melzer & Norberg, *From the Royal to the Republican Body*. Kaiser's work is particularly helpful: see also, for this period, his 'Madame de Pompadour and the theatres of power', *FHS*, 19 (1996); and 'The Drama of Charles Edward Stuart, Jacobite propaganda and French political protest, 1745–1750', *Eighteenth-Century Studies*, (30), 1997. The child abduction scare is analyzed in A. Farge & J. Revel, *The Vanishing Children of Paris: Rumor and Politics before the French Revolution* (Cambridge, Mass., 1991). For the broader Parisian context see A. Farge, *Fragile Lives. Violence. Power and Solidarity in Eighteenth-Century Paris* (Cambridge, 1993) and D. Garrioch, *Neighbourhood and Community in Eighteenth-Century Paris, 1740–1790* (Cambridge, 1986). See too J. de Viguerie, 'Le Roi et le public: l'exemple de Louis XV', *RH*, 278 (1987). For relations with the Parlement, see J. M.J. Rogister, *Louis XV and the Parlement of Paris, 1737–1755* (Cambridge, 1995); and id., 'The crisis of 1753–1754 in France and the debate on the nature of the monarchy and the fundamental laws', in *Herrschaftsverträge, Wahlkapitülationen und Fundamentalgesetze*, ed. R. Vierhaus (Göttingen, 1977) See too S. Pillorget, *Claude-Henri Feydeau de Marville, Lieutenant général de Police de Paris, 1740–1747* (Paris, 1978).

**4.2 War and Diplomacy:** J. Black, 'Mid Eighteenth-century conflict with particular reference to the Wars of the Polish and Austrian Successions', in id. (ed.), *The Origin of War in Early Modern Europe* (Edinburgh, 1987); and M.S. Anderson, *The War of Austrian Succession, 1740–1748* (London, 1995) are useful. On Maurepas, M. Filion, *Maurepas, ministre de Louis XV, 1715–1749* (Montreal, 1967); id., *La pensée et l'action coloniale de Maurepas vis-à-vis du Canada* (Montreal, 1972); and J. Pritchard, *Louis XV's Navy, 1748–1762: A Study of Organization and Administration* (Kingston, Ont., 1987). For the armed forces, see 0.6, 1.4; and for state finance, 6.3]

**4.3 Rural France in Perspective** [See also 0.5, 8.1]: G. Duby & A. Wallon (eds), *Histoire de la France rurale. ii. L'Âge classique des paysans, 1348–1789* (Paris, 1975) may be up-dated by P.T. Hoffman, *Growth in a Traditional Society: The French Countryside, 1450–1815* (Princeton, NJ, 1996). Excellent local studies which revise our understanding of the rural economy are L. Vardi, *The Land and the Loom: Peasants and Profits in Northern France, 1680–1800* (Durham, NC, 1993), and H.L Root, *Peasants and King in Burgundy. Agrarian Foundations of French Absolutism* (Berkeley, Ca, 1987). The latter should be read alongside P. de Saint-Jacob, *Les*

*Paysans de la Bourgogne du Nord au dernier siècle de l'Ancien Régime* (Paris, 1960). Other valuable local studies include A. Poitrineau, *La Vie rurale en Basse-Auvergne au XVIIIe siècle* (2 vols., Paris, 1965); G. Frêche, *Toulouse et la région Midi-Pyrénées au siècle des Lumières, vers 1670–1789* (Paris, 1974); J.M. Moriceau, *Les Fermiers de l'Ile-de-France. L'ascension d'un patronat agricole (XVe–XVIIIe siècle)* (Paris, 1994); id. & G. Postel–Vinay, *Ferme, entreprise, famille: grande exploitation et changements agricoles. Les Chartier, XVIIe–XIXe siècles* (Paris, 1992); and G. Postel-Vinay, *La Terre et l'argent: l'agriculture et le crédit en France du XVIIIe siècle au début du XXe siècle* (Paris, 1998). Still worth consulting are the contrasting views of M. Morineau, *Les Faux-semblants d'un démarrage économique: agriculture et démographie en France au XVIIIe siècle* (Paris, 1970) on one hand and, on the other, J. Goy & E. Le Roy Ladurie, *Les Fluctuations du produit de la dîme. Conjoncture décimale et domaniale de la fin du moyen âge au XVIII siècle* (Paris, 1972) and id, *Prestations paysannes, dîmes, rente foncière et mouvement de la production agricole à l'époque préindustrielle* (2 vols, Paris, 1982). For the poor, see the superb O. Hufton, *The Poor of Eighteenth-Century France, 1750–1789* (Oxford, 1974), complemented by C. Jones, *The Charitable Imperative: Hospitals and Nursing in Ancien Régime and Revolutionary France* (London, 1989); R.M. Schwartz, *Policing the Poor in Eighteenth-Century France* (Chapel Hill, NC, 1988); and T. Adams, *Bureaucrats and Beggars: French Social Policy in the Age of Enlightenment* (New York, 1990).

**4.4 Trade, Industry and the Towns:** G. Duby (ed.), *Histoire de la France urbaine. iii. La ville classique de la Renaissance aux Révolution* (Paris, 1981) provides an excellent starting point, alongside B. Lepetit, *The Pre-Industrial Urban System: France, 1740–1840* (Cambridge, 1994); and P. Benedict (ed.), *Cities and Social Change in Early Modern France* (London, 1989). See too id., 'More than market and manufactory: the cities of early modern France', *FHS*, 20 (1997). Valuable local studies include R. Schneider, *Public Life in Toulouse, 1463–1789: From Municipal Republic to Cosmopolitan City* (Ithaca, NY, 1989); id., *The Ceremonial City. Toulouse Observed, 1738–1780* (Princeton, NJ. 1995); J.P. Bardet, *Rouen aux XVIIe et XVIIIe siècles* (Paris, 1983); J.C. Perrot, *Genèse d'une ville moderne: Caen au XVIIIe siècle* (2 vols., Paris, 1975). See too T.D. Hemming et al., *The Secular City. Studies in the Enlightenment* (Exeter, 1994), while for disease and the environment, see J. Riley, *The Eighteenth-Century Campaign to Avoid Disease* (London, 1987) and L. Brockliss & C. Jones, *The Medical World of Early Modern France* (Oxford, 1997).

F. Crouzet, *Britain Ascendant: Comparative Studies in Franco-British Economic History* (Cambridge, 1990) collects together Crouzet's seminal essays, with updated footnotes. For industry, T. Markovitch, *Histoire des industries françaises. t. 1. Les industries lainières de Colbert à la Révolution* (Geneva, 1976) is pretty rough and ready. More subtle are P. Minard, *La Fortune du Colbertisme: état et industrie dans la France des Lumières* (1998); S. Chassagne, *Oberkampf, un entrepreneur capitaliste au siècle des Lumières* (Paris, 1980); and J.P. Hirsch, *Les deux rêves du commerce, entreprise et institutions dans la région lilloise, 1780–1860* (Paris, 1991). For proto-industrialization, see esp. G.L. Gullickson, *Spinners and Weavers of Auffay: Rural Industry and the Sexual Division of Labor in a French Village* (Cambridge, 1986).

For the trades, Michael Sonenscher's work is fundamental: *The Hatters of Eighteenth-Century France* (Berkeley, Ca, 1987) and *Work and Wages: Natural Law, Politics and the Eighteenth-Century French Trades* (Cambridge, 1989). See too R. Darnton, *The Great Cat Massacre and Other Essays in French Cultural History* (London, 1984); S. Kaplan, 'The character and implications of strife among masters inside the guilds of eighteenth-century Paris', *Journal of*

*Social History*, 19 (1986) and id., 'Réflexions sur la police du monde de travail, 1700-1815', *RH*, 261 (1979). See also the testimony of a master-glazier: Jean-Louis Ménétra, *Journal of My Life*, ed. D. Roche (New York, 1986).

For the longer perspective, W.H. Sewell, *Work and Revolution in France: The Language of Labor from the Old Régime to 1848* (Cambridge, 1980) is excellent. For overseas trade, L. Hilaire-Pérez, *L'Expérience de la mer: Les Européeens et les espaces maritimes au XVIIIe siècle* (Paris, 1997) is a valuable synthesis. See too P. Pluchon (ed.), *Histoire des Antilles et de la Guyane* (Toulouse, 1982); J. Bosher, *The Canada Merchants, 1713-1763* (Oxford, 1987); P. Butel, *Les Négociants bordelais, l'Europe et les Iles au XVIIIe siècle* (Paris, 1974); and J.M. Price, *France and the Chesapeake. A History of the French Tobacco Monopoly (1674-1791) and of its Relationship to the British and American Tobacco Trade* (Ann Arbor, MI, 1973).

For communications, see esp. G. Arbellot, 'La grande mutation des routes de France au XVIIIe siècle', *AESC*, 28 (1973) and D. Margairaz, *Foires et marchés dans la France préindustrielle* (Paris, 1988). J.F. Bosher, *The Single Duty Project. A Study of the Movement for a French Customs Union in the Eighteenth Century* (London, 1964) is a useful related study. For domestic trade in non-subsistence commodities, see too T. Brennan. *Burgundy to Champagne. The Wine Trade in Early Modern France* (Baltimore, Md, 1997) and L.M. Cullen, *The Brandy Trade under the Ancien Régime: Regional Specialization in the Charente* (Cambridge, 1998).

## CHAPTER 5: AN ENLIGHTENING AGE [See too 1.6, 8.2]

**5.1 The Enlightenment:** General: The French Enlightenment is set in its European context in D. Outram, *The Enlightenment* (Cambridge, 1995); T. Munck, *The Enlightenment: A Comparative Social History, 1721-1794* (London, 2000); R. Porter & M. Teich (eds), *The Enlightenment in National Context* (Cambridge, 1981); and the highly evocative R. Pomeau, *L'Europe des Lumières. Cosmopolitisme et unité européenne au XVIIIe siècle* (Paris, 1966). R. Porter, *The Enlightenment* (2nd edn, Basingstoke, 2001) is an excellent guide to wider reading, and should be set against the same author's *Enlightenment: Britain and the Creation of the Modern World* (London, 2000). For the 'mind of the Enlightenment', E. Cassirer, *The Philosophy of the Enlightenment* (Princeton, NJ. 1951) is a classic. Good overviews on France are provided by N, Hampson, *The Enlightenment* (Harmondsworth, 1968) and P. Gay, *The Enlightenment: An Interpretation* (2 vols., New York, 1967. 1969). D. Goodman, *The Republic of Letters: A Cultural History of the French Enlightenment* (Ithaca, NY, 1994) focuses on the salons. S. Eliot & B. Stern (eds), *The Age of Enlightenment* (2 vols., London 1979) is a good primer of primary sources.

**5.2 Diderot and The Encyclopédie**: Intellectual biographies of Diderot are provided by A. Wilson, *Diderot, the Testing Years, 1713-1759* (Oxford, 1969) and P.N. Furbank, *Diderot, A Critical Biography* (London, 1992). See too A. Strugnell, *Diderot's Politics. A Study of Diderot's Political Thought after the Encyclopédie* (The Hague, 1973). Specifically on relations with the *Encyclopédie*, see J. Proust, *Diderot and the Encyclopédie* (Paris, 1962); and, more recently, D. Brewer, *The Discourse of Enlightenment in Eighteenth-Century France: Diderot and the Art of Philosophizing* (Cambridge, 1993). General treatments include J. Lough, *The Encyclopédie* (London, 1971); and id., *L'Encyclopédie* (Paris, 1965). R. Darnton. 'Philosophers trim the tree of knowledge: The epistemological strategy of the *Encyclopédie*', in id., *The Great Cat Massacre* is an excellent snapshot of the intellectual strategies of the Encyclopédistes, while for its commercial strategies, see the same author's *The Business of Enlightenment. A Publishing History of the Encyclopédie, 1775-1800* (Cambridge, Mass., 1979).

**5.3 The Bourgeois Public Sphere:** The classic text is J. Habermas, *The Structural Transformation of the Public Sphere: An Enquiry into a Category of Bourgeois Society* (Cambridge, Mass., 1989). For expositions of the impact of Habermas's approach, see esp. D. Goodman, 'Public sphere and private life: Toward a synthesis of current historiographical approaches to the Old Regime', *History and Theory*, 31 (1992); A de La Vopa, 'Conceiving a Public: ideas and society in eighteenth-century Europe', *JMH*, 64, 1992; B. Nathans, 'Habermas's "Public Sphere" in the era of the French Revolution', *FHS*, 16 (1990). See too D. Castiglione & L. Sharpe (eds), *Shifting the Boundaries. Transformations of the Languages of Public and Private in the Eighteenth Century* (Exeter, 1995). On sociability more broadly construed, see E. François & R. Reichardt, 'Les Formes de sociabilité en France du milieu du XVIIIe au milieu du XIXe siècle', *RHMC*, 34 (1987).

On education, R. Chartier et al., *L'Éducation in France du XVIe au XVIIIe siècle* (Paris, 1976) provides a useful overview. For literacy, see F. Furet & M. Ozouf, *Reading and Writing: Literacy in France from Calvin to Jules Ferry* (Cambridge, 1982). On letterwriting, R. Chartier, *Correspondence: Models of Letter-Writing from the Middle Ages to the Nineteeth Century* (Cambridge, 1997). For higher education and research, L. Brockliss, *French Higher Education in the Seventeenth and Eighteenth Centuries: A Cultural History* (Oxford, 1987) and R. Taton (ed.), *Enseignement et diffusion des sciences en France au XVIIIe siècle* (Paris, 1964).

On the book trade, see H.J. Martin et al. (eds), *Histoire de l'édition française. ii. Le livre triomphant, 1660–1830* (Paris, 1984); H.J. Martin & R. Chartier, *Le Livre français sous l'Ancien Régime* (Paris, 1984); D. Pottinger, *The French Book-Trade in the Ancien Régime, 1500–1789* (Cambridge, Mass., 1958); F. Furet et al., *Livre et société dans la France du XVIIIe siècle* (2 vols., Paris, 1968, 1970); and R. Darnton, *The Forbidden Best-Sellers of Pre-Revolutionary France* (London, 1996). R. Chartier, *The Cultural Uses of Print in Early Modern France* (Princeton, NJ, 1987) is a thoughtful collection of essays. For the lower end of the market, see G. Bollème, *Les Almanachs populaires aux XVIIe et XVIIIe siècles* (Paris, 1969) and L. Andries, *La Bibliothèque bleue au XVIIIe siècle. Une tradition éditoriale* (Oxford, 1989).

As regards newspapers, J. Censer, *The French Press in the Age of Enlightenment* (London, 1994) is a useful synthesis of recent scholarship, and may be read alongside G. Feyel, *L'Annonce et la nouvelle: la presse d'information en France sous l'Ancien Régime (1661–1788)* (Oxford, 2000). J. Sgard (ed.), *Dictionnaire des journaux, 1600–1789* (2 vols., Oxford, 1991) and id., *Dictionnaire des journalistes, 1600–1789* (2 vols., Oxford, 1999) are superb works of reference. Two exemplary studies on individual newspapers are N.R. Gelbart, *Feminine and Opposition Journalism in Old Régime France: Le Journal des Dames* (Berkeley, Ca, 1987) and J. Popkin, *News and Politics in the Age of Revolution. Jean Luzac's Gazette de Leyde* (Ithaca, NY, 1989).

For freemasonry, see M.C. Jacob, *Living the Enlightenment. Freemasonry and Politics in Eighteenth-Century Europe* (Oxford, 1991) as well as R. Halévi, *Les Loges maçonniques dans la France d'Ancien Régime. Aux origines de la sociabilité démocratique* (Paris, 1984) and M. Agulhon, *Pénitents et francs-maçons dans l'ancienne Provence* (Paris, 1968).

For other venues of sociability and intellectual exchange, see T. Crow, *Painters and Public Life in Eighteenth-Century Paris* (New Haven, Ct, 1985); T.E. Brennan, *Public Drinking and Popular Culture in Eighteenth-Century Paris* (Princeton, NJ, 1988); R.M. Isherwood, *Farce and Fantasy: Popular Entertainment in Eighteenth-Century Paris* (Oxford, 1986); M. Root-Bernstein, *Boulevard Theater and Revolution in Eighteenth-Century Paris* (Ann Arbor, MI, 1984); J. Lough, *Paris Theatre Audiences in the Seventeenth and Eighteenth Centuries* (Oxford, 1957); and J.S.

Ravel, *The Contested Parterre: Public Theater and French Political Culture, 1680–1791* (Ithaca, NY, 1999).

**5.4 Religion, Nature and Science:** For religion, see [0.4, 1.6, 2.3], and for unbelief, R.R. Palmer, *Catholics and Unbelievers in Eighteenth-Century France* (Princeton, NJ, 1939); and A.C. Kors, *Atheism in France*, 2 vols., *I. 1650–1729* (Princeton NJ 1990). For the broader context, see M. Vovelle, 'Le Tournant des mentalités en France: une sensibilité prérévolutionnaire', *Social History*, 2 (1977). On science, G, Rousseau & R. Porter (eds), *The Ferment of Knowledge. Studies in the Historiography of Eighteenth-Century Science* (Cambridge, 1980) is a brilliant, though now slightly outdated bibliographically-oriented overview. See too T.L. Hankins, *Science and the Enlightenment* (Cambridge, 1985); W. Clark et al., *The Sciences in Enlightened Europe* (Chicago, 1999). On Enlightenment views of nature, A.O. Lovejoy, *The Great Chain of Being* (Cambridge, Mass., 1970) is still a decent starting point. Two older works, D. Mornet, *Le Sentiment de la nature en France de J.J. Rousseau à Bernardin de Saint-Pierre* (Paris, 1907) and J. Ehrard, *L'Idée de nature en France dans la première moitié du XVIIIe siècle* (Paris, 1970) are updated in D.G. Charlton, *New Images of the Natural in France: A Study in European Cultural History, 1750–1800* (Cambridge, 1984). For science and nature, J. Roger's *Les sciences de la vie dans la pensée française au XVIIIe siècle* (Paris, 1963) should be complemented by his outstanding intellectual biography, *Buffon* (Ithaca, NY, 1997). See too C. Glacken, *Traces of the Rhodian Shore: Nature and Culture in Western Thought from Ancien Times to the End of the Eighteenth Century* (Berkeley, Ca, 1967); N. Jardine et al. (eds), *Cultures of Natural History* (Cambridge, 1995); and E.C. Spary, *Utopia's Garden. French Natural History from the Old Regime to Revolution* (Chicago, 2000).

For science and the wider public, see G.V. Sutton, *Science for a Polite Society. Gender, Culture and the Demonstration of Enlightenment* (Boulder, Colorado, 1995) and R. Darnton, *Mesmerism and the End of the Enlightenment* (Cambridge, Mass., 1968). Also stimulating in this field are B.M. Stafford, *Body Criticism. Imaging the Unseen in Enlightenment Art and Medicine* (Cambridge, Mass, 1991); and id., *Artful Science: Enlightenment Entertainment and the Eclipse of Visual Education* (Cambridge, Mass, 1994).

Enlightenment reflection on Europe in the global scale can be explored through the works on science and natural history noted above, in addition to M. Duchet, *Anthropologie et histoire au siècle des Lumières* (Paris, 1971) and E.A. Williams, *The Physical and the Moral. Anthropology, Physiology and Philosophical Medicine in France, 1750–1800* (Cambridge, 1994); G.S. Rousseau & R. Porter (eds), *Exoticism in the Enlightenment* (Manchester, 1990); and A. Pagden, *Lords of All the World: Ideologies of Empire in Spain, Britain and France, c.1500–c.1800* (New Haven, Ct, 1995). Racism is brought in line with anti-semitism in P. Pluchon, *Nègres et juifs au XVIIIe siècle: le racisme au siècle des Lumières* (Paris, 1984) and R.H. Popkin, 'Medicine, racism, anti-semitism: a dimension of Enlightenment culture', in G.S. Rousseau (ed.), *The Languages of Psyche. Mind and Body in Enlightenment Thought* (Berkeley, Ca, 1990). See too A. Hertzberg, *The French Enlightenment and the Jews* (New York, 1968).

For science and gender, T. Laqueur, *Making Sex: Body and Gender from the Greeks to Freud* (London, 1990) has been criticized, but still is a valuable starting point. See too L. Schiebinger, *The Mind has No Sex? Women in the Origins of Modern Science* (Cambridge, Mass, 1989); id., *Nature's Body. Sexual Politics and the Making of Modern Science* (London, 1993); and B. Duden, *The Woman beneath the Skin: A Doctor's Patients in Eighteenth-Century Germany* (Cambridge, Mass., 1991). L. Steinbrugge, *The Moral Sex: Women's Nature in the French Enlightenment*

(Oxford, 1995) may be read alongside S. Tomaselli, 'The Enlightenment debate on women', *History Workshop*, 20 (1985). For sex, see too G. Rousseau & R. Porter (eds), *Sexual Underworlds of the Enlightenment* (Manchester, 1987).

**5.5 Enlightenment Politics:** N. Keohane, *Philosophy and the State in France from the Renaissance to the Enlightenment* (Princeton, NJ, 1980) provides the larger picture. M. Cranston, *Philosophers and Pamphleteers: Political Theorists of the Enlightenment* (Oxford, 1986) is an excellent introduction to the main debates. See too M. Linton, *The Politics of Virtue in Enlightenment France* (2001). Studies highlighting the politics in the career and thinking of individual figures include:

- Voltaire: H.T. Mason, *Voltaire, a Biography* (Baltimore, Md, 1981); and P. Gay, *Voltaire's Politics: The Poet as Realist* (2nd edn, New York, 1959). [See too 6.4, for the Calas Affair]
- Montesquieu: R. Shackleton, *Montesquieu, a Critical Biography* (Oxford, 1961); J. Shklar, *Montesquieu* (Oxford, 1987); E. Carcassonne, *Montesquieu et le problème de la constitution française au XVIIIe siècle* (Paris, 1927); and R. Kingston, *Montesquieu and the Parlement of Bordeaux* (Geneva, 1996).
- Rousseau: M. Cranston, *Jean-Jacques: The Early Life and Work of Jean-Jacques Rousseau* (London, 1983); R, Grimsley, *The Philosophy of Rousseau* (Oxford, 1973); J. Starobinski, *Jean-Jacques Rousseau: Transparency and Obstruction* (Chicago, 1988); and M. Hulliung, *The Autocritique of Enlightenment. Rousseau and the Philosophes* (Cambridge, Mass., 1994).
- La Mettrie: K. Wellman, *La Mettrie: Medicine, Philosophy and Enlightenment* (Durham, NC, 1992).
- D'Holbach: A.C. Kors, *D'Holbach's Coterie: An Enlightenment in Paris* (Princeton, NJ, 1977).

On Physiocracy, the classic works are G. Weulersse, *Le Mouvement physiocratique en France de 1756 à 1770* (2 vols., Paris, 1910); id., *La Physiocratie sous les ministères de Turgot et de Necker, 1774–1781* (Paris, 1950); id., *Les Physiocrates à l'aube de la Révolution* (Paris, 1984). See too E. Fox-Genovese, *The Origins of Physiocracy: Economic Revolution and Social Order in 18th-Century France* (Ithaca, NY, 1976); R. L. Meek (ed.), *Turgot on Progress, Sociology and Economics* (Cambridge, 1973); id., *The Economics of Physiocracy* (London, 1962); and G. Vaggi, *The Economics of François Quesnay* (Basingstoke, 1987). There is also much to be gleaned from C. Larrère, *L'Invention de l'économie au XVIIIe siècle: du droit naturel à la physiocratie* (Paris, 1992); and I. Hont & M. Ignatieff (eds), *Wealth and Virtue. The Shaping of Political Economy in the Scottish Enlightenment* (Cambridge, 1983).

The most influential historian working on the relationship between Enlightenment and Revolution in recent years has been Keith Michael Baker: see his *Inventing the French Revolution. Essays on French Political Culture in the Eighteenth Century* (Cambridge, 1990). Thematic approaches to the Enlightenment with a strong political (and often proto-Revolutionary) dimension include D. Gordon, *Citizens without Sovereignty. Equality and Sociability in French Thought, 1670–1789* (Princeton, NJ, 1994); R. Mauzi, *L'Idée de bonheur dans la littérature et la pensée françaises au XVIIIe siècle* (Paris, 1960); A. Delaporte, *L'Idée de l'égalité en France au XVIIIe siècle* (Paris, 1987). M. Linton, 'Virtue rewarded? Women and the politics of virtue in eighteenth-century France', *History of European Ideas*, 26 (2000). This is taken into the Revolutionary era in C. Blum, *Rousseau and the Language of Politics in the French Revolution* (Ithaca, NY, 1986) and N. Hampson, *Will and Circumstance: Montesquieu, Rousseau and the French Revolution* (London, 1983). Other political treatments include M.C. Jacobs, *The Radical Enlightenment: Pantheists, Freemasons and Republicans* (London, 1981); F. Venturi, *Utopia and Reform in the Enlightenment*

(Cambridge, 1971); and K.M. Baker, 'Transformations of classical republicanism in eighteenth-century France', *JMH*, 73 (2001).

On public opinion, K. Baker, 'Public opinion as political invention', in id., *Inventing the French Revolution* and J.A.W. Gunn, *Queen of the World: Opinion in the Public Life of France from the Renaissance to the Revolution* (Oxford, 1995). That 'public' opinion was rarely intended to extend to the common people is highlighted in H.C. Payne, *The Philosophes and the People* (New Haven, Ct, 1976). See too in this regard A. Farge, *Subversive Words: Public Opinion in Eighteenth-Century France* (Cambridge, 1994).

## CHAPTER 6: FORESTALLING DELUGE (1756–1770)

**6.1 Politics from the 1750s to the Triumvirate:** There are two fine treatments of the Damiens affair and its political fall-out: D. Van Kley, *The Damiens Affair and the Unravelling of the Ancien Régime, 1750–1770* (Princeton, NJ. 1984); and P. Rétat, *L'Attentat de Damiens: discours sur l'événement au XVIIIe siècle* (Lyon, 1979). See M. Foucault, *Discipline and Punish: The Birth of the Prison* (Harmondsworth, 1979) for how it all ended. The best guide to high politics over this period is J. Swann, *Politics and the Parlement of Paris under Louis XV, 1754–1774* (Cambridge, 1995). See too J. Egret, *Louis XV et l'opposition parlementaire* (Paris, 1970) and S.L. Kaplan, *Bread, Politics and Political Economy in the Reign of Louis XV* (2 vols., The Hague, 1976).

On the parlements and Jansenism, see D.C. Hudson, 'The parlementary crisis of 1763 and its consequences', *Canadian Journal of History*, 7 (1972); D.C. Joynes, 'Parlementaires, peers, and the parti janséniste: the refusal of the sacraments and the revival of the ancien constitution in eighteenth-century France', *AMWS*, 8 (1980); and J.M.J. Rogister, 'Louis-Adrien Le Paige and the attack on De l'Esprit and the Encyclopédie in 1759', *EHR*, 92 (1977).

**6.2 The Seven Years War:** For the diplomatic and military dimensions of the war, we still have to rely on R. Waddington, *Louis XV et le renversement des alliances. Préliminaires de la guerre de Sept Ans, 1754–1756* (Paris, 1896) and id., *La Guerre de Sept Ans* (5 vols., Paris, 1899–1914). Aspects of the war are covered in J. Riley, *The Seven Years War and the Old Regime in France: The Economic and Financial Toll* (Princeton, NJ, 1986) and L. Kennett, *The French Army in the Seven Years War* (Durham, NC, 1967). [See too 0.6]

Political dimensions of the war are the focus of J. Swann, 'Parlement, politics and the parti janséniste: the Grand Conseil affair, 1755–1756', *FH*, 6 (1992); id., 'Parlements and the political crisis in France under Louis XV: the Besançon affair, 1757–1761', *HJ*, 37 (1994); id., 'Power and provincial politics in eighteenth-century France: The Varenne affair', *FHS*, 21 (1998); D. Van Kley, 'The prince de Conty versus Mme de Pompadour and the political crisis of 1756–1757 in France: an eighteenth-century Fronde manqué?', *AMWS*, 8 (1980); and J.D. Woodbridge, *Revolt in Pre-Revolutionary France. The Prince de Conti's Conspiracy against Louis XV, 1755–1757* (Baltimore, Md, 1995).

**6.3 State Finance from c. 1750:** An overview is provided by R.J. Bonney, 'The Eighteenth Century: the struggle for great power status and the end of the old fiscal regime', in id. (ed.), *Economic Systems and State Finance* (Oxford, 1995) and some of the problems are highlighted in his stimulating 'What's new about the new French fiscal history?', *JMH*, 70 (1998). The state budget is best approached through M. Morineau, 'Budgets de l'État et gestion des finances royales en France au XVIIIe siècle', *RH*, 264 (1980); and A. Guéry, 'Les finances de la monarchie française sous l'Ancien Régime', *AESC*, 33 (1978). M. Marion, *Histoire financière de la France* *depuis 1715* (5 vols., 1923) is still usable, as is id., *Machault d'Arnouville. Étude sur l'histoire du contrôle générale des finances de 1749 à 1754* (Paris, 1892), while M. Kwass, *Privilege and the Politics of Taxation in Eighteenth-Century France* (Cambridge, 2000) is extremely helpful. For some 'new fiscal history', see D.R. Weir, 'Tontines, public finance and Revolution in France and England, 1688–1789', *JEcH*, 49 (1989); id., 'The financial market and government debt policy in France, 1746–1793', *JEcH*, 52 (1992); J.C. Riley, 'French finances, 1727–1768', *JMH*, 59 (1987); and E.N. White, 'Was there a solution to the Ancien Régime's financial dilemma?', *JEcH*, 49 (1989). For financial administration, see J. Bosher, *French Finances, 1770–1795: From Business to Bureaucracy* (Cambridge, 1970). A comparative picture is provided by P. Mathias & P. O'Brien, 'Taxation in Britain and France, 1715–1820', *Journal of European Economic History* (1976). For a brilliant conspectus over state finances throughout the century from the perspective of the problem of the royal debt, see M. Sonenscher, 'The nation's debt and the birth of the modern republic: The French fiscal deficit and the politics of the Revolution of 1789', *History of Political Thought*, 18 (1997). [See also 2.4, 2.5, 7.3, 8.3]

**6.4 Choiseul and Post-War Recovery:** There is no scholarly biography of Choiseul, one of the most important ministers of the reign of Louis XV. The early life is covered in the quirky R. Butler, *Choiseul, Father and Son, 1719–1754* (Oxford, 1980). See too (but note the publication date) G. Maugras, *Le Duc et Duchesse de Choiseul, leur vie intime, leurs amis et leur temps* (Paris, 1902). For the new patriotism produced by the war, see esp. D. Bell, *The Cult of the Nation in France: Inventing Nationalism in France, 1680–1800* (2002); and E. Dziembowski, *Un Nouveau patriotisme français, 1750–1770: La France face à la puissance anglaise à l'époque de la guerre de Sept Ans* (Oxford, 1998). Still useful is W. Krause, '"Patriote", "patriotique", "patriotisme" à la fin de l'Ancien Régime', in W.H. Barber et al., *The Age of Enlightenment. Studies Presented to Theodore Besterman* (Edinburgh, 1967). Both dimensions of France's engagement with English culture are covered by J. Grieder, *Anglomania in France, 1740–1789. Fact, Fiction and Political Discourse* (Geneva, 1985) and F. Acomb, *Anglophobia in France, 1763–1789* (Durham, NC, 1950). The Siege of Calais affair is discussed in *Journal et Mémoires de Christophe Collé*, ed. H. Bonhomme (3 vols., Paris, 1868); and A. Boes, 'La Lanterne magique de l'histoire: essai sur le théâtre historique de 1750 à 1789', *Studies in Voltaire and the Eighteenth Century*, 231 (1982). Other aspects of foreign relations may be followed in T. Hall, *France and the Eighteenth-Century Corsican Question* (New York, 1971) and H.M. Scott, 'The importance of Bourbon naval reconstruction to the strategy of Choiseul after the Seven Years War', *International History Review*, 1 (1979).

For municipal reform, see M. Bordes, *La Réforme municipale du contrôleur-général Laverdy et son application, 1764–1771* (Toulouse, 1968) against the background revealed in N. Temple, 'The control and exploitation of French towns during the Ancien Régime', *History*, 51 (1966). For reform through the Intendants, see M. Bordes, 'Les Intendants de Louis XV', *RH* (1960) and id., 'Les Intendants éclairés de la fin de l'Ancien Régime', *Revue d'histoire économique et sociale* (1961). For the wide role of the Lieutenant-Général de Police in Paris, see A. Williams, *The Police of Paris, 1718–1789* (Baton Rouge, La, 1979). For the growing state interest in scientific matters, see the brilliant C.C. Gillispie, *Science and Polity in France at the End of the Old Régime* (Princeton, NJ, 1980).

For the expulsion of the Jesuits, the classic text is D. Van Kley, *The Jansenists and the Expulsion of the Jesuits from France, 1757–1765* (New Haven, Ct, 1975), while for the Calas Affair, see D. Bien, *The Calas Affair: Persecution, Toleration and Heresy in Eighteenth-Century*

*Toulouse* (Princeton, NJ, 1960). For a similar case, see E. Walter, 'L'Affaire La Barre et le concept d'opinion publique', in *Le Journalisme d'Ancien Régime* (Lyon, 1982). The troubles in Brittany may be followed in J. Rothney, *The Brittany Affair and the Crisis of the Ancien Régime* (New York, 1969). Two older but still useful works are M. Marion, *La Bretagne et le duc d'Aiguillon, 1753-1770* (Paris, 1898) and B. Pocquet, *Le Pouvoir absolu et l'esprit provincial: le duc d'Aiguillon et La Chalotais* (3 vols., Paris, 1900-1901).

## CHAPTER 7: THE TRIUMVIRATE AND ITS AFTERMATH (1771-1783)

**7.1 The Maupeou Revolution:** D. Echeverria, *The Maupeou Revolution: A Study in the History of Libertarianism, France, 1770-1774* (Baton Rouge, La, 1985) provides a useful guide. See too L. Laugier, *Un Ministere réformateur sous Louis XV: le Triumvirat* (Paris, 1975) and id., *Le Duc d'Aiguillon* (Paris, 1984). Articles by W. Doyle collected in his Officers, *Nobles and Revolutionaries* are also of value here. See too K.M. Baker (ed.), 'The Maupeou Revolution: the transformation of French politics at the end of the Old Régime', *Historical Reflections/Réflexions historiques* special issue, 18 (1992); and D. Bell, 'Lawyers into demagogues: Chancellor Maupeou and the transformation of legal practice in France, 1771-1789', *P&P*, 130 (1991). On the Paris Parlement, see J. Félix, *Les Magistrats du parlement de Paris, 1771-1790* (Paris, 1990) and R. Villers, *L'Organisation du parlement de Paris et des conseils supérieurs d'après la réforme de Maupeou* (Paris, 1937). See too J.F. Bosher, 'The French Crisis of 1770', *History*, 57 (1972); D.C. Hudson, 'In defence of reform: French government propaganda during the Maupeou crisis', *FHS*, 8 (1973); and S.M. Singham, 'Vox populi, vox Dei: les jansénistes pendant la révolution Maupeou', in C. Maire (ed.), *Jansénisme et Révolution* (Paris, 1990).

**7.2 Turgot, Louis XVI and Marie-Antoinette:** J. Hardman's *French Politics, 1774-1789: From the Accession of Louis XVI to the Fall of the Bastille* (London, 1995) is a decent overview. The same author's *Louis XVI* (London 1993) is a valuable biography to which his potboiler with the same title (Basingstoke, 2000) adds little. See too P. Girault de Coursac, *L'Éducation d'un roi: Louis XVI* (Paris, 1972) and E. Lever, *Louis XVI* (Paris, 1985). For the queen, both E. Lever, *Marie-Antoinette. the Last Queen of France* (London, 2001) and A. Fraser, *Marie-Antoinette* (London, 2001) are serviceable biographies. More interested in the queen's reputation and representations are C. Thomas, *The Wicked Queen. The Origins of the Myth of Marie-Antoinette* (New York, 1999); H. Fleischman, *Les pamphlets libertins contre Marie-Antoinette* (Paris, 1908); and T. Kaiser, 'Who's afraid of Marie-Antoinette? Diplomacy, Austrophobia and the queen', *FH*, 14 (2000). See too M. Price, *The Fall of the French Monarchy* (2002).

Turgot lacks a recent biography. In one's absence, D. Dakin, *Turgot and the Ancien Régime in France* (London, 1939) and E. Faure, *La Disgrâce de Turgot* (Paris, 1961) are still serviceable. For Turgot's impact on the world of work, see S.L. Kaplan, 'Social classification and representation in the corporate world of eighteenth-century Paris: Turgot's carnival', in id. & C.J. Koepp (eds), *Work in France: Representations, Meaning, Organization, Practices* (Ithaca, NY, 1986). For the increasingly fraught issue of grain prices, see other work by Kaplan, notably *Provisioning Paris. Merchants and Millers in the Grain and Flour Trade during the Eighteenth Century* (Ithaca, NY, 1984); *The Bakers of Paris and the Bread Question, 1700-1775* (Durham, NC, 1996); and 'The famine plot persuasion in eighteenth-century France', *TAPS*, 72 (1982). See also C.A. Bouton, *The Flour War: Gender. Class and Community in Late Ancien Régime French Society* (Philadelphia, 1993) and J. Miller, *Mastering the Market: The State and the Grain Trade in Northern France, 1700-1860* (Cambridge, 1999).

On Necker, see J. Egret, *Necker, ministre de Louis XVI* (Paris, 1975); R.D. Harris, *Necker, Reform Statesman of the Old Régime* (Berkeley, Ca, 1979); and H. Grange, *Les Idées de Necker* (Paris, 1974). Parlementary politics are covered in B. Stone, *The Parlement of Paris, 1774-1789* (Chapel Hill, NC, 1981); id., *The French Parlements and the Crisis of the Old Régime* (Chapel Hill. NC, 1986); and W. Doyle, *The Parlement of Bordeaux and the End of the Old Régime, 1771-1790* (London, 1974). For the primacy of Vergennes, see J.F. Labourdette, *Vergennes. ministre principal de Louis XVI* (Paris, 1990); M. Price, *Preserving the Monarchy: The Comte de Vergennes, 1774-1787* (Cambridge, 1995); and id. & J. Hardman (eds), *Louis XVI and the Comte de Vergennes: Correspondence, 1774-1787* (Oxford, 1998).

**7.3 The American War and State Finances:** The best works are J.R. Dull, *The French Navy and American Independence: A Study of Arms and Diplomacy, 1774-1787* (Princeton, NJ, 1975); L. Kennett, *The French Forces in America, 1780-1783* (London, 1977); O.T. Murphy, *Charles Gravier, Comte de Vergennes: French Diplomacy in the Age of Revolution, 1719-1787* (Albany, NY, 1982); and id., *The Diplomatic Retreat of France and Public Opinion on the Eve of the French Revolution, 1783-1789* (Washington, DC, 1997). See too R.R. Crout, 'In search of a "just and lasting peace" : the Treaty of 1783, Louis XVI, Vergennes and the regeneration of the realm', *International History Review*, 5 (1983). On state finances (besides works cited 6.3, 8.3], see R.D. Harris, 'French Finances and the American War, 1777-1783', *JMH*, 48 (1976); and id., 'Necker's Compte Rendu of 1781: a reconsideration', ibid., 42 (1970).

**7.4 The Nobility:** A good starting-point is C. Petitfrère, *Le Scandale du 'Mariage de Figaro'. Prélude à la Révolution française?* (Brussels, 1989). G. Chaussinand-Nogaret provides an overview which over-stresses the dynamism of the nobility: *The French Nobility in the Eighteenth Century. From Feudalism to Enlightenment* (Cambridge, 1985). This should now be compared with J. Smith, *The Culture of Merit: Nobility, Royal Service and the Making of Absolute Monarchy in France, 1600-1789* (Ann Arbor, MI, 1996), and, on economic activity, with G. Richard, *Noblesse d'affaires au XVIIIe siècle* (Paris, 1974). M. Reinhard, 'Elite et noblesse dans la seconde moitié du XVIIIe siècle', *RHMC*, 3 (1956) is still worth consulting, as is the classic text by C. Lucas, 'Nobles, bourgeois and the origins of the French Revolution', originally *P&P*, 60 (1973), and much reprinted elsewhere since then. In the same vein, see too G.V. Taylor, 'Types of capitalism in eighteenth-century France', *EHR*, 79 (1964) and id., 'Noncapitalist wealth and the origins of the French Revolution', *AHR*, 72 (1967).

On elite mobility, the work of David Bien and his pupils is invaluable. See esp. D. Bien, 'La réaction aristocratique avant 1789: l'exemple de l'armée', *AESC*, 29 (1974); id., 'The Army in the French Enlightenment: reform, reaction and Revolution', *P&P*, 85 (1979); id., 'The secrétaires du Roi: absolutism, corps and privilege under the Ancien Régime', in A. Cremer & E. Hinrichs (eds), *Vom Ancien Regime zur französischen Revolution* (Gottingen, 1978); id., 'Manufacturing nobles: The Chancelleries in France to 1789', *JMH*, 61 (1989); and G. Bossenga, 'From Corps to Citizenship: the Bureaux des Finances before the French Revolution', *JMH*, 58 (1986).

For examples of provincial nobilities, see R. Forster, *The Nobility of Toulouse in the Eighteenth Century* (Baltimore, Md, 1960); id., *The House of Saulx-Tavannes* (Baltimore, Md. 1971); and J. Meyer, *La Noblesse bretonne au XVIIIe siècle* (2 vols., Paris, 1966). For the noble as seigneur, O. Hufton, 'The seigneur and the rural community in eighteenthcentury France: the seigneurial reaction. A reappraisal', *TRHS*, 5th series, 29 (1979); J. Dewald, *Pont-Saint-Pierre, 1389-1789: Lordship, Community and Capitalism in Early Modern France* (Berkeley, Ca., 1987);

and H. Root, 'Challenging the seigneurie: community and contention on the eve of the French Revolution', *JMH*, 57 (1985). See too J.Q.C. Mackrell, *The Attack on Feudalism in Eighteenth-Century France* (London, 1973).

## CHAPTER 8: BOURBON MONARCHY ON THE RACK (1783–1788)

**8.1 The Economy:** Ernest Labrousse's magisterial and still highly influential work (*Esquisse du mouvement, Crise de l'économie*: see 0.5) has been subject to a great deal of criticism: see esp. D. Weir, 'Les Crises économiques et les origines de la Révolution française', *AESC*, 46 (1991) and two articles by Louis Cullen, 'History, economic crises, and revolutions: understanding eighteenth-century France', *Economic History Review*, 46 (1993); and id., 'La crise économique de la fin de l'Ancien Régime' in J.P. Poussou, *L'Économie française du XVIIIe au XX siècle: perspectives nationales et internationales. Mélanges offerts à François Crouzet* (Paris, 2000). D. Landes 'The statistical study of French crises', *Journal of Economic History*, 10 (1950) is still worth consulting. See too C.Jones & R. Spang, 'Sans-culottes, sans café, sans tabac: shifting realms of necessity and luxury in eighteenth-century France', in M. Berg & H. Clifford (eds), *Consumers and Luxury: Consumer Culture in Europe, 1650–1850* (Manchester, 1999). On a different tack, but also undermining the Labrousse approach is P. Hoffman, G. Postel-Vinay & J.L. Rosenthal, 'Information and economic history: How the credit market in Old Regime Paris forces us to rethink the transition to capitalism', *AHR*, 104 (1999).

The study of eighteenth-century consumerism was pioneered by D. Roche, in *The People of Paris: An Essay in Popular Culture in the Eighteenth Century* (Leamington Spa, 1987). See now the same author's *The Culture of Clothing: Dress and Fashion in the Ancien Régime* (Cambridge, 1994); and id., *A History of Everyday Things: The Birth of Consumption in France, 1600–1800* (Cambridge, 2000). Also of value are A. Pardailhé-Galabrun, *The Birth of Intimacy: Privacy and Domestic Life in Early Modern Paris* (London, 1991) and two articles by C. Fairchilds: 'The production and marketing of populuxe goods in eighteenth-century Paris', in J.Brewer & R. Porter (eds), *Consumption and the World of Goods* (London, 1993), and 'Marketing the Counter-Reformation: religious objects and consumerism in early modern France', in C. Adams et al., *Visions and Revisions of Eighteenth-Century France* (Philadelphia, 1997). See too M. Martin, 'Consuming Beauty: The Commerce of Cosmetics in France' (PhD dissertation, University of California, Irvine, 2000. Useful overviews of the evidence are provided by J. Cornette, 'La Révolution des objets: le Paris des inventaires après decès (XVIIe–XVIIIe siècles)', *RHMC*, 36 (1989) and B. Garnot, *La Culture matérielle en France aux XVIe, XVIIe et XVIIIe siècles* (Paris, 1995). See too C. Sargentson, *Merchants and Luxury Markets: The Marchands Merciers of Eighteenth-Century Paris* (London, 1996).

On the production side, see, for the 'industrious revolution', J. de Vries, 'Between purchasing power and the world of goods: understanding the household economy in early modern Europe', in Brewer and Porter (eds), *Consumption and the World of Goods*. For the world of work (besides 4.5], see M. Sonenscher, 'French journeymen, the courts and the French trades, 1781–1791', *P&P*, 114 (1987); and R. Fox & A. Turner (eds), *Luxury Trades and Consumerism in Ancien Régime Paris* (Aldershot, 1998).

**8.2 The Social and Cultural Origins of the Revolution:** For the revolution in the smile, see C. Jones, 'Pulling teeth in eighteenth-century Paris', *P&P*, 166 (2000). My earlier efforts to try to reconceptualize the problem of the origins of the Revolution of 1789 in terms of growing commercialism and consumerism are: C. Jones, 'Bourgeois Revolution revivified: 1789 and social change', in C. Lucas (ed.), *Rewriting the French Revolution* (Oxford, 1991); and 'The Great Chain of Buying: Medical Advertisment, the Bourgeois Public Sphere and the Origins of the French Revolution', *AHR*, 101 (1996).

The classic text on the Revolution's origins, D. Mornet's *Les Origines intellectuelles de la Révolution française* (Paris, 1933) has been revised and updated in R. Chartier's fine *The Cultural Origins of the French Revolution* (Durham NC, 1991). Culture is less to the fore in two other foundational texts, G. Lefebvre, *The Coming of the French Revolution* (Princeton, NJ, 1947) and W. Doyle, *The Origins of the French Revolution* (3rd edn., Oxford, 1999). The political culture approach is laid out in K. Baker, *Inventing the French Revolution* [cited 5.5]. To works cited above under the Enlightenment [esp. 5.3, 5.5] may be added others with a stronger pre-1789 flavour, notably J.R. Censer & J.D. Popkin (eds), *Press and Politics in Pre–Revolutionary France* (Berkeley, Ca, 1987); the important S. Maza, *Private Lives and Public Affairs: The Causes Célèbres of Pre-Revolutionary Paris* (Berkeley, Ca, 1993); and W. Weber, 'La Musique ancienne in the waning of the Ancien Régime', *JMH*, 56 (1984). Revising Darnton's approach to 'Grub Street' are L. Wilson, *Women and Medicine in the French Enlightenment: The Debate over Maladies des Femmes* (Baltimore, Md, 1993) (on mesmerism), and, more generally, D. McMahon, 'The Counter-Enlightenment and the low life of literature in Pre-Revolutionary France', *P&P*, 159 (1998). See also K. Baker, *Condorcet: From Natural Philosophy to Social Mathematics* (Chicago, 1975); M. Fitzsimmons, 'Privilege and polity in France, 1786–1791', *AHR*, 92 (1987); and T. Luckett, 'Hunting for spies and whores: a Parisian riot on the eve of the French Revolution', *P&P*, 156 (1997).

On the bourgeoisie in general, see above, under 'nobility' [7.4] – a revealing comment about recent historiography. E.G. Barber, *The Bourgeoisie in Eighteenth-Century France* (Princeton, NJ, 1955) is badly showing its age, B. Groethuysen, *Origines de l'esprit bourgeois en France* (Paris, 1927) perhaps less so. D. Garrioch, *The Formation of the Parisian Bourgeoisie, 1690–1830* (Cambridge, Mass., 1996) shows a revival of interest, though his assumption that 'there was no Parisian bourgeoisie in the eighteenth century' (p. 1) seems a little arch. See too C. Adams, *A Taste for Comfort and Stature: A Bourgeois Family in Eighteenth-Century France* (Philadelphia, 2000); R. Forster, *Merchants, Landlords, Magistrates: The Depont Family in Eighteenth-Century France* (Baltimore, Md, 1980); P.W. Bamford, *Privilege and Profit. A Business Family in Eighteenth-Century France* (Philadelphia, 1988).

On the professional groupings, see the overview in Jones, 'Bourgeois Revolution revivified', and G. Geison (ed.), *Professions and the French State, 1700–1900* (Philadelphia, 1984). For the medical professions, see C. Jones, 'The Médecins du Roi at the end of the Ancien Régime and in the French Revolution', in V. Nutton (ed.), *Medicine at the Courts of Europe, 1500–1837* (London 1990); id., 'The Medicalization of Eighteenth-Century France', in R. Porter & A. Wear (eds), *Problems and Methods in the History of Medicine* (London, 1987); and id. & Brockliss, *The Medical World of Early Modern France*, esp. Part II, as well as T. Gelfand, *Professionalizing Modern Medicine: Paris Surgeons and Medical Science and Institutions in the Eighteenth Century* (Westport, Ct, 1980); M. Ramsey, *Professional and Popular Medicine in France, 1770–1830: The Social World of Medical Practice* (Cambridge, 1988); and J.P. Goubert (ed.), *La Médicalisation de la société française, 1770–1830* (Waterloo, Ont., 1982). For law, besides Bell, *Lawyers and Citizens*, see L. Berlanstein, *The Barristers of Toulouse in the Eighteenth Century (1740–1793)* (Baltimore, Md, 1975); M. Gresset, *Gens de justice à Besançon: de la conquête par Louis XIV à la Révolution, 1674–1789* (Paris, 1978); M. Fitzsimmons, *The Parisian Order of Barristers and the French Revolution* (Cambridge, Mass, 1987); and F. Delbeke, *L'Action politique et sociale des avocats au XVIIIe siècle* (Louvain, 1927). For the bureaucracy, V. Azimi, *Un modèle administratif de l'Ancien Régime: les commis de la ferme générale et de la régie générale des aides* (Paris, 1987) plus Durand on *Les Fermiers généraux*, and Matthews, *The Royal General Farms*. For the church, T. Tackett's study *Priest and Parish in Eighteenth-Century France: A Social and Political Study of the Curé in a Diocese in Dauphiné, 1750–1791* (Princeton, NJ, 1977) and his 'The Citizen-priest: politics and ideology among the parish clergy of eighteenth-century Dauphiné', *Studies in Eighteenth-Century Culture*, 7 (1978) may be complemented by J. McManners, *French Ecclesiastical Society under the Ancien Régime: A Study of Angers in the Eighteenth Century* (Manchester, 1960). For the army, besides D. Bien and E.G. Léonard, see S.F. Scott, 'The French Revolution and the professionalization of the French officer corps', in M. Janowitz & J. van Doorn (eds), *On Military Ideology* (Rotterdam, 1971). See too the excellent K. Alder, *Engineering the Revolution: Arms and Enlightenment in France, 1763–1815* (Princeton, NJ, 1997). For the refraction of these currents in the world of journalism, see esp. D.G. Levy, *The Ideas and Careers of Samuel-Nicolas-Henri Linguet* (Urbana, Ill., 1980); R. Darnton, *The Literary Underground of the Old Régime* (Cambridge, Mass., 1982); and E. Eisenstein, *Grub Street Abroad. Aspects of the French Cosmopolitan Press from the Age of Louis XIV to the French Revolution* (Oxford, 1992). And for related moves regarding professional acting, see A. Goodden, *'Actio' and Persuasion: Dramatic Performance in Eighteenth-Century France* (Oxford, 1986).

**8.3 Calonne and the Pre-Revolution:** The historiography on the Diamond Necklace Affair has been thoroughly revised as a result of S. Maza, 'The Diamond Necklace Affair, 1785–1786', in id., *Private Lives and Public Affairs: The Causes Célèbres of Pre-Revolutionary France* (Berkeley, Ca, 1993). See also R. Brown, 'The Diamond Necklace Affair revisited', *Renaissance and Modern Studies*, 33 (1989). Still worth consulting is F. Funck-Brentano, *L'Affaire du Collier* (Paris, 1901) – the only full-dress study. R. Lacour-Gayet, *Calonne* (Paris, 1963) is a solid biography, while J. Egret, *The French Pre-Revolution, 1787–1788* (Chicago, 1977) is an unmatched classic on the last years of the absolute monarchy. The political context for this is set up well in P.M. Jones, *Reform and Revolution in France: The Politics of Transition, 1774–1791* (Cambridge, 1995) and D.K. Jarrett, *The Begetters of Revolution. England's Involvement with France, 1759–1789* (London, 1973). The British perspective may also be followed in O. Browning (ed.), *Despatches from Paris, 1784–1790* (2 vols., London, 1909–1910), and A. Young, *Travels in France in the Years 1787, 1788 and 1789*, ed. C. Maxwell (Cambridge, 1929).

The Assembly of Notables can be followed though P. Chevallier (ed.), *Journal de l'Assemblée des Notables de 1787* (Paris, 1960), and V. Gruder, 'Paths to political consciousness: the Assembly of Notables of 1787 and the Pre-Revolution in France', *FHS*, 13 (1984). See too A. Goodwin, 'Calonne, the Assembly of Notables of 1787 and the origins of the Révolte nobiliaire', *EHR*, 61 (1946); E. Eisenstein, 'Who intervened in 1788?', *AHR*, 71 (1965)' and K. Margerison, *Pamphlets and Public Opinion: the Campaign for a Union of Orders in the Early French Revolution* (West Lafayette, Ind., 1998). The provincial dimension of the Pre-Revolution has been tracked by J. Egret in a number of publications (see e.g. *RHMC*, 2 [1954]; *AHRF*, 26 [1954]; and *RH*, 221 [1955]). See too M. Cubells, *Les Horizons de la liberté. Naissance de la Révolution en Provence, 1787–1789* (Aix-en-Provence, 1987).

The religious dimension of the pre-Revolutionary crisis is highlighted in D. Van Kley, 'The Estates General as ecumenctical council: The constitutionalism of corporate consensus and the Parlement's ruling of 25 September 1788', *JMH*, 61 (1989); while the ecclesiastical input can be followed in N. Aston, *The End of an Elite. The French Bishops and the Coming of the French Revolution, 1786–1790* (Oxford, 1992) and M.G. Hutt, 'The curés and the Third Estate: the ideas of reform in the pamphlets of the French lower clergy in the period, 1787–1789', *Journal of Ecclesiastical History*, 8 (1957).

The financial atmosphere of the 1780s is summoned up in J.C. Riley, 'Dutch investment in France, 1781–1787', *JEcH*, 33 (1973) and G.V. Taylor, 'The Paris Bourse on the Eve of the Revolution, 1781–1789', *AHR*, 67 (1962). See too the work of T. Luckett, esp. 'Crises financières dans la France du XVIIIe siècle', *RHMC*, 43 (1996); and id., '"There is no money here" : money famine and tax revolt in early modern France', in J.L. du Gaetani, *Money: Lure, Lore and Literature* (Westport, Ct, 1994). K. Norberg, 'The French fiscal crisis of 1788 and the financial origins of the Revolution of 1789', in id. & P. Hoffman (eds), *Fiscal Crises, Liberty and Representative Government, 1450–1789* (Stanford, Ca., 1994) is a helpful updating.

## CHAPTER 9: A REVOLUTION IN POLITICAL CULTURE (1789–1791)

**9.1 The French Revolution:** General: The best, most up-to-date general work is W. Doyle, *The Oxford History of the French Revolution* (Oxford, 1989). The four volumes of the series *The French Revolution and the Creation of Modern Political Culture* (Oxford, 1987–94) provide a superb overview of knotty problems: vol 1: *The Political Culture of the Old Regime*, ed. K.M. Baker (1987); vol. 2: *The Political Culture of the French Revolution*, ed. C. Lucas (1988), vol. 3: *The Transformation of Political Culture, 1789–1848*, eds. F. Furet & M. Ozouf (1989); and vol. 4: *The Terror*, ed. K.M. Baker (1994).

Useful works of reference include C. Jones, *The Longman Companion to the French Revolution* (London, 1989); S.E. Scott & B. Rothaus (eds), *Historical Dictionary of the French Revolution* (2 vols., Westport, Ct, 1984); and F. Furet & M. Ozouf (eds), *A Critical Dictionary of the French Revolution* (London, 1989). Highly useful too are J. Godechot, *Les Institutions de la France sous la Révolution et l'Empire* (Paris, 1968) and the the still-progressing *Atlas de Révolution française*, general editors S. Bonin & C. Langlois (Paris, 1987– ), 11 volumes of which have appeared thus far. A good website on the Revolution is to be found at http://chnm.gmu.edu/Revolution. This is linked to J.R. Censer & L. Hunt, *Liberty, Equality, Fraternity: Exploring the French Revolution* (2001).

The following general works all have many virtues: G. Lefebvre, *The French Revolution* (2 vols., New York, 1962); A. Soboul, *The French Revolution, 1787–1799* (London, 1974); N. Hampson, *A Social History of the French Revolution* (London, 1963); M.J. Sydenham, *The French Revolution* (London, 1965); F. Furet & D. Richet, *The French Revolution* (London, 1970); D. Sutherland, *France, 1789–1815: Revolution and Counter-Revolution* (London, 1985: esp. good on social dimensions and counter-revolution); F. Furet, *The French Revolution, 1770–1814* (Oxford, 1996); and S. Schama, *Citizens. A Chronicle of the French Revolution* (London, 1989: if flawed as a result of the author's obsession with violence, still a brilliantly evocative read). Short thematic approaches include A. Forrest, *The French Revolution* (Oxford, 1995) and D. Andress, *French Society in Revolution* (Manchester, 1999).

Of major interpretative works, essential reading are L. Hunt, *Politics, Culture and Class in the French Revolution* (Berkeley, Ca, 1984); id., *The Family Romance of the French Revolution* (London, 1992); D. Outram, *The Body and the French Revolution. Sex, Class and Political Culture* (London, 1989); A. de Baecque, *The Body Politic: Corporeal Metaphor in Revolutionary France, 1770–1800* (Stanford, 1997); and T. Skocpol, *States and Social Revolutions: A Comparative*

*Analysis of France, Russia and China* (Cambridge, 1979: see also the critique of the work in W.H. Sewell, 'Ideologies and social revolutions: reflections on the French case', *JMH*, 57 [1985]). Thematic histories of the Revolution include P. Gueniffey, *Le Nombre et la raison: la Révolution française et les élections* (Paris, 1993); M. Crook, *Elections in the French Revolution: An Apprenticeship in Democracy, 1789–1799* (Cambridge, 1996); T. Margadant, *Urban Rivalries in the French Revolution* (Princeton, NJ, 1992); I. Woloch, *The New Regime: Transformations of the French Civic Order, 1789–1820s* (New York, 1994); and F. Aftalion, *The French Revolution: An Economic Interpretation* (Cambridge, 1990) (in fact a rather narrow monetarist approach, and not fully replacing the ancient M. Marion, *Histoire financière de la France* and S.E. Harris, *The Assignats* [Cambridge, Mass., 1930]). The works of Richard Cobb provide inimitable perspectives on the French Revolution both from the 'bottom up' and the 'outside in': they may be sampled in two recent readers of his work *The French and their Revolution* (London, 1997) and id., *Paris and the Revolution* (London, 1998).

Of works of historiography and reassessment of the Revolution's significance, the best starting points are A. de Tocqueville, *The Ancien Régime and the French Revolution* (New York, 1954) and the works of writings of Marx, outlined in F. Furet, *Marx and the French Revolution* (Chicago, 1988). Two particularly influential works are A. Cobban, *The Social Interpretation of the French Revolution* (2nd edn, Cambridge, 1999) and F. Furet, *Interpreting the French Revolution* (Cambridge, 1981). Recent historiographical updates are provided by T.C.W. Blanning, *The French Revolution: Class War or Culture Clash?* (Basingstoke, 1998) and G. Lewis, *The French Revolution: Rethinking the Debate* (London, 1993). These may be supplemented with any of the readers which supply collections of recent articles of major significance: see esp. P.M. Jones (ed.), *The French Revolution in Social and Political Perspective* (London, 1996); G. Kates (ed.), *The French Revolution: Recent Debates and New Controversies* (London, 1998); and R. Schechter, *The French Revolution* (Oxford, 2001).

**9.2 The French Revolution:** Collections of Primary Sources: Good document collections are *French Revolution Documents*, vol. 1. ed. J.M. Roberts (covering 1787 to 1792) (Oxford, 1966); and vol. 2, ed. J. Hardman (covering 1792 to 1795) (Oxford, 1973); and J. Hardman, *The French Revolution Sourcebook* (London, 1999). See also C. Jones (ed.), *The French Revolution: Voices from a Momentous Epoch, 1789–1794* (London, 1988).

**9.3 The French Revolution:** Local Studies: From the late 1960s local studies provided the channel through which much of the most pathbreaking work on the social and political history of the Revolution was done. For these, see below, plus the following works: G. Bossenga, *The Politics of Privilege: Old Regime and Revolution in Lille* (Cambridge, 1991); M. Crook, *Toulon in War and Revolution. From the Ancien Régime to the Restoration, 1780–1820* (Manchester, 1991); W. Edmonds, *Jacobinism and the Revolt of Lyons, 1789–1793* (Oxford, 1990); A. Forrest, *Society and Politics in Revolutionary Bordeaux* (Oxford, 1975); id., *The Revolution in Provincial France: Aquitaine, 1789–1799* (Oxford, 1996); P.R. Hanson, *Provincial Politics in the French Revolution: Caen and Limoges, 1789–1794* (Baton Rouge, La, 1989); O. Hufton, *Bayeux in the Late Eighteenth Century. A Social Study* (Oxford, 1967); T. Le Goff, *Vannes and its Region: A Study of Town and Country in Eighteenth-Century France* (Oxford, 1981); C. Lucas, *The Structure of the Terror: The Example of Javogues and the Loire* (Oxford, 1973); M. Lyons, *Revolution in Toulouse: An Essay on Provincial Terrorism* (Bern, 1978); and W. Scott, *Terror and Repression in Revolutionary Marseille* (London, 1973). See also H.C. Johnson, *The Midi in Revolution. A Study of Regional Political Diversity, 1789–1793* (Princeton, NJ, 1986); and P. Dawson, *Provincial*

*Magistrates and Revolutionary Politics in France, 1789–1795* (Cambridge, Mass., 1972).

**9.4 The Political Crisis of 1789:** Lefebvre's *Coming of the French Revolution* and Doyle's *Origins* [see above, 8.2] provide useful overviews. On the cahiers, see now G. Shapiro & J. Markoff, *Revolutionary Demands. A Content Analysis of the Cahiers de Doléances of 1789* (Stanford, 1998). Also helpful are R. Robin, *La société française en 1789: Semur-en-Auxois* (Paris, 1970); G.V. Taylor, 'Revolutionary and non-revolutionary content in the cahiers of 1789', *French Historical Studies*, 7 (1972); and R. Chartier, 'Culture, lumières, doléances: les cahiers de 1789', *RHMC*, 28 (1981).

Necker's role in events is followed in R. Harris, *Necker and the Revolution of 1789* (Lanham, Md, 1986). Growing patriot organisation is analysed in D Wick, *A Conspiracy of Well-Intentioned Men. The Society of Thirty and the French Revolution* (New York, 1987). See too W.J. Sewell, *A Rhetoric of Bourgeois Revolution. The Abbé Siéyès and 'What is the Third Estate?'* (Durham, NC, 1994). The role of the first two Orders is picked out in M.G. Hutt, 'The role of the curés in the Estates General', *Journal of Ecclesiastical History*, 6 (1955) and J. Murphy & P. Higonnet, 'Les Députés de la noblesse aux Etats-généraux de 1789', *RHMC*, 20 (1973).

J. Godechot, *The Taking of the Bastille, July 14 1789* (London, 1970) is a classic, while M. Price, 'The "Ministry of the Hundred Hours" : a reappraisal', *French History*, 4 (1990) provides some interesting speculations. A good local perspective is offered in R.B. Rose, 'How to make a revolution: The Paris districts in 1789', *BJRL* 59 (1977). For the Bastille legend, see M. Cottret, *La Bastille à prendre. Histoire et mythes de la forteresse royale* (Paris, 1986) and H. Lüsebrink & R. Reichardt, *The Bastille: A History of a Symbol of Despotism and Freedom* (Durham, NC, 1997). For the Gardes-Françaises, see J. Chagniot, *Paris et l'armée au XVIIIe siècle* (Paris, 1985).

T. Tackett, *Becoming a Revolutionary. The Deputies of the French National Assembly and the Emergence of a Revolutionary Culture, 1789–1791* (Princeton, NJ, 1996) has already become a classic for the politics of the 1789 crisis at the centre, and it may be supplemented with P. Kessel, *La Nuit du 4 août 1789* (Paris, 1969); J. Egret, L*a Révolution des notables: Mounier et les monarchiens* (Paris, 1950); and R.H. Griffiths, *Le Centre perdu: Malouet et les Monarchiens dans la Révolution française* (Grenoble, 1988). The Rights of Man are put into context by D. Van Kley (ed), *The French Idea of Freedom: The Old Regime and the Declaration of Rights of 1789* (Stanford, Ca, 1994).

**9.5 Peasants and Towns in Revolt:** J. Markoff, *The Abolition of Feudalism. Peasants, Lords and Legislators in the French Revolution* (Philadelphia, 1996) provides a superb fresco, drawing on peasant cahiers as well as rebellions. G. Lefebvre's great work, *The Great Fear of 1789: Rural Panic in Revolutionary France* (London, 1973) may now be supplemented by C. Ramsay, *The Ideology of the Great Fear. The Soissonnais in 1789* (Baltimore, 1992). See too A. Davies, 'The origins of the French peasant revolution of 1789', *History*, 49 (1964). On the peasantry in 1789 and beyond, P.M. Jones, *The Peasantry in the French Revolution* (Cambridge, 1988) provides even-handed treatment. See too J. Boutier, 'Jacqueries en pays croquant: les révoltes paysannes en Aquitaine', *AESC* 34 (1979). For the municipal revolution, L. Hunt, 'Committees and communes: local politics and national revolution in 1789', *Comparative Studies in Society and History*, 18 (1976) and id, *Revolution and Urban Politics in Provincial France. Troyes and Reims, 1786–1790* (Stanford, Ca, 1978). For the immediate aftermath to 1789 – less peaceful than usually accounted – see S.F. Scott, 'Problems of law and order during 1790, the "peaceful" year of the French Revolution', *AHR*, 80 (1975), and B.M. Shapiro, *Revolutionary Justice in Paris, 1789–1790* (New York, 1993).

**9.6 The Work of the Constituent Assembly:** Besides Tackett's major study, political assessments are supplied by N. Hampson, *Prelude to Terror: The Constituent Assembly and the Failure of Consensus, 1789-1791* (New York, 1988); H.B. Applewhite, *Political Alignment in the French National Assembly, 1789-1791* (Baton Rouge, La, 1993); M.P. Fitzsimmons, *The Remaking of France: The National Assembly and the Constitution of 1791* (Cambridge, 1991); and E.H. Lemay & A. Patrick, *Revolutionaries at Work: The Constituent Assembly, 1789-1791* (Oxford, 1996). See also G. Michon, *Essai sur l'histoire du parti Feuillant. Adrien Duport* (Paris, 1924). M. Vovelle, *The Fall of the French Monarchy, 1787-1792* (Cambridge, 1984) is a good background narrative, while M. Price, *The Fall of the French Monarchy* (2002) highlights the major players..

For the growth of popular radicalism, see below [10.3, 10.4]. For the Champ de Mars massacre, D. Andress, *Massacre at the Champ de Mars. Popular Dissent and Political Culture in the French Revolution* (Woodbridge, 2000), which can be read with profit alongside A. Mathiez, *Le Club des Cordeliers pendant la crise de Varennes et le massacre du Champ de Mars* (Paris, 1910); and G.A. Kelly, 'Bailly and the Champ de Mars Massacre', *JMH*, 52 (1980).

**9.7(I) Counter-Revolution:** General: J. Godechot, *The Counter-Revolution: Doctrine and Action, 1789-1804* (New York, 1971) provides a solid start. A welcome resurgence of interest in the émigrés is marked by K. Carpenter: see her Refugees of the *French Revolution: Émigrés in London, 1789-1802* (Basingstoke, 1999); id. & P. Mansel (eds), *The French Émigrés and the Struggle against the Revolution, 1789-1815* (Basingstoke, 1999). S. Burrows, *French Exile Journalism and European Politics, 1792-1814* (Woodbridge, 2000) is also a welcome addition to a thin literature. See also P. Mansel, *The Court of France, 1789-1830* (Cambridge, 1988) and id., *Louis XVIII* (London, 1981). On covert operations, see E. Sparrow, *Secret Service. British Agents in France, 1792-1815* (Woodbridge, 1999); H. Mitchell, *The Underground War against Revolutionary France: The Missions of William Wickam, 1794-1800* (Oxford, 1965); C. Duckworth, *The d'Antraigues Phenomenon* (Newcastle, 1986); and M. Elliott, *Partners in Revolution: The United Irishmen and France* (New Haven 1982). For the scale of the emigration, see D. Greer, *The Incidence of the Emigration during the French Revolution* (Cambridge, Mass., 1951).

**9.7(II) Counter-Revolution:** The Religious Issue: The core issue of the Civil Constitution is adeptly handled by T. Tackett, *Religion, Revolution and Regional Culture in Eighteenth-Century France. The Ecclesiastical Oath of 1791* (Princeton, NJ, 1986). This may be now contextualised in the very wide-ranging N. Aston, *Religion and Revolution in France, 1789-1804* (Basingstoke, 2000) – though still of use are J. McManners, *The French Revolution and the Church* (London, 1969) and R. Gibson, *A Social History of French Catholicism 1789-1914* (London, 1989. The interface with Catholic-Protestant dissension is covered in G. Lewis [see 9.7(III)] and J.N. Hood, 'Protestant-Catholic relations and the roots of the first popular counter-revolutionary movement in France', *JMH*, 43 (1971); and id., 'Revival and mutation of old rivalries in Revolutionary France', *P&P*, 82 (1979).

**9.7(III) Counter-Revolution:** The Vendée and Peasant Royalism: T.J.A. Le Goff & D. Sutherland, 'Religion and rural revolt in the French Revolution: an overview', in J.M. Bak & G. Benecke (eds), *Religion and Rural Revolt* (Manchester, 1984) provides a good contextual introduction to the issue, which has focused on the west of France. See too the same authors's 'The Revolution and the rural community in eighteenth-century Brittany', *P&P*, 62 (1974) and 'The social origins of Counter-Revolution in western France', *P&P*, 99 (1983). Essential reading too are C. Tilly, *The Vendée* (Cambridge, Mass., 1964); H. Mitchell, 'The Vendée and Counter-Revolution', *FHS*, 5 (1968); D, Sutherland, *The Chouans: The Social Origins of Popular Counter-Revolution in Upper Brittany, 1770–1796* (Oxford, 1982); A. Goodwin, 'Counter-revolution in Brittany: the royalist conspiracy of the marquis de la Rouerie, 1791–1793', *BJRL*, 39 (1957); M. Hutt, *Chouannerie and Counter-Revolution, Puisaye, the Princes and the British Government in the 1790s* (Cambridge, 1983); and J.C. Martin, *La Vendée et la France* (Paris, 1987). For outside western France, see esp. C. Lucas, 'The Problem of the Midi in the French Revolution', *Transactions of the Royal Historical Society*, 5th series, 28 (1978) and G. Lewis, *The Second Vendée: The Continuity of Counter-Revolution in the Department of the Gard, 1789–1815* (Oxford, 1978).

## CHAPTER 10: WAR AND TERROR (1791–1795)

**10.1 The Legislative Assembly:** C.J. Mitchell, *The French Legislative Assembly of 1791* (New York, 1988) is a slightly arid account. Much may still be gleaned from M.J. Sydenham, *The Girondins* (London, 1961). G. Kates, *The Cercle Social, the Girondins and the French Revolution* (Princeton, NJ, 1985) shows the link between Girondin high politics and the growth of popular radicalism from 1789–1790. See also on the latter theme, R.B. Rose, *The Making of the Sans-Culottes: Democratic Ideas and Institutions in Paris, 1789–1792* (Manchester, 1983) and J. Censer, *Prelude to Power: The Parisian Radical Press, 1789–1791* (Baltimore, Md, 1976).

**10.2 The Overthrow of the Monarchy and the Emergence of Terror:** M. Bouloiseau, *The Jacobin Republic, 1792–1794* (Cambridge, 1983) and M. Reinhard, *La Chute de la monarchie: 10 Août 1792* (Paris, 1969) are useful overviews. See too F. Braesch, *La Commune du 10 août* (Paris, 1911). P. Caron, *Les Massacres de Septembre* (Paris, 1936) has been (possibly over-) heavily criticized by F. Bluche, *Septembre 1792: Logiques d'un massacre* (Paris, 1986).

On the king's trial, D.P. Jordan, *The King's Trial* (Berkeley, Ca, 1979); M. Walzer, *Regicide and Revolution: Speeches at the Trial of Louis XVI* (Cambridge, 1974); and A. Soboul, *Le Procès du Louis XVI* (Paris, 1966); while S. Dunn, *The Deaths of Louis XVI: Regicide and the French Political Imagination* (Princeton, NJ, 1994) provides a broader perspective. On the Girondin/Montagnard dispute [besides works cited 10.1], see esp. A. Patrick, 'Political divisions in the French National Convention, 1792–1793', *JMH*, 41 (1969); and id., *The Men of the First French Republic* (Baltimore, Md., 1972), plus P. Higonnet's 'The social and cultural antecedents of Revolutionary discontinuity: Montagnards and Girondins', *EHR*, 100 (1985). Also on the Jacobins, see Higonnet's *Goodness beyond Virtue: Jacobins during the French Revolution* (Cambridge, Mass., 1998) and M. Kennedy's two-volumed *The Jacobin Clubs in the French Revolution. i. The First Years* and *ii. The Middle Years* (Princeton. NJ, 1982, 1988).

**10.3 War and Diplomacy:** T.C.W Blanning's work has completely renewed and refreshed the debates: *The Origin of the French Revolutionary Wars* (London, 1986); and *The French Revolutionary Wars, 1787–1802* (London, 1996). See too J. Black, *British Foreign Policy in an Age of Revolution, 1783–1793* (New York, 1994); and P. Schroeder, *The Transformation of European Politics, 1763–1848* (Oxford, 1994). There is still much to be gleaned too from R.R. Palmer, *The Age of the Democratic Revolution* (2 vols., Princeton, NJ, 1959–1964). For the army, S.F. Scott, *The Response of the Royal Army to the French Revolution* (Oxford, 1978); J.A. Lynn, *The Bayonets of the Republic: Motivation and Tactics in the Army of Revolutionary France, 1791–1794* (Urbana, Ill., 1984); J.P. Bertaud, *The Army of the French Revolution: From Citizen-Soldiers to Instrument of Power* (Princeton, NJ, 1988); A. Forrest. *The Soldiers of the French Revolution*

(Durham, NC, 1990); and id., *Conscripts and Deserters: The Army and French Society during the Revolution and Empire* (Oxford, 1989). Two excellent recent works in this area which illuminate far more than the army are H.G. Brown, *War, Revolution and the Bureaucratic State: Politics and Army Administration in France, 1791–1799* (Oxford, 1995) and K. Alder, *Engineering the Revolution: Arms and Enlightenment in France, 1763–1815* (Princeton, NJ, 1997). On the navy, see W.S. Cormack, *Revolution and Political Conflict in the French Navy, 1789–1794* (New York, 1995) and N. Hampson, *La Marine de l'an II: Mobilisation de la flotte de l'Océan, 1793–1794* (Paris, 1959).

**10.4　The Great Terror and the Fall of Robespierre:** R.R. Palmer, *Twelve Who Ruled: The Year of the Terror in the French Revolution* (Princeton, NJ, 1941) is still a wonderful read. Biographical treatment of some of the principals is provided by L. Gershoy, *Bertrand Barère: A Reluctant Terrorist* (Princeton, NJ, 1962); D.P. Jordan, *The Revolutionary Career of Maximilien Robespierre* (New York, 1985); and N. Hampson, who has authored *The Life and Opinions of Maximilien Robespierre* (London, 1974); *Danton* (London, 1978); and *Saint-Just* (Oxford, 1991). See too the collection of essays, C. Haydon & W. Doyle (eds), *Robespierre* (Cambridge, 1999), and M. Reinhard, *Le Grand Carnot* (2 vols., Paris, 1952).

For the Terror as theory and practice, see the excellent P. Gueniffey, *La Politique de la terreur: Essai sur la violence révolutionnaire, 1789–1794* (Paris, 2000), plus short treatments by H. Gough, *The Terror in the French Revolution* (Basingstoke, 1998) and N. Hampson, *The Terror in the French Revolution* (London, 1981), along wit h F. Feher, *The Frozen Revolution: an Essay on Jacobinism* (Cambridge, 1987). For the statistical approach, D. Greer, *The Incidence of the Terror in the French Revolution* (Cambridge, Mass., 1935) is unsurpassed. On dechristianisation, M. Vovelle, *Religion et Révolution: la déchrstianisation de l'an II* (Paris, 1976) provides an overview. For the logic of the Revolutionary Tribunal, see C. Hesse, 'La preuve par la lettre: pratiques juridiques au Tribunal Révolutionnaire de Paris, 1793–1794', *Annales, Histoire, Sciences Sociales* 51 (1996).

For the Federalist revolt, see M.H. Crook, 'Federalism and the French Revolution: The Revolt of Toulon in 1793', *History*, 65 (1980); B. Edmonds, '"Federalism" and urban revolution in France in 1793', *JMH*, 55 (1983); A. Goodwin, 'The Federalist movement in Caen during the French Revolution', *BJRL*, 42 (1960); and many of the works noted above [10.3]. Also on the provinces, Lucas, *The Structure of the Terror* is an exemplary study. Terror sunny side up is served by J.P. Gross, *Fair Shares for All: Jacobin Egalitarianism in Practice* (Cambridge, 1997), which may be supplemented by id., 'Progressive taxation and social justice in eighteenth-century France', *P&P*, 140 (1993); and by C. Jones, *Charity and Bianfaisance. The Treatment of the Poor in the Montpellier Region, 1740–1815* (Cambridge, 1982).

On the Parisian popular movement (besides works cited above [10.3], see A. Soboul, *Les Sans-Culottes parisiens en l'an II* (Paris, 1958), part of which is in translation as *The Parisian Sans-Culottes and the French Revolution* (Oxford, 1964). For a superb documentary collection, see A. Soboul & W. Markov (eds), *Die Sansculotten von Paris* (Berlin, 1957). From much the same corner comes G. Rudé, *The Crowd in the French Revolution* (Oxford, 1959); and the Anglo-French comparative approach of G. Williams, *Artisans and Sans-Culottes* (London, 1968). See too H. Burstin, *Le Faubourg Saint-Marcel à l'époque révolutionnaire* (Paris, 1983); R. Monnier, *Le Faubourg Saint-Antoine, 1789–1815* (Paris, 1981); and id ., *L'Espace public démocratique: essai sur l'opinion à Paris de la Révolution au Directoire* (Paris, 1994). Also well worth consulting are R. Cobb, *The People's Armies* (London, 1987); M. Slavin, *The French Revolution in Minature:*

*Section Droites-de-l'Homme, 1789–1795* (Princeton, NJ, 1984); and R.B. Rose, 'Nursery of sans‑culottes: the Société patriotique of the Luxembourg section, 1792–1795', *BJRL*, 64 (1981). R.C. Cobb's superb *The Police and the People: French Popular Protest, 1789–1820* (Oxford, 1970) is critical of Soboul's approach, though not as much as R.M. Andrews, 'Social structures, political elites and ideology in revolutionary Paris, 1792–1794', *Journal of Social History*, 19 (1985); and M. Sonenscher, 'Artisans, sans-culottes and the French Revolution' in A. Forrest & P.M. Jones (eds), *Reshaping France. Town, Country and Region during the French Revolution* (Manchester, 1991).

On the run-up to 9 Thermidor, see N. Hampson, 'François Chabot and his plot', *TRHS*, 5th series, 26 (1976), M. Lyons, 'The 9 Thermidor: motives and effects', *European Studies Review*, 5 (1975), G. Lefebvre, 'Sur la loi de 22 prairial, an II', in id., *Études sur la Révolution française* (Paris, 1963). On the big day itself, see F. Brunel, *Thermidor. La Chute de Robespierre* (Brussels, 1989) and R. Bienvenu (ed.), *The Ninth of Thermidor. The Fall of Robespierre* (New York, 1968).

## CHAPTER 11: THE UNSTEADY REPUBLIC (1795–1799)

**11.1 Thermidorian and Directorial Politics:** There are two very good social-historical treatments of the Directory: M. Lyons, *France under the Directory* (Cambridge, 1975) and D. Woronoff, *The Thermidorean Regime and the Directory, 1794–1799* (Cambridge, 1984). See too M.J. Sydenham, *The First French Republic, 1792–1804* (London, 1974), and B. Baczko, *Ending the Terror: The French Revolution after Robespierre* (Cambridge, 1994). A thoughtful recent contribution is J. Livesey, *Making Democracy in the French Revolution* (2002). Valuable perspectives are also offered in C. Lucas, 'The First Directory and the rule of law', *FHS*, 10 (1977); L. Hunt, D. Lansky & P. Hanson, 'The failure of the liberal republic in France, 1795–1799: The road to Brumaire', *JMH*, 51 (1979); J. Livesey, 'Agrarian ideology and commercial republicanism in the French Revolution', *P&P*, 157 (1997); and S. Desan, 'Reconstituting the social after the Terror: family, property and the law in popular politics', *P&P*, 164 (1999).

For politics on the Left, see R.B. Rose, *Gracchus Babeuf. The First Revolutionary Communist* (London, 1978); R. Andrews, 'Réflexions sur la conjuration des Égaux', *AESC*, 29 (1974); and I. Woloch, *Jacobin Legacy: The Democratic Movement under the Directory* (Princeton, NJ, 1970). For royalism and counter-revolutionary plotting, besides the works cited above, see H. Mitchell, 'Vendémiaire: a reevaulation', *JMH*, 30 (1958). On Revolutionary cults and the Catholic revival, A. Mathiez, *La Théophilanthropie et le culte decadaire, 1796–1801* (Paris, 1904); and J. Livesey, 'The sovereign as God? Theophilanthropy and the politics of the Directory, 1795–1799', *Historical Studies*, 20 (1997).

On foreign policy, S.T. Ross, *Quest for Victory. French Military Strategy, 1792–1799* (London, 1973; S.S. Biro, *The German Policy of Revolutionary France* (2 vols., Cambridge, Mass., 1957), and R. Guyot, *Le Directoire et la paix de l'Europe* (Paris, 1911) may be set against the wider perspectives of J. Godechot, *La Grande Nation: l'expansion révolutionnaire de la France dans le monde de 1789 à 1799* (2 vols., Paris, 1956). On the Egyptian campaign, see H. Laurens, *L'Expédition d'Egypte, 1798–1801* (Paris, 1989). On the growth of the bureaucracy, see esp. H.G. Brown [cited 10.3] and C.H. Church, *Revolution and Red Tape: The French Ministerial Bureaucracy, 1770–1850* (Oxford, 1981). These should be read alongside M. Bruguière, *Gestionnaires et profiteurs de la Révolution* (Paris, 1986).

**11.2 The Revolution and the Economy:** R. Sédillot, *Le Coût de la Révolution française* (Paris 1987) is a brisk but overblown account. More balanced overviews are supplied by

D. Woronoff, 'L'Industrialisation de la France de 1789 à 1815: un essai de bilan', *Revue économique*, 40 (1989); L. Bergeron, 'The Revolution: catastrophe or new dawn for the French economy?', in Lucas (ed.), *Rewriting the French Revolution*; and G. Lemarchand, 'Du féodalisme au capitalisme: à propos des conséquences de la Révolution sur l'évolution de l'économie française', *AHRF*, 272 (1988). On the rural economy, P.M. Jones, *The Peasantry in the French Revolution* and A. Ado, *Paysans en Révolution. terre, pouvoir et jacquerie, 1789–1794* (Paris, 1996) offer contrastive views. See too local studies, notably, G. Lefebvre, *Les Paysans du Nord pendant la Révolution française* (Paris, 1924); J.P. Jessenne, *Pouvoir au village et Révolution. Artois 1760–1848* (Lille, 1987); J.J. Clère, *Les Paysans de la Haute-Marne et la Révolution française* (Paris, 1988); M. Brunet, *Le Roussillon. Une société contre l'État, 1780–1820* (Toulouse, 1986); and G. Lemarchand, *La Fin du féodalisme dans le pays de Caux, 1640–1795* (Paris, 1989). On industry, Crouzet's work is fundamental. See too D. Woronoff, *L'Industrie sidérurgique en france pendant la Révolution et l'Empire* (Paris, 1984); G. Lewis, *The Advent of Modern Capitalism in France, 1770–1840: The Contribution of Pierre-François Tubeuf* (Oxford, 1992); and L. Bergeron, *Banquiers, négociants et manufacturiers parisiens du Directoire à l'Empire* (Paris, 1978).

For nobles, see P. Higonnet, *Class, Ideology and the Rights of Nobles during the French Revolution* (Oxford, 1981) and R. Forster, 'The survival of the nobility during the French Revolution', *P&P*, 37 (1967). And for the poor, see A. Forrest, *The French Revolution and the Poor* (Oxford, 1981) and C. Jones, 'Picking up the pieces: the politics and the personnel of social welfare from the Convention to the Consulate' in C. Lucas & G. Lewis (eds), *Beyond the Terror: Essays in French Social and Regional History, 1794–1815* (Cambridge, 1983).

**11.3 The Culture of the Revolution:** E. Kennedy, *A Cultural History of the French Revolution* (New Haven Ct, 1989) and F.W.J. Hemmings, *Culture and Society in France, 1789–1848* (Leicester, 1987) provide a good introduction. Particularly good on the press are J. Popkin, *Revolutionary News: The Press in France, 1789–1799* (Durham NC, 1990); H. Gough, *The Newspaper Press in the French Revolution* (London, 1988); H. Chisick (ed.), *The Press in the French Revolution* (Oxford, 1991); and P. Rétat (ed.), *La Révolution du journal, 1789–1794* (Paris, 1989). See too J. Popkin, *The Right-Wing Press in France, 1792–1800* (Chapel Hill, NC, 1980). On political theatre, see also M. Carlson, *The Theatre of the French Revolution* (Ithaca, NY, 1966) and on festivals M. Ozouf, *Festivals and the French Revolution* (Cambridge, Mass., 1988); and D.L. Dowd, *Pageant-Master of the Republic: Jacques-Louis David and the French Revolution* (Lincoln, Nebraska. 1948). On language and rhetoric more generally, L. Hunt's striking, *The Family Romance of the French Revolution* may be read alongside M. Agulhon, *Marianne into Battle: Republican Imagery and Symbolism in France, 1789–1880* (Cambridge, 1981); M.H. Huet, *Mourning Glory: The Will of the French Revolution* (Philadelphia, 1997); and J. Renwick (ed.), *Language and Rhetoric of the Revolution* (Edinburgh, 1990). Also of value are J. Harris, 'The red cap of liberty: a study of dress worn by French Revolutionary partisans, 1789–1794', *Eighteenth-Century Studies*, 14 (1981); L. Mason, *Singing the French Revolution. Popular Culture and Politics, 1787–1799* (Ithaca, NY, 1996); D. Arasse, *The Guillotine and the Terror* (London, 1989); and the still unsurpassed H. Parker, *The Cult of Antiquity and the French Revolutionaries: A Study in the Development of the Revolutionary Spirit* (Chicago, 1937).

The booming literature on women and the French Revolution may be sampled in the following works: D.G. Levy et al., *Women in Revolutionary Paris, 1789–1795* (Urbana, Ill., 1979); S.E. Melzer & L. Rabine (eds), *Rebel Daughters: Women and the French Revolution* (New

York, 1992); M Yalom, *Blood Sisters: The French Revolution in Women's Memory* (London, 1995); D. Godineau, *The Women of Paris and their French Revolution* (Berkeley, Ca, 1998); H.B. Applewhite & D.G. Levy (eds), *Women and Politics in the Age of the Democratic Revolution* (Ann Arbor, MI, 1990); and C. Hesse, *The Other Enlightenment: How French Women became Modern* (2001). A broader spectrum is sketched in by the influential J. Landes, *Women and the Public Sphere in the Age of the French Revolution* (Ithaca, NY, 1988). A contrasting approach is offered by O. Hufton, *Women and the Limits of Citizenship in the French Revolution* (Toronto, 1992). See too J.F. Traer, *Marriage and the Family in Eighteenth-Century France* (Ithaca, NY, 1980) and R. Phillips, *Family Breakdown in Late Eighteenth-Century France: Divorce in Rouen, 1792–1803* (Oxford, 1980).

Olwen Hufton has stressed the role of women in religion throughout the 1790s, and particularly under the Directory. Her classic article, 'Women in Revolution, 1789–1796', *P&P*, 53 (1971) can be supplemented by id., 'The reconstruction of a church, 1796–1801', in Lewis and Lucas, *Beyond the Terror*. The role of women emerges strongly in the also in S. Desan, 'Redefining Revolutionary Liberty: The rhetoric of religious revival during the French Revolution', *JMH*, 60 (1988) and id., *Reclaiming the Sacred: Lay Religion and Popular Politics in Revolutionary France* (Cornell, NY, 1990). On Protestantism, there are only slim pickings in B. Poland, *French Protestantism and the French revolution, 1685–1815* (Princeton, NJ, 1957). On the Jewish question, G. Kates, 'Jews into Frenchman: nationality and representation in Revolutionary France', in F. Feher (ed.), *The French revolution and the Birth of Modernity* (Berkeley, Ca, 1990) and R.F. Necheles, 'L'emancipation des juifs, 1787–1795', *AFRF*, 48 (1976).

For foreigners, see S. Wahnich, *L'impossible citoyen. L'étranger dans le discours de la Révolution française* (Paris, 1997); M. Rapport, *Nationality and Citizenship in Revolutionary France. The Treatment of Foreigners, 1789–1799* (Oxford, 2000); and N. Hampson, *The Perfidy of Albion: French Perceptions of England during the French Revolution* (Basingstoke, 1998).

The reorganization of education and science is dealt with in a number of works. R.R. Palmer, *The Improvement of Humanity: Education and the French Revolution* (Princeton, NJ, 1985) is a solid work. See esp. N. & J. Dhombres, *Naissance d'un nouveau pouvoir. Science et savants en France, 1793–1824* (Paris, 1989); S. Moravia, *Il pensiero degli Ideologues* (Florence, 1974); P. Huard, *Sciences, médecine et pharmacie de la Révolution à l'Empire* (Paris, 1970); M.S. Staum, *Cabanis: Enlightenment and Medical Philosophy in the French Revolution* (Princeton, NJ, 1980); id., *Minerva's Message: Stabilizing the French Revolution* (Montreal, 1997); and D. Outram, 'Politics and vocation: French science, 1793–1830', *British Journal for the History of Science*, 13 (1980). For broader claims, see M. Foucault, *Birth of the Clinic: An Archaeology of Medical Perception* (london, 1973); id., *Folie et déraison. Histoire de la folie à l'âge classique* (Paris, 1961); and id., *Discipline and Punish: The Birth of the Prison* (Harmondsworth. 1979).

## CONCLUSION: THE BRUMAIRE LEVIATHAN AND LA GRANDE NATION

J. Tulard, Napoleon: *The Myth of the Saviour* (London 1984) is the best biography (though readers should beware the awful translation). The European context is provided by M.G. Broers, *Europe under Napoleon* (London, 1996); G. Ellis, *The Napoleonic Empire* (London, 1990); and S.J. Woolf, *Napoleon's Integration of Europe* (London, 1991). The impact of the Revolution on the Napoleonic regime is dealt with well in M. Lyons, *Napoleon Bonaparte and the Legacy of the French Revolution* (New York, 1994). See too L. Bergeron, *France under Napoleon* (Princeton, NJ, 1981); and the classic G. Lefebvre, *Napoleon* (2 vols., London, 1969). For high politics, see

I. Woloch, *Napoleon and his Collaborators: The Making of a Dictatorship* (New York, 2001). See too F. Bluche, *Le Bonapartisme: aux origines de la droite autoritaire (1800–1850)* (Paris, 1980). For the thread of political contestation, see B. Fontana, *Benjamin Constant and the Post-Revolutionary World* (New Haven, Ct, 1991), and for the longer term, see R. Magraw, *France 1815–1914: The Bourgeois Century* (London, 1983) and id., *France, 1800–1914. A Social History* (2002).

# 译名对照表

à la bergère 牧羊女潮流
abbé Brottier 布罗蒂埃神父
abbé d'Etamare 德塔马尔神父
abbé de Saint-Pierre 圣皮埃尔神父
Académie française 法兰西学术院
administration 行政机构
Affaire des billets de confession 忏悔书事件
affaire extraordinaire 特别措施
affiches 公告
ager 农田
agromania 旷野独处症
aides 商品税
Alary, Pierre-Joseph 皮埃尔-约瑟夫·阿拉里
Alberoni, Giulio 朱利奥·阿尔贝罗尼
Almaviva 阿尔马维瓦伯爵
Amar, Jean Pierre André 让·皮埃尔·安德雷·阿马尔
Amécourt 阿梅古
Anaxagoras 阿那克萨哥拉
Andress, Dave 戴夫·安德烈斯
Anne d'Autriche 安娜·德·奥地利
annuel 年税
anobli 新受封贵族
Antoine, Michel 米歇尔·安托万
Apollo 阿波罗
appel comme d'abus 滥用上诉
appel comme d'abus 上诉
appel 申诉书
aristocrat 贵族
Armand Jean du Plessis de Richelieu 黎塞留
Asientos 阿先托斯
Assemblée des notables 显贵会议

Assemblée du clergé 教士会议
au Désert 旷野
Aubry, Charles-Jacques 夏尔-雅克·奥布里
Auden, Wystan Hugh 威斯坦·休·奥登
Augereau, Pierre 皮埃尔·奥热罗
Augustus II 奥古斯特二世
Augustus III 奥古斯特三世

Babeuf, François-Noël 弗朗索瓦-诺埃尔·巴贝夫
Bacon, Francis 弗朗西斯·培根
Bacou, Michaela 米夏埃拉·巴库
Bailleul, Jacques-Charles 雅克-夏尔·巴约尔
Bailly, Jean Sylvain 让·西尔万·巴伊
Baker, Keith Michael 基斯·迈克尔·贝克
banalités 领主专营权
Banave, Antoine 安托万·巴纳夫
Bara, Joseph 约瑟夫·巴拉
Barbaroux, Charles Jean Marie 夏尔·让·马里·巴尔巴鲁
Barbier, Edmond 埃德蒙·巴尔比耶
Barentin, Charles de Paule de 夏尔·德·波勒·德·巴朗坦
Barère, Bertrand 贝特朗·巴雷尔
Barruel, Augustin 奥古斯丁·巴吕埃尔
Barthelémy, François 弗朗索瓦·巴泰勒米
Barthès, Pierre 皮埃尔·巴尔泰
Bartholo 巴尔托洛
Basilio 巴西利奥
basoche 法院书记团
Basville, Lamoignon de 拉穆瓦尼翁·德·巴斯维勒

译名对照表 785

Baudot, Marc Antoine 马克·安托瓦·博多
Bayeux 巴耶
Bazin, Gilles-Augustin 吉勒-奥古斯丁·巴赞
Beauharnais, Josephine de 约瑟芬·德·博阿尔内
Beaumarchais, Pierre-Auguste Caron de 皮埃尔-奥古斯特·卡洛纳·德·博马舍
Beaumont, Christophe de 克里斯托弗·德·博蒙
Beauvau, Charles-Juste de 夏尔-朱斯特·德·博乌
Beauvilliers, Paul de 保罗·德·博瓦利埃
Bécu, Jeanne, Comtesse du Barry 让娜·贝屈, 杜巴丽伯爵夫人
Beik, William 威廉·拜克
Bellevue 贝尔维尤
Belloy, Buirette de 布瓦内特·德·贝罗伊
Benedictus XIV 本笃十四世
Berg, Maxine 玛克辛·伯格
Berlier, Théophile 泰尔菲奥·贝利埃
Bernadotte, Jean-Baptiste Jules 让-巴蒂斯特·朱尔·贝纳多特
Bernard, Samuel 萨米埃尔·贝尔纳
Bernis, François-Joachim Cardinal de 弗朗索瓦-若阿基姆·德·贝尔尼
Berryer, Nicolas René 尼古拉·勒内·贝里耶
Besnard 贝纳尔
Besnard, François-Yves 弗朗索瓦-伊夫·贝斯纳
bienfaisance 慈善
biens nationaux 国民财富
Bignon, abbé 毕农神父
Billaud-Varenne 比约-瓦雷纳
billets de monnaie 纸币
Blé, Nicolas Chalon du 尼古拉·沙隆·杜布莱
Bloch, Marc 马克·布洛赫
Blondel, Jacques-François 雅克-弗朗索瓦·布隆德尔
Bo 柏
Bodin, Jean 让·博丹
Boehmer 伯默尔
Boisguilbert, Pierre Le Pesant de 皮埃尔·勒佩桑·德·布瓦吉贝尔
Boisset, Joseph Antoine 约瑟夫·安托万·布瓦塞
Bonald, Louis de 路易·德·博纳尔德
Bonaparte, Lucien 吕西安·波拿巴
Bonaparte, Napoléon 拿破仑·波拿巴
Bonneville, Nicholas 尼古拉·博纳维尔
Bonnières, Adrien Louis de, Duc de Guînes 阿德里安·路易·德·博尼埃, 吉讷公爵
Borromeo, Saint Carlo 圣卡罗·博罗梅奥
Bosch, Jheronimus 耶罗尼米斯·博斯
Bossange 博萨格
Bossuet, Jacques-Bénigne 雅克-贝尼涅·波舒哀
Boucher, François 弗朗索瓦·布歇
Bouchotte, Jean-Baptiste 让-巴蒂斯特·布舒特
Bougainville, Louis Antoine de 路易·安托万·德·布干维尔
Bouillé, François Claude de 弗朗索瓦·克劳德·德·布耶
Boulainvilliers, Henri de 亨利·德·布兰维利耶
Bourbon, Louis II de 路易二世·德·波旁
Bourbon, Louis-Alexandre de, Comte de Toulouse 路易-亚历山大·德·波旁, 图卢兹伯爵
Bourbon, Louis-Auguste de, Duke de Maine 路易-奥古斯特·德·波旁, 曼恩公爵
Bourbon, Louise Anne de, Mademoiselle de Charolais 路易丝·安娜·德·波旁, 夏洛莱小姐
Bourbon, Louis-Jean-Marie de, Duc de Penthièvre 路易-让-马里·德·波旁, 提耶夫公爵
Bourbon-Condé, Louis IV Henri de, Duc de Bourbon, Monsieur le Duc 路易四世·亨利·德·波旁-孔代, 波旁公爵, "公爵先生"
Bourbon-Condé, Louis V Joseph de, Duc de Montmorency 路易五世·约瑟夫·德·波旁-孔代, 蒙莫朗西公爵
Bourbon-Conti, Louis-Armand de 路易-阿尔芒·德·波旁-孔蒂
Bourbon-Conti, Louis-François-Joseph de, Duc de La Marche 路易-弗朗索瓦-约瑟夫·德·波旁-孔蒂, 德·拉·马尔什公爵
Bourgelat, Claude 克劳德·布尔热拉
Boyer-Fonfrède 布瓦耶-丰弗雷德
Boyle, Robert 罗伯特·波义耳
Boynes, Bourgeois des 布儒瓦·德布瓦纳
Braudel, Fernand 费尔南·布罗代尔
Bréard, Jean-Jacques 让-雅克·布雷亚德
Bréhan, Louis de, Comte de Plélo, 路易·德·布雷昂, 普莱洛伯爵
Breteuil, Louis Auguste Le Tonnelier de 路易·奥古斯特·勒通内利耶·德·布勒特伊
bric-à-brac 小玩意

bricolage 拼凑
Bridaine, Jacques 雅克·布里丹
Brienne, Loménie de 洛梅尼·德·布里耶纳
Brissot, Jacques-Pierre 雅克-皮埃尔·布里索
British nationals 英国国民
Broglie, Victor de 维克多·德·布罗格里
Brosses, Charles de 夏尔·德·布罗塞斯
Brottier, Gabriel 加布里埃尔·布罗蒂埃
Brown, Lancelot, Capability Brown 兰斯洛特·布朗，"万能布朗"
Brun 布兰
Brünstatt, Pierre-Victor de Besenval de 皮埃尔-维克多·德·贝桑瓦尔·德·布伦斯塔特
Brutus 布鲁图斯
Bryan, Felicity 费利西蒂·布赖恩
Buc'hoz, Pierre-Joseph 皮埃尔-约瑟夫·布克兹
Buffon, Georges-Louis Leclerc de 乔治-路易·勒克莱尔·德·布丰
buget 预算
Buonaparte 波拿巴
Buonarroti, Filippo 菲利波·博纳罗蒂
bureaucracy 官僚机构
bureaux 财政法庭
Burke, Edmund 埃德蒙·伯克
Buzot, François 弗朗索瓦·比佐
Byng, John 约翰·宾

Cabanis, Pierre Jean Georges 皮埃尔·让·乔治·卡巴尼斯
cachet 封印
cahiers des doléances 陈情书
caisse d'amortissement 偿债基金
Caisse d'escompte 贴现银行
Calas, Jean 让·卡拉斯
Calas, Marc-Antoine 马克-安托万·卡拉斯
Calonne, Charles Alexandre de 夏尔·亚历山大·德·卡洛纳
Cambacérès, Jean-Jacques-Régis de 让-雅克·雷吉斯·德·冈巴塞雷斯
Cambon, Joseph 约瑟夫·康邦
Camisard 卡米撒派
Campan, Henriette 亨丽埃特·康庞
Campbell, Peter 皮特·坎贝尔
Campmas, Jean François 让·弗朗索瓦·康普马
Camus 加缪
Canal des Deux-Mers 德梅尔运河
Capet, Hugues 于格·卡佩
capitation 人头税

Caraman, Victor Maurice de 维克多·莫里斯·德·卡拉曼
Cardinal de Retz 枢机主教雷斯
Carlos II 卡洛斯二世
Carlos III 卡洛斯三世
Carnot, Lazare 拉扎尔·卡诺
Carra, Jean-Louis 让-路易·卡拉
Carrier, Jean-Baptiste 让-巴蒂斯特·卡里耶
Carteret, John 约翰·加特利
Cartouche, Louis Dominique Garthausen 路易·多米尼克·卡尔图森·卡图什
Castelmoron, Henri-François-Xavier de Belsunce de 亨利-弗朗索瓦-格扎维埃·德·贝尔松斯·德·卡斯特莫隆
Castries, Charles Eugène Gabriel de 夏尔·欧仁·加布里埃尔·德·卡斯特里
cathedral chapters 教堂分会
Cathelineau, Jacques 雅克·卡特利诺
Catherine II 叶卡捷琳娜二世
Cato Maior 老加图
Cato Minor 小加图
Caussade, Antoine de 安托瓦·德·科萨德
Cazalès, Jacques Antoine Marie de 雅克·安托万·马里·德·卡扎莱斯
ceinture de fer 钢铁环带
censives 年供
Cercle Social 社会俱乐部
certificat de civisme 公民身份证
Certitude 确实性
Ceruti, Joseph-Antoine 约瑟夫-安托万·切鲁蒂
Cévennes 塞文山脉
Chaillou, Antoine-Jean Amelot de 安托万-让·阿姆洛·德·沙尤
Chaillou, Jean-Jacques Amelot de 让-雅克·阿姆洛·德·沙尤
Chambers, Ephraim 伊弗雷姆·钱伯斯
Chambre de justice 正义法庭
Chambre de la Tournelle 刑事庭
Chambre des Enquêtes 调查庭
Chambre des Requêtes 诉状审理庭
Chambre Saint-Louis 圣路易法庭
Chamillart, Michel 米歇尔·沙米亚尔
champart 实物地租
Championnet, Jean-Étienne 让-艾蒂安·尚皮奥内
Champvallon, Harlay de 哈雷·德·尚普瓦隆
Chancelier 司法大臣
chansonnier 小调
Chapelain, Jean 让·沙普兰
Chaptal, Jean-Antoine 让-安托万·沙普塔尔

译名对照表　787

Charette, François de 弗朗索瓦·德·沙雷特
Charles VI 查理六世
Charles VI 查理六世
Charles-Albert, Charles VII 查尔斯-阿尔伯特, 查理七世
Charlotte-Elisabeth 夏洛特-伊丽莎白
Chateaubriand, François-René de 弗朗索瓦-勒内·德·夏多布里昂
Châtelet, Louis Marie du 路易·马里·德·沙特莱
Chaumette, Pierre Gaspard 皮埃尔·加斯帕尔·肖梅特
Chauvelin, Germain-Louis 热尔曼-路易·肖夫兰
Chénier, Marie-Joseph 马里-约瑟夫·谢尼埃
Cherubino 凯鲁比诺
Chevalier de La Barrem 拉巴尔骑士
Choiseul 舒瓦瑟尔
Choiseul, Béatrix de, Duchesse de Gramont 贝娅特丽克丝·德·舒瓦瑟尔, 格拉蒙公爵夫人
Choiseul, Charles de, duc de Praslin 夏尔·德·舒瓦瑟尔, 普拉兰公爵
Choiseul, Étienne-François de 艾蒂安·弗朗索瓦·德·舒瓦瑟尔
Cisalpine Republic 山内共和国
Cispadane Republic 波南共和国
citoyen 公民
citoyenne 女公民
citoyen-priest 公民-神父
Claude Louis, Comte de Saint-Germain 克劳德·路易, 圣日耳曼伯爵
Claude, Florimond, Comte de Mercy 弗洛里蒙·克劳德, 梅尔西伯爵
Clavière, Étienne 艾蒂安·克拉维埃
Clemens XI 克莱芒十一世
Clemens XIII 克雷芒十三世
Clive, Robert 罗伯特·克莱夫
Club de l'Entresol 恩特里索尔俱乐部, 夹层俱乐部
Clugny, Jean Étienne Bernard de 让·艾蒂安·贝尔纳·德·克吕尼
Cobb, Richard 理查德·科布
Cobban, Alfred 阿尔弗雷德·科班
Cobban, Alfred 艾尔弗雷德·科班
Coigny, François Henri de Franquetot de 弗朗索瓦·亨利·德·弗朗克托·德·夸尼
Colbert, Jean-Baptiste 让-巴蒂斯特·科尔贝尔
Collé, Charles 夏尔·科莱

collective milch cow 集体的奶牛
Compte Rendu au Roi《国王账目》
Comtat Venaissin 沃奈桑伯爵领地
Comte d'Artois, Charles X 阿图瓦伯爵, 查理十世
Comte de Guibert 吉贝尔伯爵
Comte de Provence, Louis XVIII 普罗旺斯伯爵, 路易十八
Comte de Rochambeau 罗尚博伯爵
conciliarist 教会会议至上主义者
Concilium Tridentinum 特伦托宗教会议
Condillac, Étienne Bonnot de 艾蒂安·博诺·德·孔狄亚克
Condorcet, Nicolas de 尼古拉·德·孔多塞
Conseil d'État privé 私人国务委员会
Conseil du Roi 御前会议
conseils de la Polysynodie 各部会议
Conseils supérieurs 高级法庭
Constant, Benjamin 邦雅曼·贡斯当
constitution 宪法
contribution foncière 土地税
contribution patriotique 爱国贡献
contribution 贡献
Contrôleur général des Finances 财政总监
Cook, James 詹姆斯·库克
coqs de village 乡村公鸡
Corday, Charlotte 夏洛特·科黛
Corneille, Pierre 皮埃尔·高乃依
Cornwallis, Charles 查尔斯·康沃利斯
corporatism 团体主义
corporative 团体
corps 结构、机构
corvée 劳役
Cottin, Jacques 雅克·科丹
Cour des Monnaies 货币法院
cour plénière 全权法院
Cours des Aides 税务法院
cours forcé 强制流通
cours souveraines 最高法院
cours supérieures 高级法院
Court, Antoine 安托万·库尔
Couthon, Georges 乔治·库东
Couvray, Jean-Baptiste Louvet de 让-巴蒂斯特·卢韦·德·库维雷
Coyer, Gabriel-François 加布里埃尔-弗朗索瓦·科耶
Creutz, Gustaf Philip, comte 古斯塔夫·菲利普·克罗伊茨伯爵
Creuzé-Latouche, Jacques Antoine 雅克·安托万·克鲁泽-拉图舍
Croissy, Colbert de 科尔贝尔·德·克鲁瓦西
Crosne, Louis Thiroux de 路易·提鲁·德·

克罗斯
Crouzet, François 弗朗索瓦·克鲁泽
Croÿ-Solre, Emmanuel de 埃马纽埃尔·德·克罗伊-索勒尔
Crozat, Antoine 安托万·克罗扎
Crozat, Pierre 皮埃尔·克罗扎
Custine, Adam Philippe de 亚当·菲利普·德·屈斯蒂纳
Cyclopaedia《百科全书》

d'Aguesseau, Henri François 达盖索
d'Aguesseau, Henri François 亨利·弗朗索瓦·德·阿盖索
d'Albert, Charles Honoré, duc de Chevreuse 夏尔·奥诺雷·达尔贝, 谢弗勒斯公爵
d'Albert, Charles Philippe 夏尔·菲利普·达尔贝
d'Albert, Louis Auguste, duc de Chaulnes 路易·奥古斯特·达尔贝, 肖尔纳公爵
d'Alembert, Jean-le-Rond 让·勒朗·达朗贝尔
d'Angerville, Barthélémy Moufle 巴泰勒米·莫弗尔·德·昂热维尔
d'Angervilliers, Nicolas-Prosper 尼古拉-普洛斯珀·德·昂热维利耶
d'Anglas, Boissy 布瓦西·德·昂戈拉斯
d'Anselme, Jacques Bernard 雅克·贝尔纳·德·安塞尔姆
d'Argenson, Marc 马克·达尔让松
d'Aubé, Richer 里歇尔·道贝
d'Azyr, Félix Vicq 费利克斯·维克·达齐尔
d'Eglantine, Fabre 法布尔·德·埃格兰坦
d'Épinay, Louise 路易丝·德·埃皮奈
d'Eprémesnil, Duval 杜瓦尔·埃普雷梅尼
d'Herbois, Collot 科洛·代布瓦
d'Hézecques, Félix de France 费利克斯·德·弗朗斯·德泽科
d'Holbach, Paul Thiry 保罗·提利·德·霍尔巴赫
d'Invault, Étienne Maynon 艾蒂安-迈农·但沃尔
d'Ivernois, Francis 弗朗西斯·德·伊韦尔努瓦
d'Orléans, Anne, duchesse de Montpensier, La Grande Mademoiselle 安娜·德·奥尔良, 蒙庞西耶公爵夫人, 大郡主
d'Orléans, Louis 路易·德·奥尔良
d'Orléans, Louise Élisabeth, Mademoiselle de Montpensier 路易丝·伊丽莎白·德·奥尔良, 蒙庞西耶小姐
d'Orléans, Philippe 菲利普·德·奥尔良
d'Ormesson, Lefèvre 勒费弗尔·德·奥尔

梅森
Da Ponte, Lorenzo 洛伦佐·达·彭特
Dale Van Kley 戴尔·冯·克莱
Damiens, Robert-François 罗贝尔-弗朗索瓦·达米安
Danton, Georges 乔治·丹东
Darigrand, Edme-François 埃德姆-弗朗索瓦·达里格兰
Darthé, Augustin 奥古斯丁·达尔泰
Daubenton, Louis Jean-Marie 路易·让-马里·多邦东
Daunou, Pierre 皮埃尔·多努
David, Jacques-Louis 雅克-路易·大卫
de Clootz 德·克罗兹
décadi 旬日
Delanoue, Jeanne 让娜·德拉努
Demosthenes 德摩斯梯尼
depository 受托者
dépôts de mendicité 乞丐收容所
Desmarets, Nicolas 尼古拉·德马尔茨
Desmoulins, Camille 卡米耶·德穆兰
Dickens, Charles 查尔斯·狄更斯
Diderot, Denis 德尼·狄德罗
Dillon, Arthur 阿蒂尔·狄龙
Dinouart, Joseph 约瑟夫·迪努阿尔
don gratuit 自愿捐献
Doppet, François-Amédée 弗朗索瓦-阿梅代·多佩特
Douai, Merlin de 梅林·德·杜埃
droit des peuples 人民权利
droits 权利
Drouet, Jean-Baptiste 让-巴蒂斯特·德鲁埃
Dubois, Guillaume 纪尧姆·迪布瓦
Dubois-Crancé 迪布瓦-克朗塞
Duc d'Anjou, Philip V 安茹公爵, 腓力五世
duc d'Harcourt 哈考特公爵
Duc de Bouillon 布永公爵
Duchesse de Polignac 波利尼亚克公爵夫人
Duclos, Charles Pinot 夏尔·皮诺·杜克洛
Ducos, Roger 罗歇·迪科
Dufourny, Léon 莱昂·迪富尔尼
Duguet, Jacques-Joseph 雅克-约瑟夫·迪盖
Dumas, Mathieu 蒂厄·杜马
Dumouriez, Charles François 夏尔·弗朗索瓦·迪穆里埃
Duphot, Mathurin-Léonard 马蒂兰-莱昂纳尔·迪福
Dupleix, Joseph François 约瑟夫·弗朗索瓦·迪普莱
Duport, Adrien 阿德里安·迪波尔
Duquesnoy, Adrien 阿德里安·迪凯努瓦
Dyzez, Jean 让·迪泽

École militaire 军事学院
economy of makeshifts 权宜之计的经济
Edward III 爱德华三世
Efendi, Mehmed 穆罕默德·埃芬迪
electrify 点亮
émigré 流亡者
enchanteur 巫师
Encyclopédie《百科全书》
entropic 熵
estate 等级
États généraux 三级会议
évêque du dehors 外主教
Expilly, Jean-Joseph 让-约瑟夫·埃克斯皮里

Family Compact 家族盟约
fanatic 狂热者
Farnese, Elizabeth 伊丽莎白·法尔内塞
Fauchet, Claude 克劳德·富歇
Febvre, Lucien 吕西安·费弗尔
fédérés 联盟军
Fénelon, François 弗朗索瓦·费奈隆
féodalité 封建制
Féraud, Jean-Bertrand 让·贝特朗·费罗
Ferdinand VI 斐迪南六世
fermage 租赁制
Ferme Générale 总包税所
fermiers 包税人
Ferrières, Charles-Élie de 夏尔-埃利·德·费里埃
Fersen, Hans Axel von 汉斯·亚克塞尔·冯·费尔桑
feuille des bénéfices 圣职分配所
Fielding, Henry 亨利·菲尔丁
Fieux, Charles de Chevalier de Mouchy 夏尔·德·菲奥,穆希骑士
Figaro 费加罗
figurist 索隐派
financiers 财政家
Fitz-James, Charles de 夏尔·德·菲茨-雅姆
Fleuriot-Lescot 弗勒里昂-莱斯科
Fleury 弗勒里
Fleury, André-Hercule de 安德烈-埃居尔·德·弗勒里
Fleury, Claude 克劳德·弗勒里
Fleury, Joly de 约利·德·弗勒里
Fontenelle, Bernard de 贝尔纳·德·丰特奈尔
Fonvizine, Denis 丹尼斯·冯维辛
Forbonnais, Véron de 维隆·德·富尔邦奈
Forts, Lepeletier des 勒佩勒捷·德福特
Fosseyeux, Dubois de 迪布瓦·德·福斯耶

Foucault, Michel 米歇尔·福柯
Fouché, Joseph 约瑟夫·富歇
Fouquet, Nicolas 尼古拉·富凯
Fouquier-Tinville 富凯尔-坦维尔
Fourcroy, Antoine François 安托万·弗朗索瓦·福尔克罗
Fourqueux, Bouvard de 布瓦尔·德·富尔盖
Francis I 弗朗茨一世
Francis II 弗朗茨二世
François Joseph Paul de Grasse 弗朗索瓦·约瑟夫·保罗·德·格拉斯
Franklin, Benjamin 本杰明·富兰克林
Franks' warrior assemblies 法兰克人的战士议会
Frederick II 腓特烈二世
free nations 自由的国民
free-masons 自由共济会
French constitution 法兰西宪法
French Nation 法兰西国民
Fréron, Élie Catherine 埃利·卡特林·弗雷龙
Frey 费雷
fundamental law 基本法
fundamental maxims 基本准则
Furet, François 弗朗索瓦·孚雷

gabelle 盐税
Galiani, Ferdinando 费迪南多·加利亚尼
Galicians 教宗权制限派、高卢派
Gallican Articles《高卢四款》
Garat, Dominique Joseph 多米尼克·约瑟夫·加拉
Garde nationale 国民自卫军
Gardes Françaises 法兰西近卫团
Gaumont, Henri de, Duc de la Force 亨利·德·戈蒙,德拉福斯公爵
General Subvention 普遍援助
généralité 财政区
Genlis, Félicité de 费利西泰·德·让利斯
Gensonné, Armand 阿尔芒·让索纳
gentilhomme 贵族
George I 乔治一世
George II 乔治二世
Gibbon, Edward 爱德华·吉本
Giorgiones 乔尔乔内
Giudice, Antonio del, prince de Cellamare 安东尼奥·德尔朱迪切,切拉马雷亲王
glanage 拾穗
Gobel, Jean Baptiste 让-巴蒂斯特·戈贝尔
Godechot, Jacques 雅克·戈德肖
Gohier, Louis-Jérôme 路易-热罗姆·戈耶
Gondrin, Louis de, Duc d'Antin 路

790　伟大民族：从路易十五到拿破仑的法国史

易·德·贡德兰，安坦公爵
Gorsas, Antoine Joseph 安托万·约瑟夫·戈尔萨斯
Gouffre 古费尔
Gouges, Olympe de 奥兰普·德古热
Gracchus 格拉古
Grand Conseil 大法院
Grand Conseil 大法院
Grand Siècle 伟大世纪
Grand Siècle 伟大世纪
Grande Chambre 大法庭
grandes entrées 进入国王内室的特权
grandes remontrances 大谏诤书
Grand-Guignol 大木偶剧院
grands bailliages 大巴伊法院
Grangeneuve, Jean-Antoine 让-安托万·格朗热纳夫
Great Chain of Being 存在巨链
Great Chain of Buying 购买巨链
great confinement of the poor 穷人大生产
great confinement of the poor 穷人大限行
Great Nation 伟大民族
Grégoire, Henri 亨利·格雷古瓦
Greuze, Jean-Baptiste 让-巴蒂斯特·格勒兹
Gribeauval, Jean-Baptiste 让-巴蒂斯特·格里博瓦尔
Grotius, Hugo 胡果·格劳秀斯
Groye, Ménard de la 梅纳德·德·拉格罗耶
Grub Street 葛拉布街
Guadet, Marguerite-Élie 马格里特-埃利·加代
Guer, Clément de, Marquis de Pontcallec 克莱芒·德·盖尔，庞加莱侯爵
guerre des farines 面粉战争
Guillotin, Joseph-Ignace 约瑟夫-伊尼亚斯·吉约坦
Gustavus III 古斯塔夫三世

Haase-Dubosc, Danielle 达妮埃尔·阿斯-迪博斯克
Habermas, Jürgen 于尔根·哈贝马斯
Hailes, Daniel 丹尼尔·海尔斯
Hanriot, François 弗朗索瓦·昂里奥
Hassenfratz, Jean Henri 让·亨利·哈森弗拉茨
Hauranne, Jean Duverger de 让·迪韦尔热·德·奥朗内
Hébert, Jacques-René 雅克-勒内·埃贝尔
Helvétius, Claude Adrien 克劳德·阿德里安·爱尔维修
Hēraklēs 赫拉克勒斯

Hérault, René 勒内·埃罗
Herod 希律王
Herzog zu Braunschweig-Lüneburg 不伦瑞克公爵
Hobbes, Thomas 托马斯·霍布斯
hobereaux 燕隼
Hoche, Lazare 拉扎尔·奥什
hôpitaux généraux 综合医院
hortus 花园
Houssaye, Lepelletier de la 勒佩勒捷·德·拉乌赛
Hume, David 大卫·休谟

Idomeneo 伊多梅尼奥
Imbert-Colomès 安贝尔-科洛梅斯
impôt 税收
Incroyables 着装奇特的年轻人
Ingrand 安格朗
Innocent XI 英诺森十一世
inspectorate 监察员
Institut d'histoire de la Révolution française/IHRF 法国大革命史研究所
Institut philanthropique 慈善协会
Intendant 督办
Irving, Washington 华盛顿·欧文
Isnard, Maximin 马克西曼·伊斯纳尔
Issarts, Bancal des 班卡尔·德·伊萨尔

Jacob-Nicolas Moreau 雅各布-尼古拉·莫罗
Jansen, Cornelius 康内留斯·詹森
Jaucourt, Louis de 路易·德·若古
Javogues, Claude 克劳德·雅沃格
Jean-Baptiste de Machault d'Arnouville, Tête de fer 让·巴蒂斯特·德·马绍·达努维尔，"铁头"
Jefferson, Thomas 托马斯·杰斐逊
Jenks, Silvester 西尔韦斯特·詹克斯
jeunesse dorée 金色青年
Jones, Colins 科林·琼斯
Joseph I 约瑟夫一世
Joseph II 约瑟夫二世
Joubert, Barthélemy 巴泰勒米·茹贝尔
Jourdan, Jean-Baptiste 让-巴蒂斯特·茹尔当
Jules Mazarin 马扎然

Kantorowitz, Ernst 恩斯特·坎托罗维奇
Kaunitz-Rietberg 考尼茨-里特贝格
Kent, William 威廉·肯特
Koselleck, Reinhart 莱因哈特·科塞雷克

L'esprit de clocher 乡土观念
L'État, c'est moi 朕即国家

译名对照表　791

l'histoire événementielle 事件史
L'Ouverture，Toussaint 杜桑·卢维杜尔
La Borde，Vivien de 维维安·德·拉博尔德
La Chalotais，Louis-René de，Marquis de Caradeuc 路易-勒内·德·拉夏洛泰，卡拉杜克侯爵
La Galaizière，Chaumont de 肖蒙·德·拉格莱泽尔
la gloire 荣耀
la grande nation 伟大民族
la guerre en dentelle 衬裙战争
La Luzerne，César Henri de 塞萨尔·亨利·德·拉吕泽讷
La Mettrie，Julien Offray de 朱利安·奥弗雷·拉梅特里
La Pérouse，Jean-François de 让-弗朗索瓦·德·拉彼鲁兹
La Révellière-Lépeaux 拉勒韦利耶尔
La Rivière，Henry 亨利·拉里维埃
La Rochefoucauld-Liancourt 拉罗什福考尔德-利昂库尔
La Rouërie，Armand Tuffin de 阿尔芒·塔芬·德·拉鲁埃里
La seul nation 唯一的民族
La Tour，Roussel de 鲁塞尔·德·拉图尔
La Valette 拉瓦莱特
La Vrillière 拉韦利埃
Laborde，Jean-Joseph 让-约瑟夫·拉博尔德
labour-dues 劳役费用
Labre，Benoît 伯努瓦·拉布尔
Labrousse，Ernest 厄内斯特·拉布鲁斯
Labrousse，Ernest 埃内斯特·拉布鲁斯
Lacombe，Claire 克莱尔·拉孔布
Lacretelle 拉克雷泰勒
laisser faire, laisser passer 放任自由，允许通过
Lal，Maneesha 玛内莎·拉尔
Lally-Tollendal，Thomas Arthur de 托马·阿蒂尔·德·拉利-托朗达尔
Lameth，Alexandre de 亚历山大·德·拉梅特
Lameth，Charles de 夏尔·德·拉梅特
Lanjuinais，Jean-Louis 让-德尼·朗奇耐
Launay，Bernard-René Jourdan de 贝尔纳-勒内·茹尔当·德·洛内
Launay，Louis-Alexandre de，comte d'Antraigues 路易-亚历山大·德·洛奈，安特雷格伯爵
Lavater 拉瓦特尔
Laverdy，Clément Charles François de 克莱芒·夏尔·弗朗索瓦·德·拉瓦迪
Lavoisier，Antoine-Laurent de 安托万-洛朗·德·拉瓦锡

law of silence 沉默法
Law，John 约翰·劳
Le Bas，Philippe-François-Joseph 菲利普-弗朗索瓦-约瑟夫·勒巴
le Bien-Aimé 受爱戴者
Le Brun，Charles 夏尔·勒布伦
Le Chapelier，Issac 伊萨克·勒夏佩利埃
le commerce des esprits 精神交往
Le Grand Condé 大孔代
le Mal-Aimé 不受爱戴者
Le Paige，Louis-Adrien 路易-阿德里安·勒佩吉
le petit ministère 小国务大臣
Le Roy，Julien 朱利安·勒鲁瓦
Le Roy，Ladurie Emmanuel 埃马纽埃尔·勒华拉杜里
Le Tellier，Michel 米歇尔·勒泰利耶
Lebrun-Tondu 勒布伦-通杜
Leclerc，Théophile 泰尔菲奥·勒克莱克
Lefebvre，Georges 乔治·勒费弗尔
leges privatae 私法
legislative fiats 法律许可
Leguay，Nicole 妮克·勒盖
Lemerre 勒梅尔
Lenoir，Jean-Charles-Pierre 让-夏尔-皮埃尔·勒努瓦
Léon，Pauline 波利娜·雷昂
Leonardo da Vinci 列奥纳多·达·芬奇
Leopold II 利奥波德二世
Lequinio，Joseph 约瑟夫·莱基尼奥
les bailliages 巴伊辖区
les présidiaux 初等法院
les prévôtés 普雷沃辖区
les sénéchaussées 塞内夏尔辖区
Lesage，Alain-René 阿兰-勒内·勒萨日
Lespinasse，Julie de 朱莉·德·莱斯皮纳斯
Lessart，Claude Antoine de 克劳德·安托万·德·勒萨特
Leszczynska，Marie 玛丽·莱辛斯卡
Leszczyński，Stanisław I 斯坦尼斯瓦夫·莱辛斯基
Letourneur，Étienne-François 艾蒂安-弗朗索瓦·勒图尔纳
lettres de cachet 密札
*Lettres historiques sur les fonctions essentielles du Parlement*《关于高等法院基本职能的历史通信》
*Lettres sur les lits de justice*《御临高等法院会议信札》
levée en masse 全民动员
Lévis，François-Gaston de 弗朗索瓦-加斯东·德·莱维
Lewis，Gwynne 格温·刘易斯

Libertas 自由
Lieutenant général de police 治安总监
Lindet, Jean-Baptiste Robert 让-巴蒂斯特·罗贝尔·兰代
Linguet, Simon-Nicholas Henri 西蒙-尼古拉·亨利·兰盖
Linné, Carl von 卡尔·冯·林奈
Lioncy 里昂斯
Lit de justice 御临高等法院
Livesey, James 詹姆斯·利夫西
Livre rouge 红皮书
Locke, John 约翰·洛克
lods et ventes 遗产杂税
Louis de France 法兰西的路易
Louis XIV 路易十四
Louis XV 路易十五
Louise Élisabeth, duchesse de Berry 路易丝·伊丽莎白，贝里公爵夫人
Louisocentric 路易中心主义
Louis-Philippe II, Duc de Chartres, Philippe Égalité 路易-菲利普二世，沙特尔公爵，"菲利普-平等"
Loyseau, Charles 夏尔·洛索
Luc, Gaspard-Charles de Vintimille du 加斯帕尔-查尔斯·德·文蒂米尔·德·吕克
Luc, Périsse du 佩里斯·杜·吕克
Lully, Jean-Baptiste 让-巴蒂斯特·吕利

Mably, Gabriel Bonnot de 加布里埃尔·博诺·德·马布利
Machiavelli, Niccolò 尼古洛·马基雅维利
Madame de La Tour du Pin 拉图尔·杜潘夫人
Madame de Maintenon 曼特农夫人
Madame de Montespan 蒙特斯庞夫人
Madame de Pompadour, Jeanne Antoinette Poisson 蓬帕杜夫人
Madame de Staal-Delaunay 斯塔尔-德洛奈夫人
Madame de Staël 斯塔尔夫人
Madame de Tencin 唐森夫人
Madame de Ventadour 旺塔杜尔夫人
Madame du Coudray 库德雷夫人
Madame du Deffand 德方夫人
Madame Geoffrin 若弗兰夫人
Mademoiselle de Blois 布卢瓦女士
Magraw, Roger 罗格·马格劳
Mailly-Nesle, Diane Adélaïde de, Mademoiselle de Lauraguais 迪亚娜·阿代拉伊德·德·迈利-内勒，劳拉盖斯小姐
Mailly-Nesle, Louise Julie de, Comtesse de Mailly 路易丝·朱莉·德·迈利-内勒，迈利伯爵夫人
Mailly-Nesle, Marie-Anne de, Marquise de La Tournelle, Duchesse de Châteauroux 玛丽-安妮·德·迈利-内勒，拉图内尔侯爵夫人，沙特鲁公爵夫人
Mailly-Nesle, Pauline Félicité de, Mademoiselle de Nesle 波利娜·费利西泰·德·迈利-内勒，内勒小姐
Maistre, Joseph de 约瑟夫·德·迈斯特
maître de requêtes 行政法院审查官
maîtres des requêtes 审查官
Malesherbes, Lamoignon de 拉穆瓦尼翁·德·马勒泽布
Malouët, Pierre-Victor 皮埃尔-维克多·马卢埃
Mandeville, Bernard 伯纳德·曼德维尔
Marais, Mathieu 马蒂厄·马雷
Marat, Jean-Paul 让-保罗·马拉
marc d'argent 银马克
Marc-Marie, marquis de Bombelles 马克-马里，邦贝尔侯爵
maréchaussée 骑警队
Marelle, Louis Basset de la 路易·巴塞·德·拉马雷勒
Maria Theresa 玛丽亚·特蕾莎
Mariana Vitória 玛丽安娜·维多利亚
Marie-Antoinette 玛丽-安托瓦内特
Marmontel, Jean-François 让-弗朗索瓦·马蒙泰尔
Marquês de Pombal 庞巴尔侯爵
Marquis de Belle-Isle, Charles Louis Auguste Fouquet 贝勒-伊勒侯爵，夏尔-路易-奥古斯特·富凯
Marquis de Lafayette 拉法耶特侯爵
Marquise de Prie 普里侯爵夫人
Marville, Feydeau de 费多·德·马维尔
Mathiez, Albert 阿尔贝·马迪厄
Maupeou, René-Charles de 勒内-夏尔·德·莫普
Maupertuis, Pierre 皮埃尔·莫佩尔蒂
Maurepas, Jean-Frédéric Phélypeaux de 让-弗雷德里克·菲利波·德·莫勒帕
Maury, Jean-Sifrein 让-斯弗兰·莫里
McDonagh, Josephine 约瑟芬·麦克多纳
McManners, Jack 杰克·麦克曼斯
Meilhan, Sénac de 塞纳卡·德·梅尔汉
Melchior, Friedrich, Baron von Grimm 弗里德里希·梅尔基奥尔，冯·格林男爵
Melon, Jean-François 让-弗朗索瓦·梅隆
mémoire judiciaire 司法备忘录
Ménétra, Jacques-Louis 雅克-路易·梅内特拉
mentalités 心态

Mentor 门托尔
Mercier, Louis-Sebastien 路易-塞巴斯蒂安·梅西耶
Merveilleuses 时髦女郎
Mesmer, Franz Anton 弗朗茨·安东·梅斯梅尔
meta-historical 元历史
métayage 分成租佃制
Mirabeau, André Louis de, Mirabeau-'Tonneau' 安德雷·路易·德·米拉波，"木桶米拉波"
Mirabeau, Victor Riquetti de 维克多·里克蒂·德·米拉波
Miromesnil, Armand Thomas Hue de 阿尔芒·托马·于·德·米罗梅尼尔
Molière 莫里哀
Molina, Luis de 路易斯·德·莫利纳
Molinism 莫利纳主义
Molleville, Bertrand de 贝特朗·德·默德维尔
monarchiens 王政派
Monceau, Duhamel du 杜哈梅尔·杜蒙索
Monet, Jean-Baptiste de, Chevalier de Lamarck 让-巴蒂斯特·德·莫奈，拉马克骑士
Monge, Gaspard 加斯帕尔·蒙日
Montagu, Lady Mary Wortley 玛丽·沃特利·蒙塔古
Montblin, Michau de 米夏·德·蒙特布林
Montcalm, Louis-Joseph de 路易-约瑟夫·德·蒙卡尔姆
Montenoy, Charles Palissot de 夏尔·帕利索·德·蒙特诺伊
Montesquieu 孟德斯鸠
Monteynard, Louis François de 路易·弗朗索瓦·德·蒙蒂纳
Montfort, Grignion de 格里尼昂·德·蒙福
Montgeron, Louis Carré de 路易·卡雷·德·蒙日龙
Montmartel, Paris de 帕里斯·德·蒙马特尔
Montmorin, Armand Marc de 阿尔芒·马克·德·蒙莫兰
Moral Reflections《道德思索》
Morande, Thévenot de 泰维诺·德·莫朗德
Moras, Peyrenc de, Marquis de Massiac 佩伦克·德·莫拉斯，马西亚克侯爵
Morellet, André 安德烈·莫雷莱
Morelly, Étienne-Gabriel 艾蒂安-加布里埃尔·摩莱里
Morris, Gouverneur 古弗尼尔·莫里斯
Mosson, Bonnier de la 博尼埃·德·拉莫森
Moulin, Jean François Auguste 让·弗朗索瓦·奥古斯特·穆兰
Mounier, Jean-Joseph 让-约瑟夫·穆尼耶
Mozart, Wolfgang Amadeus 沃尔夫冈·阿马德乌斯·莫扎特
Mulhouse 米卢斯
Munro, George 乔治·芒罗

Narbonne, Pierre 皮埃尔·纳尔博纳
nation 民族
National Assembly 国民议会
national community 民族共同体
national culture 国民文化
national family 民族大家庭
national history 民族历史
national interests 民族利益
national lands 国家土地
national life 国民生活
national market 国家市场
national regeneration 国民再生
national unity 国民统一团结?
national wealth 国家财富
nature 自然
Navarre, Henri de 亨利·德·纳瓦尔
Necker, Jacques 雅克·内克
Necker, Suzanne 苏珊娜·内克
Nelson, Horatio 霍拉肖·纳尔逊
Nemours, Dupont de 杜邦·德·尼穆尔
Nesle, Marquis de 内勒侯爵
Neufchâteau, François de 弗朗索瓦·德·纳沙托
Neufville, François de, Duc de Villeroy 弗朗索瓦·德·纳维尔，维勒鲁瓦公爵
Newton, Isaac 艾萨克·牛顿
Nicole, Pierre 皮埃尔·尼科尔
Nimrod 尼姆罗德
Noailles, Louis Antoine de 路易·安托万·德·诺瓦耶
Noailles, Louis de, comte d'Ayen 路易·德·诺瓦耶，艾扬伯爵
noble 贵族
noblesse de races 世家贵族
Nollet, Jean-Antoine 让-安托万·诺莱
Nora, Pierre 皮埃尔·诺拉
Nouvelles ecclésiastiques《教会新报》

officiers de santé 公共卫生官员
Orry, Philibert 菲利贝尔·奥里
Ouvrard, Gabriel-Julien 加布里埃尔·朱利安·乌夫拉尔

Pache, Jean-Nicolas 让-尼古拉·帕什
pacte de famine 饥荒协议
Palloy, Pierre-François 皮埃尔-弗朗索瓦·

帕洛瓦
Palmer，Robert R. 罗伯特·帕尔默
Pan，Mallet du 马莱·杜潘
Panchaud, Isaac 伊萨克·潘肖
Panckoucke，Charles-Joseph 夏尔-约瑟夫·庞库克
Paoli，Pascal 帕斯卡尔·保利
Pâris，François de 弗朗索瓦·德·帕里斯
Paris Agency 巴黎办事处
Pâris-Duverney，Joseph 约瑟夫·帕里斯-迪韦尔内
Parlement de Paris 巴黎高等法院
pastoral letter 牧函
pastoral mission 牧业使命
Paul I 保罗一世
Paullete 博莱特税
pays d'élections 税区地区
pays d'élections 税区地区
pays d'état 三级会议地区
pays de grande culture 大面积耕作区
pays de grande gabelle 大盐税地区
pays de petite gabelle 小盐税地区
pays de salines 盐场地区
pays de taille personnelle 属人军役税地区
pays de taille réelle 属物军役税地区
pays rédimés 赎买地区
pays 地区
Pereira 佩雷拉
Périer 佩里埃
Peuchet，Jacques 雅克·皮肖
Pharamond 法拉蒙
Phélypeaux 菲利波
Phélypeaux，Jérôme 热罗姆·菲利波
Phélypeaux，Louis III，Comte de Saint-Florentin 路易三世·菲利波，圣弗洛朗丹伯爵
philosophers 启蒙哲学家
Phlipon，Manon 玛农·菲利普
Pichegru, Jean-Charles 让-夏尔·皮什格鲁
Pitt，William 威廉·皮特
Pius VI 庇护六世
Plessis，Louis-François-Armand du，Duc de Richelieu 路易-弗朗索瓦-阿尔芒·迪普莱西，黎塞留公爵
Pluche，Noël-Antoine 诺埃尔-安托万·普吕什
Poisson，Abel-François，Marquis de Marigny 阿贝尔-弗朗索瓦·普瓦松，马里尼侯爵
*Poissonades*《普瓦松行动》
police 治安
polite science 礼仪科学
political contractualism 政治契约主义

political nation 政治国家
Polysynodie 各部会议制
Poniatowski，Stanislas 斯坦尼斯瓦夫·波尼亚托夫斯基
Pontchartrain 蓬查特兰
Ponts et Chaussées 路桥工程
popular will 大众意志
Prades，Jean-Martin de 让-马丁·德·普拉德
pré carré 双重防御体系
prête-noms 冒名者
Prévost，Charles-Joseph 夏尔-约瑟夫·普雷沃斯特
Priestley，Joseph 约瑟夫·普利斯特利
Prieur，Pierre Louis 皮埃尔·路易·普里厄
Prieur-Duvernois，Claude-Antoine 克劳德-安托万·普里厄-迪韦努瓦
prince de Conti 孔蒂亲王
Prince of the Asturias，Luis I 阿斯图里亚斯亲王，路易斯一世
Princes du sang 血亲亲王
Princesse de Lamballe 朗巴勒亲王夫人
Proli 普罗利
provincial estates 省三级会议代表
provincial governors 省长
public sphere 公共领域
public 公众
Pufendorf，Samuel 塞缪尔·普芬道夫
quart bouillon 煮盐场
quasi-divinity 准神性
quasi-presbyterian 准长老会式

Quesnay，François 弗朗索瓦·魁奈
Quesnel，Pasquier 帕基耶·凯内尔

Raison d'état 国家利益
Ramel-Nogaret，Dominique-Vincent 多米尼克-樊尚·拉梅尔-诺加雷
Ravaillac，François 弗朗索瓦·拉瓦亚克
Raynal，Guillaume 纪尧姆·雷纳尔
reading 阅读
Réaumur，René-Antoine de 勒内-安托万·德·雷奥米尔
Réaux，Louis Gabriel Taboureau des 路易·加布里埃尔·塔布罗·德·雷奥
Récamier，Juliette 朱丽叶·雷卡米耶
receveurs 收税人
Régnault 勒尼奥
regular bedtime diet 睡前食谱
remontrances 谏诤书
Renault，Cécile 塞西尔·雷诺
rentes perpétuelles 永久年金公债
rentes viagères 终身年金公债

译名对照表　795

rentes 年金公债
Réveillon riots 通宵骚乱
révolution française 法国革命
Revolutionary nation 大革命民族
Rewbell, Jean-François 让-弗朗索瓦·勒贝尔
Reymond, Henri 亨利·雷蒙
Richelieu, Emmanuel-Armand du Plessis de, Duc d'Aiguilon 埃马纽埃尔-阿尔芒·迪普莱西·德·黎塞留, 达吉永公爵
Richer, Edmond 埃德蒙·里歇尔
Rigaud, Hyacinthe 亚森特·里戈
Rijn, Rembrandt Harmenszoon van 伦勃朗·哈尔门松·范赖恩
riot act 骚乱法案
rithmetic 算术
Rivarol, Antoine de 安托万·德·里瓦罗尔
Rivière, Mercier de la 梅西耶·德·拉里维埃
Robert, Hubert 于贝尔·罗贝尔
Roberts, Penny 彭妮·罗伯茨
Robespierre, Augustin 奥古斯丁·罗伯斯庇尔
Robespierre, Maximilien 马克西米连·罗伯斯庇尔
Rochejaquelein, Henri de la 亨利·德·拉罗什雅克林
Rodin, Auguste 奥古斯特·罗丹
Roederer, Pierre-Louis 皮埃尔-路易·勒德雷尔
Rohan, Charles de, Prince de Soubise 夏尔·德·罗昂, 苏比斯亲王
Rohan, Henri-Louis-Marie de, Prince de Guémenée 亨利-路易-马里·德·罗昂, 盖梅内亲王
Rohan-Chabot, Guy-Auguste de 居伊-奥古斯特·德·罗昂-沙博
Roland, Jean-Marie 让-马里·罗兰
roman à clef 影射小说
Romans, Anne Couppier de 安妮·库皮耶·德·罗曼
Roncherolles 朗切罗勒斯
Ronsin, Charles-Philippe 夏尔-菲利普·陇辛
Rousseau, Jean-Jacques 让-雅克·卢梭
Roussel, Pierre 皮埃尔·鲁塞尔
Roux, Jacques 雅克·鲁
Roux-Fazillac 鲁-法兹拉克
royal court 国王法庭
Royou, Thomas-Marie 托马-马里·罗尤
Ruault, Nicolas 尼古拉·鲁奥
Rubens, Peter Paul 彼得·保罗·鲁本斯
Rude, George 乔治·鲁德

Ruffo, Fabrizio 法布里齐奥·鲁福
Rühl, Philippe 菲利普·吕尔
Rulhière, Claude-Carloman de 克劳德-卡洛曼·德·吕利埃

Sackville, John Frederick 约翰·弗雷德里克·萨克维尔
Sade, Donatien Alphonse François de 唐纳蒂安·阿尔丰斯·弗朗索瓦·德·萨德
Saint Étienne, Rabaut de 拉博·德·圣艾蒂安
Saint Thomas à Becket 圣多马·贝克特
Saint-André, Jean Bon 让·邦·圣安德烈
Sainte-Foy, Philippe-Auguste, Chevalier d'Arc, de 菲利普-奥古斯特·德·圣福伊, 阿尔克骑士
Saint-Fargeau, Louis-Michel Lepeletier de 路易-米歇尔·勒佩勒捷·德·圣法尔若
Saint-James, Baudard de 鲍达尔·德·圣詹姆斯
Saint-Just, Louis Antoine de 路易·安托万·德·圣茹斯特
Saint-Mauris-Montbarrey, Alexandre de 亚历山大·德·圣莫斯-蒙巴雷
Saint-Priest, Jean-Emmanuel Guignard de 让-埃马纽埃尔·吉尼亚尔·德·圣普里埃斯特
Saint-Simon, Louis de Rouvroy de 路易·德·鲁弗鲁瓦·德·圣西蒙
salonnière 沙龙女作者
Sanson 桑松
Sartine, Antoine de 安托万·德·萨廷
Saulx-Tavannes 索尔克斯-塔万尼
Saussure, Horace-Bénédict de 奥拉斯-贝内迪克特·德·索绪尔
Sauvageon, Christophe 克里斯托夫·索瓦贡
Saxe, Maurice de 莫里斯·德·萨克森
Schérer, Barthélemy 巴泰勒米·谢雷
Séance de la Flagellation 鞭笞训辞
Secret du Roi 国王密情处
Secrétaire d'État 国务大臣
Ségur, Philippe Henri de 菲利普·亨利·德·塞居尔
seigneurialism 领主制
Seneffe 瑟内夫
Serna, Pierre 皮埃尔·塞尔纳
Serre, Olivier de 奥利维耶·德·塞尔
Servantes des pauvres 贫者之仆会
Sieyès, Emmanuel 埃曼努尔·西耶斯
Silhouette, Étienne de 艾蒂安·德·西卢埃特
Simonneau, Jacques Guillaume 雅克·纪尧

姆·西蒙诺
Soanen, Jean 让·索阿宁
Soboul, Albert 阿尔贝·索布尔
society of orders 等级社会
society 社会
Soldat-citoyen 士兵-公民
Sonenscher, Michael 迈克尔·索南沙因
Sophie Hélène Béatrice 苏菲·海伦·碧雅翠丝
sovereign court/high courts of law 高级法庭
Spary, Emma 埃玛·施帕里
Starhemberg, Georg Adam 格奥尔格·亚当·施塔尔亨贝格
state 国家
Stephanopoli, Dimo 迪莫·斯特凡诺普利
Stofflet, Jean-Nicolas 让-尼古拉·斯托弗莱特
Stone, Lawrence 劳伦斯·斯通
Strachan, John 约翰·斯特罗恩
Stuart, Charles Edward 查尔斯·爱德华·斯图亚特
Stuart, John, Earl of Bute 约翰·斯图尔特，比特伯爵
subjects 臣民
Suetonius 苏维托尼乌斯
sugar-coated spectacle 糖衣景观
supplément d'hiver 冬季补充税

taillable 军役税缴纳者
taille 军役税
taillon 军役税附加税
Talleyrand-Périgord, Charles Maurice de 夏尔·莫里斯·德·塔列朗-佩里戈尔
Tallien, Jean Lambert 让-朗贝尔·塔利安
Target 塔吉特
Tax-evasion 漏税
Te Deums《感恩赞》
Telemachomania 特勒马科斯狂热
Tencin, Pierre Guérin de 皮埃尔·介朗·德·唐森
Terray, Joseph Marie 约瑟夫·马里·泰雷
territorial units 领土单元
Théot, Catherine 卡特琳娜·泰奥
Thibaudeau, Antoine Claire 安托万·克莱尔·蒂博多
Thuriot, Jacques Alexis 雅克·亚历克西斯·图里奥
Torcy, Colbert de 科尔贝尔·德·托尔西
Tournehem, Le Normant de 勒诺曼·德·图尔内姆
Toussaint, François-Vincent 弗朗索瓦·文森·图桑
traite 关税

Treaty of Aix-la-Chapelle《艾克斯-拉-沙佩勒和约》
Treilhard, Jean-Baptiste 让-巴蒂斯特·特雷亚尔
Tremblay, Abraham 亚伯拉罕·特朗布莱
Tribunal of the Nation 国民法庭
Trudaine, Daniel 丹尼尔·特吕代纳
Tubeuf 图贝夫
Turgot, Anne Robert Jacques 阿内·罗伯特·雅克·杜尔哥
Turreau, Louis Marie 路易·马里·图尔若

ultramontane 教宗绝对权力主义者
Unigenitus《乌尼詹尼图斯通谕》
union des classes 阶级联盟
unnational 不国民的

Vadier, Marc-Guillaume 马克-纪尧姆·瓦迪埃
vaine pâture 放牧
Valeria Messalina 瓦莱里娅·梅萨利娜
Valois, Jeanne de Saint-Rémy de, Madame de La Motte 让娜·德·圣雷米·德·瓦卢瓦，拉莫特夫人
Varlet, Jean 让·瓦尔莱
Vauban, Sébastien Le Prestre de 塞巴斯蒂安·勒普雷斯特·德·沃邦
Vaucanson, Jacques de 雅克·德·沃康松
Vauxhall 沃克斯豪尔
Vecelli, Tiziano 提香，蒂齐亚诺·韦切利奥
Vergennes, Charles Gravier de 夏尔·格拉维耶·德·韦尔热纳
Vergniaud, Pierre Victurnien 皮埃尔·维克蒂尼安·韦尼奥
Vernet, Claude Joseph 克劳德·约瑟夫·韦尔内
vestries 教区会
Victoire Louise Marie Thérèse 维克图瓦·路易丝·玛丽·泰蕾兹
Victor-Hugues 维克多-于格
Vigée-Lebrun, Élisabeth 伊丽莎白·维热-勒布伦
Villars, Claude de 克劳德·德·维拉尔
Villedeuil, Pierre-Charels Laurent de 皮埃尔-夏尔·洛朗·德·维勒泰
Villeneuve, Jérôme Pétion de 热罗姆·佩蒂翁·德·维尔纳夫
Vineam Domini《维纳姆·多米尼通谕》
Vintimille, Marquis de 文帝米耶侯爵
Virieu, François-Henri de 弗朗索瓦-亨利·德·维里厄
vivant noblement 像贵族一样生活

vizirs 元老
Volland，Sophie 索菲·沃兰德
Voltair 伏尔泰
Voyer，Antoine René de，Marquis de Paulmy 安托万·勒内·德·瓦耶，保尔米侯爵
Vries，Jan de 扬·德·维里

Walpole，Horace 霍勒斯·沃波尔
Walpole，Robert 罗伯特·沃波尔
War of Jenkins's Ear 詹金斯之耳战争
Washington，George 乔治·华盛顿
Watteau，Antoine 安托万·华托
Weber，Max 马克斯·韦伯

White，Jonathan 乔纳森·怀特
William Augustus，Duke of Cumberland 威廉·奥古斯都，坎伯兰公爵
Winder，Simon 西蒙·温德尔
Winkle，Rip van 瑞普·凡·温克尔
Wolf，James 詹姆斯·沃尔夫
Wollstonecraft，Mary 玛丽·沃斯通克拉夫特
writing 写作
Wunderkammer 奇珍室

Young，Arthur 阿瑟·扬

zélés 虔诚者

# 译后记

2002年，本书原著 The Great Nation: France from Louis XV to Napoleon 出版。二十年后，主标题如何翻译，仍是一个稍显缠绕的问题。

关于"Nation"一词的翻译，学界存在诸说。1694年第一版《法兰西学术院词典》的定义是："同一个国家或地区的全体居民，他们在相同的法律下生活，使用相同的语言。"1789年，西耶斯在小册子《第三等级是什么？》中写道："第三等级就是整个国家（une Nation complète）"；"国民（la Nation）存在于一切之前，它是一切之本源。它的意志永远合法，它本身便是法律"。1882年，勒南在巴黎大学发表公开演讲，讲座文稿《民族是什么？》（Qu'est-ce qu'une nation?）整理出版后，成为理解西方民族主义理论的经典文本。

具体到法语"La Grande Nation"的用法，学界亦有关注。孟德斯鸠在1734年出版《罗马盛衰原因论》中表示："长时期的经验使欧洲的人们意识到，拥有百万臣民的国王，要使自己的国家不致毁灭，就不能保有一万以上的士兵：因此只有大国才能有军队。"而该书的多个中译本，译者均将复数的"les grandes nations"译作"大国"。至于法国革命史专家雅克·戈德肖在1956年出版的 La grande nation: L'expansion révolutionnaire de la France dans le monde de 1789 à 1799

译后记　799

一书，中国学者在介绍这部讲述法国在大革命期间对外扩张的历史专著时，往往将其主标题译作"伟大民族"。

对于英文"The Great Nation"的表述，本书作者科林·琼斯的理解相当深刻。1967年，科林·琼斯进入牛津大学读书，师从英国法国革命史专家理查德·科布。1978年，他完成了有关法国大革命时期慈善救济问题的博士论文，先后在纽卡斯尔大学、埃克塞特大学、华威大学和伦敦玛丽王后大学任教，长期深耕于18世纪的法国社会史、文化史、医学史研究。2008年，科林·琼斯当选英国国家学术院院士，并于次年担任英国皇家历史学会主席。目前，他的作品《巴黎传》《凡尔赛宫》等已有中译本。

本书初版于2002年，科林·琼斯详细梳理了1715年至1799年的法国历史。经过初步统计，在近600页的篇幅中，作者使用"nation""national"的表述共计333次。翻译过程中，译者根据具体语境和反复斟酌，将之大部分译作"国家""国民"，少部分译作"民族"。进一步来看，法文"grande nation"共出现4次，其中导论和结语各2次；英文"great nation"共出现11次，其中导论和结语各1次，第四章3次、第九章2次，第七、八、十、十一章各1次。

在导论中，作者表示，路易十四的统治时期（1643—1715）被视作"伟大的世纪"（Grand Siècle），虽然在其逝世之际，法国面临着内忧外患的困境，但时至1799年，在人口、文化、社会与经济、政治与国际关系等领域，法国已经取得了巨大成就。不过，作者强调，"将18世纪的法国视作'the great nation'并不意味着拒绝批评"，"需要对'伟大'的标准进行冷静而非赞美般的审视"。他承认"la grande nation"的含义受到了1789年以后军事主义和扩张主义倾向的影响，"意味着某种更为险恶的事物"；"la grande nation"一词"往往带有批判、怨恨和讽刺的色彩"。他特别提到，"伟大"的标准在1799年以后发生了变化，"法国从高位上跌落下来，英国取而代之"。

本书以时间为线索，按照政治史脉络进行铺陈。第一章"1715年的法国：国王的腿疾与权力的编排"，从路易十四之死切入，探讨了"太阳王"的"神话般在场"，以及波旁王朝的政体、国王与贵族的关系、绝对主义的诞生等问题，并落脚于即将展开的摄政统治。第二章"越过狂风暴雨：摄政时期与弗勒里的崛起"，聚焦于1715年至1726年之间，路易十四之死为法国带来的希望、奥尔良公爵的"各部行政会议制"试验、贵族与法官之间的冲突、摄政时期的经济状况、"约翰·劳体制"的成败以及路易十五的童年生活等内容。第三章"弗勒里治下的法国"，着重于年逾古稀的首席大臣在1726年至1743年间的执政时期，包括国际关系、天主教徒、詹森主义、信息流通和弗勒里晚年等方面。第四章"毋庸置疑的黄金年代"，呈现了路易十五在1743年至1756年间亲政初期的作为，在有关对外战争的部分，作者三次使用了单数"伟大民族"的表述：其一，叙述1748年签订《亚琛和约》时，指出路易十五"声称要避免不体面的讨价还价，要以'a great nation'统治者——'国王而不是商人'的身份来实现和平"；其二，针对法国军队人数从17世纪末的25万增加到西班牙王位继承战争期间的40万，评论"像法国这样未来的'great nation'还想拥有一支强大的海军"；其三，总结1756年开始的七年战争对法国造成的影响，认为这场战争将"会打击这个'great nation'作为一个主要强国的自信"。

作者认为，七年战争的另一个影响还在于推动了公共领域的发展。第五章"启蒙时代"，就更多侧重于思想文化史的视角，讨论了百科全书派和启蒙哲学家的主要观点以及公共舆论中的政治分歧。第六章"洪水滔天之前"，叙述了路易十五在1756年遇刺之后发生的一系列政局转变，涉及高等法院与政府的冲突、七年战争、舒瓦瑟尔的政策、君主制的重组、爱国主义思潮、布列塔尼事件等内容，本章的终点不是1774年路易十五去世，而是1771年莫普流放高等法院法官。

第七章"三巨头及其余波",勾连了1771年至1784年间法国的政局演变,在谈到法国参加北美独立战争的影响时,作者指出:"战争和海军的胜利为法国的国际声望创造了奇迹","战争也受到了法国人民的欢迎","'the great nation'似乎正在重回正轨"。战争推动了爱国主义的兴起,也激化了国内的复杂矛盾。第八章"垂死的波旁王朝",从1784年"钻石项链事件"谈起,分析了波旁王朝在大革命爆发前遭遇的多重困境,即使"军事胜利曾是'the great nation'最常使用的王牌之一——领土扩张和国际荣耀始终是波旁王朝政治方案中的关键组成部分",但在严重的财政危机下,"关于战争与和平的舆论动员也超出了政府的能力范畴"。一系列的补救措施于事无补,革命已经迫在眉睫。

1789年造成了法国历史的断裂?第九章"政治文化的革命"选择从1788年夏天的政治氛围开始论述,呈现了法国民众希望召开三级会议的呼声:18世纪末的国王应该成为"14世纪三个等级的召集者",而非成为"一个因其文明而复兴的'a great nation'的所有者"。1789年的夏日如同"闪电"变幻莫测,但参加制宪议会的代表却发现这是建立政治架构的"黄金时机",特别是在对外关系方面,"'the great nation'似乎没有构成太大威胁"。第十章"战争与恐怖",详细叙述了1791年至1795年间的惊人巨变。尽管诸多成就"夸大了法国作为'a great nation'的自我形象",但在战争方面,"法国除了1792年的疆界之外,没有取得其他任何财产"。第十一章"不稳定的共和国",梳理了1795年至1799年间的摇摆状态。统一和阴谋是大革命政治文化的双重特色,革命的"他者"往往在于内部,而非外国。因此,"法国人恢复了对于世界其他地区的文化优越感",经过革命文化的磨练,"'the great nation'的文明使命肇始于法国本土"。

在结语中,作者为"la grande nation"的历史画上句号。18世纪末,法国面临新老对手的夹击,"'la grande nation'的武装士兵,已经不再是雅各宾派想象中兄弟般的解放者,而是强取豪夺的象征"。意大利战场的胜利,同时引发了恐慌和兴奋的不同情绪,"这个国家似乎对大革命原则并不热衷,而是对被称作'la Grande Nation/the Great Nation'的扩张主义式荣耀更感兴趣"。因此,作者将拿破仑比作"雾月的利维坦",更愿意使用"波拿巴"这个相对轻蔑的表述。在其看来,"崭新的波拿巴主义政治传统的建立,宣告了18世纪的结束——它汲取了波旁王朝、启蒙运动和大革命的思想,在波旁王朝绝对主义、君主立宪制、自由共和主义和雅各宾专政的表层废墟上,构筑了自己的政权基础。但是,波拿巴政权及其宣称的伟大之处,终因它的军事主义取向而变得脆弱不堪"。

爬梳"La Grande Nation/The Great Nation"一词在本书中的使用情况,有助于更好地理解作者的写作主旨和逻辑。不难发现,几乎所有表述都出现在有关军事和外交的语境,直接译作"伟大的国家",似乎更能贴合本书的写作主旨——从路易十五到拿破仑的法国史。译者有幸得到硕士同窗、译林出版社编辑荆文翰的邀请,承担起本书的翻译任务。自2022年2月动笔,至2024年2月提交初稿,每天打开以"The Great Nation"命名的文档,似乎已经成为一种习惯;直到校对清样提交前夜,关于这一表述的翻译问题,仍在与文翰反复沟通。翻译过程中,本书作者科林·琼斯回答了译者的诸多疑问,并惠赐中文版序言;巴黎第一大学皮埃尔·塞纳尔教授数次致信提示"La Grande Nation"的用法;很多译词借鉴了中国法国史学界的丰硕成果;南京大学的林鑫、于小双、洪意恒、齐以恒等同学协助完成了校对和注释工作;译林出版社的陈叶、王蕾等编辑老师费心颇多;葛银丽、张永堃、戴浴宇、沈星旭等亲友倍加关心。在此诚挚感谢。

2015年秋天,第一次聆听导师孙江教授开设的"历史与记忆"课程,两句谚语令我终生铭记:"翻译即背叛"(Traduttore-Traditore);"言语飞逝,文字长留"(Verba volant, scripta manent)。十年间,各位师长的言传身教使我深信：唯有字斟句酌，才是对作者和读者的最大尊重。由于个人能力有限，书中的不足和疏漏之处，恳请各位读者批评。特别是围绕"Nation"概念的复杂意涵，期待各位专家指正。

译者谨识

2024年6月27日

# "方尖碑"书系

**第三帝国的兴亡：纳粹德国史**
　　[美国] 威廉·夏伊勒

**柏林日记：二战驻德记者见闻，1934—1941**
　　[美国] 威廉·夏伊勒

**第三共和国的崩溃：一九四〇年法国沦陷之研究**
　　[美国] 威廉·夏伊勒

**新月与蔷薇：波斯五千年**
　　[伊朗] 霍马·卡图赞

**海德里希传：从音乐家之子到希特勒的刽子手**
　　[德国] 罗伯特·格瓦特

**威尼斯史：向海而生的城市共和国**
　　[英国] 约翰·朱利叶斯·诺里奇

**巴黎传：法兰西的缩影**
　　[英国] 科林·琼斯

**末代沙皇：尼古拉二世的最后 503 天**
　　[英国] 罗伯特·瑟维斯

**巴巴罗萨行动：1941，绝对战争**
　　[法国] 让·洛佩　[格鲁吉亚] 拉沙·奥特赫梅祖里

**帝国的铸就：1861—1871：改革三巨人与他们塑造的世界**
　　[美国] 迈克尔·贝兰

**罗马：一座城市的兴衰史**
　　[英国] 克里斯托弗·希伯特

**1914：世界终结之年**
　　[澳大利亚] 保罗·哈姆

**刺杀斐迪南：1914年的萨拉热窝与一桩改变世界的罗曼史**
　　［美国］格雷格·金　［英国］休·伍尔曼斯

**极北之地：西伯利亚史诗**
　　［瑞士］埃里克·厄斯利

**空中花园：追踪一座扑朔迷离的世界奇迹**
　　［英国］斯蒂芬妮·达利

**俄罗斯帝国史：从留里克到尼古拉二世**
　　［法国］米歇尔·埃莱尔

**魏玛共和国的兴亡：1918—1933**
　　［德国］汉斯·蒙森

**独立战争与世界重启：一部新的十八世纪晚期全球史**
　　［美国］马修·洛克伍德

**港口城市与解锁世界：一部新的蒸汽时代全球史**
　　［英国］约翰·达尔文

**战败者：1917—1923年欧洲的革命与暴力**
　　［德国］罗伯特·格瓦特

**盎格鲁-撒克逊人：英格兰的形成，400—1066**
　　［英国］马克·莫里斯

**巴比伦城：神话与奇迹之地**
　　［英国］斯蒂芬妮·达利

**吴哥王朝兴亡史**
　　［日本］石泽良昭

**伟大民族：从路易十五到拿破仑的法国史**
　　［英国］科林·琼斯

（更多资讯请关注新浪微博@译林方尖碑，
　微信公众号"方尖碑书系"）